신역

서경집전

上

신역
新譯

서경집전 上

성백효 역

한국인문고전연구소

차례

書經集傳 (上)

- 발간사 · 6
- 한송 선생님의 신역 《서경집전(書經集傳)》 발간에 감사드리며 · 8
- 신역(新譯) 《서경집전(書經集傳)》을 출간하며 · 12
- 서경집전 서(書經集傳序) · 20

卷一　　　　　우서(虞書)

- 요전(堯典) · 26
- 순전(舜典) · 46

卷二

- 대우모(大禹謨) · 90
- 고요모(皐陶謨) · 116
- 익직(益稷) · 129

卷三　　　　　하서(夏書)

- 우공(禹貢) · 159
- 감서(甘誓) · 262
- 오자지가(五子之歌) · 269
- 윤정(胤征) · 278

卷四　　　　　상서(商書)

- 탕서(湯誓) · 291
- 중훼지고(仲虺之誥) · 295
- 탕고(湯誥) · 309
- 이훈(伊訓) · 315
- 태갑 상(太甲上) · 329
- 태갑 중(太甲中) · 337
- 태갑 하(太甲下) · 342
- 함유일덕(咸有一德) · 348

卷五

- 반경 상(盤庚上) · 356
- 반경 중(盤庚中) · 370
- 반경 하(盤庚下) · 381
- 열명 상(說命上) · 388
- 열명 중(說命中) · 397
- 열명 하(說命下) · 404
- 고종융일(高宗肜日) · 412
- 서백감려(西伯戡黎) · 417
- 미자(微子) · 423

부록

- 서서설(書序說) · 432
- 서서변설(書序辨說) · 448
- 서설강령(書說綱領) · 474
- 오행도(五行圖) · 488
- 서전도(書傳圖) · 521
- 서경집전대전 인용선유성씨표(書經集傳大全 引用先儒姓氏表) · 522

書經集傳 (下)

卷六
　　〈주서(周書)〉
　　태서 상(泰誓上) · 11
　　태서 중(泰誓中) · 25
　　태서 하(泰誓下) · 32
　　목서(牧誓) · 37
　　무성(武成) · 44
　　홍범(洪範) · 59

卷七
　　려오(旅獒) · 91
　　금등(金縢) · 98
　　대고(大誥) · 113
　　미자지명(微子之命) · 130
　　강고(康誥) · 136
　　주고(酒誥) · 160
　　재재(梓材) · 176

卷八
　　소고(召誥) · 184
　　낙고(洛誥) · 202
　　다사(多士) · 227
　　무일(無逸) · 244
　　군석(君奭) · 263
　　채중지명(蔡仲之命) · 283

卷九
　　다방(多方) · 291
　　입정(立政) · 315
　　주관(周官) · 335
　　군진(君陳) · 352
　　고명(顧命) · 362
　　강왕지고(康王之誥) · 383

卷十
　　필명(畢命) · 393
　　군아(君牙) · 405
　　경명(冏命) · 410
　　여형(呂刑) · 417
　　문후지명(文侯之命) · 443
　　비서(費誓) · 449
　　진서(秦誓) · 454

발 간 사

　성백효(成百曉) 선생께서 23년 1월 삼경집전(三經集傳) 가운데 신역(新譯)《주역전의(周易傳義)》를 맨먼저 출간하였고, 24년 1월 두 번째로 신역《시경집전(詩經集傳)》을, 그리고 이번에《서경집전(書經集傳)》을 출간함으로써 삼경집전이 완성된 것이다. 감사와 축하의 말씀을 먼저 올린다.
　《서경》은 지난 번《시경집전》발간사에서도 밝힌바 있지만 유가경전(儒家經典) 가운데 시(詩)·서(書)라 하여《시경》과 함께 쌍벽을 이루어 온 대표 경전이다.
　《서경》은 중국 역대 제왕들이 나라를 다스린 내용과 군신(君臣)간에 서로 주고 받은 훌륭한 말씀과 백성들에게 간곡히 고유(告諭)한 글들이 모여져 있어, 그야말로 치국(治國)의 대도(大道)라 할 것이다. 사마천(司馬遷)은 그가 지은《사기(史記)》에서 "공자(孔子)가 시(詩)·서(書)를 산정(刪定)했다." 하였다. 즉, 공자 당시에는 지금의《시경》과《서경》보다 훨씬 많은 내용이 있었는데, 이 가운데 가장 좋은 내용만을 뽑고 그 나머지는 삭제했다는 것이다. 이번에 간행하는《서경》에는 일서(佚書)의 편명(篇名)이 모두 소개되어 있다.
　《서경집전》을 지은 채침(蔡沈)은 그 서문(序文)에서 "《서경》을 어찌 쉽게 말할 수 있겠는가. 요(堯)·순(舜)의 이제(二帝)와 삼왕(三王;하(夏)의 우왕(禹王), 상(商)의 탕왕(湯王), 주(周)의 문왕(文王)·무왕(武王))이 천하를 다스린 대경대법(大經大法)이 모두 이 책에 기재되어 있다." 하였으며, 우리 조선조의 학자인 소요당(逍遙堂) 박세무(朴世茂)는 그가 지은《동몽선습(童蒙先習)》에서 "공자가《서경》을 산정하실 적에 당(唐;요 임금)·우(虞;순 임금)로부터 시작하셨다." 하였다.
　또 중국의 여러 경전 가운데《서경》이 가장 오래된 글이라 하여 '상서(尙書)'라는 이름이 붙여졌다. 상(尙)은 상고(上古)의 뜻이다. 그만큼 오래된 글이다 보니, 내용 또한 난삽하기로 유명하다.
　이《서경》은 동양 여러 나라의 정치문화에 큰 영향을 끼쳤으며, 특히 우리 조선조의 정치 사상은 모두 여기에서 나왔다고 할 수 있다. 경전에 어두운 본인이지만 성백효 선생께서 지난번에 번역하신《서경집전》의 앞부분을 몇 편 읽어본 적이 있다.

4200년 전인 요·순 시대의 훌륭한 정치제도와 진언무휘(盡言無諱)하는 간언(諫言)에 저절로 탄성을 금치 못하였다.

작금의 우리나라 정치상황을 보면 서구문명의 제도를 받아들여 삼권분립(三權分立)의 체제가 확립되었건만, 의회(議會)는 국민을 도외시(度外視)한 채 당리(黨利)·당략(黨略)만을 위주로 연일 입에 담기도 창피한 말 싸움질이고, 행정부 역시 전문성을 가지고 효율적으로 국민과 기업을 뒷받침해주지 못하고 있다. 법조계(法曹界)조차 사명감(使命感)과 자부심(自負心)을 오래 전에 던져 버린 것 같다. 참으로 답답한 마음 금할 길 없다.

물론 이《서경》은 정치 사상에만 국한된 것은 아니다.《대학(大學)》에 "수신(修身)·제가(齊家)·치국(治國)·평천하(平天下)"라 하였다. 수신을 하려면 높은 지식과 성의(誠意)·정심(正心)의 마음 공부가 필수적이다.

이번에 간행하는《서경집전》은 이미 출간된 본(本)에 비해 더 많은 주해(註解)와 부록(附錄)을 실어서 훨씬 더 자세하고 이해하기 쉽다. 관리(官吏)와 정치인은 말할 것도 없고 동양 고전에 뜻이 있는 분은 일독(一讀)하기를 권하며, 본인도 다시 분발하여 열심히 공부할 것을 다짐한다.

선생님의 건강이 지난해에 비해 덜 좋으신 것으로 보인다. 더욱 노익장(老益壯)하시어 우리 고전(古典)을 계속 가르쳐주시고 번역해주시기를 바라 마지 않는다.

西曆 2025년 4월

金成珍
해동경사연구소 이사장

한송 선생님의 신역《서경집전(書經集傳)》발간에 감사드리며

어떤 일은 사람의 노력보다 행운 때문에 이루어졌다고 여겨지는 경우가 있고, 또 어떤 일은 사람이 아니라 하늘의 도움 더 나아가 하늘이 계획하여 이루었다고 여겨지는 경우가 있다. 한송(寒松) 성백효(成百曉) 선생님께서 우리나라 최초로 사서삼경(四書三經) 주석서(註釋書:주를 달고 해석을 한 책)를 1998년에 현토하여 한글로 완역하시고, 약 30년 지난 금년에 신역《서경집전》발간을 마지막으로 1차 번역본을 수정 보완하여 사서삼경 주석서의 한글 번역을 완결하신 것은, 유학(儒學)의 기준과 경전(經典)의 해석 방향을 정립하고 한문에 익숙하지 않은 한글 세대에게 성현(聖賢)의 말씀을 전하여 이 땅에서 성인(聖人:공자님)의 학문이 끊어지지 않게 하고, 또 이 학문을 통하여 세상이 천리(天理)에 따라 움직이고 사람들이 윤리와 도덕을 지키도록 하기 위해서 꼭 필요한 역사적인 사업이다. 하늘은 이처럼 중요한 사업을 처음부터 계획하여 한송 선생님을 통해 오랜 시간에 걸쳐서 이루었다고 생각된다.

유학의 핵심 경전인 사서삼경의 뜻을 밝히고 학문을 발전시킨 수많은 대현(大賢)들의 주석을 모아놓은《논어집주(論語集註)》,《맹자집주(孟子集註)》,《대학장구(大學章句)》,《중용장구(中庸章句)》,《주역전의(周易傳義)》,《시경집전(詩經集傳)》,《서경집전》모두를 한글로 번역하는 것은 사람의 노력이나 능력만으로는 결코 이루어 질 수 없는 지극히 어렵고 방대한 사업이다. 이러한 이유로 성리학(性理學)을 존숭한 조선에서도 사서삼경 경문(經文)만을 한글(언해)로 번역하였고 주석서를 한글로 번역하지는 못하였다. 더욱이 정부나 학교 등의 도움 없이 한 사람의 힘만으로 모두 완성한 것은 오늘날에도 불가능한 일이다.

또한 이 작업을 수행하려면 유학 경전 뿐만 아니라 역사, 문학, 제자백가(諸子百家) 등 경사자집(經史子集) 전반에 걸쳐 깊이 통달하여야 하고, 또 이 분야의 여러 대가들과의 교유(交遊)를 통하여 학문의 폭과 다양성도 확보하여야 하며, 어휘력·문법 이해·문장 구사능력 등 번역에 필요한 상당한 지식도 있어야 한다. 또 이 방대하고도 지루한 작업을 감당할 수 있는 인내력과 건강도 받쳐 주어야 하며, 특히 이 학문을 발전시켜 오신 공자님을 포함한 수많은 성현들에 대한 존경심과 이 학문을 후배들에게 반드시 전수하여야 한다는 소명의식이 없으면 결코 해낼 수 없는 일이다.

한송 선생님께서 살아오신 지난 날을 생각하면 그 모든 것이 하늘의 계획이라고 생각할 수 밖에 없다. 다른 사람들과 달리 한송 선생님을 초등학교 대신 서당에 보내시고 학업에 방해된다고 농사일도 못하게 하셨던 부친 월산공(月山公)의 결단과 월곡(月谷) 황경연(黃璟淵) 선생님, 서암(瑞巖) 김희진(金熙鎭) 선생님을 만나뵙고 이 학문에 대한 열정과 소명의식을 갖게 되신 점, 서울로 올라오셔서 당시까지 살아계셨던 여러 대학자들로부터 폭넓은 지식과 그 분들의 인품을 배울 수 있었던 것, 또 한국고전번역원·서울대 국사학과·단국대 동양학연구소·전통문화연구회·해동경사연구소 등에서 교수와 연구소장을 하시면서 유학 관련 모든 서적을 비롯하여 자치통감강목(資治通鑑綱目) 등의 역사서, 고문진보(古文眞寶), 당송팔가문(唐宋八家文) 등의 문학 관련서적, 무경칠서(武經七書) 등의 제자백가 서적, 조선시대 대학자들의 문집 등을 강학하시거나 번역 작업을 맡으시면서 학문의 깊이를 더하고 한글 번역의 경험을 쌓게 하신 것 등 이러한 모든 것이, 일월(日月)과 같이 높고 빛나는 한송 선생님의 자품(資品)과 어울려서 한송 선생님께서 사서삼경 주석서를 완전하게 한글로 번역하실 수 있게 만들었던 것이다.

또한 선생님께서는 단순히 번역에만 그치신 것이 아니라 퇴계(退溪:이황(李滉))·율곡(栗谷:이이(李珥))·우암(尤庵:송시열(宋時烈))·사계(沙溪:김장생(金長生))·영재(寧齋:오윤상(吳允常))·매산(梅山:홍직필(洪直弼))·다산(茶山:정약용(丁若鏞))·간재(艮齋:전우(田愚))·호산(壺山:박문호(朴文鎬)) 등 수많은 우리 선현(先賢)들의 말씀과 더불어 한송 선생님 본인의 의견도 함께 실어서 학문의 깊이를 더할 뿐 아니라 민족의 자긍심도 드높이셨다.

'滿招損 謙受益(만초손 겸수익;교만하면 손해를 불러오고 겸손하면 유익함을 불러온다)', '天作孼猶可違 自作孼不可逭(천작얼유가위 자작얼불가환;하늘이 일으킨 재앙은 피할 수 있으나 자기가 초래한 재앙은 피할 수 없다)', '有備無患(유비무환;미리 준비하면 환난을 막을 수 있다)', '木從繩則正 后從諫則聖(목종승즉정 후종간즉성;나무는 먹줄을 따르면 바르게 되고, 군주는 신하의 간언을 잘 받아들이면 훌륭한 임금이 될 수 있다)' 등 금과옥조(金科玉條)와 같은 훌륭한 경구(警句)는 모두 《서경》에 나오는 말씀이고, 맹자의 민본(民本)주의와 애민(愛民)사상, 혁명(革命) 이론, 인륜의 지표인 오륜(五倫;부자유친 등) 등과 같은 것은 《서경》의 사상을 흡수 발전시킨 것이다. 또 공자께서 제자를 가르치실 때 《시경》과 함께 《서경》을 가르치셨다고 하는 만큼 공자님의 사상도 《서경》에 그대로 나타나 있다. 요(堯), 순(舜), 우(禹) 임금이 서로 전한 '人心惟危 道心惟微 惟精惟一 允執厥中(인심유위 도심유미 유정유일 윤집궐중;인욕에서 나오는 사사로운 마음(人心:인심)은 위험하기 그지없고, 의리에서 나오는 공정한 마음(道心:도심)은 아주 희미하니, 오직 도심을 정미하게 살피고 한결같이 하여 진실로 사물의 중도(中道:도리)를 지켜야 한다)'의 16 글자의 심법(心法;마음을 쓰는 법)도 《서경》에 나오는 말씀이다. 이와 같이 《서경》은 유학의 본령(本領)을 가장 잘 집약해 놓은 경전이고, 또 유학의 새로운 학설도 《서경》을 기반으로 한 것이 많다. 따라서 성현의 사상을 배우고 익히려면 《서경》을 통하지 않을 수 없다.

혹자는 "《서경》은 과거에 군신(君臣)이 지켜야 할 도리와 통치의 요체(要諦)를 기술한 책으로 오늘날에도 유용한가?"라고 말한다. 사람들의 사회(조직)를 지배하는 원리는 예나 지금이나 똑같고, 규모가 작은 집단인 가정이나 큰 집단인 정부, 회사, 각종 단체 등 모두에 비슷하게 적용된다. 군주가 집안에서 지켜야 할 도리는 오늘날 가정에서도 똑같고, 과거 군주와 신하가 해야 할 행동이나 백성들에게 가져야 할 마음가짐은 오늘날 회사나 정부에서도 큰 차이가 없다. 동서양을 불문하고 이러한 사회 지배원리를 가장 잘 설파하고 기술한 책으로는 《서경》 만한 책이 없다. 따라서 《서경》은 오늘날에도 아주 유용하고 도움이 되는 책임에 틀림없다. 또 혹자는 《서경》은 너무 어렵다고 한다. 그렇지만 《서경》의 경문의 뜻을 쉽게 풀이하고 의미를 확장시킨 선현들의 가르침을 모아놓은 《서경집전》을 통하면 깨치는 데 크게 도움이 되고, 만약 한문이 어려우면 《서경집전》의 한글 번역 부분만 여러 번 읽어도 어느 정도 유익함이 있으리라고 본다.

매번 방대한 분량의 경전을 번역하실 때마다 선생님께서 고생을 많이 하셨지만, 이번 《서경집전》 번역 작업은 팔순(八旬)의 노령으로 인한 건강상의 어려움으로 더욱 힘이 많이 드셨다. 주자(朱子)께서 말년(末年)에 앞이 잘 안보이시고 걷지도 못하시면서 《대학장구》를 교정(校訂)하셨다고 하는데, 한송 선생님의 어려움이 정히 그러하셨다. 여러 어려움을 이겨내고 마침내 신역 《서경집전》을 발간해주신 한송 선생님에게 후학으로써 고마운 마음 이루 다 말할 수 없고 한편으로 선생님을 옆에서 제대로 보필하지 못하여 죄송한 마음 그지없다.

　　신역 《서경집전》을 비롯하여 선생님의 책을 읽는 동학(同學) 여러분께서 선생님의 이러한 지극한 정성과 깊은 뜻을 헤아려 부디 성심으로 공부하여 깨침이 있기 바라며, 한송 선생님 뒤를 이어 공맹(孔孟)의 학문의 종통(宗統)을 이어갈 대현들이 나와서 이 학문을 더욱 발전시켜 나가고 혼미한 이 시대의 풍속을 선도하여 주길 간절히 바라는 바이다.

西曆 2025년 4월

불초제자 朴喜在
(사)해동경사연구소 부이사장
해동경사연구소 익선회 회장

신역(新譯) 《서경집전(書經集傳)》을 출간하며

본서(本書)는 《서경(書經)》 58편(篇)과 이에 대한 채침(蔡沈)의 《집전(集傳)》에 현토(懸吐)하고 역주(譯註)한 것이다.

《서경》은 일명 상서(尙書)라고도 한다. 상(尙)은 상(上)과 통하는바, 상서란 상고시대(上古時代)의 글이란 뜻이며, 또 이제(二帝)·삼왕(三王)의 훌륭한 말씀과 선정(善政)의 내용이 담겨 있어 높일 만한 글이란 뜻이라고도 한다. 그만큼 《서경》은 중국 고전 중 가장 오래된 경전(經典)이라 할 것이다. 오랫동안 《시경(詩經)》과 함께 시(詩)·서(書)로 병칭되었으며, 여기에 《역경(易經)》을 포함하여 삼경(三經)이라 불리어 왔음은 주지(周知)의 사실이다. 채침은 《집전》의 서(序)에서 "이제·삼왕이 천하를 다스린 대경대법(大經大法)이 모두 이 책에 기재되어 있다." 하였다.

《서경》은 우(虞)·하(夏)·은(殷;상(商))·주(周)의 네 왕조(王朝)에 걸쳐 전(典)·모(謨)·훈(訓)·고(誥)·서(誓)·명(命)의 여섯 가지 문체(文體)로 이루어졌다. 이것을 사서(四書)·육체(六體)라 하며, 여기에 정(征)·공(貢)·가(歌)·범(範)을 더하여 십례(十例)라 하기도 한다. 시대를 살펴보면 인류 역사상 최고의 성군(聖君)으로 알려져 있는 요(堯)·순(舜) 시대로부터 춘추시대(春秋時代) 노(魯)·진(秦) 등의 열국(列國)에 이르기까지 다양하게 수록되어 있다. 물론 그 내용은 당시의 사관(史官)이 기록한 것이다. 사마천(司馬遷)은 일찍이 "공자(孔子)가 시(詩)·서(書)를 산정(刪定)했다." 하였다. 즉 지금에 전하는 것보다 훨씬 많은 서(書)가 있었는데 공자가 불필요한 편을 삭제했다는 것이다. 이들의 주장이 얼마나 신빙성이 있는지는 확실치 않으나 공자는 평소 시(詩)·서(書)와 집례(執禮)를 늘상 말씀하셨고 《서경》의 내용이 《논어(論語)》 등에 자주 보이며 특히 《논어》의 〈요왈(堯曰)〉편은 거의 대부분이 《서경》을 축약해 놓았다는 사실에서 《서경》이 공문(孔門)의 중요한 교과서였음은 쉽게 알 수 있다. 또한 공자의 학통을 이어받은 맹자(孟子) 역시 《서경》을 가장 많이 인용하였다.

《서경》은 이처럼 역대 제왕들의 정치사상이 가장 잘 나타난 글로 알려져 있는 반면, 금고문(今古文)의 진위(眞僞) 여부가 큰 논란의 대상이 되어 왔다. 금문(今文)은 한

(漢)나라 때 일반적으로 통용되던 예서체(隸書體)로 쓴 것을 이르며, 고문(古文)은 진(秦)나라 이전의 옛 자체(字體)인 과두문자(蝌蚪文字)로 기록된 것을 이른다. 진 시황(秦始皇)은 우민정책(愚民政策)의 일환으로 일반인들은 경전(經傳)을 장서(藏書)하지 못하게 하고 분서(焚書)를 단행하였다. 물론 황실(皇室)의 서고(書庫)에야 각종 전적(典籍)이 보관되어 있었겠지만 도성(都城)인 함양(咸陽)의 궁전(宮殿)이 항우(項羽)에 의해 불타는 바람에 함께 잿더미가 되고 말았던 것이다. 그 후 한 문제(漢文帝) 때에 민간에 남아 있는 경전을 수집하면서 진(秦)의 박사(博士)로 있었던 제남(濟南)의 복생(伏生;이름은 승(勝))이 29편을 구전(口傳)하여 금문(今文)으로 기록하니, 이것이 구양생(歐陽生)과 하후승(夏侯勝) 등이 전한 '금문상서(今文尙書)'이다. 금문 29편은 〈요전(堯典;순전(舜典) 포함)〉·〈고요모(皐陶謨;익직(益稷) 포함)〉·〈우공(禹貢)〉·〈감서(甘誓)〉·〈탕서(湯誓)〉·〈반경(盤庚)〉·〈고종융일(高宗肜日)〉·〈서백감려(西伯戡黎)〉·〈미자(微子)〉·〈태서(大(泰)誓)〉·〈목서(牧誓)〉·〈홍범(洪範)〉·〈금등(金縢)〉·〈대고(大誥)〉·〈강고(康誥)〉·〈주고(酒誥)〉·〈재재(梓材)〉·〈소고(召誥)〉·〈낙고(雒(洛)誥)〉·〈다사(多士)〉·〈무일(無逸)〉·〈군석(君奭)〉·〈다방(多方)〉·〈입정(立政)〉·〈고명(顧命;강왕지고(康王之誥) 포함)〉·〈여형(呂刑)〉·〈문후지명(文侯之命)〉·〈비서(費誓)〉·〈진서(秦誓)〉가 그것이다. 이중에 〈태서(泰誓)〉는 위작(僞作)으로 밝혀져 결국 28편인데, 여기에 〈서서(書序)〉 한 권을 포함하여 다시 29편이 되었다.(물론 여기에도 이설(異說)이 분분하다.)

　　그 후 무제(武帝) 때에 노 공왕(魯恭王)이 궁실을 증축하기 위해 곡부(曲阜)에 있던 공자의 구가(舊家)를 헐다가 벽중(壁中)에서 과두문자로 기록된 《상서》를 얻으니, 이것이 소위 '고문상서(古文尙書)'로 공안국(孔安國)이 전(傳;해설서)을 지었다. 그러나 이 고문상서는 당시 사용하지 않는 자체(字體)여서 그만 없어지고 말았으며, 현재 전하는 것은 동진(東晉) 초기 매색(梅賾)과 요방흥(姚方興)이 다시 얻었다는 본(本)이다. 《집전(集傳)》의 각 편 〈소서(小序)〉에 '금문고문개유(今文古文皆有)'와 '금문무(今文無), 고문유(古文有)'가 바로 이것을 나타낸 것이다.

이 고문상서는 당(唐)나라 때 공영달(孔穎達)이 대본(臺本)으로 삼아《정의(正義)》를 지으면서 세상에 널리 유행되었다. 그러나 금문(今文)에는 없고 고문(古文)에만 있는 〈대우모(大禹謨)〉·〈오자지가(五子之歌)〉·〈윤정(胤征)〉·〈중훼지고(仲虺之誥)〉·〈탕고(湯誥)〉·〈이훈(伊訓)〉·〈태갑 상(太甲上)〉·〈태갑 중(太甲中)〉·〈태갑 하(太甲下)〉·〈함유일덕(咸有一德)〉·〈열명 상(說命上)〉·〈열명 중(說命中)〉·〈열명 하(說命下)〉·〈태서 상(泰誓上)〉·〈태서 중(泰誓中)〉·〈태서 하(泰誓下)〉·〈무성(武成)〉·〈여오(旅獒)〉·〈미자지명(微子之命)〉·〈채중지명(蔡仲之命)〉·〈주관(周官)〉·〈군진(君陳)〉·〈필명(畢命)〉·〈군아(君牙)〉·〈경명(冏命)〉의 25편은 위작(僞作)이라는 설이 있어왔으며, 송대(宋代)의 주자(朱子)와 오역(吳棫) 등도 금문과 고문의 문체가 너무 다름을 지적하여 위작이 아닌가 의심하였다. 그러다가 청대(淸代)의 고증학(考證學)이 발달하며 염약거(閻若璩)의《상서고문소증(尙書古文疏證)》, 혜동(惠棟)의《고문상서고(古文尙書考)》등이 나오면서 위작임이 사실화하기에 이르렀다. 현재 중국에서는 고문 부분은 아예《서경》에서 제외하는 실정이다.

하지만 고문상서의 가치는 위작 여부와 관계없이 여전히 중요하다고 생각한다. 왜냐하면 고대(古代)의 정치사상이 잘 나타나 있기 때문이다. 특히 고문상서에는 좋은 명언과 정치 이론이 많이 수록되어 있다. 문체만을 가지고 진위 여부를 따지는 것도 문제가 없지 않다. 고대(古代)의 글은 원래가 붓으로 기록하기보다는 구전한 경우가 더 많은 것으로 알려져 있다.《맹자(孟子)》에 인용된 글도 금문과 차이가 없지 않으며 금문의 〈요전(堯典)〉과 〈고요모(皐陶謨)〉 등도 입으로 외워 전해져 오다가 주대(周代) 이후 비로소 현재와 같은 문장으로 정리되었을 것이란 견해가 지배적이다. 고문상서를 위작으로 단정한 염약거(閻若璩)나 혜동(惠棟) 등도 매색(梅賾)이 위작할 때에《논어(論語)》나《맹자(孟子)》·《춘추좌씨전(春秋左氏傳)》·《국어(國語)》 등 각종 자료들을 참고하여 지은 것으로 보았다. 그 말은 역설적으로 고문상서가 비록 원래의 글은 아니라 하더라도 전혀 터무니없는 두찬(杜撰)이 아님을 증명한 것이라 하겠다. 또한 수(隋)·당(唐) 이후 수많은 학자와 정치가들이 이 고문상서를 무수히 인용하였고 모든 정치이론이 이 고문상서의 내용을 근간으로 하였음을 간과할 수 없다는 점이다.

고문상서가 위작이라 하여 읽지 않을 경우 후세의 각종 문헌에 인용된 내용과 여기에 근간을 두고 있는 정치사상을 어떻게 파악할 수 있겠는가. 그리고 소위 위고문상서(僞古文尙書)가 나온 시기가 이미 천 7백 년 전이란 사실이다. 지금 우리는 2백여 년의 짧은 역사에 불과한 미국의 링컨이나 워싱턴, 루즈벨트 등의 정치사상을 금과옥조(金科玉條)처럼 신봉하고 있는 실정이다. 최소한 천 7백 년 전에 매색(梅賾)이 이와 같은 문학과 사상을 간직한 인물이라면 그의 위작을 문제 삼기 전에 그의 뛰어난 정치철학과 학문을 높이 평가하지 않으면 안 될 것이다.

《서경》은 상고시대의 글인 만큼 난해하기로도 유명하다. 당(唐)의 한유(韓愈)는 '주고 은반 힐굴오아(周誥殷盤 詰屈聱牙)'라 하여 〈상서(商書)〉의 〈반경(盤庚)〉과 〈주서(周書)〉의 〈대고(大誥)〉·〈강고(康誥)〉 등이 난삽함을 말하였거니와 특히 주서(周書)의 금문은 대부분이 일반 문체와 크게 달라 해독하기 어렵다. 이 때문에 해석도 이설이 많으며 구두(句讀) 자체가 불분명한 곳이 한두 군데가 아니다. 이에 따라 본서의 번역 역시 지나친 의역이나 보충역을 되도록 피하였음을 밝혀둔다.

본《집전(集傳)》의 저자인 채침(蔡沈)은 주자의 문인으로 당시 대학자인 왕안석(王安石)·소식(蘇軾)·임지기(林之奇)·여조겸(呂祖謙) 등의 주서(註書)를 두루 참고하였으며, 일부는 주자가 직접 수정을 가하였다. 그 후《집전》이 영락대전(永樂大全)에 편입되면서 널리 유행되었다. 우리 나라에서는 영락대전본(永樂大全本)을 수용하여《언해(諺解)》등 모든 해석이 이《집전》을 대본으로 하였음은 두말할 나위가 없겠다. 이후 동국(東國) 유현(儒賢)에 의하여 만들어진 것도 상당수가 있는바, 본서에 참고한 퇴계(退溪) 이황(李滉)의《삼경석의(三經釋義)》와 사계(沙溪) 김장생(金長生)의《경서변의(經書辨疑)》, 성호(星湖) 이익(李瀷)의《질서(疾書)》, 영재(寧齋) 오윤상(吳允常)의《서전차기(書傳箚記)》, 호산(壺山) 박문호(朴文鎬)의《서집전상설(書集傳詳說)》이 그 대표적이라 할 것이다. 그리고《서경》역시《시경(詩經)》과 마찬가지로 특별히 사용하는 조사와 발어사가 있는바,《시경》과 크게 다르지 않다. 조사로는 思, 斯, 逝, 乃, 迺, 言 등이 있고 발어사로는 惟, 則, 載, 言, 曰若 등이 있으며, 若은 順, 而·乃는 汝라고 한 것이 자주 보이며, 발어사로는《시경》에는 維를 쓴 대신《서경》에는 惟를 쓴 것이 특징이다.

다시 강조하거니와 《서경》은 동양 제국(諸國)의 정치문화에 엄청난 영향을 끼친 중요한 경전(經典)이다. 우리나라도 예외일 수 없다. 특히 조선조(朝鮮朝)의 모든 정치사상은 이 《서경》에서 나왔다고 말해도 지나치지 않을 것이다. 이 때문에 《조선왕조실록(朝鮮王朝實錄)》이나 선현(先賢)들의 상소문(上疏文)을 정확히 읽으려면 먼저 이 《서경》을 읽지 않으면 안 되는 것이다.

　　중국(中國)은 청대(淸代) 이후 고증학(考證學)이 발달하여 문헌학적으로 괄목할 발전을 한 것이 사실이다. 그러나 실증주의(實證主義)에 치우친 나머지 위작의 논란(論難)으로 고전(古典)을 경시(輕視)하고 불신(不信)하는 풍조가 유행하여 수천 년 간직해 온 문화와 사상을 부정하고 팽개친 결과 부정부패와 아편중독으로 거대한 청조(淸朝)가 힘없이 무너지고 일본 등 신흥 강대국들에게 온갖 수모를 당하였으며, 급기야는 유물론(唯物論)을 받아들여 사회주의체제국가(社會主義體制國家)를 수립, 소위 문화혁명(文化革命)으로 귀중한 문화유산을 훼손하는 우(愚)를 범하고 말았다. 지금에도 중국(中國)은 뿌리 없는 사상과 이념이 판을 치고 있다.

　　우리의 현실 역시 별로 다를 바가 없다고 생각한다. 우리의 것은 무조건 진부하고 봉건적인 것으로 매도하는 사고가 팽배해 있기 때문이다. 물론 서구(西歐)의 민주주의(民主主義)가 가장 발전된 정치체제(政治體制)임은 두말할 여지가 없다. 하지만 우리는 이 서구의 민주주의 체제를 받아들인 지 어언 반세기(半世紀)가 지났건만 정치 상황은 아직도 후진성을 면치 못하고 있다. 이는 이념이나 제도에 문제가 있어서가 아니요 위정자(爲政者)들의 기본 자세가 결여된 때문이라고 스스로 진단한다. 뿌리가 없는 꽃은 제대로 필 수가 없는 것이다. 정치에도 뿌리가 있어야 한다. 우리의 문화를 뿌리로 삼고 서구의 제도를 정착화시킬 때에 비로소 민주주의의 아름다운 꽃이 피리라. 위정자들이 서구의 사상에만 몰입할 것이 아니라, 우리 정치사(政治史)의 뿌리라 할 수 있는 본서를 다시 연구하고 좋은 점을 폭넓게 수용하여 오늘의 위기를 극복하고 정치선진화를 이룩하였으면 하는 마음 간절할 뿐이다.

　　본인은 일찍이 17세 때에 선친(先親)으로부터 《서집전(書集傳)》을 배웠으며, 1977년 민족문화추진회(民族文化推進會) 국역연수원(國譯研修院)에서 우전(雨田) 신호

열(辛鑣烈) 선생으로부터 《서경》 강의(講義)를 들은 적이 있다. 우전(雨田) 선생은 청대(淸代)의 학설(學說)까지 두루 수용하여 《집전》과 다른 해석을 하시는 경우가 많았으나 이것을 정리하여 집대성하지 못한 것이 못내 아쉬울 뿐이다. 그 후 본인은 몇 차례 《서경》을 강의하면서 본서의 간행에 뜻을 두게 되었다. 그리하여 약 30여년 전 사서집주(四書集註)가 마무리되면서 삼경(三經)을 완역(完譯)하라는 동학들의 요구에 못 이겨 다시 본서를 작업한 지 3년여에 비로소 결실을 보게 되었다. 그러나 1998년에 초판본(初版本)을 발간한 지가 어연 30년이 훌쩍 지나갔다. 이제 다시 삼경(주역, 시경, 서경)을 최종적으로 정리 출판한다는 계획을 세우고 예전에 참고했던 《채전방통(蔡傳旁通)》과 《삼경석의(三經釋義)》, 《경서변의(經書辨疑)》 외에 호산(壺山) 박문호(朴文鎬, 1846~1918)의 《서경집전상설(書經集傳詳說)》과 영재(寧齋) 오윤상(吳允常)의 《영재집(寧齋集)》을 참고하여 인용된 경전(經傳)의 출전을 밝히고 오탈자(誤脫字)와 《집전》의 오류를 수정하고 주석을 보완하였다. 하지만 아직도 미진한 부분이 많아 수괴(羞愧)스러운 마음 더욱 간절하다. 선후배 제현(諸賢)의 아낌없는 질정(叱正)을 기다리는 바이다. 끝으로 본서가 나오기까지 물심양면으로 도와주시고 역문 전체를 교정해주신 박희재(朴喜在) 부이사장님께 사의(謝意)를 표하고, 교정을 도와 준 방회숙(方淮淑) 선생, 김예서(金芮書) 연구원, 신선명(申先明) 군, 그리고 각종 도표를 새롭게 제작해준 박준용(朴埈用) 군에게도 심심한 사의를 표한다.

서력(西曆) 2025년 세재을사(歲在乙巳) 계춘(季春)에 열상(洌上)의 관일헌(觀一軒)에서 쓰다.

西曆 2025年 歲在乙巳 4月

成 百 曉
해동경사연구소장

일러두기

1. 본서(本書)는 내각본(內閣本:언해본(諺解本) 포함)을 국역대본(國譯臺本)으로 하고, 진사개(陳師凱)의 《채전방통(蔡傳旁通)》・임지기(林之奇)의 《상서전해(尙書全解)》・소식(蘇軾)의 《소장공서전(蘇長公書傳)》・여조겸(呂祖謙)의 《동래서설(東萊書說)》・호산(壺山) 박문호(朴文鎬)의 《서집전상설(書集傳詳說)》과 일본(日本)의 한문대계본(漢文大系本) 및 우리나라의 경학자료집성(經學資料集成) 《서경(書經)》을 참고하여 상・하 2책으로 번역(飜譯)하였다.
2. 원문(原文) 이해의 도움을 위하여 현토(懸吐)하였다.
   본문(本文)의 토(吐)는 관본(官本) 언해(諺解)를 위주하고, 다만 필요에 따라 조정(調整)하였다.
3. 번역은 원의(原義)에 충실하게 하여 원전 강독(原典講讀)에 도움이 되도록 하였다.
4. 역주(譯註)는 중요한 출전(出典)이나 난해(難解)한 문맥(文脈)과 타당성이 있다고 여겨지는 이설(異說), 참고할 만한 영재(寧齋) 오윤상(吳允常)의 《서전차기(書傳箚記)》, 호산의 《상설(詳說)》 및 오탈자(誤脫字)를 대상으로 하였고, 원문의 난해자(難解字)는 자의(字義)를 하단에 실었다.
5. 본문(本文)의 오자(誤字), 가차자(假借字) 등은 다음 부호(符號)를 사용하였다.

              (오자) (정자)
   오자의 예(例) : 天秩有禮하시니 自我五禮하사 (有)〔五〕를 庸哉하소서
   가차자의 예 : 克明俊(峻)德

6. 원문 가운데 본문과 《집전》은 글자의 대소(大小)로 구분하고 번역문도 이에 따랐다.
7. 각 편별(篇別)로 일련번호를 붙여 구분하였다.
8. 각 편의 첫머리에, 해당하는 〈소서(小序)〉와 【변설(辨說)】을 부기하고 번역하였다.
9. 본서의 이해를 돕고자 상권(上卷)에 서전도(書傳圖)를 부록(附錄)하였다.
10. 《서경》〈소서(小序)〉를 부록에 실었으며 이외에도 일서(逸書) 등이 있어 '상서백편(尙書百篇)'으로 전해오는바, 금고문(今古文)의 수록 상태를 파악하기 위하여 이동표(異同表)를 부록하여 참고하게 하였다.
11. 본서의 사용 부호는 다음과 같다.

   〈 〉 : 보충역(補充譯)   ( ) : 간주(間註) 및 참고사항
   〈 〉 : 편명(篇名)   〔 〕 : 참고원문 및 한자
   《 》 : 서명(書名)   、 : 원문에서는 동격나열(同格羅列)

書經集傳

上

서경집전 서(書經集傳序)

慶元己未冬에 先生文公이 令沈으로 作書集傳케하시고 明年에 先生歿하시고 又十年에 始克成編하니 總若干萬言이라 嗚呼라 書豈易(이)言哉아 二帝, 三王[1] 治天下之大經大法이 皆載此書하니 而淺見薄識이 豈足以盡發蘊奧리오 且生於數千載之下하여 而欲講明於數千載之前하니 亦已難矣라

　경원(慶元;남송(南宋) 영종(寧宗)의 첫 번째 연호) 기미년(己未年, 1199) 겨울에 선생 주문공(朱文公)이 나로 하여금 《서집전(書集傳)》을 짓게 하시고 이듬해에 선생이 별세하셨고, 다시 10년에 비로소 책이 이루어졌으니, 모두 약간 만 자(萬字)이다.

　아! 《서경》을 어찌 쉽게 말할 수 있겠는가. 이제(二帝)·삼왕(三王)이 천하를 다스린 대경대법(大經大法)이 모두 이 책에 실려 있으니, 식견이 얕은 자가(내가) 어찌 깊은 뜻을 다 발명할 수 있겠는가. 더구나 수천 년 뒤에 태어나서 수천 년 전의 일을 강명(講明)하려 하니, 또한 너무 어려운 것이다.

然이나 二帝, 三王之治는 本於道하고 二帝, 三王之道는 本於心하니 得其心이면 則道與治를 固可得而言矣리라 何者오 精一執中은 堯, 舜, 禹相授之心法也[2]요 建中建極[3]은 商湯, 周武相傳之心法也니 曰德, 曰仁, 曰敬, 曰誠[4]이 言雖殊나 而理則一

1　二帝三王: 이제(二帝)는 요제(堯帝)와 순제(舜帝)이고, 삼왕(三王)은 하(夏)의 우왕(禹王)·상(商)의 탕왕(湯王)·주(周)의 문왕(文王)·무왕(武王)을 가리킨다.

2　精一執中 堯舜禹相授之心法也: '정일집중(精一執中)'은 〈우서(虞書) 대우모(大禹謨)〉에 보이는 "인심은 위태롭고 도심은 미묘(微妙;은미)하니, 정하게 살피고 한결같이 지켜야 진실로 그 중을 잡을(지킬) 수 있다.〔人心惟危, 道心惟微, 惟精惟一, 允執厥中.〕"라고 한 내용을 축약한 것으로, 이 글은 순제(舜帝)가 우(禹)에게 선위(禪位)하려 하면서 당부한 말씀이고, 이에 앞서 요제(堯帝)는 순(舜)에게 선위하려 하면서 "진실로 그 중을 잡아 지켜라.〔允執其中〕"라고 당부한 내용이 《논어》〈요왈(堯曰)〉에 보인다. 그리하여 주자는 이것을 '요·순·우가 서로 전수한 중요한 심법(心法;마음을 다스리는 법)'이라 하였다.

3　建中建極: 건중(建中)은 중도(中道)를 세우는 것으로 〈상서(商書) 중훼지고(仲虺之誥)〉에 보이고, 건극(建極)은 황극(皇極)을 세우는 것으로 〈주서(周書) 홍범(洪範)〉에 보인다.

4　曰德曰仁曰敬曰誠: 〈상서(商書) 태갑 하(太甲下)〉에 이윤(伊尹)이 거듭 왕(태갑(太甲))에게 가르쳐 고하기를 "아! 하늘은 친한 사람이 없어 능히 공경하는 이를 친하고, 백성들은 항상 그리워하는 사람이 없어 인(仁)이 있는 이를 그리워하며, 귀신은 항상 흠향하는 자가 없어 능히 성실한 자

… 蘊: 쌓을 온　奧: 깊을 오

이니 無非所以明此心之妙也라 至於言天則嚴其心之所自出이요 言民則謹其心 之所由施니 禮樂敎化는 心之發也요 典章文物은 心之著也요 家齊國治而天下平 은 心之推也니 心之德이 其盛矣乎인저 二帝、三王은 存此心者也요 夏桀、商受는 亡此心者也요 太甲、成王은 困而存此心者也니 存則治하고 亡則亂하나니 治亂之 分이 顧其心之存不存如何耳라 後世人主 有志於二帝、三王之治인댄 不可不求 其道요 有志於二帝、三王之道인댄 不可不求其心이니 求心之要는 舍(捨)是書면 何以哉리오

그러나 이제·삼왕의 정치는 도(道)에 근본하였고 이제·삼왕의 도는 마음에 근본하였으니, 그 마음을 알면 도와 정치를 진실로 말할 수 있을 것이다. 어째서인가? 정일집중(精一執中)은 요(堯)·순(舜)·우(禹)가 서로 전수한 심법(心法)이요, 중(中)을 세우고 극(極)을 세움은 상(商)나라 탕왕(湯王)과 주(周)나라 무왕(武王)이 서로 전수한 심법이다. 덕(德)과 인(仁)과 경(敬)과 성(誠)이 글자는 비록 다르나 이치는 하나이니(똑같으니), 모두 이 마음의 묘함을 밝힌 것이다. 하늘을 말함은 마음의 소자출(所自出; 말미암아 나온 것)을 엄하게 한 것이요, 백성을 말함은 마음이 말미암아 베풀어짐을 삼간 것이니, 예악(禮樂)과 교화(敎化)는 이 마음에서 나온 것이요, 전장(典章)과 문물(文物)은 이 마음이 드러난 것이요, 집안이 가지런해지고 나라가 다스려지고 천하가 균평(均平)해짐은 이 마음을 미루어 확대한 것이니, 마음의 덕(德)이 성대(盛大)하다 할 것이다.

이제와 삼왕은 이 마음을 보존한 자이고, 하(夏)나라 걸(桀)과 상(商)나라 수(受;주(紂))는 이 마음을 잃은 자이고, 태갑(太甲)과 성왕(成王)은 애써서 이 마음을 보존한 자이니, 보존하면 다스려지고 잃으면 혼란하니, 다스려짐과 혼란함의 구분은 다만 마음을 보존하느냐 보존하지 못하느냐의 여하에 달려있을 뿐이다. 후대의 군주가 이제·삼왕의 정치에 뜻을 두려 한다면 그 도(道)를 찾지 않을 수 없고, 이제·삼왕의 도에 뜻을 두려 한다면 그 마음을 찾지 않을 수 없을 것이니, 마음을 찾는 요점은 이 책을 버린다면 무엇으로써 하겠는가.

••••••

에게 흠향하니, 천자의 지위가 지키기 어렵습니다. 덕이 있으면 다스려지고 덕이 아니면 혼란합니다.〔嗚呼! 惟天無親, 克敬惟親; 民罔常懷, 懷于有仁; 鬼神無常享, 享于克誠, 天位艱哉. 德惟治, 否德亂.〕" 하였는데,《집전(集傳)》에 "덕은 경(敬)과 인(仁)과 성(誠)을 합한 명칭이니, 이 덕이 있으면 다스려지고 이 덕이 없으면 혼란해진다.〔德者, 合敬仁誠之稱也. 有是德則治, 無是德則亂.〕" 하였다. 그러므로 덕을 맨 앞에 놓은 것이다.

••• 桀 : 하왕이름 걸 顧 : 돌아볼 고, 다만 고

沈이 自受讀以來로 沈潛其義하고 參考衆說하여 融會貫通일새 廼敢折衷호되 微辭奧旨는 多述舊聞이요 二典, 禹謨는 先生이 蓋嘗是正[5]하사 手澤尙新하니 嗚呼惜哉라 集傳은 本先生所命이라 故凡引用師說을 不復識(지)別하노라 四代之書를 分爲六卷하니 文以時異나 治以道同이라 聖人之心見(현)於書가 猶化工之妙著於物하니 非精深이면 不能識也라 是傳也 於堯、舜、禹、湯、文、武、周公之心엔 雖未必能造其微어니와 於堯、舜、禹、湯、文、武、周公之書엔 因是訓詁면 亦可得其指意之大略矣리라

嘉定己巳三月旣望에 武夷蔡沈은 序하노라

　　나는 이 책을 받아 읽은 이래로 그 뜻에 침잠(沈潛)하고 여러 학설들을 참고하여 융회 관통(融會貫通)하였기에 이에 감히 절충하되 은미(隱微)한 말씀과 깊은 뜻은 옛날에 스승에게 들은 것을 기술함이 많고, 이전(二典)과 〈대우모(大禹謨)〉는 선생이 일찍이 시정하시어 손때가 아직도 새로우니, 아! 애석하다.

　《집전(集傳)》은 본래 선생이 지으라고 명하신 것이므로 인용한 모든 스승(주자)의 설(說)을 다시 별도로 표지(標識)하여 구별하지 않았다. 우(虞)·하(夏)·상(商)·주(周) 사대(四代)의 글을 나누어 6권(卷)으로 만들었으니, 글은 시대에 따라 다르나 정치는 도(道)로써 똑같다. 성인(聖人)의 마음이 책에 나타남은 화공(化工;하늘의 조화)의 묘함이 물건에 드러나는 것과 같으니, 정심(精深)한 자가 아니면 알 수 없다.

　이 《집전》은 요(堯)·순(舜)·우(禹)·탕(湯)·문(文)·무(武)·주공(周公)의 마음에 있어서는 비록 반드시 그 은미한 경지에 나아갔다고 기필하지는 못하지만, 요·순·우·탕·문·무·주공의 글에 있어서는 이 훈고(訓詁)를 따른다면 또한 그 뜻의 대략을 알 수 있을 것이다.

　　가정(嘉定;남송 영종의 네 번째 연호) 기사년(己巳年, 1209) 3월 기망(旣望;16일)에 무이(武夷) 채침(蔡沈)은 쓰노라.

------

5 二典禹謨 先生蓋嘗是正 : 이전(二典)은 〈요전(堯典)〉과 〈순전(舜典)〉이고, 우모(禹謨)는 〈대우모(大禹謨)〉를 가리킨다. 호산(壺山) 박문호(朴文鎬)는 대전본(大全本)의 소주(小註)에 보이는 "주자가 오직 이전과 〈대우모〉·〈소고(召誥)〉·〈대고(大誥)〉·〈금등(金縢)〉에 대해 해석한 것이 있고, 〈우공(禹貢)〉의 구강(九江)과 팽려(彭蠡), 〈홍범(洪範)〉의 황극(皇極)에 대해 변론한 것이 있다."는 진씨(陳氏)의 설을 소개하였다.《書集傳詳說》

••• 廼 : 이에 내　識 : 표지할 지　造 : 나아갈 조　詁 : 주낼 고

우서 虞書

書經集傳卷一

우서(虞書)

虞는 舜氏이니 因以爲有天下之號也니 書凡五篇이라 堯典은 雖紀唐堯之事나 然本虞史所作이라 故曰虞書요 其舜典以下는 夏史所作이니 當曰夏書라 春秋傳에도 亦多引爲夏書하니 此云虞書는 或以爲孔子所定也[6]라

'우(虞)'는 순(舜)의 씨(氏)이니, 인하여 천하를 소유한 칭호(국명)로 삼았으니, 〈우서(虞書)〉는 모두 5편이다. 〈요전(堯典)〉은 비록 당요(唐堯;당나라 요 임금)의 일을 기록하였으나 본래 우(虞)나라 사관(史官)이 지은 것이므로 〈우서〉라 하였고, 〈순전(舜典)〉이하는 하(夏)나라 사관이 지은 것이니 마땅히 〈하서(夏書)〉라고 해야 할 것이다. 《춘추좌씨전(春秋左氏傳)》에도 〈하서〉라고 인용한 경우가 많으니, 여기에서 〈우서〉라고 한 것은 혹 공자(孔子)께서 정한 것이라 한다.

......
6 堯典……或以爲孔子所定也 : 양촌(陽村) 권근(權近)은 다음과 같이 말하였다. "'위에〈요전(堯典)〉은 우(虞)나라 사관이 지은 것이므로 우서(虞書)라 하였고, 〈순전(舜典)〉이하는 하(夏)나라 사관이 지은 것이니 마땅히 하서(夏書)라 해야 한다.'고 하였으나, 내가 상고하건대 역사를 편찬하는 방법은 모두 후세 사람에 의해 기록되지만 그 서명(書名)을 전대(前代)로 해야 함은, 글은 비록 후세에 이루어지지만 일은 전대의 일이기 때문이다. 예컨대 반고(班固)는 후한(後漢)에 있으면서 전한(前漢)의 역사를 편찬하였으나 그 서명은 《전한서(前漢書)》라 칭하였고, 범조우(范祖禹)는 북송(北宋)에 있으면서 당(唐)나라의 역사를 편찬하였으나 그 서명은 《당감(唐鑑)》이라 한 것들이 모두 이것이다. 그렇다면 〈요전〉은 우나라 사관에 의해 지어졌으나 당연히 '당서(唐書)'라 해야 하고, 〈순전〉이하는 하나라 사관이 지었으나 당연히 '우서(虞書)'라 해야 할 것이다. 〈대우모(大禹謨)〉한 편만은 《사기(史記)》〈한고조본기(漢高祖本紀)〉의 예(例)와 같으니, 당연히 〈하서〉의 첫머리로 삼아야 한다. 그러므로 《춘추좌씨전(春秋左氏傳)》에서도 대부분 '하서'라고 인용하였다. 그러나 그 기록된 내용은 우(禹)가 즉위한 이후의 일이 아니고 곧 고요(皐陶)·백익(伯益)과 함께 제순(帝舜;순제)의 앞에서 정사를 논한 것으로 모두 우(虞)나라 조정에서 있었던 임금과 신하의 가언(嘉言)과 선정(善政)일 뿐인데, 어떻게 '하서'라 할 수 있겠는가.〔堯典, 虞史所作, 故曰虞書. 舜典以下, 夏史所作, 當曰夏書. 愚按修史之法, 皆定於後世之人, 而其書名以前代者, 書雖成於後世, 而事則前代之事故也. 如班固在後漢, 而修前漢之史, 其書稱爲前漢, 范氏在宋, 而編唐家之史, 其書名曰唐鑑之類, 皆是也. 然則堯典作於虞史, 當曰唐書, 舜典以下, 夏史所作, 而當曰虞書也. 獨禹謨一篇, 如漢高祖紀之例, 當爲夏書之首, 故春秋左傳亦多引爲夏書. 然其所記, 非禹踐祚以後之事, 乃與陶益陳謨於帝舜之前者也. 是皆虞廷君臣嘉言善政爾. 安得以爲夏書乎.〕"

... 虞 : 나라 우 紀 : 기록할 기

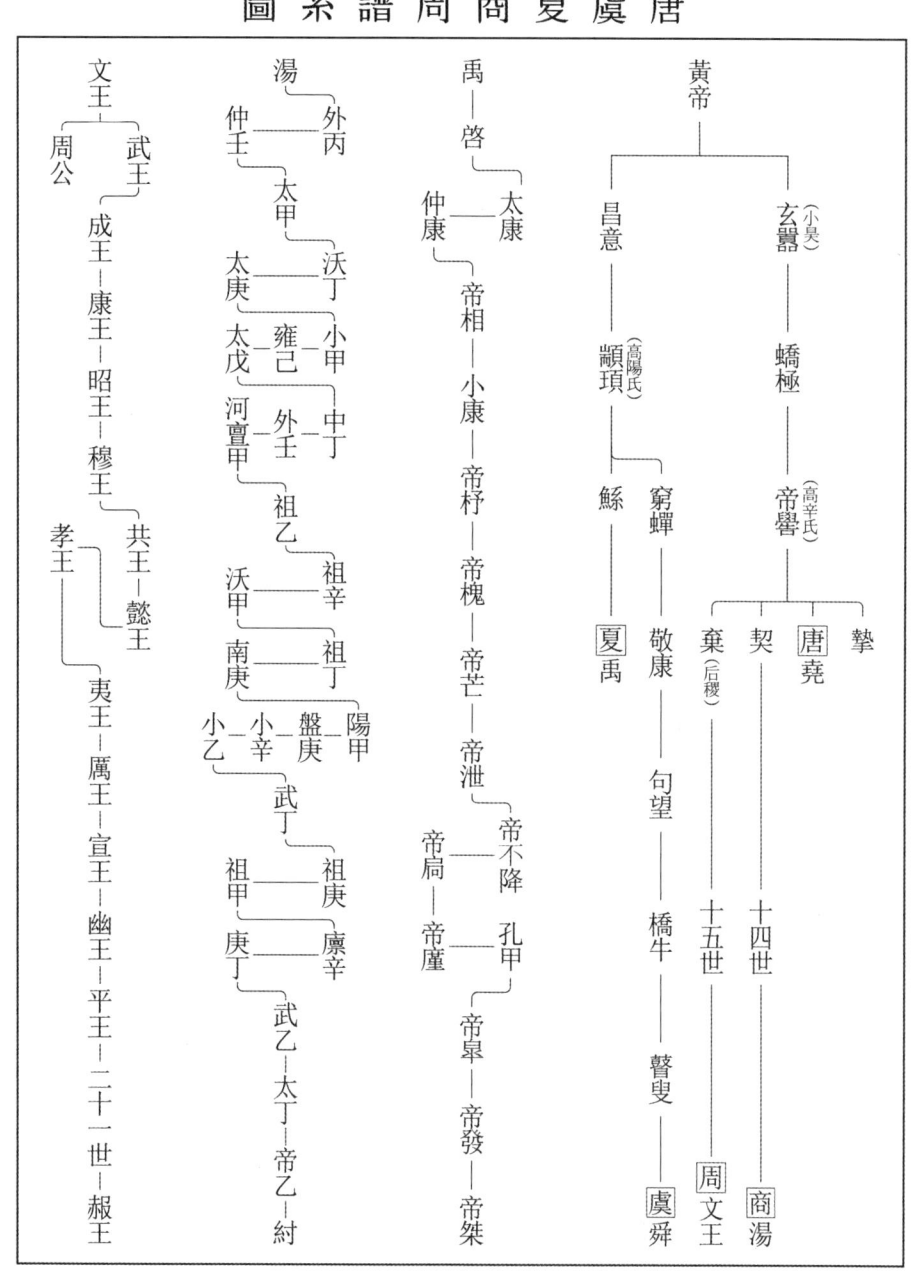

唐虞夏商周譜系圖

〈요전(堯典)〉

堯는 唐帝名[7]이라 說文曰 典은 從册在丌(기)上하니 尊閣之也라하니라 此篇은 以簡册載堯之事라 故로 名曰堯典이요 後世에 以其所載之事可爲常法이라 故로 又訓爲常也라 今文古文皆有하니라

요(堯)는 당(唐)나라 황제의 이름이다. 《설문해자(說文解字)》에 "전(典)은 책이 책상[丌] 위에 있음을 따랐으니, 높여서 묶어 보관함이다." 하였다. 이 편은 간책(簡册)에 요(堯)의 일을 기재하였기 때문에 〈요전(堯典)〉이라 이름하였고, 후세에 여기에 기재된 일이 떳떳한 법이 될 만하다 하여 또 떳떳하다고 풀이[訓]하였다. 금문(今文:금문상서(今文尙書))과 고문(古文:고문상서(古文尙書))에 모두 있다.

【小序】 昔在帝堯 聰明文思하사 光宅天下러시니 將遜于位하여 讓于虞舜할새 作堯典하니라

옛날 제요(帝堯)가 총명(聰明)하고 문사(文思)가 있어 빛나게 천하를 안정시켰는데, 장차 황제의 지위를 물려주어 우순(虞舜)에게 양위(讓位)하려 하면서 〈요전(堯典)〉을 지었다.

【辨說】 聰明文思는 欽明文思也요 光宅天下는 光被四表也요 將遜于位하여 讓于虞舜일새 以虞書也[8]니 作者追言作書之意如此也라

'총명 문사(聰明文思)'는 공경하고 밝고 문채나고 생각하는 것이요, '광택천하(光宅天下)'는 광채가 사표(四表)에 입혀진 것이요, 〈요 임금이〉 장차 황제의 지위를 선양(禪讓)하여 우순(虞舜)에게 사양하려 하였으므로 〈우서(虞書)〉라고 한 것이니, 지은 자가 글을 지은 뜻을 추후에 말하기를 이와 같이 한 것이다.

1. 曰若稽古帝堯한대 曰放勳이시니 欽明文思 安安하시며 允恭克讓하사 光

......

7 堯 唐帝名:요 임금은 원래 당나라의 후(侯)였는데, 뒤에 황제가 되었고 도읍한 곳이 도(陶)이기 때문에 도당씨(陶唐氏)라 하였다.

8 讓于虞舜 以虞書也:호산(壺山)은 "〈우서(虞書)〉이기 때문에 말을 이와 같이 한 것이다. 혹자는 〈우서〉의 글을 사용하여 말을 했다고 한다. 그러나 말이 자못 분명하지 못하다.[以其虞書, 故言之如此. 或曰 用虞書之文爲言耳. 然語頗未瑩.]" 하였다.《書集傳詳說》

... 丌:책상 기 閣:보관할 각 遜:사양할 손 欽:공경 흠 稽:상고할 계 放:클 방 勳:공훈 允:진실로 윤

被四表하시며 **格于上下**하시니라

　옛 제요(帝堯)를 상고하건대 방훈(放勳:공이 큰 분)이시니, 공경하고 밝고 문채롭고 생각함이 편안하고 편안하시며 진실로 공손하고 능히 겸양하시어 광채가 사표(四表:사해)에 입히시며 상하(上下)에 이르셨다.

曰은 粤、越通이라 古文作粤하니 曰若者는 發語辭니 周書越若來三月이 亦此例也라 稽는 考也라 史臣이 將敍堯事라 故로 先言考古之帝堯者컨대 其德이 如下文所云也라 曰者는 猶言其說如此也라 放은 至也니 猶孟子言放乎四海是也라 勳은 功也니 言堯之功이 大而無所不至也라 欽은 恭敬也요 明은 通明也니 敬體而明用也라 文은 文章也요 思는 意思也니 文著見(현)而思深遠也라 安安은 無所勉强也니 言其德性之美 皆出於自然이요 而非勉强이니 所謂性之者⁹也라 允은 信이요 克은 能也라 常人은 德非性有하여 物欲害之라 故로 有强爲恭而不實하고 欲爲讓而不能者로되 惟堯性之라 是以로 信恭而能讓也라 光은 顯이요 被는 及이요 表는 外요 格은 至요 上은 天이요 下는 地也라 言其德之盛如此라 故로 其所及之遠如此也라

　'왈(曰)'은 월(粤), 월(越)과 통한다. 고문(古文:공자 후손의 벽장〔孔壁:노벽(魯壁)〕에서 나온 고문상서)에는 월(粤)로 되어 있는바, '왈약(曰若)'은 발어사(發語辭)이니, 〈주서(周書) 소고(召誥)〉의 '월약래삼월(越若來三月)'도 이러한 예(例)이다. '계(稽)'는 상고함이다. 사신(史臣)이 장차 제요(帝堯)의 일을 서술하려 하였으므로 먼저 말하기를 "옛 제요를 상고하건대 그 덕(德)이 하문(下文)에 말한 바와 같다."고 한 것이다. '왈(曰)'은 그 말이 이와 같다고 말한 것과 같다. '방(放)'은 이름이니, 《맹자(孟子)》〈등문공 상(滕文公上)〉에 "공훈이 사해(四海)에 이르렀다."고 말한 것이 이것이다.

　'훈(勳)'은 공이니, 〈방훈(放勳)은〉 제요의 공이 커서 이르지 않은 바가 없음을 말한 것이다. '흠(欽)'은 공경함이요 '명(明)'은 통명(通明)함이니, 경(敬)이 체(體)이고 명(明)이 용(用)이다. '문(文)'은 문장(文章:문채)이요 '사(思)'는 의사(意思)이니, 문장이 드러나고 생각이 심원한 것이다. '안안(安安)'은 힘써서 억지로 하는 바가 없는 것이니, 그 덕성(德性)의 아름다움이 다 자연(自然)스러움에서 나오고 힘써서 억지로 함이 아님을

------

9 所謂性之者:성지(性之)는 본성(本性) 그대로 행함을 이른다.《맹자》〈진심 하(盡心下)〉에 "堯舜性者也, 湯武反之也."라고 보이는바, 성지자(性者)는 곧 성지자(性之者)의 줄임말이고, 반지(反之)는 성(性)을 잃었다가 다시 되찾는 것을 이른다.

··· 格 : 이를 격　粤 : 어조사 월

말한 것이니, 이른바 '성(性)대로 한 자'라는 것이다.

'윤(允)'은 진실로요, '극(克)'은 능함이다. 상인(常人)은 덕(德)이 성(性)대로 소유한 것이 아니어서 물욕(物欲)이 해치므로 억지로 공손하여 성실하지 못하고 겸양하고자 하여도 능하지 못한 자가 있다. 오직 제요만은 성(性)대로 하셨다. 이 때문에 진실로 공손하고 능히 겸양한 것이다. '광(光)'은 드러남이요, '피(被)'는 미침이요, '표(表)'는 밖이요, '격(格)'은 이름이요, '상(上)'은 하늘이요, '하(下)'는 땅이니, 그 덕의 성대함이 이와 같으므로 그 미친 바의 넓이 이와 같음을 말한 것이다.

蓋放勳者는 總言堯之德業也요 欽明文思安安은 本其德性而言也요 允恭克讓은 以其行實而言也요 至於被四表, 格上下하여는 則放勳之所極也라 孔子曰 惟天爲大어시늘 惟堯則(칙)之[10]라하시니 故로 書敍帝王之德이 莫盛於堯요 而其贊堯之德이 莫備於此라 且又首以欽之一字爲言하니 此書中開卷第一義也라 讀者深味而有得焉이면 則一經之全體 不外是矣리니 其可忽哉아

'방훈(放勳)'은 제요의 덕업(德業)을 총괄하여 말한 것이요, '흠명문사안안(欽明文思安安)'은 그 덕성(德性)을 근본하여 말한 것이요, '윤공극양(允恭克讓)'은 그 행실을 가지고 말한 것이요, 사표(四表)에 미치고 상하(上下)에 이름에 이르러는 방훈의 지극함이다.

공자(孔子)가 말씀하기를 "하늘이 위대하신데 오직 요(堯)가 이와 같았다." 하셨다. 그러므로 《서경》에서 제왕의 덕을 서술한 것이 요보다 더 성한 분이 없고, 요의 덕을 찬미함이 이보다 더 구비된 것이 없다. 또 맨 처음에 한 흠(欽) 자를 말씀하였으니, 이 책 가운데에 권(卷)을 펼쳐보는 첫 번째 뜻이다. 읽는 자가 깊이 음미하여 터득함이 있으면 《서경》 전체가 여기에서 벗어나지 않을 것이니, 어찌 소홀히 할 수 있겠는가.

2. 克明俊(峻)德하사 以親九族하신대 九族이 旣睦이어늘 平章百姓하신대 百姓이 昭明하며 協和萬邦하신대 黎民이 於(오)變時雍하니라

능히 큰 덕(德)을 밝혀 구족(九族)을 친하게 하시니 구족이 이미 화목하거늘 백성을 고루 밝히시니 백성이 덕을 밝히며, 만방(萬邦)을 화합하여 고르게 하시니 여민(黎民)

......
10 孔子曰 惟天爲大 惟堯則之 : 이 내용은 《논어(論語)》 〈태백(泰伯)〉에 보인다.

··· 則 : 본받을 칙 俊 : 클 준 睦 : 화목할 목 協 : 화합할 협 黎 : 검을 려, 무리 려 於 : 감탄할 오 雍 : 화할 옹

들이 아! 변하여 이에 화(和)하였다.

明은 明之也요 俊은 大也니 堯之大德은 上文所稱이 是也라 九族은 高祖至玄孫之親이니 擧近以該遠하니 五服[之外]¹¹에 異姓之親¹²도 亦在其中也라 睦은 親而和也라 平은 均이요 章은 明也라 百姓은 畿內民庶也라 昭明은 皆能自明其德也라 萬邦은 天下諸侯之國也라 黎는 黑也니 民首皆黑이라 故曰黎民이라 於는 歎美辭라 變은 變惡爲善也라 時는 是요 雍은 和也라 此는 言堯推其德하여 自身而家而國而天下하니 所謂放勳者也라

'명(明)'은 밝힘이요, '준(俊)'은 큼이니, 요(堯)의 큰 덕은 윗글에 말한 것이 이것이다. '구족(九族)'은 고조(高祖)로부터 현손(玄孫;고손)까지의 친족(親族)이다. 가까운 것을 들어 먼 것을 다하였으니, 오복(五服)의 친족 이외에 성(姓)이 다른 친척도 또한 이 가운데에 들어있다. '목(睦)'은 친하고 화함이다. '평(平)'은 고름이요, '장(章)'은 밝음이다. '백성'은 기내(畿內)의 백성들이다. '소명(昭明)'은 다 능히 스스로 그 덕을 밝히는 것이다. '만방(萬邦)'은 천하의 제후국이다. '려(黎)'는 검음이니, 백성들의 머리가 다 검으므로 려민(黎民)이라 한 것이다. '오(於)'는 감탄하는 말이다. '변(變)'은 악(惡)을 변하여 선(善)을 하는 것이다. '시(時)'는 이것이요, '옹(雍)'은 화함이다. 이는 요가 그 덕을 미루어 자신으로부터 집에 이르고 나라에 이르고 천하에 이름을 말하였으니, 이른바 방훈(放勳;공이 큼)이라는 것이다.

3. **乃命羲和**하사 **欽若昊天**하여 **曆象日月星辰**하여 **敬授人時**하시다

이에 희씨(羲氏)와 화씨(和氏)에게 명하여 호천(昊天)을 공경히 따라서 해와 달과 성신(星辰)을 역상(曆象;책력으로 기록하고 관상(觀象)하는 기구로 관찰함)하여 인시(人時;백성의 농사철)를 공경히 알려주게 하셨다.

......

11 五服[之外] : 호산(壺山) 박문호(朴文鎬)의 《주자대전(朱子大全)》에는 '지외(之外) 두 글자가 있다."는 말씀에 의거하여 '之外' 두 글자를 보충하여 번역하였다. 《書集傳詳說》
12 五服[之外]異姓之親 : 오복(五服)은 다섯 가지 상복으로, 삼년복(三年服)·기년복(期年服)·대공 9월(大功九月)·소공 5월(小功五月)·시마 3월(緦麻三月)을 가리키며, 이성(異姓)의 친척은 모당(母黨;외가)·처당(妻黨;처가)을 가리킨다.

··· 該:다 해, 겸할 해 羲:복희 희 若:순할 약 曆:책력 력

乃者는 繼事之辭[13]라 羲氏, 和氏는 主曆象授時之官이라 若은 順也라 昊는 廣大之意라 曆은 所以紀數之書요 象은 所以觀天之器니 如下篇璣衡之屬이 是也라 日은 陽精이니 一日而繞地一周하고 月은 陰精이니 一月而與日一會라 星은 二十八宿(수)[14], 衆星爲經과 金, 木, 水, 火, 土五星爲緯[15]가 皆是也라 辰은 以日月所會로 分周天之度하여 爲十二次[16]也라 人時는 謂耕穫之候니 凡民事早晚之所關也니 其說이 詳見(현)下文하니라

'내(乃)'는 일을 계속하는 말이다. 희씨(羲氏)와 화씨(和氏)는 역상(曆象)으로 농사철을 알려주는 것을 맡은 관원이다. '약(若)'은 순함이다. '호(昊)'는 광대하다는 뜻이다.

······

13 乃者 繼事之辭 : 내(乃)는 '이에'의 뜻으로 '이렇게 하고 그런 뒤에'의 뜻인바, 호산 박문호는 "백성이 화(和)한 뒤에 희씨(羲氏)·화씨(和氏)에게 명한 것이다.〔民雍然後命羲和〕" 하였다. 《書集傳詳說》

14 二十八宿 : 스물여덟 개의 별자리로, 각(角)·항(亢)·저(氐)·방(房)·심(心)·미(尾)·기(箕)의 일곱 별은 동방(東方)에 있고 모양이 용(龍)과 같다 하여 창룡(蒼龍;청룡(靑龍)) 칠수(七宿)라 하며, 두(斗)·우(牛)·여(女)·허(虛)·위(危)·실(室)·벽(壁)의 일곱 별은 북방(北方)에 있고 그 모양이 거북 위에 똬리를 틀고 있는 뱀과 같다 하여 현무 칠수(玄武七宿)라 하며, 규(奎)·루(婁)·위(胃)·묘(昴)·필(畢)·자(觜)·삼(參)의 일곱 별은 서방(西方)에 있고 범의 모양과 같다 하여 백호 칠수(白虎七宿)라 하며, 정(井)·귀(鬼)·유(柳)·성(星)·장(張)·익(翼)·진(軫)의 일곱 별은 남방(南方)에 있고 그 모양이 새와 같다 하여 주조(朱鳥;주작(朱雀)) 칠수(七宿)라 한다. 또한 각 방위의 일곱 별을 서로 연결하여 자(子)·축(丑)·인(寅)·묘(卯) 등의 12방위(方位;신(辰))에 배치하는바, 동방의 각·항·저 세 별을 수성(壽星)이라 하는데 방위로는 진(辰)이 되고, 방·심·미 세 별을 대화(大火)라 하는데 방위로는 묘(卯)가 되고, 기(箕)를 석목(析木)이라 하는데 방위로는 인(寅)이 되며, 북방의 두·우·여 세 별을 성기(星紀)라 하는데 방위로는 축(丑)이 되고, 허·위 두 별을 현효(玄枵)라 하는데 방위로는 자(子)가 되고, 실·벽 두 별을 추자(娵訾)라 하는데 방위로는 해(亥)가 되며, 서방의 규·루·위 세 별을 강루(降婁)라 하는데 방위로는 술(戌)이 되고, 묘·필 두 별을 대량(大梁)이라 하는데 방위로는 유(酉)가 되고, 자·삼 두 별을 실침(實沈)이라 하는데 방위로는 신(申)이 되며, 남방의 정·귀 두 별을 순수(鶉首)라 하는데 방위로는 미(未)가 되고, 유·성·장 세 별을 순화(鶉火)라 하는데 방위로는 오(午)가 되고, 익·진 두 별을 순미(鶉尾)라 하는데 방위로는 사(巳)가 되는바, 별과 별 사이에는 완전히 한계가 그어지지 않고 항상 앞부분과 뒷부분이 서로 맞물리게 되어있다. 이 이십팔수는 하늘을 따라 서쪽(오른쪽)으로 돈다.

15 衆星爲經 金木水火土五星爲緯 : 경(經)은 경성(經星;恒星)으로 한 곳에 고정되어 있는 별인바, 이십팔수와 기타 모든 별이 다 여기에 해당하며, 위(緯)는 위성(緯星;行星)으로 오성(五星) 등의 움직이는 별을 이른다.

16 十二次 : 차(次)는 머무는 곳으로, 12차는 곧 해와 달이 서로 교차하는 12방위를 가리키는바, 정월에는 해(亥;추자(娵訾))에서 만나고, 2월에는 술(戌;강루(降婁))에서 만나고, 3월에는 유(酉;대량(大梁))에서 만나고, 4월에는 신(申;실침(實沈))에서 만나고, 5월에는 미(未;순수(鶉首))에서 만나고, 6월에는 오(午;순화(鶉火))에서 만나고, 7월에는 사(巳;순미(鶉尾))에서 만나고, 8월에는 진(辰;수성(壽星))에서 만나고, 9월에는 묘(卯;대화(大火))에서 만나고, 10월에는 인(寅;석목(析木))에서 만나고, 11월에는 축(丑;성기(星紀))에서 만나고, 12월에는 자(子;현효(玄枵))에서 만난다.

··· 璣 : 작은구슬 기 衡 : 저울대 형 繞 : 감을 요, 두를 요 宿 : 별 수 緯 : 씨줄 위 穫 : 거둘 확

'력(曆)'은 수(數)를 기록하는 책이요 '상(象)'은 하늘을 관찰하는 기구이니, 하편(下篇)의 선기(璿璣)·옥형(玉衡) 따위와 같은 것이 이것이다. '일(日)'은 양(陽)의 정(精)이니 하루에 땅을 한 바퀴를 돌고, '월(月)'은 음(陰)의 정(精)이니 한 달에 한 번 해와 만난다. '성(星)'은 경성(經星)인 이십팔수(二十八宿)와 여러 별 및 위성(緯星)인 금(金)·목(木)·수(水)·화(火)·토(土)의 오성(五星)이 모두 이것이다. '신(辰)'은 해와 달이 만나는 곳으로 주천(周天)의 도수(度數)를 나누어 12차(次)를 만든 것이다. '인시(人時)'는 밭 갈고 수확하는 절후(節候)를 이르는바, 모든 민사(民事:농사)의 이르고 늦음이 관계되는 것이니, 그 해설이 하문(下文)에 자세히 보인다.

4. **分命羲仲**하사 **宅嵎**(우)**夷**하시니 **日暘谷**이니 **寅賓出日**하여 **平秩東作**이니 **日中**이요 **星鳥**라 **以殷仲春**이면 **厥民**은 **析**이요 **鳥獸**는 **孳**(자)**尾**니라

희중(羲仲)에게 나누어 명하사 우이(嵎夷)에 머물게 하시니 양곡(暘谷)이라 하는바, 솟아나오는 해를 공경히 맞이하여 동작(東作;봄에 시작하는 농사일)을 평질(平秩:고르게 차례에 맞게 함)하니, 해는 중간(밤낮의 길이가 같음)이고 별은 조수(鳥宿)이다. 한 가운데의 중춘(仲春)이 되면 그 백성들은 흩어져 살고 조수(鳥獸)는 새끼를 낳고 교미한다.

此下四節은 言曆旣成而分職以頒布하고 且考驗之하니 恐其推步之或差也라 或曰 上文所命은 蓋羲伯、和伯이요 此乃分命其仲、叔이라하니 未詳是否也로라 宅은 居也라 嵎夷는 卽禹貢嵎夷旣略者也라 日暘谷者는 取日出之義하니 羲仲所居官次之名이니 蓋官在國都나 而測候之所는 則在於嵎夷東表之地也라 寅은 敬也요 賓은 禮接之를 如賓客也니 亦帝嚳(곡)曆日月而迎送之[17] 意라 出日은 方出之日이니 蓋以春分之旦에 朝方出之日[18]하여 而識(지)其初出之景(影)也라 平은 均이요 秩은 序라 作은 起也니 東作은 春月은 歲功方興하니 所當作起之事也라 蓋以曆之節氣早晚으로 均次其先後之宜하여 以授有司也라 日中者는 春分之刻이 於夏永冬短에 爲適中也하여 晝夜皆五十刻[19]이니 擧晝以見(현)夜라 故曰日이라 星鳥는 南方

......

17 帝嚳曆日月而迎送之 : 이 내용은 《사기(史記)》〈오제기(五帝紀)〉에 보인다.
18 朝方出之日 : 조(朝)는 아침에 뵙는 것으로 아침에 제사함을 이르는바, 뒤의 '추분지모 석방납지일(秋分之暮 夕方納之日)'의 석(夕) 역시 저녁에 제사하는 것이다.
19 春分之刻……晝夜皆五十刻 : 옛날에는 하루를 100각(刻)으로 계산하여 춘분(春分)과 추분

··· 嵎 : 해돋는곳 우 暘 : 햇볕날 양 寅 : 공경 인 秩 : 차례 질 殷 : 가운데 은 析 : 흩어질 석 孳 : 새끼칠 자
　　嚳 : 임금이름 곡

朱鳥七宿니 唐一行이 推以鶉火爲春分昏之中星[20]也라 殷은 中也니 春分은 陽之中也라 析은 分散也라 先時冬寒하여 民聚於隩(오)러니 至是則以民之散處로 而驗其氣之溫也라 乳化曰孳요 交接曰尾니 以物之生育而驗其氣之和也라

　이 아래 네 절(節)은 책력이 이미 이루어짐에 직책을 나누어 반포하고 또 이를 상고하고 시험함을 말하였으니, 그 추보(推步:천체의 운행을 관측함)가 혹 착오가 있을까 염려해서이다. 혹자는 말하기를 "윗글에서 명한 것은 희백(羲伯)과 화백(和伯)에게 한 것이고, 여기서는 바로 희중(羲仲)과 희숙(羲叔)에게 나누어 명한 것이다." 하니, 그 말이 옳은 지는 자세하지 않다.

　'택(宅)'은 거함이다. '우이(嵎夷)'는 아래 〈우공(禹貢)〉에 "우이가 이미 경략(經略:다스려짐)되었다."는 것이다. '양곡(暘谷)'이라 함은 해가 나오는 뜻을 취한 것이니, 희중(羲仲)이 거하는 관차(官次:관사)의 이름이니, 관원은 국도(國都)에 있으나 측후(測候)하는 곳은 우이인 동표(東表:동쪽 밖)의 땅에 있는 것이다. '인(寅)'은 공경함이요 '빈(賓)'은 예(禮)로 접대하기를 빈객처럼 하는 것이니, 또한 제곡(帝嚳)이 해와 달을 책력에 기록하여 맞이하고 전송한 뜻이다. '출일(出日)'은 막 솟아나오는 해이니, 춘분(春分)의 아침에 막 나오는 해를 보고서 처음 나오는 그림자를 기록한 것이다. '평(平)'은 고름이요, '질(秩)'은 차례이다. '작(作)'은 일어남이니, '동작(東作)'은 봄철에는 세공(歲功:1년의 농사일)이 한창 일어나니(시작되니), 마땅히 시작해야 할 일이다. 이는 책력의 절기(節氣)가 이르고 늦음으로써 그 선후(先後)의 마땅함을 고르게 차례하여 유사(有司)에게 알려준 것이다.

　'일중(日中)'은 춘분(春分)의 시각이 여름에는 해가 길고 겨울에는 해가 짧은데 비해 〈해의 길이가〉 알맞아서 주야(晝夜)가 모두 50각(刻)이니, 낮을 들어 밤을 나타냈기 때문에 일(日)이라고 한 것이다. '성조(星鳥)'는 남방의 주조(朱鳥:주작(朱雀)) 칠수(七宿)이니, 당(唐)나라의 일행(一行)은 추리하기를 순화(鶉火)를 춘분날 해가 질 무렵의

(秋分)에는 밤과 낮의 길이가 각각 50각으로, 하지에는 낮의 길이가 60각이고 밤의 길이가 40각으로 보았으며 동지는 이와 반대이다. 그러나 각은 분(分)으로 나누기가 어려우므로 지금은 15분을 1각으로 하여 하루를 96각으로 계산한다.

20　唐一行 推以鶉火爲春分昏之中星: 일행(一行)은 당(唐)나라의 승려로 속명(俗名)은 장수(張遂)이며, 중성(中星)은 각 방위의 칠수(七宿) 중 한 가운데에 있는 별로 초저녁에 남쪽에 나타나는 것을 가리킨다. 12개월마다 각각 중성(中星)이 정해져 있는데, 춘분(春分)에는 순화(鶉火)인 유(柳)·성(星)·장(張) 세 별이고, 하지(夏至)에는 대화(大火)인 심성(心星), 추분(秋分)에는 허성(虛星), 동지(冬至)에는 묘성(昴星)이다. 성(星)은 수(宿)와 같다.

⋯　鶉 : 메추리 순　隩 : 아랫목 오(욱)

중성(中星;남방에 보이는 한 가운데의 별)이라 하였다. '은(殷)'은 가운데이니, 춘분은 양(陽)의 중(中;적당히 온화함)이다. '석(析)'은 나누어 흩어짐이다. 앞서는 겨울에 추워서 백성들이 아랫목에 모여 있었는데, 이때에 이르면 백성들이 흩어져 삶으로써 기후가 온화함을 징험하는 것이다. 유화(乳化;새끼를 침)를 '자(孶)'라 하고 교접(交接)함을 '미(尾)'라 하니, 동물의 생육(生育)을 가지고 기후가 온화함을 징험하는 것이다.

5. 申命羲叔하사 宅南交하시니 〔曰明都니〕 平秩南訛하여 敬致니 日永이요 星火라 以正仲夏면 厥民은 因이요 鳥獸는 希(稀)革이니라

거듭(다시) 희숙(羲叔)에게 명하사 남교(南交)에 머물게 하시니 명도(明都)라 하는바, 남와(南訛;여름에 변화하는 일)를 평질(平秩)하여 공경히 해를 맞이하니, 해는 길고 별은 대화(大火)이다. 바른(극(極)인) 중하(仲夏)가 되면 백성들은 그대로 흩어져 살고 조수(鳥獸)는 털이 듬성해져 가죽이 바뀐다.

申은 重也라 南交는 南方交趾之地라 陳氏曰 南交下에 當有日明都三字라하니라 訛는 化也니 謂夏月은 時物長盛하니 所當變化之事也라 史記索隱에 作南爲하니 謂所當爲之事也라 敬致는 周禮所謂冬夏致日이니 蓋以夏至之日中으로 祠日而識(지)其景(影)이니 如所謂日至之景이 尺有五寸을 謂之地中[21]者也라 永은 長也니 日永은 晝六十刻也라 星火는 東方蒼龍七宿라 火는 謂大火니 夏至昏之中星也라 正者는 夏至는 陽之極이니 午爲正陽位也라 因은 析而又析이니 以氣愈熱하여 而民愈散處也라 希革은 鳥獸毛希而革易也라

'신(申)'은 거듭함이다. '남교(南交)'는 남방 교지(交趾)의 땅이다. 진씨(陳氏)가 이르기를 "남교의 아래에 마땅히 '왈명도(日明都)' 세 글자가 있어야 한다." 하였다. '와(訛)'는 변화함이니, 여름철에는 시물(時物)이 장성하니, 마땅히 변화해야 할 바의 일을 이른다. 《사기(史記)》〈오제기(五帝紀)〉의 《색은(索隱)》에는 '남위(南爲)'로 되어 있으니, 〈남위는〉 마땅히 해야 할 바의 일을 이른다. '경치(敬致)'는 《주례(周禮)》〈풍상씨(馮

......
21 日至之景……謂之地中 : 일지(日至)는 동지(冬至)와 하지(夏至)를 가리키며, 지중(地中)은 중국의 가장 중앙(中央)인 지역으로 낙양(洛陽) 부근의 영천(潁川) 지역을 이른다. 옛날 8척(尺)의 표(表)와 1척(尺) 5촌(寸)의 토규(土圭)를 세워놓고 동지와 하지에 햇볕의 그림자를 맞추어 보아 그림자가 1척 5촌이 되는 곳을 표준 지역으로 정하였는바, 아래 〈소고(召誥)〉의 역주(譯註)에 자세히 보인다.

··· 申 : 거듭 신 訛 : 움직일 와 希 : 드물 희 趾 : 발꿈치 지 祠 : 제사 사 蒼 : 푸를 창 愈 : 더할 유

相氏))에 이른바 '겨울과 여름에 해를 맞이한다.'는 것이다. 이는 하지(夏至)의 일중(日中;정오)에 해에 제사하고 그림자를 기록하는 것이니, 이른바 '일지(日至)의 그림자가 1척 5촌인 것을 지중(地中)이라고 한다.'는 것과 같다. '영(永)'은 깊이니, 일영(日永)은 낮이 60각(刻)인 것이다. '성화(星火)'는 동방의 창룡 칠수(蒼龍七宿)이다. '화(火)'는 대화(大火;심성(心星))를 이르니, 하짓날 해가 질 무렵의 중성(中星)이다. '정(正)'은, 하지(夏至)는 양(陽)의 극이니, 오방(午方)은 정양(正陽)의 자리가 된다. '인(因)'은 흩어지고 또 흩어짐이니, 기후가 더욱 더워져서 백성들이 더욱 흩어져 사는 것이다. '희혁(希革)'은 조수(鳥獸)의 털이 듬성해져 가죽이 바뀌는 것이다.

6. **分命和仲**하사 **宅西**하시니 **曰昧谷**이니 **寅餞納日**하여 **平秩西成**이니 **宵中**이요 **星虛**라 **以殷仲秋**면 **厥民**은 **夷**요 **鳥獸**는 **毛毨**(선)이니라

　화중(和仲)에게 나누어 명하사 서쪽에 머물게 하시니 매곡(昧谷)이라 하는바, 들어가는 해를 공경히 전송하여 서성(西成;가을에 수확하는 일)을 평질(平秩)하니, 밤은 중간(밤낮의 길이가 같음)이고 별은 허수(虛宿)이다. 한 가운데의 중추(仲秋)가 되면 백성들은 평화롭고 조수(鳥獸)는 털갈이를 하여 윤택해진다.

西는 謂西極之地也라 日昧谷者는 以日所入而名也라 餞은 禮送行者之名이라 納日은 方納之日也니 蓋以秋分之莫(暮)로 夕方納之日하여 而識其景也라 西成은 秋月은 物成之時니 所當成就之事也라 宵는 夜也니 宵中者는 秋分夜之刻이 於夏冬爲適中也하여 晝夜亦各五十刻이니 擧夜以見(현)日이라 故로 曰宵라 星虛는 北方玄武七宿之虛星이니 秋分昏之中星也라 亦曰殷者는 秋分은 陰之中也라 夷는 平也니 暑退而人氣平也라 毛毨은 鳥獸毛落更生하여 潤澤鮮好也라

　'서(西)'는 서극(西極;서쪽 끝)의 땅을 이른다. '매곡(昧谷)'은 해가 들어가는 것으로 이름한 것이다. '전(餞)'은 길을 떠나는 자를 예(禮)로 전송하는 명칭이다. '납일(納日)'은 막 들어가는 해이니, 추분(秋分)의 저녁에 막 들어가는 해를 보고서(제사하고서) 그 그림자를 기록하는 것이다. '서성(西成)'은 가을철은 만물이 이루어지는 때이니, 마땅히 성취해야 할 바의 일이다. '소(宵)'는 밤이니, '소중(宵中)'은 추분 밤의 시각이 여름과 겨울에 비해 알맞아서 주야(晝夜)가 각각 50각(刻)이니, 밤을 들어 낮을 나타냈기 때문에 소(宵)라고 한 것이다. '성허(星虛)'는 북방의 현무 칠수(玄武七宿)의 허성(虛星)이니, 추분날 해가 질 무렵의 중성(中星)이다. 또한 '은(殷)'이라 말한 것은 추분은 음

··· 昧:어두울 매　餞:전송할 전　宵:밤 소　毨:털갈 선　鮮:고울 선

(陰)의 중(中;한 가운데)이기 때문이다. '이(夷)'는 평함이니, 더위가 물러가서 사람의 기운이 화평한 것이다. '모선(毛毨)'은 조수(鳥獸)가 털이 빠지고 다시 나서 윤택하여 색깔이 선명하고 아름다운 것이다.

7. 申命和叔하사 宅朔方하시니 曰幽都니 平在朔易이니 日短이요 星昴라 以正仲冬이면 厥民은 隩(오)요 鳥獸는 氄(용)毛니라

거듭 화숙(和叔)에게 명하사 삭방(朔方)에 머물게 하시니 유도(幽都)라 하는바, 삭역(朔易;다시 소생함)을 고르게 살피니, 해는 짧고 별은 묘수(昴宿)이다. 바른 중동(仲冬)이 되면 백성들은 아랫목에 있고 조수(鳥獸)는 가는(고운) 털이 난다.

朔方은 北荒之地니 謂之朔者는 朔之爲言은 蘇也라 萬物至此면 死而復蘇하니 猶月之晦而有朔也라 日行至是면 則淪於地中하여 萬象幽暗이라 故로 曰幽都[22]라 在는 察也라 朔易은 冬月은 歲事已畢하여 除舊更(경)新하니 所當改易之事也라 日短은 晝四十刻也라 星昴는 西方白虎七宿之昴宿니 冬至昏之中星也라 亦曰正者는 冬至는 陰之極이니 子爲正陰之位也라 隩는 室之內也니 氣寒而民聚於內也라 氄毛는 鳥獸生耎毳(연취)細毛以自溫也라 蓋旣命義、和하여 造曆制器하고 而又分方與時하여 使各驗其實하여 以審夫推步之差하니 聖人之敬天勤民이 其謹如是라 是以로 術不違天而政不失時也라

  '삭방(朔方)'은 북쪽의 먼 땅이니, '삭(朔)'이라 이른 것은, 삭(朔)이란 말은 소생한다는 뜻이다. 만물이 이때에 이르면 죽었다가 다시 소생하니, 달이 그믐이 되었다가 초하루가 있는 것과 같다. 해의 운행이 이때에 이르면 지중(地中)에 빠져서 만상(萬象)이 어둡기 때문에 '유도(幽都)'라 한 것이다. '재(在)'는 살핌이다. '삭역(朔易)'은 겨울철은 한 해의 농사일이 이미 끝나 옛 것을 버리고 새 것으로 바꾸니, 마땅히 개역(改易)해야 할 바의 일이다. '일단(日短)'은 낮이 40각(刻)인 것이다. '성묘(星昴)'는 서방의 백호 칠수(白虎七宿)의 묘수(昴宿)이니, 동짓날 해가 질 무렵의 중성(中星)이다. 또한

••••••
22 日行至是……故曰幽都:영재(寧齋) 오윤상(吳允常)은 《집전》의 해석에 대해 "해가 이미 지중으로 빠지면 추보(推步;천체의 운행을 관측함)하는 방법을 베풀 수 있겠는가. 비록 지극한 북쪽의 땅이라도 어찌 해가 지중으로 빠질 이치가 있겠는가. 매우 의심할 만하다.〔日旣淪沒, 則何以施推步之術. 雖極北之地, 豈有淪於地中之理, 甚可疑.〕"하였다.《寧齋遺稿 卷5 書傳箚記》

••• 在:살필 재 昴:별이름 묘 氄:솜털 용 蘇:소생할 소 耎:연할 연 毳:솜털 취

'정(正)'이라고 말한 것은, 동지(冬至)는 음(陰)의 극이니, 자방(子方)은 정음(正陰)의 자리가 된다. '오(隩)'는 집의 방안이니, 기후가 추워져서 백성들이 집안에 모인 것이다. '용모(氄毛)'는 조수(鳥獸)가 연한 털과 가는 털이 나서 스스로 따뜻하게 하는 것이다.

이미 희씨(羲氏)와 화씨(和氏)에게 명하여 책력을 만들고 관상하는 기구를 제작하게 하고 또 방소와 시기를 나누어서 각기 그 실제를 징험하여 추보(推步)의 오차를 살피게 하였으니, 성인(聖人)이 하늘을 공경하고 백성의 일(농사)에 수고로움이, 그 삼감이 이와 같았다. 이 때문에 관측하는 방법이 하늘에 위배되지 않고 정사가 때를 잃지 않는 것이다.

又按此冬至엔 日在虛하고 昏中昴어늘 今冬至엔 日在斗하고 昏中壁하여 中星不同者는 蓋天有三百六十五度四分度之一하고 歲有三百六十五日四分日之一이로되 天度는 四分之一而有餘하고 歲日은 四分之一而不足이라 故로 天度는 常平運而舒하고 日道는 常內轉而縮하여 天漸差而西하고 歲漸差而東하니 此歲差之由니 唐一行所謂歲差者是也라 古曆은 簡易하여 未立差法하고 但隨時占候하여 修改以與天合이러니 至東晉虞喜하여 始以天爲天하고 以歲爲歲하여 乃立差以追其變하니 約以五十年退一度라 何承天이 以爲太過라하여 乃倍其年이나 而又反不及이러니 至隋劉焯(작)하여 取二家中數七十五年하니 爲近之라 然亦未爲精密也니 因附著于此하노라

또 살펴보건대, 여기의 동지에는 해가 허수(虛宿)에 있고 해질 무렵의 중성(中星)이 묘수(昴宿)인데, 지금 동지에는 해가 두수(斗宿)에 있고 해질 무렵의 중성이 벽수(壁宿)에 있어서 중성이 똑같지 않은 것은, 하늘(천체(天體))은 365도(度)와 4분의 1도이며 1년은 365일(日)과 4분의 1일인데, 하늘의 도수(度數)는 4분의 1도에 남음이 있고 1년의 일수(日數)는 4분의 1일에 부족하다. 그러므로 하늘의 도수는 항상 고르게 운행하여 펴지고, 해의 길은 항상 안으로 돌아 위축(부족)된다. 그리하여 하늘은 점점 차이가 나서 서쪽으로 가고 해는 점점 차이가 나서 동쪽으로 간다. 이것이 세차(歲差)가 생기게 되는 이유이니, 당(唐)나라 일행(一行)의 이른바 '세차(歲差)'란 것이 바로 이것이다. 옛날의 책력은 간이(簡易)하여 차이가 나는 법을 세우지 않고 다만 때에 따라 절후(節候)를 점쳐서 개정하여 하늘의 도수와 합하게 하였는데, 동진(東晉)의 우희(虞喜)에 이르러 처음으로 천(天)을 천(天)이라 하고 세(歲)를 세(歲)라 하여 차이가 나는 법을 세워서 그 변함을 추적하여 고치니, 대략 50년에 1도를 물렸다. 하승천(何承天)은

··· 壁 : 벽 벽 舒 : 펼 서 縮 : 줄어들 축 焯 : 밝을 작

이것이 너무 과(過)하다 하여 그 연수(年數)를 곱절로 하였으나 또 도리어 미치지 못하였는데, 수(隋)나라의 유작(劉焯)에 이르러 두 사람의 중간수인 75년을 취하니, 바름에 가깝다. 그러나 또한 정밀하지는 못하니, 인하여 여기에 덧붙이는 바이다.

8. 帝曰 咨汝羲暨(기)和아 朞(期)는 三百有六旬有六日이니 以閏月이라사 定四時成歲하여 允釐(리)百工하여 庶績이 咸熙하리라

제요(帝堯)가 말씀하였다. "아! 너희 희씨(羲氏)와 화씨(和氏)야! 기(朞;1년)는 366일(日)이니, 윤달을 두어야 사시(四時)를 정하여 해를 이루어 진실로 백공(百工;백관)을 다스려서 모든 공적이 다 넓혀질 것이다."

咨는 嗟也니 嗟嘆而告之也라 暨는 及也라 朞는 猶周也라 允은 信이요 釐는 治요 工은 官이요 庶는 衆이요 績은 功이요 咸은 皆요 熙는 廣也라 天體至圓하니 周圍 三百六十五度四分度之一이라 繞地左旋호되 常一日一周而過一度하나니 日은 麗(리)天而少遲라 故로 日行이 一日亦繞地一周로되 而在天에 爲不及一度라 積 三百六十五日 九百四十分日之二百三十五而與天會하니 是一歲日行之數也라 月은 麗(리)天而尤遲하여 一日에 常不及天十三度 十九分度之七이라 積二十九日 九百四十分日之四百九十九而與日會하니 十二會면 得全日三百四十八이요 餘分之積이 又五千九百八十八이니 如日法九百四十하여 而一得六이면 不盡이 三百四十八이니 通計得日이 三百五十四 九百四十分日之三百四十八이니 是一歲月行之數也라

'자(咨)'는 감탄함이니, 감탄하고 고하신 것이다. '기(暨)'는 및이다. '기(朞)'는 주년(周年)과 같다. '윤(允)'은 진실로요, '리(釐)'는 다스림이요, '공(工)'은 관(官)이요, '서(庶)'는 여럿이요, '적(績)'은 공이요, '함(咸)'은 모두요, '희(熙)'는 넓음이다. 천체(天體)는 지극히 둥그니, 주위(周圍;둘레)가 365도(度)와 4분의 1도이다. 천체는 하루에 땅을 왼쪽으로 한 바퀴 돌되 항상 하루에 한 바퀴를 돌고 1도를 지나가니, 해는 하늘에 걸려 있는데 이보다 다소 늦다. 그러므로 해의 운행은 하루에 또한 땅을 한 바퀴 돌되 하늘에 있어 1도를 미치지 못한다. 365일과 940분의 235일(4분의 1일)을 쌓아 하늘과 만나니, 이는 1년 동안 해가 운행하는 수(數)이다. 달은 하늘에 걸려 있는데 더욱 느려서 하루에 항상 하늘보다 13도와 19분의 7도를 미치지 못한다. 29일과 940분의 499일을 쌓아 해와 만나니, 열두 번 만나면 온전한 날을 얻는 것이 348일이요 여분(餘

··· 咨:탄식할 자 暨:및 기 釐:다스릴 리 熙:넓을 희 麗:걸릴 리 繞:두를 요

分:나누어지지 않고 남은 수)을 모은 것이 940분의 5988이니, 날짜의 법식에 940과 같이 하여 1일을 여섯 번(6일) 얻으면 〈나누어지지 않고〉 남는 수가 348이니, 얻은 날을 통틀어 계산하면 354일과 940분의 348일이 되니, 이는 1년 동안 달이 운행하는 수이다.

歲有十二月하고 月有三十日하니 三百六十者는 一歲之常數也라 故로 日與天會而多五日九百四十分日之二百三十五者는 爲氣盈이요 月與日會而少五日九百四十分日之五百九十二者는 爲朔虛니 合氣盈朔虛而閏生焉이라 故로 一歲閏率(율)은 則十日九百四十分日之八百二十七이니 三歲一閏이면 則三十二日九百四十分日之六百單一이요 五歲再閏이면 則五十四日 九百四十分日之三百七十五요 十有九歲七閏이면 則氣朔分齊하니 是爲一章也라 故로 三年而不置閏이면 則春之一月이 入于夏而時漸不定矣요 子之一月이 入于丑而歲漸不成矣라 積之之久하여 至於三失閏이면 則春皆入夏하여 而時全不定矣요 十二失閏이면 子皆入丑하여 歲全不成矣라 其名實乖戾하고 寒暑反易하여 農桑庶務 皆失其時라 故로 必以此餘日로 置閏月於其間然後에 四時不差而歲功得成하나니 以此로 信治百官而衆功皆廣也라

　해에는 12개월이 있고 달에는 30일이 있으니, 360일은 1년의 떳떳한 수이다. 그러므로 해가 하늘과 만날 적에는 5일과 940분의 235일이 더 많은데 이것을 기영(氣盈)이라 하고, 달이 해와 만날 적에는 5일과 940분의 592일이 적은데 이것을 삭허(朔虛)라 하니, 기영과 삭허를 합쳐서 윤달이 생긴다. 그러므로 1년에 윤달의 비율은 10일과 940분의 827일이 되니, 3년에 한 번 윤달을 두면 32일과 940분의 601일이 되고, 5년에 두 번 윤달을 두면 54일과 940분의 375일이 되며, 19년에 일곱 번 윤달을 두면 기영과 삭허가 분한(分限)이 똑고르게 되니, 이를 1장(章)이라 한다.

　그러므로 3년에 윤달을 두지 않으면 봄의 한 달이 여름으로 들어가서 철이 점점 정해지지 못하고 자월(子月;11월)의 한 달이 축월(丑月;12월)로 들어가서 해가 점점 이루어지지 못한다. 이를 쌓은 것이 오래되어 세 번 윤달을 잃게 되면 봄이 다 여름으로 들어가서 철이 완전히 정해지지 못하고, 열두 번 윤달을 잃으면 자월이 모두 축월로 들어가서 해가 완전히 이루어지지 못한다. 이렇게 되면 그 명칭과 실제가 괴리되고 추위와 더위가 뒤집어져서 농상(農桑;농사짓고 누에치는 것)의 모든 일이 다 때(철)를 잃게 된다. 그러므로 반드시 남는 날을 가지고 윤달을 그 사이에 둔 뒤에야 사시(四時)가 어긋나지 않고 세공(歲功;1년의 농사일)이 이루어지니, 이로써 진실로 백관을 다스려서

··· 率 : 비율 율　乖 : 어그러질 괴　戾 : 어그러질 려　桑 : 뽕나무 상

모든 공적이 다 넓혀지는 것이다.

9. 帝曰 疇(주)咨若時하여 登庸고 放齊曰 胤(윤)子朱啓明하니이다 帝曰 吁라 嚚(은)訟이어니 可乎아

　제요가 말씀하기를 "누가 때를 순히 할 사람을 두루 물어서 등용할 수 있는가?" 하시니, 방제(放齊)가 말하기를 "맏아들인 단주(丹朱)가 계명(啓明;확 트여 밝음)합니다." 하였다. 제요가 말씀하였다. "아! 너의 말이 옳지 않다. 말이 충신(忠信)하지 못하고(거짓말을 하고) 남들과 쟁변(爭辯)하니, 가(可)하겠는가."

此下至鯀績用弗成은 皆爲禪舜張本也라 疇는 誰요 咨는 訪問也라 若은 順이요 庸은 用也라 堯言 誰爲我訪問能順時爲治之人하여 而登用之乎아하시니라 放齊는 臣名이라 胤은 嗣也니 胤子朱는 堯之嗣子丹朱也라 啓는 開也니 言其性開明하여 可登用也라 吁者는 歎其不然之辭라 嚚은 謂口不道忠信之言이요 訟은 爭辯也라 朱蓋以其開明之才로 用之於不善이라 故로 嚚訟하니 禹所謂傲虐[23]이 是也라 此見堯之至公至明하여 深知其子之惡하사 而不以一人病天下也라 或曰 胤은 國이요 子는 爵이니 堯時諸侯也라 夏書에 有胤侯하고 周書에 有胤之舞衣라하니 今亦未見其必不然일새 姑存於此云이라

　이 아래로부터 '곤(鯀)의 적용(공적)이 이루어지지 못하였다.〔鯀績用不成〕'는 데에 이르기까지는 모두 순(舜)에게 선위(禪位)하는 장본(張本)이 된다. '주(疇)'는 누구요, '자(咨)'는 방문함(자문함)이다. '약(若)'은 순함이요, '용(庸)'은 등용함이다. 제요(帝堯)가 말씀하기를 "누가 나를 위하여 때를 순히 하여 다스릴 수 있는 사람을 두루 물어서 등용할 수 있는가?"라고 한 것이다. '방제(放齊)'는 신하의 이름이다. '윤(胤)'은 맏아들이니, 윤자(胤子) 주(朱)는 제요의 맏아들인 단주(丹朱)이다. '계(啓)'는 열림이니, 그 재성(才性;재주)이 개명(開明)하여 등용할 만함을 말한 것이다. '우(吁)'는 옳지 않음을 탄식하는 말이다. '은(嚚)'은 입으로 충신(忠信)의 말을 말하지 않음을 이르고, '송(訟)'은 쟁변(爭辯)하는 것이다. 단주가 개명한 재주를 불선(不善)에 썼기 때문에 말이 충신하

......
23　禹所謂傲虐 : 오학(傲虐)은 오만하고 포악한 것으로, 아래 〈익직(益稷)〉에 "우(禹)가 순 임금에게 아뢰기를 '단주와 같이 오만하지 마소서. 오직 태만히 노는 것을 좋아하였으며 오만과 포악함을 일삼았습니다.〔無若丹朱傲. 惟漫遊是好, 傲虐是作.〕' 하였다."라고 보인다.

•••　疇 : 누구 주　胤 : 맏 윤　吁 : 탄식할 우　嚚 : 어리석을 은　鯀 : 이름 곤　傲 : 거만할 오

지 못하고 남들과 쟁변을 많이 한 것이니, 우(禹)의 이른바 '오만하고 포악하다.'는 것이 이것이다. 이는 제요가 지극히 공정하고 지극히 밝아서 그 자식의 악함을 깊이 아시어 한 사람으로 인하여 천하를 해롭게 하지 않음을 볼 수 있다. 혹자는 말하기를 "윤(胤)은 나라이고 자(子)는 작위이니, 제요 때의 제후이다. 〈하서(夏書) 윤정(胤征)〉에 윤후(胤侯)가 있고 〈주서(周書) 고명(顧命)〉에 윤국(胤國)의 춤추는 옷이 있었다." 하니, 지금 또한 반드시 그 옳지 않음을 발견할 수 없으므로 우선 여기에 남겨두는 바이다.

10. **帝曰 疇咨若予采**오 **驩兜**(환도)**曰 都**라 **共工**이 **方鳩僝**(잔)**功**하나니이다 **帝曰 吁**라 **靜言庸違**하고 **象恭**(滔天)하니라

제요가 말씀하기를 "누가 나의 일을 순히 할 수 있는가?" 하시니, 환도(驩兜)가 말하기를 "아! 훌륭합니다. 공공(共工)의 하는 일이 장차 모아져서(이루어져서) 공적을 나타내게 되었습니다." 하였다. 제요가 말씀하였다. "아! 너의 말이 옳지 않다. 고요할(가만히 있을) 때에는 말을 잘하나 등용하면 위배되고 외모만 공손하다."

采는 事也라 都는 歎美之辭也라 驩兜는 臣名이요 共工은 官名이니 蓋古之世官族也라 方은 且요 鳩는 聚요 僝은 見(현)也니 言共工方且鳩聚而見其功也라 靜言庸違者는 靜則能言이나 用則違背也라 象恭은 貌恭而心不然也라 滔天二字는 未詳이라 與下文相似하니 疑有舛(천)誤라 上章은 言順時하고 此言順事하니 職任大小를 可見이니라

'채(采)'는 일이다. '도(都)'는 탄미(歎美)하는 말이다. '환도(驩兜)'는 신하의 이름이고, '공공(共工)'은 관명이니, 아마도 옛날부터 대대로 벼슬해오는 집안인 듯하다. '방(方)'은 장차요, '구(鳩)'는 모음이요, '잔(僝)'은 보임(나타냄)이니, 공공이 장차 모아서 그 공적을 나타내게 되었음을 말한 것이다. '정언용위(靜言庸違)'는 고요할 때에는 말을 잘하나 등용하면 말과 위배되는 것이다. '상공(象恭)'은 외모는 공손하나 마음은 그렇지 않은 것이다. '도천(滔天)' 두 글자는 자세하지 않다. 하문(下文)의 '도천'과 서로 비슷하니, 의심컨대 오류가 있는 듯하다. 상장(上章)에서는 때를 순히 함을 말하였고 여기서는 일을 순히 함을 말하였으니, 직임(職任)의 크고 작음을 볼 수 있다.

11. **帝曰 咨四岳**아 **湯湯**(상상)**洪水方割**하여 **蕩蕩懷山襄陵**하여 **浩浩滔天**일새 **下民其咨**하나니 **有能**이어든 **俾乂**(예)호리라 **僉曰 於**(오)라 **鯀**(곤)**哉**니이다 **帝**

••• 采: 일 채 驩: 기쁠 환 兜: 투구 도(두) 鳩: 모을 구 僝: 볼 잔 滔: 물흐를 도 舛: 어그러질 천
  湯: 물세차게흐를 상 襄: 오를 양 俾: 하여금 비 乂: 다스릴 예 鯀: 사람이름 곤

曰吁라 咈(불)哉라 方命하며 圮(비)族하나니라 岳曰异(이)哉나 試可요 乃已니이다 帝曰往欽哉하라하시니 九載에 績用이 弗成하니라

　제요가 말씀하기를 "아! 사악(四岳)아. 넘실대는(세차게 흐르는) 홍수가 막 폐해를 끼쳐서 탕탕(蕩蕩: 광대)하게 산을 에워싸고 언덕을 넘어 질펀하게 하늘까지 번지기에 하민(下民)들이 한탄하고 있으니, 능히 이것을 다스릴 자가 있으면 다스리게 하리라." 하시니, 여럿이 말하기를 "아! 곤(鯀)입니다." 하였다. 제요가 말씀하기를 "아! 너의 말이 옳지 않다. 명령을 거역하며 족류(族類)들을 패망(敗亡)시킨다." 하시니, 사악이 말하기를 "그만두더라도 가(可)한가를 시험해보고 이에 그만두어야 합니다." 하였다. 제요가 "가서 공경히 임무를 수행하라." 하셨는데, 9년이 되도록 공적이 이루어지지 못하였다.

四岳은 官名이니 一人而總四岳諸侯之事也라 湯湯은 水盛貌라 洪은 大也라 孟子曰 水逆行을 謂之洚(강)水니 洚水者는 洪水也라하니 蓋水涌(용)出而未洩(설)이라 故로 汎濫而逆流也라 割은 害也라 蕩蕩은 廣貌라 懷는 包其四面也요 襄은 駕出其上也라 大阜曰陵이라 浩浩는 大貌요 滔는 漫也니 極言其大하여 勢若漫天也라 俾는 使요 乂는 治也니 言有能任此責者면 使之治水也라 僉은 衆共之辭니 四岳與其所領諸侯之在朝者 同辭而對也라 於는 歎美辭요 鯀은 崇伯名이니 歎其美而薦之也라 咈者는 甚不然之之辭라 方命者는 逆命而不行也라 王氏曰 圓則行하고 方則止하나니 方命은 猶今言廢閣詔令也라하니라 蓋鯀之爲人이 悻戾(행려)自用하여 不從上令也라 圮는 敗요 族은 類也니 言與衆不和하여 傷人害物하니 鯀之不可用者以此也라 楚辭에 言鯀婞(행)直이라하니 是其方命圮族之證也라

　'사악(四岳)'은 관명이니, 한 사람으로서 사악에 있는 제후의 일을 총괄한 것이다. '상상(湯湯)'은 물이 성대한 모양이다. '홍(洪)'은 큼이다. 《맹자(孟子)》〈등문공 상(滕文公上)〉에 "물이 역행함을 강수(洚水)라 이르니, 강수(洚水)는 홍수(洪水)이다."라고 하였으니, 물이 용솟음쳐서 빠져나가지 못하므로 범람하여 역류한 것이다. '할(割)'은 해침이다. 탕탕(蕩蕩)'은 넓은 모양이다. '회(懷)'는 그 사면을 에워싸는 것이요, '양(襄)'은 그 위로 높이 나오는 것이다. 큰 언덕을 '릉(陵)'이라 한다. '호호(浩浩)'는 큰(넓은) 모양이요 '도(滔)'는 번짐이니, 물이 넓어 형세가 하늘에 번지는 것과 같음을 극언(極言)한 것이다. '비(俾)'는 하여금이요, '예(乂)'는 다스림이니, 능히 이 책임을 맡을 자가 있으면 그로 하여금 물을 다스리게 함을 말한 것이다.

⋯ 咈:어길 불 圮:무너질 비 异:그만둘 이 洚:물넘을 홍, 물역류할 강 涌:물솟을 용 洩:뺄 설
　 漫:흐를 만 悻:고집스러울 행 婞:곧을 행

'첨(僉)'은 여럿이 함께 하는 말이니, 사악과 그가 거느리고 있는 제후로서 조정에 있는 자들이 함께 말하여 대답한 것이다. '오(於)'는 탄미(歎美)하는 말이요, '곤(鯀)'은 숭백(崇伯)의 이름이니, 그 아름다움을 감탄하고 천거한 것이다. '불(咈)'은 매우 옳지 않게 여기는 말이다. '방명(方命)'은 명을 거역하고 행하지 않는 것이다. 왕씨(王氏)가 말하기를 "물건이 둥글면 굴러가고 모나면 멈추니, 방명은 지금의 조령(詔令)을 폐각(廢閣;폐기)한다는 말과 같다." 하였다. 곤(鯀)의 사람됨이 고집 세고 어그러져(사나워서) 자기 주장을 써서 윗사람의 명령을 따르지 않은 것이다. '비(圮)'는 패함(무너짐)이요 '족(族)'은 족류이니, 여러 사람들과 불화하여 남을 상하게 하고 사물을 해침을 말한 것이니, 곤을 등용할 수 없음은 이 때문이었다. 《초사(楚辭)》〈이소경(離騷經)〉에 "곤이 행직(婞直)했다."고 말하였으니, 이것이 명령을 거역하고 족류를 무너뜨린 증거이다.

岳曰은 四岳之獨言也라 異는 義未詳하니 疑是已廢而復强擧之之意라 試可乃已者는 蓋廷臣이 未有能於鯀者하니 不若姑試用之하여 取其可以治水而已라 言無預他事하니 不必求其備也라 堯於是遣之하여 往治水而戒以欽哉하시니 蓋任大事면 不可以不敬이니 聖人之戒 辭約而意盡也라 載는 年也니 九載三考하여 功用不成이라 故黜(출)之하니라

'악왈(岳曰)'은 사악(四岳)이 홀로 말한 것이다. '이(異)'는 뜻이 자세하지 않으니, 의심컨대 이미 폐기하였다가 다시 억지로 그를 천거하는 뜻인 듯하다. '시가내이(試可乃已)'는 조정의 신하들이 곤보다 능한 자가 없으니, 우선 시험 삼아 곤을 등용해서 홍수를 다스리는 것을 취하는 것만 못한 것이다. 이는 다른 일에 관예됨이 없으니, 굳이 완비되기를 구할 필요가 없음을 말한 것이다. 제요(帝堯)가 이에 그를 보내어 가서 홍수를 다스리게 하면서 공경하라고 경계하셨으니, 큰일을 맡으면 공경하지 않을 수 없으니, 성인의 경계는 말씀이 간략하면서도 뜻이 극진하다. '재(載)'는 해(년)이니, 9년 동안 세 번 상고하여 공용(功用)이 이루어지지 못하였으므로 내친 것이다.

12. 帝曰 咨四岳아 朕이 在位七十載니 汝能庸命하나니 巽(遜)朕位인저 岳曰 否德이라 忝帝位하리이다 曰 明明하며 揚側陋하라 師錫帝曰 有鰥(환)이 在下하니 曰虞舜이니이다 帝曰 兪라 予聞호니 如何오 岳曰 瞽子니 父頑(완)하며 母嚚(은)하며 象傲어늘 克諧以孝하여 烝烝乂(예)하여 不格姦하니이다 帝

··· 黜:내칠 출 巽:사양할 손 忝:욕될 첨 錫:줄 석 鰥:홀아비 환 兪:수긍할 유 瞽:맹인 고
頑:완악할 완 傲:오만할 오 諧:화할 해 烝:나아갈 증 乂:다스릴 예

曰 我其試哉인저 女于時하여 觀厥刑于二女호리라하시고 釐(리)降二女于嬀汭(규예)하사 嬪(빈)于虞하시고 帝曰 欽哉하라하시다

 제요가 말씀하기를 "아! 사악아. 짐(朕)이 재위한 지가 70년인데, 네가 나의 명령을 잘 따르니, 짐의 지위를 선양(禪讓)하겠다." 하셨다. 사악이 말하기를 "저는 덕이 없어 제위를 욕되게 할 것입니다." 하니, 제요가 말씀하기를 "현달한 자를 밝히며 〈덕이 있으나 지위가〉 미천한 자를 천거하라." 하셨다. 여럿이 제요에게 말씀드리기를 "한 홀아비가 아래에 있으니, 우순(虞舜)이라 합니다." 하였다. 제요가 말씀하기를 "아! 너의 말이 옳다. 나도 들었으니, 어떠한가?" 하시니, 사악이 말하기를 "소경(봉사)의 아들이니, 아버지는 완악하고 어머니는 거짓말하며 〈이복동생인〉 상(象)은 오만한데도 능히 효(孝)로써 화합하여 점점 다스려서 간악한 데에 이르지 않게 하였습니다." 하였다. 제요가 말씀하기를 "내가 시험해보겠다. 이 사람에게 딸을 시집보내어 그의 법을 두 딸에게서 관찰하겠다." 하시고, 두 딸을 치장하여 규수(嬀水)의 북쪽에 하가(下嫁)하여 우순(虞舜)의 아내가 되게 하시고는, 제요는 딸들에게 "공경하라."고 당부하셨다.

朕은 古人自稱之通號라 吳氏曰 巽、遜은 古通用이라 言汝四岳이 能用我之命하니 而可遜以此位乎인저하시니 蓋丹朱旣不肖하고 羣臣이 又多不稱이라 故로 欲擧以授人에 而先之四岳也라 否는 不通이라 忝은 辱也라 明明은 上明은 謂明顯之요 下明은 謂已在顯位者라 揚은 擧也요 側陋는 微賤之人也니 言惟德是擧하여 不拘貴賤也라 師는 衆이요 錫은 與也니 四岳、羣臣、諸侯 同辭以對也라 鰥은 無妻之名이라 虞는 氏요 舜은 名也라 兪는 應許之辭라 予聞者는 我亦嘗聞是人也요 如何者는 復問其德之詳也라 岳曰은 四岳獨對也라 瞽는 無目之名이니 言舜乃瞽者之子也니 舜父號瞽叟(수)라 心不則(칙)德義之經이 爲頑이라 母는 舜後母也요 象은 舜異母弟名이라 傲는 驕慢也라 諧는 和요 烝은 進也라 言舜不幸遭此로되 而能和以孝하여 使之進進以善自治하여 而不至於大爲姦惡也라

 '짐(朕)'은 옛사람들이 자칭(自稱)하는 통칭이다. 오씨(吳氏)가 말하기를 "손(巽)과 손(遜)은 옛날에 통용되었다." 하였다. 〈제요가〉 말씀하기를 "너 사악(四岳)이 나의 명을 잘 따르니, 이 지위를 선양(禪讓)하겠다." 하셨으니, 이는 아들인 단주(丹朱)가 이미 불초하고 군신(羣臣)들이 또 지위에 걸맞지 않은 자가 많으므로 천하를 들어 남에게 주고자 하면서 사악에게 먼저 한 것이다. '부(否)'는 불(不)과 통한다. '첨(忝)'은 욕됨이다. '명명(明明)'은, 위의 명(明) 자는 밝게 드러내는 것이고, 아래의 명 자는 이미

… 釐 : 다스릴 리 嬀 : 물이름 규 汭 : 물가 예 嬪 : 부인 빈 叟 : 늙은이 수

현달한 지위에 있는 자를 이른다. '양(揚)'은 천거함이요, '측루(側陋)'는 미천한 사람이니, 오직 덕이 있는 사람을 들어 써서 귀천에 구애하지 않음을 말한 것이다.

'사(師)'는 무리요 '석(錫)'은 줌이니, 사악과 군신(羣臣)과 제후들이 함께 말하여 대답한 것이다. '환(鰥)'은 아내가 없는 자(홀아비)의 칭호이다. '우(虞)'는 씨(氏)요, '순(舜)'은 이름이다. '유(俞)'는 응대하고 허락하는 말이다. '여문(予聞)'은 나 또한 일찍이 이 사람에 대해서 들었다는 것이고, '여하(如何)'는 다시 그 덕(德)의 상세한 내용을 물은 것이다. '악왈(岳曰)'은 사악이 홀로 대답한 것이다. '고(瞽)'는 눈이 없는 자(봉사)의 칭호이니, 순(舜)이 바로 봉사의 아들임을 말한 것이니, 순의 아버지의 호가 고수(瞽瞍)이다. 마음이 떳떳한 덕의(德義)를 본받지 않음을 '완(頑)'이라 한다. '모(母)'는 순의 후모(後母;계모)이고, '상(象)'은 순의 이복(異腹) 동생의 이름이다. '오(傲)'는 교만함이다. '해(諧)'는 화합함이요, '증(烝)'은 나아감이다. 순이 불행히도 이러한 일을 만났으나 능히 효(孝)로써 화합하여 나아가고 나아가(꾸준히 힘써서) 선(善)으로써 스스로 다스려서 크게 간악을 함에 이르지 않게 하였음을 말한 것이다.

女는 以女與人也라 時는 是요 刑은 法也라 二女는 堯二女娥皇、女英也라 此는 堯言其將試舜之意니 莊子所謂二女事之以觀其內[24]가 是也라 蓋夫婦之間의 隱微之際는 正始之道니 所繫尤重이라 故로 觀人者於此爲尤切也라 釐는 理요 降은 下也라 嬀는 水名이니 在今河中府河東縣하니 出歷山入河라 爾雅曰 水北曰汭니 亦小水入大水之名이니 蓋兩水合流之內也라 故從水從內라하니 蓋舜所居之地라 嬪은 婦也요 虞는 舜氏也니 史言堯治裝下嫁二女于嬀水之北하여 使爲舜婦于虞氏之家也라 欽哉는 堯戒二女之辭니 卽禮所謂往之女(汝)家하여 必敬必戒者라 況以天子之女로 嫁於匹夫하니 尤不可不深戒之也니라

'여(女)'는 딸을 남에게 주는 것이다. '시(時)'는 이것(이 사람)이요, '형(刑)'은 법이다. '이녀(二女)'는 제요의 두 딸인 아황(娥皇)과 여영(女英)이다. 이는 제요가 장차 순(舜)을 시험해보고서 등용하겠다는 뜻을 말씀한 것이니, 《장자(莊子)》에 이른바 '두 딸로 순을 섬기게 하여 그 안을 관찰했다.'는 것이 이것이다. 부부(夫婦) 사이의 은미한 즈음은 시작을 바로잡는 도(道)이니, 관계되는 바가 더욱 중요하다. 그러므로 사람을

......
24 莊子所謂二女事之以觀其內:이 내용은 《장자》에는 보이지 않고 《사기(史記)》〈오제기(五帝紀)〉에 보인다.

··· 娥:계집 아 裝:꾸밀 장, 치장할 장

관찰하는 자가 여기에서 관찰하면 더욱 간절한 것이다.

'리(釐)'는 다스림이요, '강(降)'은 하가(下嫁)이다. '규(嬀)'는 물 이름이니, 지금의 하중부(河中府) 하동현(河東縣)에 있으니, 역산(歷山)에서 발원(發源)하여 황하(黃河)로 들어간다. 《이아(爾雅)》〈석수(釋水)〉에 "물의 북쪽을 예(汭)라 하니, 또한 작은 물이 큰 물로 들어가는 이름이니, 두 물이 합류하는 안쪽일 것이다. 그러므로 수(水)를 따르고 내(內)를 따랐다." 하였으니, 순이 거주하던 곳의 땅이다. '빈(嬪)'은 부인이요 '우(虞)'는 순의 씨(氏)이니, 사관(史官)이 "제요가 두 딸을 치장하여 규수(嬀水)의 북쪽에 하가(下嫁)해서 그로 하여금 우씨(虞氏)의 집에서 순의 아내가 되게 하였다."고 말한 것이다. '흠재(欽哉)'는 제요가 두 딸을 경계한 말씀이니, 《의례(儀禮)》에 이른바 '네 집에 가서 반드시 공경하고 반드시 경계하라.'는 것이다. 하물며 천자의 딸을 필부(匹夫)에게 시집보내니, 더더욱 깊이 경계하지 않을 수 없는 것이다.

〈순전(舜典)〉

今文古文皆有로되 今文은 合于堯典하고 而無篇首二十八字하니라
○ 唐孔氏[25]曰 東晉梅賾(색)이 上孔傳할새 闕舜典[26]하여 自乃命以位以上二十八字는 世所不傳이라 多用王、范之註補之하고 而皆以愼徽五典以下로 爲舜典之初러니 至齊蕭鸞建武四年하여 姚(요)方興이 於大航頭[27]에 得孔氏傳古文舜典하여 乃上之라가 事未施行하여 而方興이 以罪致戮이러니 至隋開皇初하여 購求遺典하여 始得之하니라

금문(今文)과 고문(古文)에 모두 있으나 금문은 〈요전(堯典)〉에 합쳐져 있고 편 머리의 28자(字)가 없다.

○ 당(唐)나라 공씨(孔氏:공영달(孔穎達))가 말하였다. "동진(東晉)의 매색(梅賾)이 공전(孔傳:공안국(孔安國)의 서전(書傳:고문상서의 주해))을 올렸을 적에 공전 가운데 〈순전(舜典)〉의 공전이 빠져 있어 '내명이위(乃命以位)' 이상의 28자는 세상에 전해지지 않았다. 그리하여 대부분 왕씨(王氏:왕숙(王肅))와 범씨(范氏:범녕(范甯))의 주(註)를 가지고 공전에 없는 부분을 보충하고, 모두 '신휘오전(愼徽五典)' 이하를 〈순전〉의 처음으로 삼았었는데, 제(齊)나라 소란(蕭鸞:명제(明帝))의 건무(建武) 4년에 이르러 요방흥(姚方興)이 대항두(大航頭)에서 공씨(孔氏)가 전주(傳註)한 고문(古文) 〈순전〉을 얻어 올렸다가 일이 미처 시행되기 전에 요방흥이 죄를 받아 죽임을 당하였다. 그러다가 수(隋)나라 개황(開皇) 초기에 이르러 유전(遺典:남아있는 경전)을 구입하여 비로소 이것(요방흥이 올렸던 것)을 얻게 되었다."

••••••
25 唐孔氏 : 호산은 "《서경》의 주(註)와 소(疏)를 모두 공씨(孔氏)가 지었다. 그러므로 한(漢)·당(唐)이란 글자로 구별한 것이니, 곧바로 '공씨'라고 한 것은 한(漢)나라 공씨(공안국(孔安國))이다.〔書之註與疏 皆孔氏撰之 故加漢唐字以別之 其直稱孔氏者 蓋漢孔氏也〕" 하였다.《詳說》 주(註)는 공안국의 전(傳:공전(孔傳))을 가리키고 소(疏)는 공영달(孔穎達)의 소를 가리킨다. 〈순전〉부터는 호산(壺山) 박문호(朴文鎬)를 '호산'으로, 《書集傳詳說》을 《詳說》로 약칭하였음을 밝혀둔다.

26 闕舜典 : 호산은 "〈순전〉의 경문(經文)이 빠졌음을 말한 것이 아니고, 바로 〈순전〉에 대한 공전(孔傳)이 빠졌음을 말한 것이다." 하였다.《詳說》

27 大航頭 : 대항(大航)의 머리(앞) 부분으로, 대항은 당시 수도인 건강(建康:남경)의 주작문(朱雀門) 밖에 있던 배다리를 가리킨다.

••• 賾 : 깊은 색 徽 : 아름다울 휘 鸞 : 봉황새 란 姚 : 성요 航 : 배 항 戮 : 죽일 륙

今按古文孔傳尚書에 有曰若稽古以下二十八字라 伏生은 以舜典合於堯典하여 只以愼徽五典以上으로 接帝曰欽哉之下하여 而無此二十八字하고 梅賾은 旣失孔傳舜典이라 故亦不知有此二十八字요 而愼徽五典以下는 則固具於伏生之書라 故傳者用王、范之註以補之러니 至姚方興하여 乃得古文孔傳舜典하니 於是에 始知有此二十八字라 或者는 由此하여 乃謂古文舜典一篇이 皆盡亡失이러니 至是에 方全得之라하여 遂疑其僞하니 蓋過論也라

　　이제 살펴보건대 고문의 공전(孔傳) 상서(尙書)에 '왈약계고(曰若稽古)' 이하 28자가 있다. 복생(伏生)은 〈순전〉을 〈요전〉에 합하여 오직 '신휘오전(愼徽五典)' 이상으로 '제왈흠재(帝曰欽哉)'의 아래에 접속하여 이 28자가 없었고, 매색은 이미 공전의 〈순전〉을 잃었으므로 또한 이 28자가 있음을 알지 못하였으며, '신휘오전' 이하는 진실로 복생(伏生)의 책에 갖추어져 있었다. 그러므로 전주(傳註)하는 자가 왕씨(왕숙)와 범씨(범녕)의 주를 사용하여 보충하였는데, 요방흥에 이르러 비로소 고문의 공전 〈순전〉을 얻게 되자, 이에 비로소 이 28자가 있음을 알게 되었다.

　　혹자는 이로 말미암아 마침내 고문 〈순전〉 한 편이 모두 망실(亡失)되었었는데 이때에 이르러 비로소 온전히 얻었다 하여, 금문(今文)의 〈순전〉을 마침내 위작(僞作)이라고 의심하니, 이는 지나친 의론이다.

【小序】 虞舜側微러시니 堯聞之聰明하고 將使嗣位하여 歷試諸難할새 作舜典하니라

　　우순(虞舜)이 미천하셨는데, 제요(帝堯)는 그가 총명하다는 말을 듣고 장차 자신의 지위를 잇게 하려 하면서 여러 어려운 일을 차례로 시험하였다. 그리하여 〈순전(舜典)〉을 지었다.

【辨說】 側微는 微賤也요 歷試는 徧試之也라 諸難은 五典、百揆、四門、大麓之事也라 今案舜典一篇은 備載一代政治之終始어늘 而序止謂歷試諸難하여 作舜典이라하니 豈足以盡一篇之義리오

　　'측미(側微)'는 미천함이요, '역시(歷試)'는 두루 시험함이다. 여러 어려움이란 오전(五典)과 백규(百揆), 사문(四門)과 대록(大麓)의 일이다. 이제 살펴보건대, 〈순전(舜典)〉 한 편은 한 시대 정치의 종(終)과 시(始)를 골고루 기재하였는데, 〈서(序)〉에서는 다만 여러 어려움을 차례로 시험해서 〈순전〉을 지었다고 하였으니, 어찌 이것을 가지고 충분히 한 편의 뜻을 다했다고 하겠는가.

1. **曰若稽古帝舜**한대 **曰重華協于帝**하시니 **濬哲文明**하시며 **溫恭允塞**하사 **玄德**이 **升聞**하신대 **乃命以位**하시다

　옛 제순(帝舜)을 상고하건대 중화(重華;거듭 빛남)가 제요(帝堯)에게 합하시니, 깊고도 명철하고 문채나면서도 밝으시며 온화하면서도 공손하고 성실하면서도 독실하시어 숨겨진 덕(德)이 올라가 알려지시니, 제요가 마침내 직위(職位)를 명하셨다.

華는 光華也라 協은 合也라 帝는 謂堯也라 濬은 深이요 哲은 智也라 溫은 和粹也라 塞은 實也라 玄은 幽潛也라 升은 上也라 言堯旣有光華어시늘 而舜又有光華하여 可合於堯라 因言其目하면 則深沈而有智하고 文理而光明하고 和粹而恭敬하고 誠信而篤實하사 有此四者幽潛之德이 上聞於堯하신대 堯乃命之以職位也시니라

　'화(華)'는 광화(光華;빛남)이다. '협(協)'은 합함이다. '제(帝)'는 요(堯)를 이른다. '준(濬)'은 깊음이요, '철(哲)'은 지혜로움이다. '온(溫)'은 온화하고 순수함이다. '색(塞)'은 독실함이다. '현(玄)'은 유잠(幽潛;그윽하여 알려져 있지 않음)이다. '승(升)'은 올라감이다. 요(堯)가 이미 광화(光華)가 있으셨는데 순(舜)이 또다시 광화가 있어서 요에게 합함을 말한 것이다. 인하여 그 조목을 말하면 심침(深沈)하면서도 지혜가 있고 문리(文理;문채와 조리)가 있으면서도 광명하며, 온화하고 순수하면서도 공경하고 성신(誠信)하면서도 독실하사, 이 네 가지 유잠(幽潛)한 덕이 있어 올라가 요에게 알려지시자, 요가 마침내 직위를 명령하신 것이다.

2. **愼徽五典**하신대 **五典**이 **克從**하며 **納于百揆**하신대 **百揆時敍**하며 **賓于四門**하신대 **四門**이 **穆穆**하며 **納于大麓**하신대 **烈風雷雨**에 **弗迷**하시다

　오전(五典)을 삼가 아름답게 하라 하시자 오전이 능히 순하게 되었으며, 백규(百揆)에 앉히시자 백규가 제때에 펴졌으며, 사문(四門)에서 외국 손님을 맞이하게 하시자 사문이 화목하였으며, 큰 산기슭에 들어가게 하시자 열풍(烈風;맹렬한 바람)과 뇌우(雷雨;천둥 번개가 치고 비가 옴)에 혼미하지 않으셨다.

徽는 美也라 五典은 五常也니 父子有親, 君臣有義, 夫婦有別, 長幼有序, 朋友有信이 是也라 從은 順也니 左氏所謂無違敎也니 此蓋使爲司徒之官也라 揆는 度(탁)也니 百揆者는 揆度庶政之官으로 惟唐, 虞有之하니 猶周之冢宰也라 時敍는

・・・ 濬:깊을 준　塞:진실할 색　潛:잠길 잠　揆:헤아릴 규　麓:산기슭 록　冢:클 총

以時而敍니 左氏所謂無廢事也라 四門은 四方之門이니 古者에 以賓禮로 親邦國하여 諸侯各以方至면 而使主焉이라 故曰賓이라 穆穆은 和之至也니 左氏所謂無凶人也니 此는 蓋又兼四岳之官也라 麓은 山足也라 烈은 迅이요 迷는 錯也라 史記曰 堯使舜入山林川澤하신대 暴風雷雨에 舜行不迷라하니라 蘇氏曰 洪水爲害어늘 堯使舜入山林하여 相視原隰이러니 雷雨大至하여 衆懼失常호되 而舜不迷하시니 其度量이 有絶人者요 而天地鬼神이 亦或有以相之歟인저하니라 愚謂遇烈風雷雨非常之變호되 而不震懼失常은 非固聰明誠智 確乎不亂者면 不能也라 易에 震驚百里호되 不喪匕鬯(비창)이라하니 意爲近之니라

'휘(徽)'는 아름답게 함이다. '오전(五典)'은 오상(五常;다섯 가지 떳떳한 윤리)이니, 부자유친(父子有親)·군신유의(君臣有義)·부부유별(夫婦有別)·장유유서(長幼有序)·붕우유신(朋友有信)이 이것이다. '종(從)'은 순함이니, 좌씨(左氏;《춘추좌씨전》문공(文公) 18년)의 이른바 '가르침을 어김이 없었다.'는 것이다. 이는 아마도 순(舜)으로 하여금 사도(司徒)의 관원이 되게 하신 듯하다. '규(揆)'는 헤아림이니, '백규(百揆)'는 여러 정사를 헤아리는 관원으로 오직 당(唐)·우(虞) 때에 있었으니, 주대(周代)의 총재(冢宰)와 같은 것이다. '시서(時敍)'는 제때에 펴짐이니, 좌씨(左氏)의 이른바 '일을 폐함이 없었다.'는 것이다. '사문(四門)'은 사방의 문이니, 옛날에 손님의 예(禮)로 방국(邦國;제후국)을 친히 하여 제후가 각기 방면에 따라 이르면 이를 주관하게 하였다. 그러므로 빈(賓)이라 한 것이다. '목목(穆穆)'은 화함이 지극한 것이니, 좌씨의 이른바 '흉한 사람이 없었다.'는 것이니, 이는 또 사악(四岳)의 벼슬을 겸한 것이다.

'록(麓)'은 산기슭이다. '열(烈)'은 빠름이요 '미(迷)'는 착란(錯亂)함이다. 《사기(史記)》〈오제기(五帝紀)〉에 "요(堯)가 순(舜)으로 하여금 산림(山林)과 천택(川澤)에 들어가게 하시자, 폭풍과 뇌우(雷雨) 속에 순이 가면서도 혼미하지 않았다." 하였다.

소씨(蘇氏;소식(蘇軾))가 말하였다. "홍수가 폐해를 입히므로 요가 순으로 하여금 산림에 들어가서 평원과 습지를 살펴보게 하시자, 뇌우가 크게 이르러 딴 사람들은 두려워하여 떳떳한 법도(태도)를 잃었으나 순은 혼미하지 않으셨으니, 그 도량이 남보다 뛰어남이 있고 천지 귀신이 또한 혹 도와줌이 있었는가보다."

내가 생각건대 열풍과 뇌우의 비상한 변고를 만났으나 두려워하여 떳떳한 태도를 잃지 않음은 진실로 총명하고 성실하고 지혜로워 확고히 혼란하지 않은 자가 아니면 능하지 못하다. 《주역(周易)》〈진괘 괘사(震卦卦辭)〉에 "우레가 백 리를 놀라게 하여도 수저와 울창주(鬱鬯酒)를 잃지 않았다." 하였으니, 뜻이 이에 가깝다.

⋯ 錯:어그러질 착 隰:진펄습 匕:수저 비 鬯:술이름 창

3. **帝曰 格**하라 **汝舜**아 **詢事考言**혼대 **乃言**이 **底**(지)**可績**이 **三載**니(이언) **汝陟**(척)**帝位**하라 **舜**이 **讓于德**하사 **弗嗣**하시다

　제요가 말씀하기를 "이리 오라! 순아. 일을 도모하고 말을 상고해보건대 너의 말이 공적을 이룰 수 있음을 본 것이 3년이니, 네가 제위(帝位)에 오르라." 하셨다. 순은 덕이 있는 사람에게 사양하고 뒤를 잇지 않았다.

格은 來요 詢은 謀요 乃는 汝요 底는 致요 陟은 升也라 堯言詢舜所行之事하고 而考其言컨대 則見汝之言이 致可有功이 於今三年矣니 汝宜升帝位也라 讓于德은 讓于有德之人也라 或曰 謙遜하여 自以其德이 不足爲嗣也라하니라

　'격(格)'은 옴이요, '순(詢)'은 도모함이요, '내(乃)'는 너요, '지(底)'는 이룸이요, '척(陟)'은 오름이다. 요(堯)가 말씀하기를 "순(舜)이 행한 바의 일을 도모하고 말을 상고해 보건대 너의 말이 공적을 이룰 수 있음을 본 것이 지금 3년이 되었으니, 네가 마땅히 제위에 오르라." 한 것이다. '양우덕(讓于德)'은 덕이 있는 사람에게 사양한 것이다. 혹자는 "겸손하여 스스로 자신의 덕이 뒤를 이을 수 없다고 사양한 것이다."라고 한다.

4. **正月上日**에 **受終于文祖**[28]하시다

　정월(正月) 초하루에 종(終;끝마침)을 문조(文祖)께 받으셨다.

上日은 朔日也라 葉氏曰 上旬之日이라하고 曾氏曰 如上戊、上辛、上丁之類[29]라하니 未詳孰是라 受終者는 堯於是終帝位之事하여 而舜受之也라 文祖者는 堯始祖之廟니 未詳所指爲何人也라

　'상일(上日)'은 초하루이다. 섭씨(葉氏)는 "상순(上旬)의 날이다." 하였고, 증씨(曾氏)

28　受終于文祖 : 오윤상(吳允常)은 "'讓于德不嗣' 아래에 곧바로 '受終于文祖'로 이어진 것은 끝내 곡절이 부족하니, 크게 의심할 만하다. 〈대우모〉에 순 임금과 우왕이 제왕의 지위를 주고받을 때에 허다한 사양과 허다한 권면(勸勉)과 경계가 있었는데, 요 임금과 순 임금이 주고받을 적에 어찌 홀로 이와 같지 않았겠는가. 《논어》〈요왈편(堯曰篇)〉의 머릿말이 다른 책에 보이지 않으니, 이 사이에 빠진 글이 있는 듯하다.〔讓于德不嗣下, 卽接以受終于文祖, 終欠曲折, 大是可疑. 觀大禹謨舜禹授受之際, 有許多辭讓, 有許多勉戒, 堯舜授受何獨不如此乎. 論語堯曰篇頭辭, 不見於他書, 恐是此間脫文.〕" 하였다.

29　如上戊上辛上丁之類 : 상무(上戊)는 그 달의 첫 번째 드는 무일(戊日)로, 상신(上辛)·상정(上丁)도 이와 같다.

⋯ 詢 : 물을 순　底 : 이를 지　陟 : 오를 척

는 "상무(上戊), 상신(上辛), 상정(上丁) 따위와 같은 것이다." 하였으니, 어느 것이 옳은지 자세하지 않다. '수종(受終)'은 요(堯)가 이에 제위(帝位)의 일을 끝마쳐서 순(舜)이 받은 것이다. '문조(文祖)'는 요의 시조(始祖)의 사당이니, 어떤 사람을 가리키는 지는 자세하지 않다.

5. 在璿璣(선기)玉衡하사 以齊七政하시다
선기(璿璣)와 옥형(玉衡)으로 살펴 칠정(七政)을 고르게 하셨다.

在는 察也라 美珠를 謂之璿이요 璣는 機也니 以璿飾璣는 所以象天體之轉運也라 衡은 橫也니 謂衡(橫)簫也라 以玉爲管하여 橫而設之하니 所以窺(규)璣而齊七政之運行이니 猶今之渾天儀也라 七政은 日、月、五星也니 七者運行於天에 有遲有速하고 有順有逆하여 猶人君之有政事也라[30] 此는 言舜初攝位하여 整理庶務하되 首察璣衡하여 以齊七政하시니 蓋曆象授時는 所當先也니라

'재(在)'는 살핌이다. 아름다운 구슬을 '선(璿)'이라 하고 '기(璣)'는 틀이니, 구슬로 틀을 꾸밈은 천체(天體)의 전운(轉運)을 형상한 것이다. '형(衡)'은 가로이니, 가로로 된 대통을 이른다. 옥으로 대통을 만들어 가로로 설치하였으니, 기(璣)를 살펴서 칠정(七政)의 운행을 똑고르게 하는 것이니, 지금의 혼천의(渾天儀)와 같다. '칠정(七政)'은 일(日)·월(月)과 오성(五星)이니, 일곱 가지가 하늘에 운행함에 느림도 있고 빠름도 있으며 순함도 있고 거스름도 있어 마치 군주에게 정사가 있는 것과 같다. 이는 순(舜)이 처음으로 섭위(攝位)하여 여러 사무를 정리하시되 첫 번째로 선기와 옥형을 살펴 칠정을 똑고르게 하였음을 말한 것이니, 책력을 숫자로 기록하고 관상하는 기구를 통하여 농사철을 알려줌은 정사에 마땅히 먼저 해야 할 일이다.

○ 按渾天儀者는 天文志云 言天體者三家니 一曰周髀(비)요 二曰宣夜요 三曰渾天이라 宣夜는 絶無師說하니 不知其狀如何라 周髀之術은 以爲天似覆(복)盆이라 蓋以斗極爲中하니 中高而四邊下어든 日月이 傍行遶之하니 日近而見之면 爲晝

---

30 七政……猶人君之有政事也:임씨(林氏:임지기(林之奇))가 말하였다. "〈일(日)·월(月)·오성(五星)의 운행에 따라〉 그 재앙과 상서가 군주의 정사와 서로 응하므로 '칠정(七政)'이라 한 것이다.〔其災祥與政事相應, 故曰七政.〕"《詳說》

••• 在:살필 재　璿:구슬 선　璣:작은구슬 기　簫:통소 소　窺:엿볼 규　髀:넓적다리 비(폐)　遶:두를 요

요 日遠而不見이면 爲夜라하니 蔡邕以爲考驗天象에 多所違失이라하니라 渾天說曰 天之形狀이 似鳥卵하니 地居其中하고 天包地外하여 猶卵之裹黃하고 圓如彈丸이라 故로 曰渾天이라하니 言其形體渾渾然也라 其術은 以爲天半覆(부)地上하고 半在地下하니 其天이 居地上見者 一百八十二度半强이요 地下亦然이라 北極은 出地上三十六度요 南極은 入地下亦三十六度로되 而嵩(숭)高正當天之中이라 極南五十五度 當嵩高之上하고 又其南十二度 爲夏至之日道요 又其南二十四度 爲春秋分之日道요 又其南二十四度 爲冬至之日道니 南下去地三十一度而已면 是夏至日이니 北去極六十七度요 春秋分은 去極九十一度요 冬至는 去極一百一十五度니 此其大率(율)也라 其南北極이 持其兩端이면 其天與日月星宿가 斜而廻轉하니 此必古有其法이언마는 遭秦而滅이러니 至漢武帝時하여 落下閎(굉)이 始經營之하고 鮮于妄人[31]이 又量度(탁)之하고 至宣帝時하여 耿壽昌이 始鑄銅而爲之象하고 宋錢樂(락)이 又鑄銅作渾天儀하니 衡長八尺이요 孔徑一寸이요 璣徑八尺이요 圓周二丈五尺强이라 轉而望之하여 以知日月星辰之所在하니 卽璿璣玉衡之遺法也라

○ 살펴보건대 혼천의는 채옹(蔡邕)의 〈천문지(天文志)〉에 "천체를 말한 것이 삼가(三家)이니, 첫 번째는 주비(周髀)이고 두 번째는 선야(宣夜)이고 세 번째는 혼천(渾天)이다. 선야는 스승으로부터 전해오는 학설이 전혀 없으니, 그 모양이 어떠한지 알 수 없다. 주비의 방법(학설)은 하늘이 엎어놓은 동이와 같다고 하였다. 그리하여 두극(斗極;북극성(北極星))을 중앙으로 삼으니, 중앙은 높고 사방 가장자리는 낮은데 해와 달이 옆으로 운행하여 돌아가는바, 해가 가까워져서 보이면 낮이고 해가 멀어져서 보이지 않으면 밤이다." 하였는데, 채옹(蔡邕)은 "천상(天象)을 상고하고 징험함에 위배되고 맞지 않는 것이 많다." 하였다.

〈오(吳)나라 왕번(王蕃)의〉 혼천설(渾天說)에는 "하늘의 형상이 새알과 같으니, 땅은 그 가운데에 있고 하늘은 땅 밖을 싸고 있어서 알이 노른자를 싸고 있는 것과 같고 둥글기는 탄환(彈丸)과 같다. 그러므로 혼천의(渾天儀)라 한다." 하였으니, 그 형체가 혼

――――――
31 落下閎 始經營之 鮮于妄人: 호산은 "낙하 굉(落下閎)은 자(字)가 장공(長公)으로 파군(巴郡) 사람인데 낙하에 은거하였고, 선우 망인(鮮于妄人)은 사람의 성명이니, 한(漢)나라 소제(昭帝) 때에 책력을 주관하는 사자가 되었다.〔字, 長公, 巴郡人, 隱於落下; 人姓名, 漢昭帝時主曆使者.〕" 하였다.《詳說》이에 의하면 낙하 굉은 성(姓)이 전하지 않으며 낙하는 낙하(洛下)로도 표기하는 바 '낙하에 은거한 굉'이라고 표기해야 할 것으로 보인다.

··· 邕 : 화할옹 嵩 : 높은산 숭 閎 : 클 굉 耿 : 밝을 경 鑄 : 주조할 주

혼(渾渾;둥글둥글)함을 말한 것이다. 그 관찰하는 방법(학설)은 하늘이 반은 지상(地上)을 덮고 반은 지하(地下)에 있으니, 하늘이 지상에 있어 보이는 것이 182도(度)와 반이 넘고〔强〕, 지하도 그러하다. 북극(北極)은 지상으로 나온 것이 36도이고 남극(南極)은 지하로 들어간 것이 또한 36도인데, 높은 숭산(嵩山;중악(中嶽))이 바로 하늘의 중앙에 해당한다. 극남(極南)의 55도가 높은 숭산에 해당하고 또 그 남쪽 12도는 하지(夏至)의 일도(日道;해가 다니는 길)가 되고, 또 그 남쪽 24도는 춘분(春分)과 추분(秋分)의 일도가 되며, 또 그 남쪽 24도는 동지의 일도가 되니, 남쪽 아래로 땅과 31도가 떨어져 있을 뿐이면 이는 하짓날이니, 북쪽으로 북극과의 거리가 67도이고 춘분과 추분은 북극과의 거리가 91도이며 동지(冬至)는 북극과의 거리가 115도이니, 이것이 그 대율(大率;대략)이다.

남극과 북극이 두 끝을 잡고 있으면 하늘과 해와 달과 별이 비껴서 옆으로 회전하니, 이는 반드시 옛날에 이에 대한 법식이 있었을 것이나 진(秦)나라를 만나 불타 없어졌다. 그러다가 한(漢)나라 무제(武帝) 때에 이르러 낙하 굉(落下閎)이 처음으로 경영하고 선우 망인(鮮于妄人)이 또 이것을 헤아렸으며, 선제(宣帝) 때에 이르러 경수창(耿壽昌)이 처음으로 구리로 주조하여 〈혼천의〉상(象)을 만들었고 남조(南朝) 송(宋)나라의 전락(錢樂)이 또 구리로 주조하여 혼천의를 만드니, 가로의 길이가 8척(尺)이고 구멍의 지름이 1촌(寸)이며 틀은 지름이 8척(尺)이고 둘레는 2장(丈) 5척(尺)이 넘는다. 이것을 회전시키면서 바라보아 해와 달과 별의 소재를 알았으니, 이것이 곧 선기 옥형의 유법(遺法)이다.

歷代以來로 **其法漸密**이라 **本朝因之**하여 **爲儀三重**하니 **其在外者**는 **曰六合儀**[32]니 **平置黑單環**[33]하여 **上刻十二辰、八干、四隅**[34] **在地之位**하여 **以準地面而定四方**하고

......

32 六合儀:육합(六合)은 상(上)·하(下)와 사방을 이르고, 의(儀)는 지구의(地球儀)처럼 만든 천체의 모양, 또는 천체를 측량하는 기계이다.

33 黑單環:지평환(地平環)이라 하는데, 지면(地面) 사방의 상(象)이다.《五禮通考註釋》

34 十二辰八干四隅:십이신(十二辰)은 자(子)·축(丑)·인(寅)·묘(卯) 등의 12방위를 가리키고, 팔간(八干)은 갑(甲)·을(乙;동(東)), 병(丙)·정(丁;남(南)), 경(庚)·신(辛;서(西)), 임(壬)·계(癸;북(北))를 가리키며, 사우(四隅)는 동북쪽의 간(艮), 동남쪽의 손(巽), 서남쪽의 곤(坤), 서북쪽의 건(乾)을 가리킨다. 원래 십간(十干) 중 무기(戊己)는 중앙토(中央土)여서 사방에 들어가지 않기 때문에 무기를 빼며, 여기에 십이신과 사우를 넣으면 이십사방(二十四方)이 된다

側立黑雙環[35]하여 背刻去極度數하고 以中分天脊하여 直跨地平하여 使其半入地下而結於其子午하여 以爲天經하고 斜倚赤單環[36]하여 背刻赤道度數하고 以平分天腹하여 橫繞天經하여 亦使半出地上하고 半入地下하여 而結於其卯酉하여 以爲天緯하여 三環[37]表裏가 相結不動하니 其天經之環은 則南北二極이 皆爲圓軸이라 虛中而內向하여 以挈(설)三辰、四遊之環하나니 以其上下四方을 於是可考라 故로 曰六合이라

次其內曰三辰儀니 側立黑雙環하고 亦刻去極度數하여 外貫天經之軸하고 內挈黃赤二道하니 其赤道則爲赤單環이니 外依天緯하되 亦刻宿度하여 而結於黑雙環之卯酉하고 其黃道則爲黃單環이니 亦刻宿度하여 而又斜倚於赤道之腹하여 以交結於卯酉호되 而半入其內하여 以爲春分後之日軌하며 半出其外하여 以爲秋分後之日軌하여 又爲白單環하여 以承其交하여 使不傾墊(점)하고 下設機輪하여 以水激之하여 使其日夜隨天하여 東西運轉하여 以象天行하니 以其日、月、星辰을 於是可考라 故로 曰三辰이라 其最在內者曰四遊儀니 亦爲黑雙環을 如三辰儀之制하여 以貫天經之軸하고 其環之內는 則兩面當中하여 各施直距하여 外指兩軸而當其要(腰)中之內面하고 又爲小窾(관)하여 以受玉衡要中之小軸하여 使衡旣得隨環東西運轉하고 又可隨處南北低昂하여 以待占候者之仰窺焉하니 以其東西南北이 無不周徧이라 故로 曰四遊니 此其法之大略也라

역대(당(唐)과 오대(五代)) 이래로 이에 대한 법식이 점점 치밀해졌는데, 본조(本朝; 송나라)에서는 이를 따라 삼중(三重)의 의(儀)를 만들었으니, 그 밖에 있는 것을 육합의(六合儀)라 하는바, 흑단환(黑單環;흑색 한 개의 고리)을 평평히 놓고서 그 위에 십이신(十二辰)과 팔간(八干)과 사우(四隅;건(乾)·곤(坤)·간(艮)·손(巽)을 가리킴)의 땅에 있는 위치에 새겨서 지면을 기준하여 사방(자(子)·오(午)·묘(卯)·유(酉)를 가리킴)을 정하였다. 그리고 흑쌍환(黑雙環;흑색 쌍고리)을 비스듬히 세운 다음 등에 북극과의 거리의 도수(度數)를 새기고 하늘의 등마루(남극과 북극)를 반으로 나누어 곧바로 지평선을 넘어

  ......
35 黑雙環:천경환(天經環)이라 하는데 하늘의 반은 땅 위에 있고 반은 땅 밑에 있는 상이다. 《五禮通考註釋》
36 赤單環:천위환(天緯環)이라 하는데 위와 아래는 천경환과 서로 물리고 동(東)과 서(西)는 지평환과 물렸으니, 이것은 하늘의 배 부분 적도(赤道)의 상(象)이다.
37 三環:두 개의 흑환(黑環)과 하나의 적환(赤環)을 가리킨다.

••• 跨:걸터앉을 과 軸:굴대 축 挈:끌 설 墊:빠질 점 窾:구멍 관 昂:높을 앙

반은 지하로 들어가서 자오선(子午線)에 묶어 천경(天經;남·북을 경이라 함)으로 삼고, 적단환(赤單環)을 비스듬히 기울게 한 다음 등에 적도(赤道)의 도수(度數)를 새기고 하늘의 배(腹;한복판)를 반으로 나누어 천경(天經)을 횡(橫)으로 돌아서 또한 반은 지상으로 나오고 반은 지하로 들어가게 하여 〈흑쌍환(黑雙環)의〉 묘(卯)·유(酉)에 묶어서 천위(天緯;동·서를 위라 함)로 삼아 세 고리의 겉과 속이 서로 연결되어 움직이지 않게 하였으니, 천경(天經)의 고리는 남극과 북극 두 극이 모두 둥근 축이 된다. 그리하여 가운데를 비우고 안을 향하여 삼신의(三辰儀)와 사유의(四遊儀)의 고리에 매니, 그 상하와 사방을 여기에서 상고할 수 있으므로 육합(六合)이라 하였다.

다음으로 그 안에 있는 것을 삼신의(三辰儀)라 하니, 흑쌍환을 비스듬히 세우고 또한 북극과의 거리 도수(度數)를 새기고서 밖으로는 천경의 축을 꿰고 안으로는 황도(黃道)와 적도(赤道)에 매단다. 그 적도는 적단환으로 만들었는바, 밖으로는 천위(天緯)에 의지하되 또한 28수(宿)의 도수를 새겨 흑쌍환의 묘(卯)·유(酉)에 묶고, 그 황도는 황단환으로 만들었는바, 또한 28수의 도수를 새기고서 또다시 적도의 배(腹)에 비스듬히 기대게 하여 묘·유에 묶어서 반은 그 안으로 들어가 춘분 뒤의 일궤(日軌;해의 궤도)를 삼고 반은 그 밖으로 나와 추분 뒤의 일궤를 삼으며, 또다시 백단환을 만들어 교차한 부분(적도와 황도, 묘·유가 교차하는 부분)을 이어서 기울거나 빠지지 않게 하고 아래에는 틀이 있는 바퀴를 설치하고 물로 격동시켜서 밤낮으로 천체(天體)를 따라 동서로 회전하게 하여 하늘의 운행을 형상하니, 그 해와 달과 별을 이것으로 상고할 수 있으므로 삼신(三辰)이라 한 것이다.

그리고 가장 내면에 있는 것을 사유의(四遊儀)라 하니, 또한 흑쌍환을 만들기를 삼신의의 제도처럼 하여 천경(天經)의 축(軸)에 꿰고 그 고리의 안은 양면이 중앙을 닿게 하여 각각 곧은 발[距]을 설치하여 밖으로 두 축을 가리키면서 허리 가운데의 내면에 닿게 하고, 또 작은 구멍을 내어 옥형(玉衡)의 허리 가운데의 작은 축을 받게 하여 옥형이 이미 고리를 따라 동서로 회전하게 하고 또 곳에 따라 남북으로 올라갔다 내려갔다 하게 하여 점후(占候)하는 자가 우러러 엿보도록 만들었으니, 동서남북으로 두루하지 않음이 없으므로 사유(四遊)라 이름하였는바, 이것이 그 방법의 대략이다.

沈括曰 舊法에 規環一面은 刻周天度하고 一面은 加銀丁(釘)하니 蓋以夜候天에 晦不可目察이면 則以手切之也라하니 古人以璿飾璣도 疑亦爲此라 今大(太)史局、秘書省에 銅儀가 制極精緻하니 亦以銅丁爲之라 曆家之說에 又以北斗魁四星爲

··· 緻:빽빽할 치 魁:괴수 괴

璣하고 杓三星爲衡하니 今詳經文簡質하니 不應北斗二字를 乃用寓名이라 恐未必然이나 姑存其說하여 以廣異聞하노라

심괄(沈括)은 말하기를 "옛날 법식에 규환(規環;둥근 고리)의 일면에는 주천(周天)의 도수를 새기고 일면에는 은정(銀丁;은으로 찍어놓은 점)을 가하였으니, 이는 밤에 하늘을 관측함에 어두워서 눈으로 살필 수 없으면 손으로 은정을 만져보는 것이다." 하였는바, 옛사람이 구슬로 틀을 꾸민 것도 의심컨대 또한 이 때문인 듯하다. 지금 태사국(太史局)과 비서성(秘書省)에 동의(銅儀;구리로 만든 혼천의)가 보관되어 있는데, 제도가 매우 정밀한바 또한 동정(銅丁)으로 만들었다. 역가(曆家)의 말에 "또 북두의 괴(魁) 네 별(::)을 기(璣)라 하고 표(杓;자루) 세 별(:)을 형(衡)이라 한다." 하는데, 이제 경문(經文)을 살펴보면 매우 간략하고 질박하니, 북두의 두 글자를 써서 이름을 붙일 리가 없다. 이는 반드시 옳지 않은 듯하나, 우선 그 말을 남겨 두어서 딴 들음을 넓히는 바이다.

※ 이 혼천의의 해설은 역자가 이에 대한 이해가 부족하여 우선 문장에 따라 번역하였으니, 오류가 많을 것이다. 독자들의 양해를 바란다.

6. 肆類于上帝하시며 禋(인)于六宗하시며 望于山川하시며 徧于羣神하시다

드디어 상제(上帝)에게 유제(類祭)를 지내시며 육종(六宗)에게 인제(禋祭)를 지내시며 산천에 망제(望祭)를 지내시며 여러 신(神)에게 두루 제사하셨다.

肆는 遂也라 類、禋、望은 皆祭名이라 周禮肆師에 類造于上帝라한대 註云 郊祀者는 祭昊天之常祭니 非常祀而祭告于天이면 其禮依郊祀爲之라 故曰類라하니 如泰誓武王伐商과 王制言天子將出에 皆云類于上帝 是也라 禋은 精意以享之謂라 宗은 尊也니 所尊祭者 其祀有六이라 祭法曰 埋少牢於泰昭는 祭時也요 相近(禳祈)於坎壇은 祭寒暑也요 王宮은 祭日也요 夜明은 祭月也요 幽宗(禜)[38]은 祭星也요 雩宗은 祭水旱也라하니라 山川은 名山大川五嶽四瀆[39]之屬이니 望而祭之라 故曰望이

------

38 幽宗 : 유(幽)는 어둠이며, 종(宗)은 마땅히 영(禜)이 되어야 하는바 단(壇)의 경계를 이르는데, 별은 날이 어두워져야 나타나기 때문에 붙여진 이름이라 한다.

39 五嶽四瀆 : 오악(五嶽)은 다섯 개의 명산(名山)으로 중국의 동악(東嶽)인 태산(泰山), 남악(南嶽)인 형산(衡山), 서악(西嶽)인 화산(華山), 북악(北嶽)인 항산(恒山), 중악(中嶽)인 숭산(嵩山)이며, 사독(四瀆)은 네 개의 대천(大川)으로 직접 바다로 들어가는 큰 물인데, 동쪽은 양자강(揚子江:長江), 서쪽은 황하(黃河), 남쪽은 회수(淮水), 북쪽은 제수(濟水)이다.

··· 杓 : 자루 표 肆 : 드디어 사 禋 : 제사 인 徧 : 두루 변(편) 禳 : 제사이름 양 禜 : 재앙을막는제사 영
  雩 : 기우제 우 瀆 : 물 독

라 徧은 周徧也라 羣神은 謂丘陵、墳衍、古昔聖賢之類라 言受終觀象之後에 卽祭祀上下神祇(기)하여 以攝位告也라

'사(肆)'는 드디어이다. '유(類)'·'인(禋)'·'망(望)'은 모두 제사의 이름이다. 《주례(周禮)》〈춘관(春官) 사사(肆師)〉에 "드디어 여럿이 상제(上帝)에게 나아가(造) 유제(類祭)의 예(禮)로 제사했다." 하였는데, 주(註)에 "교사(郊祀)는 호천(昊天)을 제사하는 떳떳한 제사이니, 정상적인 제사가 아니면서 하늘에 제사하여 고유하게 되면 그 예(禮)가 교사의 예를 똑같이(類) 따라서 하기 때문에 〈교사와 절차가 같다고 해서〉 유(類)라 한 것이다." 하였으니, 〈태서(泰誓)〉에 무왕(武王)이 상(商)나라를 정벌할 때와 《예기》〈왕제(王制)〉에 천자가 장차 나갈 때에 모두 '상제에게 유제(類祭)를 지낸다.'고 말한 것이 이것이다.

'인(禋)'은 뜻(마음)을 깨끗이 하여 제향하는 것을 이른다. '종(宗)'은 높임이니, 높여 제사하는 것이 그 제사가 여섯 가지가 있다. 《예기》〈제법(祭法)〉에 "소뢰(少牢;양과 돼지)를 태소단(泰昭壇)에 묻음은 사시(四時)에 제사함이요, 감단(坎壇)에 기도함은 한서(寒暑)에 제사함이요, 왕궁단(王宮壇)에 기도함은 해에 제사함이요, 야명단(夜明壇)에 기도함은 달에 제사함이요, 유영(幽祭;성단(星壇))에 기도함은 별에 제사함이요, 우영(雩祭;수한단(水旱壇))에 기도함은 수한(水旱)에 제사함이다." 하였다. '산천(山川)'은 명산 대천(名山大川)으로 오악(五嶽)과 사독(四瀆) 따위이니, 바라보고 제사하기 때문에 '망(望)'이라 한 것이다. '변(徧)'은 두루함이다. '군신(羣神)'은 구릉과 분연(墳衍;물가와 평지) 및 옛날 성현(聖賢)과 같은 무리를 이른다. 종(終)을 받고 관상(觀象)한 뒤에 곧 상하(上下)의 천신(天神)과 지기(地祇;지신)에게 제사하여 섭위(攝位)를 고유함을 말한 것이다.

7. **輯五瑞**하시니 **旣月**이어늘 **乃日覲四岳、羣牧**하시고 **班(頒)瑞于羣后**하시다
다섯 종류의 서옥(瑞玉)을 거두시니 한 달이 다 되었는데, 이에 날마다 사악(四岳)과 군목(羣牧)을 만나보시고 서옥을 여러 제후들에게 나누어 돌려주셨다.

輯은 斂이라 瑞는 信也니 公執桓圭하고 侯執信圭하고 伯執躬圭하고 子執穀璧하고 男執蒲璧하여 五等諸侯執之하여 以合符於天子하여 而驗其信否也라 周禮에 天子執冒(모)하여 以朝諸侯라한대 鄭氏註云 名玉以冒는 以德覆(부)冒天下也라하니라 諸侯始受命이면 天子錫以圭하나니 圭頭斜銳하고 其冒下斜刻하되 小大、長短、廣

••• 墳:무덤 분 瑞:서옥 서 旣:다할 기 覲:볼 근 班:나누어줄 반 蒲:부들 포 冒:뚜껑 모

狹如之라가 諸侯來朝어든 天子以刻處로 冒其圭頭하여 有不同者면 則辨其僞也라 旣는 盡이요 覲은 見이라 四岳은 四方之諸侯요 羣牧은 九州之牧伯也라 程子曰 輯五瑞는 徵五等之諸侯也라 此已上은 皆正月事니 至盡此月이면 則四方之諸侯有至者矣니 遠近不同하여 來有先後라 故로 日日見之하여 不如他朝會之同期於一日이니 蓋欲以少接之면 則得盡其詢察禮意也라 班은 頒同이라 羣后는 卽侯、牧也라 旣見之後에 審知非僞면 則又頒還其瑞하여 以與天下正始也라

'집(輯)'은 거둠이다. '서(瑞;서옥)'는 신표(信表)의 물건(규옥(圭玉))이니, 공(公)은 환규(桓圭), 후(侯)는 신규(信圭), 백(伯)은 궁규(躬圭), 자(子)는 곡벽(穀璧), 남(男)은 포벽(蒲璧)을 잡아서 다섯 등급의 제후가 이것을 잡아 천자(天子)에게 부절(符節)을 합하여 진실 여부를 징험하는 것이다. 《주례(周禮)》 〈고공기(考工記)〉에 "천자가 모(冒;규옥의 덮개)를 잡고서 제후에게 조회를 받는다." 하였는데, 정씨(鄭氏)의 주(註)에 "옥(玉)을 모(冒)라고 이름한 것은 덕이 온 천하를 덮기 때문이다." 하였다.

제후가 처음 명을 받으면 천자가 규옥(圭玉)를 하사하는데, 규옥의 머리는 비스듬하게 뾰족하며, 모의 아래에는 비스듬히 새기되 대소(大小)와 장단(長短)과 광협(廣狹)을 규옥의 머리와 똑같이 하였다가 제후가 조회 오면 천자가 새긴 곳을 규옥의 머리에 덮어 씌워 맞추어서 똑같지 않음이 있으면 거짓임을 분변하는 것이다. '기(旣)'는 다함이요, '근(覲)'은 봄이다. '사악(四岳)'은 사방의 제후이고, '군목(羣牧)'은 구주(九州)의 목백(牧伯)이다. 정자(程子)가 말씀하기를 "다섯 가지 서옥(瑞玉)을 거둠은 다섯 등급의 제후를 부른 것이다." 하였다.

이 이상은 모두 정월(正月)의 일이니, 이 달이 다하게 되면 사방의 제후 중에 오는 자가 있는데, 원근(遠近)이 똑같지 않아 옴에 선후가 있으므로 날마다 만나보아서 딴 조회에 한 날을 똑같이 기약하는 것과 같지 않은 것이다. 이는 제후들을 조금씩(몇 명씩) 접견하고자 해서이니, 이렇게 하면 물어보고 살핌과 예(禮)의 뜻을 다할 수 있다. '반(班)'은 반(頒)과 같다. '군후(羣后)'는 곧 후(侯)와 목(牧)이다. 이미 만나본 뒤에 거짓이 아님을 살펴 알았으면 또 그 서옥을 나누어 돌려주어서 천하와 더불어 시작을 바루는 것이다.

8. 歲二月에 東巡守(狩)하사 至于岱宗하사 柴하시며 望秩于山川하시고 肆覲東后하시니 〔五玉과 三帛과 二生과 一死贄러라〕 協時月하사 正日하시며 同

... 岱 : 산이름 대 柴 : 나무 시 覲 : 만날 근 贄 : 폐백 지

律, 度, 量, 衡하시며 修五禮하시며 (五玉三帛二生一死贄) 如五器하시고 卒乃復하시다 五月에 南巡守하사 至于南岳하사 如岱禮하시며 八月에 西巡守하사 至于西岳하사 如初하시며 十有一月에 朔巡守하사 至于北岳하사 如西禮하시고 歸格于藝祖하사 用特하시다

 순수(巡守)하는 해의 2월에 동쪽 지방을 순수하사 대종(岱宗:태산(泰山))에 이르러 시제(柴祭)를 지내시며 산천을 바라보고 차례를 정하여 망제(望祭)하고 마침내 동쪽 제후들을 만나보시니, 다섯 가지 서옥(瑞玉)과 세 가지 폐백과 두 가지 생물(生物)과 한 가지 죽은 예물이었다. 사시(四時)와 달을 맞추어 날짜(일진(日辰))를 바로잡으며, 율(律)・도(度)・량(量)・형(衡)을 통일시키며, 다섯 가지 예(禮)를 닦으며 다섯 가지 기물[瑞玉]을 똑같게 하고, 마치면 다시 순수하셨다. 5월에 남쪽 지방을 순수하사 남악(南岳:형산(衡山))에 이르러 대종의 예와 똑같이 하며, 8월에 서쪽 지방을 순수하사 서악(西岳:화산(華山))에 이르러 처음과 똑같이 하며, 11월에 북쪽 지방을 순수하사 북악(北岳:항산(恒山))에 이르러 서쪽의 예와 똑같이 하시고, 돌아와 예조(藝祖)의 사당에 이르러 한 마리의 소를 써서 제사하셨다.

孟子曰 天子適諸侯曰巡守니 巡守者는 巡所守也라하니라 歲二月은 當巡守之年二月也라 岱宗은 泰山也라 柴는 燔柴以祀天也요 望은 望秩以祀山川也라 秩者는 其牲幣祝號之次第니 如五岳은 視三公하고 四瀆은 視諸侯하고 其餘는 視伯、子、男者也라 東后는 東方之諸侯也라 時는 謂四時요 月은 謂月之大小요 日은 謂日之甲乙이니 其法이 略見上篇하니 諸侯之國에 其有不齊者면 則協而正之也라

 《맹자》〈양혜왕 하(梁惠王下)〉에 "천자가 제후국(諸侯國)에 가는 것을 순수(巡守)라 하니, 순수는 지키는 곳을 순행하는 것이다." 하였다. '세이월(歲二月)'은 순수하는 해를 당한 2월이다. '대종(岱宗)'은 태산(泰山)이다. '시(柴)'는 나무를 불태워 하늘에 제사함이요, '망(望)'은 산천을 바라보고 차례를 정하여 산천에 제사하는 것이다. '질(秩)'은 희생과 폐백과 축호(祝號:신에 대한 축문의 호칭)의 차례이니, 예컨대 오악(五岳)은 삼공(三公)에 비하고 사독(四瀆)은 제후에 비하고 그 나머지는 백(伯)・자(子)・남(男)에 비하는 것과 같다. '동후(東后)'는 동방의 제후이다. '시(時)'는 사시(四時)이고 '월(月)'은 달의 크고 작음이며 '일(日)'은 날의 갑을(甲乙:일진)을 이르니, 그 법이 대략 상편(上篇)에 보이니, 제후국에 똑같지 않은 것이 있으면 맞추어 바로잡는 것이다.

··· 特:한마리의희생(소) 특 燔:태울 번

律은 謂十二律이니 黃鍾(鐘)、大(太)簇、姑洗(선)、蕤(유)賓、夷則(칙)、無射(역)、大呂、夾鍾、仲呂、林鍾、南呂、應鍾也라 六爲律이요 六爲呂하여 凡十二管이니 皆徑三分有奇요 空圍九分이니 而黃鍾之長은 九寸이요 大呂以下는 律呂相間하여 以次而短하여 至應鍾而極焉하니 以之制樂而節聲音이면 則長者聲下하고 短者聲高하니 下者則重濁而舒遲요 上者則輕淸而剽疾이며 以之審度而度(탁)長短이면 則九十分黃鍾之長하여 一爲一分(푼)이니 而十分爲寸이요 十寸爲尺이요 十尺爲丈이요 十丈爲引이며 以之審量而量多少면 則黃鍾之管에 其容子穀秬黍中者一千二百하여 以爲龠(약)이니 而十龠爲合(홉)이요 十合爲升이요 十升爲斗요 十斗爲斛(곡)이며 以之平衡而權輕重이면 則黃鍾之龠의 所容千二百黍는 其重十二銖니 兩龠則二十四銖爲兩이요 十六兩爲斤이요 三十斤爲鈞이요 四鈞爲石이라 此黃鍾所以爲萬事根本이니 諸侯之國에 其有不一者면 則審而同之也라 時月之差는 由積日而成하니 其法則先粗而後精하고 度、量、衡은 受法於律하니 其法則先本而後末이라 故로 言正日이 在協時月之後하고 同律이 在度量衡之先하니 立言之敍蓋如此也라

'율(律)'은 12율이니, 황종(黃鍾;11월), 태주(太簇;정월), 고선(姑洗;3월), 유빈(蕤賓;5월), 이칙(夷則;7월), 무역(無射;9월)과 대려(大呂;12월), 협종(夾鍾;2월), 중려(仲呂;4월), 임종(林鍾;6월), 남려(南呂;8월), 응종(應鍾;10월)이다. 이 중에 여섯(황종·태주·고선·유빈·이칙·무역)은 율(律)이고 여섯(대려·협종·중려·임종·남려·응종)은 려(呂)여서 모두 12개의 관(管)이니, 모두 지름이 3푼하고 남음이 있으며 구멍의 둘레는 9푼이니, 황종의 길이는 9촌이고 대려 이하는 율(律)·려(呂)가 서로 사이하여 차례로 짧아져서 응종에 이르러 가장 짧다.

이것을 가지고 악기를 만들어 음성을 조절하면 긴 것은 소리가 낮고 짧은 것은 소리가 높아지니, 낮은 것은 무겁고 탁하여 느리고, 높은 것은 가볍고 맑아 빠르다.

그리고 이것을 가지고 도(度)를 살펴 장단(長短)을 헤아리면 황종의 길이를 90분(分)하여 1분(分)이 1푼이 되니, 10푼이 1촌(寸)이고 10촌이 1척(尺)이고 10척이 1장(丈)이고 10장이 1인(引)이다.

이것을 가지고 량(量)을 살펴 다소(多少)를 헤아리면 황종의 관(管)에 곡식 중에 중간 크기인 검은 기장 1천 2백 개가 들어가는바, 이것을 약(龠)이라 하니, 10약이 1홉(合)이고 10홉이 1승(升)이고 10승이 1두(斗)이고 10두가 1곡(斛)이다.

이것을 가지고 형(衡)을 고르게 하여 경중(輕重)을 저울질하면 황종의 약(龠)에 들

··· 簇:발 주(족) 蕤:많을 유 剽:빠를 표 秬:검은기장 거 龠:홉 약 斛:휘 곡

어가는 1천 2백 개의 기장은 그 무게가 12수(銖)인바, 2약(龠)이면 24수(銖)이니, 이 것이 1냥(兩)이고 16냥이 1근(斤)이고 30근이 1균(鈞)이고 4균이 1석(石)이니, 이는 황종이 만사의 근본이 되는 것인데, 제후국에 통일되지 않은 것이 있으면 살펴서 통일하는 것이다.

사시(四時)와 달의 차이는 날짜가 쌓임으로 말미암아 이루어지니 그 법(표기방식)은 거친 것(사시와 달)을 먼저하고 정(精)한 것(날짜)을 뒤에 하며, 도(度)·량(量)·형(衡)은 율(律; 황종관(黃鍾管))에서 법을 받으니 그 법은 본(本)을 먼저 하고 말(末)을 뒤에 한다. 그러므로 날짜를 바로잡음이 사시와 달을 맞추는 뒤에 있고, 율을 통일함이 도·량·형의 앞에 있는 것이니, 글을 쓰는 차례가 이와 같은 것이다.

五禮는 吉、凶、軍、賓、嘉也니 修之는 所以同天下之風俗이라 五玉은 五等諸侯所執者니 卽五瑞也[40]요 三帛은 諸侯世子는 執纁(훈)하고 公之孤[41]는 執玄하고 附庸之君은 執黃이라 二生은 卿은 執羔하고 大夫는 執雁하며 一死는 士는 執雉하니 五玉、三帛、二生、一死는 所以爲贄而見(현)者라 此九字는 當在肆覲東后之下, 協時月正日之上이니 誤脫在此하니 言東后之覲에 皆執此贄也라 如五器는 劉侍講曰 如는 同也요 五器는 卽五禮之器也니 周禮六器六贄[42]는 卽舜之遺法也라하니라 卒乃

---

40 五玉 五等諸侯所執者 卽五瑞也 : 오윤상은 이에 대해 말하였다. "추씨 계우(鄒氏季友)는 《주례(周禮)》 《소행인(小行人)》의 주에 「다섯 등급의 제후가 천자에게 물건을 올릴 적에 벽옥(璧玉)을 사용하고 왕후에게 물건을 올릴 적에 종(琮)을 사용하되 그 크기가 각각 서옥(瑞玉)과 같다.」 하였다. 이것을 살펴보면 서옥은 따로 서옥이고 옥(벽옥)은 따로 옥이니, 서옥은 바로 천자가 제후들에게 반포하여 제후에게 명을 내려주는 서옥(명규(命圭))이고, 옥은 바로 제후가 받들어 천자에게 올리는 것(벽옥)이다. 만약 오옥이 바로 오서라면 이것은 명을 내려주는 서옥을 삼백(三帛)·이생(二生)·일사(一死)와 함께 모두 제후가 천자에게 바치는 폐백[贄]이 되는 것이다. 전(傳)과 소(疏)가 잘못 이어온지 이미 오래이므로 자세히 분변하는 바이다.〔傳曰, 五玉卽五瑞. 鄒氏季友曰, 周禮小行人註, 五等諸侯享天子用璧, 享后用琮, 其大各如其瑞. 按此則瑞自是瑞, 玉自是玉, 瑞乃天子所班以錫命諸侯者, 玉乃諸侯所奉以進獻天子者. 若五玉卽五瑞, 則是以錫命之〔圭璧〕〔瑞玉〕與三帛二生一死俱爲贄矣. 傳疏承訛已久, 故詳辨之.〕"

41 公之孤 : 고(孤)는 벼슬 이름으로, 고경(孤卿)을 가리킨다. 《주례주소(周禮註疏)》에 '公之孤'에 대하여 정사농(鄭司農)은 "구명의 상공은 고경 한 사람을 둔다.〔九命上公, 得置孤卿一人.〕"라고 주(註)하였다.

42 六器六贄 :《주례》 《춘관(春官) 종백(宗伯)》에 "짐승으로 육지(六贄)를 삼아 여러 신하의 등급을 구별하니, 고(孤)는 피백(皮帛)을 잡고 경(卿)은 염소를 잡고 대부는 기러기를 잡고 사(士)는 꿩을 잡고 서인(庶人)은 집오리를 잡고 공(工)·상(商)은 닭을 잡는다……옥으로 육기(六器)를 만들어서 천지사방에 예를 올리니, 창벽(蒼璧)으로 하늘에 예를 올리고 황종(黃琮)으로 땅에 예를 올

⋯ 纁 : 붉을 훈

復者는 擧祀禮하고 覲諸侯하고 一正朔하고 同制度하고 修五禮하고 如五器하여 數事皆畢이면 則不復東行하고 而遂西向이라가 且轉而南行也라 故曰卒乃復이라 南岳은 衡山이요 西岳은 華山이요 北岳은 恒山이니 二月東, 五月南, 八月西, 十一月北은 各以其時[43]也라

'오례(五禮)'는 길(吉)·흉(凶)·군(軍)·빈(賓)·가(嘉)의 다섯 가지 례(禮)이니, '닦는다[修之]'는 것은 천하의 풍속을 통일하는 것이다. '오옥(五玉)'은 다섯 등급의 제후가 잡는 것이니 곧 다섯 가지 서옥(瑞玉)이며, '삼백(三帛)'은 제후의 세자(世子)는 붉은 비단을 잡고, 공(公)의 고(孤)는 검은 비단을 잡고, 부용국(附庸國)의 군주는 누런 비단을 잡는 것이다. '이생(二生)'은 경(卿)은 염소를 잡고 대부(大夫)는 기러기를 잡는 것이며, '일사(一死)'는 사(士)는 죽은 꿩을 잡는 것이니, 오옥과 삼백, 이생과 일사는 예물을 잡고서 만나보는 것이다. 이 아홉 글자[五玉·三帛·二生·一死贄]는 마땅히 '사근동후(肆覲東后)'의 아래와 '협시월정일(協時月正日)'의 위에 있어야 하니, 오탈(誤脫)되어 여기에 있는 것이니, 동쪽 제후를 만나볼 적에 모두 이 예물을 잡음을 말한 것이다. '여오기(如五器)'는, 유시강(劉侍講:유창(劉敞))이 말하기를 "여(如)는 같게 함이요 오기(五器)는 곧 오례(五禮)의 기물이니, 《주례(周禮)》〈대종백(大宗伯)〉의 육기(六器)와 육지(六贄)는 곧 순(舜)의 유법(遺法)이다." 하였다.

'졸내복(卒乃復)'은 제사의 예를 거행하고 제후를 만나보고 정삭(正朔)을 통일하고 제도를 통일하고 오례를 닦고 오기를 똑같게 하여 여러 일이 다 끝났으면 다시는 동쪽으로 가지 않고 마침내 서쪽으로 향하였다가 다시 바꾸어 남쪽으로 가는 것이다. 그러므로 졸내복(卒乃復)이라고 말한 것이다. '남악(南岳)'은 형산(衡山)이고 '서악(西岳)'은 화산(華山)이고 '북악(北岳)'은 항산(恒山)이니, 2월에는 동쪽, 5월에는 남쪽, 8월에는 서쪽, 11월에는 북쪽에 가는 것은 각기 그 철을 따른 것이다.

리고 청규(青圭)로 동방에 예를 올리고 적장(赤璋)으로 남방에 예를 올리고 백호(白琥)로 서방에 예를 올리고 현황(玄璜)으로 북방에 예를 올린다.[以禽作六摯, 以等諸臣, 孤執皮帛, 卿執羔, 大夫執雁, 士執雉, 庶人執鶩, 工商執雞……以玉作六器, 以禮天地四方, 以蒼璧禮天, 以黃琮禮地, 以青圭禮東方, 以赤璋禮南方, 以白琥禮西方, 以玄璜禮北方.]"라고 보인다.

43 二月東……各以其時 : 춘분(春分)이 있는 2월은 동방(東方) 목(木)에 해당하고, 하지(夏至)가 있는 5월은 남방(南方) 화(火)에 해당하고, 추분(秋分)이 있는 8월은 서방(西方) 금(金)에 해당하고, 동지(冬至)가 있는 11월은 북방(北方) 수(水)에 해당하므로 말한 것이다.

格은 至也니 言至于其廟而祭告也라 藝祖는 疑卽文祖라 或曰 文祖는 藝祖之所自出이라하니 未有所考也라 特은 特牲也니 謂一牛也라 古者에 君將出이면 必告于祖禰(녜)하고 歸면 又至其廟而告之하니 孝子不忍死其親하여 出告(곡)反面之義也라 王制曰 歸格于祖禰라하니 鄭註曰 祖下及禰에 皆一牛라하고 程子는 以爲但言藝祖는 擧尊爾니 實皆告也라 但止就祖廟하여 共用一牛하여 不如時祭各設主於其廟也라하니 二說이 未知孰是일새 今兩存之하노라

'격(格)'은 이름이니, 그 사당에 이르러 제사하여 고유함을 말한 것이다. '예조(藝祖)'는 의심컨대 곧 문조(文祖)인 듯하다. 혹자는 말하기를 "문조는 예조가 말미암아 나온 분(선조)이다."라고 하는데, 상고할 바가 없다. '특(特)'은 특생(特牲)이니, 한 마리의 소를 이른다. 옛날에 군주가 장차 국외로 나갈 때에는 반드시 선조의 사당과 아버지의 사당에 고유하고, 돌아와서는 또 그 사당에 이르러 고유하였으니, 효자가 차마 그 어버이를 죽었다고 여기지 못하여, 생전에 밖으로 나가면 부모에게 아뢰고 돌아오면 부모의 얼굴을 뵙는 뜻이다. 《예기》〈왕제(王制)〉에 "돌아와 선조와 아버지의 사당에 이르렀다." 하였는데, 정현(鄭玄)의 주(註)에 "할아버지 이하로 아버지 사당에 이르기까지 모두 한 마리 소를 쓴 것이다." 하였고, 정자(程子)는 "단지 예조(藝祖)만을 말한 것은 높은 분을 든 것이니, 실제로는 모두 고유하는 것이다. 다만 조묘(祖廟)에 나아가 함께 한 마리의 소를 써서, 시제(時祭)에 각기 그 사당에 신주를 설치하는 것과는 같지 않다." 하였으니, 두 설이 어느 것이 옳은지 알 수 없으므로 이제 두 가지를 모두 남겨두는 바이다.

9. 五載에 一巡守어시든 羣后는 四朝하나니 敷奏以言하시며 明試以功하시며 車服以庸하시다

천자가 5년에 한번 순수하시면 여러 제후는 네 곳에서 조회오니, 펴서 아뢰기를 말로써 하며 밝게 시험하기를 공으로써 하며 수레와 의복으로써 공을 표창하셨다.

五載之內에 天子巡守者一이요 諸侯來朝者四니 蓋巡守之明年엔 則東方諸侯來朝于天子之國하고 又明年엔 則南方之諸侯來朝하고 又明年엔 則西方之諸侯來朝하고 又明年엔 則北方之諸侯來朝하며 又明年엔 則天子復巡守하니 是則天子諸侯雖有尊卑나 而一往一來하여 禮無不答이라 是以로 上下交通하여 而遠近洽和也

··· 禰 : 아버지사당 녜 洽 : 화합 흡

라 敷는 陳이요 奏는 進也라 周禮曰 民功曰庸[44]이라하니라 程子曰 敷奏以言者는 使各陳其爲治之說하여 言之善者는 則從而明考其功하여 有功則賜車服以旌異之하고 其言不善이면 則亦有以告飭之也니라 林氏曰 天子巡守엔 則有協時月日以下等事하고 諸侯來朝엔 則有敷奏以言以下等事하니라

　　5년 안에 천자가 순수(巡守)하는 것이 한 번이고 제후가 내조(來朝;와서 조회함)하는 것이 네 번이니, 순수한 다음 해에는 동방(東方)의 제후가 천자국에 내조하고, 또 그 다음 해에는 남방(南方)의 제후가 내조하고, 또 그 다음 해에는 서방(西方)의 제후가 내조하고, 또 그 다음 해에는 북방(北方)의 제후가 내조하며, 또 그 다음 해에는 천자가 다시 순수하니, 이는 천자와 제후가 비록 존비(尊卑)의 구분이 있으나 한번 가고 한번 와서 예(禮)에 답하지 않음이 없는 것이다. 그러므로 상하(上下)가 서로 통하여 원근(遠近)이 흡족하고 화합하는 것이다. '부(敷)'는 폄이요 '주(奏)'는 아룀이다. 《주례(周禮)》〈사훈(司勳)〉에 "백성의 공을 용(庸)이라 한다." 하였다.

　　정자(程子)가 말씀하였다. "부주이언(敷奏以言)이란 제후에게 각기 다스리는 바를 아뢰게 하여 그 말이 선(善)하면 따르고, 그 공을 밝게 상고하여 공이 있으면 수레와 의복을 하사하여 표창하고 특별히 우대하며, 그 말이 선하지 못하면 또한 고하고 경계함이 있는 것이다."

　　임씨(林氏:임지기(林之奇))가 말하였다. "천자가 순수할 적에는 '협시월일(協時月日)' 이하 등의 일이 있고, 제후가 내조할 적에는 '부주이언' 이하 등의 일이 있는 것이다."

10. 肇(조)十有二州하시고 封十有二山하시며 濬川하시다
　　12주(州)를 처음으로 만들고 12주의 산을 봉표(封表)하며 냇물[川]을 깊이 파셨다.

肇는 始也라 十二州는 冀, 兗(연), 靑, 徐, 荊, 揚, 豫, 梁, 雍, 幽, 幷, 營也라 中古之地는 但爲九州하니 曰冀, 兗, 靑, 徐, 荊, 揚, 豫, 梁, 雍이요 禹治水作貢에도 亦因其舊러니 及舜卽位하여 以冀, 靑地廣이라하여 始分冀東恒山之地[45]하여 爲幷州하고

44　民功曰庸:《주례》〈하관(夏官) 사훈(司勳)〉에 "王功曰勳, 國功曰功, 民功曰庸, 事功曰勞."라고 보이는바, 왕업(王業)을 도와 이룬 것을 훈(勳), 국가를 보전한 것을 공(功), 백성을 가르치거나 하여 공이 있는 것을 용(庸), 국가를 위해 수고로운 일을 한 것을 노(勞)라 한다.
45　始分冀東恒山之地:《채전방통(蔡傳旁通)》에 "기동(冀東)은 마땅히 기서(冀西)가 되어야 한다." 하였다. 그러나 이제 십유이주도(十有二州圖)를 살펴보면 기동이 맞는 것으로 보인다.

旌 : 표할 정　飭 : 삼갈 칙　肇 : 비로소 조　濬 : 깊을 준　冀 : 바랄 기　兗 : 땅이름 연

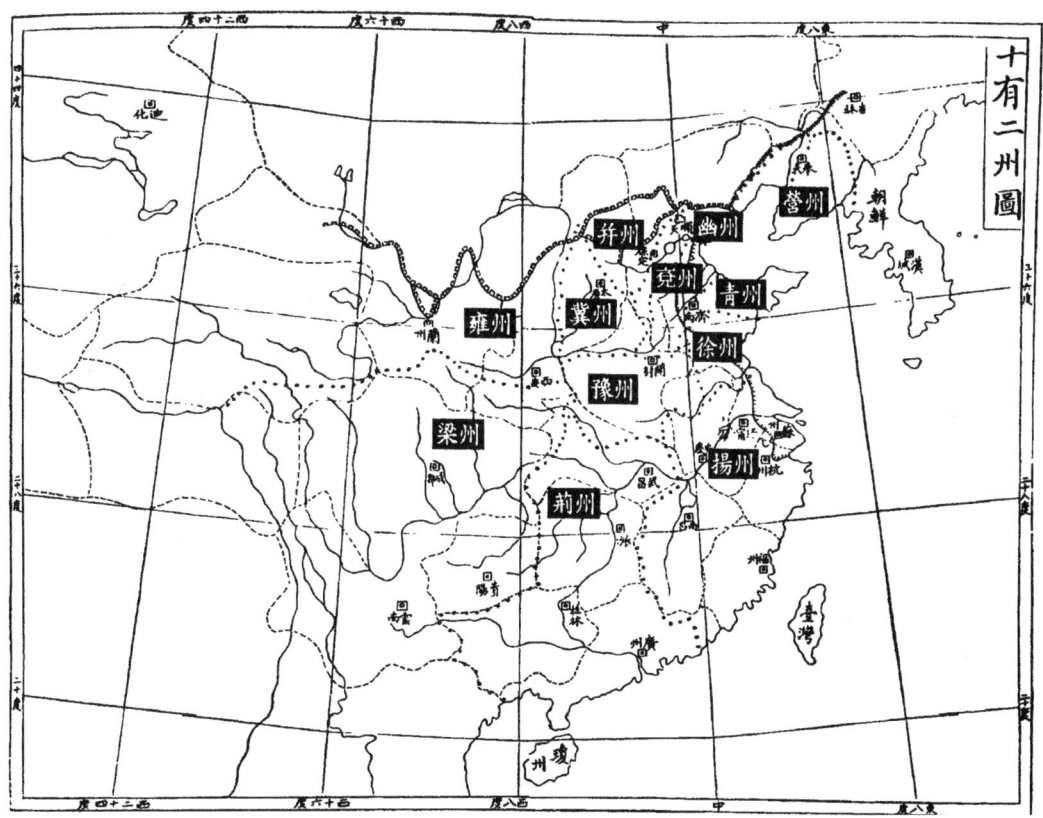

其東北醫無閭之地를 爲幽州하며 又分靑之東北遼東等處하여 爲營州하여 而冀州는 止有河內之地하니 今河東一路是也라 封은 表也니 封十二山者는 每州에 封表一山하여 以爲一州之鎭이니 如職方氏言 揚州其山鎭曰會稽之類라 濬川은 濬導十二州之川也라 然이나 舜旣分十有二州로되 而至商時에 又但言九圍、九有하고 周禮職方氏에 亦止列爲九州하여 有揚、荊、豫、靑、兗、雍、幽、冀、幷하고 而無徐、梁、營也하니 則是爲十二州는 蓋不甚久하니 不知其自何時復合爲九也라 吳氏曰 此一節은 在禹治水之後하니 其次序不當在四罪之先이라 蓋史官이 泛記舜所行之大事요 初不計先後之敍也니라

'조(肇)'는 처음이다. 12주(州)는 기(冀)·연(兗)·청(靑)·서(徐)·형(荊)·양(揚)·예(豫)·량(梁)·옹(雍)·유(幽)·병(幷)·영(營)이다. 중고(中古;황제(黃帝) 이후 세대)의 땅은 다만 9주(州)였으니, 기·연·청·서·형·양·예·량·옹이요, 우(禹)가 홍수를 다스리고 공부(貢賦;우공(禹貢)의 공부를 제정함)를 만들 때에도 옛것을 그대로 따랐었는데, 순(舜)이 즉위하자 기주(冀州)와 청주(靑州)의 땅이 넓다 하여 비로소 기주

의 동쪽인 항산(恒山)의 땅을 나누어 병주(幷州)를 만들고, 그 동북쪽인 의무려산(醫無閭山)의 땅을 유주(幽州)로 만들었으며, 또 청주의 동북쪽인 요동(遼東) 등지를 나누어 영주(營州)를 만들어서 기주는 단지 하내(河內)의 땅만을 소유하였으니, 지금의 하동로(河東路) 한 곳이 이것이다.

'봉(封)'은 표함이니, 12산을 봉표(封表)하였다는 것은 주(州)마다 한 산을 봉표하여 한 주의 진산(鎭山)으로 삼은 것이니, 예컨대 《주례》〈직방씨(職方氏)〉에 "양주(揚州)의 진산은 회계산(會稽山)이다."라고 말한 것과 같은 따위이다. '준천(濬川)'은 12주의 냇물을 깊이 파서 인도한 것이다. 그러나 순이 이미 12주를 나누었지만 상(商)나라 때에 이르러 단지 구위(九圍), 구유(九有)라고 말하였고, 《주례》의 〈직방씨〉에도 단지 9주를 나열하여 양(揚)·형(荊)·예(豫)·청(靑)·연(兗)·옹(雍)·유(幽)·기(冀)·병(幷)만 있고 서(徐)·량(梁)·영(營)은 없으니, 그렇다면 이 12주를 만든 것이 그리 오래되지 않은 것이니, 언제 다시 합하여 아홉이 되었는지는 알 수 없다.

오씨(吳氏:오역(吳棫))가 말하였다. "이 한 절(節)은 우(禹)가 홍수를 다스린 뒤에 있었으니, 그 차례가 사흉(四凶)을 죄준 일의 앞에 있을 수가 없다. 이는 사관(史官)이 순(舜)이 행한 큰 일을 범연히 기록한 것이요, 애당초 선후의 차례를 따지지 않은 것이다."

11. **象以典刑**하사되 **流宥五刑**하시며 **鞭作官刑**하시고 **扑**(복)**作教刑**하사되 **金作贖刑**하시며 **眚**(생)**災**는(란) **肆赦**하시고 **怙**(호)**終**은(으란) **賊刑**하사되 **欽哉欽哉**하사 **惟刑之恤哉**하시다

떳떳한 형벌로 보여주되 유형(流刑)으로 오형(五刑)을 관대하게 해주시며, 채찍은 관부(官府)의 형벌로 만들고 회초리는 학교(學校)의 형벌로 만들되 황금으로 속죄하는 형벌을 만드시며, 과오와 불행으로 지은 죄는 풀어 놓아주고, 권력을 믿고 끝까지 〈고치지 아니하여〉 다시 범하는〔再犯〕 자는 죽이는 형벌을 하시되 공경하고 공경하여 형벌을 신중히 하셨다.

象은 如天之垂象以示人이요 而典者는 常也라 示人以常刑은 所謂墨、劓(의)、剕(비)、宮、大辟五刑之正也니 所以待夫元惡大憝(대)殺人, 傷人, 穿窬(유), 淫放 凡罪之不可宥者也요 流宥五刑者는 流는 遣之使遠去니 如下文流, 放, 竄, 殛之類也라 宥는 寬也니 所以待夫罪之稍輕이니 雖入於五刑이나 而情可矜, 法可疑와 與

••• 宥:용서할 유 鞭:채찍 편 扑:종아리칠 복 贖:속바칠 속 眚:모르고지은죄 생 怙:믿을 호 劓:코벨 의
剕:발벨 비 辟:죽일 벽 憝:원망할 대 穿:뚫을 천 窬:넘을 유 竄:귀양갈 찬 殛:귀양갈 극

夫親貴勳勞而不可加以刑者는 則以此而寬之也라 鞭作官刑者는 木末垂革이니 官府之刑也[46]요 扑作教刑者는 夏(榎)、楚二物이니 學校之刑也니 皆以待夫罪之輕者라 金作贖刑者는 金은 黃金[47]이요 贖은 贖其罪也니 蓋罪之極輕하여 雖入於鞭、扑之刑이나 而情法猶有可議者也라 此五句者는 從重入輕하여 各有條理하니 法之正也라

　'상(象)'은 하늘이 상(象;해와 달)을 드리워 사람에게 보여주는 것과 같은 것이며 '전(典)'은 떳떳함이다. '사람들에게 떳떳한 형벌을 보여준다.'는 것은 이른바 묵(墨;얼굴에 자자함)·의(劓;코를 벰)·비(剕;발을 벰)·궁(宮;거세함)·대벽(大辟;사형) 등 다섯 가지 형벌의 바른 것이니, 원악 대대(元惡大憝;큰 죄악으로 사람들이 크게 원망함)로서 사람을 죽이거나 사람을 상해(傷害)하거나 담을 뚫고 담을 넘어가 도둑질하거나 음란하고 방탕하여 무릇 용서할 수 없는 죄를 지은 자들을 대하는 것이요, '유유오형(流宥五刑)은', '유(流)'는 보내어 멀리 떠나가게 하는 것이니, 아랫글의 유(流)·방(放)·찬(竄)·극(殛)과 같은 따위이다. '유(宥)'는 관대하게 처벌하는 것으로 죄가 다소 가벼운 자를 대하는 것이니, 죄가 비록 오형(五刑)에 해당되더라도 정상(情狀)이 애처롭고 법에 의심스러운 자와 친척(왕족(王族))과 귀한 자와 공로가 있어 형벌을 가할 수 없는 자에게는 이로써 관대하게 처벌하는 것이다.

　'편작관형(鞭作官刑)'은, 편(鞭)은 나무 끝에 가죽을 늘어뜨린(매단) 것이니 관부(官府)의 형벌이며, '복작교형(扑作教刑)'은, 복(扑)은 가(夏), 초(楚;가시나무, 또는 싸리나무) 두 물건으로 학교(學校)의 형벌이니, 이는 모두 죄가 가벼운 자를 대하는 것이다. '금작속형(金作贖刑)'은, 금(金)은 황금이고 속(贖)은 그 죄를 속죄함이니, 죄가 지극히 가벼워서 비록 편·복의 형벌에 해당하나 정상과 법에 오히려 의논할 만함이 있는 자이다. 이 다섯 구(句)는 무거운 것으로부터 가벼운 것으로 들어가 각기 조리가 있으니, 법의 바른 것이다.

······

46 鞭作官刑者……官府之刑也 : 주자는 말씀하였다. "관부(官府)의 형벌은 오로지 서사(胥史)를 다스리는 것이니, 《주례》〈추관(秋官)〉에 '서사의 죄를 다스릴 적에 채찍 5백 대와 3백 대와 같은 종류이다.〔專以治胥史, 如周禮治胥史, 鞭五百, 鞭三百之類.〕" 《詳說》서사는 서(胥)와 사(史)로 구별되는바, 하급 관청의 심부름하는 자들이다.

47 金 黃金 : 여기에서의 황금(黃金)은 동(銅)을 가리키며, 한대(漢代) 이후에는 진짜 황금을 사용하였다.

肆는 縱也라 眚災肆赦者는 眚은 謂過誤요 災는 謂不幸[48]이니 若人이 有如此而入於刑이면 則又不待流宥、金贖而直赦之也라 賊은 殺也라 怙終賊刑者는 怙는 謂有恃요 終은 謂再犯이니 若人有如此而入於刑이면 則雖當宥、當贖이라도 亦不許其宥하고 不聽其贖하여 而必刑之也라 此二句者는 或由重而卽輕하고 或由輕而卽重하니 蓋用法之權衡이니 所謂法外意也라 聖人立法制刑之本末을 此七言者에 大略盡之矣라 雖其輕重取舍(捨)陽舒陰慘之不同이나 然欽哉欽哉惟刑之恤之意는 則未始不行乎其間也라 蓋其輕重毫釐之間에 各有攸當者는 乃天討不易之定理로되 而欽恤之意가 行乎其間이면 則可以見聖人好生之本心也라 據此經文하면 則五刑은 有流宥而無金贖하고 周禮秋官에 亦無其文이러니 至呂刑하여 乃有五等之罰하니 疑穆王始制之니 非法之正也라 蓋當刑而贖이면 則失之輕이요 疑赦而贖이면 則失之重이며 且使富者幸免하고 貧者受刑은 又非所以爲平也니라

'사(肆)'는 풀어 놓아줌이다. '생재사사(眚災肆赦)'는, 생(眚)은 과오를 이르고 재(災)는 불행을 이르니, 만약 사람이 이와 같아서 형벌에 들어감이 있으면 또 유형(流刑)으로 관대하게 처벌하거나 황금으로 속죄하기를 기다리지 않고 그대로 사면하는 것이다. '적(賊)'은 죽임이다. '호종적형(怙終賊刑)'은 호(怙)는 믿음이 있는 것이요 종(終)은 다시 범(犯)하는 것이니, 만약 사람이 이와 같이 하여 형벌에 들어감이 있으면 비록 마땅히 관대하게 처벌해야 하고 마땅히 속죄해야 하더라도 또한 관대하게 처벌함을 허락하지 않고 속죄함을 허락하지 않아서 반드시 형벌하는 것이다. 이 두 구는 혹 무거운 것에서 가벼운 것에 나아가고 가벼운 것에서 무거운 것에 나아가니, 이는 법을 쓰는 권형(權衡:판단의 기준)이니, 이른바 법 밖의 뜻이라는 것이다.

성인(聖人)이 법을 세우고 형벌을 제정한 본말(本末)을 이 일곱 말씀에서 대략 다 하였다. 비록 형벌의 경중(輕重)과 취사(取捨), 양(陽)으로 펴주고 음(陰)으로 참혹하게 함이 똑같지 않으나 공경하고 공경하여 형벌을 신중히 하는 뜻은 일찍이 이 사이에 행해지지 않음이 없는 것이다. 형벌의 가볍고 무거움이 털끝만한 사이에 각각 해당하는 바가 있음은, 이는 바로 천토(天討:천벌)의 바꿀 수 없는 정해진 이치이니, 공경하고 신중히 하는 뜻이 그 사이에 행해지면 여기에서 성인이 살려주기를 좋아하는 본심

······
48 災 謂不幸 : 불행에 대하여 남당(南塘) 한원진(韓元震)은 "무인이 활쏘기를 익히다가 잘못하여 사람을 죽게 하거나 수령이 죄인을 곤장 치다가 잘못하여 죄인을 죽게 하는 경우이다.〔如武人習射殺人, 守令笞人致死.〕" 하였다. 《詳說》

··· 舒 : 펼 서 釐 : 아주작은수 리

을 볼 수 있는 것이다.

　이 경문(經文)에 의거하면 오형(五刑)은 유유(流宥)만 있고 황금으로 속죄함이 없으며, 《주례》〈추관(秋官)〉에도 이러한 글이 없었는데 아래 〈여형(呂刑)〉에 이르러 5등의 벌금이 있으니, 이는 주(周)나라 목왕(穆王)이 처음 제정한 듯하니, 법의 바른 것(올바른 법)이 아니다. 마땅히 형벌하여야 할 경우에 속죄해주면 너무 가벼움에 잘못되고, 의심스러워 용서하여야 할 경우에 속전(贖錢)을 내게 하면 너무 무거움에 잘못되며, 또 부유한 자는 요행으로 죄를 면하고 가난한 자만 형벌을 받는 것은 또 공평한 것이 아니다.

12. **流共工于幽洲**하시며 **放驩兜**(환도)**于崇山**하시며 **竄**(찬)**三苗于三危**하시며 **殛**(극)**鯀于羽山**하사 **四罪**[49]하신대 **而天下咸服**하니라

　공공(共工)을 유주(幽洲)에 유배하고 환도(驩兜)를 숭산(崇山)에 유치(留置)하고 삼묘(三苗)를 삼위(三危)에 몰아내고 곤(鯀)을 우산(羽山)에 가두어 네 사람을 죄주시니, 천하가 다 복종하였다.

　流는 遣之遠去하여 如水之流也요 放은 置之於此하여 不得他適也요 竄은 則驅逐禁錮之요 殛은 則拘囚困苦之니 隨其罪之輕重而異法也라 共工、驩兜、鯀은 事見(현)上篇하니라 三苗는 國名이니 在江南荊、揚之間하니 恃險爲亂者也라 幽洲는 北裔之地니 水中可居曰洲라 崇山은 南裔之山이니 在今澧(례)州하니라 三危는 西裔之地니 卽雍之所謂三危旣宅者요 羽山은 東裔之山이니 卽徐之蒙羽其藝者라 服者는 天下皆服其用刑之當罪也라 程子曰 舜之誅四凶에 怒在四凶하니 舜何與焉이시리오 蓋因是人有可怒之事而怒之하시니 聖人之心은 本無怒也라 聖人은 以天下之怒爲怒라 故로 天下咸服之니라 春秋傳所記四凶之名은 與此不同이라 說者以窮奇爲共工하고 渾敦爲驩兜하고 饕餮(도철)爲三苗하고 檮杌(도올)爲鯀이라 하니 不知其果然否也로라

　'유(流)'는 보내어 멀리 가게 해서 물이 흘러가는 것과 같이 하는 것이요, '방(放)'은 이곳에 가두어 딴 곳에 가지 못하게 하는 것이요, '찬(竄)'은 구축(驅逐)하고 금고(禁錮)

......
49 四罪: 네 사람을 네 곳에 유배함을 이르며 또는 네 가지 형벌로 보기도 한다.

··· 洲: 모래섬 주　裔: 변방 예　澧: 물이름 례　饕: 탐할 도　餮: 탐할 철　檮: 짐승이름 도　杌: 짐승이름 올

함이요, '극(殛)'은 가두어서 곤궁하게 하는 것이니, 그 죄의 경중에 따라 법(형벌)을 달리한 것이다. 공공(共工)·환도(驩兜)·곤(鯀)은 일이 상편(上篇)에 보인다. '삼묘(三苗)'는 나라 이름이니, 강남(江南)의 형주(荊州)와 양주(揚州) 사이에 있었으니, 지형의 험함을 믿고 난을 일으킨 자이다. '유주(幽洲)'는 북예(北裔;북쪽 변방)의 땅이니, 물 가운데 거처할 만한 곳을 주(洲;모래섬)라 한다. '숭산(崇山)'은 남예(南裔)의 산이니, 지금의 예주(澧州)에 있었다. '삼위(三危)'는 서예(西裔)의 땅이니, 곧 〈우공(禹貢)〉 옹주(雍州)의 이른바 '삼위가 이미 집을 짓고 살 수 있다.'는 것이고, '우산(羽山)'은 동예(東裔)의 산이니, 곧 '서주(徐州)의 몽산(蒙山)과 우산이 곡식을 심을 수 있다.'는 것이다. '복(服)'은 천하가 다 형벌을 씀이 죄에 합당함에 복종한 것이다.

정자(程子)가 말씀하였다. "순(舜)이 사흉(四凶)을 처벌함에 노여움이 사흉에게 있었으니, 순이 어찌 관여하셨겠는가. 이 사람들에게 노여워할 만한 일이 있음으로 인하여 노여워하신 것이니, 성인의 마음은 본래 노여워함이 없으시다. 성인이 천하 사람의 노여움을 노여움으로 삼았기 때문에 천하가 다 복종한 것이다."

《춘추좌씨전(春秋左氏傳)》 문공(文公) 18년에 기록한바 사흉의 이름이 여기와 같지 않은데, 해설하는 자가 궁기(窮奇)를 공공(共工)이라 하고 혼돈(渾敦)을 환도(驩兜)라 하고 도철(饕餮)을 삼묘(三苗)라 하고 도올(檮杌)을 곤(鯀)이라 하였으니, 그 말이 과연 옳은지는 알 수 없다.

13. **二十有八載**에 **帝乃殂落**커시늘 **百姓**은 **如喪考妣**[50]를 **三載**하고 **四海**는 **遏密八音**하니라

순(舜)이 섭위(攝位)한지 28년에 제요(帝堯)가 마침내 조락(殂落;승하)하시니, 백성들은 고비(考妣)의 상(喪)을 당한 듯이 삼년복(三年服)을 입었고 사해에서는 팔음(八音)의 악기를 그쳐 조용히 하였다.

殂落은 死也니 死者는 魂氣歸于天이라 故曰殂요 體魄歸于地라 故曰落이라 喪은 爲之服也라 遏은 絕이요 密은 靜也라 八音은 金·石·絲·竹·匏·土·革·木也라 言堯聖德廣大하여 恩澤隆厚라 故로 四海之民의 思慕之深이 至於如此也라 儀禮에 圻

......
50 如喪考妣 : 고비(考妣)는 부모를 가리키는 말로 예전에는 생존여부를 따지지 않고 고비라고 칭하였는데, 후세에는 별세한 아버지를 고(考), 별세한 어머니를 비(妣)라 하여 구분하였다.

··· 殂 : 죽을 조 妣 : 죽은어머니 비 遏 : 막을 알 匏 : 박 포 圻 : 지경 기

(畿)內之民은 爲天子齊衰(자최)三月하고 圻外之民은 無服이어늘 今應服三月者 如喪考妣하고 應無服者 遏密八音이라 堯十六卽位하여 在位七十載요 又試舜三載요 老不聽政二十八載에 乃崩하시니 在位通計百單一年이라

'조락(殂落)'은 죽음이니, 죽은 자는 혼기(魂氣)가 하늘로 돌아가기 때문에 조(殂)라 하고, 체백(體魄)이 땅으로 돌아가기 때문에 낙(落)이라 한 것이다. '상(喪)'은 위하여 복(服)을 입는 것이다. '알(遏)'은 끊음이요 '밀(密)'은 조용히 하는 것이다. '팔음(八音)'은 금(金)·석(石)·사(絲)·죽(竹)·포(匏;박)·토(土;질그릇)·혁(革)·목(木)을 소재(素材)로 한 악기(樂器)이다. 요(堯)의 성덕(聖德)이 광대하여 은택이 높고 후하였으므로 사해의 백성들이 사모함의 깊음이 이와 같음에 이름을 말한 것이다. 《의례(儀禮)》〈상복(喪服)〉에 "기내(圻內)의 백성은 천자를 위하여 자최(齊衰) 삼월복(三月服)을 입고 기외(圻外)의 백성은 복(服)이 없다." 하였는데, 이제 마땅히 삼월복을 입어야 할 자가 고비(考妣)의 상을 당한 듯이 하고, 마땅히 복이 없어야 할 자가 팔음의 악기를 그쳐 조용히 한 것이다. 요(堯)가 16세에 즉위하여 재위한 지가 70년이고 또 순(舜)을 시험하여 등용한 것이 3년이고 늙어서 정사를 다스리지 않은 지 28년에 붕(崩)하셨으니, 재위한 것이 통틀어 101년이다.

14. 月正元日에 舜이 格于文祖하시다
정월(正月) 원일(元日)에 순(舜)이 문조(文祖)의 사당에 나아가셨다.

月正은 正月也요 元日은 朔日也라 漢孔氏曰 舜服堯喪하여 三年畢에 將卽政이라 故로 復至文祖廟告라하니라 蘇氏曰 受終은 告攝이요 此는 告卽位也라하니라 然이나 春秋國君이 皆以遭喪之明年正月로 卽位於廟而改元이어늘 孔氏云 喪畢之明年[51]

......

51 孔氏云 喪畢之明年 : 오윤상은 이에 대하여 말하였다. "《집전》에 '공씨(공안국)가 「상을 마친 다음해이다.」 했다.' 하였으니, 이는 《맹자》를 근거하여 말한 것이다. 그러나 30년 재위했다는 글을 가지고 보면 마땅히 요 임금이 붕(崩)한 다음해가 되어야 하니, 어째서인가? 차례로 시험(歷試)한 3년에 거섭(居攝)한 28년을 통틀어 계산하면 30년이 된다. 만약 상을 마친 다음해라고 한다면 33년이 되니, '30년 재위했다.'고 말할 수 없는 것이다. 그렇다면 거섭하였다가 제위(帝位)에 즉시 오른 것이 바로 요 임금의 본뜻이니, 어찌 요 임금이 붕한 뒤에 요 임금의 아들을 피하여 마치 서로 사양한 것처럼 하였겠는가. 맹자는 다만 의리를 말씀하셨으니, 전하는 자의 잘못은 따지지 않은 것이다. 한문공(韓文公)의 〈대우문(對禹問)〉이 그 사실을 얻은 듯하다.[傳, 孔氏謂喪畢之明年, 蓋據孟子而言. 然以三十在位之文觀之, 當爲堯崩之明年, 何者? 歷試三年, 通居攝二十八年, 爲三十

⋯ 齊 : 상복아랫단꿰맬 자 衰 : 상복 최 遭 : 만날 조

이라하니 **不知何所據也**로라

'월정(月正)'은 정월(正月)이고 '원일(元日)'은 초하루이다. 한(漢)나라 공씨(孔氏:공안국(孔安國))는 "순이 요(堯)의 상복을 입어 3년을 마치자 장차 정사에 나아가려 하였으므로 다시 문조(文祖)의 사당에 이르러 고유한 것이다." 하였다. 소씨(蘇氏:소식(蘇軾))는 "위의 수종(受終)은 섭정(攝政)을 고유한 것이요 여기서는 즉위함을 고유한 것이다." 하였다. 그러나 《춘추(春秋)》에 국군(國君)이 모두 상을 당한 다음해 정월에 사당에서 즉위하고 개원(改元)하였는데, 공씨(孔氏)는 상을 마친 다음해라 하였으니, 무엇을 근거한 것인지 알 수 없다.

15. **詢于四岳**하사 **闢四門**하시며 **明四目**하시며 **達四聰**하시다

사악(四岳)에게 물어 사방의 문을 열어놓고 사방의 눈을 밝히고 사방의 귀를 통하게 하셨다.

詢은 **謀**요 **闢**은 **開也**라 **舜**이 **旣告廟卽位**하고 **乃謀治于四岳之官**하사 **開四方之門**하여 **以來天下之賢俊**하고 **廣四方之視聽**하여 **以決天下之壅蔽**하시니라

'순(詢)'은 도모함(상의함)이요 '벽(闢)'은 여는 것이다. 순이 이미 사당에 고유한 다음 즉위하시고 마침내 사악의 관원들에게 정사를 도모하여, 사방의 문을 열어 천하의 현준(賢俊)을 오게 하고, 사방의 보고 들음을 넓혀 천하의 막히고 가려진 것을 터놓은 것이다.

16. **咨十有二牧**하사 **曰 食哉惟時**니 **柔遠能邇**하며 **惇德允元**하고 **而難任(壬)人**이면 **蠻夷**도 **率服**하리라

12목(牧)에게 물으시어 말씀하였다. "먹는 곡식은 때(농사철)를 잘 맞추어야 하니, 멀리 있는 자를 회유하고 가까이 있는 자를 길들이며 덕이 있는 자를 후대하고 어진 자를 믿으며 간사한 자를 막으면, 만이(蠻夷)도 거느리고 와서 복종할 것이다."

牧은 **養民之官**이니 **十二牧**은 **十二州之牧也**라 **王政**은 **以食爲首**요 **農事**는 **以時爲**

......
年. 若謂喪畢之明年, 則爲三十三年, 不當曰三十在位也. 然則自居攝而卽帝位, 乃堯之本意, 豈於堯崩之後避堯之子, 若與相讓者然哉. 孟子只說義理, 不慤傳者之訛, 韓文公對禹問, 恐得其事實也.")

... 詢:물을 순 闢:열 벽 壅:막을 옹 牧:기를 목 邇:가까울 이 惇:도타울 돈 允:믿을 윤 蠻:오랑캐 만

先이니 舜言足食之道 惟在於不違農時也라 柔者는 寬而撫之也요 能者는 擾而習之也니 遠近之勢如此하니 先其略而後其詳也라 惇은 厚요 允은 信也라 德은 有德之人也요 元은 仁厚之人也라 難은 拒絶也라 任은 古文作壬하니 包藏凶惡之人也라 言當厚有德, 信仁人하고 而拒奸惡也라 凡此五者를 處之各得其宜면 則不特中國順治라 雖蠻夷之國이라도 亦相率而服從矣리라

'목(牧)'은 백성을 기르는 관원이니, 12목(牧)은 12주(州)의 목(牧)이다. '왕정(王政)'은 먹는 것(양식)을 첫 번째로 삼고 농사는 농사철을 제일로 삼으니, 순(舜)이 양식을 풍족히 하는 방도가 오직 농사철을 잃지 않음에 있음을 말씀한 것이다. '유(柔)'는 너그럽게 하여 어루만짐이요 '능(能)'은 길들여 익숙하게 함이니, 원근의 형세가 이와 같으니, 간략함을 먼저 하고 자세함을 뒤에 한 것이다. '돈(惇)'은 후대함이요 '윤(允)'은 믿음이다. '덕(德)'은 덕이 있는 사람이요 '원(元)'은 어질고 후덕한 사람이다. '난(難)'은 거절함이다. '임(任)'은 고문(古文)에 임(壬)으로 되어 있으니, 흉악함을 마음속에 감추고 있는 사람이다. 마땅히 덕이 있는 자를 후대하고 인(仁)한 사람을 믿으며 간악한 자를 거절하여야 함을 말한 것이다. 무릇 이 다섯 가지를 대처함에 각기 마땅함을 얻으면 단지 중국(中國)이 순히 다스려질 뿐만 아니라, 비록 만이(蠻夷)의 나라라도 또한 서로 거느리고 와서 복종할 것이다.

17. 舜曰 咨四岳아 有能奮庸하여 熙帝之載어든 使宅百揆하여 亮采惠疇호리라 僉曰 伯禹作司空하니이다 帝曰 兪라 咨禹아 汝平水土하니 惟時懋(무)哉인저 禹拜稽首하여 讓于稷, 契(설)과 暨(기)皐陶한대 帝曰 兪라 汝往哉하라
순(舜)이 말씀하기를 "아! 사악(四岳)아. 공용(功庸;공적)을 일으켜 제요(帝堯)의 일을 넓힐 자가 있으면 백규(百揆)의 지위에 앉혀 여러 일을 밝혀 무리들을 순히 다스리게 하겠다." 하시니, 여럿이 말하기를 "백우(伯禹)가 현재 사공(司空)이 되어 있습니다." 하였다. 순이 말씀하기를 "너의 말이 옳다. 아! 우(禹)야. 네가 수토(水土)를 평하게 다스렸으니, 이것을 힘쓸진저." 하였다. 우가 절하고 머리를 조아려 직(稷)과 설(契) 및 고요(皐陶)에게 사양하니, 순이 말씀하기를 "아! 너의 말이 옳다. 네가 가서 임무를 수행하라." 하였다.

奮은 起요 熙는 廣이요 載는 事요 亮은 明이요 惠는 順이요 疇는 類也라 一說에 亮은 相也라 舜言有能奮起事功以廣帝堯之事者면 使居百揆之位하여 以明亮庶事하여

··· 擾 : 길들일 요 載 : 일 재 疇 : 누구 주 懋 : 힘쓸 무 稽 : 조아릴 계 契 : 사람이름 설 暨 : 및 기

而順成庶類也라 僉은 衆也니 四岳所領四方諸侯 有在朝者也라 禹는 姒(사)姓[52]이니 崇伯鯀之子也라 平水土者는 司空之職이라 時는 是요 懋는 勉也니 指百揆之事以勉之也라 蓋四岳及諸侯言 伯禹見(현)作司空하여 可宅百揆라하니 帝然其擧而咨禹하여 使仍作司空而兼行百揆之事하시니 錄其舊績而勉其新功也라 以司空兼百揆는 如周以六卿兼三公이요 後世以他官平章事、知政事도 亦此類也[53]라 稽首는 首至地라 稷은 田正官이라 稷은 名棄요 姓姬氏니 封於邰(태)하고 契은 臣名으로 姓子氏니 封於商하니 稷、契은 皆帝嚳(곡)之子라 暨는 及也라 皐陶亦臣名이라 俞者는 然其擧也요 汝往哉者는 不聽其讓也라 此章은 稱舜曰하고 此下에 方稱帝曰者는 以見(현)堯老舜攝하여 堯在時에 舜未嘗稱帝요 此後에 舜方眞卽帝位而稱帝也니라

'분(奮)'은 일으킴이요, '희(熙)'는 넓힘이요, '재(載)'는 일이요, '양(亮)'은 밝힘이요, '혜(惠)'는 순함이요 '주(疇)'는 무리이다. 일설(一說)에 "양(亮)은 도움이다."라고 한다. 순(舜)이 말씀하기를 "사공(事功)을 일으켜 제요(帝堯)의 일을 넓힐 자가 있으면 백규(百揆)의 지위에 앉혀서 여러 일을 밝혀 여러 무리들을 순히 이루게 하겠다." 하신 것이다. '첨(僉)'은 무리이니, 사악이 거느리고 있는 사방의 제후로서 조정에 있는 자이다. 우(禹)는 사성(姒姓)이니, 숭백(崇伯)인 곤(鯀)의 아들이다. 수토(水土)를 평하게 다스리는 것은 사공(司空)의 직책이다. '시(時)'는 이것이고 '무(懋)'는 힘씀이니, 백규의 일을 가리켜 권면한 것이다. 사악과 제후가 말하기를 "백우(伯禹)가 현재 사공이 되어 백규에 앉힐 만합니다." 하니, 순이 그 천거를 옳게 여기고 우를 불러서 그대로 사공이 되어 백규의 일을 겸행하게 하셨으니, 옛 공적을 기록하고 새로운 공을 권면한 것이다. 사공으로서 백규를 겸직한 것은 주(周)나라 때에 육경(六卿)이 삼공(三公)을 겸직한 것과 같으며, 후세에 딴 관직으로서 평장사(平章事)와 참지정사(參知政事)를 겸한 것도 이러한 따위이다.

'계수(稽首)'는 머리가 땅에 이름이다. '직(稷)'은 전정(田正:농사를 맡은 관원)의 벼슬이다. 직(稷)은 이름이 기(棄)이고 성이 희씨(姬氏)이니 태(邰)나라에 봉해졌고, 설(契)

......
52 禹 姒姓 : 호산은 "사성(姒姓)을 얻은 것은 우(禹)로부터 시작되었다.〔得姒姓, 自禹始.〕" 하였다.《詳說》
53 後世以他官平章事知政事 亦此類也 : 호산은 "다른 관직은 상서시랑과 같은 따위이니, 혹 평장사를 겸하고 혹 지정사를 겸하였다.〔他官如尙書侍郎之類也. 或兼平章事, 或兼知政事.〕" 하였다.《詳說》

... 姒 : 성 사 邰 : 나라이름 태

은 신하의 이름으로 성이 자씨(子氏)이니 상(商)나라에 봉해졌으니, 직과 설은 모두 제곡(帝嚳)의 아들이다. '기(曁)'는 및이다. 고요(皐陶) 또한 신하의 이름이다. '유(俞)'는 그 천거를 옳게 여김이요, '네가 가라〔汝往哉〕'고 한 것은 우(禹)의 사양함을 들어주지 않으신 것이다.

　이 장(章)에서는 '순왈(舜曰)'이라 칭하고, 이 아래에서 비로소 '제왈(帝曰)'이라고 칭한 것은 요(堯)가 늙어 순이 섭정하여 요가 생존해 계실 때에는 순이 일찍이 제(帝)를 칭하지 않았고, 이 뒤에야 순이 비로소 참으로 제위(帝位)에 나아가 제(帝)를 칭하였음을 나타낸 것이다.

18. **帝曰棄**아 **黎民**이 **阻飢**일새 **汝后稷**이니 **播時百穀**[54]하라
　제순(帝舜)이 말씀하였다. "기(棄)야! 여민들이 곤궁하고 굶주리므로 너를 후직(后稷)으로 삼으니, 이 백곡을 파종하도록 하라."

阻는 **厄**(액)이라 **后**는 **君也**니 **有爵土之稱**이라 **播**는 **布也**라 **穀非一種**이라 **故曰百穀**이라 **此는 因禹之讓而申命之**하사 **使仍舊職以終其事也**시니라
　'조(阻)'는 곤액(곤궁함)이다. '후(后)'는 군주이니, 작위와 토지가 있는 이의 칭호이다. '파(播)'는 폄(뿌림)이다. 곡식이 한 종류가 아니므로 백곡이라 한 것이다. 이는 우(禹)의 사양함으로 인하여 거듭 명해서 옛 직책을 그대로 이어 맡은 일을 끝마치게 하신 것이다.

19. **帝曰契**아 **百姓**이 **不親**하며 **五品**이 **不遜**일새 **汝作司徒**니 **敬敷五敎**호되 **在寬**하라
　제순이 말씀하였다. "설(契)아! 백성이 친목하지 않고 오품(五品)이 순하지 않으므로 너를 사도(司徒)로 삼으니, 공경히 다섯 가지 가르침을 펴되 너그러움에 있게 하라."

親은 **相親睦也**라 **五品**은 **父子、君臣、夫婦、長幼、朋友五者之名位等級也**라 **遜**은

‥‥‥‥
54　播時百穀 : 호산은 "시(時)는 이것이니, 파시(播時)는 '파궐(播厥)'이란 말과 같다. 《언해(諺解)》의 해석은 마땅히 다시 살펴보아야 한다.〔時, 是也, 猶言播厥也. 諺釋合更商.〕"하였다. 《詳說》《언해》에는 '時로 百穀을 播하라'라고 하였는바, 호산의 설에 따라 수정 번역하였다.

‥‥　阻 : 막을 조　播 : 뿌릴 파　厄 : 곤액 액　仍 : 인할 잉　遜 : 순할 손　徒 : 무리 도　敷 : 펼 부　寬 : 너그러울 관

順也라 司徒는 掌敎之官이라 敷는 布也라 五敎는 父子有親, 君臣有義, 夫婦有別, 長幼有序, 朋友有信이니 以五者當然之理로 而爲敎令也라 敬은 敬其事也니 聖賢 之於事에 雖無所不敬이나 而此又事之大者라 故로 特以敬言之라 寬은 裕以待之 也라 蓋五者之理는 出於人心之本然하여 非有强而後能者로되 自其拘於氣質之 偏하고 溺於物欲之蔽하여 始有昧於其理하여 而不相親愛하고 不相遜順者라 於是 에 因禹之讓하여 又申命契하사 仍爲司徒하여 使之敬以敷敎하고 而又寬裕以待之 하여 使之優柔浸漬(지)하여 以漸而入하니 則其天性之眞이 自然呈露하여 不能自 已하여 而無無恥之患矣리라 孟子所引堯言勞來匡直輔翼하여 使自得之하고 又從 而振德之[55]도 亦此意也니라

　'친(親)'은 서로 친목함이다. '오품(五品)'은 부자(父子)·군신(君臣)·부부(夫婦)·장유(長幼)·붕우(朋友) 다섯 가지의 명위(名位:명칭과 지위)와 등급이다. '손(遜)'은 순함이다. '사도(司徒)'는 교육을 관장하는 관원이다. '부(敷)'는 폄이다. '오교(五敎)'는 부자유친(父子有親)·군신유의(君臣有義)·부부유별(夫婦有別)·장유유서(長幼有序)·붕우유신(朋友有信)이니, 이 다섯 가지의 당연한 도리로써 교령(敎令)을 삼은 것이다. '경(敬)'은 그 일을 공경함이니, 성현(聖賢)이 일에 있어 비록 공경하지 않는 바가 없으나 이는 또 일 중의 큰 것이므로 특별히 공경하라고 말씀한 것이다. '관(寬)'은 너그럽게 대함이다. 다섯 가지의 도리는 인심(人心)의 본연(本然)에서 나와 억지로 한 뒤에 능한 것이 아니나 기질(氣質)의 편벽됨에 구애되고 물욕(物欲)의 가리움에 빠짐으로 말미암아 비로소 그 도리에 어둠이 있어 서로 친애하지 않고 서로 손순(遜順)하지 않는 자가 있는 것이다.

　이에 우(禹)의 사양함으로 인하여 또 거듭 설(契)에게 명하시어 그대로 사도(司徒)가 되게 하여 공경히 가르침을 펴고 또 관유(寬裕)하게 대해서 백성들로 하여금 우유(優柔)하고 무젖어서 점점 들어가게 하였으니, 이렇게 하면 천성(天性)의 참됨이 저절

55　孟子所引堯言勞來匡直輔翼……又從而振德之 : '노래 광직 보익(勞來匡直輔翼)'은 《맹자》〈등문공 상(滕文公上)〉의 '노지래지 광지직지 보지익지(勞之來之匡之直之輔之翼之)'를 축약한 것이며 뒤이어 '사자득지(使自得之) 우종이진덕지(又從而振德之)'라 하였는데, 주자(朱子)는 "요(堯)가 말씀하기를 '수고로운 자를 위로하고 먼 곳에서 온 자를 위로하며 부정(不正)한 자를 바로잡아주고 굽은 자를 펴주며 도와서 세워주고 날개가 되어 행하게 해서 스스로 그 본성을 얻게 하고 또 따라서 제시(提撕)하고 경각(警覺)시켜 은혜를 가(加)해 주어서 방일(放逸)하고 태타(怠惰)하여 혹시라도 본성을 잃지 않게 하라.' 하셨다.〔堯言 勞者勞之, 來者來之, 邪者正之, 枉者直之, 輔以立之, 翼以行之, 使自得其性矣, 又從而提撕警覺以加惠焉, 不使其放逸怠惰而或失之.〕"라고 풀이하였다.

…　裕 : 너그러울 유　漬 : 담글 지(자)　匡 : 바를 광

로 드러나서 스스로 그만둘 수 없어 부끄러움이(염치가) 없는 근심이 없을 것이다. 맹자가 인용하신바, "요(堯)가 '위로하고 오게 하며 바로잡아 주고 곧게 해주며 도와서 세워주고 날개가 되어 행하게 해서 스스로 본성을 얻게 하고 또 따라서 진작하고 은혜를 베풀어주라.'고 말씀하셨다." 한 것도 이러한 뜻이다.

20. 帝曰 皐陶아 蠻夷猾(활)夏하며 寇賊姦宄(귀)일새 汝作士니 五刑에 有服호되 五服을 三就하며 五流에 有宅호되 五宅에 三居니 惟明이라사 克允하리라

제순이 말씀하였다. "고요(皐陶)야! 만이(蠻夷)가 중하(中夏)를 어지럽히며 사람을 겁박하고 죽이며 간악한 자가 밖을 어지럽히고 안을 어지럽히므로 너를 사(士)로 삼으니, 오형(五刑)에 복죄(服罪)하게 하되 오형의 복죄를 세 곳에 나아가게 하며, 다섯 가지 유형(流刑)에 머무는 곳이 있게 하되 다섯 가지 머무는 곳에 세 등급으로 거처하게 할 것이니, 밝게 살펴야 백성들이 믿을 것이다."

猾은 亂이요 夏는 明而大也라 曾氏曰 中國은 文明之地라 故曰華夏라하니 四時之夏도 疑亦取此義也라하니라 劫人曰寇요 殺人曰賊이요 在外曰姦이요 在內曰宄라 士는 理官也라 服은 服其罪也니 呂刑所謂上服下服[56]이 是也라 三就는 孔氏以爲 大罪於原野하고 大夫於朝하고 士於市라하니 不知何據라 竊恐惟大辟은 棄之於市하고 宮辟則下蠶室이요 餘刑도 亦就屛處리니 蓋非死刑이면 不欲使風中其瘡하여 誤而至死니 聖人之仁也라 五流는 五等象刑之當宥者也라 五宅三居者는 流雖有五나 而宅之는 但爲三等之居하니 如列爵惟五에 分土惟三[57]也라 孔氏以爲 大罪는 居於四裔하고 次則九州之外하고 次則千里之外라하니 雖亦未見其所據나 然大槪當略近之리라 此亦因禹之讓而申命之하시고 又戒以必當致其明察이라야 乃能使刑當其罪하여 而人無不信服也시니라

······

56 上服下服:아래 〈여형(呂刑)〉의 '상형적경 하복(上刑適輕下服)과 하형적중 상복(下刑適重上服)'을 가리킨 것으로, 범한 죄가 높은 형벌에 해당하더라도 초범(初犯)이거나 모르고 지은 경우에는 형량(刑量)을 낮게 적용하며, 죄가 낮은 형벌에 해당하더라도 고의범이거나 재범(再犯), 삼범(三犯)일 경우에는 형량을 높게 적용함을 이른다.

57 列爵惟五 分土惟三:작위(爵位)는 공(公)·후(侯)·백(伯)·자(子)·남(男)의 다섯 등급이 있으나 봉지(封地)에 있어서는 공과 후는 사방 100리이고 백은 70리이고 자와 남은 50리의 세 등급으로 나뉘는바, 이 내용은 아래 〈무성(武成)〉의 끝에 보인다.

··· 陶:사람이름 요 猾:어지러울 활 寇:도적 구 宄:바깥도적 귀 蠶:누에 잠 屛:물리칠 병 瘡:상처 창
裔:변방 예

'활(猾)'은 어지럽힘이요 '하(夏)'는 밝고 큼이다. 증씨(曾氏)가 말하기를 "중국(中國)은 문명한 땅이므로 화하(華夏)라 하니, 사시(四時)의 여름 또한 이 뜻을 취한 듯하다." 하였다. 사람을 겁박함을 '구(寇)'라 하고 사람을 죽임을 '적(賊)'이라 하며, 간악하여 밖에 있는 것을 '간(姦)'이라 하고 안에 있는 것을 '귀(宄)'라 한다. '사(士)'는 죄인을 다스리는 관리(법관)이다. '복(服)'은 그 죄를 받음이니, 〈여형(呂刑)〉에 이른바 '상복(上服), 하복(下服)'이 이것이다. '삼취(三就)'는 공씨(孔氏)가 이르기를 "큰 죄인은 들에서 처형하고 대부(大夫)는 조정에서 하고 사(士)는 시장에서 한다." 하였는데, 근거한 바를 알 수 없다. 삼가 생각건대 대벽(大辟;사형)은 시장에서 죽여 시신을 버리고 궁벽(宮辟;궁형(宮刑))은 잠실(蠶室)에 내려보내고, 나머지 형벌도 또한 병처(屛處;한가한 곳)에 나아가게 한 듯하니, 사형이 아니면 상처에 바람을 쐬어(파상풍에 걸림) 잘못 죽음에 이르지 않게 하고자 한 것이니, 성인(聖人)의 인자함이다.

'오류(五流)'는 다섯 등급의 상형(象刑) 중에 마땅히 관대하게 처벌해야 할 자이다. '오택(五宅)'과 '삼거(三居)'는 유형(流刑)이 비록 다섯 가지가 있으나 머무는 곳은 단지 세 등급의 거처를 만든 것이니, 아래 〈무성(武成)〉에 '관작을 반열함은 다섯 가지이나 땅을 나누어줌은 세 가지인 것'과 같다. 공씨(孔氏)는 이르기를 "큰 죄는 사예(四裔;사방 변방)에 거하고, 다음은 구주(九州) 밖에 하고 다음은 천 리 밖에 한다." 하였는데, 비록 근거한 바를 볼 수 없으나 대개는 대략 비슷할 듯하다. 이 또한 우(禹)의 사양함으로 인하여 거듭 명하시고, 또 반드시 밝게 살핌을 지극히 하여야 비로소 형벌이 그 죄에 합당하여 사람들이 믿고 복종하지 않는 이가 없다고 경계하신 것이다.

21. **帝曰 疇若予工**고 **僉曰 垂哉**니이다 **帝曰 俞**라 **咨垂**아 **汝共工**이어다 **垂拜稽首**하여 **讓于殳**(수), **斨**(장)과 **暨伯與**한대 **帝曰 俞**라 **往哉汝諧**하라

제순이 말씀하기를 "누가 나의 백공(百工)의 일을 순히 다스리겠는가?" 하시자, 여럿이 말하기를 "수(垂)입니다." 하였다. 제순이 말씀하기를 "아! 너의 말이 옳다. 수야! 네가 공공(共工)이 될지어다." 하시니, 수가 절하고 머리를 조아려 수(殳)와 장(斨) 및 백여(伯與)에게 사양하였는데, 제순이 말씀하기를 "아! 너의 말이 옳다. 가서 네 직책을 화합하게 수행하라." 하였다.

若은 **順其理而治之也**라 **曲禮六工**에 **有土工、金工、石工、木工、獸工、草工**하고 **周禮**에 **有攻木之工、攻金之工、攻皮之工、設色之工、搏埴**(단식)**之工**하니 **皆是也**라

⋯ 殳:창 수 斨:도끼 장 暨:및 기 搏:두드릴 단 埴:진흙 식

帝問誰能順治予百工之事者라 垂는 臣名이니 有巧思라 莊子曰 攦(려)工倕(垂)之
指라하니 卽此也라 殳、斨、伯與는 三臣名也라 殳는 以積竹爲兵하여 建兵車者요
斨은 方銎斧也라 古者에 多以其所能爲名하니 殳、斨은 豈能爲二器者歟인저 往
哉汝諧者는 往哉하여 汝和其職也라

　'약(若)'은 그 이치를 순히 하여 다스림이다. 《예기》〈곡례(曲禮)〉의 육공(六工)에 토
공(土工)·금공(金工)·석공(石工)·목공(木工)·수공(獸工;피공(皮工))·초공(草工)이
있고, 《주례(周禮)》〈고공기(考工記)〉에 나무를 다스리는 공인과 쇠를 다스리는 공인과
가죽을 다스리는 공인과 색깔을 칠하는 공인과 진흙을 두들겨(빚어) 기물을 만드는 공
인이 있으니, 모두 이들이다. 제순이 물으시기를 "누가 나의 백공(百工)의 일을 순히
다스리겠는가?" 한 것이다. '수(垂)'는 신하의 이름이니, 공교로운 생각이 있었다. 《장
자(莊子)》〈거협(胠篋)〉에 "공인인 수(倕)의 손가락을 꺾어놓아야 한다."는 것이 바로
이것이다. 수(殳)·장(斨)·백여(伯與)는 세 신하의 이름이다. '수(殳)'는 대나무를 모
아 병기를 만들어서 병거(兵車)에 꽂는 것이고, '장(斨)'은 구멍이 네모진 도끼이다. 옛
날에는 그의 능함(잘함)으로 이름을 삼은 경우가 많았으니, 수와 장은 아마도 이 두 기
구를 잘 만든 자인가보다. '왕재여해(往哉汝諧)'는 가서 네가 그 직책을 화합하게 수행
하라는 것이다.

22. 帝曰 疇若予上下草木鳥獸오 僉曰 益哉니이다 帝曰 兪라 咨益아 汝作朕虞하라 益이 拜稽首하여 讓于朱、虎、熊、羆(비)한대 帝曰 兪라 往哉汝諧하라

　제순이 말씀하기를 "누가 나의 상하(上下)의 초목(草木)과 조수(鳥獸)를 순히 다스리
겠는가?" 하시니, 여럿이 말하기를 "익(益)입니다." 하였다. 제순이 말씀하기를 "너의
말이 옳다. 아! 익아, 네가 나의 우(虞)가 되어라." 하였다. 익이 절하고 머리를 조아리
며 주(朱)·호(虎)·웅(熊)·비(羆)에게 사양하니, 제순이 말씀하기를 "아! 너의 말이
옳다. 가서 네 직책을 화합하게 수행하라." 하였다.

上下는 山林澤藪也라 虞는 掌山澤之官이니 周禮에 分爲虞、衡하여 屬於(夏)[地]

... 攦 : 꺾을 려　倕 : 이름 수　銎 : 도끼구멍 공　斧 : 도끼 부　熊 : 곰 웅　羆 : 큰곰 비

官[58]하니라 朱、虎、熊、羆는 四臣之名也라 高辛氏之子에 有曰仲虎、仲熊하니 意以獸爲名者는 亦以其能服是獸而得名歟인저 史記曰 朱虎熊羆 爲伯益之佐라하니 前殳、斨、伯與 當亦爲垂之佐也리라

'상하(上下)'는 산림(山林)과 택수(澤藪;늪의 수풀)이다. '우(虞)'는 산택을 관장하는 관원이니,《주례(周禮)》에 나누어 우(虞)와 형(衡)으로 만들어서 지관(地官)에 소속시켰다. 주(朱)·호(虎)·웅(熊)·비(羆)는 네 신하의 이름이다. 고신씨(高辛氏)의 아들 중에 중호(仲虎)·중웅(仲熊)이 있었으니, 생각건대 짐승으로 이름을 삼은 것은 또한 이 짐승들을 잘 복종시켰기 때문에 이름을 얻은 것인가보다.《사기》〈오제기(五帝紀)〉에 "주·호·웅·비가 백익(伯益)의 보좌가 되었다." 하였으니, 앞의 수(殳)·장(斨)·백여(伯與)도 마땅히 수(垂)의 보좌가 되었을 것이다.

23. 帝曰 咨四岳아 有能典朕의 三禮아 僉曰 伯夷[59]니이다 帝曰 兪라 咨伯아 汝作秩宗이니 夙夜에 惟寅하여 直哉라사 惟淸하리라 伯이 拜稽首하여 讓于夔(기)、龍한대 帝曰 兪라 往欽哉하라

제순이 말씀하기를 "아! 사악(四岳)아. 나의 삼례(三禮)를 맡을 자가 있는가?" 하시니, 여럿이 말하기를 "백이(伯夷)입니다." 하였다. 제순이 말씀하기를 "너의 말이 옳다. 아! 백(伯)아! 너를 질종(秩宗)으로 삼노니, 밤낮으로(이른 새벽부터 밤늦도록) 공경하여 마음이 곧아야 깨끗할 것이다." 하였다. 백이 절하고 머리를 조아리며 기(夔)와 룡(龍)에게 사양하니, 제순이 말씀하기를 "아! 너의 말이 옳다. 가서 공경히 임무를 수행하라." 하였다.

典은 主也라 三禮는 祀天神, 享人鬼, 祭地祇(기)之禮也[60]라 伯夷는 臣名이니 姜姓이라 秩은 序也요 宗은 祖廟也니 秩宗은 主敍次百神之官이어늘 而專以秩宗名之者

••••••
58 周禮分爲虞衡 屬於夏官 : '분위우형(分爲虞衡)'은 산우(山虞)·택우(澤虞)와 임형(林衡)·천형(川衡)으로 나눔을 이르며, 하관(夏官)은 〈지관(地官)〉의 오기임을 밝혀둔다.
59 伯夷 : 여기의 백이는 백이·숙제의 백이가 아니다.
60 三禮……祭地祇之禮也 : 천신(天神)은 호천(昊天)의 상제(上帝)와 일(日)·월(月)·성신(星辰), 사중(司中)·사명(司命)·풍사(風師)·우사(雨師)를 이르고, 인귀(人鬼)는 선왕(先王)의 종묘(宗廟)를 이르며, 지기(地祇)는 사직(社稷)과 오악(五嶽), 산림 천택(山林川澤)의 신(神)을 이른다.

••• 寅 : 공경할 인 夔 : 공경할 기 祇 : 땅귀신 기

는 蓋以宗廟爲主也라 周禮에 亦謂之宗伯하고 而都家[61]에 皆有宗人之官하여 以掌祭祀之事하니 亦此意也라 夙은 早요 寅은 敬畏也라 直者는 心無私曲之謂니 人能敬以直內하여 不使少有私曲이면 則其心潔淸하여 而無物欲之汚하여 可以交於神明矣라 夔·龍은 二臣名이라

'전(典)'은 주관함이다. '삼례(三禮)'는 천신(天神)에게 제사하고 인귀(人鬼;조상의 영혼)에게 제향하고 지기(地祇;지신)에게 제사하는 예이다. 백이(伯夷)는 신하의 이름이니, 성(姓)이 강(姜)이다. '질(秩)'은 차례이고 '종(宗)'은 선조의 사당이니, 질종(秩宗)은 백신(百神)을 차례로 제사함을 주관하는 관직인데, 오로지 질종이라고 이름한 것은 아마도 종묘를 위주로 한 듯하다. 《주례(周禮)》에도 춘관(春官)을 종백(宗伯)이라 이르고 도(都)와 가(家)에도 다 종인(宗人)의 관직이 있어 제사의 일을 관장하였으니, 또한 이러한 뜻이다. '숙(夙)'은 일찍이요 '인(寅)'은 경외(敬畏;공경함)함이다. '직(直)'은 마음에 사곡(私曲)이 없음을 이르니, 사람이 공경하여 안(마음)을 곧게 해서 조금이라도 사곡한 마음이 있지 않게 하면 그 마음이 깨끗하고 맑아 물욕의 더러움이 없어서 신명(神明)을 사귈 수 있다. 기(夔)와 룡(龍)은 두 신하의 이름이다.

24. **帝曰 夔**아 **命汝**하여 **典樂**하노니 **敎冑子**호되 **直而溫**하며 **寬而栗**하며 **剛而無虐**하며 **簡而無傲**케호리니 **詩**는 **言志**요 **歌**는 **永言**이요 **聲**은 **依永**이요 **律**은 **和聲**하나니 **八音**이 **克諧**하여 **無相奪倫**이라사 **神人以和**하리라 (**夔曰 於予擊石拊石百獸率舞**)

제순이 말씀하였다. "기(夔)야! 너를 명하여 전악(典樂)을 삼노니, 주자(冑子)를 가르치되 곧으면서도 온화하며 너그러우면서도 장엄하며 강하되 사납지 말며 간략(소탈)하되 오만하지 말게 할 것이다. 시(詩)는 뜻을 말한 것이요 가(歌)는 말을 길게 읊는 것이요 성(聲)은 길게 읊음에 따른 것이요 율(律)은 읊는 소리를 조화시키는 것이니, 팔음(八音)의 악기소리가 잘 어울려 서로 차례(조리)를 빼앗음이 없어야 신(神)과 사람이 화합할 것이다."

冑는 **長也**니 **自天子至卿大夫之適子也**라 **栗**은 **莊敬也**라 **上二無字**는 **與毋同**이라

......
61 都家 : 도종인(都宗人)과 가종인(家宗人)을 이르는바, 도(都)는 왕(王)의 자제(子弟)의 봉지(封地)와 공경(公卿)의 식읍(食邑)이며 가(家)는 대부(大夫)의 채지(采地;작은 식읍)를 이른다.

··· 冑 : 맏아들 주 栗 : 두려울 률 虐 : 사나울 학 奪 : 빼앗을 탈

凡人直者는 必不足於溫이라 故欲其溫이요 寬者는 必不足於栗이라 故欲其栗이니 所以慮其偏而輔翼之也라 剛者는 必至於虐이라 故欲其無虐이요 簡者는 必至於傲라 故欲其無傲니 所以防其過而戒禁之也라 敎胄子者는 欲其如此요 而其所以敎之之具는 則又專在於樂하니 如周禮大司樂이 掌成均之法⁶²하여 以敎國子弟요 而孔子亦曰 興於詩하고 成於樂⁶³이라하시니 蓋所以蕩滌(척)邪穢하고 斟酌(짐작) 飽滿하며 動盪(탕)血脈하고 流通精神⁶⁴하여 養其中和之德하여 而救其氣質之偏者也라

주(胄)는 맏아들이니, 천자로부터 경대부에 이르기까지의 적자(適子)이다. 율(栗)은 장경(莊敬)함이다. 위의 두 무(無) 자는 무(毋)와 같다. 무릇 사람의 성질이 곧은(정직한) 자는 반드시 온화함에 부족하므로 온화하고자 하고, 너그러운 자는 반드시 엄숙(장경)함에 부족하므로 엄숙하고자 한 것이니, 이는 한쪽으로 편벽될까 염려하여 보익(輔翼)하는 것이다. 강한 자는 반드시 사나움에 이르므로 사납지 말고자 하고, 간략한 자는 반드시 오만함에 이르므로 오만하지 말고자 한 것이니, 이는 그 지나침을 막아서 경계하고 금지시키는 것이다.

주자(胄子)를 가르치는 자는 이와 같고자 하고 이들을 가르치는 도구는 또 오로지 음악에 있으니, 《주례(周禮)》〈춘관(春官)〉에 "대사악(大司樂)이 성균(成均)의 법을 관장하여 국가의 자제들을 가르친다." 하였고, 공자(孔子) 또한 "시(詩)에서 흥기하고 악(樂)에서 이룬다."고 하셨으니, 이는 사악함과 더러움을 깨끗이 씻어내고 포만(飽滿)함을 침작(斟酌;참작)하며 혈맥(血脈)을 움직이게 하고 정신을 유통시켜 중화(中和)의 덕을 길러서 기질의 편벽됨을 바로잡는 것이다.

心之所之를 謂之志니 心有所之면 必形於言이라 故曰詩言志요 旣形於言이면 則

---

62 大司樂 掌成均之法 : 균(均)은 음조(音調)를 고른다는 뜻으로 《주례》〈춘관(春官)〉 대사악(大司樂)〉에 "성균(成均)의 법을 관장하여 나라의 학정(學政)을 다스려 나라(임금)의 자제를 모은다.〔掌成均之法 以治建國之學政而合國之子弟焉.〕"라고 보인다. 한편 '성균'은 주나라 태학(太學)의 이름이기도 하다.

63 孔子亦曰 興於詩 成於樂 : 이 내용은 《논어(論語)》〈태백(泰伯)〉에 보인다.

64 蕩滌邪穢……流通精神 : 이 내용은 《사기(史記)》〈악서(樂書)〉에 보이는바, 음악의 소리가 화평(和平)하여 사람의 사악함과 더러움을 씻어내고 절주(節奏;리듬)가 알맞아 사람의 포만(飽滿)함을 조절하며, 무도(舞蹈)가 알맞아 혈맥(血脈)을 움직이고 정신(精神)을 유통시킴을 말한다.

⋯ 蕩 : 방탕할 탕 滌 : 씻을 척 斟 : 술따를 짐 酌 : 술따를 작 盪 : 움직일 탕

必有長短之節이라 故曰歌永言이요 旣有長短이면 則必有高下淸濁之殊라 故曰聲依永이니 聲者는 宮、商、角、徵(치)、羽也라 大抵歌聲이 長而濁者爲宮이요 以漸而淸且短이면 則爲商, 爲角, 爲徵, 爲羽하니 所謂聲依永也라 旣有長短淸濁이면 則又必以十二律和之라야 乃能成文而不亂하니 假令黃鍾爲宮이면 則大(太)簇爲商이요 姑洗(선)爲角이요 林鍾爲徵요 南呂爲羽하니 蓋以三分損益하여 隔八相生[65]而得之하니 餘律皆然하니 卽禮運所謂五聲、六律十二管이 還相爲宮이니 所謂律和聲也라 人聲旣和어든 乃以其聲으로 被之八音而爲樂이면 則無不諧協하여 而不相侵亂失其倫次하여 可以奏之朝廷하고 薦之郊廟하여 而神人以和矣라 聖人作樂하사 以養情性, 育人材하고 事神祇, 和上下하여 其體用功效 廣大深切이 乃如此어늘 今皆不復見矣니 可勝嘆哉아 夔曰以下는 蘇氏曰 舜方命九官에 濟濟相讓이어늘 無緣夔於此獨言其功하니 此益稷之文이니 簡編脫誤하여 複見(현)於此라하니라

　　마음이 가는 바를 '지(志)'라 한다. 마음이 가는 바가 있으면 반드시 말에 나타나므로 시(詩)는 뜻을 말한 것이라 하였고, 이미 말에 나타나면 반드시 장단(長短)의 절(節; 리듬)이 있으므로 가(歌)는 말을 길게 읊는 것이라 하였으며, 이미 장단이 있으면 반드시 고하(高下)와 청탁(淸濁)의 구분이 있으므로 성(聲)은 길게 읊음에 따른 것이라 하였으니, 성(聲)은 궁(宮)·상(商)·각(角)·치(徵)·우(羽)이다. 대저 노랫소리가 길고 탁한 것은 궁이 되고, 점점 맑고 짧아지면 상이 되고 각이 되고 치가 되고 우가 되니, 이른바 성(聲)은 길게 읊음에 따른다는 것이다.

······
65 三分損益 隔八相生 : 삼분손익(三分損益)은 삼분손일(三分損一)과 삼분익일(三分益一)의 줄임말로 3분의 1을 빼거나 더하는 것이며, 격팔상생(隔八相生)은 율관(律管)의 상생(相生)하는 순서로 여덟 칸을 띄워 상생하는 것이니, 황종(黃鍾)이 여덟 칸을 띄워 임종(林鍾)을 낳고 임종이 여덟 칸을 띄워 태주(太簇)를 낳음을 이른다. 율관(律管)은 십이율(十二律)의 대통이며 십이율은 12개월에 맞추어 만든 음률(音律)인데, 11월의 황종(黃鍾), 12월의 대려(大呂), 정월(1월)의 태주(太簇), 2월의 협종(夾鍾), 3월의 고선(姑洗), 4월의 중려(仲呂), 5월의 유빈(蕤賓), 6월의 임종(林鍾), 7월의 이칙(夷則), 8월의 남려(南呂), 9월의 무역(無射), 10월의 응종(應鍾)으로 되어 있다. 3분의 1을 더하거나 뺀다는 것은 예를 들면 황종관(黃鍾管)은 길이가 9촌(寸)이고 둘레가 9푼이어서 그 수가 9×9=81이다. 황종으로부터 여덟 번째 자리는 임종인데, 황종관의 길이가 9촌(寸)이므로 3분의 1을 뺀 6촌(寸)이 임종관의 길이이고 그 수는 9×6=54이며, 임종으로부터 여덟 번째 자리는 태주인데, 임종관의 길이가 6촌(寸)이므로 3분의 1을 더한 8촌(寸)이 태주관의 길이이고 그 수는 9×8=72이다. 십이율 가운데 11월의 황종부터 4월의 중려까지는 아래로 낳는데 삼분손일이 이에 해당하고, 5월의 유빈으로부터 10월의 응종까지는 위로 낳는데 삼분익일이 이에 해당하는바, 이에 대한 내용은 뒤에 부록한 육률유려도(六律六呂圖)에 보이며, 더 자세한 내용은 《률려신서(律呂新書)》 등을 참조하기 바란다.

이미 장단과 청탁이 있으면 또 반드시 십이율(十二律)로 고르게 하여야 비로소 문채를 이루어 어지럽지 않으니, 가령 황종(黃鍾)이 궁이 되었으면 태주(太簇)는 상이 되고 고선(姑洗)은 각이 되고 임종(林鍾)은 치가 되고 남려(南呂)는 우가 된다. 삼분 손익(三分損益)하여 여덟을 띄우고 상생(相生)하여 얻어지니, 나머지 율(律)도 다 그러하다. 이는 곧 《예기》〈예운(禮運)〉에 이른바 '오성(五聲)과 육률(六律)과 〈육려(六呂)의〉 십이관(十二管)이 차례로 서로 궁이 된다.'는 것이니, 이른바 '율은 소리를 조화시킨다.'는 것이다.

사람의 소리가 이미 조화롭거든 이에 그 소리를 팔음(八音)의 악기에 입혀서 음악을 만들면 고르지 않음이 없어 서로 침노하고 혼란하여 그 차례를 잃지 않아서 이것을 조정에 연주하고 교제(郊祭)와 사당에 올려서 신(神)과 사람이 화합하게 된다. 성인(聖人)이 음악을 만들어서 성정(性情)을 기르고 인재를 기르며 신기(神祇;천신과 지기)를 섬기고 상하(上下)를 고르게 하여 그 체용(體用)과 공효(功效)의 광대하고 심절(深切)함이 이와 같았는데 이제 모두 다시 볼 수 없으니, 이루 탄식할 수 있겠는가.

'기왈(夔曰)' 이하는 소씨(蘇氏)가 말하기를 "순(舜)이 이제 막 아홉 관원을 명함에 제제(濟濟;맑고 성(盛)함)하게 서로 겸양하였는데, 기(夔)가 홀로 여기에서 자기의 공(功)을 말할 이유가 없다. 이는 〈익직(益稷)〉의 글이니, 간편(簡編)이 탈오(脫誤)되어 여기에 중복되어 나온 것이다." 하였다.

25. **帝曰 龍**아 **朕**은 **聖**(즉)**讒說**이 **殄行**이라 **震驚朕師**일새(하여) **命汝**하여 **作納言**하노니 **夙夜**에 **出納朕命**호되 **惟允**하라

　제순(帝舜)이 말씀하였다. "룡(龍)아! 짐은 참언(讒言)이 선행(善行)을 끊어 짐의 무리들을 진동하고 놀라게 함을 미워하기에 너를 명하여 납언(納言)을 삼노니, 밤낮으로 짐의 명령을 출납하되 진실하게 하라."

聖은 **疾**이라 **殄**은 **絶也**니 **殄行者**는 **謂傷絶善人之事也**라 **師**는 **衆也**니 **謂其言之不正**하여 **而能變亂黑白**하여 **以駭衆聽也**라 **納言**은 **官名**이라 **命令, 政敎**를 **必使審之**하여 **既允而後出**이면 **則讒說不得行**하여 **而矯僞無所託矣**요 **敷奏, 復**(복)**逆**을 **必使審之**하여 **既允而後入**이면 **則邪僻無自進**하여 **而功緒有所稽矣**라 **周之內史**와 **漢之尙書**와 **魏, 晉以來所謂中書門下者** 皆**此職也**라

··· 聖 : 미워할 즉(즐)　讒 : 참소할 참　殄 : 끊을 진　允 : 믿을 윤　矯 : 속일 교

'즉(堲)'은 미워함이다. '진(殄)'은 끊음이니, 진행(殄行)은 선인(善人)의 일을 해치고 끊음을 이른다. '사(師)'는 무리이니, 그 말이 바르지 못하여 흑백을 변란(變亂)시켜서 여러 사람의 들음을 놀라게 함을 이른다. '납언(納言)'은 관명이다. 명령과 정교(政教)를 반드시 살펴서 이미 진실한 뒤에 나오게 하면 참설(讒說)이 행해지지 못하여 거짓이 의탁할 곳이 없고, 펴서 아뢰고 복역(復逆;복명과 상주)함을 반드시 살펴서 이미 진실한 뒤에 들이게 하면 사벽(邪僻)함이 말미암아 나올 수가 없어서 공(功)의 실마리가 상고할 바가 있을 것이다. 주(周)나라의 내사(內史)와 한(漢)나라의 상서(尚書)와 위(魏)·진(晉) 이래의 이른바 중서문하(中書門下)라는 것이 모두 이 직책이다.

26. 帝曰 咨汝二十有二人아 欽哉하여 惟時로 亮天功하라
　제순이 말씀하였다. "아! 너희 22인(人)아. 공경하여 때로 하늘의 일을 도우라."

二十二人은 四岳、九官、十二牧也라 周官에 言內有百揆、四岳하고 外有州牧、侯伯이라하니 蓋百揆者는 所以統庶官이요 而四岳者는 所以統十二牧也라 旣分命之하고 又總告之하사 使之各敬其職以相天事也라 曾氏曰 舜命九官에 新命者六人이니 命伯禹, 命伯夷는 咨四岳而命者也요 命垂, 命益은 泛咨而命者也요 命夔, 命龍은 因人之讓하여 不咨而命者也라 夫知道而後에 可宅百揆요 知禮而後에 可典三禮니 知道, 知禮는 非人人所能也라 故必咨於四岳이요 若予工, 若上下草木鳥獸는 則非此之比라 故泛咨而已라 禮樂、命令은 其體雖不若百揆之大나 然其事理精微하여 亦非百工庶物之可比라 伯夷旣以四岳之擧로 而當秩宗之任이면 則其所讓之人이 必其中於典樂、納言之選을 可知라 故不咨而命之也요 若稷、契、皐陶之不咨者는 申命其舊職而已라 又按 此以平水土, 若百工으로 各爲一官이어늘 而周制는 同領於司空하고 此는 以士一官으로 兼兵、刑之事어늘 而周禮는 分爲夏、秋兩官하니 蓋帝王之法이 隨時制宜하니 所謂損益可知者[66] 如此니라

22인(人)은 사악(四岳)과 9관(官;아홉 관원)과 12주(州)의 목(牧)이다. 아래〈주관(周官)〉에 "안에는 백규(百揆)와 사악이 있고 밖에는 주목(州牧)과 후백(侯伯)이 있다." 하

......
66　所謂損益可知者 : 손익(損益)은 가감(加減)과 같은바,《논어》〈위정(爲政)〉에 "은나라는 하나라의 예를 인습하였으니 그 손익한 바를 알 수 있다.〔殷因於夏禮, 所損益可知也.〕"라고 하신 공자의 말씀이 보인다.

... 亮 : 밝을 량　泛 : 범연할 범

였으니, 백규는 여러 관직을 통솔하는 것이요, 사악은 12목을 통솔하는 것이다. 이미 나누어 명하고 또 총괄하여 고해서 각기 그 직책을 공경하여 하늘의 일을 돕게 한 것이다.

증씨(曾氏)가 말하였다. "순(舜)이 아홉 명의 관원을 명함에 새로 명한 자가 여섯 사람이니, 백우(伯禹)를 명하고 백이(伯夷)를 명한 것은 사악에게 물어서 명한 것이요, 수(垂)를 명하고 익(益)을 명한 것은 범연히 물어서 명한 것이요, 기(夔)를 명하고 룡(龍)을 명한 것은 타인(백이)의 사양함으로 인하여 묻지 않고 명한 것이다. 도(道)를 안 뒤에 백규의 자리에 처할 수 있고 예(禮)를 안 뒤에 삼례(三禮)를 맡을 수 있으니, 도를 알고 예를 앎은 사람마다 능한 것이 아니므로 반드시 사악에게 물은 것이요, 나의 백공(百工)을 순히 다스리고 산택(山澤)의 초목과 조수(鳥獸)를 순히 다스림은 이에 비할 바가 아니므로 범연히 물었을 뿐이다.

예(禮)·악(樂)과 명령은 그 체(體)가 비록 백규처럼 크지는(중요하지는) 않으나 사리가 정미하여 또한 백공과 서물(庶物)에 비할 바가 아니다. 백이(伯夷)가 이미 사악의 천거로 질종(秩宗)의 임무에 마땅하다면 그가 사양한 바의 사람(기와 룡)이 반드시 전악(典樂)과 납언(納言)의 선임에 알맞음을 알 수 있다. 그러므로 묻지 않고 명한 것이요, 직(稷)·설(契)·고요(皐陶)를 묻지 않은 것으로 말하면 옛 직책을 거듭 명했을 뿐이다."

또 살펴보건대 여기서는 수토(水土)를 평하게 다스리고 백공을 순히 다스림을 각기 한 관직으로 삼았는데, 주(周)나라 제도는 똑같이 동관(冬官)인 사공(司空)에게 통솔되었으며, 여기서는 사(士) 한 관직으로 병(兵)·형(刑)의 일을 겸하였는데, 《주례(周禮)》에는 나누어 하관(夏官;대사마(大司馬))과 추관(秋官;대사구(大司寇)) 둘로 만들었으니, 제왕의 법은 때에 따라 마땅하게 만드니, 이른바 '손익함을 알 수 있다.'는 것이 이와 같다.

27. 三載에 **考績**하시고 **三考**에 **黜陟**(출척)**幽明**하신대 **庶績**이 **咸熙**하더니 **分北(背)三苗**하시다

3년에 한 번씩 공적을 상고하고 세 번 상고한 뒤에 공적이 어두운 자와 밝은 자를 내치고 올려주시니 여러 공적이 다 넓혀졌는데, 삼묘(三苗)를 구분해서 떠나보내셨다.

考는 **核**(覈)**實也**라 **三考**는 **九載也**니 **九載**면 **則人之賢否**와 **事之得失**을 **可見**이라

··· 績 : 공적 黜 : 내칠 출 陟 : 오를 척 核 : 조사할 핵

於是에 陟其明而黜其幽하여 賞罰明信이면 人人이 力於事功하니 此所以庶績咸熙也라 北은 猶背也니 其善者留하고 其不善者竄徙之하여 使分背而去也라 此는 言舜命二十二人之後에 立此考績黜陟之法하여 以時擧行하고 而卒言其效如此也라 按三苗見(현)於經者는 如典、謨、益稷、禹貢、呂刑에 詳矣라 蓋其負固不服하여 乍臣乍叛일새 舜攝位而竄逐之하시고 禹治水之時에 三危已宅이로되 而舊都猶頑不卽工이요 禹攝位之後에 帝命徂征이로되 而猶逆命이라가 及禹班師而後來格하니 於是에 乃得考其善惡而分北之也라 呂刑之言遏絶은 則通其本末而言이니 不可以先後論也니라

'고(考)'는 실적을 상고하는 것이다. 삼고(三考)는 9년이니, 9년이면 사람의 현부(賢否)와 일의 득실(得失)을 볼 수 있다. 이에 공적이 밝은 이를 올려주고 어두운 이를 내쳐서 상벌을 분명하고 신실(信實)하게 하면 사람마다 사공(事功)에 힘쓰게 되니, 이 때문에 여러 공적이 다 넓혀진 것이다. '패(北)'는 패(背)와 같으니, 선(善)한 자는 머물게 하고, 선하지 않은 자는 쫓아내고 옮겨서 구분하여 떠나보낸 것이다. 이는 순(舜)이 22인(人)을 명한 뒤에 이 공적을 상고하여 내치고 올리는 법을 세워서 때로 거행함을 말하고, 끝내 그 효험이 이와 같았다고 말한 것이다.

상고해 보건대 삼묘(三苗)가 경전에 보이는 것은 〈순전(舜典)〉과 〈대우모(大禹謨)〉·〈익직(益稷)〉·〈우공(禹貢)〉·〈여형(呂刑)〉에 자세히 나와 있다. 그들은 지형의 험고(險固)함을 믿고 복종하지 않아서 별안간(갑자기) 신하 노릇하다가 별안간 배반하였으므로 순(舜)이 섭위(攝位)하고서 쫓아내셨고, 우(禹)가 홍수를 다스릴 때에 삼위(三危)가 이미 집을 짓고 살 수 있었으나 삼묘의 옛 도읍은 아직도 완악하여 해야 할 일에 나아가지 않았다. 우가 섭위한 뒤에 제순(帝舜)이 명하여 가서 정벌하게 하였으나 아직도 명령을 거역하다가 우(禹)가 반사(班師:회군)한 뒤에 이르러 와서 굴복하였으니, 이에 그 선악(善惡)을 상고하여 구분해서 떠나보낸 것이다. 〈여형〉에 '삼묘를 알절(遏絶)했다.'라고 말한 것은 그 본말을 통틀어 말한 것이니, 선후를 가지고 논할 수 없다.

28. **舜生三十**이라 **徵庸**하시고 **三十**이라 **在位**하사 **五十載**에 **陟方乃死**하시니라
순이 태어난 지 30년에 부름을 받아 등용되시고 30년에 제위(帝位)에 올라 50년에 승하하시어 이에 죽으셨다.

··· 乍 : 잠깐 사 徂 : 갈 조 徵 : 부를 징

徵은 召也라 陟方은 猶言升(昇)遐也라 韓子曰 竹書紀年[67]에 帝王之沒을 皆曰陟이라하니 陟은 昇也니 謂昇天也라 書曰 殷禮陟配天이라하니 言以道終하여 其德協天也라 故로 書紀舜之沒에 云陟하고 其下에 言方乃死者는 所以釋陟爲死也라 地之勢東南下하니 如言舜巡守而死면 宜言下方이요 不得言陟方也라하니라 按此得之나 但不當以陟爲句絕耳라 方은 猶雲徂乎方[68]之方이니 陟方乃死는 猶言徂落而死也라 舜生三十年에 堯方召用하여 歷試三年하고 居攝二十八年하니 通三十年에 乃卽帝位하시고 又五十年而崩하시니 蓋於篇末에 總敍其始終也라 史記에 言舜巡守라가 崩于蒼梧之野라하고 孟子言舜卒於鳴條라하니 未知孰是라 今零陵九疑에 有舜塚云이라

'징(徵)'은 부름이다. '척방(陟方)'은 승하(昇遐)라는 말과 같다. 한자(韓子;한유(韓愈))는 말하기를 "《죽서기년(竹書紀年)》에 제왕의 죽음을 모두 척(陟)이라 하였으니, 척은 오름이니, 하늘에 오름을 이른다. 《서경》〈군석(君奭)〉에 '〈은(殷)나라의 선왕이〉 성대한 예(禮)로 올라가 하늘에 짝하였다.' 하였으니, 도(道)로써 세상을 마쳐 그 덕(德)이 하늘에 합함을 말한 것이다. 그러므로《서경》에 순(舜)의 죽음을 기록할 적에 '척(陟)'이라 하고 그 아래에 '방내사(方乃死)'라고 말하였으니, 이는 척을 죽음으로 해석한 것이다. 지형은 동남쪽이 낮으니, 만일 순이 남쪽 지방을 순수하다가 죽었다고 말한다면 마땅히 하방(下方)이라 할 것이요 척방(陟方)이라 할 수 없다." 하였다.

내가 살펴보건대 이 말이 맞으나 다만 척(陟)에서 구(句)를 떼는 것은 마땅하지 않다. '방(方)'은 '구름이 사방으로 간다.'는 방(方)과 같으니, '척방내사(陟方乃死)'는 요(堯)가 조락(徂落)하여 죽었다는 말과 같다.

순(舜)이 태어난 지 30세에 요(堯)가 비로소 불러 등용하여 3년 동안 시험하였고

••••••
67 竹書紀年 :《죽서기년(竹書紀年)》은 《사기》와 함께 고대 역사서의 하나로 원래 제목이 없기 때문에 급총기년(汲冢紀年), 급총고문(汲冢古文) 또는 급총서(汲冢書) 등으로 불리며, 원서는 죽간(竹簡)으로 되어 있어 죽서(竹書)라고도 하며 또한 사사(史事)를 편년체로 기술하여 기년(紀年)으로도 칭하기도 하나 일반적으로는 죽서기년으로 불린다. 죽서기년은 서진(西晉) 태강(太康) 2년(281)에 급군(汲郡) 사람이 묘를 도굴하다가 발견된 고대 편년체의 사서(史書)로 당시 위(魏) 안희왕(安釐王)의 묘에 매장되어 있어 진 시황(秦始皇)의 분서갱유(焚書坑儒)로부터 훼손을 피할 수 있었다. 호산은 "진(晉)나라 때 급군(汲郡) 사람이 전국시대 위(魏)나라 안희왕의 무덤을 도굴하다가 이 책을 얻었다.〔晉時汲郡人, 掘魏安釐王冢, 得此書.〕" 하였다. 《詳說》

68 雲徂乎方 : 방(方)은 사방(四方)으로 《양자법언(揚子法言)》에 "구름은 사방으로 날아가고 빗물은 못으로 흘러들어간다.〔雲徂乎方, 雨流乎淵.〕"라고 보인다.

••• 升 : 오를 승 遐 : 멀 하

섭위한 것이 28년이니, 통틀어 30년에 비로소 제위에 오르셨고 또 50년에 붕(崩)하셨으니, 편(篇)의 끝에 그 시종(始終)을 다 서술한 것이다. 《사기(史記)》〈오제기(五帝紀)〉에는 "순이 남쪽 지방을 순수하다가 창오(蒼梧)의 들에서 붕(崩)했다." 하였고, 《맹자》〈이루 하(離婁下)〉에는 "순이 명조(鳴條)에서 별세하였다." 하였으니, 누가 옳은지 알 수 없다. 지금 영릉(零陵)의 구의산(九疑山)에 순의 무덤이 있다고 한다.

〈대우모(大禹謨)〉

謨는 謀也라 林氏曰 虞史旣述二典호되 其所載有未備者라 於是에 又敍其君臣之間嘉言善政하여 以爲大禹、皐陶謨、益稷[69]三篇하니 所以備二典之未備者라하니라 今文無, 古文有하니라

'모(謨)'는 계책(훌륭한 계책이나 말씀)이다. 임씨(林氏:임지기(林之奇))가 말하였다. "우(虞)나라 사관(史官)이 이미 〈요전(堯典)〉과 〈순전(舜典)〉을 기술하였으나 그 기재한 것이 미비된 바가 있었다. 이에 다시 군신간(君臣間)의 아름다운 말씀과 선정(善政)을 기술하여 〈대우모(大禹謨)〉·〈고요모(皐陶謨)〉·〈익직(益稷)〉 세 편(篇)을 만들었으니, 〈요전〉과 〈순전〉에 미비된 것을 갖춘 것이다." 금문(今文)에는 없고 고문(古文)에는 있다.

【小序】 皐陶矢厥謨하고 禹成厥功이어늘 帝舜申之하사 作大禹、皐陶謨、益稷하니라

고요(皐陶)가 좋은 말씀(계책)을 아뢰고 우(禹)가 그 공을 이루자, 제순(帝舜)이 이를 거듭하여 〈대우모(大禹謨)〉와 〈고요모(皐陶謨)〉·〈익직(益稷)〉을 지었다.

【辨說】 矢는 陳이요 申은 重也라 序書者 徒知皐陶以謨名하고 禹以功稱하고 而篇中에 有來禹汝亦昌言과 與時乃功懋哉之語라하여 遂以爲舜申禹使有言하고 申皐陶使有功이라하니 其淺近如此라 而不知禹曷嘗無言이며 皐陶曷嘗無功이리오 是豈足以知禹皐陶之精微者哉아

'시(矢)'는 베풂이요(아룀이요), '신(申)'은 거듭함이다. 〈서서(書序)〉를 지은 자는 다만 고요(皐陶)를 모(謨)라고 이름하고 우(禹)를 공(功)으로 칭한 것만 알았고, 편 가운데에 '이리 오너라 우(禹)야, 너 또한 창언(昌言)하라.'는 것과 '이것이 너의 공이니, 힘쓸지어다.'라고 한 말씀이 있다 하여, 마침내 '순(舜)이 우를 거듭하여 말함이 있게 하였고 고요를 거듭하여 공이 있게 하였다.' 하였으니, 그 천근함이 이와 같다. 우(禹)가 어찌 일찍이 훌륭한 말씀이 없었으며, 고요가 어찌 일찍이 공이 없었겠는가. 이것을 알지 못한 것이니, 이 어찌 우와 고요의 정미(精微)함을 충분히 안 자이겠는가.

---

69 作大禹、皐陶謨、益稷: 공씨(공안국)가 말하였다. "우를 대(大)라고 칭한 것은 그 공을 크게(훌륭하게) 여긴 것이다.〔禹稱大, 大其功.〕"《詳說》 대(大)는 위대하다, 훌륭하다의 뜻으로 순(舜) 역시 '대순(大舜)'이라고 칭한다.

··· 謨 : 계책 모, 가르칠 모

1. 曰若稽古大禹한대 曰 文命을 敷于四海하시고 祗承于帝하시다

  옛 대우를 상고하건대 문명(文命;문교(文敎))을 사해에 펴시고 공경히 제순(帝舜)을 받드셨다.

命은 敎요 祗는 敬也라 帝는 謂舜也라 文命敷于四海者는 卽禹貢所謂東漸西被하고 朔南暨하여 聲敎訖(흘)于四海者是也라 史臣言 禹旣已布其文敎於四海矣라 於是에 陳其謨하여 以敬承于舜하시니 如下文所云也라 文命은 史記以爲禹名이라 하니 蘇氏曰 以文命爲禹名이면 則敷于四海者 爲何事耶아하니라

  '명(命)'은 가르침이요 '지(祗)'는 공경함이다. '제(帝)'는 제순(帝舜)을 이른다. 문명(文命)을 사해에 폈다는 것은 곧 〈우공(禹貢)〉에 이른바 '교화가 동쪽에 무젖고 서쪽에 입혀지며 북쪽과 남쪽에 미쳐서 성교(聲敎)가 사해에 이르렀다.'는 것이 이것이다. 사신(史臣)이 말하기를 "우(禹)가 이미 그 문교(文敎)를 사해에 펴셨다. 이에 그 계책(말씀)을 진술하여 공경히 제순을 받드셨다." 하였으니, 하문(下文)에 말한 바와 같다. 문명은 《사기》〈하본기(夏本紀)〉에는 "우의 이름이다." 하였는데, 소씨(蘇氏:소식(蘇軾))가 말하기를 "문명을 우의 이름이라고 한다면 사해에 폈다는 것은 무슨 일인가?" 하였다.

2. 曰后克艱厥后하며 臣克艱厥臣이라사 政乃乂하여 黎民이 敏德하리이다

  우(禹)가 말씀하였다. "임금이 임금됨을 어렵게 여기며 신하가 신하됨을 어렵게 여겨야 정사가 비로소 다스려져서 여민(黎民)이 덕(德)에 속히 교화될 것입니다."

曰以下는 卽禹祗承于帝之言也라 艱은 難也니 孔子曰 爲君難하고 爲臣不易라하시니 卽此意也라 乃者는 難辭也라 敏은 速也라 禹言 君而不敢易其爲君之道하고 臣而不敢易其爲臣之職하여 夙夜祗懼하여 各務盡其所當爲者면 則其政事 乃能修治而無邪慝(특)하여 下民이 自然觀感하여 速化於善而有不容已者矣라하니라

  '왈(曰)' 이하는 바로 우가 제순(帝舜)을 공경히 받든 말씀이다. '간(艱)'은 어렵게 여김이니, 《논어》〈자로(子路)〉에 공자(孔子)가 말씀하시기를 "군주노릇 하기가 어렵고 신하노릇 하기가 쉽지 않다." 하였으니, 바로 이 뜻이다. '내(乃;그제야, 비로소)'는 어렵게 여기는 말이다. '민(敏)'은 빠름이다. 우가 말씀하기를 "군주로서 군주된 도리를 쉽게 여기지 않고 신하로서 신하된 직책을 쉽게 여기지 아니하여, 밤낮으로 공경하고 두려워해서 각각 마땅히 해야 할 것을 힘써 다하면 그 정사가 이에 닦여지고 다스려

••• 朔:북방 삭 暨:미칠 기 訖:이를 흘 艱:어려울 간 乂:다스릴 예 慝:간사할 특

겨서 사악함이 없어 하민(下民)들이 자연히 보고 감동하여 선(善)에 신속히 교화되어 그만둘 수 없을 것이다." 하였다.

3. 帝曰 兪라 允若玆하면 嘉言이 罔攸伏하며 野無遺賢하여 萬邦이 咸寧하리니 稽于衆하여 舍(捨)己從人하며 不虐無告하며 不廢困窮은 惟帝사 時克이러시니라

　제순(帝舜)이 말씀하였다. "아! 너의 말이 옳다. 진실로 이와 같다면 아름다운 말이 숨겨지는 바가 없으며 들(초야)에는 버려진 현자(賢者)가 없어서 만방(萬邦)이 다 편안할 것이니, 여러 사람에게 상고하여 자기를 버리고 남을 따르며 하소연할 곳 없는 자들을 학대하지 않으며 곤궁한 자들을 폐하지 않음은 오직 제요(帝堯)만이 이에 능하셨다."

嘉는 善이요 攸는 所也라 舜이 然禹之言하사 以爲信能如此면 則必有以廣延衆論하고 悉致群賢하여 而天下之民이 咸被其澤하여 無不得其所矣라 然非忘私順理, 愛民好士之至면 無以及此어늘 而惟堯能之하시니 非常人所及也라 蓋爲謙辭以對하여 而不敢自謂其必能이니 舜之克艱을 於此에 亦可見矣라 程子曰 舍己從人이 最爲難事라 己者는 我之所有니 雖痛舍之라도 猶(尤)[70]懼守己者固而從人者輕也니라

　'가(嘉)'는 선(善;훌륭함)이요 '유(攸)'는 소(所;바)이다. 제순이 우(禹)의 말씀을 옳게 여기시어 "진실로 이와 같다면 반드시 중론(衆論)을 널리 맞이하고 군현(群賢)들을 다 초치(招致)하여 천하의 백성들이 모두 그 은택을 입어 살 곳을 얻지 못하는 자가 없을 것이다. 그러나 사(私)를 잊고 이치를 따르며 백성을 사랑하고 선비를 좋아하기를 지극히 하는 자가 아니면 이에 미칠 수 없는데 오직 제요만이 이에 능하셨으니, 보통 사람이 미칠 수 있는 바가 아니다."라고 하신 것이다. 이는 겸사로써 대답하여 감히 스스로 반드시 능하다고 여기지 않으신 것이니, 제순이 군주노릇 하기를 어렵게 여겼음을 여기에서도 볼 수 있다.

　정자(程子)가 말씀하였다. "자기를 버리고 남을 따르는 것이 가장 어려운 일이다. 기(己;자기의 사사로움)는 내가 가지고 있는 것이니, 비록 통렬히 버리더라도 오히려 자기를 지킴은 견고하고 남을 따름은 가벼울까 두려운 것이다."

······
70 猶(尤):어떤 관본에는 猶가 尤로 표기되어 있으므로 여기에서 밝히는 바이다. 유(尤)는 유(猶)와 통하는바, 멱부(冖部)에 있는데, 대부분 우(尤)로 잘못 표기되어 있다.

··· 罔:없을 망 攸:바 유 舍:버릴 사 虐:사나울 학 延:맞이할 연

4. **益曰 都**라 **帝德**이 **廣運**하사 **乃聖乃神**하시며 **乃武乃文**[71]하신대 **皇天**이 **眷命**하사 **奄有四海**하사 **爲天下君**하시니이다

익(益)이 말하였다. "아! 훌륭한 말씀이십니다. 제요(帝堯)의 덕(德)이 광대하고 잘 운행되시어 성(聖)스럽고 신묘하시며 무(武)가 있고 문(文)이 있으시니, 황천(皇天)이 돌아보고 명하시어 사해(四海)를 다 소유하시어 천하의 군주가 되셨습니다."

廣者는 大而無外요 運者는 行之不息이니 大而能運이면 則變化不測이라 故로 自其大而化之而言이면 則謂之聖이요 自其聖而不可知而言이면 則謂之神이요 自其威之可畏而言이면 則謂之武요 自其英華發外而言이면 則謂之文이라 眷은 顧요 奄은 盡也라 堯之初起 不見(현)於經하고 傳稱其自唐侯特起爲帝[72]라하니 觀益之言하면 理或然也라 或曰 舜之所謂帝者는 堯也요 羣臣之言帝者는 舜이니 如帝德罔愆과 帝其念哉之類는 皆謂舜也라 蓋益因舜尊堯하사 而遂美舜之德以勸之하니 言不特堯能如此라 帝亦當然也라하니 今按此說所引比類가 固爲甚明이나 但益之語接連上句惟帝時克之下하니 未應遽舍堯而譽舜이요 又徒極口以稱其美하여 而不見其有勸勉規戒之意하니 恐唐、虞之際에 未遽有此諛佞(유녕)之風也라 依舊說 贊堯爲是하노라

'광(廣)'은 커서 밖이 없는 것이요 '운(運)'은 운행하여 그치지 않는 것이니, 크면서 운행되면 변화를 헤아릴 수 없다. 그러므로 대인(大人)이면서 저절로 변화함을 가지고 말하면 '성(聖)'이라 이르고, 성(聖)스러워서 알 수 없음을 가지고 말하면 '신(神)'이라 이르며, 위엄이 두려울 만함을 가지고 말하면 '무(武)'라 이르고, 영화(英華;아름다움)가 밖에 드러남을 가지고 말하면 '문(文)'이라 이른다. '권(眷)'은 돌아봄이요 '엄(奄)'은 다함이다. 요(堯)가 처음 일어나신 것이 경서(經書)에 보이지 않고 전(傳;《사기》〈오제기〉)에 "당후(唐侯)로서 특별히 일어나 제(帝)가 되었다."고 말하였으니, 익(益)의 말을 보

......

71 乃聖乃神 乃武乃文 : 내(乃)는 어조사로 두 가지 사물을 들어 말할 적에 어세(語勢)를 고르게 하기 위해 사용하는바, 내(廼)와 통용된다. 《시경》〈대아(大雅) 공류(公劉)〉에 "廼積廼倉(곡식을 노적에 싸놓고 창고에 싸놓음)"이라 하였는데, 《맹자》〈양혜왕 하(梁惠王下)〉에는 이 글을 인용하면서 "乃積乃倉"으로 표기하였다.

72 傳稱其自唐侯特起爲帝 : 전(傳)은 옛책을 이른다. 경문의 '爲天下君'을 부연 설명한 것으로, 호산은 "위(爲) 자를 《언해(諺解)》에 황천을 위주하여 해석하였으니, 마땅히 다시 헤아려 보아야 한다.〔爲字, 諺解主皇天釋之, 合更商.〕" 하였다. 《詳說》《언해》에는 '天下에 君을 삼으시니이다'로 해석하였는바, 호산의 설에 따라 '되다'로 수정 번역하였다.

⋯ 眷 : 돌아볼 권 奄 : 다할 엄 愆 : 허물 건 遽 : 급할 거 諛 : 아첨할 유 佞 : 아첨할 녕

면 이치에 혹 옳을 듯하다.

　혹자는 말하기를 "순(舜)이 말씀한 제(帝)는 제요(帝堯)이고 군신(群臣)들이 말한 제(帝)는 제순(帝舜)이니, '제(帝)의 덕(德)이 지나침이 없다.'는 것과 '제(帝)는 생각하시라.'는 따위는 모두 제순을 이른 것이다. 이는 익(益)이 제순이 제요를 높이심으로 인하여 마침내 제순의 덕을 찬미해서 권면한 것이니, 다만 제요가 이와 같을 뿐만 아니라 제순 또한 마땅히 그러하셔야 한다고 말한 것이다." 한다.

　이제 살펴보건대 이 말에 인용하여 비유한 종류[比類]가 진실로 매우 분명하나 다만 익(益)의 말이 윗구의 '유제시극(惟帝時克)'의 아래에 연접되어 있으니, 대번에 제요를 버리고 제순을 칭찬할 리가 없으며, 또 단지 극구(極口) 군주의 아름다움만을 칭찬하여 권면(勸勉)하고 규계(規戒)하는 뜻이 있음을 볼 수 없으니, 당(唐)·우(虞)의 즈음에 갑자기 이렇게 아첨하는 풍습(風習)이 있지는 않을 듯하다. 그리하여 구설(舊說)을 따라 제요를 찬미한 것을 옳음으로 삼는다.

5. **禹曰惠迪**하면 **吉**이요 **從逆**하면 **凶**이니(하논지) **猶影響**하니이다

　우(禹)가 말씀하였다. "도(道:선(善))를 순히 하면 길(吉)하고 역(逆:악(惡))을 따르면 흉(凶)하니, 이는 그림자와 메아리와 같습니다."

惠는 順이요 迪은 道也요 逆은 反道者也니 惠迪、從逆은 猶言順善從惡也라 禹言天道可畏하여 吉凶之應於善惡이 猶影響之出於形聲也라하니 以見(현)不可不艱者하여 以此而終上文之意하니라

　'혜(惠)'는 순함이요 '적(迪)'은 도(道)요 '역(逆)'은 도(道)를 위배함이니, 혜적(惠迪), 종역(從逆)은 선(善)을 순히 따르고 악(惡)을 따른다는 말과 같다. 우(禹)가 말씀하기를 "천도(天道)가 두려울 만하여 길흉(吉凶)이 선악(善惡)에 응함이 그림자와 메아리가 형체와 소리에서 나오는 것과 같다." 하였으니, 이로써 어렵게 여기지 않을 수 없음을 나타내어 이로써 상문(上文)의 뜻을 마친 것이다.

6. **益曰 吁**라 **戒哉**하소서 **儆戒無虞**하사 **罔失法度**하시며 **罔遊于逸**하시며 **罔淫于樂**(락)하시며 **任賢勿貳**하시며 **去邪勿疑**하소서 **疑謀**를 **勿成**이라사(하시사) **百志惟熙**하리이다 **罔違道**(하여) **以干百姓之譽**하시며 **罔咈百姓**(하여) **以從己之欲**하소서 **無怠無荒**하면 **四夷**도 **來王**하리이다

… 迪 : 나아갈 적, 길 적　響 : 메아리 향　儆 : 경계할 경　虞 : 헤아릴 우　咈 : 어길 불

익(益)이 말하였다. "아! 경계하소서. 헤아림(근심)이 없을 때에 경계하시어 법칙과 제도를 잃지 마시고 편안함에 놀지 마시고 즐거움에 지나치지 마시며, 어진 자에게 맡기되 두 마음을 품지 마시고 사악한 자를 제거하되 의심하지 마소서. 의심스러운 계책을 이루지 마셔야 백 가지 생각이 넓혀질 것입니다. 도(道)를 어겨서 백성들의 칭찬을 구하지 마시며 백성들을 거슬려 자신이 바라는 것을 따르지 마소서. 게을리하지 않고 황폐하지 않으면 사방의 오랑캐들도 귀의(歸依)하여 와서 뵈올〔王〕 것입니다."

先吁後戒는 欲使聽者精審也라 儆은 與警同이라 虞는 度(탁)이요 罔은 勿也라 法度는 法則、制度也라 淫은 過也라 當四方無可虞度之時하면 法度易至廢弛라 故戒其失墜요 逸樂은 易至縱恣라 故戒其遊淫하니 言此三者는 所當謹畏也라 任賢에 以小人間之를 謂之貳요 去邪에 不能果斷을 謂之疑라 謀는 圖爲也니 有所圖爲에 揆(규)之於理而未安者는 則不復成就之也라 百志는 猶易所謂百慮[73]也라 咈은 逆也라 九州之外 世一見(현)曰王[74]이라 帝於是八者에 朝夕戒懼하사 無怠於心하고 無荒於事하시면 則治道益隆하여 四夷之遠이 莫不歸往하리니 中土之民服從을 可知니라

먼저 우(吁)라 하고 뒤에 경계한 것은 듣는 자로 하여금 정밀하게 살피게 하려고 한 것이다. '경(儆)'은 경(警;경계함)과 같다. '우(虞)'는 〈비상사태를〉 헤아림이요 '망(罔)'은 물(勿;말)이다. '법도(法度)'는 법칙과 제도이다. '음(淫)'은 지나침이다. 사방이 헤아릴(우려할) 만한 일이 없을 때를 당하면 법칙과 제도가 폐이(廢弛)함에 이르기 쉬우므로 그 실추함을 경계한 것이며, 편안함과 즐거움은 방종에 이르기 쉬우므로 그 놀고 지나침을 경계한 것이니, 이 세 가지는 마땅히 삼가고 두려워해야 함을 말한 것이다.

현자(賢者)에게 맡길 적에 소인(小人)으로 끼게 함을 '이(貳)'라 하고, 사악한 자를 제거할 적에 과단성 있게 하지 못함을 '의(疑)'라 한다. '모(謀)'는 도모하여 함이니, 도모하여 하는 바가 있을 적에 이치에 헤아려 온당하지 못한 것은 다시 성취하려 하지

......

73 百慮:《주역(周易)》〈계사전 하(繫辭傳下)〉에 "천하가 돌아감은 같으나 길이 다르며 이치는 하나이나 생각은 백 가지이다.〔天下同歸而殊塗, 一致而百慮.〕"라고 보인다.

74 九州之外 世一見日王:구주(九州)의 밖에 있는 나라를 번국(藩國)이라 하는바, 이들 나라에서는 군주가 새로 즉위하면 천자국(天子國)에 와서 한번 천자(天子)를 알현하므로 말한 것이다.

⋯ 縱:방종할 종 恣:방자할 자 揆:헤아릴 규

않는 것이다. '백지(百志)'는 《주역(周易)》〈계사전 하(繫辭傳下)〉에 이른바 '생각이 백 가지라는 것'과 같다. '불(咈)'은 거스름이다. 구주(九州)의 밖에서 한 대(代)에 한 번 와서 뵘을 '왕(王)'이라 한다. 제(帝)가 이 여덟 가지를 조석(朝夕)으로 경계하고 두려워하사 마음에 게으리 함이 없고 일에 황폐함이 없으시면 치도(治道)가 더욱 융성해져서 멀리 있는 사방의 오랑캐들도 돌아오지 않음이 없을 것이니, 중토(中土;중국)의 백성들이 복종함을 알 수 있다.

今按益言八者는 亦有次第하니 蓋人君이 能守法度하여 不縱逸樂이면 則心正身修하고 義理昭著하여 而於人之賢否에 孰爲可任이요 孰爲可去며 事之是非에 孰爲可疑요 孰爲不可疑를 皆有以審其幾微하여 絶其蔽惑이라 故로 方寸之間이 光輝明白하여 而於天下之事에 孰爲道義之正而不可違와 孰爲民心之公而不可咈을 皆有以處之에 不失其理하여 而毫髮私意 不入於其間하리니 此其懲戒之深旨니 所以推廣大禹克艱、惠迪之謨也라 苟無其本하여 而是非取舍를 決於一己之私하고 乃欲斷而行之하여 無所疑惑이면 則其爲害 反有不可勝言者矣리니 可不戒哉아

이제 살펴보건대, 익(益)이 말한 여덟 가지는 또한 차례가 있으니, 인군(人君)이 법도를 지켜서 편안함과 즐거움에 방종하지 않으면 마음이 바루어지고 몸이 닦여지며 의리가 밝게 드러나서, 사람의 어질고 어질지 못함에 대해 누가 맡길 만한 사람이고 누가 제거할 만한 사람이며, 일의 옳고 그름에 대해 무엇이 의심스러울 만한 일이고 무엇이 의심하지 않을 만한 일인가를 모두 그 기미를 살펴서 가리움과 의혹을 끊게 된다. 그러므로 방촌(方寸;마음)의 사이가 밝게 빛나고 명백하여 천하의 일에 무엇이 도의(道義)에 바른 것이어서 어길 수 없음과 무엇이 민심(民心)의 공정한 것이어서 거스를 수 없는가를 모두 처리함에 그 이치를 잃지 않아서 털끝만한 사의(私意)도 그 사이에 들어가지 않을 것이니, 이는 그 징계한 깊은 뜻이니, 대우(大禹)의 "어렵게 여기고 도(道)를 순히 따르라."는 가르침을 미루어 넓힌 것이다.

만일 근본(마음이 바르고 몸이 닦여짐이)이 없어 시비(是非)와 취사(取捨)를 군주 한 개인의 사사로움에 따라 결단하고, 마침내 단행해서 의혹하는 바가 없고자 한다면 그 해로움이 도리어 이루다 말할 수 없을 것이니, 경계하지 않을 수 있겠는가.

7. 禹曰 於(오)라 帝아 念哉하소서 德惟善政이요 政在養民하니 水、火、金、木、土、穀이 惟修하며 正德、利用、厚生이 惟和하여 九功이 惟敍하여 九敍를 惟

歌어든 戒之用休하시며 董之用威(畏)하시며 勸之以九歌하사 俾勿壞하소서

우(禹)가 말씀하였다. "아! 황제시여 생각하소서. 덕(德)은 정사를 잘 베풀고 정사는 백성을 기름에 있으니, 수(水)·화(火)·금(金)·목(木)·토(土)와 곡식이 잘 닦여지며, 정덕(正德;덕을 바룸)과 이용(利用;씀을 이롭게 함)과 후생(厚生;삶을 좋게 함)이 조화로워, 아홉 가지 공(功)이 펴져서 아홉 가지 펴진 것을 노래로 읊거든 경계하고 깨우쳐서 아름답게 여기시며 독책(督責)하여 두렵게 하시며 권면하되 구가(九歌)로써 하시어 무너지지 않게 하소서."

益言儆戒之道하니 禹歎而美之하여 謂帝當深念益之所言也라 且德은 非徒善而已라 惟當有以善其政이요 政은 非徒法而已[75]라 在乎有以養其民이니 下文에 六府, 三事는 卽養民之政也라 水、火、金、木、土、穀惟修者는 水克火하고 火克金하고 金克木하고 木克土而生五穀하여 或相制以洩(설)其過하고 或相助以補其不足하여 而六者無不修矣라 正德者는 父慈, 子孝, 兄友, 弟恭, 夫義, 婦聽이니 所以正民之德也요 利用者는 工作什(집)器하고 商通貨財之類니 所以利民之用也요 厚生者는 衣帛食肉과 不飢不寒之類니 所以厚民之生也라 六者旣修하여 民生始遂어든 不可以逸居而無敎라 故로 爲之惇典敷敎하여 以正其德하며 通功易事하여 以利其用하며 制節謹度하여 以厚其生하여 使皆當其理而無所乖(괴)하면 則無不和矣라 九功은 合六與三也라 敍者는 言九者各順其理하여 而不汨(골)陳以亂其常也요 歌者는 以九功之敍而詠之歌也라 言九者旣已修和하여 各由其理하면 民享其利하여 莫不歌詠而樂其生也라 然이나 始勤終怠者는 人情之常이니 恐安養旣久에 怠心必生이면 則已成之功을 不能保其久而不廢라 故로 當有以激勵之하니 如下文所云也라

익(益)이 경계하는 방도를 말하니, 우(禹)가 감탄하고 찬미하여 "제(帝)는 마땅히 익이 말한 바를 깊이 생각하시라."고 말씀한 것이다. 또 덕(德)은 단지 선(善)하기만 할 뿐만 아니라 마땅히 그 정사(제도)를 잘함이 있어야 하고, 정사는 단지 법일 뿐만 아니라 그 백성을 기름이 있어야 하니, 하문(下文)의 육부(六府)와 삼사(三事)는 바로 백성

------

75 德非徒善而已……政非徒法而已 : 도선(徒善)은 군주가 단지 선(善)한 마음만 있고 좋은 제도가 없는 것이며, 도법(徒法)은 나라에 단지 좋은 제도만 있고 군주의 선한 마음이 없는 것으로, 인정(仁政)을 베풀려면 먼저 군주의 선한 마음이 있고 또 훌륭한 제도를 시행하여야 함을 강조한 것이다. 이 내용은 《맹자》〈이루 상(離婁上)〉첫 장에 보인다.

··· 董 : 감독할 동 俾 : 하여금 비 洩 : 샐 설 惇 : 도타울 돈 汨 : 어지러울 골

을 기르는 정사이다.

　수(水)·화(火)·금(金)·목(木)·토(土)와 곡(穀)이 닦여진다는 것은 수(水)는 화(火)를 이기고 화는 금(金)을 이기고 금은 목(木)을 이기고 목은 토(土)를 이겨 오곡(五穀)을 자라게 해서 혹 서로 제재하여 지나친 것을 배설하고 혹 서로 도와 부족한 것을 보조하여 여섯 가지가 닦여지지 않음이 없는 것이다. '정덕(正德)'은 어버이는 사랑하고 자식은 효도하며 형은 우애하고 아우는 공경하며 남편은 의롭고 아내는 순종함이니 백성의 덕을 바로잡는 것이요, '이용(利用)'은 공인(工人)은 집기(什器)를 만들고 상인(商人)은 재화를 소통하는 따위이니 백성들의 씀을 이롭게 하는 것이요, '후생(厚生)'은 비단옷을 입고 고기를 먹으며 굶주리지 않고 춥지 않게 하는 따위이니 백성들의 삶을 후하게 하는 것이다.

　여섯 가지가 이미 닦여져서 민생(民生)이 비로소 이루어졌으면 편안히 거처하기만 하고 가르침이 없을 수 없다. 그러므로 위하여 오전(五典;오륜)을 돈독히 하고 오교(五敎;오륜의 가르침)를 펴서 그 덕(德)을 바르게 하며, 힘(노동력)을 통하고 하는 일을 서로 바꾸어서 그 씀을 이롭게 하며, 예절에 맞게 하고 법도를 삼가 삶을 후하게 해서, 백성들이 모두 도리에 합당하여 어그러지는 바가 없게 하면 화(和)하지 않음이 없는 것이다. '구공(九功)'은 육부(六府;수·화·금·목·토·곡)와 삼사(三事;정덕·이용·후생)를 합한 것이다. '서(敍)'는 아홉 가지가 각기 그 이치에 순하여 어지럽게 베풀어져서 그 떳떳함을 어지럽히지 않는 것이며, '가(歌)'는 구공(九功)이 펴진 것을 가지고 노래로 읊는 것이다. 아홉 가지가 이미 닦여지고 조화로워 각각 그 이치를 따르면 백성들이 그 이로움을 누려서 노래로 읊어 그 삶을 즐거워하지 않는 이가 없을 것이다. 그러나 처음에는 부지런하나 끝에는 게을러지는 것이 인지상정(人之常情)이니, 편안히 길러진 지가 이미 오래되어 게으른 마음이 반드시 생겨나면 이미 이루어 놓은 공(功)을 그 오래도록 보존하고 폐해지지 않게 하지 못할까 두렵다. 그러므로 마땅히 격려함이 있는 것이니, 하문(下文)에 말한 바와 같은 것이다.

董은 督也요 威는 古文作畏하니 其勤於是者는 則戒喩而休美之하고 其怠於是者는 則督責而懲戒之라 然又以事之出於勉强者는 不能久라 故로 復卽其前日歌詠之言하여 協之律呂하고 播之聲音하여 用之鄕人하고 用之邦國하여 以勸相之하여 使其歡欣鼓舞하여 趨事赴功하여 不能自已하여 而前日之成功이 得以久存而不壞

・・・ 趨 : 달려갈 추　赴 : 달려갈 부

하니 此周禮所謂九德之歌, 九韶之舞[76]요 而太史公所謂佚能思初하고 安能惟始하여 沐浴膏澤而歌詠勤苦者也라 葛氏曰 洪範五行은 水, 火, 木, 金, 土而已요 穀은 本在木行之數러니 禹以其爲民食之急이라 故로 別而附之也하니라

'동(董)'은 독책(督責)함이요 '위(威)'는 고문(古文)에 외(畏)로 되어 있으니, 이것을 부지런히 하는 자는 경계하고 깨우쳐서 아름답게 여기고, 이것을 게을리하는 자는 독책하여 징계한다. 그러나 또 일이 억지로 힘씀에서 나온 것은 오래갈 수 없으므로 다시 전일(前日)에 노래로 읊었던 말을 가지고 율려(律呂)에 맞추고 성음(聲音)에 전파해서 이것을 향인(鄕人)에게 사용하고 방국(邦國)에 사용하여 권면하고 도와준다. 그리하여 즐거워하고 기뻐하며 고무되어 사공(事功)에 달려가서 스스로 그치지 않게 하여 전일의 성공이 오래도록 보존되고 무너지지 않게 하는 것이니, 이는 《주례(周禮)》〈대사악(大司樂)〉에 이른바 '구덕(九德)의 노래와 구소(九韶)의 춤'이라는 것이요, 태사공(太史公;사마천(司馬遷)의 《사기》〈악서(樂書)〉)에 이른바 '편안하면서도 시초를 생각하며 고택(膏澤)에 목욕하면서도 근고(勤苦)함을 노래로 읊는다.'는 것이다.

갈씨(葛氏)가 말하였다. "〈홍범(洪範)〉의 오행(五行)은 수(水)·화(火)·목(木)·금(金)·토(土)일 뿐이요 곡(穀)은 본래 목행(木行)의 수(數)에 있었는데, 우(禹)는 백성의 양식을 시급한 것이라 여겼으므로 별도로 떼내어 여기에 붙인 것이다."

8. **帝曰 兪**라 **地平天成**하여 **六府, 三事允治**하여 **萬世永賴時乃功**이니라

제순이 말씀하였다. "아! 너의 말이 옳다. 땅이 다스려짐에 하늘이 이루어져서 육부(六府)와 삼사(三事)가 진실로 다스려져 만세(萬世)가 영원히 힘입음은 이것이 너의 공(功)이다."

水土治曰平이니 言水土旣平하여 而萬物得以成遂也라 六府는 卽水, 火, 金, 木, 土, 穀也니 六者는 財用之所自出이라 故曰府요 三事는 正德, 利用, 厚生也니 三者는 人事之所當爲라 故曰事라 舜이 因禹言養民之政하여 而推其功以美之也시니라

수토(水土;물과 땅)가 다스려짐을 '평(平)'이라 하니, 수토가 이미 다스려져서 만물이 이루어지게 됨을 말한 것이다. '육부(六府)'는 곧 수(水)·화(火)·금(金)·목(木)

......

76 九德之歌 九韶之舞 : 구덕(九德)의 노래는 구공(九功)의 덕(德)을 읊은 노래이며, 소(韶)는 순(舜)의 음악 이름으로 구소(九韶)는 곧 대소(大韶)인데 소(韶)를 높여서 대(大) 자를 붙인 것이다.

··· 韶 : 풍류이름 소 佚 : 편안할 일

・토(土)・곡(穀)이니, 여섯 가지는 재용(財用)이 말미암아 나오는 것이므로 부(府;창고)라 하였고, '삼사(三事)'는 정덕(正德)・이용(利用)・후생(厚生)이니, 세 가지는 사람의 일 중에 마땅히 해야 하는 것이므로 사(事)라 하였다. 제순은 우(禹)가 백성을 기르는 정사를 말씀함으로 인하여 그 공(功)을 미루어 찬미한 것이다.

9. **帝曰 格**하라 **汝禹**아 **朕**이 **宅帝位 三十有三載**니 **耄期**하여 **倦于勤**하노니 **汝惟不怠**하여 **總朕師**하라

제순이 말씀하였다. "이리 오너라. 너 우야! 짐이 제위에 있은 지가 33년이니 늙어서 부지런히 해야 할 정사에 게으르니, 너는 태만히 하지 말아서 짐의 무리를 거느려라."

九十日耄요 百年日期니 舜至是에 **年已九十三矣라 總은 率也라 舜自言旣老**하여 **血氣已衰라 故로 倦於勤勞之事**하니 **汝當勉力不怠**하여 **而總率我衆也**라하시니 **蓋命之攝位之事라 堯命舜曰 陟帝位**어시늘 **舜命禹曰 總朕師者는 蓋堯欲使舜眞宅帝位**러시니 **舜讓弗嗣**하고 **後惟居攝**하시니 **亦若是而已**니라

90세를 '모(耄)'라 하고 100세를 '기(期)'라 하니, 제순이 이 때에 나이가 이미 93세였다. '총(總)'은 거느림이다. 제순이 스스로 말씀하기를 "내가 이미 늙어서 혈기(血氣)가 쇠하였으므로 근로해야 할 일에 게으르니, 너는 마땅히 힘쓰고 게을리 하지 말아서 나의 무리(백성)를 거느려라." 하신 것이니, 섭위(攝位)하는 일을 명하신 것이다. 요(堯)는 순(舜)에게 명하기를 "제위(帝位)에 오르라." 하셨는데, 순은 우(禹)에게 명하기를 "짐의 무리를 거느려라." 하신 것은, 요는 참으로 순으로 하여금 제위에 거하게 하고자 하셨는데 순이 사양하여 뒤를 잇지 않고 뒤에 다만 거섭(居攝;섭위(攝位)에 거함)하게 하셨으니, 우 또한 이와 같게 하였을 뿐이다.

10. **禹曰 朕德**이 **罔克**이라 **民不依**어니와 **皐陶는 邁**(매)**種德**이라 **德乃降**하여 **黎民**이 **懷之**하나니 **帝念哉**하소서 **念玆在玆**하며 **釋玆在玆**하며 **名言玆在玆**하며 **允出玆在玆**니 **惟帝念功**하소서

우(禹)가 말씀하였다. "저의 덕(德)은 임무를 감당하지 못하여 백성들이 의귀(依歸)하지 않지만, 고요(皐陶)는 힘써 행하여 덕을 펴서 덕이 마침내 아래로 백성들에게 내려져서 여민(黎民)들이 그리워하니, 황제께서는 생각하소서. 이 사람을 생각하여도 이 사람에게 있으며, 이 사람을 버리려 하여도 이 사람에게 있으며 입에 이름을 올려 말

··· 宅 : 머물 택 耄 : 늙을 모 邁 : 갈 매 黎 : 검을 려 釋 : 놓을 석

함도 이 사람에게 있으며 진실로 마음에서 나옴도 이 사람에게 있으니, 황제께서는 그의 공을 생각하소서."

邁는 勇往力行之意라 種은 布요 降은 下也라 禹自言 其德이 不能勝任하여 民不依歸어니와 惟皐陶는 勇往力行하여 以布其德하여 德下及於民하여 而民懷服之하니 帝當思念之而不忘也라 茲는 指皐陶也[77]라 禹遂言 念之而不忘도 固在於皐陶요 舍之而他求도 亦惟在於皐陶요 名言於口도 固在於皐陶요 誠發於心도 亦惟在於皐陶也라 蓋反覆思之에 而卒無有易於皐陶者하니 惟帝深念其功하사 而使之攝位也라

'매(邁)'는 용감하게 가고 힘써 행하는 뜻이다. '종(種)'은 폄이요 '강(降)'은 내림이다. 우(禹)가 스스로 말씀하기를 "자신의 덕은 임무를 감당하지 못하여 백성들이 의귀하지 않지만, 오직 고요(皐陶)는 용맹하게 가고 힘써 행하여 덕(德)을 펴서 덕이 아래로 백성에게 미쳐 백성들이 그리워하고 복종하니, 황제께서는 마땅히 이를 사념(思念)하고 잊지 마소서."라고 한 것이다. '자(茲)'는 고요를 가리킨다. 우가 마침내 말씀하기를 "생각하여 잊지 않음도 진실로 고요에게 있고, 버리고 달리 구해도 오직 고요에게 있고, 입에 이름을 올려 말함도 진실로 고요에게 있고, 진실로 마음에서 나옴도 오직 고요에게 있습니다. 반복하여 생각해도 끝내 고요와 바꿀 만한 자가 있지 않으니, 황제께서는 그의 공을 깊이 생각하시어 섭위(攝位)하게 하소서."라고 한 것이다.

11. **帝曰 皐陶**아 **惟茲臣庶 罔或干予正(政)**은 **汝作士**라 **明于五刑**하여 **以弼五教**하여 **期于予治**니 **刑期于無刑**하여 **民協于中**이 **時乃功**이니 **懋哉**어다

제순이 말씀하였다. "고요야! 이 신하와 백성들이 혹시라도 나의 정사를 범하는 자가 없는 것은 네가 사사(士師)가 되어 오형(五刑)을 밝혀 오품(五品:오륜)의 가르침을 도와서 나를 다스려짐에 이르도록 기약하였기 때문이다. 형벌을 쓰되 형벌이 없는 경지에 이를 것을 기약해서 백성들이 중도(中道)에 맞는 것이 이 너의 공이니, 힘쓸지어다."

••••••
77 茲 指皐陶也 : 여기의 자(茲)는 아랫구를 가리키는 바, 호산은 "매구(每句)에 두 자(茲) 자가 있는데 위는 허자(虛字)이고 아래는 실자(實字)이니, 주석을 보면 알 수 있다.〔每句二茲字, 上虛而下實, 觀註釋可知.〕" 하였다. 《詳說》 허자란 조사가 아니고 덜 중요함을 말한 것이다.

··· 弼 : 도울 필 懋 : 힘쓸 무

干은 犯이요 正은 政이요 弼은 輔也라 聖人之治는 以德爲化民之本하고 而刑은 特以輔其所不及而已라 期者는 先事取必之謂라 舜言 惟此臣庶 無或有干犯我之政者는 以爾爲士師之官하여 能明五刑하여 以輔五品之敎하여 而期我以至於治니 其始엔 雖不免於用刑이나 而實所以期至於無刑之地라 故로 民亦皆能協於中道하여 而初無有過不及之差하니 則刑果無所施矣리니 凡此皆汝之功也라 懋는 勉也니 蓋不聽禹之讓하시고 而稱皐陶之美하여 以勸勉之也시니라

간(干)은 범함이요 '정(正)'은 정사요 '필(弼)'은 보필(輔弼)이다. 성인(聖人)의 다스림은 덕(德)으로써 백성을 교화하는 근본을 삼고, 형벌(刑罰)은 단지 미치지 못하는 바를 도울 뿐이다. '기(期)'는 일에 앞서 기필함을 취함을 이른다. 제순이 말씀하기를 "이 신하와 백성들이 혹시라도 나의 정사를 범하는 자가 없는 것은 네가 사사(士師)의 관원이 되어서 오형(五刑)을 밝혀 오품(五品)의 가르침을 도와서 나를 다스려짐에 이르도록 기약(기필)하였기 때문이니, 그 처음에는 비록 형벌을 씀을 면치 못하였으나 실로 형벌이 없는 경지에 이를 것을 기약하였다. 그러므로 백성들 또한 모두 중도(中道)에 맞아서 애당초 과(過)·불급(不及)의 잘못이 없으니, 그렇다면 과연 형벌을 시행할 곳이 없을 것이니, 무릇 이는 모두 너의 공이다."라고 하신 것이다. '무(懋)'는 힘씀이니, 우(禹)의 사양함을 들어주지 않고 고요의 아름다움을 칭찬하여 권면하신 것이다.

12. 皐陶曰 帝德이 罔愆하사 臨下以簡하시고 御衆以寬하시며 罰弗及嗣하시고 賞延于世하시며 宥過無大하시고 刑故無小하시며 罪疑는 惟輕하시고 功疑는 惟重하시며 與其殺不辜(고)론 寧失不經이라하사 好生之德이 洽于民心이라 玆用不犯于有司니이다

고요(皐陶)가 말하였다. "황제의 덕이 잘못됨이 없으시어 아랫사람에게 임하되 간략함으로써 하고 무리들을 어거하되 너그러움으로써 하시며, 벌(罰)은 자식에게 미치지 않고 상(賞)은 자손 대대로 미치게 하시며, 과오로 지은 죄는 용서하여 크게 함이 없고 고의로 지은 죄는 형벌하여 작음이 없게 하시며, 죄가 의심스러운 것은 가볍게 형벌하고 공이 의심스러운 것은 중하게 상을 주시며, 불고(不辜:무죄)한 사람을 죽이기보다는 차라리 떳떳한 법대로 형벌하지 못하는 실수를 범하겠다 하시어, 살려주기를 좋아하시는 덕(德)이 민심에 흡족하십니다. 이 때문에 백성들이 유사(有司)를 범하지 않는 것입니다."

··· 辜 : 허물 고

愆은 過也라 簡者는 不煩之謂라 上煩密이면 則下無所容이요 御者急促이면 則衆擾亂이라 嗣、世는 皆謂子孫이나 然嗣親而世疎也라 延은 遠及也라 父子罪不相及하고 而賞則遠延于世하니 其善善長而惡惡(오악)短이 如此라 過者는 不識而誤犯也요 故者는 知之而故犯也라 過誤所犯은 雖大나 必宥하고 不忌故犯은 雖小나 必刑하니 卽上篇所謂眚災肆赦, 怙終賊刑者也라 罪已定矣로되 而於法之中에 有疑其可重可輕者면 則從輕以罰之하고 功已定矣로되 而於法之中에 有疑其可輕可重者면 則從重以賞之라 辜는 罪요 經은 常也라 謂法可以殺, 可以無殺에 殺之면 則恐陷於非辜요 不殺之면 恐失於輕縱이니 二者는 皆非聖人至公至平之意로되 而殺不辜者는 尤聖人之所不忍也라 故로 與其殺之而害彼之生으론 寧姑全之而自受失刑之責하니 此其仁愛忠厚之至니 皆所謂好生之德也라

　'건(愆)'은 허물(잘못)이다. '간(簡)'은 번거롭지 않음을 이른다. 윗사람이 번거롭고 치밀하면 아랫사람들이 용납될 곳이 없고, 어거하는(다스리는) 자가 급박하면 무리들이 소란하게 된다. '사(嗣)'와 '세(世)'는 모두 자손을 이른다. 그러나 사(嗣)는 친하고 세(世)는 소원하다. '연(延)'은 멀리 미침이다. 부자간(父子間)에 죄는 서로 미치지 않고 상은 멀리 후세에 뻗치니, 선(善)을 좋게 여김은 길고 악을 미워함은 짧음이 이와 같은 것이다. '과(過)'는 알지 못하고 잘못 범한 것이요, '고(故)'는 알면서 고의로 범한 것이다. 과오로 범한 것은 비록 죄가 크더라도 반드시 용서해주며, 꺼리지 않고 고의로 범한 것은 비록 죄가 작더라도 반드시 형벌하니, 이는 곧 상편(上篇)에 이른바 '과오와 불행으로 지은 죄는 풀어주고, 권력을 믿고 끝까지 재범하는 자는 죽이는 형벌을 가한다.'는 것이다. 죄가 이미 결정되었으나 법 가운데에 무겁게 할 것인지 가볍게 할 것인지 의심스러운 것이 있으면 가벼운 쪽을 따라 처벌하고, 공(功)이 이미 결정되었으나 법 가운데에 무겁게 할 것인지 가볍게 할 것인지 의심스러운 것이 있으면 무거운 쪽을 따라 상을 주는 것이다.

　'고(辜)'는 죄이고 '경(經)'은 떳떳한 법이다. 법에 죽일 수도 있고 죽이지 않을 수도 있을 경우에 죽이면 죄 없는 자를 죽임에 빠질까 두렵고, 죽이지 않으면 가벼이 풀어줌에 잘못될까 두려우니, 두 가지는 모두 성인(聖人)의 지극히 공평한 뜻이 아니나 죄 없는 자를 죽임은 더욱 성인이 차마 못하시는 바이다. 그러므로 죽여서 저의 생명을 해치기보다는 차라리 우선 목숨을 보전해 주어 스스로 형벌을 잘못 시행한 책망을 받는 것이다. 이는 인애(仁愛)하고 충후(忠厚)함이 지극한 것이니, 모두 이른바 '살려주기를 좋아하는 덕(德)'이라는 것이다.

··· 促 : 빠를 촉 擾 : 어지러울 요 眚 : 모르고지은죄 생 怙 : 믿을 호

蓋聖人之法은 有盡이로되 而心則無窮이라 故로 其用刑行賞에 或有所疑면 則常屈
法以申恩하여 而不使執法之意로 有以勝其好生之德하니 此其本心이 所以無所
壅遏(옹알)하여 而得行於常法之外라 及其流衍洋溢하고 漸涵浸漬하여 有以入于
民心이면 則天下之人이 無不愛慕感悅하여 興起於善하여 而自不犯于有司也라 皐
陶以舜美其功故로 言此以歸功於其上하니 蓋不敢當其褒美之意而自謂己功也
니라

　　성인의 법(法)은 다함이 있으나 사랑하는 마음은 무궁하다. 그러므로 형벌을 쓰고 상을 시행함에 혹 의심스러운 바가 있으면 항상 법을 굽히고 은혜를 펴서 법을 집행하는 뜻으로 하여금 살려주기를 좋아하는 덕을 이기지 않게 하니, 이는 그 본심(本心)이 막히는 바가 없어 떳떳한 법의 밖에 행해질 수 있는 것이다. 이것이 흘러넘치고 점점 젖어듦에 이르러 민심에 들어감이 있으면 천하 사람들이 애모(愛慕)하고 감열(感悅)하지 않음이 없어서 선(善)을 흥기하여 저절로 유사(有司)를 범하지 않게 된다. 고요(皐陶)는 제순(帝舜)이 자신의 공을 찬미하셨으므로 이것을 말하여 그 윗사람(황제)에게 공을 돌렸으니, 감히 찬미하는 공을 감당(차지)하여 스스로 자기의 공이라고 여기지 않은 것이다.

13. 帝曰 俾予로 從欲以治하여 四方이 風動하니(혼지) 惟乃之休니라
　　제순이 말씀하였다. "나로 하여금 바라는대로 다스려져서 사방(四方)이 풍동(風動)하니, 바로 너의 아름다운 공이다."

民不犯法而上不用刑者는 舜之所欲也라 汝能使我如所願欲以治하여 敎化四達
이 如風鼓動에 莫不靡然하니 是乃汝之美也라 舜又申言하사 以重歎美之하시니라
　　백성들이 법을 범하지 않아서 윗사람이 형벌을 쓰지 않는 것은 순(舜)이 바라시는 바이다. 네가 능히 내가 바라는대로 다스려져서 교화가 사방에 도달하게 함이 바람이 고동시킴에 쏠리지 않음이 없는 것과 같으니, 이것은 바로 너의 아름다움이다. 제순이 또 거듭 말씀하여 거듭 탄미(歎美)하신 것이다.

14. 帝曰 來하라 禹아 洚(강)水儆予어늘 成允成功은(혼지) 惟汝賢이며 克勤
于邦하며 克儉于家하여 不自滿假는(혼지) 惟汝賢이니라 汝惟不矜하나 天下

… 壅 : 막을 옹　遏 : 막을 알　涵 : 담글 함　漬 : 담글 지　褒 : 칭찬할 포　休 : 아름다울 휴　靡 : 쓰러질 미
　　洚 : 물넘을 홍, 물거슬러흐를 강　矜 : 자랑할 긍

莫與汝(로) 爭能하며 汝惟不伐하나 天下莫與汝(로) 爭功하나니 予懋(무)乃德하며 嘉乃丕績하노니 天之曆數 在汝躬이라 汝終陟元后하리라

제순이 말씀하였다. "이리 오너라. 우(禹)야! 홍수가 나를 경계하였는데, 믿음을 이루고 공을 이룸은 너의 어짊이며 나라 일에 부지런하고 집안에 검소하여 자만(自慢)하거나 큰 체하지 않음은 너의 어짊이다. 네가 비록 자랑하지 않으나 천하에 너와 더불어 능함을 다툴 자가 없으며, 네가 비록 과시하지 않으나 천하에 너와 더불어 공을 다툴 자가 없으니, 내 너의 덕을 성대하게 여기며 너의 큰 공적을 가상하게 여기노라. 하늘의 역수(曆數)가 너의 몸에 있으니, 네가 마침내(끝내) 원후(元后;제왕)의 자리에 오를 것이다.

洚水는 洪水也니 古文作降하니라 孟子曰 水逆行을 謂之洚水라하니 蓋山崩水渾하여 下流淤塞(어색)이라 故로 其逝者輒復反流而泛濫決溢하여 洚(홍)洞無涯也라 其災所起는 雖在堯時나 然舜旣攝位에 害猶未息이라 故로 舜以爲天警懼於己요 不敢以爲非己之責而自寬也라 允은 信也라 禹奏言而能踐其言하고 試功而能有其功하니 所謂成允成功也라 禹能如此면 則旣賢於人矣어늘 而又能勤於王事하고 儉於私養하니 此又禹之賢也라 有此二美로되 而又能不矜其能하고 不伐其功이라 然其功能之實은 則自有不可掩者라 故로 舜於此에 復申命之하사 必使攝位也라 懋楙는 古通用하니 楙는 盛大之意라 丕는 大요 績은 功也라 懋乃德者는 禹有是德而我以爲盛大요 嘉乃丕績者는 禹有是功而我以爲嘉美也라 曆數者는 帝王相繼之次第니 猶歲時氣節之先後라 汝有盛德大功이라 故로 知曆數當歸於汝하니 汝終當升此大君之位하리니 不可辭也라 是時에 舜方命禹以居攝이요 未卽天位라 故로 以終陟言也시니라

'강수(洚水)'는 홍수(洪水)이니, 고문(古文)에는 강(降)으로 되어 있다. 《맹자》〈등문공 하(滕文公下)〉에 "물이 역행하는 것을 강수(洚水)라 한다." 하였으니, 산이 무너지고 물이 진흙과 뒤섞여서 하류가 막히므로 흘러가던 물이 번번이 다시 반류(反流;역류)하여 범람하고 터져 넘쳐서 강동(洚洞)하여 끝이 없는 것이다. 수재(水災)가 일어난 것은 비록 제요(帝堯)의 때에 있었으나 순(舜)이 섭위(攝位)한 뒤에도 폐해가 아직 그치지 않았다. 그러므로 순이 하늘이 자기를 경계하고 두렵게 한 것이라 여기고, 감히 자신의 책임이 아니라 하여 스스로 근심을 풀지 못하신 것이다. '윤(允)'은 믿음이다. 우(禹)가 말씀을 아룀에 그 말을 실천하고 공(功)을 시험함에 공이 있었으니, 이른바 '믿

···   懋:성대할 무   丕:클 비   渾:섞일 혼   淤:진흙 어   決:터질 결   溢:넘칠 일   涯:물가 애

음을 이루고 공을 이루었다.'는 것이다. 우가 능히 이렇게 하였으면 이미 보통사람보다 어진데도 또 왕사(王事;국사(國事))에는 부지런하고 사사로이 봉양함에는 검소하게 하였으니, 이는 또 우의 어짊이다. 이 두 가지 아름다움이 있었으나 또 그 능함을 자랑하지 않고 그 공을 과시하지 않았다. 그러나 그 공과 재능의 실상은 스스로 가릴 수가 없었다. 그러므로 순이 이에 다시 거듭 명하시어 반드시 섭위하게 하신 것이다.

'무(懋)'와 무(楙)는 옛날에 통용되었으니, 무(楙)는 성대하다는 뜻이다. '비(丕)'는 큼이요 '적(績)'은 공이다. '무내덕(懋乃德)'은 우가 이 덕이 있음에 내가 성대하게 여기는 것이요, '가내비적(嘉乃丕績)'은 우가 이 공이 있음에 내가 아름답게 여기는 것이다. '역수(曆數)'는 제왕이 서로 계승하는 차례이니, 세시(歲時)와 절기(節氣)의 선후(先後)와 같다. 네가 성대한 덕과 큰 공이 있으므로 역수가 마땅히 너에게 돌아갈 줄을 아니, 너는 마침내 이 대군(大君)의 지위에 오를 것이니, 사양하지 말라고 한 것이다. 이때에 제순(帝舜)이 막 우에게 섭위에 거할 것을 명하였고 천위(天位;천자의 자리)에 나아가게 하지는 않으셨다. 그러므로 마침내 대군의 지위에 오를 것이라고 말씀한 것이다.

15. 人心은 **惟危**하고 **道心**은 **惟微**하니 **惟精惟一**이라사 (하여사) **允執厥中**하리라
　인심(人心)은 위태롭고 도심(道心)은 은미(隱微)하니, 정(精)하게 살피고 한결같이 지켜야 진실로 그 중도(中道)를 잡을(지킬) 것이다.

心者는 人之知覺이니 主於中而應於外者也라 指其發於形氣者而言이면 則謂之人心이요 指其發於義理者而言이면 則謂之道心이니 人心은 易私而難公^{78}이라 故危요 道心은 難明而易昧라 故微라 惟能精以察之하여 而不雜形氣之私하고 一以守之하여 而純乎義理之正하여 道心常爲之主하고 而人心聽命焉이면 則危者安하고 微者著하여 動靜云爲 自無過不及之差하여 而信能執其中矣리라 堯之告舜엔

78　人心易私而難公 : 오윤상은 이렇게 말하였다. "《집전》은 주자의 본문(중용장구 서문(中庸章句序))의 자구(字句)를 약간 고쳐 번거롭고(많고) 적음이 조금 다를 뿐 그리 큰 잘잘못이 없는데, 오직 '사사롭기는 쉽고 공정하기는 어렵다.(易私而難公)'라고 말한 것은 온당치 못할 듯하다. 인심은 본래 사(私) 자의 경계이니, 어찌 '사사롭기는 쉽고 공정하기는 어렵다'고 말할 수 있겠는가. 인심과 도심에 대한 해설은 마땅히 주자의 《중용장구 서문》을 정론으로 삼아야 하니, 한 글자도 가감할 수 없다.[傳, 略改朱子本文字句, 繁簡少異, 無甚得失, 惟易私而難公云者, 恐未安. 人心本是私字界分, 何以曰易私而難公乎. 人道心說, 當以中庸序爲定論, 加減一字不得.]"

但曰 允執其中[79]이어시늘 今舜命禹엔 又推其所以而詳言之하시니 蓋古之聖人이 將以天下與人에 未嘗不以其治之之法으로 幷而傳之하시니 其見(현)於經者如此라 後之人君이 其可不深思而敬守之哉아

'심(心)'은 사람의 지각(知覺)이니, 심중(心中)에 주장하여 밖에 응하는 것이다. 〈지각이〉 형기(形氣)에서 나온 것을 가리켜 말하면 인심(人心)이라 이르고, 의리(義理)에서 나온 것을 가리켜 말하면 도심(道心)이라 이르니, 인심은 사사롭기는 쉽고 공정하기는 어려우므로 위태롭다 한 것이요, 도심은 밝히기는 어렵고 어두워지기는 쉬우므로 은미하다 한 것이다.

오직 정(精)하게 살펴서 형기(形氣)의 사사로움에 뒤섞이지 않게 하고, 한결같이 지켜서 의리의 바름에 순수하여, 도심이 항상 주장이 되고 인심이 〈도심의〉 명령을 따르면 위태로운 것(인심)이 편안해지고 은미한 것(도심)이 드러나서 동정(動靜)과 운위(云爲;말하고 행함)가 저절로 과(過)·불급(不及)의 잘못이 없어서 진실로 그 중도(中道)를 잡게 될 것이다. 요(堯)가 순(舜)에게 고할 적에는 다만 '윤집기중(允執其中)'이라고 말씀하셨는데, 이제 순이 우(禹)에게 명할 적에는 또 그 소이(所以;이유)를 미루어 자세히 말씀하셨으니, 옛날 성인(聖人)이 장차 천하를 남에게 주려 할 적에는 일찍이 천하를 다스리는 방법을 함께 전수해 주지 않은 적이 없었으니, 경전(經傳)에 나타난 것이 이와 같다. 후세의 인군이 어찌 깊이 생각하여 공경히 지키지 않을 수 있겠는가.

16. **無稽之言**을 **勿聽**하며 **弗詢之謀**를 **勿庸**하라

　상고함이 없는 말을 듣지 말며, 물어보지(자문하지) 않은 계책을 쓰지 말라.

無稽者는 不考於古요 弗詢者는 不咨於衆이니 言之無據와 謀之自專은 是皆一人之私心이요 必非天下之公論이니 皆妨政害治之大者也라 言은 謂泛言이니 勿聽이 可矣요 謀는 謂計事라 故로 又戒其勿用也라 上文에 旣言存心出治之本하고 此又告之以聽言處事之要하시니 內外相資而治道備矣니라

'무계(無稽)'는 옛일에 상고함이 없는 것이요, '불순(弗詢)'은 남에게 물어보지 않

......
79　堯之告舜 但曰允執其中:《논어》〈요왈(堯曰)〉에 "요 임금이 말씀하기를 '아! 너 순아! 하늘의 역수가 네 몸에 있으니, 진실로 그 중을 잡으라.〔咨爾舜, 天之曆數在爾躬, 允執厥中.〕" 하였으므로 말한 것이다.

⋯　庸 : 쓸 용

은 것이니, 근거 없는 말과 스스로 독단(獨斷)한 계책은 모두 군주 한 사람의 사심(私心)이요 반드시 천하의 공론(公論)이 아니니, 모두 정사와 다스림을 해침이 큰 것이다. '언(言)'은 범연히 말함을 이르니 듣지 않는 것이 가하고, '모(謀)'는 일을 계획함을 이르니, 이 때문에 또 쓰지 말라고 경계한 것이다. 상문(上文)에서는 이미 마음을 보존하여 다스림을 내는 근본을 말씀하였고, 여기서는 또 말을 듣고 일을 처리하는 요점을 고하였으니, 내외(內外)가 서로 의뢰하여 치도(治道)가 구비되었다.

17. 可愛는 非君이며 可畏는 非民가 衆非元后면 何戴며 后非衆이면 罔與守邦하리니 欽哉하여 愼乃有位하여 敬脩其可願하라 四海困窮하면 天祿이 永終하리라 惟口는 出好하며 興戎하나니 朕言은 不再하리라

사랑할 만한 것은 군주가 아니며 두려워할 만한 것은 민중(民衆;백성)이 아니겠는가. 민중은 원후(元后;제왕)가 아니면 누구를 떠받들며 원후는 민중이 아니면 더불어 나라를 지킬 수 없을 것이니, 공경하여 네가 소유한 지위를 삼가서 백성들이 원할 만한 것을 공경히 닦아라. 사해(四海)가 곤궁하면 천록(天祿;하늘의 록)이 영영 끊어질 것이다. 입(말)은 우호(友好)를 내기도 하고 전쟁을 일으키기도 하니, 짐은 다시 딴 말을 하지 않겠다."

可愛非君乎아 可畏非民乎아 衆非君이면 則何所奉戴며 君非民이면 則誰與守邦이리오 欽哉는 言不可不敬也라 可願은 猶孟子所謂可欲[80]이니 凡可願欲者 皆善也라 人君이 當謹其所居之位하여 敬脩其所可願欲者니 苟有一毫之不善이 生於心하여 害於政이면 則民不得其所者多矣라 四海之民이 至於困窮이면 則君之天祿이 一絕而不復續하리니 豈不深可畏哉아 此又極言安危存亡之戒하여 以深警之하시니 雖知其功德之盛하여 必不至此나 然猶欲其戰戰兢兢하여 無敢逸豫하여 而謹之於毫釐之間케하시니 此其所以爲聖人之心也라 好는 善也요 戎은 兵也라 言發於口면 則有二者之分하니 利害之幾 可畏如此라 吾之命汝 蓋已審矣니 豈復更有他說이리오 蓋欲禹受命而不復辭避也시니라

. . . .
80 孟子所謂可欲 : 가욕(可欲)은 가증(可憎)과 반대되는 말로 《맹자》〈진심 하(盡心下)〉에 "하고자 할 만함을 선인(善人)이라 이르고, 자기 몸에 선(善)을 소유함을 신인(信人)이라 이른다.〔可欲之謂善, 有諸己之謂信.〕"라고 보인다.

... 戴 : 떠받들 대 戎 : 전쟁 융 兢 : 조심할 긍 豫 : 기쁠 예

사랑할 만한 것은 군주가 아니겠는가. 두려워할 만한 것은 민중(民衆)이 아니겠는가. 민중은 군주가 아니면 누구를 떠받들며, 군주는 민중이 아니면 누구와 더불어 나라를 지키겠는가. '흠재(欽哉)'는 공경하지 않으면 안 됨을 말씀한 것이다. '가원(可願)'은 《맹자》의 이른바 '가욕(可欲)'과 같으니, 무릇 원하고 바랄만한 것은 모두 선(善)이다. 군주는 마땅히 처한 바의 지위를 삼가서 백성들이 원하고 바랄만한 것을 공경히 닦아야 하니, 만약 한 털끝만한 불선(不善)이 마음속에 생겨나서 정사를 해침이 있으면 백성들이 살 곳을 얻지 못하는 자가 많을 것이다. 그리하여 사해(四海)의 백성들이 곤궁함에 이르면 군주의 천록(天祿)이 한번 끊겨서 다시는 이어지지 못할 것이니, 어찌 깊이 두려워할 만하지 않겠는가.

이는 또 안위(安危)와 존망(存亡)의 경계를 극언하여 깊이 경계한 것이니, 비록 그 공덕이 성대하여 반드시 이에 이르지 않을 줄을 아나 오히려 전전 긍긍하여 감히 안일하고 즐거워하지 말아 털끝만한 사이에서도 삼가게 하고자 하신 것이니, 이것이 성인(聖人)의 마음이 되는 이유이다. '호(好)'는 좋음(우호)이고 '융(戎)'은 병(兵:병란(兵亂))이다. 말이 입에서 나오면 이 두 가지의 구분이 있으니, 이해(利害)의 기미(幾微)가 두려워할 만함이 이와 같은 것이다. 내가 너에게 명한 것이 이미 자세하니, 어찌 다시 딴 말을 하겠는가. 이는 우(禹)가 명령을 받아서 다시는 사양하고 회피하지 못하게 하려고 하신 것이다.

18. **禹曰 枚卜功臣**하사 **惟吉之從**하소서 **帝曰 禹**아 **官占**은 **惟先蔽志**오사 **昆命于元龜**하나니 **朕志先定**이어늘 **詢謀僉同**하며 **鬼神**이 **其依**하여 **龜筮協從**하니 **卜不習吉**이니라 **禹拜稽首**하여 **固辭**한대 **帝曰 毋**하라 **惟汝**사 **諧**니라

우(禹)가 말씀하기를 "공신(功臣)들을 낱낱이 점치시어 오직 길한 사람을 따르소서." 하니, 제순이 말씀하기를 "우야! 관점(官占)은 먼저 자기의 뜻을 결정하고 나서 큰 거북에게 명한다. 짐의 뜻이 먼저 결정되었는데 사람들에게 물어 상의함에 의견이 모두 같으며, 귀신(鬼神)이 따라 순하여 거북점과 시초(蓍草;주역점)점이 모두 따랐으니, 점괘는 거듭 길하지 않은 법이다." 하였다. 우가 절하고 머리를 조아리며 굳이(두 번) 사양하자, 제순이 말씀하기를 "그러지 말라. 오직 너만이 이에 합당하다." 하였다.

枚卜은 **歷卜之也**라 **帝之所言人事已盡**하여 **禹不容復辭**일새 **但請歷卜有功之臣**하여 **而從其吉**하여 **冀自有以當之者**하여 **而己得遂其辭也**라 **官占**은 **掌占卜之官也**라

⋯ 枚:낱 매 蔽:결단할 폐 昆:뒤 곤 筮:주역점칠 서 習:거듭할 습 掌:맡을 장

蔽는 斷이요 昆은 後요 龜는 卜이요 筮는 蓍요 習은 重也라 帝言 官占之法은 先斷其
志之所向然後에 令之於龜하나니 今我志旣先定이어늘 而衆謀皆同하고 鬼神依順
하여 而龜筮已協從矣니 又何用更枚卜乎아 況占卜之法은 不待重吉也라 固辭는
再辭也라 毋者는 禁止之辭라 言惟汝可以諧此元后之位也라

'매복(枚卜)'은 일일이 점치는 것이다. 제순이 말씀한 바 인사(人事)가 이미 극진하여 우(禹)가 다시 사양할 수 없으므로 다만 공이 있는 신하들을 일일이 점쳐서 길한 사람을 따를 것을 청하여, 자연 이에 해당하는 자가 있어 자기가 사양함을 이룰 수 있기를 바란 것이다. '관점(官占)'은 점복(占卜)을 관장한 관원이다. '폐(蔽)'는 결단함이요 '곤(昆)'은 뒤요 '귀(龜)'는 거북점이요 '서(筮)'는 시초점이요 '습(習)'은 거듭함이다.

제순이 말씀하기를 "관점하는 법은 먼저 자기 뜻이 향하는 바를 결단한 뒤에 거북에게 명령한다. 이제 내 뜻이 먼저 결정되었는데 사람들의 계책이 모두 같고 귀신이 따라 순하여 거북점과 시초점이 이미 모두 따랐으니, 또 어찌 다시 일일이 점칠 것이 있겠는가. 하물며 점복하는 법은 거듭 길함을 기다리지 않는다."라고 하신 것이다. '고사(固辭)'는 두 번 사양하는 것이다. '무(毋)'는 금지하는 말이다. 오직 너만이 이 원후(元后)의 지위에 합당하다고 말씀한 것이다.

19. 正月朔旦에 受命于神宗하사 率百官하사되 若帝之初하시다
  정월(正月) 초하루 아침에 신종(神宗)에게 명을 받아 백관(百官)을 통솔하시되 제순(帝舜)이 처음했던 것과 같이 하셨다.

神宗은 堯廟也라 蘇氏曰 堯之所從受天下者曰文祖요 舜之所從受天下者曰神宗
이니 受天下於人이면 必告於其人之所從受者라하니라 禮曰 有虞氏禘(체)黃帝而
郊嚳(곡)하고 祖顓頊(전욱)而宗堯라하니 則神宗爲堯 明矣니라 正月朔旦에 禹受攝
帝之命于神宗之廟하여 總率百官호되 其禮一如帝舜受終之初等事也라

'신종(神宗)'은 요(堯)의 사당이다. 소씨(蘇氏)가 말하기를 "요(堯)가 천하를 말미암아(따라서) 받은 곳을 문조(文祖)라 하고, 순(舜)이 천하를 말미암아 받은 곳을 신종이라 하니, 천하를 남에게서 받게 되면 반드시 그 사람이 말미암아 받은 곳에 고유(告由)한다." 하였다. 《예기(禮記)》〈제법(祭法)〉에 "유우씨(有虞氏)는 황제(黃帝)에게 체제(禘祭)를 지내고 제곡(帝嚳)에게 교제(郊祭)를 지내며, 전욱(顓頊)을 조(祖)로 삼고 요(堯)를 종(宗)으로 삼았다." 하였으니, 신종이 요(堯)가 됨이 분명하다. 정월 초하루 아침에

··· 蓍 : 시초점 시 禘 : 제사이름 체 顓 : 어리석을 전 頊 : 클 욱

우(禹)가 신종의 사당에서 제(帝)의 일을 대섭(代攝)하는 명을 받아 백관을 통솔하되, 그 예(禮)를 한결같이 제순(帝舜)이 처음 종(終)을 받았을 때의 일과 같이 한 것이다.

20. **帝曰 咨禹**아 **惟時有苗弗率**하나니 **汝徂**(조)**征**하라 **禹乃會羣后**하여 **誓于師曰 濟濟有衆**아 **咸聽朕命**하라 **蠢**(준)**茲有苗 昏迷不恭**하여 **侮慢自賢**하며 **反道敗德**하여 **君子在野**하고 **小人在位**한대 **民棄不保**하며 **天降之咎**하실새 **肆予以爾衆士**로 **奉辭伐罪**하노니 **爾尙一乃心力**이라사 **其克有勳**하리라

　제순(帝舜)이 말씀하기를 "아! 우(禹)야. 이 유묘(有苗)가 명령을 따르지 않으니, 네가 가서 정벌하라." 하시니, 우가 마침내 여러 제후들을 모아놓고 군사들에게 다음과 같이 맹세하였다. "제제(濟濟)한 군사들아. 모두 나의 명령을 들어라. 무지(無知)한 이 유묘가 어둡고 미혹되고 불경(不敬)하여 남을 업신여기고 오만하여 스스로 어진 체하며, 도를 위배하고 덕을 파괴하여 군자가 초야에 있고 소인이 지위에 있으니, 백성들은 유묘의 군주를 버리고 보호하지 않으며 하늘은 〈유묘의 군주에게〉 재앙을 내리신다. 그러므로 내가 너희 여러 군사들을 거느리고 황제의 말씀을 받들어 죄를 지은 자들을 정벌하려 하노니, 너희들은 부디 마음과 힘을 한결같이 하여야 능히 공을 세울 수 있을 것이다."

徂는 往也라 舜咨嗟言 今天下에 惟是有苗之君이 不循敎命하니 汝往征之하라하시니라 征은 正也니 往正其罪也라 會는 徵會也라 誓는 戒也니 軍旅曰誓라 有會有誓는 自唐, 虞時已然하니 禮言商作誓, 周作會는 非也라 禹會諸侯之師하여 而戒誓以征討之意라 濟濟는 和整衆盛之貌라 蠢은 動也니 蠢蠢然無知之貌라 昏은 闇이요 迷는 惑也라 不恭은 不敬也라 言苗民이 昏迷不敬하여 侮慢於人하여 妄自尊大하며 反戾正道하고 敗壞常德하여 用舍顚倒하니 民怨天怒라 故로 我以爾衆士로 奉帝之辭하여 伐苗之罪하니 爾衆士는 庶幾同心同力이라사 乃能有功이라하니 此上은 禹誓衆之辭也라

　'조(徂)'는 감이다. 제순이 탄식하고 말씀하기를 "지금 천하에 오직 이 유묘(有苗)의 군주만이 교명(敎命)을 따르지 않으니, 네가 가서 정벌하라." 하셨다. '정(征)'은 바로잡음이니, 가서 그 죄를 바로잡는 것이다. '회(會)'는 불러 모음이다. '서(誓)'는 경계함이니, 군대에서 하는 것을 서(誓)라 한다. 회(會)가 있고 서(誓)가 있음은 당(唐)·우(虞) 때로부터 이미 그러하였으니, 《예기》〈단궁 하(檀弓下)〉에 "상(商)나라는 서를 하

⋯ 蠢 : 무지할 준　肆 : 그러므로 사　闇 : 어두울 암　顚 : 엎어질 전　倒 : 쓰러질 도

고 주(周)나라는 회를 하였다."고 말한 것은 잘못이다. 우(禹)가 제후의 군사들을 모아놓고 정토(征討)하는 뜻으로써 경계하고 맹세한 것이다. '제제(濟濟)'는 화합하고 정돈되고 많은 모양이다. '준(蠢)'은 움직임이니, 준준연(蠢蠢然)하여 무지한 모양이다.

'혼(昏)'은 어둠이요 '미(迷)'는 미혹됨이다. '불공(不恭)'은 불경(不敬)함이다. "유묘의 백성(군주)이 혼미하고 불경해서 사람을 업신여기고 오만하여 망령되이 스스로 높은 체하고 큰 체하며 정도(正道)를 위배하고 상덕(常德)을 파괴하여 사람을 등용하고 버림이 전도되니, 백성들이 원망하고 하늘이 노여워하였다. 그러므로 내가 너희 여러 군사들을 거느리고 황제의 말씀을 받들어 유묘의 죄를 정벌하려는 것이니, 너희 여러 군사들은 행여(부디) 마음을 함께 하고 힘을 함께 하여야 공이 있을 것이다."라고 말씀하였으니, 이상은 우가 군사들에게 맹세한 말씀이다.

林氏曰 堯老而舜攝者 二十有八年이요 舜老而禹攝者 十有七年이니 其居攝也에 代總萬機之政이로되 而堯舜之爲天子는 蓋自若也라 故로 國有大事면 猶稟命焉이라 禹征有苗는 蓋在夫居攝之後어늘 而稟命於舜하여 禹不敢專也하시니 以征有苗推之하면 則知舜之誅四凶도 亦必稟堯之命이 無疑니라

임씨(林氏)가 말하였다. "요(堯)가 늙어 순(舜)이 섭정한 것이 28년이고 순이 늙어 우(禹)가 섭정한 것이 17년이니, 그 섭위(攝位)에 거했을 적에 만기(萬機)의 정사를 대신하여 총괄하였으나 요와 순이 천자가 된 것은 그대로였다. 그러므로 국가에 대사(大事)가 있으면 오히려(여전히) 요와 순에게 명령을 여쭈었던〔稟〕 것이다. 우(禹)가 유묘를 정벌한 것은 섭위에 거한 뒤에 있었는데도 순에게 명령을 여쭈어서 우가 감히 자기 마음대로 하지 못하였으니, 유묘를 정벌한 일로 미루어 보면 순이 사흉(四凶)을 주벌할 때에도 반드시 요에게 명령을 여쭈었음이 의심할 나위가 없다."

21. 三旬을 苗民이 逆命이어늘 益이 贊于禹曰 惟德은 動天이라 無遠弗屆(계)하나니 滿招損하고 謙受益이 時乃天道니이다 帝初于歷山에 往于田하사 日號泣于旻天과 于父母하사 負罪引慝(특)하사 祗載見(현)瞽瞍하사되 夔(기)夔齊(재)慄하신대 瞽亦允若하니 至誠(함)은 感神이온 矧(신)玆有苗온여(따녀) 禹拜昌言曰 兪라 班師振旅어늘 帝乃誕敷文德하사 舞干羽于兩階러시니 七旬에 有苗格하니라

30일을 유묘(有苗)의 백성들이 명을 거역하자, 익(益)이 우(禹)를 도와 아뢰기를 "덕

··· 稟:여쭐 품   屆:이를 계   旻:하늘 민   慝:간사할 특   瞍:봉사 수   夔:공경할 기   慄:두려울 률
　　 諴:정성 함   矧:하물며 신

(德)은 하늘을 감동시켜 멀어도 이르지 않음이 없으니, 가득차면 덞을 부르고 겸손하면 더함을 받는 것이 이것이 바로 천도(天道)입니다. 제순(帝舜)이 처음 역산(歷山)에서 밭에 가시어 날마다 하늘과 부모에게 울부짖어 죄와 악을 자신에게 돌리시어 공경히 행해서 고수(瞽瞍)를 뵙되 기기(夔夔)하여 공경하고 두려워하시니, 고수 또한 믿고 따랐습니다. 지극한 정성은 신명(神明)을 감동시키니, 하물며 이 유묘이겠습니까." 하였다. 우가 창언(昌言:선언(善言))에 절하며 "아! 너의 말이 옳다." 하고는 반사(班師:회군)하고 군대를 거두자, 제순이 마침내 문덕(文德)을 크게 펴시어 방패와 깃일산으로 두 뜰에서 춤을 추셨는데, 70일 만에 유묘가 와서 항복하였다.

三旬은 三十日也니 以師臨之閱月에도 苗頑하여 猶不聽服也라 贊은 佐요 誕는 至也라 是時에 益이 蓋從禹出征이러니 以苗負固恃强하여 未可威服이라 故贊佐於禹하여 以爲惟德可以動天이니 其感通之妙 無遠不至라하니 蓋欲禹還兵而增修其德也라 滿損謙益은 卽易所謂天道虧盈而益謙者라 帝는 舜也라 歷山은 在河中府河東縣하니라 仁覆(부)閔下를 謂之旻[81]이라 日은 非一日也라 言舜耕歷山往于田之時[82]에 以不獲順於父母之故로 而日號呼于旻天、于其父母하시니 蓋怨慕之深也라 負罪는 自負其罪하여 不敢以爲父母之罪요 引慝은 自引其慝하여 不敢以爲父母之慝也라 祇는 敬이요 載는 事也요 瞍는 長老之稱[83]이니 言舜敬其子職之事하여 以見(현)瞽瞍也라 齊는 莊敬也요 慄은 戰慄也요 夔夔는 莊敬戰慄之容也니 舜之敬畏小心而盡於事親者如此하시니라

'삼순(三旬)'은 30일이니, 군대로 임한 지 한 달이 넘도록 묘(苗)가 완강하여 아직

......

81 仁覆閔下 謂之旻 : 민(旻)은 가을 하늘인데 불쌍히(가엾게) 여긴다[閔]의 뜻이 있다. 호산은 '인부민하(仁覆閔下)'를 "인(仁)으로써 덮어주어 이 하민을 가엾게 여기는 것이다.〔仁以覆之, 而閔此下民.〕" 하였다.《詳說》그러나 '인이 온 세상에 덮여져'로 해석해도 될 것이다.

82 舜耕歷山 往于田之時 : 경문의 '初于歷山 往于田'을 부연 설명한 것으로, 호산은 《언해》의 해석은 이 경(耕) 자에 구애되어 본문(경문)의 문세와 어긋남이 있다.〔諺釋泥此耕字, 而有違本文之勢.〕" 하였다.《詳說》《언해》에 '처음 歷山에 가사 田에 가사'로 해석하여 앞에 우(于) 자는 '가다'로 해석하고 뒤의 우(于) 자는 '에'로 해석하였는바, 호산의 설에 따라 모두 '에'로 수정 번역하였다.

83 瞍長老之稱 : 수(瞍)는 수(叟)와 통하며, 또한 장님으로 사물을 보지 못하는 것인데, 여기서는 《사기(史記)》〈오제기(五帝紀)〉의 고수(瞽瞍)를 인용하여 풀이한 것으로 보인다. 고수에 대해서는 참으로 눈이 멀었다는 설(說)과 눈이 있어도 훌륭한 아들을 알아보지 못했기 때문에 붙여진 이름이라는 설이 있는 바, 후자의 설이 옳은 것으로 보인다.

··· 閱 : 지날 열 虧 : 이지러질 휴

도 따라 복종하지 않은 것이다. '찬(贊)'은 도움이요 '계(屆)'는 이름이다. 이때에 익(益)이 아마도 우(禹)를 따라 출정하였는데, 묘(苗)가 지형의 험고(險固)함을 의지하고 강함을 믿어 위엄으로 복종시킬 수 없었다. 그러므로 익이 우를 도와 아뢰기를 "덕(德)은 하늘을 감동시킬 수 있으니, 그 감통(感通)의 묘함이 멀다고 하여 이르지 않음이 없다."고 하였으니, 우가 회군하고 더욱 그 덕을 닦고자 한 것이다. '만손 겸익(滿損謙益)'은 곧 《주역》겸괘(謙卦)〈단전(彖傳)〉에 이른바 "천도(天道)는 가득 찬 것을 이지러지게 하고 겸손한 것을 더해준다."는 것이다.

'제(帝)'는 제순(帝舜)이다. 역산(歷山)은 하중부(河中府) 하동현(河東縣)에 있다. 인(仁)으로써 온 세상을 덮어 주어 아랫사람들을 불쌍하게 여김을 '민(旻)'이라 이른다. '일(日:날마다)'은 하루가 아니다. 순이 역산에서 농사짓느라 밭에 가실 때에 부모에게 순함을 얻지 못하였기 때문에 날마다 민천(旻天)과 부모에게 울면서 부르짖었으니, 이는 원망하고 사모함이 깊은 것이다. '부죄(負罪)'는 그 죄를 스스로 떠맡아서 감히 부모의 죄라고 여기지 않은 것이요, '인특(引慝)'은 그 악(惡)을 스스로 자신에게 끌어와서 감히 부모의 악이라고 여기지 않은 것이다.

'지(祗)'는 공경함이요 '재(載)'는 일이요 '수(瞍)'는 장로의 칭호이니, 순이 자식된 직분의 일을 공경히 수행하여 고수(瞽瞍)를 뵘을 말한 것이다. '제(齊)'는 장경(莊敬)함이요 '율(慄)'은 두려워함이요 '기기(夔夔)'는 장경하고 두려워하는 모양이니, 제순이 공경하고 두려워하고 소심(小心)하여 부모를 섬김에 극진함이 이와 같으셨다.

允은 信이요 若은 順也라 言舜以誠孝感格하여 雖瞽瞍頑愚나 亦且信順之하니 即孟子所謂厎(지)豫也라 誠感物曰誠이라 益이 又推極至誠之道하여 以爲神明도 亦且感格이온 而況於苗民乎아하니라 昌言은 盛德之言이라 拜는 所以敬其言也라 班은 還(선)이요 振은 整이니 謂整旅以歸也라 或謂 出曰班師요 入曰振旅니 謂班師於有苗之國하여 而振旅於京師也라하니라 誕은 大也라 文德은 文命德敎也라 干은 楯이요 羽는 翳也니 皆舞者所執也[84]라 兩階는 賓主之階也라 七旬은 七十日也라 格은 至也니 言班師七旬에 而有苗來格也라 舜之文德이 非自禹班師而始敷요 苗

...

[84] 干……皆舞者所執也 : 우(羽)는 깃일산(큰 부채)으로, 춤추는 자가 자기 몸을 가리는 것이다. 당나라 공씨는 "무무(武舞)에는 방패를 잡고 문무(文舞)에는 깃일산을 잡는다.〔武舞執干, 文舞執羽.〕"하였다.《詳說》

... 楯 : 방패 순 翳 : 깃일산 예

之來格이 非以舞干羽而後至로되 史臣以禹班師而歸하여 弛其威武하고 專尙德敎하여 干羽之舞가 雍容不迫이러니 有苗之至 適當其時라 故로 作史者 因卽其實하여 以形容有虞之德하니 數千載之下에도 猶可以是而想其一時氣象也니라

'윤(允)'은 믿음이요 '약(若)'은 순함이다. 순이 정성과 효도로써 감격(感格;감동)시켜 고수가 비록 완악하고 어리석었으나 또한 믿고 순히 따랐음을 말하였으니, 곧 《맹자》〈만장 상(萬章上)〉에 이른바 '기뻐함에 이르렀다.'는 것이다. 정성이 물건(사람)을 감동시킴을 함(誠)이라 한다. 익(益)은 또다시 지성(至誠)의 도(道)를 미루어 지극히 해서 이르기를 "신명(神明)도 감격하는데 하물며 묘(苗)의 백성(군주)에 있어서이겠습니까."라고 한 것이다.

'창언(昌言)'은 성덕(盛德)의 말이다. '절함[拜]'은 그 말을 공경한 것이다. '반(班)'은 돌아옴이요 '진(振)'은 정돈함이니, 군대를 정돈하여 돌아옴을 이른다. 혹자는 "출병하는 것을 반사(班師)라 하고 들어오는 것을 진려(振旅)라 하니, 유묘의 나라에 출병하였다가 경사(京師)로 군대를 거두어 들어온 것이다." 한다. '탄(誕)'은 큼이다. '문덕(文德)'은 문명(文命)과 덕교(德敎)이다. '간(干)'은 방패요 '우(羽)'는 깃일산(부채 따위)이니, 모두 춤추는 자가 잡는 것이다. '양계(兩階)'는 손님과 주인의 뜰이다. '칠순(七旬)'은 70일이다. '격(格)'은 이름이니, 회군한 지 70일에 유묘가 와서 이름을 말한 것이다.

순(舜)의 문덕(文德)이 우(禹)가 회군함으로부터 비로소 펴진 것도 아니요, 유묘가 와서 이름이(항복해 옴이) 간우(干羽)로 춤을 춘 뒤에 이른 것도 아니나, 사신(史臣)이 우가 회군하여 돌아와서 위엄과 무력을 풀고 오로지 덕교를 숭상하여 방패와 깃일산〔干羽〕의 춤이 화락(和樂)하여 급박하지 않았는데 유묘의 이름(항복해옴)이 마침 이때에 당하였다. 그러므로 사책(史冊)을 짓는 자가 인하여 그 실제를 가지고 유우(有虞)의 덕을 형용하였으니, 수천 년의 뒤에도 오히려 이로써 한때의(그때의) 기상(氣象)을 상상할 수 있다.

〈고요모(皐陶謨)〉

今文古文皆有하니라
금문(今文)과 고문(古文)에 모두 있다.

1. **曰若稽古皐陶**한대 **曰 允迪厥德**하면 **謨明**[85]하며 **弼諧**하리이다 **禹曰 俞**라 **如何**오 **皐陶曰 都**라 **愼厥身修**하며 **思永**하며 **惇敍九族**하며 **庶明**이 **勵翼**하면 **邇可遠**이 **在茲**하니이다 **禹拜昌言曰 俞**라

 옛 고요(皐陶)의 말을 상고하건대, 고요가 말하기를 "〈군주가〉 진실로 그 덕(德)을 실행하면 〈신하가〉 도모하는 것이 밝아지며 보필하는 자가 화합할 것입니다." 하였다. 우(禹)가 말씀하기를 "너의 말이 옳다. 어떻게 하는 것인가?" 하자, 고요가 말하기를 "아! 훌륭한 질문입니다. 삼가 그 몸이 닦여지며 생각이 원대(장구)하며 구족(九族)을 돈독하게 펴며 여러 현명한 이가 힘써 도우면 가까운 데로부터 먼 데에 미루어 나아감(다스려짐)이 여기에 달려 있습니다." 하니, 우가 창언(昌言)에 절하며 "너의 말이 옳다." 하였다.

 稽古之下에 卽記皐陶之言者는 謂考古皐陶之言컨대 如此也라 皐陶言 爲君而信蹈其德이면 則臣之所謀者無不明하고 所弼者無不諧也라 俞如何者는 禹然其言而復問其詳也요 都者는 皐陶美其問也라 愼者는 言不可不致其謹也라 身修則無言行之失이요 思永則非淺近之謀[86]며 厚敍九族이면 則親親恩篤而家齊矣요 庶明

......

85 允迪厥德 謨明 : 오윤상은 이렇게 말하였다. "윤적궐덕 모명(允迪厥德, 謨明.)'은 군주가 진실로 그 덕을 실행하면 군주의 도모하는 것이 밝아진다는 것인데, 《집전》에 '신하의 도모하는 것이 밝아진다.'고 해석하였으니, 옳지 못한 듯하다. 아랫글에 고요가 대답한 것은 바로 이 세 구(句;允迪厥德, 謨明, 弼諧.)를 미루어 밝힌 것이다. 삼가 그 몸이 닦아짐은 덕을 실행하는 것이요 생각이 심원함은 도모함이 밝아지는 것이요 구족을 돈독히 펴며 여러 현명한 이가 힘써 도움은 보필하는 자가 화합해지는 것이다. 소주에 보이는 주자의 말씀도 이러한 뜻이 있다.〔允迪厥德謨明, 謂君允蹈其德, 則君之謨明也, 傳, 釋以臣之謨明, 恐不然. 下文皐陶之對, 卽推明此三句, 愼厥身修, 迪德也; 思永, 謨明也; 惇敍九族, 庶明勵翼, 弼諧也. 朱子說見於小註者, 亦有此意.〕"

86 身修則無言行之失 思永則非淺近之謀 : 경문의 '愼厥身修, 思永.'을 부연 설명한 것으로, 호산은 신수(身修), 사영(思永)의 《언해》해석은 문세가 아닐 듯하다.〔身修思永之諺釋, 恐悲文勢.〕" 하였다. 《詳說》《언해》에는 '그 身을 修하며 思를 永하여'로 해석하였는바, 호산의 설을 따라 '그 몸이 닦여지며 생각이 원대하며'로 수정 번역하였다.

••• 迪 : 행할 적 敍 : 펼 서 邇 : 가까울 이 蹈 : 밟을 도

勵翼이면 則羣哲勉輔而國治矣라 邇는 近이요 玆는 此也니 言近而可推之遠者 在此道也니 蓋身修、家齊、國治而天下平矣라 皐陶此言은 所以推廣允迪謨明之義라 故로 禹復兪而然之也니라

계고(稽古)의 아래에 즉시 고요(皐陶)의 말을 기록한 것은 옛 고요의 말을 상고하건대 이와 같음을 말한 것이다. 고요가 말하기를 "군주가 되어 진실로 그 덕을 실행하면 신하들이 도모하는 것이 밝지 않음이 없고 보필하는 자가 화합하지 않음이 없다."고 한 것이다. '유 여하(兪如何)'는 우(禹)가 그 말을 옳게 여기고 다시 그 상세한 것을 물은 것이요, '도(都)'는 고요가 우의 물음을 찬미한 것이다. '신(愼)'은 그 삼감을 지극히 하지 않을 수 없음을 말한 것이다.

몸이 닦여지면 말과 행실의 잘못이 없고 생각이 원대하면 천근한 계책이 아니며, 구족(九族)을 돈독하게 펴면 친척을 친히 하여 은혜가 돈독해서 집안이 가지런해지고, 여러 현명한 자가 힘써 도우면 여러 명철한 자가 힘써 보필하여 나라가 다스려진다. '이(邇)'는 가까움이요 '자(玆)'는 이것이니, 가까운 데로부터 먼 데에 미루어 나아감이 이 방도에 있음을 말한 것이니, 몸이 닦여지고 집안이 가지런해지고 나라가 다스려져서 천하가 평(平)하게 (똑고르게) 된다. 고요의 이 말은 '진실로 그 덕을 실행하면 도모하는 것이 밝아진다.'는 뜻을 미루어 넓힌 것이다. 그러므로 우(禹)가 다시 유(兪)라 하여 그 말을 옳게 여긴 것이다.

○ 又按典、謨에 皆稱稽古로되 而下文所記則異하니 典은 主記事故로 堯、舜은 皆載其實이요 謨는 主記言故로 禹、皐陶則載其謨라 后克艱厥后, 臣克艱厥臣은 禹之謨也요 允迪厥德, 謨明弼諧는 皐陶之謨也라 然禹謨之上에 增文命敷于四海하고 祗承于帝者는 禹受舜天下하여 非盡皐陶比例니 立言輕重을 於此可見이니라

○ 또 살펴보건대 전(典)과 모(謨)에 모두 계고(稽古)를 칭하였으나 아래에 기록한 글은 다르니, 전(典)은 일을 기록함을 위주하였기 때문에 〈요전〉과 〈순전〉은 모두 정치한 사실을 기재하였고, 모(謨)는 말(주의(奏議))을 기록함을 위주하였기 때문에 〈대우모(大禹謨)〉와 〈고요모(皐陶謨)〉는 말을 기재하였다. '임금이 능히 임금됨을 어렵게 여기고 신하가 능히 신하됨을 어렵게 여겨야 한다.'는 것은 우(禹)의 말씀이고, '진실로 덕을 실행하면 도모하는 것이 밝아지며 보필하는 이가 화합하다.'는 것은 고요의 말이다. 그러나 〈대우모〉의 위에 '문명을 사해에 펴고 공경히 제순을 받들었다.〔文命敷于四海, 祗承于帝.〕'라고 더 보탠 것은 우(禹)는 제순에게 천하를 받아 모두 고요가

견줄 수 있는 예(例)가 아니니, 글을 쓰는 경중(輕重)을 여기에서 볼 수 있다.

2. 皐陶曰 都라 在知人하며 在安民하니이다 禹曰 吁라 咸若時는 (홀든) 惟帝도 其難之러시니 知人則哲이라 能官人하며 安民則惠라 黎民이 懷之하리니 能哲而惠면 何憂乎驩兜(환도)며 何遷乎有苗며 何畏乎巧言令色孔壬이리오
고요가 말하기를 "아! 훌륭한 말씀입니다. 사람을 알아봄에 있으며 백성을 편안히 함에 있습니다." 하니, 우(禹)가 다음과 같이 말씀하였다. "아! 너의 말이 옳으나 모두 이와 같이 함은 제요(帝堯)도 어렵게 여기셨으니, 사람을 알아보면 명철하여 훌륭한 사람을 벼슬시키며 백성을 편안히 하면 은혜로워 여러 백성들이 그리워할 것이니, 군주가 명철하고 은혜로우면 어찌 환도(驩兜)를 근심하며 어찌 유묘(有苗)를 귀양 보내며 어찌 말을 듣기 좋게 하고 얼굴빛을 잘하면서 크게 간악한 마음을 품은 자를 두려워하겠는가."

皐陶因禹之兪하여 而復推廣其未盡之旨라 歎美其言하여 謂在於知人, 在於安民 二者而已니 知人은 智之事요 安民은 仁之事也라 禹曰吁者는 歎而未深然之辭也라 時는 是也요 帝는 謂堯也라 言旣在知人이요 又在安民이니 二者兼擧는 雖帝堯라도 亦難能之라 哲은 智之明也요 惠는 仁之愛也니 能哲而惠는 猶言能知人而安民也라 遷은 竄이라 巧는 好요 令은 善이요 孔은 大也니 好其言하고 善其色호되 而大包藏凶惡之人也라 言能哲而惠면 則智仁兩盡하여 雖黨惡如驩兜者라도 不足憂요 昏迷如有苗者라도 不足遷이요 與夫好言善色大包藏姦惡者라도 不足畏하여 是三者擧不足害吾之治라하니 極言仁智功用이 如此其大也라 或曰 巧言令色孔壬은 共工也라 禹言三凶而不及鯀者는 爲親者諱[87]也라하니라
고요는 우(禹)가 유(兪)라고 말씀한 것을 인하여 다시 미진한 뜻을 미루어 넓힌 것이다. 고요가 그 말씀을 탄미(歎美)하여 이르기를 사람을 알아보고 백성을 편안히 하는 두 가지 일에 있을 뿐이라고 한 것이니, 사람을 알아봄은 지(智)의 일이고 백성을 편안히 함은 인(仁)의 일이다. 우가 우(吁)라고 말씀한 것은 탄미하되 깊이 옳게 여기

······
87 爲親者諱 : 휘(諱)는 단점이나 잘못을 숨겨주고 말하지 않는 것으로 《춘추공양전(春秋公羊傳)》 민공(閔公) 원년(元年)에 《춘추》는 높은 분을 위하여 숨겨주고 어버이를 위하여 숨겨주고 어진이를 위하여 숨겨준다.[爲尊者諱, 爲親者諱, 爲賢者諱.]라고 보인다.

··· 驩 : 기쁠 환 兜 : 투구 두(도) 孔 : 매우 공 壬 : 간사할 임 竄 : 귀양갈 찬 諱 : 숨길 휘

지는 않는 말씀이다. '시(時)'는 이것이요 '제(帝)'는 제요(帝堯)를 이른다. 이미 사람을 알아봄에 있고 또 백성을 편안히 함에 있다고 말하니, 이 두 가지를 겸하여 거행함은 비록 제요라도 능하기 어려움을 말씀한 것이다. '철(哲)'은 지혜가 밝은 것이요 '혜(惠)'는 인(仁)의 사랑이니, 능히 명철하고 은혜롭다는 것은 능히 사람을 알아보고 백성을 편안히 한다는 말과 같다. '천(遷)'은 쫓아서 귀양 보냄이다. '교(巧)'는 듣기 좋게 함이요 '영(令)'은 잘함이요 '공(孔)'은 큼이니, 말을 좋게 하고 얼굴빛을 잘하면서 크게 간악한 마음을 품은 사람이다.

능히 명철하고 은혜로우면 지(智)와 인(仁) 두 가지가 모두 극진하여 비록 악(惡)을 편당함이 환도(驩兜)와 같은 자라도 굳이 근심할 것이 못되고, 혼미함이 유묘(有苗)와 같은 자라도 굳이 귀양 보낼 것이 못되고, 말을 좋게 하고 얼굴빛을 잘하면서 크게 간악한 마음을 품은 자라도 굳이 두려워할 것이 못되어서 이 세 가지가 다 나의 다스림을 해칠 수 없다고 한 것이니, 인(仁)과 지(智)의 공용(功用)이 이와 같이 큼을 극언한 것이다. 혹자는 말하기를 "말을 좋게 하고 얼굴빛을 잘하면서 크게 간악한 마음을 품은 자란 공공(共工)이다. 우(禹)가 삼흉(三凶;공공·환도·곤)만 말하고 곤(鯀)을 언급하지 않은 것은 어버이를 위하여 숨긴 것이다."라고 한다.

○ 楊氏曰 知人, 安民은 此皐陶一篇之體要也라 九德而下는 知人之事也요 天敍有典而下는 安民之道也니 非知人而能安民者는 未之有也니라

○ 양씨(楊氏)가 말하였다. "사람을 알아보고 백성을 편안히 함은 〈고요모(皐陶謨)〉한 편의 요체(要諦)이다. '구덕(九德)' 이하는 사람을 알아보는 일이요 '천서유전(天敍有典)' 이하는 백성을 편안히 하는 방도이니, 사람을 알아보지 못하는 자가 아니고서 백성을 편안히 하는 자는 있지 않다."

3. 皐陶曰 都라 亦行有九德하니 亦言其人의 有德[88]인대 乃言曰載采采니이다 禹曰 何오 皐陶曰 寬而栗하며 柔而立하며 愿(원)而恭하며 亂而敬하며 擾

---

88 亦行有九德 亦言其人有德 : 오윤상은 "'亦行有九德 亦言其人有德'의 두 역(亦) 자를, 김종후(金鍾厚)의 《서경차록(書經箚錄)》에 '위를 잇고 아래를 일으키는 어조사이니, 굳이 별도로 해석할 필요가 없다.'라고 하였으니, 이 말씀이 좋을 듯하다.〔亦行有九德亦言其人有德, 兩亦字, 按金丈鍾厚箚錄, 謂承上起下之語辭, 不須別作訓解, 此說似好矣.〕" 하였다. 이에 따라 경문에는 '亦'을 해석하지 않았다.

··· 采 : 일채 愿 : 삼갈 원 亂 : 다스릴 란 擾 : 길들일 요

而毅하며 直而溫하며 簡而廉하며 剛而塞(색)하며 彊而義니 彰厥有常이 吉哉니이다

고요가 말하기를 "아! 훌륭한 말씀입니다. 행실을 말할진댄 아홉 가지 덕(德)이 있으니, 그 사람이 소유한 덕을 말할진댄 아무 일과 아무 일을 행했다고 말하는 것입니다." 하였다. 우(禹)가 "무엇인가?" 하고 묻자, 고요가 다음과 같이 말하였다. "너그러우면서도 장엄하며 유순하면서도 꼿꼿하며 삼가면서도 공손하며 다스리는 재주가 있으면서도 공경하며 익숙하면서도 굳세며 곧으면서도 온화하며 간략하면서도 모나며 강하면서도 독실하며 의지가 굳세면서도 의(義)를 좋아하는 것이니, 몸에 드러나고 그 시종 떳떳함이 있는 것이 길(吉;선(善))한 사람일 것입니다."

亦은 總也니 亦行有九德者는 總言德之見(현)於行者 其凡有九也요 亦言其人有德者는 總言其人之有德也라 載는 行이요 采는 事也니 總言其人有德인댄 必言其行某事某事라야 爲可信驗也라 禹曰何者는 問其九德之目也라 寬而栗者는 寬弘而莊栗也요 柔而立者는 柔順而植(치)立也요 愿而恭者는 謹愿而恭恪也라 亂은 治也니 亂而敬者는 有治才而敬畏也[89]요 擾는 馴也니 擾而毅者는 馴擾而果毅也라 直而溫者는 徑直而溫和也요 簡而廉者는 簡易而廉隅也요 剛而塞者는 剛健而篤實也요 彊而義者는 彊勇而好義也[90]라 而는 轉語辭也니 正言而反應[91]者는 所以明其德之不偏이니 皆指其成德之自然이요 非以彼濟此之謂也[92]라 彰은 著也라 成德이 著之於身하고 而又始終有常은 其吉士矣哉인저

------

89 愿而恭者……有治才而敬畏也 : 당나라 공씨가 말하였다. "공(恭)은 외모에 있고 경(敬)은 마음속에 있으니, 삼가는[愿] 자는 지둔(遲鈍)하여 밖으로 위의(威儀)를 잘못하기 때문에 공(恭)을 말하였고, 다스리는[治] 자는 남을 경시하여 안으로 마음에 잘못되기 때문에 경(敬)을 말한 것이다.[恭在貌, 敬在心, 愿者遲鈍, 外失於儀, 故言恭; 治者輕物, 內失於心, 故稱敬.]" 《詳說》

90 剛而塞者……彊勇而好義也 : 당나라 공씨는 "강(剛)과 강(彊)은 서로 비슷한데 강(剛)은 강한 성질이고 강(彊)은 굳센 의지이다.[剛彊相近, 剛是性; 彊是志.]" 하였다. 《詳說》

91 正言而反應 : 정언(正言)은 바로 말하는 것으로 '관이율(寬而栗)'을 예로 든다면 '너그러움[寬]'은 바로 말한 것이고 '…그러면서도 장엄함[而栗]'은 반대로 응한 것이다.

92 皆指其成德之自然 非以彼濟此之謂也 : 호산은 "《순전(舜典)》의 곧으면서도 온화하며 너그러우면서도 장엄하다[直而溫, 寬而栗.]는 것은 가르치는 자를 위주하여 말하였으므로 저것으로써 이것을 구제하는(이루는) 뜻이 되고, 여기서는 그 덕이 있는 자를 위주하여 말하였으므로 자연히 덕을 이룬 뜻이 되는 것이다.[舜典直溫寬栗, 主敎者言, 故爲以彼濟此之意, 此則主有其德者言, 故爲自然成德之義.]" 하였다. 《詳說》

··· 彰 : 드러낼 창 恪 : 삼갈 각 馴 : 길들일 순 隅 : 모날 우

'역(亦)'은 총괄함이니, '역행유구덕(亦行有九德)'은 덕이 행실에 나타남을 총괄하여 말하면 그 조목[凡]이 아홉 가지가 있다는 것이며, '역언기인유덕(亦言其人有德)'은 그 사람이 소유한 덕을 총괄하여 말하는 것이다. '재(載)'는 행함이요 '채(采)'는 일이니, 그 사람이 소유한 덕을 총괄하여 말할진댄 반드시 그가 아무 일과 아무 일을 행했다고 말하여야 믿고 징험할 수 있는 것이다. 우(禹)가 하(何)라고 말씀한 것은 구덕(九德)의 조목을 물은 것이다.

'관이율(寬而栗)'은 관대하면서도 장엄함이요, '유이립(柔而立)'은 유순하면서도 꼿꼿함이요, '원이공(愿而恭)'은 삼가면서도(지둔하면서도) 공손함이다. '난(亂)'은 다스림이니 '난이경(亂而敬)'은 다스리는 재주가 있으면서도 공경[敬畏]함이요, '요(擾)'는 길들임이니 '요이의(擾而毅)'는 길들여 익숙하면서도 굳셈이다. '직이온(直而溫)'은 곧으면서도 온화함이요, '간이렴(簡而廉)'은 간이(簡易)하면서도 모가(규범이) 있음이요, '강이색(剛而塞)'은 강건하면서도 독실함이요, '강이의(彊而義)'는 용맹하면서도 의(義)를 좋아함이다. '이(而)'는 말을 전환하는(역접하는) 말이니, 바로 말하고 뒤집어 응한 것은 덕(德)이 편벽되지 않음을 밝힌 것이니, 이는 모두 이룬 덕이 저절로 그러함을 가리킨 것이요, 저것으로써 이것을 이룸을 말한 것이 아니다. '창(彰)'은 드러남이다. 이룬 덕이 몸에 드러나고 또 시종 떳떳함이 있는 것은 길한 선비일 것이다.

4. 日宣三德은(하린) 夙夜에 浚明有家하며 日嚴祗敬六德은(하린) 亮采有邦하리니 翕受敷施하면 九德이 咸事하여 俊乂在官하여 百僚師師하며 百工(이) 惟時하여(로) 撫于五辰(신)하여 庶績이 其凝하리이다

날마다 세 가지 덕을 밝히는 이는 밤낮으로 소유한 집안을 다스려 밝힐 것이며, 날마다 두려워하여 여섯 가지 덕을 공경하는 이는 소유한 나라의 일을 밝힐 것이니, 모아서 받고 펴서 베풀면 아홉 가지 덕을 가진 사람들이 다 일하여 준예(俊乂)가 관직에 있어서 백료(百僚)가 서로 스승으로 삼으며 백공(百工)이 때(철)에 맞추어 오신(五辰;사시(四時))을 순히 하여 모든 공적이 이루어질 것입니다.

宣은 明也라 三德, 六德者는 九德之中에 有其三하고 有其六也라 浚은 治也라 亮亦明也라 有家는 大夫也요 有邦은 諸侯也라 浚明, 亮采는 皆言家邦政事明治之義로되 氣象則有大小之不同하니 三德而爲大夫와 六德而爲諸侯는 以德之多寡와 職之大小로 概言之也라 夫九德에 有其三이면 必日宣而充廣之하여 而使之益以著요

⋯ 浚 : 다스릴 준 亮 : 밝을 량 翕 : 모을 흡 凝 : 이룰 응

九德에 有其六이면 尤必日嚴而祗敬之하여 而使之益以謹也라 翕은 合也라 德之多寡 雖不同이나 人君이 惟能合而受之하고 布而用之니 如此면 則九德之人이 咸事其事하여 大而千人之俊과 小而百人之乂가 皆在官使하여 以天下之才로 任天下之治하리니 唐虞之朝에 下無遺才而上無廢事者는 良以此也니라

'선(宣)'은 밝힘이다. 삼덕(三德)과 육덕(六德)은 구덕(九德) 가운데에 세 가지를 소유하고 여섯 가지를 소유한 것이다. '준(峻)'은 다스림이다. '양(亮)' 또한 밝음이다. '집안을 소유함[有家]'은 대부(大夫)이고, '나라를 소유함[有邦]'은 제후(諸侯)이다. '준명(峻明)'과 '양채(亮采)'는 모두 집안과 나라의 정사가 밝게 다스려지는 의의(意義)를 말한 것인데 기상(氣象)은 크고 작은 차이가 있으니, 세 가지 덕이 있어서 대부가 되고 여섯 가지 덕이 있어서 제후가 됨은 덕의 많고 적음과 직책(職責)의 크고 작음으로써 대략 말한 것이다.

아홉 가지 덕 중에 세 가지를 소유하였으면 반드시 날로 밝혀 채우고 넓혀서 더욱 드러나게 해야 하고, 아홉 가지 덕 중에 여섯 가지를 소유하였으면 더욱 반드시 날로 두려워하여 공경해서 더욱 삼가야 할 것이다. '흡(翕)'은 합함이다. 덕의 많고 적음이 비록 똑같지 않으나 인군이 오직 능히 모아서 받아들이고 펴서 써야 하니, 이와 같이 하면 구덕(九德)을 갖춘 사람이 모두 그 일에 종사하여 크게는 천인(千人)의 준(俊)과 작게는 백인(百人)의 예(乂)가 다 관사(官使:벼슬자리)에 있어서 천하의 인재로서 천하의 다스림을 맡게 할 것이니, 당(唐)·우(虞)의 조정에 아래에는 버려진 인재가 없고 위에는 폐해진 일이 없음은 진실로 이 때문이었다.

師師는 相師法也니 言百僚皆相師法하여 而百工이 皆及時以趨事也[93]라 百僚百工은 皆謂百官이니 言其人之相師면 則曰百僚요 言其人之趨事면 則曰百工이니 其實은 一也라 撫는 順也요 五辰은 四時也라 木火金水는 旺於四時하고 而土則

---

93 百工皆及時以趨事也 : 경문의 '百工惟時 撫于五辰'을 부연 설명한 것으로, 호산은 임씨(林氏)의 "백공(百官)의 일이 모두 그때(제철)를 얻은 것이다.[百工之事 皆得其時.]"라는 말을 인용하고, "《언해》의 해석은 주의 뜻이 아닌 듯하다. 시(時) 자는 각각 한 때(한철)로써 말하였고, 오신은 사시를 통틀어 말하였으니, 만약 《언해》의 해석과 같다면 시(時)와 신(辰) 두 글자의 뜻이 중첩된다.[諺釋恐非註意, 蓋時字, 以各其一時言, 五辰, 通四時言, 若如諺釋, 則時辰二字意疊.]" 하였다. 《詳說》《언해》에는 '百工이 時로 五辰을 撫하야'로 해석하였는바, 호산의 설에 따라 '때에 맞추어'로 수정 번역하였다.

寄旺於四季[94]也니 禮運曰 播五行於四時者 是也라 凝은 成也니 言百工趨時하여 而衆功皆成也라

'사사(師師)'는 서로 스승삼고 법받는 것이니, 백료(百僚)가 모두 서로 스승삼고 법받아서 백공(百工)이 다 때에 미쳐 일에 달려가는 것이다. 백료와 백공은 모두 백관(百官)을 이르니, 사람이 서로 스승삼는 것으로 말하면 백료라 하고, 사람이 일에 달려감으로 말하면 백공이라 하니, 실제는 하나이다(똑같다). '무(撫)'는 순함이요 '오신(五辰)'은 사시(四時)이다. 목(木;봄)·화(火;여름)·금(金;가을)·수(水;겨울)는 사시에 왕성하고 토(土)는 사계(四季)에 붙어 왕성하니, 《예기》〈예운(禮運)〉에 "오행(五行)을 사시에 편다."고 한 것이 이것이다. '응(凝)'은 이룸이니, 백공이 때에 따라 모든 공이 다 이루어짐을 말한 것이다.

5. 無敎逸欲有邦하사 兢兢業業하소서 一日二日에 萬幾[95]니이다 無曠庶官하소서 天工을 人其代之하나니이다

안일과 욕심으로 유방(有邦;제후)을 가르치지 마시어 삼가고 두려워하소서. 하루이틀 사이에도 기미(幾微)가 만 가지나 됩니다. 모든 관직을 폐하지 마소서. 하늘의 일을 사람이 대신하는 것입니다.

無는 與毋通하니 禁止之辭라 敎는 非必敎令이니 謂上行而下效也라 言天子當以勤儉率諸侯요 不可以逸欲導之也라 兢兢은 戒謹也요 業業은 危懼也라 幾는 微也니 易曰 惟幾也故로 能成天下之務라하니라 蓋禍患之幾가 藏於細微하여 而非常人之所豫見이요 及其著也하여는 則雖智者라도 不能善其後라 故로 聖人이 於幾則兢

......

94 木火金水……土則寄旺於四季 : 사계(四季)는 계춘(季春)인 3월, 계하(季夏)인 6월, 계추(季秋)인 9월, 계동(季冬)인 12월을 이른다. 1년 360일 중 입춘(立春) 후(後) 72일간은 목기(木氣)가 왕성하고 입하(立夏) 후 72일간은 화기(火氣)가 왕성하고 입추(立秋) 후 72일간은 금기(金氣)가 왕성하고 입동(立冬) 후 72일간은 수기(水氣)가 왕성하며, 계춘(季春)인 3월 중순 이후부터 입하 전(前)까지의 18일과 계하(季夏)인 6월 중순 이후부터 입추 전까지의 18일과 계추(季秋)인 9월 중순 이후부터 입동 전까지의 18일과 계동(季冬)인 12월 중순 이후부터 입춘 전까지의 18일은 토기(土氣)가 사시(四時)에 붙어 왕성한 것으로 보기 때문에 말한 것이다. 사계(四季)의 18일을 네 번 곱하면(18×4) 이 역시 72일이어서 이것을 다섯 번 곱하면 (72×5) 1년 360일이 되는 것이다.

95 一日二日 萬幾 : 오윤상은 이에 대하여 "소(疏)에 '일일이일(一日二日)은 일일(日日;날마다)과 같다.'라고 하였으니, 이 해석이 《집전》의 해석보다 나을 듯하다.〔一日二日萬幾, 疏曰, 一日二日, 猶日日也, 此釋恐勝於傳釋也.〕" 하였다.

··· 業 : 두려울 업 曠 : 빌 광, 폐할 광

業以圖之하니 所謂圖難於其易하고 爲大於其細[96]者 此也라 一日二日者는 言其日之至淺이요 萬幾者는 言其幾事之至多也니 蓋一日二日之間에 事幾之來 且至萬焉이니 是可一日而縱欲乎아 曠은 廢也니 言不可用非才하여 而使庶官曠廢厥職也라 天工은 天之工也라 人君이 代天理物하니 庶官所治 無非天事라 苟一職之或曠이면 則天工廢矣니 可不深戒哉아

'무(無)'는 무(毋)와 통하니, 금지하는 말이다. '교(教)'는 반드시 교령(教令)만이 아니니, 위에서 행함에 아래가 본받음을 이른다. 천자는 마땅히 근검(勤儉)으로 제후를 거느릴(통솔할) 것이요, 안일과 욕심으로 인도해서는 안 됨을 말한 것이다. '긍긍(兢兢)'은 경계하고 삼감이요, '업업(業業)'은 위태롭게 여기고 두려워함이다. '기(幾)'는 기미이니,《주역(周易)》〈계사전 상(繫辭傳上)〉에 "기미를 알기 때문에 천하의 일을 이룬다." 하였다. 화환(禍患)의 기미가 세미(細微)한 가운데에 감춰져 있어서 보통사람들이 미리 볼 수 있는 것이 아니며, 그 드러남에 미쳐서는 비록 지혜로운 자라도 그 뒤를 잘할 수 없다. 그러므로 성인(聖人)이 기미에 삼가고 두려워하여 도모하는 것이니, 이른바 '어려움은 쉬울 때에 도모하고 큰 것은 작을 때에 다스린다.'는 것이 이것이다.

'일일 이일(一日二日)'은 날짜가 지극히 짧음을 말한 것이고, '만기(萬幾)'는 기미의 일이 지극히 많음을 말한 것이니, 하루이틀 사이에도 사기(事幾)의 옴이 장차 만 가지에 이르니, 하루라도 욕심대로 방종할 수 있겠는가. '광(曠)'은 폐함이니, 인재가 아닌 사람을 등용하여 여러 관원으로 하여금 그 직책을 폐하게 해서는 안 됨을 말한 것이다. '천공(天工)'은 하늘의 일이다. 인군은 하늘을 대신하여 물건(사람)을 다스리니, 여러 관원들이 다스리는 바가 하늘의 일 아님이 없다. 만일 한 직책이라도 혹 폐해진다면 하늘의 일이 폐해지는 것이니, 깊이 경계하지 않겠는가.

6. 天敍有典하시니 勅我五典하사 五를 惇哉하시며 天秩有禮하시니 自我五禮하사 (有)[五]를 庸哉하소서 同寅協恭하사 和衷哉하소서 天命有德이어시든 五服으로 五章哉하시며 天討有罪어시든 五刑으로 五用哉하사 政事를 懋哉懋哉하소서

하늘이 인륜을 차례로 펴서 법〔典〕을 두셨으니 우리 오전(五典)을 바로잡아 다섯 가

......
96 圖難於其易 爲大於其細 : 이 내용은《사기(史記)》〈태사공자서(太史公自序)〉에 보인다.

··· 勅 : 삼갈 칙 寅 : 공경할 인 衷 : 가운데 충

지를 후하게(돈독하게) 하시며, 하늘이 등급을 차례로 펴서 례(禮)를 두셨으니 우리 오례(五禮)로부터 시작하여 다섯 가지 법도를 떳떳하게 하소서. 군주와 신하가 함께 공경하고 서로 공손해서 하늘이 내려준 충(衷)을 화(和)하게 하소서. 하늘이 덕이 있는 이에게 관직을 명하시거든 다섯 가지 복식으로 다섯 가지 등급을 표창하시며, 하늘이 죄가 있는 이를 토벌하시거든 다섯 가지 형벌로 다섯 가지 등급을 써서 징계하시어 정사를 힘쓰고 힘쓰소서.

敍者는 君臣、父子、兄弟、夫婦、朋友之倫敍[97]也요 秩者는 尊卑、貴賤等級隆殺(쇄)之品秩也라 勅은 正이요 惇은 厚요 庸은 常也라 有庸은 馬本에 作五庸하니라 衷은 降衷之衷[98]이니 卽所謂典、禮也라 典、禮雖天所敍秩이나 然正之하여 使敍倫而益厚하고 用之하여 使品秩而有常은 則在我而已라 故로 君臣이 當同其寅畏하고 協其恭敬하여 誠一無間하고 融會流通하여 而民彝、物則(칙)이 各得其正이니 所謂和衷也라 章은 顯也라 五服은 五等之服이니 自九章以至一章[99]이 是也라 言天命有德之人이면 則五等之服으로 以彰顯之하고 天討有罪之人이면 則五等之刑으로 以懲戒之라 蓋爵賞刑罰은 乃人君之政事니 君主之하고 臣用之에 當勉勉而不可怠者也라

'서(敍)'는 군신·부자·형제·부부·붕우의 윤서(倫敍;차례로 폄)이고, '질(秩)'은 존비(尊卑)와 귀천(貴賤)에 대한 등급의 높고 낮은 품질(品秩)이다. '칙(勅)'은 바로잡음

......

97 倫敍 : 서(敍)는 질서가 아니고 펴지는 것으로, 호산은 《순전(舜典)》 주의 '백규가 이에 펴졌다.〔百揆時敍〕' 한 것을 바름으로 삼아야 한다.〔當以舜典註爲正〕" 하였다.《詳說》

98 降衷之衷 : 아래 〈탕고(湯誥)〉에 "위대하신 상제가 백성들에게 충(衷)을 내려주셨도다.〔有皇上帝, 降衷于下民.〕"라고 보이는데 충은 중(中)과 같은바, 리(理)를 가리킨다.

99 自九章以至一章 : 장(章)은 옷에 그림이나 자수를 놓아 드러남을 이른다. 구장(九章)은 용(龍)·산(山)·화충(華蟲;꿩)·화(火;불)·종이(宗彝;제기)의 다섯 가지를 웃옷에 그리고 조(藻)·분미(粉米)·보(黼)·불(黻)을 아래 치마에 수놓은 것으로 아래 〈익직(益稷)〉에 자세히 보이는바, 이것을 곤면구장(袞冕九章)이라 하여 공(公)이 입는다. 다음은 후(侯)·백(伯)의 별면칠장(鷩冕七章)으로 용(龍)과 산(山)을 뺀 것이며, 다음은 자(子)·남(男)의 취면오장(毳冕五章)으로 화충(華蟲)과 화(火)를 다시 뺀 것이며, 다음은 고(孤)의 치면삼장(絺冕三章)으로 웃옷에 분미(粉米)를 수놓고 치마에 보(黼)·불(黻)만을 수놓은 것이며, 다음은 대부(大夫)의 현면일장(玄冕一章)으로 치마에 불(黻)을 수놓은 것이다. 면류관 역시 복식에 따라 곤면(袞冕)은 12개의 술에 2백88개의 옥관자(玉貫子)를 달고 별면(鷩冕)은 9개의 술에 2백16개의 옥관자를 달고 취면(毳冕)은 7개의 술에 1백68개의 옥관자를, 치면(絺冕)은 5개의 술에 1백20개의 옥관자를, 현면(玄冕)은 3개의 술에 72개의 옥관자를 단다. 옥관자는 72개씩 차등을 두어 4등급으로 구별하였다.

··· 隆 : 높을 륭 殺 : 줄일 쇄 彝 : 떳떳할 이

이요 '돈(惇)'은 후함이요 '용(庸)'은 떳떳함이다. '유용(有庸)'은 마씨본(馬氏本;마융(馬融)의 본)에는 오용(五庸)으로 되어 있다. '충(衷)'은 강충(降衷)의 충(衷)이니, 곧 이른바 전(典)과 례(禮)이다. 전과 례는 비록 하늘이 펴서 차례한 것이나 이것을 바로잡아 차례로 펴서 더욱 후하게 하고 이것을 써서 질서있게 차례하여 떳떳하게 함은 우리(군주와 신하)에게 달려 있을 뿐이다. 그러므로 군주와 신하가 마땅히 공경하고 두려워함을 함께 하고 공경함을 합하여, 정성스럽고 한결같이 하여 간격이 없고 융회(融會;융합)하고 유통하여 백성의 떳떳한 성품과 사물의 법칙(도리)이 각각 그 바름을 얻어야 하니, 이른바 '충(衷)을 화하게 한다.'는 것이다.

'장(章)'은 드러남이다. '오복(五服)'은 다섯 등급의 복식(服飾)이니, 9장(章)부터 1장까지가 이것이다. 하늘이 덕(德)이 있는 사람을 명하면 다섯 등급의 복식으로 표창하고, 하늘이 죄가 있는 사람을 토벌하면 다섯 등급의 형벌로 징계함을 말한 것이다. 관작으로 상을 주고 형벌로 징계함은 바로 인군의 정사이니, 군주가 이를 주관하고 신하가 이를 쓸 적에 마땅히 힘쓰고 힘써 태만히 하지 말아야 한다.

○ 楊氏曰 典、禮는 自天子出이라 故言勅我, 自我요 若夫爵人於朝는 與衆共之하고 刑人於市는 與衆棄之하여 天子不得而私焉이니 此其立言之異也니라

○ 양씨(楊氏)가 말하였다. "전(典)과 례(禮)는 천자(天子)로부터 나오기 때문에 칙아(勅我), 자아(自我)라 말하였고, 조정에서 사람을 벼슬시키는 것은 여러 사람들과 함께 하고 시장에서 사람을 형벌하는 것은 여러 사람들과 함께 버려서 천자가 사사로이 할 수 없으니, 이는 글을 씀이 다른 것이다."

7. 天聰明이 自我民聰明하며 天明畏(威) 自我民明威[100]라 達于上下하니 敬哉어다 有土아

하늘의 듣고 봄이 우리 백성(인간)의 듣고 봄으로부터 하며, 하늘이 선한 자를 밝혀(드러내) 주고 악한 자에게 위엄을 보여 두렵게 함이 우리 백성을 밝혀 주고 두렵게 함

---

100 天聰明……自我民明威 : '天聰明, 自我民聰明, 天明畏, 自我民明威.'에 대해 오윤상은 "삼연(三淵) 김창흡(金昌翕)의 '이 글을 마땅히 윗글과 연결해 보아야 한다. 서질(敍秩)과 명토(命討)를 비록 군주 자신이 하지만 실로 하늘의 총명과 명외(明畏)를 이어받아 행함을 말한 것이다.' 한 것을 들고, 이와 같이 보면 참으로 자미(滋味)가 있다.〔天聰明, 自我民聰明, 天明畏, 自我民明威, 三淵謂當連上文看. 蓋言敍秩命討, 雖爲之自我, 實承天聰明明畏而行之也, 如此看則儘有味.〕"하였다.

으로부터 합니다. 그리하여 상하(上下)에 통달하니, 공경할지어다! 땅을 소유한 군주들이여."

威는 古文作畏하니 二字通用이라 明者는 顯其善이요 畏者는 威其惡이라 天之聰明이 非有視聽也요 因民之視聽하여 以爲聰明이며 天之明畏 非有好惡(오)也요 因民之好惡하여 以爲明畏라 上下는 上天下民也라 敬은 心無所慢也[101]라 有土는 有民社也라 言天人一理라 通達無間하니 民心所存은 卽天理之所在요 而吾心之敬은 是又合天民而一之者也라 有天下者 可不知所以敬之哉아

'위(威)'는 고문(古文)에 외(畏)로 되어 있으니, 두 자(字)가 통용된다. '명(明)'은 선한 자를 드러냄이요 '외(畏)'는 악한 자에게 위엄을 보이는 것이다. 하늘이 귀밝게 듣고 눈밝게 봄[聰明]은 참으로 보고 들음이 있는 것이 아니요 백성들의 보고 들음을 따라(통하여) 귀밝게 듣고 눈밝게 보는 것이며, 하늘이 밝혀 주고 두렵게 함은 사사로이 좋아하고 미워함이 있는 것이 아니요 백성들의 좋아하고 미워함을 따라 밝혀 주고 두렵게 하는 것이다. '상하(上下)'는 위의 하늘과 아래의 백성이다. '경(敬)'은 마음에 태만한 바가 없는 것이다. '유토(有土)'는 인민(人民)과 사직(社稷)을 소유한 것(제후)이다. 하늘과 사람은 한 이치이므로 통달하여 간격이 없으니, 민심(民心)이 있는 곳은 곧 천리(天理)가 있는 곳이요, 내 마음의 경(敬)은 또 하늘과 백성을 합하여 하나로 만드는 것이다. 천하를 소유한 자가 공경할 바를 알지 않을 수 있겠는가.

8. 皐陶曰 朕言惠[102]하여 可底(지)行이리이다 禹曰 兪라 乃言이 底可績이로다 皐陶曰 予未有知어니와 思(曰)[日]贊贊襄哉하노이다

고요가 말하기를 "저의 말이 이치에 순하여 실행에 이를 수 있을 것입니다." 하니, 우(禹)가 말씀하기를 "아! 너의 말이 공적에 이를 수 있을 것이다." 하였다. 고요가 말하

------

101 敬 心無所慢也: 호산은 "살펴보건대 경(敬) 자를 구덕의 주에서는 외(畏; 경외)로 해석하였고, 육덕의 주에서는 근(謹)으로 해석하였고, 여기서는 또 '마음에 태만한 바가 없는 것[心無慢]'으로 훈(訓)하였으니, 이 세 가지 훈을 합하여야 그 뜻이 비로소 충족된다.[按敬字, 九德註以畏釋之, 六德註以謹釋之, 此又以心無慢訓之, 合此三訓, 其義乃足.]" 하였다.《詳說》

102 朕言惠: 짐(朕)은 고대에는 군주와 신하가 함께 자신을 일컫는 말이었으나, 진 시황 이후로는 황제만이 사용하였다. 궁(宮)·전(殿) 역시 옛날에는 집을 칭하는 일반 명사였으나, 진 시황 이후로는 제왕이 거처하는 곳으로 제한하였다.

••• 底 : 이를 지 贊 : 도울 찬 襄 : 이룰 양

기를 "저는 아는 바가 없지만 날로 임금님을 돕고 도와 다스림을 이룰 것을 생각합니다." 하였다.

思日之日은 當作日이라 襄은 成也라 皐陶謂 我所言이 順於理하여 可致之於行이라하니 禹然其言하여 以爲致之於行이면 信可有功[103]이라하니라 皐陶謙辭하여 我未有所知라하니 言不敢計功也요 惟思日贊助於帝하여 以成其治而已니라

'사왈(思日)'의 왈(日)은 마땅히 일(日)이 되어야 한다. '양(襄)'은 이룸이다. 고요가 말하기를 "제가 말한 것이 이치에 순하여 실행에 이를 수 있습니다." 하니, 우(禹)가 그 말을 옳게 여겨 "실행에 이르면 진실로 공이 있을 것이다."라고 하였다. 고요는 겸손한 말을 하여 "저는 아는 바가 없습니다." 하였으니, 감히 공을 따질 수 없고 오직 날로 황제를 돕고 도와 그 다스림을 이룰 것을 생각할 뿐임을 말한 것이다.

---

103 以爲致之於行 信可有功 : 경문의 '乃言 底可績'을 부연 설명한 것으로, 사계(沙溪)는 말씀하기를 "율곡(栗谷)은 '너의 말이 장차 공적에 이를 것이다.〔乃言將至於可績〕' 하여 채침(蔡沈)의 《집전》과 똑같지 않다. 그러나 율곡의 말씀이 본문(경문)의 문리에 매우 순하니, 이것이 옳을 듯하다.〔栗谷釋乃言將至於可績, 與蔡傳不同. 然於本經文理甚順, 恐爲得也.〕" 하였다. 《詳說》호산은 이에 대하여 "살펴보건대, 이것은 〈순전〉의 '너의 말이 공적을 이룰 수 있다.〔乃言底可績〕'는 것과 해석이 다를 수 없으니, 마땅히 〈순전〉의 주를 바름으로 삼아야 한다.〔按此與舜典之底可績, 其釋不容異同, 當以舜典註爲正.〕" 하였다. 〈순전〉의 주에는 '見汝之言 致可有功(너와 말이 공적이 있음에 이를 것을 보았다)'라고 되어 있으며, 여기의 《언해》에는 '너의 언이 底하면 可히 績하리로다'라고 해석하였는바, 호산의 설을 따라 경문을 수정 번역하였다.

〈익직(益稷)〉

今文古文皆有로되 但今文은 合於皐陶謨하니 帝曰來禹汝亦昌言은 正與上篇末文勢接續이라 古者에 簡冊을 以竹爲之하여 而所編之簡을 不可以多라 故釐而二之니 非有意於其間也라 以下文禹稱益稷二人佐其成功으로 因以名篇하니라

금문(今文)과 고문(古文)에 모두 있으나 다만 금문(今文)은 〈고요모(皐陶謨)〉와 합쳐져 있으니, "제순(帝舜)이 말씀하기를 '이리 오너라. 우(禹)야! 너도 창언(昌言)을 하라.' 하셨다."라고 한 것은, 바로 상편(上篇) 끝의 문세(文勢)와 접속된다. 옛날에는 간책(簡冊)을 대나무(죽간(竹簡))로 만들어서 엮는 죽간을 많게 할 수 없었으므로 나누어 둘로 만든 것이니, 그 사이에 〈별다른〉 뜻이 있는 것은 아니다. 하문(下文)에 우(禹)가 익(益)과 직(稷) 두 사람이 성공을 도운 것을 말씀하였기 때문에 이로 인하여 편명(篇名)을 삼은 것이다.

1. 帝曰 來하라 禹아 汝亦昌言하라 禹拜曰 都라 帝아 予何言하리잇고 予思日孜孜하노이다 皐陶曰 吁라 如何오 禹曰 洪水滔天하여 浩浩懷山襄陵하여 下民昏墊(점)이어늘 予乘四載하여 隨山刊木하고 曁益으로 奏庶鮮食하며 予決九川하여 距四海하며 濬畎澮(준견회)하여 距川하고 曁稷으로 播하여 奏庶艱食鮮食하고 懋遷有無하여 化居하니 烝民이 乃粒하여 萬邦이 作乂하니이다 皐陶曰 兪라 師汝의 昌言하노라

제순(帝舜)이 말씀하기를 "이리 오너라. 우(禹)야! 너도 창언(昌言)을 하라." 하시니, 우가 절하고 말씀하기를 "아! 〈고요의 말이〉 훌륭합니다. 황제시여! 제가 무슨 말씀을 올리겠습니까. 저는 날로 부지런히 부지런히 힘쓸 것을 생각합니다." 하였다. 고요가 "아! 옳지 않다. 어떻게 부지런히 하였는가?" 하고 묻자, 우는 다음과 같이 말씀하였다. "홍수가 하늘에 넘쳐 끝없이 넓고 넓어 산을 에워싸고 언덕까지 올라가 하민(下民)들이 혼란하고 물에 빠졌는데, 내가 네 가지 탈 것을 타고서 산을 따라 나무를 제거하고 익(益)과 함께 여러 선식(鮮食:날고기)을 〈백성들에게〉 올려 먹게 하였으며, 내가 구천(九川:구주(九州)의 냇물)을 터놓아 사해(四海)에 이르게 하고 견(畎)과 회(澮)를 깊이 파서 내(川)에 이르게 하였으며, 직(稷)과 함께 파종하여 모든 간식(艱食)과 선식을 올리며, 있는 것을 없는 곳에 힘써 교역(交易)하여 쌓아둔 것을 변화하게 하니, 여러 백성들이 비로소 곡식을 먹어서 만방(萬邦)이 다스려졌습니다." 고요가 말하기를 "아!

··· 孜 : 부지런할 자 墊 : 빠질 점 畎 : 밭도랑 견 澮 : 도랑 회 烝 : 무리 증

너의 말이 옳다. 너의 창언을 법으로 삼겠다." 하였다.

孜孜者는 勉力不怠之謂라 帝以皐陶旣陳知人安民之謨일새 因呼禹하여 使陳其言케하시니 禹拜而歎美하여 謂皐陶之謨至矣니 我更何所言이리오 惟思日勉勉以務事功而已라하니라 觀此則上篇禹、皐陶答問者는 蓋相與言於帝舜之前也라 如何者는 皐陶問其孜孜者何如也라 禹言 往者에 洪水汎溢하여 上漫于天하여 浩浩盛大하여 包山上陵하여 下民昏瞀(무)墊溺하여 困於水災 如此之甚也라 四載는 水乘舟하고 陸乘車하고 泥乘輴(순)하고 山乘樏(류)也라 輴은 史記에 作橇(취)하고 漢書에 作毳(취)하니 以板爲之하여 其狀如箕하니 擿行泥上이라 樏는 史記에 作橋하고 漢書에 作梮(국)하니 以鐵爲之하여 其形似錐하니 長半寸이요 施之履下하여 以上山不蹉跌(치질)也라 蓋禹治水之時에 乘此四載하여 以跋履山川하고 踐行險阻者라

'자자(孜孜)'는 힘을 써서 게을리하지 않음을 이른다. 제순(帝舜)은 고요가 이미 사람을 알아보고 백성을 편안히 하는 방법을 말하였으므로 인하여 우(禹)를 불러서 그의 말을 진술하게 하시니, 우가 절하고 탄미하여 이르기를 "고요의 말이 지극하니, 제가 어찌 다시 무엇을 말하겠습니까. 오직 날로 힘쓰고 힘써서 사공(事功)을 힘쓸 것을 생각할 뿐입니다." 하였다. 이것을 보면 상편(上篇)에 우와 고요가 답하고 물은 것은 아마도 제순의 앞에서 서로 함께 말한 것인 듯하다. '여하(如何)'는 고요가 부지런히 힘쓴 것이 어떠한 것인가 하고 물은 것이다. 우가 말씀하기를 "지난 날에 홍수가 범람하여 위로 하늘에 넘쳐서 끝없이 넓고 넓어 성대하여 산을 에워싸고 언덕까지 올라가 하민들이 혼란하고 물에 빠져서 수재(水災)에 곤궁함이 이와 같이 심하였다."고 하였다.

네 가지 탈 것이란 물에서는 배를 타고 육지에서는 수레를 타고 진흙에서는 썰매를 타고 산에서는 나막신을 타는(신은) 것이다. '순(輴)'은 《사기》〈하기(夏紀)〉에는 취(橇)로 되어 있고 《한서(漢書)》〈구혁지(溝洫志)〉에는 취(毳)로 되어 있는바, 판자로 만들어서 그 모양이 키와 같으니, 이것을 진흙 위로 던져서 다닐 수 있게 한 것이다. '류(樏)'는 《사기》에는 교(橋)로 되어 있고 《한서》에는 국(梮)으로 되어 있으니, 쇠로 만들어서 그 모양이 송곳과 같은바, 길이가 반치쯤 되는 것을 신발 아래에 달아서 산에 올라갈 제 넘어지지 않게 하는 것이다. 우(禹)가 홍수를 다스릴 때에 이 네 가지 탈 것을 타고서 산천(山川)을 다니고 험한 곳을 돌아다닌 것이다.

··· 瞀 : 어리석을 무　輴 : 진흙썰매 순　樏 : 썰매 류　橇 : 진흙썰매 취　毳 : 모직물 취　擿 : 던질 적　梮 : 썰매 국
　　錐 : 송곳 추　蹉 : 넘어질 차　跌 : 넘어질 질

隨는 循이요 刊은 除也라 左傳云 井堙(인)木刊이라하니 刊은 除木之義也라 蓋水涌
不洩(설)하여 泛濫瀰漫(미만)하여 地之平者 無非水也요 其可見者山耳라 故로 必
循山伐木하여 通蔽障하고 開道路而後에 水工可興也라 奏는 進也요 血食曰鮮이니
水土未平하여 民未粒食일새 與益으로 進衆鳥獸魚鱉之肉於民하여 使食以充飽也
라 九川은 九州之川也라 距는 至요 濬은 深也라 周禮에 一畝之間에 廣尺深尺曰畎
(견)이요 一同之間에 廣二尋深二仞曰澮라 畎·澮之間에 有遂, 有溝, 有洫(혁)하니
皆通田間水道하여 以小注大하니 言畎澮而不及遂溝洫者는 舉小大以包其餘也라
先決九川之水하여 使各通于海하고 次濬畎澮之水하여 使各通于川也라

'수(隨)'는 따름이요 '간(刊)'은 제거함이다. 《춘추좌씨전》 양공(襄公) 25년에 "우물을 메우고 나무를 제거한다.〔井堙木刊〕" 하였으니, 간(刊)은 나무를 제거하는 뜻이다. 물이 용솟음쳐 나오고 빠지지 않아 범람하고 넘쳐서 평평한 땅은 물 아닌 곳이 없었고, 볼 수 있는 것은 산뿐이었다. 그러므로 반드시 산을 따라 나무를 베어서 가리고 막힌 곳을 통하게 하며 도로를 개통한 뒤에야 홍수를 다스리는 일을 일으킬 수 있었다. '주(奏)'는 올림이요 혈식(血食)을 '선(鮮;날고기)'이라 하니, 수토(水土)가 다스려지지 못하여 백성들이 곡식을 먹을 수 없으므로 익(益)과 함께 여러 새와 짐승, 물고기와 자라의 고기를 백성들에게 올려서 이것을 먹고 배를 채워 배부르게 한 것이다.

'구천(九川)'은 구주(九州)의 내이다. '거(距)'는 이름이요 '준(濬)'은 깊이 팜이다. 《주례(周禮)》〈고공기(考工記)〉에 "1무(畝)의 사이에 넓이가 1척(尺)이고 깊이가 1척인 것을 견(畎)이라 하며, 1동(同;사방 10리를 성(成)이라 하는바, 만무(萬畝)임)의 사이에 넓이가 2심(尋;9척)이고 깊이가 2인(仞;8척)인 것을 회(澮)라 한다." 하였다. 견(畎)과 회(澮)의 사이에 수(遂)가 있고 구(溝)가 있고 혁(洫)이 있으니, 이는 모두 밭 사이의 수로(水路)를 통하게 하여 작은 것을 큰 것에 주입(注入)시키니, 견과 회를 말하고 수·구·혁을 말하지 않은 것은 작은 물과 큰 물을 들어서 그 나머지를 포함한 것이다. 먼저 구천(九川)의 물을 터놓아 각각 바다에 통하게 하고, 다음에 견과 회의 물을 깊이 파서 각각 내에 통하게 한 것이다.

播는 布也니 謂布種五穀也라 艱은 難也니 水平播種之初에 民尙艱食也라 懋는 勉
也니 懋勉其民하여 徙有於無하여 交易變化其所居積(자)之貨也라 烝은 衆也라 米
食曰粒이라 蓋水患悉平하여 民得播種之利하고 而山林川澤之貨를 又有無相通하
여 以濟匱(궤)乏하니 然後庶民粒食하여 萬邦이 興起治功也라 禹因孜孜之義하여

··· 堙:막을 인 瀰:가득할 미 鱉:자라 별(鼈同) 仞:길 인 洫:도랑 혁 匱:다할 궤

述其治水本末先後之詳하니 而警戒之意 實存於其間이라 蓋欲君臣上下 相與勉力不怠하여 以保其治於無窮而已라 師는 法也니 皐陶以其言爲可師法也라

'파(播)'는 폄이니, 오곡을 포종(布種;파종)함을 이른다. '간(艱)'은 어려움이니, 홍수가 다스려져 파종하는 초기에는 백성들이 아직도 어렵게 농사지어 먹은 것이다. '무(懋)'는 힘씀이니, 백성들을 권면하여 있는 것을 없는 곳에 힘써 옮겨 거자(居積;쌓아놓음)한 재화를 교역하여 변화하게 한 것이다. '증(烝)'은 무리이다. 쌀(곡식)을 먹는 것을 '립(粒)'이라 한다. 홍수의 폐해가 모두 다스려져서 백성들이 파종하는 이익을 얻고 산림(山林)과 천택(川澤)의 재화를 또 있는 것과 없는 것을 서로 유통하여 궁핍함을 구제하게 하니, 그런 뒤에야 서민(庶民)들이 곡식을 먹어 만방(萬邦)이 다스려지는 공을 일으킨 것이다.

우(禹)가 부지런히 힘쓴다는 뜻을 인하여 홍수를 다스린 본말(本末)과 선후(先後)의 상세한 내용을 말씀하였으니, 경계하는 뜻이 실로 이 사이에 들어있다. 이는 군신과 상하가 서로 힘쓰고 게을리하지 아니하여 그 다스림을 무궁하게 보존하려고 할 뿐이다. '사(師)'는 법(法)이니, 고요가 그 말을 법으로 삼을 만하다고 말한 것이다.

2. 禹曰 都라 帝아 愼乃在位하소서 帝曰 兪라 禹曰 安汝止하사 惟幾惟康하며 其弼直하면 惟動에 丕應徯(혜)志하리니 以昭受上帝어든 天其申命用休하시리이다

우(禹)가 말씀하기를 "아! 훌륭한 말씀입니다. 황제시여! 당신의 지위에 있음을 삼가소서." 하니, 제순(帝舜)이 "아! 너의 말이 옳다." 하셨다. 이에 우가 다음과 같이 말씀하였다. "당신의 마음이 그치는 바에 편안하여 기미를 생각하고 편안히 할 것을 생각하시며 보필하는 신하가 정직하면 군주가 동작함에(무슨 일을 할 적에) 천하가 크게 호응하여 군주의 뜻을 기다릴 것이니, 상제(上帝)께 명을 밝게 받으시면 하늘이 거듭 명하여 아름답게 할 것입니다."

禹旣歎美하고 又特稱帝以告之하니 所以起其聽也라 愼乃在位者는 謹其在天子之位也라 天位惟艱하니 一念不謹이면 或以貽四海之憂하고 一日不謹이면 或以致千百年之患이라 帝深然之하신대 而禹又推其所以謹在位之意하니 如下文所云也라 止者는 心之所止也라 人心之靈하여 事事物物에 莫不各有至善之所而不可遷者로되 人惟私欲之念이 動搖其中하여 始有昧於理而不得其所止者라 安之云者는

... 徯 : 기다릴 혜 貽 : 끼칠 이

順適乎道心之正하여 而不陷於人欲之危하여 動靜云爲가 各得其當하여 而無有止而不得其止者라 惟幾는 所以審其事之發이요 惟康은 所以省其事之安이니 卽下文庶事康哉之義라 至於左右輔弼之臣하여도 又皆盡其繩愆糾繆(승건규무)之職하여 內外交修하여 無有不至하니 若是則是惟無作이언정 作則天下無不丕應하여 固有先意而俟我者라 以是로 昭受于天이면 天豈不重命而用休美乎아

　우(禹)가 이미 탄미하고 또 특별히 제(帝)를 칭하여 고하였으니, 그 들음을 흥기시킨(일으킨) 것이다. '신내재위(愼乃在位)'는 천자의 지위에 있음을 삼가는 것이다. 천자의 지위는 행하기가 어려우니, 한 생각이라도 삼가지 않으면 혹 사해에 근심을 끼치고, 하루라도 삼가지 않으면 혹 천백 년의 화(禍)를 부른다. 제순(帝舜)이 이 말씀을 깊이 옳게 여기시자, 우가 또다시 제위(帝位)에 있음을 삼가라는 뜻을 미루어 넓혔으니, 하문(下文)에 말한 바와 같다.

　'지(止)'는 마음이 그치는 바이다. 사람의 마음이 영특하여 사사 물물(事事物物)에 모두 각기 지선(至善)한 곳이 있어 옮길 수 없는데, 사람은 다만 사욕(私欲)의 생각이 그 마음을 동요시켜서 비로소 이치에 어두워져 그 그칠 곳을 얻지 못함이 있으니, '편안히 한다[安之]'는 것은 도심(道心)의 바름에 순히 나아가서 인욕(人欲)의 위태로움에 빠지지 아니하여, 동정(動靜)과 운위(云爲;말과 행위)가 각기 마땅함을 얻어 그칠 적에 그 그칠 곳을 얻지 못함이 없는 것이다.

　'유기(惟幾)'는 일의 발함(기미)을 살피는 것이요 '유강(惟康)'은 일의 편안함을 살피는 것이니, 바로 하문(下文)에 여러 일이 편안하다는 뜻이다. 좌우에서 보필하는 신하에 이르러도 모두 군주의 허물을 다스리고 잘못을 바로잡는 직책을 다하여 안팎이 서로 닦여져서 지극하지 않음이 없으니, 이와 같으면 단지 군주가 동작함이 없을지언정 동작하면 천하가 크게 호응하지 않음이 없어, 진실로 나(군주)의 뜻에 앞서서 나를 기다리는 자가 있을 것이다. 이로써 밝게 하늘에게 명을 받으면 하늘이 어찌 거듭 명하여 아름답게 여기지 않겠는가.

3. 帝曰吁라 臣哉隣哉며 隣哉臣哉니라 禹曰兪라

　제순이 말씀하기를 "아! 신하가 이웃이며 이웃이 신하이다." 하시니, 우(禹)가 "아! 옳습니다." 하였다.

··· 繩 : 바로잡을 승　糾 : 다스릴 규　繆 : 어그러질 류

隣은 左右輔弼也라 臣은 以人言이요 隣은 以職言[104]이라 帝深感上文弼直之語라 故로 曰吁라 臣哉隣哉며 隣哉臣哉라하사 反復歎詠하여 以見弼直之義如此其重而不可忽하시니 禹卽兪而然之也라

'린(隣)'은 좌우에서 보필하는 것이다. 신(臣)은 사람으로 말하였고 린(隣)은 직책으로 말하였다. 제순이 상문(上文)의 "보필하는 자가 정직하다."는 말에 깊이 감동하셨다. 그러므로 말씀하기를 "아! 신하가 이웃이며 이웃이 신하이다."라고 하시어 반복하여 감탄하고 읊조려서 보필하는 이가 정직한 뜻이 이와 같이 중하여 소홀히 할 수 없음을 나타내시니, 우가 즉시 유(兪)라 하여 옳게 여긴 것이다.

4. 帝曰 臣은 作朕股肱耳目이니 予欲左右(佐佑)有民이어든 汝翼하며 予欲宣力四方이어든 汝爲하며 予欲觀古人之象하여 日月星辰山龍華蟲을 作會(繪)하며 宗彝[105]、藻、火、粉米、黼(보)、黻(불)을 絺(치)繡하여 以五采로 彰施于五色하여 作服이어든 汝明하며 予欲聞六律五聲八音하여 在治忽하여 以出納五言이어든 汝聽하라

제순이 다음과 같이 말씀하였다. "신하는 짐의 고굉(股肱;팔다리)과 이목(耳目)이 되어야 하니, 내가 백성들을 좌우(佐佑;도와줌)하려고 하거든 네가 도와주며, 내가 사방에 힘을 펴려 하거든 네가 그 일을 해주며, 내가 옛사람의 상(象)을 관찰하여 해와 달과 성신(星辰)과 산(山)과 룡(龍)과 화충(華蟲)을 그림으로 그리며, 종이(宗彝)와 마름[藻]과 불[火]과 분미(粉米)와 보(黼)와 불(黻)을 바느질하여 수놓아 오채(五采)로써 오색(五色)의 비단에 드러내어 베풀어서 옷을 만들려 하거든 네가 밝혀주며, 내가 육률(六律)과 오성(五聲)·팔음(八音)을 듣고서 다스려짐과 다스려지지 않음을 살펴 오언(五言)으로 출납하려 하거든 네가 자세히 살펴서 들어보아라."

此는 言臣所以爲隣之義也라 君은 元首也니 君資臣以爲助는 猶元首須股肱耳目

......

104 臣以人言 隣以職言 : 장강(張綱)이 말하였다. "신(臣)은 직분으로 말하였고 린(鄰)은 정으로 말하였다.〔臣以分言, 鄰以情言.〕"《詳說》

105 宗彝 : 종이(宗彝)에 대하여 오윤상은 추씨(鄒氏)의 '이(彝)는 상준(上尊;최고 높은 술동이)이니, 종묘의 이기(彝器)에 호이(虎彝;범을 그린 술동이)와 유이(蜼彝;원숭이를 그린 술동이)가 있어서 범과 원숭이를 술동이에 그렸으므로 종이를 호유(虎蜼)라 한 것이다.〔彝, 上尊, 宗廟彝器, 有虎彝、蜼彝、畫虎蛆(蜼)於彝, 故以宗彝爲虎蛆(蜼)也.〕'라고 한 말을 소개하였다.

··· 股:다리 고 肱:팔 굉 會:그릴 회 藻:마름 조 黼:보불 보 黻:보불 불 絺:꿰맬 치

以爲用也니 下文翼、爲、明、聽은 卽作股肱耳目之義¹⁰⁶라 左右者는 輔翼也니 猶孟子所謂輔之翼之하여 使自得之也라 宣力者는 宣布其力也라 言我欲左右有民이면 則資汝以爲助하고 欲宣力四方이면 則資汝以有爲也라

　이는 신하가 이웃이 되는 뜻을 말씀한 것이다. 군주는 원수(元首;머리)이니, 군주가 신하에게 의뢰하여 도움으로 삼음은 마치 원수(元首)가 고굉(股肱;수족)과 이목(耳目)을 필요로 하여 사용하는 것과 같으니, 하문(下文)의 익(翼)·위(爲)·명(明)·청(聽)은 곧 고굉과 이목이 되라는 뜻이다. '좌우(左右)'는 보익(輔翼)함이니, 《맹자》〈등문공상(滕文公上)〉에 이른바 '돕고 도와서 스스로 본성을 얻게 하라.'는 것과 같은 것이다. '선력(宣力)'은 그 힘을 폄이다. 내가 백성들을 도우려고 하면 너에게 의뢰하여 그 일을 도움을 받고 사방에 힘을 펴려고 하면 너에게 의뢰하여 그 일을 함이 있는 것이다.

象은 像也니 日月以下物象이 是也라 易曰 黃帝、堯、舜이 垂衣裳而天下治하시니 蓋取諸乾坤이라하니 則上衣下裳之制는 創自黃帝而成於堯舜也라 日、月、星辰은 取其照臨也요 山은 取其鎭也요 龍은 取其變也요 華蟲은 雉니 取其文也라 會는 繪也라 宗彝는 虎蜼(유)¹⁰⁷니 取其孝也요 藻는 水草니 取其潔也요 火는 取其明也요 粉米는 白米니 取其養也요 黼는 若斧形하니 取其斷也요 黻은 爲兩己相背하니 取其辨也라 絺(치)는 鄭氏讀爲黹(치)하니 紩也니 紩以爲繡也¹⁰⁸라 日也、月也、星辰也、山也、龍也、華蟲也六者는 繪之於衣하고 宗彝也、藻也、火也、粉米也、黼也、黻也六者는 繡之於裳하니 所謂十二章也라 衣之六章은 其序自上而下하고 裳之六章은 其序自下而上이라 采者는 靑黃赤白黑也라 色者는 言施之於繒帛也라

------

106 翼爲明聽 卽作股肱耳目之義 : 왕씨가 말하였다. "익(翼)은 굉(肱)이 되고 위(爲)는 고(股)가 되고 명(明)은 목(目)이 되고 청(聽)은 이(耳)가 된다.[翼作肱, 爲作股, 明作目, 聽作耳.]"《詳說》

107 宗彝虎蜼 : 종이(宗彝)는 종묘(宗廟)의 주기(酒器)이며 호유(虎蜼)는 호랑이와 원숭이로 이것을 제기(祭器)에 그린 것인데, 사계(沙溪) 김장생(金長生)은 "호랑이는 진실로 효도함을 취한 것이나 원숭이는 효도함을 취한 증거를 볼 수 없다." 하였다. 그러나 오윤상은 《주례(周禮)》의 소(疏)에 '범은 그 용맹함을 취하였고 원숭이는 그 지혜가 있음을 취하였다.[虎取其猛, (蛆)[蜼]取其有智.]' 한 것을 소개하였다.

108 紩以爲繡也 : 경문의 '치수(絺繡)'를 부연 설명한 것으로, 호산은 "《언해》의 해석이 잘못된 듯하다.[諺釋恐誤]" 하였다. 《詳說》《언해》에는 '絺하며 繡하야'로 해석하였는바, 치(絺)는 바느질함을 이르니, 치수(絺繡)는 바느질하여 수를 놓음으로 해석하는 것이 옳을 듯하다. 호산의 설에 따라 수정 번역하였다.

····· 雉 : 꿩 치　蜼 : 원숭이 유　黹 : 바느질할 치　紩 : 꿰맬 질　繒 : 비단 증

繪於衣하고 繡於裳은 皆雜施五采하여 以爲五色也라 汝明者는 汝當明其小大尊卑之差等也라 又按周制에 以日、月、星辰으로 畫於旂(기)하며 冕服九章은 登龍於山하고 登火於宗彝하여 以龍、山、華蟲、火、宗彝五者로 繪於衣하고 以藻、粉、黼、黻四者로 繡於裳하며 袞冕九章은 以龍爲首하고 鷩(별)冕七章은 以華蟲爲首하고 毳冕五章은 以虎蜼爲首하니 蓋亦增損有虞之制而爲之耳니라

　'상(象)'은 상(像)이니, 해와 달 이하의 물상(物象)이 이것이다. 《주역》〈계사전 하(繫辭傳下)〉에 "황제(黃帝)와 요(堯)·순(舜)이 의상(衣裳)을 드리움에 〈작위(作爲)함이 없이〉 천하가 다스려졌으니, 이는 건괘(乾卦)와 곤괘(坤卦)에서 취했다." 하였으니, 상의하상(上衣下裳)의 제도는 황제(黃帝)로부터 비롯되어 요·순 때에 이루어진 것이다. 해와 달과 성신(星辰)은 그 밝게 비추어 임함을 취한 것이요, 산은 진정(鎭靜)함을 취한 것이요, 룡(龍)은 그 변화함을 취한 것이요, '화충(華蟲)'은 꿩이니 그 문채를 취한 것이다. '회(會)'는 그림[繪]이다. '종이(宗彝)'는 호유(虎蜼)이니 그 효(孝)를 취한 것이요, '마름[藻]'은 수초(水草)이니 그 깨끗함을 취한 것이요, '불[火]'은 그 밝음을 취한 것이요, '분미(粉米)'는 백미이니 사람을 기름을 취한 것이요, '보(黼)'는 도끼 모양과 같으니 결단함을 취한 것이요, '불(黻)'은 두 기(己) 자가 서로 등지고 있는 것(아(亞) 자 모양)이니 분변함을 취한 것이다. '치(絺)'는 정씨(鄭氏)는 치(黹)로 읽었으니 바느질함이니, 바느질하여 수를 놓는 것이다.

　해·달·성신·산·룡·화충의 여섯 가지는 웃옷[上衣]에 그리고, 종이·마름·불·분미·보·불의 여섯 가지는 아래 치마[下裳]에 수놓으니, 이른바 12장(章)이라는 것이다. 웃옷의 여섯 가지 문양은 그 순서가 위에서 아래로 내려오고, 치마의 여섯 가지 문양은 그 순서가 아래에서 위로 올라간다. '채(采)'는 청색·황색·적색·백색·흑색이다. '색(色)'은 비단과 명주에 채색을 가함을 이른다. 웃옷에 그리고 치마에 수놓음은 모두 오채를 섞어 색칠하거나 수놓아서 오색을 만드는 것이다. '여명(汝明)'은 네가 마땅히 대소(大小)와 존비(尊卑)의 차등을 밝히라는 것이다.

　또 살펴보건대 《주례(周禮)》의 〈사복(司服)〉과 〈변사(弁師)〉에 해와 달과 성신은 기(旂)에 그리며, 면복(冕服)의 9장(章)은 룡을 산에 올리고 불을 종이(宗彝)에 올려 룡과 산과 화충과 불과 종이(宗彝)의 다섯 가지를 웃옷에 그리고, 마름과 분미와 보와 불 네 가지는 치마에 수놓으며, 곤면(袞冕)의 9장(章)은 룡을 첫 번째로 삼고, 별면(鷩冕)의 7장(章)은 화충을 첫 번째로 삼고, 취면(毳冕)의 5장(章)은 호유를 첫 번째로 삼았으니, 이 또한 유우(有虞)의 제도를 가감하여 만든 것이다.

··· 旂 : 깃발 기　冕 : 면류관 면　袞 : 곤룡포 곤　鷩 : 붉은꿩 별　毳 : 모직물 취

六律¹⁰⁹은 陽律也니 不言六呂者는 陽統陰也라 有律而後有聲하고 有聲而後八音이 得以依據라 故로 六律、五聲、八音이라하니 言之敍如此也라 在는 察也요 忽은 治之 反也라 聲音之道 與政通이라 故로 審音以知樂하고 審樂以知政하여 而治之得失을 可知也라 五言者는 詩歌之協於五聲者也라 自上達下를 謂之出이요 自下達上을 謂之納이라 汝聽者는 言汝當審樂하여 而察政治之得失者也라

'육률(六律)'은 양률(陽律)이니, 육려(六呂)를 말하지 않은 것은 양률(陽律)이 음려(陰呂)를 통솔하기 때문이다. 율(律)이 있은 뒤에 오성(五聲)이 있고, 오성이 있은 뒤에 팔음(八音)이 의거할 수 있다. 그러므로 육률·오성·팔음이라 하였으니, 말의 순서가 이와 같은 것이다. '재(在)'는 살핌이요, '홀(忽)'은 다스림의 반대이다. 성음(聲音)의 도(道)가 정사와 통한다. 그러므로 음(音)을 살펴 음악을 알고 음악을 살펴 정사를 알아서 정치의 득실(得失)을 알 수 있는 것이다. 오언(五言)은 시가(詩歌)를 오성에 맞춘 것이다. 위로부터 아래에 이름을 '출(出)'이라 하고, 아래로부터 위에 이름을 '납(納)'이라 한다. '여청(汝聽)'은 네가 마땅히 음악을 살펴 정치의 득실을 살피라는 것이다.

5. 予違를 汝弼이니 汝無面從하고 退有後言하여 欽四隣하라

내가 도리에 위배됨을 네가 보필할 것이니, 너는 대면해서는 따르고 물러가서는 뒷말을 하지 말아서 네 사린(四隣;군주의 전후와 좌우에서 보필함)의 직책을 공경하라.

違는 戾也라 言我有違戾於道어든 爾當弼正其失¹¹⁰이니 爾無面諛以爲是하고 而背

------

109 六律:음률(音律)을 12개월에 맞추어 11월의 황종(黃鍾), 12월의 대려(大呂), 정월(1월)의 태주(太簇), 2월의 협종(夾鍾), 3월의 고선(姑洗), 4월의 중려(仲呂), 5월의 유빈(蕤賓), 6월의 임종(林鍾), 7월의 이칙(夷則), 8월의 남려(南呂), 9월의 무역(無射), 10월의 응종(應鍾)으로 나누는데, 이중 1·3·5·7·9·11의 홀수달에 해당하는 황종·태주·고선·유빈·이칙·무역을 양률(陽律)이라 하여 육률(六律)이라 하고, 그 나머지 2·4·6·8·10·12의 짝수달에 해당하는 대려·협종·중려·임종·남려·응종을 음려(陰呂)라 하여 육려(六呂)라 하며, 이것을 통틀어 십이율(十二律)이라 한다. 그러나 때로는 육률(六律)이 육려(六呂)를 포함하여 십이율을 가리키는 말로도 쓰인다.

110 爾當弼正其失:경문의 '予違汝弼'을 부연 설명한 것으로, 진대유(陳大猷)는 "위에서 '내가 ~을 하고자 하거든 네가 도우며 네가 잘하며 네가 밝히며 네가 들으라'는 것은 마땅히 나를 받들어 순종하라는 것이요, 여기에서 '내가 도리에 위배됨이 있거든 네가 바로잡으라'는 것은 구차히 나를 순종해서는 안 된다는 것이다.〔上言予欲, 汝則翼爲明聽, 謂當將順于我也; 此言予違汝弼, 謂不當 苟順乎我也.〕" 하였다. 《詳說》

··· 戾 : 어길 려

毁以爲非하여 不可不敬爾隣之職也라 申結上文弼直隣哉之義하여 而深責之禹者如此하시니라

'위(違)'는 어긋남(위배됨)이다. 내가 도리에 위배됨이 있거든 네가 마땅히 그 잘못을 보필하여 바로잡을 것이니, 너는 대면해서는 아첨하여 옳다 하고 등을 돌리고는 헐뜯어 그르다 하지 말아서 너의 이웃이 된 직책을 공경하지 않으면 안 된다고 한 것이다. 상문(上文)에 보필하는 자가 정직하고 신하가 이웃이라는 뜻을 거듭 맺어서 깊이 우(禹)에게 바람이 이와 같으셨다.

6. 庶頑讒說[111]이 若不在時어든 侯以明之하며 撻以記之하며 書用識(지)哉하여 欲竝生哉니 工以納言으로 時而颺(양)之하여 格則承之庸之하고 否則威之니라

여러(모든) 완악한 자들의 참설(讒說:참소하는 말)이 만약 이 충직함에 있지 않거든 활의 명중률로써 밝히며 종아리를 쳐서 기억하게 하며 글로 써서 기록하여 함께 살게 하고자 할 것이니, 악공(樂工)이 바친 말을 가지고 때로 드날려 잘못을 고치면 천거하여 등용하고, 그렇지 않으면 형벌하여 위엄을 보여야 한다."

此는 因上文而慮庶頑讒說之不忠不直也라 讒說은 卽舜所聖(즉)者라 時는 是也니 在是는 指忠直爲言이라 侯는 射侯也라 明者는 欲明其果頑愚讒說與否也라 蓋射는 所以觀德이니 頑愚讒說之人이 其心不正이면 則形乎四體하고 布乎動靜하여 其容體必不能比於禮하고 其節奏必不能比於樂하여 其中이 必不能多하리니 審如是면 則其爲頑愚讒說也必矣라 周禮에 王大射면 則供虎侯, 熊侯, 豹侯하고 諸侯는 供熊侯, 豹侯하고 卿大夫는 供麋侯[112]호되 皆設其鵠하고 又梓人爲侯에 廣與崇方하고 三分其廣而鵠居一焉하니 應古制亦不相遠也라

••••••
111 庶頑讒說 : 뜻이 분명하지 않다. 《언해》에는 "모든 頑한 讒說이"로 풀이하였으나 《집전(集傳)》에는 "頑愚讒說之人"이라 하였는바, '頑愚之人의 讒說'인지, '頑愚하여 讒說을 하는 사람'인지 자세하지 않다. 주자 역시 이 부분을 "모두 이해할 수 없다.〔皆不可曉〕" 하였다. 《大全本》 번역에서는 일단 '여러 완우(頑愚)한 자들의 참설'로 풀이하였다.
112 王大射……供麋侯 : 후(侯)는 과녁판으로, 사계(沙溪)는 "짐승의 가죽으로 그 곁을 꾸밈은 사나운 자를 복종시키고 미혹된 자를 토벌함을 보이는 것이다.〔以皮飾其側, 示服猛討迷惑者.〕" 하였다. 《詳說》

••• 讒 : 참소할 참　侯 : 과녁 후　撻 : 종아리칠 달　颺 : 날릴 양　聖 : 미워할 즉(즐)　麋 : 큰사슴 미　鵠 : 과녁 곡

이는 상문(上文)을 인하여 여러 완악한 자들의 참설(讒說)이 불충(不忠)하고 불직(不直)함을 염려한 것이다. 참설은 바로 순(舜)이 미워한 것이다. '시(時)'는 이것이니, 이에 있다는 것은 충직(忠直)을 가리켜 말한 것이다. '후(侯)'는 활을 쏘는 과녁이다. '명(明)'은 그 과연 완악하고 어리석은 자들의 참설인가의 여부를 밝히고자 한 것이다. 활 쏘기는 덕(德)을 관찰하는 것이니, 완우(頑愚)한 자들의 참설이 그 마음이 바르지 못하면 이것이 사지(四肢)에 드러나고 동정(動靜)에 베풀어져서 그 용체(容體)가 반드시 예(禮)에 맞지 못하고 절주(節奏;연주하는 리듬)가 반드시 음악에 맞지 못하여 과녁을 맞춤이 반드시 많지 못할 것이니, 참으로 이와 같다면 완우한 참설임이 분명하다.

　　《주례(周禮)》〈사구(司裘)〉에 "왕(王)이 대사(大射)를 하게 되면 호후(虎侯;호랑이 가죽으로 만든 과녁판)·웅후(熊侯;곰 가죽으로 만든 과녁판)·표후(豹侯;표범 가죽으로 만든 과녁판)를 제공하고, 제후(諸侯)는 웅후·표후를 제공하고, 경대부(卿大夫)는 미후(麋侯;큰사슴 가죽으로 만든 과녁판)를 제공하되 모두 곡(鵠;정곡)을 설치한다." 하였으며, 또 《주례》〈고공기(考工記)〉에 "재인(梓人)이 과녁을 만들 적에 너비는 높이와 같게 하고 그 너비를 3등분하여 곡(鵠)이 3분의 1을 차지한다." 하였으니, 응당 옛 제도도 서로 멀지(크게 다르지) 않을 것이다.

撻은 扑(복)也니 卽扑作敎刑者니 蓋懲之하여 使記而不忘也라 識는 誌也니 錄其過惡以識于冊이니 如周制鄕黨之官이 以時로 書民之孝悌睦婣(인)有學者也라 聖人이 不忍以頑愚讒說而遽棄之하사 用此三者之敎하여 啓其憤하고 發其悱(비)[113]하여 使之遷善改過하여 欲其竝生於天地之間也라 工은 掌樂之官也라 格은 有恥且格[114]之格이니 謂改過也라 承은 薦也라 聖人이 於庶頑讒說之人에 旣有以啓發其憤悱遷善之心하고 而又命掌樂之官하여 以其所納之言으로 時而颺之하여 以觀其改過與否하여 如其改也어든 則進之用之하고 如其不改면 然後에 刑以威之하니

......
113 啓其憤 發其悱 : 분(憤)과 비(悱)는 마음으로 알려고 하나 통하지 못하고 입으로 말하려 하나 말이 나오지 않아 애태우는 것으로, 《논어》〈술이(述而)〉에 '분해 하지 않거든 열어주지 않으며 비(悱)해 하지 않거든 말해주지 않는다.〔不憤不啓, 不悱不發〕"는 공자의 말씀이 보이는데, 주자의 주(註)에 "분은 마음으로 통하고자 하나 되지(알지) 못하는 뜻이요 비는 입으로 말하려 하나 능하지 못한 모양이다.〔憤者, 心求通而未得之意; 悱者, 口欲言而未能之貌.〕" 하였다.

114 有恥且格 : 《논어》〈위정(爲政)〉에 "인도하기를 덕으로써 하고 가지런히 하기를 예로써 하면 부끄러워함이 있고 또 잘못을 바로잡게 된다.〔道之以德, 齊之以禮, 有恥且格.〕"라고 보인다.

··· 婣 : 화목할 인　悱 : 성낼 비

以見(현)聖人之敎 無所不極其至하여 必不得已焉而後威之니 其不忍輕於棄人也 如此라 此는 卽龍之所典이어늘 而此命伯禹는 總之也일새라

'달(撻)'은 〈회초리로〉 종아리를 치는 것이니, 곧 〈순전(舜典)〉에 '회초리는 학교의 형벌로 만든다.'는 것이니, 그를 징계하여 기억해서 잊지 않게 하는 것이다. '지(識)'는 기록함이니, 잘못과 악행을 기록하여 책에 기록하는 것이니, 주(周)나라 제도(《주례(周禮)》〈대사도(大司徒)〉)에 향(鄕)·당(黨)의 관원이 때로 백성의 효도하고 공경하며 동성간(同姓間)에 화목하고 이성간(異姓間)에 화목하며 학문이 있는 자를 글로 쓰는 것과 같은 것이다. 성인(聖人)은 차마 완우한 자들의 참설이라 하여 대번에 버리지 않으시어, 이 세 가지의 가르침을 써서 그의 분발함을 열어주고 그의 노력함을 분발하게 하여 그로 하여금 개과 천선(改過遷善)해서 천지(天地)의 사이에 함께 살게 하고자 한 것이다.

'공(工)'은 음악을 관장하는 관원(악공)이다. '격(格)'은 '부끄러워하고 또 바르게 된다.'는 격(格)과 같으니, 허물을 고침을 이른다. '승(承)'은 천거(등용)함이다. 성인(聖人)이 여러 완우한 자들의 참설에 대하여, 이미 분비(憤悱)하여 개과 천선하려는 마음을 계발(啓發)하게 함이 있고, 또 음악을 관장한 관원에게 명하여 그가 바친 말을 때로 드날려 허물을 고쳤는가의 여부를 관찰한다. 그리하여 만일 허물을 고쳤으면 천거하여 등용하고, 만일 허물을 고치지 않았으면 그런 뒤에야 형벌하여 위엄을 보이는 것이다. 이는 성인의 가르침이 그 지극함을 다하지 않는 바가 없어서 반드시 부득이한 뒤에 위엄을 보임을 나타낸 것이니, 차마 사람을 가볍게 버리지 않음이 이와 같았다. 이는 곧 룡(龍)이 맡은 것인데 여기에서 백우(伯禹)에게 명한 것은 백우가 여러 직책을 총괄하였기 때문이다.

7. 禹曰 兪哉나 帝光天之下하사 至于海隅蒼生하시면 萬邦黎獻이 共惟帝臣하리니 惟帝時擧니이다 敷納以言하시며 明(庶)[試]以功하시며 車服以庸하시면 誰敢不讓하며 敢不敬應하리잇고 帝不時하시면 敷同하여 日奏罔功하리이다

우(禹)가 말씀하였다. "아! 〈옳은 말씀이오나〉 황제의 덕이 천하에 빛나시어 바다 모퉁이의 창생(蒼生)에게까지 이르게 하신다면 만방(萬邦)의 여러 백성 중에 어진 자가 함께 황제의 신하가 되려는 생각을 할 것이니, 황제께서는 이에 들어 쓰실 뿐입니다. 〈아랫사람들이〉 펴서 아뢰거든 받아들이되 말로써 하시며 밝게 시험하되 공으로써 하시며 수레와 의복으로 공을 표창하시면 누가 감히 〈선한 자에게〉 사양하지 않으며 감

··· 黎 : 검을 려 獻 : 어질 헌

히 공경히 응하지 않겠습니까. 황제께서 이렇게 하지 않으시면 〈원근의 신하들이〉 부동(敷同:부화뇌동)하여 날로 공이 없음에 나아갈 것입니다.

兪哉者는 蘇氏曰 與春秋傳公曰諾哉意同하니 口然而心不然之辭也라하니라 隅는 角也라 蒼生者는 蒼蒼然而生이니 視遠之義也라 獻은 賢也니 黎獻者는 黎民之賢者也라 共은 同이요 時는 是也라 敷納者는 下陳而上納也요 明庶者는 明其衆庶也라[115] 禹雖兪帝之言이나 而有未盡然之意하여 謂庶頑讒說에 加之以威가 不若明之以德하여 使帝德光輝하여 達於天下하여 海隅蒼生之地 莫不昭灼이니 德之遠著如此면 則萬邦黎民之賢이 孰不感慕興起리오 而皆有帝臣之願하리니 惟帝時擧而用之爾라 敷納以言而觀其蘊하고 明庶以功而考其成하고 旌能命德以厚其報니 如此면 則誰敢不讓於善하고 敢不精白一心하여 敬應其上하여 而庶頑讒說을 豈足慮乎잇가 帝不如是하시면 則今任用之臣이 遠近敷同하여 率爲誕慢하여 日進於無功矣리니 豈特庶頑讒說이 爲可慮哉잇가

'유재(兪哉)'는 소씨(蘇氏)가 말하기를 "《춘추좌씨전》 애공(哀公) 16년의 '공(公)이 말씀하기를 낙재(諾哉)'라고 하였다.'는 것과 뜻이 같으니, 입으로는 옳다고 하나 마음속으로는 옳게 여기지 않는 말이다." 하였다. '우(隅)'는 모퉁이이다. '창생(蒼生)'은 초목이 창창연(蒼蒼然)히 자라는 것이니, 먼 곳을 〈아득히〉 보는 뜻이다. '헌(獻)'은 어짊이니, 여헌(黎獻)은 여민(黎民) 중에 어진 자이다. '공(共)'은 함께이고 '시(時)'는 이것이다, '부납(敷納)'은 아랫사람이 펴서 말함에 윗사람이 받아들이는 것이며, '명서(明庶)'는 여러 사람들을 밝히는 것이다.

우(禹)는 비록 제순의 말씀을 옳다고 하였으나 다 옳게 여기지는 않는 뜻이 있어 이르기를 "여러 완우한 자들의 참설에 위엄을 가하는 것이, 황제께서 덕(德)을 밝혀 덕이 빛나서 천하에 이르러 바다 모퉁이의 창생의 땅에까지 밝지 않음이 없게 하는 것만 못하니, 덕이 멀리 드러남이 이와 같으면 만방(萬邦)의 여민 중에 현자가 누가 사

------

115 明庶者 明其衆庶也:경문의 '明庶以功'을 부연 설명한 것인데, 추계우(鄒季友)는 "주자가 말씀하기를 '서(庶)는 시(試)의 오자이다.' 하였다. 살펴보건대《춘추좌씨전》 희공(僖公) 27년에 '조양자(趙襄子)가 〈하서(夏書) 순전(舜典)〉을 인용하면서 '敷奏以言 明試以功'으로 썼다.[按左傳, 趙襄引夏書, 作敷奏以言, 明試以功.]" 하였다.《상설》 오윤상 역시《주자어류》에 실려 있는 주자의 말씀을 소개하였다. 그러나《집전》은 명서(明庶)를 그대로 따라 해석하였다. 〈순전〉은 '우서(虞書)'인데 다른 책에는 '하서(夏書)'로 표기된 것이 많다. 이에 따라 경문을 수정 번역하였다.

··· 灼:밝을 작 蘊:쌓을 온

모하고 흥기하지 않겠습니까. 그리하여 모두 황제의 신하가 되려는 소원이 있을 것이니, 황제께서는 이에 들어 쓸 뿐입니다.

아랫사람이 펴서 아뢰거든 받아들이되 말로써 하여 그 마음의 쌓임(속내)을 관찰하고, 여러 사람들을 밝히되 공으로써 하여 그 이룸(성공)을 상고하며, 유능한 이를 표창하고 덕이 있는 이에게 관작을 명하여 보답을 후하게 할 것이니, 이와 같이 하면 누가 감히 선한 자에게 사양하지 않으며 감히 한 마음을 정백(精白:순수하고 깨끗함)하게 해서 공경히 윗사람에게 응하지 아니하여 여러 완우(頑愚)한 자들의 참설을 어찌 굳이 염려할 것이 있겠습니까. 황제께서 이와 같이 하지 않으시면 이제 임용한 신하들이 먼 자와 가까운 자가 부화뇌동해서 서로 이끌어 허탄하고 태만하여 날로 공이 없음에 나아갈 것이니, 어찌 다만 여러 완악한 자들의 참설만이 우려할 만할 뿐이겠습니까." 하였다.

8. **無若丹朱傲**하소서 **惟慢遊**를 **是好**하며 **傲虐**을 **是作**하며 **岡晝夜額**(액)**額**하며 **岡水行舟**하며 **朋淫于家**하여 **用殄厥世**하니이다 **予創若時**하여 **娶于塗山**하여 **辛、壬、癸、甲**이며 **啓呱**(고)**呱而泣**이어늘 **予弗子**하고 **惟荒度**(탁)**土功**하여 **弼成五服**호되 **至于五千**하고 **州十有二師**하며 **外薄**(박)**四海**히 **咸建五長**호니 **各迪有功**이어늘 **苗頑**하여 **弗卽工**하나니 **帝其念哉**하소서 **帝曰 迪朕德**은 **時乃功惟敍**니 **皐陶方祗厥敍**하여 **方施象刑**호되 **惟明**하나니라

단주(丹朱)처럼 오만하지 마소서. 〈단주는〉 오직 태만하게 노는 것을 좋아하며 오만함과 포악함을 행하며 밤낮없이 쉬지 않고 계속하며 물이 없는 데서 배를 끌고 다니며 소인과 붕당(朋黨)하여 집안에서 음란하여 그 대(代)를 끊어버렸습니다. 저는 이와 같음을 징계하여 도산씨(塗山氏)에게 장가들고서 겨우 신(辛)·임(壬)·계(癸)·갑(甲)의 4일을 지냈으며, 계(啓)가 태어나 고고(呱呱)히 울었으나 저는 자식으로 여겨 사랑하지 못하고, 토공(土功:수토(水土)를 다스리는 일)을 크게 헤아려 오복(五服)의 제도를 도와 이루되 5천 리에 이르게 하고 주(州)마다 12사(師)를 두었으며 밖으로 사해에 이르기까지 모두 5장(長:우두머리)을 세우니, 각각 나아가 공(功)이 있게 되었습니다. 그러나 삼묘(三苗)는 완악하여 공(工:공(功))에 나아가지 않사오니, 황제께서는 이를 생각하소서."

제순(帝舜)이 말씀하기를 "짐의 덕을 순하게 행함은 너의 공이 펴졌기 때문이니, 고요는 네가 막 편 공을 공경히 이어 상형(象刑)을 베풀되 분명히 한다." 하셨다.

··· 額:힘쓸 액 創:징계할 창 塗:진흙 도 呱:울고 薄:이를 박

漢志에 堯處子朱於丹淵하여 爲諸侯라하니 丹은 朱之國名也라 頟頟은 不休息之狀이라 罔水行舟는 如奡盪舟(오탕주)[116]之類라 朋淫者는 朋比小人而淫亂于家也라 殄은 絶也요 世者는 世堯之天下也니 丹朱不肖하여 堯以天下與舜而不與朱라 故曰殄世라 程子曰 夫聖莫聖於舜이어늘 而禹之戒舜에 至曰無若丹朱 好慢遊, 作傲虐이라하시니 且舜之不爲慢遊傲虐은 雖愚者라도 亦當知之어늘 豈以禹而不知乎아 蓋處崇高之位면 所以儆戒者 當如是也니라 創은 懲也니 禹自言懲丹朱之惡하여 而不敢以慢遊也라

《한서(漢書)》〈율력지(律曆志)〉에 "제요(帝堯)가 아들 주(朱)를 단연(丹淵)에 거처하게 하여 제후를 삼았다." 하였으니, '단(丹)'은 주(朱)의 나라 이름이다. '액액(頟頟)'은 쉬지 않는 모양이다. '망수행주(罔水行舟)'는 오(奡)가 배를 육지로 끌고 다닌 것과 같은 따위이다. '붕음(朋淫)'은 소인들과 붕당하여 집에서 음란한 것이다. '진(殄)'은 끊음이요 '세(世)'는 제요의 천하를 대대로 잇는 것이니, 단주(丹朱)가 불초하여 제요가 천하를 순(舜)에게 주고 단주에게 주지 않았으므로 대를 끊었다고 한 것이다.

정자(程子)가 말씀하였다. "성(聖)스러움은 순(舜)보다 더 성스러운 분이 없는데, 우(禹)가 순을 경계할 적에 '단주처럼 태만하게 노는 것[慢遊]을 좋아하지 말고 오만함과 포악함[傲虐]을 행하지 마시라.' 하였으니, 순이 만유(慢遊)와 오학(傲虐)을 하지 않음은 비록 어리석은 자라도 마땅히 알 터인데, 어찌 우로서 이것을 몰랐겠는가. 이는 숭고한 지위에 처하면 경계함이 마땅히 이와 같아야 하는 것이다."

'창(創)'은 징계함이니, 우(禹)가 스스로 말씀하기를 "단주의 악행을 징계하여 감히 만유(慢遊)하지 않았다."고 한 것이다.

塗山은 國名이니 在今壽春縣東北하니 禹娶塗山氏之女也라 辛、壬、癸、甲은 四日也니 禹娶塗山하여 甫及四日에 卽往治水也라 啓는 禹之子라 呱呱는 泣聲이라 荒은 大也니 言娶妻生子 皆有所不暇顧念이요 惟以大相度(탁)平治水土之功爲急也라 孟子言禹八年於外에 三過其門而不入이 是也라 五服은 甸、侯、綏、要、荒也니 言非特平治水土라 又因地域之遠近하여 以輔成五服之制也라 疆理宇內는 乃

------

116 奡盪舟 : 탕주(盪舟)는 힘이 세어 물이 없는 육지에서 배를 끌고 다니는 것으로, 《논어》〈헌문(憲問)〉에 "예(羿)는 활쏘기를 잘하였고 오(奡)는 배를 육지로 끌고 다녔으나, 모두 올바른 죽음을 얻지 못하였다.〔羿善射, 奡盪舟, 俱不得其死.〕"라고 보인다.

••• 奡 : 이름 오 盪 : 물배질할 탕 甫 : 겨우 보 甸 : 다스릴 전

人君之事니 非人臣之所當專者라 故曰弼成也라 五千者는 每服五百里니 五服之地는 東西南北이 相距五千里也라 十二師者는 每州立十二諸侯하여 以爲之師하여 使之相牧하여 以糾群后也라 薄은 迫也라 九州之外 迫於四海히 每方에 各建五人하여 以爲之長하여 而統率之也니 聖人經理之制 其詳內略外者 如此라 卽은 就也라 謂十二師、五長이 內而侯牧과 外而蕃(藩)夷가 皆蹈行有功이어늘 惟三苗頑慢不率하여 不肯就工하니 帝當憂念之也라

'도산(塗山)'은 나라 이름이니, 지금의 수춘현(壽春縣) 동북쪽에 있었으니, 우가 도산씨(塗山氏)의 딸에게 장가든 것이다. 신(辛)·임(壬)·계(癸)·갑(甲)은 4일이니, 우가 도산씨에게 장가들어 겨우 4일에 즉시 가서 홍수를 다스린 것이다. '계(啓)'는 우의 아들이다. '고고(呱呱)'는 우는 소리이다. '황(荒)'은 큼이니, 아내를 취하고 자식을 낳은 것은 모두 돌아보고 생각할 겨를이 없었고, 오직 수토(水土)를 평치(平治)하는 공(功;일)을 크게 헤아림을 급선무로 삼은 것이다. 《맹자》〈등문공 상(滕文公上)〉에 "우가 8년 동안 밖에 있으면서 세 번이나 자기 집 문 앞을 지나면서도 들어가지 않으셨다."는 것이 이것이다.

'오복(五服)'은 전복(甸服)·후복(侯服)·수복(綏服)·요복(要服)·황복(荒服)이니, 단지 수토(水土)를 평치(平治)할 뿐만 아니라, 또 지역의 원근(遠近)에 따라 오복의 제도를 도와 이루게 함을 말한 것이다. 우내(宇內;천하 이내)를 구획하고 다스림은 바로 군주의 일이니, 신하가 독단할 수 있는 것이 아니다. 그러므로 도와서 이루게 하였다고 말한 것이다.

5천은 복(服)마다 5백 리이니, 오복(五服)의 땅은 동·서·남·북의 거리가 5천 리인 것이다. '12사(師)'는 매주(每州)에 12명의 제후를 세워 사(師;우두머리)를 삼아서 이들로 하여금 서로 살펴 제후들을 바로잡게 한 것이다. '박(薄)'은 이름이다. 구주(九州)의 밖으로부터 사해에 이르기까지 매방(每方)에 각기 5명을 세워 장(長)으로 삼아 통솔하게 한 것이니, 성인(聖人)이 경리(經理;천하를 다스림)한 제도가 안을 상세히 하고 밖을 소략히 함이 이와 같았다. '즉(卽)'은 나아감이다. 12사(師)와 5장(長)이 안으로는 후목(侯牧)과 밖으로는 번이(蕃夷)가 다 공을 실천하여 행하였는데, 오직 삼묘(三苗)만이 완악하고 거만하여(불경하여) 따르지 않아서 공(功)에 나아가기를 즐기지 않으니, 황제는 마땅히 걱정하고 생각하시라는 것이다.

帝言四海之內가 蹈行我之德敎者는 是汝功惟敍之故니 其頑而弗率者는 則皐陶

方敬承汝之功敍하여 方施象刑호되 惟明矣라 日明者는 言其刑罰當罪하여 可以畏 服乎人也라 上文禹之意는 欲舜弛其鞭扑之威하고 益廣其文敎之及이어늘 而帝以 禹之功敍 旣已如此로되 而猶有頑不卽工如苗民者하니 是豈刑法之所可廢哉리오 하시니라 或者는 乃謂苗之凶頑은 六師征之로되 猶且逆命하니 豈皐陶象刑之所能 致리오하니 是未知聖人兵刑之敍와 與帝舜治苗之本末也라 帝之此言은 乃在禹未 攝位之前이요 非徂征後事라 蓋威以象刑호되 而苗猶不服然後에 命禹征之하시고 征之不服이어늘 以益之諫而又增修德敎하시고 及其來格然後에 分背之하시니 舜 之此言은 雖在三謨之末이나 而實則禹未攝位之前也니라

　　제순이 말씀하기를 "사해의 안이 나의 덕교(德敎)를 따라 행하는 것은 너의 공이 펴졌기 때문이니, 그 완악하여 따르지 않는 자들은 고요가 막 너의 공이 펴진 것을 공 경히 계승하여 상형(象刑)을 베풀되 분명히 한다." 하셨다. '명(明)'은 형벌이 죄에 합 당하여 사람들을 두렵게 하고 복종시킬 수 있음을 말한 것이다. 상문(上文)에 우(禹)의 뜻은 순(舜)으로 하여금 편복(鞭扑)의 위엄을 풀고 문교(文敎)의 미침을 더욱 넓히고자 한 것인데, 제순은 "우의 공이 펴짐이 이미 이와 같은데도 묘민(苗民)처럼 여전히 완악 하여 공에 나아가지 않는 자가 있으니, 어찌 형법을 폐할 수 있겠는가."라고 하신 것 이다.

　　혹자는 마침내 말하기를 "묘(苗)의 흉하고 완악함은 육사(六師;육군(六軍))로 정벌 하였는데도 오히려 명을 거역하였으니, 어찌 고요의 상형(象刑)으로 능히 이룰 수 있 겠는가."라고 하니, 이는 성인이 병(兵)과 형(刑)을 쓰신 순서와 제순이 묘를 다스린 본 말을 알지 못한 것이다. 제순의 이 말씀은 바로 우(禹)가 아직 섭위(攝位)하기 전에 있 었고 우가 가서 정벌한 뒤의 일이 아니니, 이는 상형으로 위엄을 보여도 묘가 여전히 복종하지 않은 뒤에야 우에게 명하여 정벌하게 하셨고, 정벌하여도 복종하지 않자 익 (益)의 간언(諫言)에 따라 또 덕교(德敎)를 더 닦으셨으며, 그가 와서 복종함에 이른 뒤 에야 구분하여 떠나보내신 것이니, 순의 이 말씀은 비록 삼모(三謨)의 맨 끝에 있으나 실제로는 우가 아직 섭위하기 이전이었다.

9. **夔曰 戛**(알)**擊鳴球**하며 **搏拊**(박부)**琴瑟**하여 **以詠**호니 **祖考來格**하시며 **虞 賓**이 **在位**하여 **羣后**로 **德讓**하나다 **下管鼗**(도)**鼓**하고 **合止柷敔**(축어)하며 **笙 鏞以間**호니 **鳥獸蹌蹌**하며 **簫韶九成**에 **鳳凰**이 **來儀**하나다

　　기(夔)가 말하였다. "명구(鳴球)를 치며 거문고와 비파를 박부(搏拊;살짝 두드림)하여

··· 鞭 : 채찍 편　扑 : 종아리칠 복　徂 : 갈 조　戛 : 칠 알　搏 : 칠 박　拊 : 칠 부　鼗 : 법고 도　柷 : 악기이름 축　敔 : 악기이름 어　笙 : 젓대 생　蹌 : 춤출 창

노래를 읊으니, 조(祖)·고(考)의 영혼이 와서 이르시며 우빈(虞賓)이 자리에 있으면서 여러 제후들과 덕(德)으로 사양합니다. 당하(堂下)에는 관악기와 도고(鼗鼓;법고로 일명 땡땡이)를 진열하고, 음악을 합주(合奏)하고 멈추되 축(柷)과 어(敔)로 하며, 생(笙)과 용(鏞;큰종)을 번갈아 울리니, 새와 짐승이 너울너울 춤을 추며 소소(簫韶)를 아홉 번 연주하자 봉황이 와서 춤을 춥니다.”

戛擊은 考擊也라 鳴球는 玉磬名也라 搏은 至요 拊는 循也라 樂之始作에 升歌於堂上하나니 則堂上之樂은 惟取其聲之輕淸者하여 與人聲相比라 故曰以詠[117]이니 蓋戛擊鳴球하고 搏拊琴瑟하여 以合詠歌之聲也라 格은 神之格思[118]之格이라 虞賓은 丹朱也라 堯之後爲賓於虞하니 猶微子作賓於周也[119]라 丹朱在位하여 與助祭羣后로 以德相讓이면 則人無不和를 可知矣라 下는 堂下之樂也라 管은 猶周禮所謂陰竹之管, 孤竹之管, (絲)[孫]竹之管[120]也라 鼗鼓는 如鼓而小하니 有柄하여 持而搖之하면 則旁耳自擊이라 柷, 敔는 郭璞云 柷은 如漆桶하니 方二尺四寸이요 深一尺八寸이며 中有椎(추)柄하니 連底撞(당)之하여 令左右擊이라 敔는 狀如伏虎하니 背上에 有二十七鉏鋙(서어)刻하여 以籈擽(진력)之하나니 籈長一尺이니 以木爲之라하니라 始作也에 擊柷以合之하고 及其將終也엔 則擽敔以止之하니 蓋節樂之器也라

 '알격(戛擊)'은 치는 것이다. '명구(鳴球)'는 옥경(玉磬)의 명칭이다. '박(搏)'은 손이 이름(살며시 댐)이요 '부(拊)'는 어루만짐이다. 음악을 처음 시작할 때에 당상(堂上)에 올라가 노래하니, 당상의 음악은 오직 그 소리가 가볍고 맑은 것을 취하여 사람의 목소리와 서로 합하게 하므로 '이영(以詠)'이라 하였으니, 명구를 치고 거문고와 비파를 어루만져서 영가(詠歌)의 소리에 합하게 한 것이다. '격(格)'은 신지격사(神之格思)의

······
117 堂上之樂……故曰以詠 : 당나라 공씨는 “시장을 노래로 읊는 것이다.〔歌詠詩章〕”하였고, 임씨(林氏)는 “당상의 음악은 노래를 위주한다.〔堂上之樂, 以歌爲主.〕”하였다.《詳說》
118 神之格思 : 격(格)은 신(神)이 이르는(강림하는) 것이요 사(思)는 조사(助詞)로,《시경(詩經)》〈대아(大雅) 억(抑)〉에 “신의 강림함을 예측할 수 없다.〔神之格思, 不可度思.〕”라고 보인다.
119 猶微子作賓於周也 : 아래 〈미자지명(微子之命)〉에 “주나라 왕가에 손님이 되어라.〔作賓于王家也〕”라고 하였으므로 말한 것이다. 〈미자지명〉은 성왕(成王)이 반란한 무경(武庚)을 죽이고 미자를 송(宋)나라에 봉하여 탕왕(湯王)의 제사를 받들게 하면서 미자에게 명한 내용이다.
120 陰竹之管 孤竹之管 孫竹之管 : 음죽(陰竹)은 산(山)의 북쪽에서 자란 대나무이고, 고죽(孤竹)은 특별히 우뚝하게 자란 대나무이고, 손죽(孫竹)은 가지와 뿌리가 생기지 않은 대나무라 한다. 원래 '孫竹'은 '絲竹'으로 되어 있으나,《주례》〈대사악(大司樂)〉에 의거하여 바로잡았다.

··· 磬:경쇠경 撞:칠당 鉏:어긋날 서 鋙:어긋날 어 籈:풍류채 진 擽:칠 력

격(格)이다. '우빈(虞賓)'은 단주(丹朱)이다. 요(堯)의 후사(後嗣)가 우(虞)나라에 손님이 된 것이니, 미자(微子)가 주(周)나라에 손님이 된 것과 같다. 단주가 이 자리에 있으면서 제사를 돕는 여러 제후들과 덕(德)으로써 서로 사양하였으니, 사람들이 화하지 않음이 없음을 알 수 있다.

'하(下)'는 당하(堂下)의 악기이다. '관(管)'은 《주례(周禮)》〈대사악(大司樂)〉에 이른바 '음죽(陰竹)의 관(管), 고죽(孤竹)의 관(管), 손죽(孫竹)의 관(管)'과 같은 것이다. '도고(鼗鼓;법고)'는 북과 같은데 작으니, 자루가 있어 이것을 잡고 흔들면 양 곁의 귀가 스스로 제 몸을 두드리게 된다. '축(柷)'과 '어(敔)'는 곽박(郭璞)이 이르기를 "축(柷)은 칠통(漆桶;옻칠한 통)과 비슷하니, 사방이 2척 4촌이고 깊이가 1척 8촌이며 가운데에 나무 자루(방망이)가 밑바닥까지 연결되어 있으니, 이것을 연속하여 두드려서 좌우로 치게 한다. '어(敔)'는 모양이 엎드려 있는 범과 같은데 등 위에 27개의 들쑥날쑥한 홈이 새겨져 있어 진(籈;풍류채)으로 긁는다. 진(籈)의 길이는 1척이니, 나무로 만든다." 하였다. 처음 음악을 시작할 때에는 축을 쳐서 여러 음을 합주(合奏)하고, 음악이 장차 끝나려 할 때에는 어를 긁어서 그치니, 이는 음악을 절제하는 기구이다.

笙은 以匏爲之하니 列管於匏中하고 又施簧於管端이라 鏞은 大鐘也라 葉氏曰 鐘이 與笙相應者曰笙鐘이요 與歌相應者曰頌(용)鐘이니 頌은 或謂之鏞하니 詩賁(분)鼓維鏞이 是也라 大射禮에 樂人이 宿縣(懸)于阼階東호되 笙磬西面이요 其南은 笙鐘이며 西階之西엔 頌磬東面이요 其南은 頌鐘이라하니 頌鐘은 卽鏞鐘也라 上言以詠하고 此言以間은 相對而言이니 蓋與詠歌迭奏也라 鄕飮酒禮云 歌鹿鳴하고 笙南陔(해)하며 間歌魚麗(리)하고 笙由庚[121]이라하니 或其遺制也라 蹌蹌은 行動之貌라 言樂音이 不獨感神人이라 至於鳥獸無知하여도 亦且相率而舞蹌蹌然也라

'생(笙)'은 박으로 만드니, 관(管)을 박 가운데에 늘어놓고 또 황(簧;얇은 쇠로 된 울림판)을 관 끝에 설치한다. '용(鏞)'은 큰 종이다. 섭씨(葉氏)는 말하기를 "종(鐘)이 생(笙)과 서로 응하는 것을 생종(笙鐘)이라 하고, 노래와 서로 응하는 것을 용종(頌鐘)이라

······
121 歌鹿鳴……笙由庚 : 호산은 '歌鹿鳴 笙南陔'에는 "각각 세 편을 연주한다.〔各一奏三篇〕" 하였고, '間歌魚麗 笙由庚'에는 "각각 사이에 세 편을 연주한다.〔各間奏三篇〕" 하였다. 《詳說》세 편은 〈녹명(鹿鳴)〉·〈사무(四牡)〉·〈황황자화(皇皇者華)〉를 가리킨 것으로 보인다. 《의례》〈향음주례(鄕飮酒禮)〉에 "鼓瑟而歌鹿鳴、四牡、皇皇者華"라고 보이며, 이 세 편을 〈녹명〉 3장(章)이라고도 하는바, 《시경》〈소아(小雅) 화서(華黍)〉의 주(《집전》)에도 보인다.

··· 陔 : 변방 해

한다. 용(頌)은 혹 용(鏞)이라 하니,《시경》〈영대(靈臺)〉에 '큰 북과 큰 종[賁鼓維鏞]'이라 한 것이 이것이다." 하였다.

《의례》〈대사례(大射禮)〉에 "악공(樂工)이 미리 동쪽 섬돌의 동쪽에 악기를 매달되 생경(笙磬)은 서향을 하고 그 남쪽에는 생종을 진열하며, 서쪽 계단의 서쪽에는 용경(頌磬)은 동향을 하고 그 남쪽에는 용종(頌鐘)을 진열하니, 용종(頌鐘)은 곧 용종(鏞鐘)이다." 하였다. 위에서는 이영(以詠)이라 하고 여기서는 이간(以間)이라 한 것은 상대하여 말한 것이니, 영가(詠歌)와 함께 번갈아 연주하는 것이다.

《의례》〈향음주례(鄕飮酒禮)〉에 "〈녹명(鹿鳴)〉을 노래하고 〈남해(南陔)〉를 생(笙)으로 연주하며, 번갈아 〈어리(魚麗)〉를 노래하고 〈유경(由庚)〉을 생으로 연주한다." 하였으니, 혹 예로부터 전해오는 제도인 듯하다. '창창(蹌蹌)'은 춤추는 모양이다. 음악은 단지 신(神)과 사람을 감동시킬 뿐만 아니라, 무지한 조수(鳥獸)에 이르러서도 또한 서로 거느리고 춤추기를 창창연(蹌蹌然)히 함을 말한 것이다.

簫는 古文作箾(소)하니 舞者所執之物이라 說文云 樂名箾韶라 季札이 觀周樂할새 見舞韶箾者라하니 則箾韶는 蓋舜樂之總名也라 今文作簫라 故로 先儒誤以簫管釋之하니라 九成者는 樂之九成也라 功以九敍라 故로 樂以九成이니 九成은 猶周禮所謂九變也라 孔子曰 樂者는 象成者也라 故曰成[122]이라하시니라 鳳凰은 羽族之靈者니 其雄爲鳳이요 其雌爲凰이라 來儀者는 來舞而有容儀也라 夔擊鳴球하고 搏拊琴瑟以詠은 堂上之樂也요 下管鼗鼓하고 合止柷敔하며 笙鏞以間은 堂下之樂也라 唐孔氏曰 樂之作也에 依上下而遞奏하고 間合而後曲成이라하니라 祖考는 尊神故로 言於堂上之樂하고 鳥獸는 微物故로 言於堂下之樂하며 九成致鳳은 尊異靈瑞라 故別言之하니 非堂上之樂은 獨致神格하고 堂下之樂은 偏能舞獸也니라

'소(簫)'는 고문(古文)에는 소(箾)로 되어 있으니, 춤추는 자가 잡는 물건이다.《설문해자(說文解字)》에 "음악의 이름을 소소(箾韶)라 한다. 계찰(季札)이 음악을 관찰할 적에 '소소(箾韶)로 춤추는 자를 보았다.' 했다." 하였으니, 그렇다면 소소는 아마도 제순(帝舜)의 음악의 총칭인 듯하다. 금문(今文)에는 소(簫)로 되어 있기 때문에 선유(先儒)들이 소관(簫管;퉁소)으로 잘못 해석하였다.

......
122 孔子曰……故曰成 : 이 내용은《예기》〈악기(樂記)〉에 보인다.

... 箾 : 퉁소 소   遞 : 번갈아 체

'구성(九成)'은 음악이 아홉 번 끝난 것이다. 공(功)이 아홉 번 펴졌기 때문에 음악을 구성이라 하였으니, 구성은 《주례(周禮)》〈대사악(大司樂)〉의 이른바 '구변(九變:아홉 번 변함)'과 같다. 공자(孔子)가 말씀하기를 "악(樂)은 이룸[成]을 형상한 것이다. 그러므로 성(成)이라 한다." 하셨다. 봉황은 우족(羽族)의 영물이니, 수놈을 봉(鳳)이라 하고 암놈을 황(凰)이라 한다. '내의(來儀)'는 와서 춤을 추되 용의(容儀:거동)가 있게 한 것이다.

명구(鳴球)를 치고 거문고와 비파를 어루만져 노래를 읊음은 당상의 음악이고, 당하에 관악기와 도고를 진열하고 음악을 합주(合奏)하고 멈추되 축(柷)과 어(敔)로 하며 생(笙)과 용(鏞)을 번갈아 울림은 당하의 음악이다. 당(唐)나라 공씨(孔氏)가 말하기를 "음악을 시작할 때에는 당상과 당하에 따라 교대로 연주하고, 번갈아 합주한 뒤에 곡조가 이루어진다." 하였다. 조(祖)·고(考)는 높은 신(神)이므로 당상의 음악에 말하였고 조수(鳥獸)는 미물(微物)이므로 당하의 음악에 말하였으며, 소소(簫韶)를 아홉 번 연주하자 봉황이 이름은 신령스러움과 상서로운 물건을 높이고 특이하게 여겼기 때문에 따로 말한 것이니, 당상의 음악은 단지 신(神)이 강림함을 이루고 당하의 음악은 단지 짐승을 춤추게만 한 것은 아니다.

或曰 笙之形은 如鳥翼하고 鏞之簴(거)는 爲獸形이라 故於笙鏞以間에 言鳥獸蹌蹌이라 風俗通曰 舜作簫笙以象鳳이라하니 蓋因其形聲之似하여 以狀其聲樂之和니 豈眞有鳥獸鳳凰而蹌蹌來儀者乎아 曰 是未知聲樂感通之妙也라 瓠巴(호파) 鼓瑟에 而游魚出聽하고 伯牙鼓琴에 而六馬仰秣[123]하니 聲之致祥召物이 見(현)於傳者多矣라 況舜之德이 致和於上하고 夔之樂이 召和於下하니 其格神人, 舞獸鳳을 豈足疑哉리오 今按季札이 觀周樂할새 見舞韶簫者하고 曰 德이 至矣盡矣라 如天之無不覆(부)하고 如地之無不載하니 雖甚盛德이나 蔑以加矣[124]라하니라 夫韶樂之奏에 幽而感神이면 則祖考來格하고 明而感人이면 則羣后德讓하고 微而感物이면 則鳳儀獸舞하니 原其所以能感召如此者하면 皆由舜之德이 如天地之無不覆幬(부도)也라 其樂之傳이 歷千餘載로되 孔子聞之於齊하시고 尙且三月不知肉味하

• • • • • •
123 瓠巴鼓瑟……六馬仰秣 : 호파(瓠巴)와 백아(伯牙)는 옛날 거문고와 비파를 잘 탄 사람으로 이 내용은 《순자(荀子)》〈권학(勸學)〉에 보인다.

124 季札觀周樂……蔑以加矣 : 이 내용은 《춘추좌씨전》 양공(襄公) 29년에 보인다.

··· 簴 : 종틀 거　瓠 : 박 호　秣 : 말먹이 말　幬 : 덮어줄 도

사 曰不圖爲樂之至於斯[125]라하시니 則當時感召를 從可知矣니라

혹자는 말하기를 "생(笙)의 모양은 새의 날개와 같고 용(鏞;큰 종)의 틀은 짐승의 모양으로 만든다. 그러므로 '생과 용을 번갈아 울리니, 새와 짐승이 너울너울 춤을 춘다.'고 말한 것이다. 《풍속통(風俗通)》에 '순(舜)이 소생(簫笙)을 만들어 봉(鳳)을 형상했다.' 하였으니, 이는 그 모습과 소리가 봉황과 비슷함으로 인하여 성악(聲樂)이 화(和)함을 형상한 것이니, 어찌 참으로 조수(鳥獸)와 봉황이 너울너울 와서 춤을 출 리가 있겠는가."라고 한다. 그러나 이는 성악(聲樂)이 감통(感通)하는 묘함을 알지 못한 것이다. 호파(瓠巴)가 비파를 연주하자 물속에 놀던 물고기가 나와서 들었고, 백아(伯牙)가 거문고를 연주하자 여섯 필의 말이 먹이를 먹다가 머리를 들고 들었으니, 음악의 소리가 상서를 부르고 물건을 불러옴이 경전(經傳)에 나타난 것이 많다. 더구나 순(舜)의 덕(德)이 위에서 화(和)함을 이루고 기(夔)의 음악이 아래에서 화함을 부르니, 신(神)과 사람을 감동시키고 짐승과 봉황을 춤추게 한 것을 어찌 의심하겠는가.

이제 살펴보건대 계찰(季札)이 주(周)나라의 음악을 관찰할 적에 소소(韶箾)로 춤추는 자를 보고 말하기를 "덕이 지극하고 극진하다. 마치 하늘이 덮어주지 않음이 없고 땅이 실어주지 않음이 없는 것과 같으니, 비록 심히 성대한 덕이라도 이보다 더할 수는 없다." 하였다. 소악(韶樂)을 연주함에 유(幽;귀신 세계)로 신을 감동시키면 조(祖)·고(考)가 와서 이르고, 명(明;인간 세계)으로 사람을 감동시키면 여러 제후들이 덕으로 사양하며, 미물로 짐승들을 감동시키면 봉황이 용의(容儀)에 맞게 춤을 추고 짐승들이 춤을 추었으니, 그 감동시켜 부름이 이와 같은 이유를 근원해 보면 모두 제순(帝舜)의 덕이 천지(天地)가 덮어주고 실어주지 않음이 없는 것과 같기 때문이다. 음악이 전해진 지가 천여 년이 넘었는데도 공자(孔子)께서 이것을 제(齊)나라에서 들으시고는 오히려 〈소악(韶樂)을 배우는〉 3개월 동안 고기 맛을 모르시며 말씀하기를 "음악을 만든 것이 이러한 경지에 이를 줄은 생각하지 못했다." 하셨으니, 당시에 감동시키고 부른 것을 따라서 알 수 있다.

又按此章에 夔言作樂之效는 其文이 自爲一段이니 不與上下文勢相屬이라 蓋舜之在位五十餘年에 其與禹、皐陶、夔、益으로 相與答問者多矣라 史官이 取其尤彰

------
125 孔子聞之於齊……不圖爲樂之至於斯 : 이 내용은 《논어》〈술이(述而)〉에 보인다.

明者하여 以詔後世하니 則是其所言者 自有先後어늘 史官이 集而記之하니 非其一日之言也라 諸儒之說은 自皐陶謨로 至此篇末에 皆謂文勢相屬이라 故其說이 牽合不通하니 今皆不取하노라

또 살펴보건대 이 장(章)에 기(夔)가 음악을 연주하는 효험을 말한 것은 그 글이 따로 한 단락이 되어야 하니, 상하(上下)의 문세(文勢)와 서로 연결되지 않는다. 순(舜)이 재위한 지 50여 년에 우(禹)와 고요(皐陶), 기(夔)와 익(益)과 서로 문답한 것이 많은데, 사관(史官)이 그 중에 특히 분명하게 드러난 것을 취하여 후세를 가르쳤다. 그렇다면 이는 그 말한 바가 본래 선후(先後)의 차례가 있는데 사관이 이것을 모아 기록하였으니, 이는 하루에 말한 것이 아니다. 제유(諸儒)들의 말은 〈고요모(皐陶謨)〉로부터 이 편의 끝에 이르기까지 모두 문세가 서로 연결된다고 생각하였다. 그러므로 그 말이 억지로 끌어다 맞추어서 통하지 못하니, 이제 모두 취하지 않았다.

10. **夔曰 於(오)予擊石拊石에 百獸率舞하며 庶尹이 允諧하나이다**

기(夔)가 말하였다. "아! 제가 석경(石磬)을 치고 석경을 어루만지자, 온갖 짐승들이 모두 따라서 춤을 추며 서윤(庶尹)이 진실로 화합하였습니다."

重擊曰擊이요 輕擊曰拊라 石은 磬也니 有大磬하고 有編磬하고 有歌磬하니 磬有小大故로 擊有輕重이라 八音에 獨言石者는 蓋石音屬角하여 最難諧和라 記曰 磬以立辨이라하니 夫樂은 以合爲主어늘 而石聲獨立辨者는 以其難和也라 石聲旣和면 則金、絲、竹、匏、土、革、木之聲이 無不和者矣라 詩曰 旣和且平하여 依我磬聲이라하니 則知言石者는 總樂之和而言之也라 或曰 玉振之也者는 終條理之事[126]라 故로 擧磬以終焉이라하니라 上言鳥獸하고 此言百獸者는 考工記曰 天下大獸五니 脂者、膏者、臝(라)者、羽者、鱗者[127]라하니 羽、鱗을 總可謂之獸也라 百獸舞면 則物無不和를 可知矣라 尹은 正也니 庶尹者는 衆百官府之長也라 允諧者는 信皆和

......

126 玉振之也者 終條理之事 : 진(振)은 거두는 것이며 조리(條理)는 맥락(脈絡)이란 말과 같은 바,《맹자》〈만장 하(萬章下)〉에 "금으로 소리를 퍼뜨림은 조리를 시작하는 것이요 옥(옥경)으로 거두는 것은 조리를 끝마치는 것이다.〔金聲也者, 始條理也; 玉振之也者, 終條理也.〕"라고 보인다.
127 脂者……鱗者 : 뿔이 있는 소와 양을 지(脂)라 하고, 뿔이 없는 돼지 등을 고(膏)라 하고, 털이 짧은 범이나 표범을 라(臝)라 하고, 깃이 있는 새 따위를 우(羽)라 하고, 비늘이 있는 물고기 따위를 린(鱗)이라 한다.

··· 磬 : 경쇠 경 匏 : 박 포 脂 : 기름 지 臝 : 벗을 라 鱗 : 비늘 린

諧也니 庶尹諧면 則人無不和를 可知矣니라

　무겁게 치는 것을 '격(擊)'이라 하고, 가볍게 치는 것을 '부(拊)'라 한다. '석(石)'은 석경(石磬)이니, 대경(大磬)·편경(編磬)·가경(歌磬)이 있으니, 석경에 크고 작음이 있기 때문에 침에 경중(輕重)의 차이가 있는 것이다. 팔음(八音) 중에 오직 석경을 말한 것은 석경의 소리는 각성(角聲)에 속하여 가장 조화시키기 어렵기 때문이다. 《예기》〈악기(樂記)〉에 "경쇠로써 분별을 세운다." 하였으니, 음악은 합함을 위주로 하는데, 석경의 소리만이 유독 분별을 세움은 조화시키기 어렵기 때문이다. 석경의 소리가 이미 조화로우면 금(金)·사(絲)·죽(竹)·포(匏)·토(土)·혁(革)·목(木)의 악기 소리가 조화롭지 않음이 없을 것이다. 《시경》〈상송(商頌) 나(那)〉에 "이미 화하고 또 평하여 우리의 석경 소리에 따른다." 하였으니, 석(石)을 말한 것은 음악의 조화로움을 총괄하여 말한 것임을 알 수 있다. 혹자는 말하기를 "옥(玉:석경)으로 거두는 것은 조리를 끝내는 일이기 때문에 석경을 들어 마친 것이다."라고 한다.

　위에서는 조수(鳥獸)를 말하고 여기서는 백수(百獸)를 말한 것은 《주례》〈고공기(考工記)〉에 "천하에 큰 짐승이 다섯 가지이니, 지(脂)인 것과 고(膏)인 것과 라(臝)인 것과 깃인 것과 비늘인 것이 있다." 하였으니, 깃과 비늘이 있는 것들을 모두 수(獸)라고 이를 수 있다. 백수(百獸)가 춤을 추었다면 화합하지 않은 물건이 없음을 알 수 있다. '윤(尹)'은 정(正:장관)이니, 서윤(庶尹)은 여러 관부(官府)의 장(長)이다. '윤해(允諧)'는 진실로 모두 화합함이니, 서윤이 화합하였다면 사람들이 화합하지 않음이 없음을 알 수 있다.

11. 帝庸作歌曰 勅天之命인댄 惟時惟幾라하시고 乃歌曰 股肱喜哉면 元首起哉하여 百工熙哉하리라 皐陶拜手稽首하여 颺(양)言曰 念哉하사 率作興事하사되 愼乃憲하사 欽哉하시며 屢省乃成하사 欽哉하소서 乃賡(갱)載歌曰 元首明哉하시면 股肱良哉하여 庶事康哉하리이다 又歌曰 元首叢脞(총좌)哉하시면 股肱惰哉하여 萬事墮(휴)哉하리이다 帝拜曰 俞라 往欽哉하라

　제순(帝舜)이 노래를 지어 말씀하기를 "하늘의 명을 삼갈진댄 때마다 삼가고 기미마다 삼가야 한다." 하시고, 마침내 노래하기를 "고굉(股肱:대신)이 기뻐하여 일하면 원수(元首:군주)의 다스림이 흥기(興起)되어 백공(百工:백관)의 공이 넓혀질 것이다." 하셨다. 고요가 손을 모아 절하고 머리를 조아리며 큰소리로 말하기를 "유념하시어 신하들을 거느리고 일을 일으키시되 법도를 삼가 공경하시며, 일이 이루어지는가를 자주

··· 颺:날릴 양　屢:여러 루　賡:이을 갱　叢:모을 총, 떨기 총　脞:잘 좌　墮:떨어질 휴

살펴 공경하소서." 하고는, 마침내 노래를 이어 이루기를 "원수가 현명하면 고굉이 어질어서 모든 일이 편안해질 것입니다." 하였다. 고요가 다시 노래하기를 "원수가 총좌(叢脞:번거롭고 자잘함)하면 고굉이 태만해져서 만사가 폐해질 것입니다." 하였다. 제순이 절하며 "아! 너의 말이 옳다. 가서 공경히 임무를 수행하라." 하셨다.

庸은 用也라 歌는 詩歌也라 勅은 戒勅也요 幾는 事之微也니 惟時者는 無時而不戒勅也요 惟幾者는 無事而不戒勅也라 蓋天命無常하여 理亂、安危가 相爲倚伏하니 今雖治定功成하고 禮備樂和나 然頃刻謹畏之不存이면 則怠荒之所自起요 毫髮幾微之不察이면 則禍患之所自生이니 不可不戒也라 此는 舜將欲作歌에 而先述其所以歌之意也라 股肱은 臣也요 元首는 君也라 人臣이 樂於趨事赴功이면 則人君之治 爲之興起하여 而百官之功이 皆廣也라 拜手稽首者는 首至手하고 又至地也라 大言而疾曰颺이라 率은 總率也라 皐陶言 人君이 當總率羣臣하여 以起事功이요 又必謹其所守之法度라하니 蓋樂(락)於興事者는 易至於紛更(경)이라 故로 深戒之也라

'용(庸)'은 씀(써)이다. '가(歌)'는 시가(詩歌)이다. '칙(勅)'은 계칙(戒勅;경계하고 삼감)함이요 '기(幾)'는 일의 기미(幾微)이니, 유시(惟時)는 때마다 계칙하지 않음이 없는 것이요, 유기(惟幾)는 일마다 계칙하지 않음이 없는 것이다. 천명(天命)이 무상하여 다스려지고 혼란함과 편안하고 위태로움이 서로 의복(倚伏;기복(起伏))이 되니, 지금 비록 다스림이 안정되고 공이 이루어지며 예(禮)가 갖추어지고 악(樂)이 조화로우나 잠시라도 삼가고 두려워하는 마음을 두지 않으면 태황(怠荒;게으름)이 이로 말미암아 일어나게 되고, 털끝만치라도 기미를 살피지 않으면 화환(禍患)이 이로 말미암아 일어나니, 경계하지 않을 수 없는 것이다. 이는 제순(帝舜)이 장차 노래를 짓고자 하면서 노래하려는 바의 뜻을 먼저 말씀한 것이다. '고굉(股肱)'은 신하이고 '원수(元首)'는 군주이다. 신하가 사공(事功)에 달려가기를 좋아하면 군주의 다스림이 이 때문에 흥기되어 백관(百官)의 공이 모두 넓혀지는 것이다.

'배수계수(拜手稽首)'는 머리가 손에 이르고 또 땅에 이르는 것이다. 크게 말하고 빨리 함을 '양(颺)'이라 한다. '솔(率)'은 통솔함이다. 고요가 말하기를 "임금은 마땅히 군신(羣臣)을 통솔하여 사공(事功)을 일으킬 것이요, 또 반드시 지켜야 할 바의 법도를 삼가야 한다." 하였으니, 사공을 일으키기를 좋아하는 자는 분분(紛紛)히 변경함에 이르기 쉬우므로 깊이 경계한 것이다.

··· 倚 : 의지할 의

屢는 數(삭)也니 興事而數考其成이면 則有課功覈(핵)實之效하여 而無誕慢欺蔽之失이라 兩言欽哉者는 興事、考成二者는 皆所當深敬而不可忽者也니 此는 皐陶將欲賡歌에 而先述其所以歌之意也라 賡은 續이요 載는 成也니 續帝歌以成其義也라 皐陶言 君明則臣良하여 而衆事皆安이라하니 所以勸之也라 叢脞는 煩碎也요 惰는 懈怠也요 墮는 傾圮(비)也라 言君行臣職하여 煩瑣細碎(번쇄세쇄)면 則臣下懈怠하여 不肯任事하여 而萬事廢壞니 所以戒之也라 舜作歌而責難於臣하고 皐陶賡歌而責難於君하여 君臣之相責難者如此하니 有虞之治 茲所以爲不可及也歟인저 帝拜者는 重其禮也라 重其禮하고 然其言하고 而曰 汝等이 往治其職호되 不可以不敬也라하시니라 林氏曰 舜與皐陶之賡歌는 三百篇之權輿[128]也니 學詩者當自此始니라

'루(屢)'는 자주이니, 사공을 일으키되 자주 일이 이루어지는가를 살피면 공적을 고과(考課)하고 실제를 조사하는 효험이 있어서 허탄하고 태만하며 속이고 가리워지는 잘못이 없게 된다. 두 번 '흠재(欽哉)'를 말한 것은 사공을 일으키고 성공을 상고하는 두 가지는 모두 마땅히 깊이 경계하여 소홀히 해서는 안 되기 때문이니, 이는 고요가 장차 노래를 잇고자 하면서 노래하려는 바의 뜻을 먼저 말한 것이다. '갱(賡)'은 이음(계속함)이요 '재(載)'는 이룸이니, 제순(帝舜)의 노래를 이어서 그 뜻을 이룬 것이다. 고요가 말하기를 "군주가 현명하면 신하가 어질어서 모든 일이 다 편안해질 것입니다." 하였으니, 이는 권면한 것이다. '총좌(叢脞)'는 번거롭고 자잘한 것이요 '타(惰)'는 태타(怠惰)요 '타(墮)'는 기울고 무너짐이다. 〈고요가〉 말하기를 "군주가 신하의 직책을 행하여 번거롭고 자잘하면 신하가 게을러져서 일을 맡기를 즐기지 않아 만사가 폐지되고 무너질 것입니다." 하였으니, 이는 경계한 것이다.

제순은 노래를 지으면서 신하에게 어려운 일로 책하고 고요는 노래를 이으면서 군주에게 어려운 일로 책하여, 군신간에 서로 어려운 일로 책함이 이와 같았으니, 유우(有虞)의 정치가 이 때문에 후세에서 미칠 수 없는 이유일 것이다. 제순이 절한 것은 그 예(禮)를 중히 한 것이다. 그 예를 중히 하고 그 말을 옳게 여기고 말씀하기를 "너희들은 가서 직책을 다스리되 공경하지 않으면 안 된다."라고 한 것이다.

......
128 三百篇之權輿 : 삼백 편(三百篇)은 《시경》이 모두 311편이므로 《시경》을 가리켜 말한 것이며, 권(權)은 저울대이고 여(輿)는 수레의 깔판으로, 저울을 만드는 자는 먼저 저울대를 만들고 수레를 만드는 자는 수레의 깔판을 먼저 만들기 때문에 일의 발단이나 시작을 가리키는 말로 쓰인다.

... 覈 : 조사할 핵 圮 : 무너질 비 碎 : 부서질 쇄

임씨(林氏)가 말하였다. "순(舜)과 고요의 갱가(賡歌)는 《시경》 3백 편의 권여(權輿; 시작)이니, 《시경》을 배우는 자들은 마땅히 이로부터 시작하여야 할 것이다."

하서 夏書

하서(夏書)

夏는 禹有天下之號也니 書凡四篇이라 禹貢은 作於虞時로되 而繫之夏書者는 禹之王이 以是功也일새니라

하(夏)는 우(禹)가 천하를 소유한 칭호이니, 〈하서(夏書)〉는 모두 4편(篇)이다. 〈우공(禹貢)〉은 우(虞)나라 때에 지어졌는데, 〈하서〉에 단 것은 우가 왕(王)이 된 것이 이 공(功) 때문이어서이다.

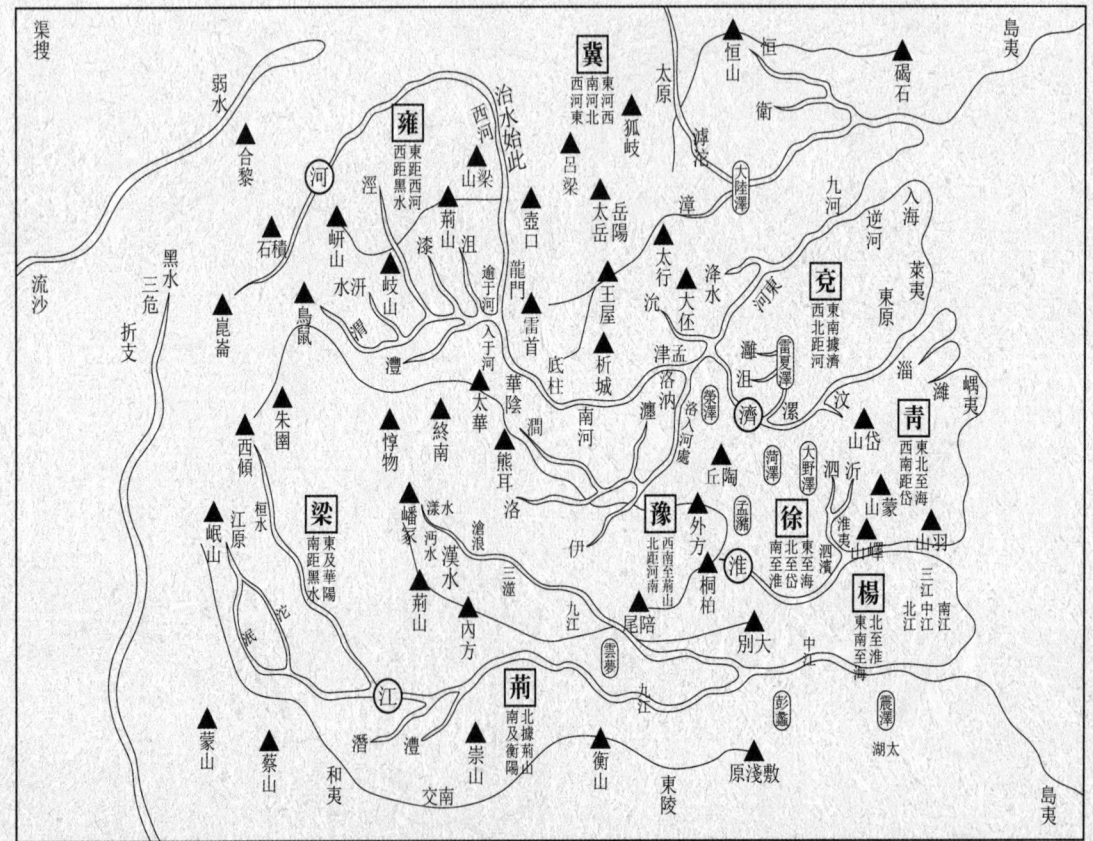

… 繫: 맬 계

〈우공(禹貢)〉[129]

上之所取를 謂之賦요 下之所供을 謂之貢이라 是篇은 有貢有賦로되 而獨以貢名篇者는 孟子曰 夏后氏는 五十而貢하니 貢者는 較數歲之中以爲常[130]이라하시니 則貢又夏后氏田賦之總名이라 今文古文皆有하니라

위에서 취하는 것을 부(賦)라 하고 아래에서 바치는 것을 공(貢)이라 한다. 이 편(篇)은 공이 있고 부가 있는데, 유독 공이라고 편(篇)을 이름한 것은 맹자(孟子)가 말씀하기를 "하후씨(夏后氏)는 50무(畝)에 공법(貢法)을 썼으니, 공(貢)이란 몇 년의 풍년과 흉년의 중간치를 비교하여 일정함을 삼는 것이다." 하셨으니, 공은 또 하후씨 전부(田賦)의 총칭인 것이다. 금문(今文)과 고문(古文)에 모두 있다.

【小序】 禹別九州하여 隨山濬川하고 任土作貢하니라

우(禹)가 구주(九州)를 나누어 산을 따라 냇물을 깊이 파고 토질에 맞추어 공물(貢物)을 내게 하였다.

【辨說】 別은 分也니 分九州疆界是也라 隨山者는 隨山之勢요 濬川者는 濬川之流며 任土者는 任土地所宜而制貢也라

'별(別)'은 나눔이니, 구주의 강계(疆界)를 나눔이 이것이다. 산을 따른다는 것은 산의 형세를 따름이요, 냇물을 깊이 판다는 것은 냇물의 흐름을 깊이 판 것이며, '임토(任土)'라는 것은 토지에 마땅한 바를 맡겨서 공물을 내도록 한 것이다.

---

129 禹貢 : 〈우공(禹貢)〉은 주로 치수(治水)에 관한 내용이므로 여러 물 이름이 등장하는데 북방의 물을 하(河), 남방의 물을 강(江)이라 한다. 중국에는 대하(大河)와 장강(長江)의 두 큰 물이 있는데, 대하는 황하(黃河)·대하(大河)·하수(河水)·하(河)라고도 칭하는바, 청해성(靑海省) 바옌카라 산맥의 북쪽에서 발원하여 동남쪽으로 내려오면서 분수(汾水)·위수(渭水)·낙수(洛水) 등의 지류(支流)를 합하여 발해(渤海)로 들어간다. 장강은 양자강(揚子江)·대강(大江)·강수(江水)·강(江)이라고도 칭하는바, 티베트 고원의 동북부에서 발원하여 한수(漢水)와 합류해서 동중국해로 유입하는 아시아 제일의 큰 강이다. 그러나 옛날에는 '水莫大於黃河, 山莫高於崑崙.'이라 하여 물은 황하가 제일 큰 것으로 생각하였으며, 장강의 원류를 사천성(四川省)의 민산(岷山)으로 알았다. 그리하여 주자 역시 강수(江水)가 영강군(永康軍) 민산(岷山)에서 발원한다고 하였다. 또 독(瀆)이 있는바, 독은 발원지에서 직접 바다로 흘러 들어가는 물을 가리키는데, 동쪽은 장강, 북쪽은 제수(濟水), 서쪽은 대하, 남쪽은 회수(淮水)로 이 네 물을 사독(四瀆)이라 한다.

130 孟子曰……以爲常 : 이 내용은 《맹자》〈등문공 상(滕文公上)〉에 보인다.

1. 禹[131]敷土하시고 隨山刊木하사 奠高山大川하시다

우(禹)가 토지를 분별하시고 산(山)을 따라 나무를 제거하여 고산(高山)과 대천(大川)을 정해 놓으셨다.

敷는 分也니 分別土地하여 以爲九州也라 奠은 定也니 定高山大川하여 以別州境也니 若兗之濟河、靑之海岱、揚之淮海、雍之黑水西河、荊之荊衡、徐之海岱淮、豫之荊河、梁之華陽黑水가 是也라 方洪水橫流하여 不辨區域일새 禹分九州之地하여 隨山之勢하여 相其便宜하여 斬木通道以治之하시고 又定其山之高者와 與其川之大者하여 以爲之紀綱[132]하시니 此三者는 禹治水之要라 故作書者首述之하니라

'부(敷)'는 분별이니, 토지를 분별하여 구주(九州)를 만든 것이다. '전(奠)'은 정함이니, 고산(高山)과 대천(大川)을 정하여 주(州)의 경계를 구별한 것이니, 예를 들면 연주(兗州)의 제수(濟水)와 황하(黃河), 청주(靑州)의 바다와 대산(岱山;태산), 양주(揚州)의 회수(淮水)와 바다, 옹주(雍州)의 흑수(黑水)와 서하(西河), 형주(荊州)의 형산(荊山)과 형산(衡山), 서주(徐州)의 바다와 대산과 회수, 예주(豫州)의 형산(荊山)과 황하, 량주(梁州)의 화양(華陽)과 흑수 같은 것이 이것이다. 홍수(洪水)가 멋대로 흘러 구역을 분별할 수 없으므로 우(禹)가 구주의 지역을 분별하여 산의 형세에 따라 편의를 살펴보아서 나무를 베어 길을 통하게 하여 다스렸으며, 또 그 지역에 있는 산(山) 중에 높은 것과 냇물[川] 중에 큰 것을 정하여 기강(紀綱)을 삼으셨으니, 이 세 가지는 우가 홍수를 다스린 대요(大要)이다. 그러므로 글을 지은 자가 제일 먼저 서술한 것이다.

○ 曾氏曰 禹別九州는 非用其私智요 天文地理에 區域各定이라 故星土之法은 則

••••••
131 禹 : 양촌(陽村) 권근(權近)은 《서천견록(書淺見錄)》에서 "〈우공〉을 〈하서〉에 배열할 때, 우(禹)라고 칭하고 왕(王)이라고 칭하지 않은 것은 공법(貢法)을 만든 것이 요(堯) 임금 때 정해졌기 때문이다. 〈탕서(湯誓)〉와 〈태서(泰誓)〉는 걸(桀)과 주(紂)를 아직 추방하거나 정벌하기 전인데도 미리 탕왕(湯王)·무왕(武王)이라고 칭한 것은 명분을 정하여 걸(桀)과 주(紂)의 죄를 바로잡으려고 한 것이니, 《서경》의 근엄함이 이와 같다.[禹公列於夏書, 稱禹不稱王者, 作貢定於堯時也. 湯誓泰誓 猶未放伐之前, 而已稱王者, 定名以正桀紂之罪也, 書之謹嚴如此.]"라고 하였다.
132 又定其山之高者……以爲之紀綱 : 기(紀)는 작은 벼릿줄, 강(綱)은 큰 벼릿줄이다. 진경(陳經)이 말하였다. "높은 산과 큰 냇물을 정하여 표지(表識)를 함은 바로 구주(九州)를 강리(疆理; 경계를 정하여 다스림)하는 큰 규모이다.[定高山大川, 爲表識, 乃疆理大規模.]"《詳說》

⋯ 敷 : 펼 부 刊 : 깎을 간 奠 : 정할 전 兗 : 땅이름 연 岱 : 뫼 대 相 : 볼 상

有九野¹³³하고 而在地者는 必有高山大川이 爲之限隔하여 風氣爲之不通하니 民生其間에 亦各異俗이라 故禹因高山大川之所限者하여 別爲九州하고 又定其山之高峻과 水之深大者하여 爲其州之鎭¹³⁴하고 秩其祭而使其國主之也라

○ 증씨(曾氏)가 말하였다. "우(禹)가 구주를 분별한 것은 그의 사사로운 지혜를 쓴 것이 아니요, 천문(天文)과 지리(地理)에 구역이 각기 정해져 있다. 그러므로 성토(星土)의 법에는 구야(九野)가 있고, 땅에 있는 것은 반드시 고산(高山)과 대천(大川)이 한격(限隔)이 되어서 풍기(風氣)가 이 때문에 통하지 않으니, 백성들이 그 사이에 삶에 또한 각기 풍속이 다르다. 그러므로 우가 고산과 대천의 한계를 따라 구별하여 구주를 만들고, 또 그 산의 높은 것과 물의 깊고 큰 것을 정하여 그 주(州)의 진(鎭)으로 삼고 그 제사(祭祀)를 차례로 정하여 그 나라로 하여금 주관하게 하신 것이다."

2. 冀州라

기주(冀州)이다.

冀州는 帝都之地라 三面距河하니 兗河之西요 雍河之東이요 豫河之北이니 周禮職方에 河內曰冀州 是也라 八州에 皆言疆界로되 而冀不言者는 以餘州所至로 可見일새라 鼂氏曰 亦所以尊京師니 示王者無外之意¹³⁵니라

기주(冀州)는 제도(帝都;경사(京師))의 땅이다. 삼면(三面)이 황하(黃河)에 접해 있으니, 연하(兗河;연주(兗州)의 황하)의 서쪽이요 옹하(雍河;옹주(雍州)의 황하)의 동쪽이요 예하(豫河;예주의 황하)의 북쪽이니, 《주례(周禮)》〈직방씨(職方氏)〉에 "하내(河內;황하의 안)를 기주라 한다." 한 것이 이것이다. 8주(州)는 다 강계(疆界;경계)를 말하였으나 기

......
133　星土之法則有九野 : 성토(星土)는 하늘의 별이 땅의 일정 지역을 맡고 있는 것이며 구야(九野)는 구주(九州)의 들(땅)인데, 옛날에는 하늘의 이십팔수(二十八宿)가 각기 땅(중국)의 일정 지역을 맡고 있는 것으로 보아 천상(天上)의 어떤 별자리에 이변(異變)이 보이면 여기에 해당하는 분야(分野)에 재변이 일어난다고 생각하였다. 그리하여 두(斗)·우(牛)·여(女) 세 별의 성기(星紀)는 오(吳)·월(越) 지방에 해당시키고 허(虛)·위(危) 두 별의 현효(玄枵)는 제(齊) 지방에 해당시켰는바, 《주례(周禮)》〈춘관(春官) 보장씨(保章氏)〉에 "성토의 법(法)으로 구주의 땅의 경계를 구분하였다.〔以星土辨九州之地所封〕"라고 보인다.
134　爲其州之鎭 : 진(鎭)은 일반적으로 그 주(州)의 진산(鎭山)을 말하는데, 호산은 "산을 위주하여 말하였으나 냇물을 포함한다.〔主言山而該川〕"하였다.《詳說》
135　示王者無外之意 : 이 내용은 《춘추공양전(春秋公羊傳)》은공(隱公) 원년에 보인다.

··· 冀 : 바랄 기　距 : 이를 거　鼂 : 성조

주는 말하지 않은 것은 나머지 주(州)의 이른 바로 알 수 있기 때문이다.

조씨(晁氏:조열지(晁說之))가 말하였다. "이는 또한 경사(京師)를 높인 것이니, 왕자(王者)는 밖이 없다(천하가 모두 통치 구역임)는 뜻을 보인 것이다."

3. 旣載壺口하사
이미 호구산(壺口山)에서 시작하여 홍수를 다스리시어

經始治之를 謂之載라 壺口는 山名이니 漢地志에 在河東郡 北屈縣東南이라하니 今隰州吉鄕縣也라

시작하여 다스림을 '재(載)'라 한다. 호구(壺口)는 산 이름이니, 《한서(漢書)》〈지리지(地理志)〉에 "하동군(河東郡) 북굴현(北屈縣) 동남쪽에 있다."고 하였으니, 지금의 습주(隰州) 길향현(吉鄕縣)이다.

○ 今按旣載云者는 冀州는 帝都之地니 禹受命治水所始에 在所當先이라 經始壺口等處하여 以殺(쇄)河勢라 故로 曰旣載라 然이나 禹治水施功之序는 則皆自下流始라 故로 次兗, 次靑, 次徐, 次揚, 次荊, 次豫, 次梁, 次雍이니 兗最下라 故로 所先이요 雍最高라 故로 獨後라 禹言予決九川하여 距四海하며 濬畎澮하여 距川이라 하시니 卽其用工之本末이라 先決九川之水以距海면 則水之大者有所歸요 又濬畎澮以距川이면 則水之小者有所泄(설)이니 皆自下流로 以疏殺(쇄)其勢라 讀禹貢之書하고 求禹功之序인댄 當於此詳之니라

○ 이제 살펴보건대, 기재(旣載)라고 말한 것은 기주(冀州)는 제도(帝都)의 땅이니, 우(禹)가 명을 받아 홍수를 다스리기 시작함에 마땅히 먼저하여야 하는 것이다. 호구(壺口) 등지를 경시(經始)하여 범람하는 황하의 기세를 줄였으므로 기재(旣載)라고 말한 것이다. 그러나 우가 홍수를 다스려 시공(施功)한 순서는 모두 하류(下流)로부터 시작하였다. 그러므로 다음은 연주(兗州), 다음은 청주(靑州)·서주(徐州)·양주(揚州)·형주(荊州)·예주(豫州)·량주(梁州)·옹주(雍州)의 순서였으니, 연주가 가장 지역이 낮으므로 먼저 하였고, 옹주가 가장 높으므로 홀로 뒤에 하였다.

위 〈익직(益稷)〉에 우가 말씀하기를 "내가 구천(九川)을 터서 사해(四海)에 이르게 하고, 견(畎)과 회(澮)를 깊이 파서 내에 이르게 했다." 하였으니, 이것이 바로 공력(功力)을 쓴 본말(本末)이다. 먼저 구천의 물을 터놓아 바다에 이르게 했다면 물의 큰 것

... 載 : 비로소 재 壺 : 병 호 隰 : 진펄 습 殺 : 줄일 쇄 濬 : 깊을 준 澮 : 도랑 회

이 돌아갈 곳이 있을 것이요, 또 견(畎)과 회(澮)를 깊이 파서 내에 이르게 했다면 물의 작은 것이 빠질 곳이 있을 것이니, 이는 모두 하류로부터 물의 형세를 소통하여 줄인 것이다. 〈우공〉의 글을 읽고 우(禹)가 공력을 베푼 순서를 찾으려면 마땅히 여기에서 자세히 살펴야 한다.

4. 治梁及岐하시며
여량산(呂梁山)과 호기산(狐岐山)을 다스리시며,

梁、岐는 皆冀州山이라 梁山은 呂梁山也니 在今石州離石縣東北하니라 爾雅云 梁山은 晉望[136]이니 卽冀州呂梁也라하고 呂不韋曰 龍門未闢하고 呂梁未鑿에 河出孟門之上[137]이라하고 又春秋에 梁山崩이라하여늘 左氏、穀梁이 皆以爲晉山이라하니 則亦指呂梁矣라 酈道元[138] 謂 呂梁之石이 崇竦(송)하여 河流激盪하여 震動天地라하니 此는 禹旣事壺口하고 乃卽治梁也라 岐山은 在今汾州介休縣하니 狐岐之山으로 勝水所出이니 東北流하여 注于汾이라 酈道元云 後魏於胡(狐)岐에 置六壁하고 防離石諸胡하여 因爲大鎭이라하니 今六壁城이 在勝水之側하니 實古河逕之險阨이라 二山은 河水所經이니 治之는 所以開河道也라 先儒以爲雍州梁岐者는 非是라

량(梁)과 기(岐)는 모두 기주(冀州)의 산이다. 량산(梁山)은 여량산(呂梁山)이니, 지금의 석주(石州) 이석현(離石縣) 동북쪽에 있다. 《이아(爾雅)》에 "량산은 진(晉)의 망산(望山;진나라에서 바라보고 제사하는 산)이니, 바로 기주(冀州)의 여량산이다." 하였고, 여불위(呂不韋)는 말하기를 "용문(龍門)을 뚫지 않고 여량산을 파기 전에는 황하가 맹문(孟門)의 위로 나왔다." 하였으며, 또 《춘추좌씨전(春秋左氏傳)》성공(成公) 5년에 "량산

......

136 爾雅云 梁山晉望:《이아(爾雅)》는 십이경(十二經)을 해석하는데 필요한 사전류(事典類)로 〈우공〉의 주에 많이 인용되었는데, 산에 관한 것은 〈석산(釋山)〉, 물에 관한 것은 〈석수(釋水)〉에 보이는 바, 뒤에 일일이 표시하지 않았다.

137 呂不韋曰……河出孟門之上:여불위(呂不韋)는 육국(六國)시대 말기 진(秦)나라의 정승으로 여러 학자들을 모아 잡기류(雜記類)를 저술하고 이를 《여람(呂覽)》, 또는 《여씨춘추(呂氏春秋)》라고 하였는바, 이 내용 역시 여기에 보인다.

138 酈道元:남북조(南北朝) 때 후위(後魏) 사람으로 자(字)가 선장(善長)인데 《수경(水經)》의 주(注)를 달아 유명하다. 《수경》은 중국(中國)에 있는 여러 강(江)이나 하천(河川) 등의 발원지와 경유지 등을 기록한 책인데, 한(漢)나라 때 상흠(桑欽)이 지었다 하나 일설(一說)에는 진(晉)나라 때 곽박(郭璞)이 지었다고도 한다. 사계 김장생 역시 두 가지 설을 모두 인정하였다.

··· 鑿:팔 착 酈:땅 력 竦:높을 송 盪:일렁일 탕 汾:물이름 분

이 무너졌다." 하였는데, 좌씨(左氏)와 곡량(穀梁)은 모두 진(晉)나라의 산이라 하였으니, 그렇다면 이 또한 여량산을 가리킨 것이다. 역도원(酈道元)은 이르기를 "여량산의 돌이 우뚝 솟아 황하의 흐름이 격동하고 부딪쳐서 천지를 진동한다." 하였으니, 이는 우(禹)가 이미 호구산(壺口山)에서 일을 시작하고 곧바로 량산을 다스린 것이다.

기산(岐山)은 지금의 분주(汾州) 개휴현(介休縣)에 있었으니, 호기산(狐岐山)으로 승수(勝水)가 나오는 곳이니 동북쪽으로 흘러 분수(汾水)로 주입한다. 역도원(酈道元)은 이르기를 "후위(後魏)가 호기산(胡岐山)에 육벽성(六壁城)을 설치하여 이석(離石)에 있는 여러 호(胡)를 막았다. 이로 인하여 큰 진(鎭)이 되었다." 하였으니, 지금 육벽성은 승수(勝水)의 곁에 있는 바, 실로 옛날 황하 길의 험한 곳이다. 두 산은 하수(河水;황하)가 경유하는 곳이니, 이것을 다스림은 황하의 물길을 열어 놓은 것이다. 선유(先儒)가 옹주(雍州)의 량산(梁山)과 기산(岐山)이라고 한 것은 옳지 않다.

5. 旣修太原하사 至于岳陽하시며

이미 태원(太原)을 닦아서(다스려서) 악양(岳陽;태악산(太岳山) 남쪽)에 이르게 하시며,

修는 因鯀之功而修之也라 廣平曰原이니 今河東路太原府也라 岳은 太岳也라 周職方에 冀州其山鎭曰霍山이라하고 地志에 謂 霍太山이 卽太岳이니 在河東郡彘(체)縣東이라하니 今晉州霍邑也라 山南曰陽이니 卽今岳陽縣地也니 堯之所都라 揚子雲冀州箴曰 岳陽是都라하니 是也라 蓋汾水는 出於太原하여 經於太岳하여 東入于河[139]하니 此則導汾水也라

'수(修)'는 곤(鯀)의 공을 인하여 닦은 것이다. 넓고 평평한 곳을 '원(原)'이라 하니, 지금의 하동로(河東路) 태원부(太原府)이다. '악(岳)'은 태악(太岳)이다. 《주례》〈직방씨(職方氏)〉에 "기주(冀州)는 산진(山鎭)이 곽산(霍山)이다." 하였고, 《한서》〈지리지(地理志)〉에 "곽태산(霍太山)이 곧 태악이니 하동군(河東郡) 체현(彘縣)의 동쪽에 있다." 하였으니, 지금의 진주(晉州) 곽읍(霍邑)이다. 산의 남쪽을 '양(陽)'이라 하니 곧 지금의 악양현(岳陽縣) 지역이니, 제요(帝堯)가 도읍한 곳이다. 양자운(揚子雲;양웅)의 〈기주잠(冀州箴)〉에 "악양(岳陽)이 도읍이다." 하였으니, 이것이다. 분수(汾水)는 태원(太原)에

------

139 東入于河 : 진사개(陳師凱)의 《상서채전방통(尙書蔡傳旁通)》에 "마땅히 서남(西南)으로 들어가야 한다.〔當云西南入河〕" 하였다.

••• 霍 : 빠를 곽 彘 : 돼지 체

서 나와 태악을 경유하여 서남쪽으로 황하에 들어가니, 이는 분수를 인도한 것이다.

6. 覃(담)懷에 底(지)績하사 至于衡(횡)漳하시다
담회(覃懷)에서 공적을 이루어 횡장(衡漳)에 이르게 하셨다.

覃懷는 地名이니 地志에 河內郡에 有懷縣이라하니 今懷州也라 曾氏曰 覃懷는 平地也니 當在孟津之東, 太行(항)之西하니 溓(제)水出乎其西[140]하고 淇水出乎其東이라 方洪水懷山襄陵之時하여 而平地致功爲難이라 故로 曰底績이라 衡漳은 水名이니 衡은 古橫字라 地志에 漳水二니 一은 出上黨沾(점)縣大黽(면)谷하니 今平定軍樂(락)平縣少山也니 名爲淸漳이요 一은 出上黨長子縣鹿谷山하니 今潞州長子縣發鳩山也니 名爲濁漳이라 酈道元은 謂之衡水라하고 又謂之橫水라하니 東至鄴하여 合淸漳하고 東北至阜城하여 入北河라 鄴은 今潞州涉縣也요 阜城은 今定遠軍東光縣也라

담회는 지명이니, 《한서》〈지리지〉에 "하내군(河內郡)에 회현(懷縣)이 있다." 하였으니, 지금의 회주(懷州)이다. 증씨(曾氏)는 말하기를 "담회는 평지이니, 마땅히 맹진(孟津)의 동쪽, 태항산(太行山)의 서쪽에 있을 것이니, 제수(濟水)가 그 서남쪽에서 나오고, 기수(淇水)가 그 동쪽에서 나온다(발원한다)." 하였다. 홍수가 산을 에워싸고 언덕 위로 올라올 때를 당하여 평지에서는 공(功)을 이루기가 어려웠기 때문에 '지적(底績)'이라 한 것이다.

횡장(衡漳)은 수명(水名)이니, '횡(衡)'은 횡(橫)의 고자(古字)이다. 〈지리지〉에 "장수(漳水)가 둘이니, 하나는 상당군(上黨郡) 점현(沾縣) 대면곡(大黽谷)에서 나오니 지금의 평정군(平定軍) 락평현(樂平縣) 소산(少山)으로 이름을 청장(淸漳)이라 하고, 하나는 상당군 장자현(長子縣) 녹곡산(鹿谷山)에서 나오니 지금의 노주(潞州) 장자현 발구산(發鳩山)으로 이름을 탁장(濁漳)이라 한다." 하였다. 역도원(酈道元)은 "이 물을 횡수(衡水)라 하고 또 횡수(橫水)라 이르니, 동쪽으로 업(鄴)에 이르러 청장(淸漳)과 합류하고, 동북으로 부성(阜城)에 이르러 북하(北河)로 들어간다." 하였다. 업(鄴)은 지금의 노주(潞州) 섭현(涉縣)이고, 부성(阜城)은 지금의 정원군(定遠軍) 동광현(東光縣)이다.

------
140 溓水出乎其西:《채전방통》에 "래(溓)는 마땅히 제(濟)가 되어야 한다." 하였다.

··· 覃:깊을 담 漳:물이름 장 溓:물이름 래 沾:젖을 점 黽:힘쓸 면 潞:땅이름 로 鄴:땅 업

○ 又按桑欽¹⁴¹云 二漳異源而下流相合하여 同歸于海라하고 唐人亦言漳水能獨達于海하니 請以爲瀆이라하여 而不云入河者는 蓋禹之導河에 自洚(강)水、大陸으로 至碣石入于海하여 本隨西山下東北去라 周定王五年에 河徙砱礫(령력)하니 則漸遷而東이로되 漢初에 漳猶入河러니 其後에 河徙日東하여 而取漳水益遠이라 至欽時하여 河自大伾而下가 已非故道하여 而漳自入海矣라 故로 欽與唐人所言者如此하니라

○ 또 살펴보건대, 상흠(桑欽)이 말하기를 "두 장수(漳水)가 근원은 다르나 하류가 서로 합류하여 바다로 들어간다." 하였고, 당(唐)나라 사람도 말하기를 "장수가 홀로 바다에 도달하니, 독(瀆)으로 삼을 것을 청합니다." 하여 황하로 들어간다고 말하지 않았으니, 이는 우(禹)가 황하를 인도함에 강수(洚水)와 대륙(大陸)으로부터 갈석(碣石)에 이르러 바다에 들어가게 해서 본래 서산(西山;태항산)의 아래를 따라 동북쪽으로 흘러갔었다.

주(周)나라 정왕(定王) 5년에 황하가 령력(砱礫)으로 옮겨가니, 점점 옮겨가서 동쪽으로 갔으나 한(漢)나라 초기에도 장수는 그대로 황하로 들어갔는데, 그 후 황하가 옮겨져 날로 동쪽으로 가서 장수(漳水)를 취함이 더욱 멀어졌다. 상흠의 때에 이르러는 황하가 대비산(大伾山)으로부터 이하는 이미 옛 길이 아니어서 장수는 따로 바다로 들어갔다. 그러므로 상흠과 당(唐)나라 사람이 말한 것이 이와 같은 것이다.

7. 厥土는 惟白壤이요
그 토질은 백색(白色)이고 덩어리가 없는 양토(壤土;고운 흙)이며,

漢孔氏曰 無塊曰壤이라하고 顔氏曰 柔土曰壤이라하니라 夏氏曰 周官大司徒 辨十有二壤之物하여 而知其種하여 以教稼穡樹藝하고 以土均之法으로 辨五物九等하여 制天下之地征¹⁴²이라하니 則夫教民樹藝와 與因地制貢은 固不可不先於辨土也

----

141 桑欽 : 상흠(桑欽)은 한(漢)나라 때 강남(江南) 사람으로 《수경(水經)》을 저술하였다. 《詳說》
142 辨十有二壤之物……制天下之地征 : 십유이양(十有二壤)은 성토법(星土法)에 따라 12방위의 분야(分野)에 해당하는 토양을 이르며, 토균(土均)의 법은 토양에 따라 공부(貢賦)를 징수하여 천하의 정사를 고르게 하는 것이다. 오물(五物)은 토양의 다섯 가지 종류로 산림(山林)·천택(川澤)·구릉(丘陵)·분연(墳衍;물가나 낮고 평평한 지역)·원습(原隰;평원이나 습지)을 이르며, 구등(九等)은 토양의 아홉 가지 성질로 성강(騂剛;붉고 단단함)·적제(赤緹;붉은 땅) 등을 이른다.

⋯ 砱 : 돌구멍 령 礫 : 자갈 력 塊 : 흙덩이 괴

라 然이나 辨土之宜有二하니 白은 以辨其色이요 壤은 以辨其性也라 蓋草人糞壤之法[143]에 騂(성)剛用牛하고 赤緹(제)用羊하고 墳壤用麋하고 渴澤用鹿하니 糞治田疇에 各因色性하여 而辨其所當用也라 曾氏曰 冀州之土 豈皆白壤이리오마는 云然者는 土會之法이 從其多者論也니라

한(漢)나라 공씨(孔氏:공안국)는 "흙덩이가 없는 것을 양(壤)이라 한다." 하였고, 안씨(顏氏:안사고(顏師古))는 "부드러운 흙을 양(壤)이라 한다." 하였다. 하씨(夏氏:하선(夏僎))는 말하기를 "《주관(周官:주례)》의 〈대사도(大司徒)〉가 12토양의 물건을 분별하여 여기에 심을 종자를 알아서 가색(稼穡)과 수예(樹藝:곡식을 심고 가꿈)를 가르치고, 토균(土均)의 법으로 오물(五物)과 구등(九等)을 분별하여 천하의 지정(地征:땅에 대한 세금)을 제정한다." 하였으니, 백성들에게 수예(樹藝)를 가르침과 땅에 따라 공물(貢物)을 제정함은 진실로 토지를 구분함을 먼저하지 않을 수 없는 것이다.

그러나 토지의 마땅함을 분별하는 방법은 두 가지가 있으니, '백(白)'은 그 색깔을 분별한 것이요, '양(壤)'은 그 토질을 분별한 것이다. 《주례》에 초인(草人)이 토양에 따라 씨앗을 담그는 법에 붉고 단단한 땅에는 소 뼈를 쓰고, 붉은 토질에는 양의 뼈를 쓰고, 분양(墳壤:푸실푸실한 양토)에는 큰 사슴 뼈를 쓰고, 마른 늪지대에는 사슴 뼈를 쓰니, 농토에 따라 씨앗을 담그고 다스림에 각각 색깔과 토질에 따라 마땅히 사용해야 할 것을 분별하는 것이다.

증씨(曾氏)가 말하였다. "기주(冀州)의 땅이 어찌 다 백양(白壤)이겠는가마는 이렇게 말한 것은 토회(土會)의 법(法:토질에 따라 공세(貢稅)를 내는 법)은 그 많은 것을 따라 논하기 때문이다."

8. 厥賦는 惟上에 上이니 錯(착)하며 厥田은 惟中에 中이니라

그 부(賦)는 상(上)에 상(上)이니 뒤섞어서 상(上)에 중(中)을 내기도 하며, 그 전(田)은 중(中)에 중(中)이다.

---

143 草人糞壤之法 : 초인(草人)은 관명이며 분양(糞壤)은 토양에 거름을 주는 것으로, 토양에 따라 가축이나 짐승의 뼈를 고아 그 물에 곡식의 씨앗을 담갔다가 파종함을 이른다. 《周禮 地官》

··· 騂 : 붉을 성 緹 : 붉을 제 麋 : 큰사슴 미 錯 : 섞을 착

賦는 田所出穀米兵車之類[144]라 錯은 雜也니 賦第一等而錯出第二等也[145]라 田第五等也니 賦高於田四等者는 地廣而人稠也일새라 林氏曰 冀州先賦後田者는 冀는 王畿之地니 天子所自治라 併與場圃、園田、漆林之類而征之하니 如周官載師所載 賦非盡出於田也라 故로 以賦屬于厥土之下요 餘州는 皆田之賦也라 故로 先田而後賦하니라 又按 九州九等之賦는 皆每州歲入總數니 以九州多寡相較하여 而爲九等이요 非以是等田而責其出是等賦也라 冀獨不言貢篚者는 冀는 天子封內之地라 無所事於貢篚也일새니라

'부(賦)'는 전(田)에 따라 내는 바의 미곡(米穀)과 병거(兵車)의 따위이다. '착(錯)'은 뒤섞임이니, 부(賦)는 제1등(等)이나 뒤섞어서 제2등을 내는 것이다. '전(田)'은 제5등이니, 부가 전보다 네 등급이 높은 것은 땅이 넓고 사람이 조밀하기 때문이다.

임씨(林氏)가 말하였다. "기주(冀州)에 부(賦)를 먼저 하고 전(田)을 뒤에 한 것은 기주는 왕기(王畿)의 땅이니, 천자가 직접 다스리는 곳이라서 장포(場圃;채전)와 원전(園田;과수원), 칠림(漆林;옻나무 숲) 따위를 아울러서 세금을 내게 하니,《주관(周官)》〈지관(地官) 재사(載師)〉에 기재되어 있는 바, '부가 모두 전에서만 나오는 것은 아니다.'라는 것과 같다. 그러므로 부(賦)를 궐토(厥土)의 아래에 속하게 하였고, 나머지 주(州)는 모두 전(田)에서 나오는 부이므로 전을 먼저하고 부를 뒤에 한 것이다."

또 살펴보건대, 구주(九州)에 9등의 부(賦)는 모두 주마다 세입(歲入)의 총수이니, 구주의 전지(田地)에 많고 적음을 가지고 서로 비교하여 9등을 만든 것이요, 이러한 등급의 전(田)이라 하여 이러한 등급의 부를 내도록 한 것은 아니다. 기주에 유독 공(貢;공물(貢物))·비(篚;폐백)를 말하지 않은 것은 기주는 천자의 봉내(封內)의 땅이라서 공·비에 일삼을 것이 없기 때문이다.

......

144 田所出穀米兵車之類 : 병거(兵車)는 전거(戰車)로 병거 1승(乘)에는 갑사(甲士) 3명, 보졸(步卒) 72명, 취사병 25명, 군마(軍馬) 4필이 소속되었는바, 전부(田賦)에 따라 병거를 내게 하였다. 그리하여 사방 천 리인 천자국(天子國)에는 병거 만 승(萬乘)을 보유할 수 있었다.

145 錯 雜也 賦第一等而錯出第二等也 : 주자(朱子)가 말씀하였다. "항상 일정하게 내는 것을 정(正)이라 하고 간혹 뒤섞어서 내는 것을 착(錯)이라 하니, 착이 상상(上上;일등)의 아래에 있으면 간혹 뒤섞어 제2등을 내는 것이다……연사(年事)에 풍흉이 있기 때문에 착법을 두어서 통하게 한 것이다.[常出者爲正, 間出者爲錯, 錯在上上之下, 則間出第二等也……歲有豐凶, 故有錯法以通之.]"《詳說》

··· 稠 : 빽빽할 조 篚 : 광주리 비

9. 恒、衛旣從하며 大陸旣作하니라
항수(恒水)와 위수(衛水)가 이미 물길을 따르며, 대륙(大陸)이 이미 경작하게 되었다.

恒、衛는 二水名이라 恒水는 地志에 出常山郡上曲陽縣恒山北谷이라하니 在今定州曲陽縣西北恒山也니 東入滱(구)水라 薛氏曰 東流合滱水하여 至瀛(영)州高陽縣하여 入易(역)水라하고 鼂(조)氏曰 今之恒水는 西南流하여 至眞定府行唐縣하여 東流入于滋水하고 又南流入于衡水라하니 非古逕矣라 衛水는 地志에 出常山郡靈壽縣東北이라하니 卽今眞定府靈壽縣也니 東入滹沱(호타)河라 薛氏曰 東北合滹沱河하여 過信安軍하여 入易水라하니라 從은 從其道也라 大陸은 孫炎曰 鉅鹿北廣阿澤이니 河所經也라하고 程氏曰 鉅鹿은 去古河絶遠하니 河未嘗逕邢以行하니 鉅鹿之廣阿는 非是라하니라

　항(恒)과 위(衛)는 두 물의 이름이다. 항수(恒水)는 《한서》〈지리지〉에 "상산군(常山郡) 상곡양현(上曲陽縣) 항산(恒山) 북곡(北谷)에서 나온다.(발원한다.)" 하였으니 지금의 정주(定州) 곡양현(曲陽縣) 서북쪽 항산(恒山)이니, 동쪽으로 구수(滱水)로 들어간다. 설씨(薛氏)는 말하기를 "동쪽으로 흘러 구수와 합류하여 영주(瀛州) 고양현(高陽縣)에 이르러 역수(易水)로 들어간다." 하였고, 조씨(鼂氏)는 말하기를 "지금의 항수는 서남쪽으로 흘러 진정부(眞定府) 행당현(行唐縣)에 이르러 동쪽으로 흘러 자수(滋水)에 들어가며, 또 남쪽으로 흘러 횡수(衡水)에 들어간다." 하였으니, 이는 옛 물길이 아니다.

　위수(衛水)는 〈지리지〉에 "상산군(常山郡) 영수현(靈壽縣) 동북쪽에서 발원한다." 하였으니, 곧 지금의 진정부(眞定府) 영수현이니 동쪽으로 호타하(滹沱河)로 들어간다. 설씨(薛氏)는 말하기를 "동북쪽으로 호타하와 합류하여 신안군(信安軍)을 지나 역수(易水)로 들어간다." 하였다.

　'종(從)'은 그 물길을 따름이다. '대륙(大陸)'은, 손염(孫炎)은 이르기를 "거록(鉅鹿)의 북쪽 광아(廣阿)의 늪이니, 황하가 지나는 곳이다." 하였고, 정씨(程氏;정대창(程大昌))는 말하기를 "거록은 고하(古河;옛날 황하)와 거리가 매우 머니, 황하가 일찍이 형주(邢州)를 경유하여 흘러간 적이 없으니, 거록의 광아는 옳지 않다." 하였다.

按爾雅에 高平曰陸이라하니 大陸云者는 四無山阜하여 曠然平地라 蓋禹河自澶(전)、相以北으로 皆行西山之麓이라 故로 班、馬、王橫이 皆謂載之高地하니 則古河

··· 滱:물이름 구　瀛:큰바다 영　逕:길 경　滹:물이름 호　沱:물이름 타　邢:땅이름 형　澶:물결고요할 전

之在貝、冀以及枯洚之南이 率皆穿西山踵趾以行이라가 及其已過信洚之北¹⁴⁶하여는 則西山勢斷하여 曠然四平일새 蓋以此地로 謂之大陸하니 乃與下文北至大陸者合이라 故로 隋改趙之昭慶하여 以爲大陸縣하고 唐又割鹿城하여 置陸渾(陸澤)縣¹⁴⁷하니 皆疑鉅鹿之大陸이 不與河應하여 而亦求之向北之地하니 杜佑、李吉甫 以爲邢、趙、深三州爲大陸者得之라 作者는 言可耕治니 水患旣息에 而平地之廣衍者 亦可耕治也라 恒、衛는 水小而地遠하고 大陸은 地平而近河라 故로 其成功於田賦之後하니라

살펴보건대 《이아》〈석지(釋地)〉에 "높고 평평한 곳을 육(陸)이라 한다." 하였으니, 대륙(大陸)이란 사방에 산과 언덕이 없어서 넓은 평지인 것이다. 우(禹) 때에 황하는 전주(澶州)와 상주(相州) 이북으로부터 모두 서산(西山;태항산(太行山))의 기슭으로 흘러갔기 때문에 반고(班固)와 사마천(司馬遷), 왕횡(王橫)이 모두 높은 지역에 있다고 기재하였으니, 패주(貝州)와 기주(冀州)에 있는 고하(古河)와 고강(枯洚;말라버린 강수)의 남쪽에 있는 물이 대체로 모두 서산(태항산)의 종지(踵趾;기슭)를 뚫고 흘러가다가 신강(信洚;신도현(信都縣)의 강수)의 북쪽을 지남에 이르러는 서산의 산세(山勢)가 끊겨서 사방이 드넓은 평지이므로 이 땅을 대륙이라 일렀으니, 바로 하문(下文)에 "북쪽으로 대륙에 이른다."는 것과 합치한다.

그러므로 수(隋)나라는 조주(趙州)의 소경(昭慶)을 고쳐서 대륙현(大陸縣)이라 하였고, 당(唐)나라는 또 녹성(鹿城)을 떼어서 육택현(陸澤縣)을 설치하였는바, 모두 거록(鉅鹿)의 대륙은 황하와 응하지(맞지) 않을 것이라고 의심하여 또한 북쪽을 향한 지역에서 찾았으니, 두우(杜佑)와 이길보(李吉甫)가 "형주(邢州)·조주(趙州)·심주(深州) 세 고을이 대륙이다." 한 것이 맞다.

'작(作)'은 밭을 갈아 다스릴 만함을 말한 것이니, 수해(水害)가 이미 그침에 평지의 넓은 곳을 또한 밭 갈아 다스릴 수 있었던 것이다. 항수(恒水)와 위수(衛水)는 물이 적으나 지역이 멀고, 대륙은 땅이 평평하고 황하와 가깝기 때문에 전부(田賦)를 제정한 뒤에 공(功)을 이룬 것이다.

......
146 已過信洚之北:《상서채전방통》에 "신(信) 자 아래에 고도(都古) 두 글자가 빠졌다." 하여 신도(信都)의 고강(古洚)으로 보았으나, 사계 김장생은 "기주(冀州)의 신도현(信都縣)에 강수(洚水)라는 물이 있으므로 신강(信洚)이라 했다." 하였다.
147 置陸渾縣:《상서채전방통》에 "육혼(陸渾)은 육택(陸澤)을 잘못 쓴 것이다." 하였다.

··· 洚 : 물이름 강 衍 : 넓을 연

10. 島夷는 皮服이로다

도이(島夷)가 피복(皮服;가죽옷)을 공물(貢物)로 바쳤다.

海曲曰島니 海島之夷가 以皮服來貢也라

    바다의 굽이를 '도(島)'라 하니, 해도(海島)의 오랑캐가 피복(皮服)을 가지고 와서 공물로 바친 것이다.

11. 夾(挾)右碣石하여 入于河하나니라

갈석(碣石)을 끼고서 오른쪽으로 황하로 들어간다.

碣石은 地志에 在北平郡驪城縣西南河口之地라하니 今平州之南也라 冀州는 北方貢賦之來에 自北海入河하여 南向西轉에 而碣石在其右轉屈之間이라 故로 曰夾右也라[148] 程氏曰 冀爲帝都하여 東西南三面距河하니 他州貢賦가 皆以達河爲至라 故로 此三方은 亦不必書요 而其北境則漢遼東西, 右北平, 漁陽, 上谷之地니 其水如遼, 濡(유), 滹(호), 易이 皆中高하여 不與河通이라 故로 必自北海然後에 能達河也라 又按 酈道元이 言驪城枕海에 有石如甬(용)道數十里요 當山頂에 有大石하여 如柱形하니 韋昭以爲碣石이라하니라 其山이 昔在河口海濱이라 故로 以誌其入貢河道러니 歷世旣久에 爲水所漸淪하여 入于海하니 已去岸五百餘里矣라 戰國策에 以碣石在常山郡九門縣者는 恐名偶同이니 而鄭氏以爲九門無此山也라하니라

    갈석(碣石)은 〈지리지〉에 "북평군(北平郡) 이성현(驪城縣) 서남쪽 하구(河口)의 땅에 있다." 하였으니, 지금의 평주(平州)의 남쪽이다. 기주(冀州)는 북방에서 공부(貢賦)를 수송해 올 적에, 북해(北海)로부터 황하로 들어와서 남향(南向)하여 서쪽으로 도는데 갈석이 그 오른쪽으로 도는 사이에 있으므로 '끼고서 오른쪽으로 황하로 들어간다.'고 한 것이다.

......
148 而碣石在其右轉屈之間 故曰夾右也 : 경문의 '夾右碣石'을 부연 설명한 것으로, 협(夾)은 협(挾)과 같다. 호산은 "夾右碣石"은 갈석을 끼고 오른쪽으로 들어가는 것인데, 《언해》의 해석은 '右夾'으로 해석하였으니, 옳지 않은 듯하다. 우협(右夾)이라고 말하지 않고 협우(夾右)라고 말한 것은 갈석을 위주하여 말한 것이다.〔夾而右之也, 諺釋作右夾, 恐不然. 蓋不云右夾而云夾右者, 主碣石而言也.〕" 하였다. 《詳說》《언해》에는 '右로 碣石을 夾하야'로 해석하였으나, 호산의 설에 따라 수정 번역하였다.

••• 夾 : 낄 협 碣 : 돌 갈 驪 : 검은말 리(려) 甬 : 골목길 용 濱 : 물가 빈 淪 : 빠질 륜

정씨(程氏)가 말하였다. "기주는 제도(帝都)가 되어 동(東)·서(西)·남(南) 삼면(三面)이 황하와 접해 있으니, 다른 주(州)의 공부(貢賦)는 모두 황하에 도달함을 이른다. 그러므로 이 세 방위는 또한 굳이 이른다고 쓸 것이 없고, 북쪽 경계는 한(漢)나라의 요동(遼東)과 요서(遼西), 우북평(右北平)·어양(漁陽)·상곡(上谷)의 지역이니, 그 물에 요하(遼河)·유수(濡水)·호타하(滹沱河)·역수(易水)와 같은 것은 다 중간에 산이 높이 솟아 있어 황하와 통하지 못한다. 그러므로 반드시 북해(발해)로부터 온 뒤에야 황하에 도달할 수 있는 것이다." 하였다.

또 살펴보건대, 역도원이 말하기를 "이성(驪城)의 바닷가에 돌이 용도(甬道;양쪽에 담을 쌓은 길)와 같은 것이 수십 리가 있으며, 산마루에 큰 돌이 있는데 기둥의 모양과 같으니, 위소(韋昭)가 이것을 갈석(碣石)이라 했다." 하였다. 이 산이 옛날에는 하구(河口)의 바닷가에 있었기 때문에 공물을 들여오는 황하의 길을 〈갈석이라고〉 기록한 것인데, 세대가 이미 오래되어 〈갈석이〉 물에 침몰되어서 바닷물 속에 잠겼으니, 이미 강안(江岸)과 거리가 5백여 리나 된다.

《전국책(戰國策)》에 '갈석이 상산군(常山郡) 구문현(九門縣)에 있다.'고 한 것은 이름이 우연히 같은 듯하니, 정씨(鄭氏)는 '구문현에는 이 산(山)이 없다.' 하였다.

12. 濟(泲)河에 惟兗州라
  제수(濟水)와 황하에 연주(兗州)가 있다.

兗州之域은 東南據濟하고 西北距河[149]하니라 濟、河는 見導水[150]라 蘇氏曰 河、濟之間은 相去不遠이라 兗州之境은 東南跨濟하니 非止於濟也라하니라 愚謂 河昔北流하여 兗州之境이 北盡碣石河右之地러니 後에 碣石之地는 淪入於海하고 河益徙而南하여 濟、河之間이 始相去不遠하니 蘇氏之說이 未必然也리라

연주(兗州) 지역은 동남쪽은 제수(濟水)를 넘어가고 서북쪽은 황하에 이른다. 제수와 황하는 아래 도수(導水)에 보인다. 소씨(蘇氏)는 말하기를 "황하와 제수의 사이는

......
149 東南據濟 西北距河 : 거(據)와 거(距)에 대하여 당나라 공씨는 "거(據)는 넘어서 지나가는 것이요, 거(距)는 이름이다.〔據, 跨而過之, 距, 至也.〕" 하였다. 《詳說》
150 導水 : 도수(導水)는 도산(導山)과 대칭되는 말로, 뒤의 도약수(導弱水)·도흑수(導黑水) 등을 이르며 도산은 뒤의 도견(導岍)·도파총(導嶓冢) 등을 이른다.

··· 泲 : 물이름 제 跨 : 걸터앉을 과

거리가 멀지 않다. 연주의 지경은 동남쪽으로 제수를 차지하고 있으니, 제수에만 그치지 않는다." 하였다.

　　내(채침)가 생각하건대, 황하가 옛날에는 북쪽으로 흘러 연주 지역이 북쪽으로 갈석(碣石)과 하서(河西) 지역까지 다 차지하였는데, 뒤에 갈석 지역은 바다 속에 잠기고 황하는 더욱 남쪽으로 옮겨가서 제수와 황하의 사이가 비로소 거리가 멀지 않게 된 것이니, 소씨(蘇氏)의 말이 반드시 옳지는 않을 듯하다.

○ 林氏曰 濟는 古文作泲하니 說文註云 此兗州之濟也라하니라 其從水從齊者는 說文註云 出常山房子縣贊皇山이라하니 則此二字音同義異하니 當以古文爲正이니라

　　○ 임씨(林氏)가 말하였다. "제(濟)는 고문(古文:고문상서)에 제(泲)로 되어 있으니, 《설문》의 주(註)에 '이(제수(泲水))는 연주의 제수(濟水)이다.' 하였다. 수(水)를 따르고 제(齊)를 따른 것(濟)은 《설문》의 주에 '상산(常山)의 방자현(房子縣) 찬황산(贊皇山)에서 발원한다.' 하였으니, 이 두 글자는 음(音)은 같으나 뜻이 다르니, 마땅히 고문(泲)을 바른 것으로 삼아야 할 것이다."

13. 九河旣道하며
　구하(九河)가 이미 옛 물길을 따르며,

九河는 爾雅에 一曰徒駭요 二曰太史요 三曰馬頰이요 四曰覆鬴(복부)요 五曰胡蘇요 六曰簡潔[151]이요 七曰鉤盤이요 八曰鬲(격)津이요 其一則河之經流也어늘 先儒는 不知河之經流하고 遂分簡潔爲二하니라 旣道者는 旣順其道也라

　　구하(九河)는 《이아》 〈석수(釋水)〉에 첫째는 도해(徒駭), 둘째는 태사(太史), 셋째는 마협(馬頰), 넷째는 복부(覆鬴), 다섯째는 호소(胡蘇), 여섯째는 간결(簡潔), 일곱째는 구반(鉤盤), 여덟째는 격진(鬲津)이며, 그 하나는 황하(黃河)의 경류(經流;큰 원류)이다. 그런데 선유(先儒)는 황하의 경류를 알지 못하고는 마침내 간(簡)과 결(潔)을 나누어 둘이라 하였다. 기도(旣道)라 한 것은 그 물길을 순히 따르는 것이다.

......
151　六曰簡潔:《이아》에 간(簡)과 결(潔) 두 가지로 되어있는바, 뒤의 선유(先儒)란 바로 《이아》를 지은 곽박(郭璞)을 가리킨 것이다.

　··· 頰 : 볼 협　鬴 : 가마솥 부(釜同)　鬲 : 오지병 격

○ 按 徒駭河는 地志云 滹沱(호타)河라하고 寰宇記云 在滄州清池南이라하고 許商[152]云 在平城이라하니라 馬頰河는 元和志[153]에 在德州安德平原南東이라하고 寰宇記云 在棣州滴河北이라하고 輿地記云 卽篤馬河也라하니라 覆鬴河는 通典云 在德州安德이라하니라 胡蘇河는 寰宇記云 在滄之饒安、無棣、臨津三縣이라하고 許商云 在東光이라하니라 簡潔河는 輿地記云 在臨津이라하니라 鉤盤河는 寰宇記云 在樂(락)陵東南하니 從德州平昌來라하고 輿地記云 在樂陵이라하니라 鬲津河는 寰宇記云 在樂陵東하니 西北流入饒安이라하고 許商云 在鬲縣이라하고 輿地記云 在無棣라하니라 太史河는 不知所在로라

○ 살펴보건대, 도해하(徒駭河)는 〈지리지〉에 "호타하(滹沱河)이다." 하였고, 《환우기(寰宇記)》에는 "창주(滄州)의 청지(清池) 남쪽에 있다." 하였으며, 허상(許商)은 "평성(平城)에 있다." 하였다. 마협하(馬頰河)는 《원화지(元和志)》에 "덕주(德州)의 안덕(安德)·평원(平原) 남동쪽에 있다." 하였고, 《환우기》에는 "체주(棣州)의 적하현(滴河縣) 북쪽에 있다." 하였으며, 《여지기(輿地記)》에는 "곧 독마하(篤馬河)이다." 하였다. 복부하(覆鬴河)는 《통전(通典)》에 "덕주(德州)의 안덕현(安德縣)에 있다." 하였다. 호소하(胡蘇河)는 《환우기》에 "창주(滄州)의 요안(饒安)·무체(無棣)·임진(臨津) 세 현(縣)에 있다." 하였고, 허상은 "동광(東光)에 있다." 하였다. 간결하(簡潔河)는 《여지기》에 "임진(臨津)에 있다." 하였다. 구반하(鉤盤河)는 《환우기》에 "낙릉(樂陵)의 동남쪽에 있으니, 물이 덕주의 평창(平昌)에서 온다." 하였고, 《여지기》에는 "낙릉에 있다." 하였다. 격진하(鬲津河)는 《환우기》에 "낙릉의 동쪽에 있으니, 서북쪽으로 흘러 요안으로 들어간다." 하였고, 허상은 "격현(鬲縣)에 있다." 하였으며, 《여지기》에는 "무체에 있다." 하였다. 태사하(太史河)는 소재(所在)를 알지 못한다.

自漢以來로 講求九河者甚詳이나 漢世近古로되 止得其三이러니 唐人이 集累世積傳之語하여 遂得其六하고 歐陽忞(민)興地記에 又得其一[154]이라 或新河而載以舊

──────
152 許商: 허상(許商)은 한 성제(漢成帝) 때 하제도위(河堤都尉)를 지낸 인물이다. 《詳說》
153 元和志: 《원화군현지(元和郡縣志)》의 약칭으로 당나라 이길보(李吉甫)가 찬하였다.
154 止得其三……又得其一: 셋이란 위에서 허상(許商)이 말한 평성(平城)의 호타(滹沱), 동광(東光)의 호소(胡蘇), 격현(鬲縣)의 격진(鬲津)이며, 여섯이란 여기에 마협(馬頰)·복부(覆鬴)·구반(鉤盤)을 더한 것이며, 또 하나란 간결(簡潔)을 가리킨 것이다. 구양민(歐陽忞)은 남송(南宋)의 휘종(徽宗) 때 사람으로 《여지기(輿地記)》를 지었다.

··· 寰 : 경기고을 환 棣 : 산앵도나무 체 忞 : 강할 민

名하고 或一地而互爲兩說하니 要之컨대 皆似是而非하여 無所依據요 至其顯然謬誤者하여는 則班固以滹沱爲徒駭하니 而不知滹沱不與古河相涉이요 樂史[155]는 馬頰을 乃以漢篤馬河當之라 鄭氏는 求之不得일새 又以爲九河는 齊桓이 塞其八流以自廣이라하니 夫曲防은 齊之所禁[156]이니 塞(색)河는 宜非桓公之所爲也라 河水可塞이어니와 而河道를 果能盡平乎아 皆無稽考之言也니라

한대(漢代) 이후로 구하(九河)를 연구한 것이 매우 상세하나 한대(漢代)는 옛날과 가까웠는데도 다만 도해·호소·격진의 셋을 찾아냈을 뿐이었는데, 당(唐)나라 사람이 누대(累代)에 걸쳐 전해오는 말을 모아서 마침내 도해·마협·복부·호소·구반·격진 여섯을 찾아냈으며, 구양민(歐陽忞)의 《여지기》에 또 그 하나(간결)를 찾아내었다. 그런데 혹은 새로운 하수(河水)인데 옛 이름으로 기록하고, 혹은 한 지역인데 서로 두 곳으로 말하니, 요컨대 모두 옳은 듯하나 옳지 못하여 근거한 바가 없으며, 그 드러난 오류로 말하면 반고(班固)의 〈지리지〉에 호타하를 도해(徒駭)라 하였으니, 호타하는 고하(古河)와 상관이 없음을 알지 못한 것이고, 악사(樂史)는 마협(馬頰)을 한(漢)나라의 독마하(篤馬河)에 해당시켰다.

정씨(鄭氏:정현)는 찾아도 찾을 수 없자, 또 이르기를 "구하(九河)는 제(齊)나라 환공(桓公)이 여덟 곳의 흐르는 물을 막아 스스로 영토를 넓힌 것이다." 하였는데, 제방을 굽게 쌓는 것은 제(齊)나라가 금한 것이니, 황하를 막는 것은 마땅히 환공이 하지 않았을 것이다. 하수(河水)는 막을 수 있으나 황하의 물길을 다 막아서 평평히 할 수 있겠는가. 이는 모두 근거가 없는 말이다.

惟程氏以爲九河之地는 已淪於海라하고 引碣石爲九河之證하여 以謂今滄州之地는 北與平州接境하여 相去五百餘里하니 禹之九河 當在其地로되 後爲海水淪沒

......

155 樂史:악사(樂史)는 자(字)가 자정(子正)이며 임천(臨川) 사람으로, 북송(北宋) 초기에 《환우기(寰宇記)》를 지었다. 호산은 "살펴보건대 악사는 마땅히 구양민(歐陽忞)이 되어야 할 것이니, 위 아래의 주가 서로 모순된다.[按當云歐陽忞, 上下註自相矛盾.]" 하였다. 《詳說》

156 夫曲防齊之所禁:곡방(曲防)은 제방을 굽게 쌓아 상대방의 나라에 폐해를 입히는 것이며, 제(齊)나라는 춘추시대 제 환공(齊桓公)을 가리킨 것이다. 《맹자》〈고자 하(告子下)〉에 "오패(五霸) 중에 환공이 가장 강성하였는데, 규구(葵丘)의 회맹(會盟)에서 다섯 번째로 제후들에게 훈계하기를 '제방을 굽게 쌓지 말며 쌀을 사가는 것을 막지 말며 제후를 봉하고서 천자에게 보고하지 않는 일이 없도록 하라.〔無曲防, 無遏糴, 無有封而不告.〕'라고 했다." 하였다. 이 내용은 《춘추좌씨전》 희공(僖公) 9년에도 보인다.

故로 其迹不存이라하니라 方九河未沒於海之時엔 從今海岸하여 東北更五百里平地니 河播爲九는 在此五百里中이라 又上文言夾右碣石이면 則九河入海之處에 有碣石在其西北岸이라 九河는 水道變遷하여 難於推考로되 而碣石은 通趾頂皆石이니 不應仆(부)沒이어늘 今兗、冀之地에 旣無此石이요 而平州正南에 有山而名碣石者 尙在海中하니 去岸五百餘里요 卓立可見이니 則是古河自今以爲海處로 向北斜行하여 始分爲九니 其河道已淪入於海가 明矣[157]라 漢王橫이 言昔天常連雨하고 東北風하여 海水溢西南出하여 浸數百里하니 九河之地 已爲海水所漸이라하고 酈道元도 亦謂九河碣石이 苞(包)淪於海라하니라 後世儒者는 知求九河於平地하고 而不知求碣石有無以爲之證이라 故로 前後異說이 竟無歸宿이라 蓋非九河之地而强鑿求之하니 宜其支離而不能得也니라

오직 정씨(程氏)는 '구하(九河)의 지역이 이미 바다 속에 잠겼다.' 하고는 갈석(碣石)이 구하가 된 증거를 인용하여, "지금 창주(滄州) 지역은 북쪽으로 평주(平州)와 접경하여 서로의 거리가 5백여 리이니, 우(禹)가 다스린 구하는 마땅히 이 지역에 있었을 것이다. 이 지역이 뒤에 바닷물 속에 잠겼으므로 그 자취가 남아있지 않은 것이다." 하였다. 구하가 아직 바다에 침몰되지 않았을 때에는 지금의 해안으로부터 동북쪽으로 다시 5백 리가 평지이니, 하(河)가 나뉘어 아홉이 된 것은 이 5백 리 가운데에 있었을 것이다. 또 상문(上文)에 '갈석을 끼고서 오른쪽으로 황하로 들어간다.'고 말하였으니, 구하가 바다로 들어가는 곳에 갈석이 그 서북쪽 벼랑에 있었을 것이다. 구하는 물길이 변천하여 미루어 상고하기가 어려우나 갈석은 산기슭과 정상을 통틀어 모두 돌이니 쓰러지거나 침몰되지 않았을 터인데, 지금 연주(兗州)·기주(冀州) 지역에 이미 이러한 돌이 없으며, 평주(平州)의 정남쪽에 산이 있는데 갈석이라고 부르는 것이 아직도 바닷속에 있는데, 창주(滄州)의 강안(江岸)과 5백여 리의 거리이며, 우뚝이 솟아 있어 볼 수 있으니, 그렇다면 옛 황하가 지금 바다가 된 곳으로부터 북쪽으로 향해 비스듬히 흘러가서 비로소 나뉘어 아홉이 된 것이니, 황하의 물길이 이미 바다로 빠져 들어간 것이 분명하다.

한(漢)나라의 왕횡(王橫)은 "옛날에 하늘에서 항상 비가 내리고 동북풍(東北風)이 불어 바닷물이 서남쪽으로 넘쳐 나와서 수백 리를 침몰시켰으니, 구하 지역이 이미

---

157 已淪入於海 明矣 : 호산은 "정씨(程氏)의 설이 여기까지 인듯한데, 혹자는 주의 끝까지라 한다.〔程說似至此, 或云至末.〕" 하였다. 《詳說》

… 趾 : 발꿈치 지 仆 : 쓰러질 부 苞 : 쌀 포

바닷물 속에 잠긴 것이다." 하였고, 역도원 또한 이르기를 '구하와 갈석이 바다에 둘러싸여 침몰되었다.' 하였다.

후세의 유자(儒者)들은 구하를 평지에서 찾을 줄만 알고, 갈석의 있고 없음을 찾아서 증거로 삼을 줄은 알지 못하였다. 그러므로 전후(前後)의 이설(異說)이 끝내 귀결(歸結)됨이 없었다. 구하의 땅이 아닌 곳에서 억지로 천착(穿鑿)하여 찾았으니, 당연히 지리(支離)하여 얻을 수 없는 것이다.

14. 雷夏旣澤하며
뇌하(雷夏)에 이미 물이 모이며,

澤者는 水之鍾也라 雷夏는 地志에 在濟陰郡(城)[成]陽縣[158] 西北이라하니 今濮州雷澤縣西北也라 山海經云 澤中有雷神하여 龍身而人頰이니 鼓其腹則雷라하니 然則本夏澤也어늘 因其神하여 名之曰雷夏也라 洪水橫流而入于澤에 澤不能受하면 則亦泛濫奔潰라 故로 水治而後에 雷夏爲澤이니라

'택(澤;늪)'은 물이 모인 것이다. 뇌하(雷夏)는 〈지리지〉에 "제음군(濟陰郡) 성양현(成陽縣) 서북쪽에 있다." 하였으니, 지금의 복주(濮州) 뇌택현(雷澤縣) 서북쪽이다. 《산해경(山海經)》에 "못 가운데 뇌신(雷神)이 있는데 룡의 몸에 사람의 얼굴이니, 그 배를 두드리면 우레가 울린다." 하였으니, 그렇다면 본래 하택(夏澤)이었는데, 이 신(神)을 인하여 뇌하(雷夏)라 이름했을 것이다. 홍수가 멋대로 흘러 못(늪)으로 들어감에 못이 물을 다 받아들이지 못하면, 또한 범람하여 물이 치달려 못을 파괴하였다. 그러므로 물이 다스려진 이후에 뇌하가 못이 된 것이다.

15. 灉、沮會同이로다
옹수(灉水)와 저수(沮水)가 모여 함께 흐른다.

灉、沮는 二水名이라 灉水는 曾氏曰 爾雅에 水自河出爲灉이라하고 許愼云 河灉水는 在宋이라하고 又曰 汳(汴)水受陳留浚儀陰溝하여 至蒙爲灉水하여 東入于泗

......
158 城陽縣 : 《채전방통》에 "〈지리지〉에는 성양(成陽)으로 되어 있고 《환우기》에는 성양(郕陽)으로 되어 있으니, 성양(城陽)은 오기(誤記)이다." 하였다.

··· 濮 : 물이름 복 泛 : 넘칠 범 潰 : 무너질 궤 灉 : 물이름 옹 沮 : 물이름 저 汳 : 물이름 판

라하고 水經에 汳水出陰溝하여 東至蒙爲狙獾(저환)이라하니 則灉水卽汳水也라 灉之下流 入于雎水라 沮水는 地志에 雎水出沛國芒縣이라하니 雎水其沮水歟아 鼂氏曰 爾雅云 自河出爲灉이요 濟出爲瀄(초)라하니 求之於韻하면 沮有楚音하니 二水는 河濟之別也라하니 二說이 未詳孰是라 會者는 水之合也요 同者는 合而一也라

옹(灉)과 저(沮)는 두 물의 이름이다. 옹수(灉水)는 증씨(曾氏)가 말하기를 "《이아》에 '물이 하수(河水)로부터 넘쳐 나온 것을 옹(灉)이라 한다.' 하였고, 허신(許愼)은 '하수의 옹수는 송(宋)에 있다.' 하였으며, 또 '변수(汳水)가 진류군(陳留郡) 준의현(浚儀縣) 음구(陰溝)의 물을 받아 몽현(蒙縣)에 이르러 옹수가 되어서 동쪽으로 사수(泗水)에 들어간다.' 하였고, 《수경》에 '변수가 음구에서 발원하여 동쪽으로 몽현에 이르러 저환(狙獾)이 된다.' 하였으니, 옹수가 곧 변수이다. 옹수의 하류는 저수(雎水)로 들어간다. 저수(沮水)는 〈지리지〉에 '저수(雎水)는 패국(沛國)의 망현(芒縣)에서 발원한다.' 하였으니, 저수(雎水)가 아마도 저수(沮水)인가 보다." 하였다.

조씨(鼂氏)는 말하기를 "《이아》에 '하수(河水)에서 나온 것을 옹(灉)이라 하고, 제수(濟水)에서 나온 것을 초(瀄)라 한다.' 하였는데, 운(韻)에서 찾아보면 저(沮)에는 초(楚)의 음(音)이 있으니, 두 물은 하수(河水)와 제수(濟水)의 구별이다." 하였으니, 두 말이 누가 옳은지 자세하지 않다. 회(會)는 물이 합류하는 것이요, 동(同)은 모여서 하나로 흐르는 것이다.

16. 桑土旣蠶하니 是降丘宅土로다

뽕나무가 잘 자라는 곳에 이미 누에를 칠 수 있으니, 이에 언덕에서 내려와 평지에 살도다.

桑土는 宜桑之土라 旣蠶者는 可以蠶桑也라 蠶性惡(오)濕이라 故로 水退而後可蠶이라 然九州皆賴其利로되 而獨於兗言之者는 兗地宜桑하니 後世之濮上桑間[159]에 猶可驗也라 地高曰丘라 兗地多在卑下하여 水害尤甚하여 民皆依丘陵以居러니 至是에 始得下居平地也라

------

159 濮上桑間 : 복수(濮水)의 부근 뽕나무 숲 사이로, 〈악기(樂記)〉에 "상간 복수의 음악은 나라를 망치는 음악이다.〔桑間濮上之音, 亡國之音也.〕"라고 보이며, 《시경》의 〈용풍(鄘風) 상중(桑中)〉은 바로 복수가에 있는 뽕나무 밭에서 남녀가 서로 읊은 음란한 시로 알려져 있다.

··· 狙 : 원숭이 저 獾 : 오소리 환 雎 : 물이름 수 沛 : 땅이름 패 瀄 : 큰물넘쳐흐를 초 濕 : 젖을 습

'상토(桑土)'는 뽕나무가 잘 자라는 토지이다. '기잠(旣蠶)'은 뽕나무로 누에를 칠 수 있는 것이다. 누에의 성질은 습한 것을 싫어하므로 홍수가 물러간 뒤에 누에를 칠 수 있었던 것이다. 그러나 구주(九州)가 모두 그 이로움을 힘입었는데 유독 연주(兗州)에서 이를 말한 것은 연주 지역은 뽕나무가 잘 자라니, 후세《예기》〈악기(樂記)〉에 복수(濮水)가의 상간(桑間)에서도 오히려 이것을 징험할 수 있다. 땅이 높은 것을 '구(丘)'라 한다. 연주 지역은 대부분 낮은 곳에 있어서 수해(水害)가 특히 심하여 백성들이 모두 구릉에 의지해 살았는데, 이때에 이르러 비로소 내려와 평지에 거주한 것이다.

17. 厥土는 黑墳이니 厥草는 惟繇(요)요 厥木은 惟條로다
그 토질은 검고 분기(墳起:푸슬푸슬함)하니, 그 풀은 무성하고 그 나무는 잘 자란다.

墳은 土脈墳起也니 如左氏所謂祭之地에 地墳이 是也라 繇는 茂라 條는 長也라
'분(墳)'은 토맥(土脈)이 분기(墳起)함이니, 《춘추좌씨전》 희공(僖公) 4년에 이른바 '독약을 탄 술을 땅에 붓자 땅이 부풀어 올랐다.'는 것이 이것이다. '요(繇)'는 무성함이다. '조(條)'는 자람이다.

○ 林氏曰 九州之勢는 西北多山하고 東南多水하니 多山則草木爲宜는 不待書也라 兗、徐、揚三州는 最居東南下流하여 其地卑濕沮洳(저여)하니 洪水爲患하여 草木不得其生이러니 至是에 或繇或條하고 或夭或喬하고 而或漸苞라 故로 於三州에 特言之하여 以見(현)水土平하여 草木亦得遂其性也니라
○ 임씨(林氏)가 말하였다. "구주(九州)의 지세(地勢)는 서북쪽은 산이 많고 동남쪽은 물이 많으니, 산이 많으면 초목이 잘 자람은 굳이 쓸 필요가 없다. 연주(兗州)·서주(徐州)·양주(揚州) 세 주(州)는 가장 동남쪽의 하류에 위치해 있어서 이들 지역은 비습(卑濕)하고 진흙벌〔沮洳〕이니 홍수가 폐해가 되어 초목이 제대로 생장하지 못하였는데, 이때에 이르러 〈연주는〉 혹 요(繇)하기도 하고 혹 조(條)하기도 하며, 〈양주(揚州)는〉 혹 요(夭:풀이 어림)하기도 하고 혹 교(喬;나무가 높이 자람)하기도 하며, 〈서주는〉 혹 점점 자라고 총생(叢生)하였다. 그러므로 이 세 주(州)에 특별히 말하여 수토(水土)가 다스려져서 초목 또한 그 본성을 이룰 수 있었음을 나타낸 것이다."

18. 厥田은 惟中에 下요 厥賦는 貞(正)이로소니 作十有三載라사 乃同이로다

··· 墳: 흙일어날 분 繇: 무성할 요 沮: 축축할 저 洳: 축축할 여, 진흙 여

그 전(田)은 중(中)에 하(下)이고 그 부(賦)는 정(貞:최하)이니, 13년을 경작하여야 다른 주(州)와 똑같이 부세를 내리로다.

田은 第六等이요 賦는 第九等이라 貞은 正也니 兗賦最薄하니 言君天下者는 以薄賦爲正也라 作十有三載乃同者는 兗當河下流之衝하여 水激而湍(단)悍하고 地平而土疎하여 被害尤劇하니 今水患雖平이나 而卑濕沮洳는 未必盡去하여 土曠人稀하여 生理鮮少하니 必作治十有三載然後에 賦法同於他州라 此는 爲田賦而言이라 故로 其文이 屬於厥賦之下라 先儒는 以爲禹治水所歷之年이라하고 且謂此州治水最在後畢하여 州爲第九成功이라하여 因以上文厥賦貞者로 謂賦亦第九하여 與州正爲相當이라하니 殊無意義하니 其說非是라

전(田)은 제6등이고 부(賦)는 제9등이다. '정(貞)'은 바름이니, 연주는 부세가 가장 박하니(적으니) 천하에 군주 노릇하는 자는 부세를 박하게 함을 정도(正道)로 삼음을 말한 것이다. 13년을 경작하여야 다른 주(州)와 똑같이 부세를 낸다는 것은 연주는 황하 하류의 충돌하는 곳에 해당(위치)하여, 물이 격류하고 여울이 사나우며, 지역이 평평하고 흙이 푸슬푸슬하여 피해가 더욱 심하니, 이제 수해가 비록 다스려졌으나 비습(卑濕)하고 저여(沮洳)함이 반드시 다 제거되지는 못해서 땅이 넓고 사람이 희소하여 생리(生理:생활하는 방도)가 적으니, 반드시 13년을 경작하여 다스린 뒤에야 부세하는 법을 다른 주(州)와 똑같이 낼 수 있는 것이다. 이는 전부(田賦)를 위하여 말하였으므로 그 글을 궐부(厥賦)의 아래에 소속시킨 것이다.

〈13년을〉 선유(先儒)는 이것을 우(禹)가 홍수를 다스리는 데에 걸린 햇수라 하고, 또 이 연주가 홍수를 다스림이 가장 뒤에 끝나서 주가 아홉 번째로 성공했다 하여 상문(上文)에서 말한 '궐부정(厥賦貞)'을 '부(賦) 또한 제 9등이어서 주(州)의 정(正:주의 9등급)과 바로 서로 걸맞는다.' 하였는바, 이는 자못 의의(意義)가 없으니, 그 말이 옳지 않다.

19. **厥貢**은 **漆絲**요 **厥篚**는 **織文**이로다
그 공물(貢物)은 옻칠과 생사(生絲)이고, 그 광주리에 담아서 바치는 폐백은 비단을 짜서 무늬가 있는 것이다.

貢者는 下獻其土所有於上也라 兗地는 宜漆宜桑이라 故로 貢漆絲也라 篚는 竹器

··· 湍:여울 단 悍:사나울 한 漆:옻칠 篚:광주리 비

니 筐屬也라 古者에 幣帛之屬을 則盛之以筐篚而貢焉하니 經曰 篚厥玄黃이 是也라 織文者는 織而有文이니 錦綺(기)之屬也니 以非一色故로 以織文總之라 林氏曰 有貢又有篚者는 所貢之物을 入於篚[160]也라

'공(貢)'은 아랫사람이 그 지역에서 생산되는 토산물을 윗사람에게 바치는 것이다. 연주 지역은 옻나무와 뽕나무가 잘 자라므로 옻칠과 생사를 바친 것이다. '비(篚)'는 대나무로 만든 그릇이니, 광주리〔筐〕 등속이다. 옛날에 폐백의 등속을 광주리에 담아서 바쳤으니, 경문(經文:《서경》〈무성(武成)〉)에 "검고 누런 비단을 광주리에 담았다.〔篚厥玄黃〕"한 것이 이것이다. '직문(織文)'은 비단을 짜서 무늬가 있는 것이니 금(錦)·기(綺)의 등속이니, 한 가지 색깔이 아니므로 직문(織文)이라고 총괄한 것이다.

임씨(林氏)가 말하였다. "공(貢)이 있고 또 비(篚)가 있는 것은 바치는 바의 물건을 광주리에 넣은 것이다."

20. 浮于濟, 漯(탑)하여 達于河하나니라
제수(濟水)와 탑수(漯水)에 배를 띄워 황하에 도달한다.

舟行水曰浮라 漯者는 河之枝流也라 兗之貢賦를 浮濟浮漯하여 以達於河也라 帝都冀州는 三面距河하니 達河則達帝都矣라 又按地志曰 漯水는 出東郡東武陽하여 至千乘入海라하고 程氏는 以爲此乃漢河니 與漯殊異라 然亦不能明言漯河所在하니 未詳其地也로라

배가 물에 떠가는 것을 '부(浮)'라 한다. '탑(漯)'은 황하의 지류이다. 연주의 공부(貢賦)를 제수(濟水)와 탑수(漯水)에 띄워 황하에 도달한 것이다. 제도(帝都)인 기주(冀州)는 삼면이 황하와 접해 있으니, 황하에 도달하면 제도에 도달한 것이다.

또 살펴보건대, 〈지리지〉에 "탑수는 동군(東郡)의 동무양현(東武陽縣)에서 발원하여 천승군(千乘郡)에 이르러 바다로 들어간다." 하였고, 정씨(程氏)는 "이것은 바로 한하(漢河)이니, 탑수와는 절대로 다르다." 하였다. 그러나 또한 탑하(漯河)의 소재를 분명히 말하지 못했으니, 그 지역이 자세하지 않다.

......
160 所貢之物 入於篚 : 사계 김장생은 "옻은 광주리에 담을 수 있는 물건이 아니니, 여기에서 말한 소공지물(所貢之物)은 옻과 생사가 아니고, 직물(織物)을 가리킨 듯하다." 하였다. 《詳說》

··· 筐 : 광주리 광   綺 : 비단 기   浮 : 뜰 부   漯 : 물이름 탑

21. 海、岱에 惟靑州라

바다와 대산(岱山)에 청주(靑州)가 있다.

靑州之域은 東北至海하고 西南距岱라 岱는 泰山也니 在今襲慶府奉符縣西北三十里하니라

청주 지역은 동북쪽으로 바다에 이르고, 서남쪽으로 대산(岱山)에 이른다. '대(岱)'는 태산(泰山)이니, 지금의 습경부(襲慶府) 봉부현(奉符縣) 서북쪽 30리 지점에 있다.

22. 嵎夷旣略하니

우이(嵎夷)가 이미 경략(經略;다스려짐)되니,

嵎夷는 薛氏曰 今登州之地라 略은 經略하여 爲之封畛也니 卽堯典之嵎夷라

우이는 설씨(薛氏)가 말하기를 "지금의 등주(登州) 지역이다." 하였다. '략(略)'은 경략(經略)하여 봉진(封畛;밭두둑)을 만듦이니, 바로〈요전(堯典)〉의 우이이다.

23. 濰(유)、淄(치)其道하도다

유수(濰水)와 치수(淄水)가 옛 물길을 따르도다.

濰、淄는 二水名이라 濰水는 地志云 出琅琊郡箕縣이라하니 今密州莒縣東北濰山也요 北至(都昌)[昌都]하여 入海라하니 今濰州昌邑也라 淄水는 地志云 出泰山郡萊蕪縣原山이라하니 今淄州淄川縣東南七十里原山也요 東至博昌縣하여 入濟[161]라하니 今靑州壽光縣也라 其道者는 水循其道也라 上文言旣道者는 禹爲之道也요 此言其道者는 泛濫旣去에 水得其故道也라 林氏曰 河、濟下流를 兗受之하고 淮下流를 徐受之하고 江、漢下流를 揚受之라 靑雖近海나 然不當衆流之衝하여 但濰、淄二水 順其故道면 則其功畢矣니 比之他州하면 用力最省(생)者也니라

'유(濰)'와 '치(淄)'는 두 물의 이름이다. 유수(濰水)는〈지리지〉에 "낭야군(琅琊郡) 기현(箕縣)에서 발원한다." 하였으니, 지금의 밀주(密州) 거현(莒縣) 동북쪽에 있는 유

------
161 入濟:〈지리지〉에는 제(濟)가 제(沇)로 되어 있다.

··· 嵎 : 해돋는곳 우 濰 : 물이름 유 淄 : 물이름 치 琅 : 땅이름 랑 琊 : 땅이름 야 莒 : 감자 거

산(潍山)이며, "북쪽으로 창도(昌都)에 이르러 바다로 들어간다." 하였으니, 지금의 유주(濰州) 창읍(昌邑)이다. 치수(淄水)는 〈지리지〉에 "태산군(泰山郡) 내무현(萊蕪縣) 원산(原山)에서 발원한다." 하였으니, 지금의 치주(淄州) 치천현(淄川縣) 동남쪽 70리 지점에 있는 원산(原山)이며, "동쪽으로 박창현(博昌縣)에 이르러 제수(濟水)에 들어간다." 하였으니, 지금의 청주(青州) 수광현(壽光縣)이다. '기도(其道)'는 물이 그 옛길을 따라 흐르는 것이다. 윗글(冀州)에서 '기도(既道)'라고 말한 것은 우(禹)가 물길을 만든 것이요, 여기에서 '기도(其道)'라고 말한 것은 범람함이 제거되자 물이 그 옛길을 찾은 것이다.

임씨(林氏)가 말하였다. "하수(河水)와 제수(濟水)의 하류를 연주(兗州)에서 받고, 회수(淮水)의 하류를 서주(徐州)에서 받고, 강수(江水;장강)와 한수(漢水)의 하류를 양주(揚州)에서 받는다. 청주(青州)는 비록 바다와 가까우나 〈태산이 중간에 막고 있어서〉 여러 물의 충돌을 당하지 않아 다만 유수(濰水)와 치수(淄水) 두 물이 옛길을 순히 따르면 그 공(功)이 끝나니, 다른 주(州)에 비하면 힘을 씀이 가장 적게 든 것이다."

24. 厥土는 白墳이니 海濱은 廣斥이로다
그 토질은 희고 분기(墳起)하니, 바닷가는 넓고 〈염분이 많은〉 갯벌이다.

濱은 涯也니 海涯之地 廣漠而斥鹵(로)라 許愼曰 東方謂之斥이요 西方謂之鹵니 斥鹵는 鹹(함)地니 可煮爲鹽者也니라

'빈(濱)'은 물가이니, 바닷가의 땅이 광막(廣漠)하고 척로(斥鹵)인 것이다. 허신(許愼)이 말하기를 "〈갯벌을〉 동방(東方)에서는 척(斥)이라 하고 서방(西方)에서는 로(鹵)라 하니, 척로는 짠 땅으로 이 물을 끓여 소금을 만들 수 있는 곳이다." 하였다.

25. 厥田은 惟上에 下요 厥賦는 中에 上이로다
그 전(田)은 상(上)에 하(下)이고, 그 부(賦)는 중(中)에 상(上)이다.

田은 第三이요 賦는 第四也라

전(田)은 제3등이고, 부(賦)는 제4등이다.

26. 厥貢은 鹽絺(염치)요 海物은 惟錯이로다 岱畎에 絲枲(시)와 鉛松과 怪石이

··· 斥 : 갯벌 척 涯 : 물가 애 鹵 : 염밭 로 絺 : 가는갈포 치 畎 : 골짝 견 枲 : 모시 시 鉛 : 납 연

로다 萊夷作牧하니 厥篚는 檿(염)絲로다

　공물은 소금과 가는 갈포요, 해물은 뒤섞어 바친다. 대산(岱山)의 골짜기에서 나오는 생사와 모시, 납과 소나무와 괴이한 돌이다. 내주(萊州)의 오랑캐가 경작을 하고 방목을 하니, 광주리에 담아서 바치는 폐백은 산뽕나무에서 나오는 생사이다.

鹽은 斥地所出이라 絺는 細葛也라 錯은 雜也니 海物非一種이라 故로 曰錯이라 林氏曰 旣總謂之海物이면 則固非一物矣라 此與揚州齒、革、羽、毛、惟木으로 文勢正同하니 錯은 蓋別爲一物이니 如錫貢磬錯[162]之錯이라하니 理或然也라 畎은 谷也니 岱山之谷也라 枲는 麻也라 怪石은 怪異之石也라 林氏曰 怪石之貢은 誠爲可疑니 意其必須以爲器用之飾하여 而有不可闕者요 非特貢其怪異之石하여 以爲玩好也라하니라 萊夷는 顔師古曰 萊山之夷니 齊有萊侯、萊人이라하니 卽今萊州之地라 作牧者는 言可牧放[163]이니 夷人以畜牧爲生也라 檿은 山桑也니 山桑之絲는 其韌(인)이 中琴瑟之絃이라 蘇氏曰 惟東萊爲有此絲하니 以之爲繒이면 其堅韌異常하니 萊人謂之山繭이라하니라

　'염(鹽;소금)'은 척지(斥地;갯벌)에서 나오는 것이다. '치(絺)'는 가는 갈포이다. '착(錯)'은 뒤섞임이니, 해물이 한 종류가 아니므로 착(錯)이라고 말한 것이다.
　임씨(林氏)가 말하기를 "이미 총괄하여 해물이라고 일렀으면 진실로 한 물건이 아닌 것이다. 이는 양주(揚州)의 '치(齒;상아)・혁(革;가죽)・우(羽;깃털)・모(毛;짐승의 털)・유목(惟木;나무)'과 문세(文勢)가 서로 같으니, 착(錯)은 별도로 한 물건이 되니, '석공경착(錫貢磬錯)'의 착(錯;숫돌)과 같다." 하였으니, 이치상 혹 옳을 듯하다.
　'견(畎)'은 골짜기이니, 대산(岱山)의 골짜기이다. '시(枲)'는 삼이다. '괴석(怪石)'은

──────
162 錫貢磬錯: 경착(磬錯)은 경쇠를 연마하는 숫돌로 이 내용은 아래 예주(豫州)의 공물조(貢物條)에 보인다.

163 作牧者 言可牧放: 호산은 "살펴보건대 위의 세 작(作) 자는 모두 경작으로 말하였으니, 여기의 작(作) 자 또한 다르게 보아서는 안 될 듯하다. '작목(作牧)'은 '경목(耕牧;경작하고 방목함)'이란 말과 같다. 채침(蔡沈)의 《집전》에 이 작(作) 자를 생략하였는데, 《언해》에 이를 따라 한 가지 일(방목하는 일)로 해석하였으니, 마땅히 다시 생각해 보아야 한다.〔按他三作者, 皆以耕作言, 此作字恐亦不可異同看. 作牧, 猶言耕牧也. 蔡傳略作字, 諺解因之, 而釋作一事, 合更詳.〕" 하였다. 《詳說》 위의 세 작(作) 자는 기주(冀州)의 '大陸旣作'과 연주(兗州)에 '作十有三載'라고 보이는바, 주에 모두 "작은 땅을 경작하여 다스릴 수 있음을 말한 것이다.〔作者, 言可耕治.〕" 하였으며, 하나는 보이지 않는다.

··· 檿: 산뽕나무 염　錯: 숫돌 착　韌: 질길 인　繒: 깁 증

괴이한 돌이다. 임씨가 말하기를 "괴석을 바치는 것은 진실로 의심스러울 만하니, 짐작컨대 반드시 기용(器用)의 꾸밈을 하는데 필요하여 없어서는 안 되는 것이요, 단지 괴이한 돌을 바쳐서 완호(玩好)로 삼은 것은 아닐 것이다." 하였다. '내이(萊夷)'는 안사고(顔師古)가 "내산(萊山)의 오랑캐이니, 제(齊)나라에 내후(萊侯)와 내인(萊人;내주 사람)이 있었다." 하였으니, 바로 지금의 내주(萊州) 지역이다.

'작목(作牧)'은 〈경작하고〉 방목할 수 있음을 말함이니, 오랑캐 사람들은 목축을 생업으로 삼는다. '염(檿)'은 산뽕나무이니, 산뽕나무의 생사(生絲)는 그 질김이 거문고와 비파 줄을 만드는 데 합당하다. 소씨(蘇氏)는 말하기를 "오직 동래(東萊)만이 이 생사가 있으니(생산되니), 이것으로 비단을 만들면 견고하고 질겨서 보통 것과 다른 바, 내인들은 이것을 산견(山繭)이라 한다." 하였다.

27. 浮于汶하여 達于濟하나니라
문수(汶水)에 배를 띄워 제수(濟水)에 도달한다.

汶水[164]는 [地志]에 出泰山郡萊蕪縣原山이라하니 今襲慶府萊蕪縣也요 西南入濟라하니 在今鄆(운)州中都縣也라 蓋淄水는 出萊蕪原山之陰하여 東北而入海하고 汶水는 出萊蕪原山之陽하여 西南而入濟라 不言達河者는 因於兗也라

문수(汶水)는 《지리지》에 '태산군(泰山郡) 내무현(萊蕪縣) 원산(原山)에서 발원한다.' 하였으니 지금의 습경부(襲慶府) 내무현이며, '서남쪽으로 제수(濟水)에 들어간다.' 하였으니 지금의 운주(鄆州) 중도현(中都縣)에 있다. 치수(淄水)는 내무현의 원산 북쪽에서 발원하여 동북쪽으로 바다로 들어가고, 문수(汶水)는 내무현의 원산 남쪽에서 발원하여 서남쪽으로 제수로 들어간다. 황하에 도달함을 말하지 않은 것은 연주(兗州)를 따랐기 때문이다.

28. 海、岱及淮에 惟徐州라
바다와 대산(岱山)과 회수(淮水)에 서주(徐州)가 있다.

......
164 汶水 : 호산은 "문수(汶水) 아래에 '지지(地志)' 두 글자가 빠진 듯하니, 유수(濰水)와 치수(淄水) 주에 증거할 만하다.〔恐脫地志二字, 濰淄註可證.〕" 하였다. 《詳說》 이에 따라 '地志' 두 글자를 보충하여 번역하였다.

... 鄆 : 땅이름 운

徐州之域은 東至海하고 南至淮하고 北至岱로되 而西不言濟者는 岱之陽濟東은 爲徐요 岱之北濟東은 爲靑하니 言濟면 不足以辨이라 故로 略之也라 爾雅에 濟東曰徐州者는 商無靑하여 幷靑於徐也요 周禮에 正東曰靑州者는 周無徐하여 幷徐於靑也일새라 林氏曰 一州之境은 必有四至어늘 七州皆止二至는 蓋以隣州互見(현)이요 至此州하여 獨載其三邊者는 止言海、岱則嫌於靑이요 止言淮、海則嫌於揚이라 故로 必曰海、岱及淮而後에 徐州之疆境이 始別也니라

　　서주(徐州) 지역은 동쪽으로는 바다에 이르고 남쪽으로는 회수에 이르고 북쪽으로는 대산에 이르는데, 서쪽으로 제수(濟水)를 말하지 않은 것은 대산의 남쪽인 제수의 동쪽은 서주이고, 대산의 북쪽인 제수의 동쪽은 청주(靑州)가 되니, 제수를 말하면 지역을 구별할 수 없으므로 생략한 것이다. 《이아》에 제수의 동쪽을 서주라고 한 것은 상(商)나라는 청주가 없어서 청주를 서주에 겸병(합병)하였기 때문이며, 《주례》 〈직방씨(職方氏)〉에 정동(正東)을 청주라고 한 것은 주(周)나라는 서주가 없어서 서주를 청주에 겸병했기 때문이다.

　　임씨(林氏)가 말하였다. "한 주(州)의 지경(경계)은 반드시 네 면의 이름[至]이 있는데 일곱 주(州)에 모두 다만 두 면의 이름만을 말한 것은 이웃 고을로 서로 나타나기 때문이며, 이 주에 이르러 유독 삼면을 기재한 것은 다만 바다와 대산을 말하면 청주인가 혐의되고, 다만 회수와 바다를 말하면 양주(揚州)인가 혐의된다. 그러므로 반드시 바다와 대산 및 회수를 말한 뒤에야 서주의 경계가 비로소 구별되는 것이다."

29. 淮、沂其乂하니
　회수(淮水)와 기수(沂水)가 다스려지니,

淮、沂는 二水名이니 淮는 見導水하니라 曾氏曰 淮之源은 出于豫之境하여 至揚、徐之間하여 始大하니 其泛濫爲患이 尤在於徐라 故로 淮之治를 於徐에 言之也라 沂水는 地志云 出泰山郡蓋縣艾山이라하니 今沂州沂水縣也니 南至于下邳(비)하여 西南而入于泗라 曾氏曰 徐州에 水以沂名者非一이니 酈道元謂 水出尼丘山西北

··· 沂 : 물이름 기　乂 : 다스릴 예　邳 : 클 비

하여 徑魯之雩門[165]을 亦謂之沂水라하고 水出(太公)[南]武陽之冠石山[166]을 亦謂之沂水라하나 而沂水之大는 則出於泰山也라하니라 又按 徐之水는 有泗, 有汶, 有汴(변), 有濄(곽)이로되 而獨以淮、沂言者는 周職方氏에 靑州는 其川淮泗요 其浸沂沭(술)이라하니라 周無徐州하여 兼之於靑하니 周之靑은 卽禹之徐라 則徐之川이 莫大於淮하니 淮乂면 則自泗而下凡爲川者를 可知矣요 徐之浸이 莫大於沂하니 沂乂면 則自沭而下凡爲浸者를 可知矣니라

'회(淮)'와 '기(沂)'는 두 물의 이름이니, 회(淮)는 도수(導水)에 보인다. 증씨(曾氏)는 말하기를 "회수의 근원은 예주(豫州)의 경내에서 발원하여 양주(揚州)와 서주(徐州) 사이에 이르러 비로소 커지니, 범람하여 폐해가 됨이 특히 서주에 있었다. 그러므로 회수의 다스림을 서주에서 말한 것이다." 하였다. 기수(沂水)는 〈지리지〉에 "태산군(泰山郡) 개현(蓋縣) 애산(艾山)에서 발원한다." 하였으니, 지금의 기주(沂州) 기수현(沂水縣)이니, 남쪽으로 하비(下邳)에 이르러 서남쪽으로 사수(泗水)로 들어간다. 증씨(曾氏)는 말하기를 "서주에 물을 기(沂)라고 이름한 것이 한둘이 아니니, 역도원은 '물이 이구산(尼丘山)에서 나와 서북쪽으로 노(魯)나라의 우문(雩門)을 경유하는 것을 또한 기수라 한다.' 하였고, 〈지리지〉에 '물이 남무양(南武陽)의 관석산(冠石山)에서 나온 것을 또한 기수라 한다.' 하였으나 기수의 큰 경류(經流)는 태산에서 나온 것이다." 하였다.

또 살펴보건대, 서주의 물은 사수(泗水)·문수(汶水)·변수(汴水)·곽수(濄水)가 있는데, 유독 회수와 기수를 말한 것은 《주례》〈직방씨〉에 "청주(靑州)의 내는 회수와 사수(泗水)이고, 못은 기수와 술수(沭水)이다." 하였는바, 주(周)나라는 서주가 없어 청주에 겸병하였으니, 주나라의 청주는 바로 〈우공〉의 서주이다. 그렇다면 서주의 냇물은 회수보다 큰 것이 없으니 회수가 다스려졌으면 사수로부터 이하의 모든 냇물을 알 수 있으며, 서주의 못은 기수보다 더 큰 것이 없으니 기수가 다스려졌으면 술수로부터 이하의 모든 못을 알 수 있다.

......

165 魯之雩門 : 호산은 "우문(雩門)은 노나라 성의 남문(南門)이니, 《논어》〈안연(顏淵)〉에 보이는 무우(舞雩)이다." 하였다. 《詳說》

166 太公武陽之冠石山 : 호산은 "'태공(太公)' 두 글자는 남(南) 자의 오류인 듯하니, 《수경》 주의 본문을 참고할 수 있다. 이는 전사한 자가 태공(太公)과 남(南)의 글자가 서로 비슷하여 잘못된 것이니, 《논어》〈술이(述而)〉에 졸(卒) 자를 나누어 오십(五十)이란 글자로 쓴 것과 같다.〔太公二字, 恐南字之訛. 水經註本文可考. 是蓋傳寫者, 字相似之誤, 如論語卒字之析爲五十字耳.〕" 하였다. 《詳說》 이에 따라 원문을 수정 번역하였다.

··· 雩 : 기우제 우 汴 : 물이름 변 濄 : 물이름 곽 沭 : 물이름 술

30. 蒙, 羽其藝하도다

몽산(蒙山)과 우산(羽山)이 곡식을 심을 수 있도다.

蒙, 羽는 二山名이라 蒙山은 地志에 在泰山郡蒙陰縣西南이라하니 今沂州費縣也요 羽山은 地志에 在東海郡祝其縣南이라하니 今海州朐(구)山縣也라 藝者는 言可種藝也라

'몽(蒙)'과 '우(羽)'는 두 산(山)의 이름이다. 몽산은 〈지리지〉에 "태산군(泰山郡) 몽음현(蒙陰縣) 서남쪽에 있다." 하였으니, 지금의 기주(沂州) 비현(費縣)이며, 우산은 〈지리지〉에 "동해군(東海郡) 축기현(祝其縣) 남쪽에 있다." 하였으니, 지금의 해주(海州) 구산현(朐山縣)이다. '예(藝)'는 곡식을 심을 수 있음을 말한다.

31. 大野旣豬(瀦)하니

대야택(大野澤)이 이미 물이 모여 흐르니,

大野는 澤名이니 地志에 在山陽郡鉅野縣北이라하니 今濟州鉅野縣也니 鉅는 卽大也라 水蓄而復流者를 謂之豬라 按水經에 濟水至乘氏(지)縣하여 分爲二하여 南爲菏(가)하고 北爲濟라하니라 酈道元謂 一水는 東南流하고 一水는 東北流하여 入鉅野澤이라하니 則大野는 爲濟之所絶하여 其所聚也大矣라 何承天曰 鉅野廣大하여 南導洙, 泗하고 北連淸濟라하니 徐之有濟를 於是乎見이라 又鄆州中都西南에 亦有大野陂하니 或皆大野之地也라

'대야(大野)'는 못(저수지)의 이름이니, 〈지리지〉에 "산양군(山陽郡) 거야현(鉅野縣) 북쪽에 있다." 하였으니, 지금의 제주(濟州) 거야현이니, '거(鉅)'는 곧 큼이다. 물이 모여 다시 흐름을 '저(豬)'라 이른다. 살펴보건대 《수경(水經)》에, "제수(濟水)가 승지현(乘氏縣)에 이르러 둘로 나뉘어서 남쪽은 가수(菏水)가 되고 북쪽은 제수(濟水)가 된다." 하였다. 역도원이 이르기를 "한 물은 동남쪽으로 흐르고 한 물은 동북쪽으로 흘러 거야택으로 들어간다." 하였으니, 대야(大野)는 제수에게 끊겨 땅속으로 흘러 그 물이 모인 것이 크다(많다). 하승천(何承天)은 말하기를 "거야(鉅野)가 광대하여 남쪽으로는 수수(洙水)와 사수(泗水)를 인도하고 북쪽으로는 청제(淸濟)와 연결한다." 하였으니, 서주(徐州)에 제수가 있음을 여기에서 볼 수 있다. 또 운주(鄆州)의 중도(中都) 서남쪽에 또한 대야피(大野陂)가 있으니, 혹 모두 대야 지역일 것이다.

••• 豬 : 방죽 저(瀦同) 鉅 : 클 거 陂 : 방죽 피

32. 東原이 底(지)平하도다
동원이 다스려짐에 이르렀도다.

東原은 漢之東平國이니 今之鄆州也라 晁氏曰 東平은 自古多水患하여 數(삭)徙其城이라 咸平中에 又徙城於東南하니 則其下濕을 可知라하니라 底平者는 水患已去하여 而底於平也라 後人이 以其地之平故로 謂之東平이라 又按 東原은 在徐之西北이어늘 而謂之東者는 以在濟東故也라 東平國은 在景帝에 亦謂濟東國云하니 益知大野、東原이 所以志濟也라

'동원(東原)'은 한(漢)나라의 동평국(東平國)이니, 지금의 운주(鄆州)이다. 조씨(晁氏)가 말하기를 "동평은 예로부터 수해(水害)가 많아서 여러 번 성(城)을 옮겼다. 진(晉)나라 함평(咸平) 연간(年間)에 또다시 동남쪽으로 성(城)을 옮겼으니, 이 지역이 낮고 습함을 알 수 있다." 하였다. '지평(底平)'은 수해가 이미 제거되어 다스려짐에 이른 것이다. 후인(後人)들은 이 지역이 평평하다 하여 동평이라고 일렀다. 또 살펴보건대, 동원은 서주(徐州)의 서북쪽에 있는데 동(東)이라고 말한 것은 제수(濟水)의 동쪽에 있기 때문이다. 동평국(東平國)은 한(漢)나라 경제(景帝) 때에 또한 제동국(濟東國)이라 하였으니, 대야(大野)와 동원이 제수를 표시한 것임을 더욱 알 수 있다.

33. 厥土는 赤埴(식)墳이니 草木은 漸包(苞)로다
그 토질은 붉고 차지고 분기(墳起)하니, 초목이 점점 자라 총생하도다.

土黏(점)曰埴이라 埴은 膩也니 黏(점)泥如脂之膩也라 周有搏(단)埴之工하고 老氏言埏(연)埴以爲器라하니 惟土性黏膩細密이라 故로 可搏可埏也라 漸은 進長也니 如易所謂木漸이니 言其日進於茂而不已也라 包는 叢生也니 如詩之所謂如竹包(苞)矣니 言其叢生而積(진)也라

흙이 차짐을 '식(埴)'이라 한다. 식은 매끄러운 것이니, 차진 것이 기름의 매끄러움과 같은 것이다. 주(周)나라 〈고공기(考工記)〉에는 진흙을 쳐서(개어서) 질그릇을 만드는 공인(工人)이 있고, 노씨(老氏)의 《도덕경(道德經)》에는 "진흙을 빚어서(개어서) 그릇을 만든다."고 말하였으니, 토성(土性)이 차지고 매끄러우며 세밀하므로 흙을 치고 빚어서 그릇을 만들 수 있는 것이다. '점(漸)'은 점점 자람이니, 《주역》〈점괘(漸卦) 상전(象傳)〉에 이른바 '나무가 점점 자란다〔木漸〕'란 것과 같으니, 날로 무성함에 나아가

··· 底 : 이를 지   埴 : 진흙 식   包 : 초목우거질 포(苞同)   黏 : 차질 점   膩 : 미끄러울 이   搏 : 칠 단
    埏 : 질그릇만들 연   稹 : 빽빽할 진

그치지 않음을 이른다. '포(包)'는 총생(叢生)함이니, 《시경》〈사간(斯干)〉에 이른바 '대나무가 총생한다.'는 것과 같으니, 총생하여 빽빽해짐을 말한 것이다.

34. 厥田은 惟上에 中이요 厥賦는 中에 中이로다
    그 전(田)은 상(上)에 중(中)이고, 그 부(賦)는 중(中)에 중(中)이로다.

田은 第二等이요 賦는 第五等也라
   전(田)은 제2등이고 부(賦)는 제5등이다.

35. 厥貢은 惟土五色과 羽畎에 夏翟과 嶧(역)陽에 孤桐과 泗濱에 浮磬이로다 淮夷는 蠙(빈)珠曁(기)魚로소니 厥篚는 玄纖縞(호)로다
   그 공물은 오색의 흙과 우산(羽山) 골짝의 여름철 꿩과 역산(嶧山) 남쪽의 우뚝이 자라는 오동나무와 사수(泗水)의 물가에 떠있는 경쇠이다. 회수(淮水)의 오랑캐들은 진주조개의 진주와 어물을 바치니, 광주리에 담아서 바치는 폐백은 검은 비단과 흰 비단(纖)과 흑백이 뒤섞인 비단(縞)이다.

徐州之土雖赤이나 而五色之土亦間有之라 故로 制以爲貢이라 周書作雒[167]曰 諸侯受命于周라야 乃建大(태)社于國中하니 其(壇)[壝][168]은 東靑土요 南赤土요 西白土요 北驪(리)土요 中央疉(첩)以黃土[169]라 將建諸侯면 鑿取其方面之土[170]하여 苞以黃土하고 苴以白茅하여 以爲土封이라 故로 曰受削土于周室이라하니 此貢土五色도 意亦爲是用也라 羽畎은 羽山之谷也라 夏翟은 雉具五色하니 其羽中旌旄者也라 染人之職에 秋染夏라하니 鄭氏曰 染夏者는 染五色也라하고 林氏曰 古之

• • • • • •
167 周書作雒 : 락(雒)은 락(洛)과 통한다. 여기의 주서(周書)는 급총(汲冢)의 주서인바, 원래 〈탁읍(度邑)〉편에 보이는데, 옛날 책은 두 편이 잘못 합해졌으므로 〈작락(作雒)〉이라 한 것이다.
168 其壝 : 《채전방통》에 "유(壝)는 원래 강(疆)으로 되어 있는데 잘못 쓴 것이다. 강(疆)은 바로 단(壇)을 가리키며 유(壝)는 단(壇)의 네 주위에 담장처럼 쌓은 것이다." 하였다.
169 疉以黃土 : 사계(沙溪)의 《경서변의》에는 혼(疉)은 "혼(釁)과 통한다." 하여 '틈을 바름'으로 풀이하였다.
170 方面之土 : 동(東)은 청색(靑色), 남(南)은 적색(赤色), 서(西)는 백색(白色), 북(北)은 흑색(黑色), 중앙(中央)은 황색(黃色)의 흙을 가리킨다.

••• 嶧 : 산이름 역 蠙 : 진주조개 빈 纖 : 깁 섬 縞 : 깁 호 雒 : 낙수 락 壝 : 토담 유 驪 : 검을 리 苴 : 쌀 저

車服器用에 以雉爲飾者多하니 不但旌旄也라 曾氏曰 山雉具五色이 出于羽山之
畎이라하니 則其名山以羽者는 以此歟인저

서주(徐州)의 흙이 비록 붉으나 오색의 흙이 또한 사이에 있으므로 제도를 만들어 공물로 바치도록 한 것이다. 《주서(周書)》〈작락(作雒)〉에 "제후가 주(周)나라에서 명(命)을 받아야 태사(太社)를 국중(國中)에 세우는데, 그 단(壇)은 동쪽은 청토(靑土), 남쪽은 적토(赤土), 서쪽은 백토(白土), 북쪽은 리토(驪土;흑토(黑土))이며, 중앙은 황토(黃土)를 바른다. 장차 제후를 세우게 되면 그 방면의 흙을 파서 황토로 싸고 흰 띠풀로 감싸서 땅을 떼어 봉해준다. 그러므로 '삭토(削土;땅을 나눠줌)를 주실(周室)에서 받았다.' 한다." 하였으니, 여기에 오색의 흙을 바친 것도 짐작컨대 또한 여기에 쓰기 위한 것인 듯하다.

'우견(羽畎)'은 우산(羽山)의 골짜기이다. '하적(夏翟)'은, 꿩[翟]은 오색을 갖췄으니, 그 깃털이 정모(旌旄)를 만드는데 합당하다.《주례》〈염인(染人)〉의 직책에 "가을에 염하(染夏)를 한다." 하였는데, 정씨(鄭氏)가 말하기를 "염하는 오색을 물들이는 것이다." 하였고, 임씨(林氏)는 말하기를 "옛날 거복(車服)과 기용(器用)에 꿩깃으로 장식한 것이 많으니, 다만 정모(旌旄)만이 아니다." 하였다. 증씨(曾氏)는 말하기를 "산꿩 중에 오색을 갖춘 것이 우산(羽山)의 골짝에서 나온다." 하였으니, 이 산 이름을 우(羽)라 한 것은 이 때문인가보다.

嶧은 山名이라 地志云 東海郡下邳縣西에 有葛嶧山하니 古文에 以爲嶧(山)[陽]이라하니 下邳는 今淮陽軍下邳縣也라하니라 陽者는 山南也라 孤桐은 特生之桐이니 其材中琴瑟이라 詩曰 梧桐生矣여 于彼朝陽이라하니 蓋草木之生은 以向日爲貴也라 泗는 水名이니 [地志]에 出魯國卞縣桃墟西北陪尾山이라 源有泉四하니 四泉俱導하여 因以爲名이라 西南過彭城하고 又東南過下邳하여 入淮라하니 卞縣은 今襲慶府泗水縣也라 濱은 水旁也라 浮磬은 石露水濱하여 若浮於水然이라 或曰 非也라 泗濱은 非必水中이요 泗水之旁近이니 浮者는 石浮生土中하여 不根著(착)者也라 今下邳에 有石磬山하니 或以爲古取磬之地라하니라 曾氏曰 不謂之石者는 成磬而後貢也라 淮夷는 淮之夷也라 蠙은 蚌(방)之別名也라 曁는 及也라 珠爲服飾하고 魚用祭祀라 今濠、泗、楚皆貢淮白魚하니 亦古之遺制歟인저

'역(嶧)'은 산 이름이다. 〈지리지〉에 "동해군(東海郡) 하비현(下邳縣) 서쪽에 갈역산(葛嶧山)이 있으니, 《고문상서(古文尙書)》에 '역양(嶧陽)이다.' 하였으니, 하비(下邳)는

••• 蚌 : 조개 방　濠 : 해자 호

지금의 회양군(淮陽軍) 하비현이다." 하였다. '양(陽)'은 산의 남쪽이다. '고동(孤桐)'은 우뚝하게 자라는 오동나무이니, 그 재목이 금슬(琴瑟)을 만드는데 합당하다. 《시경》 〈권아(卷阿)〉에 "오동나무가 자람이여, 저 아침해가 뜨는 곳에 있다." 하였으니, 초목(草木)이 생장함은 해를 향하는 것을 귀하게 여긴다. '사(泗)'는 물 이름이니, 〈지리지〉에 "노국(魯國)의 변현(卞縣) 도허(桃墟) 서북쪽 배미산(陪尾山)에서 발원한다. 근원에 네 개의 샘물이 있으니, 네 샘물이 함께 인도되므로 인하여 물의 이름을 사(泗)라고 한 것이다. 서남쪽으로 팽성(彭城)을 지나고 또 동남쪽으로 하비를 지나 회수(淮水)로 들어간다." 하였으니, 변현(卞縣)은 지금의 습경부(襲慶府) 사수현(泗水縣)이다.

'빈(濱)'은 물가이다. '부경(浮磬)'은 돌(석경(石磬))이 물가에 드러나서 마치 물 위에 떠있는 것과 같은 것이다. 혹자는 말하기를 "이는 옳지 않다. 사빈(泗濱)은 반드시 수중(水中)만이 아니요 사수의 부근이니, 떠있다는 것은 돌이 흙 가운데에 떠 있어서 근착(根着)하지 않는 것이다."라고 한다. 지금 하비에 석경산(石磬山)이 있으니, 혹자는 옛날 경쇠를 채취하던 땅이라고 한다. 증씨(曾氏)는 말하기를 "석(石)이라고 이르지 않은 것은 경쇠를 이룬 뒤에 바쳤기 때문이다." 하였다. '회이(淮夷)'는 회수(淮水) 주위의 오랑캐이다. '빈(蠙)'은 진주조개의 별칭이다. '기(暨)'는 및이다. 진주는 복식(服飾)으로 삼고 어물(魚物)은 제사(祭祀)에 사용한다. 지금 호주(濠州)·사주(泗州)·초주(楚州)에서 모두 회수의 백어(白魚)를 바치니, 이 또한 옛날의 유제(遺制)인가보다.

夏翟之出于羽畎하고 孤桐之生於嶧陽하고 浮磬之出於泗濱하고 珠魚之出於淮夷하여 各有所産之地하니 非他處所有라 故로 詳其地而使貢也라 玄은 赤黑色幣也니 武成曰 篚厥玄黃이라하니라 纖、縞는 皆繒也[171]니 禮曰 (及)[又]期而大祥[172]하니 素縞麻衣하고 中月而禫하니 禫而纖이라하고 記曰 有虞氏縞衣而養老라하니 則知 纖、縞皆繒之名也라 曾氏曰 玄은 赤而有黑色이니 以之爲袞은 所以祭也요 以之

......

171 玄 赤黑色幣也……纖縞皆繒也 : 경문의 '玄纖縞'를 해석한 것으로, 주에는 섬(纖)·호(縞)를 비단의 이름으로 훈하였으나, 호산은 신안 호씨(新安胡氏)의 '현섬호(玄纖縞)는 세 가지 색깔의 비단이다.〔玄纖縞, 三色繒〕' 한 것을 인용하고, "언해의 해석이 잘못된 듯하다.〔諺釋恐誤〕" 하였다. 《詳說》《언해》에는 《집전》의 주를 따라 '玄한 纖과 縞로다.' 하였으나, 호산의 설에 따라 경문을 수정 번역하였다.

172 及期而大祥 : 《채전방통》에 "급(及)은 마땅히 우(又)가 되어야 한다." 하였다. 예문(禮文)을 살펴보면 "기이련(期而練)……우기이대상(又期而大祥)"이라고 보인다.

爲端은 所以齊(재)也요 以之爲冠은 以爲首服也라 黑經白緯曰纖이니 纖也, 縞也
는 皆去凶卽吉之所服也라

하적(夏翟)이 우견(羽畎)에서 나오고, 고동(孤桐)이 역양(嶧陽)에서 나오고, 부경(浮
磬)이 사빈(泗濱)에서 나오고, 진주와 어물이 회이(淮夷)에서 나와 각기 생산되는 지역
이 있으니, 다른 곳에 있는 것이 아니므로 지역을 상세히 말하여 바치게 한 것이다.

'현(玄)'은 적흑색의 폐백이니, 아래 〈무성(武成)〉에 "현(玄)·황(黃)의 폐백을 광주
리에 담아 바친다." 하였다. '섬(纖)'과 '호(縞)'는 모두 비단이니, 예(禮;《예기》〈간전(間
傳)〉)에 "〈죽은지〉 또다시 기년(期年)이 되면 대상(大祥)을 지내는데 흰 호(縞)에 삼베옷
을 입고, 한 달을 걸러 담제(禫祭)를 지내는데 담제를 지내고 섬(纖:흰 비단)을 입는다."
하였으며, 《예기》〈왕제(王制)〉에 "유우씨(有虞氏)는 호의(縞衣)로 노인을 봉양한다." 하
였으니, 섬(纖)과 호(縞)는 모두 비단의 이름임을 알 수 있다.

증씨(曾氏)가 말하였다. "현(玄)은 붉으면서 흑색이 있는 것이니, 이로써 곤룡포(袞
龍袍)를 만듦은 제사하기 위한 것이요, 현단복(玄端服)을 만듦은 재계(齊戒)하기 위한
것이요, 관(冠)을 만듦은 수복(首服:관(冠)을 가리킴)으로 삼는 것이다. 검은 날줄에 흰
씨줄인 것을 섬(纖)이라 하니, 섬과 호(縞)는 모두 흉(凶)함을 버리고 길(吉)함으로 나
아갈 때 입는 것이다."

36. 浮于淮, 泗하여 達于河하나니라

〈공부(貢賦)를〉 회수(淮水)와 사수(泗水)에 배를 띄워 황하에 도달한다.

許愼曰 汳(판)水受陳留浚儀陰溝하여 至夢爲灉水하여 東入于泗라하니 則淮, 泗
之可以達于河者는 以灉至于泗也일새라 許愼又曰 泗受沛(제)水하여 東入淮라하
니 蓋泗水至大野而合沛니 然則泗之上源自沛하여 亦可以通河也라

허신(許愼)은 말하기를 "변수(汳水)는 진류(陳留)의 준의현(浚儀縣) 음구(陰溝)의 물
을 받아 몽택(夢澤)에 이르러 옹수(灉水)가 되어서 동쪽으로 사수(泗水)에 들어간다."
하였으니, 회수와 사수가 황하에 도달할 수 있는 것은 옹수가 사수에 이르기 때문이
다. 허신은 또 말하기를 "사수는 제수(沛水)를 받아 동쪽으로 회수에 들어간다." 하였
으니, 사수가 대야택(大野澤)에 이르러 제수와 합류하니, 그렇다면 사수의 상류는 제
수에서 근원하여 또한 황하에 통할 수 있는 것이다.

... 汳:물이름 판 灉:물이름 옹 沛:물이름 제

37. 淮, 海에 惟揚州라

회수(淮水)와 바다에 양주(揚州)가 있다.

揚州之域은 北至淮하고 東南至于海라

양주(揚州) 지역은 북쪽으로는 회수에 이르고 동남쪽으로는 바다에 이른다.

38. 彭蠡旣豬(瀦)하니

팽려(彭蠡)가 이미 물이 모여 흐르니,

彭蠡는 地志에 在豫章郡彭澤縣(東)[西]¹⁷³라하니 合江西、江東諸水하여 跨豫章、饒州、南康軍三州之地하니 所謂鄱(파)陽湖者 是也라 詳見導水하니라

팽려(彭蠡)는 〈지리지〉에 "예장군(豫章郡) 팽택현(彭澤縣) 서쪽에 있다." 하였으니, 강서(江西)와 강동(江東)의 여러 물을 합하여 예장(豫章)·요주(饒州)·남강군(南康軍)의 세 주(州)의 땅을 지나가니, 이른바 파양호(鄱陽湖)라는 것이 이것이다. 도수(導水)에 자세히 보인다.

39. 陽鳥의 攸居로다

양조(陽鳥;기러기)가 사는 곳이로다.

陽鳥는 隨陽之鳥니 謂雁也라 今惟彭蠡洲渚之間에 千百爲羣하니 記陽鳥所居는 猶夏小正¹⁷⁴에 記雁北鄕(向)也라 言澤水旣豬하여 洲渚旣平하니 而禽鳥亦得其居止하여 而遂其性也라

'양조(陽鳥)'는 양지(陽地)를 따르는 새이니, 기러기를 이른다. 지금 팽려(彭蠡)의 모래섬과 물가 사이에 천백 마리로 떼를 지어 있으니, 양조가 사는 곳을 기록한 것은 〈하소정(夏小正)〉에 '기러기가 북쪽으로 향한다.'고 기록한 것과 같다. 못물이 이미 모

......
173 彭澤縣東 : 〈지리지〉를 살펴보면 '팽택현서(彭澤縣西)'로 되어 있으므로 수정하였음을 밝혀둔다.
174 夏小正 : 《대대례기(大戴禮記)》의 편명(篇名)으로 공자(孔子)의 제자인 자하(子夏)가 전(傳;주석)한 것이라 한다.

··· 彭 : 클 팽   蠡 : 달팽이 려   鄱 : 땅이름 파   渚 : 모래톱 저, 물가 저

여 흘러서 모래섬과 물가가 이미 다스려지니, 새들 또한 거처할 곳을 얻어서 그 본성을 이루었음을 말한 것이다.

40. 三江이 旣入하니
삼강(三江)이 이미 바다로 들어가니,

唐仲初吳都賦[175] 註에 松江下七十里分流하여 東北入海者를 爲婁江이요 東南流者를 爲東江이며 倂松江爲三江이라하니 其地今亦名三江口라 吳越春秋[176]에 所謂范蠡乘舟하여 出三江之口者是也라

　　당중초(唐仲初)의 〈오도부(吳都賦)〉 주(註)에 "송강(松江)이 70리를 내려가 나뉘어 흘러 동북쪽으로 바다로 들어가는 것을 누강(婁江)이라 하고, 동남쪽으로 흐르는 것을 동강(東江)이라 하며, 여기에 송강(松江)을 합하여 삼강(三江)이 된다." 하였으니, 이 지역을 지금도 삼강구(三江口)라 이름한다. 《오월춘추(吳越春秋)》에 이른바 "범려(范蠡)가 배를 타고 삼강의 어구로 나갔다."는 것이 이것이다.

○ 又按 蘇氏謂 岷山之江을 爲中江하고 嶓冢之江을 爲北江하고 豫章之江을 爲南江하니 卽導水所謂東爲北江하고 東爲中江者라 旣有中北二江이면 則豫章之江爲南江을 可知라하니라 今按 此爲三江은 若可依據나 然江, 漢會於漢陽하여 合流數百里하여 至湖口而後에 與豫章江會하고 又合流千餘里而後에 入海하니 不復可指爲三矣라 蘇氏知其說不通일새 遂有味別之說이나 禹之治水는 本爲民去害니 豈如陸羽[177]輩辨味烹茶하여 爲口腹計耶아 亦可見其說之窮矣니 以其說易以惑人이라 故幷及之하노라 或曰 江, 漢之水는 揚州巨浸이어늘 何以不書오 曰 禹貢書法이

- - - - - -

175 唐仲初吳都賦 : 당중초(唐仲初)에 대하여 호산은 "유천(庾闡)의 자가 중초(仲初)이니, 진(晉)나라 언릉(鄢陵) 사람이다. 〈양도부(揚都賦)〉를 지었는데, 〈당중초의 '당(唐)'은 아마도 유(庾)의 잘못일 것이다. 그러나 〈오도부(吳都賦)〉 주에 두 글자(唐, 揚)를 함께 잘못 쓰지는 않았을 것이니, 아마도 따로 당중초(唐仲初)라는 사람이 있어서 좌사(左思)가 지은 〈오도부〉에 주를 단 것인 듯하다." 하였다. 《詳說》

176 吳越春秋 : 후한(後漢)의 조엽(趙曄)이 지은 것으로, 사서(史書)의 한 종류이다.

177 陸羽 : 당(唐)나라 사람으로 평소 차를 즐겨 마시고 《다경(茶經)》을 지어 차의 유래와 제조법, 끓이는 방법 등을 자세히 설명하였다. 이후로 중국(中國)에 차 마시는 것이 크게 유행되었다 한다.

··· 婁 : 끌 루 岷 : 산이름 민 嶓 : 산이름 파 浸 : 물에잠길 침

費疏鑿者는 雖小나 必記하고 無施勞者는 雖大나 亦略하니 江, 漢은 荊州而下 安於 故道하여 無俟濬治라 故로 在不書라 況朝宗于海를 荊州에 固備言之하니 是亦可 以互見矣니 此正禹貢之書法也니라

○ 또 살펴보건대, 소씨(蘇氏)는 이르기를 "민산(岷山)의 강(江)을 중강(中江)이라 하고, 파총산(嶓冢山)의 강을 북강(北江)이라 하고, 예장(豫章)의 강을 남강(南江)이라 하니, 이는 곧 도수(導水)에 이른바 '동쪽으로 북강(北江)이 되고, 동쪽으로 중강(中江)이 되었다.'는 것이다. 이미 중(中)·북(北) 두 강이 있다면 예장의 강이 남강이 됨을 알 수 있다." 하였다.

지금 살펴보건대, 소씨가 여기에서 삼강(三江)이라 함은 의거할 만하다. 그러나 강수(江水)·한수(漢水)가 한양(漢陽)에 모여서 수백 리를 합류하여 호구(湖口)에 이른 뒤에 예장의 강과 합류하고 또 천여 리를 합류한 뒤에 바다로 들어가니, 다시 이것을 가리켜 셋이라고 할 수 없다. 소씨(蘇氏)는 이 말이 통할 수 없음을 알았기에 마침내 "맛이 다르다."는 말을 하였으나 우(禹)가 홍수를 다스림은 본래 백성을 위하여 해로움(수해)을 제거한 것이니, 어찌 육우(陸羽)의 무리처럼 맛을 구별하고 차(茶)를 끓여서 구복(口腹)의 계책을 하였겠는가. 또한 그 말이 궁함을 볼 수 있으니, 이 말이 사람을 혹하기 쉬우므로 아울러 언급하노라.

혹자는 "강수와 한수는 양주(揚州)의 큰 못(물)인데 어찌하여 쓰지 않았는가?" 하고 의심한다. 나는 이에 대답하였다. "〈우공(禹貢)〉의 글을 쓴 법이 소통하고 뚫음에 공력을 많이 허비한 것은 비록 작은 물이라도 반드시 기록하고, 공력을 베푼 것이 없는 것은 비록 큰 물이라도 생략했으니, 강수와 한수는 형주(荊州) 이하가 옛 길을 따라 편안히 흘러가서 깊이 파거나 다스릴 필요가 없었다. 그러므로 쓰지 않는 대상에 있는 것이다. 하물며 바다로 흘러 들어감〔朝宗于海〕을 형주에서 진실로 자세히 말하였으니, 이 또한 서로 나타낼 수 있는 것이다. 이것이 바로 〈우공〉의 글을 쓴 법이다."

41. 震澤이 底(지)定하도다
진택(震澤)이 안정함에 이르도다.

震澤은 太湖也라 周職方에 揚州藪曰具區라하고 地志에 在吳縣西南五十里라하니

··· 藪 : 수풀 수

今蘇州吳縣也라 曾氏曰 震은 如三川震[178]之震이니 若今湖翻이 是也라하니라 具區
之水는 多震而難定이라 故로 謂之震澤이라하니 底定者는 言底於定而不震蕩也라

'진택(震澤)'은 태호(太湖)이다 《주례(周禮)》〈직방(職方)〉에 "양주(揚州)의 늪을 구구(具區)
라 한다." 하였고, 〈지리지〉에 "오현(吳縣)의 서남쪽 50리 지점에 있다." 하였으니, 지
금의 소주(蘇州) 오현(吳縣)이다. 증씨(曾氏)는 말하기를 "진(震)은 삼천(三川)이 진동했
다는 진(震)과 같으니, 지금 호수의 물이 뒤집히는 것이 이것이다." 하였다. 구구(具區)
의 물은 많이 진동하여 안정하기 어려우므로 진택(震澤)이라고 이름한 것이니, '지정
(底定)'이란 안정함에 이르러 진탕(震蕩)하지 않음을 말한 것이다.

42. **篠**(소)**蕩**(탕)이 **旣敷**하니 **厥草**는 **惟夭**며 **厥木**은 **惟喬**요 **厥土**는 **惟塗泥**로다
  살대와 왕대가 이미 퍼져 잘 자라니, 그 풀은 여리게 자라며 그 나무는 높이 자라고
그 흙은 진흙이로다.

篠는 箭竹이요 蕩은 大竹이라 郭璞曰 竹闊節曰蕩이라 敷는 布也니 水去에 竹已布
生也라 少長曰夭라 喬는 高也라 塗泥는 水泉濕也니 下地多水하여 其土淖(뇨)라

 '소(篠)'는 살대이고, '탕(蕩)'은 큰 대(왕대)이다. 곽박(郭璞)이 말하기를 "대나무가
마디가 넓은 것을 탕(蕩)이라 한다." 하였다. '부(敷)'는 폄이니, 홍수가 제거됨에 대나
무가 이미 퍼져서 자라는 것이다. 여리게 자라는 것을 '요(夭)'라 한다. '교(喬)'는 높음
이다. '도니(塗泥)'는 수천(水泉)이 있어 습한 것이니, 낮은 지역은 물이 많아 그 흙이
진흙인 것이다.

43. **厥田**은 **惟下**에 **下**요 **厥賦**는 **下**에 **上**이로소니 **上錯**이로다
  그 전(田)은 하(下)에 하(下)이고 그 부(賦)는 하(下)에 상(上)이니, 위로 뒤섞어 낸다.

田은 第九等이요 賦는 第七等이로되 雜出第六等也[179]라 言下上、上錯者는 以本設

...

178 震如三川震 : 삼천(三川)은 경수(涇水)·위수(渭水)·낙수(洛水)로, 이 내용은 《춘추좌씨전》
  소공(昭公) 23년과 《국어(國語)》〈주어(周語)〉에 보인다.
179 賦第七等 雜出第六等也 : 경문의 '上錯'을 부연 설명한 것으로, 호산은 "상착에 대한 《언해》의
  해석은 분명하지 못하다.〔上錯諺釋未瑩〕" 하였다. 《詳說》《언해》에는 '上에 錯이로다'로 해석하였
  으나, 호산의 설에 따라 '위로 뒤섞어낸다.'로 수정 번역하였다.

... 翻 : 뒤집힐 번 篠 : 살대 소 蕩 : 왕대 탕 喬 : 높을 교 璞 : 옥덩어리 박 淖 : 진흙 뇨

賦九等하여 分爲三品하니 下上與中下는 異品이라 故變文하여 言下上, 上錯也라하나니라

전(田)은 제 9등이고, 부(賦)는 제 7등인데 뒤섞어서 제 6등을 내는 것이다. '하상상착(下上上錯)'이라고 말한 것은 본래 부세를 9등으로 만들어 상·중·하로 나누어 3품(品)을 만들었으니, 하(下)에 상(上)과 중(中)에 하(下)는 품(品)이 다르다. 그러므로 글을 바꾸어 하(下)에 상(上)인데 위로 뒤섞어 낸다고 말한 것이다.

44. 厥貢은 惟金三品과 瑤、琨(곤)、篠(소)、簜(탕)과 齒、革、羽、毛와 惟木이로다 島夷는 卉(훼)服이로소니 厥篚는 織貝요 厥包橘、柚는 錫貢이로다

그 공물은 금속 세 가지와 요(瑤)와 곤(琨)과 살대와 왕대와 상아와 가죽과 새의 깃털과 짐승의 털과 나무이다. 해도(海島)의 오랑캐는 훼복(卉服;목면으로 만든 옷)을 입으니, 광주리에 담아서 바치는 폐백은 직패(織貝)이며, 싸가지고 오는 귤과 유자는 바치라는 명령을 내리면 바친다.

三品은 金、銀、銅也라 瑤、琨은 玉石名이니 詩曰 何以舟之오 惟玉及瑤라하니라 琨은 說文云 石之美似玉者라하니 取之는 可以爲禮器라 篠之材는 中於矢之筍(가)요 簜之材는 中於樂之管이라 簜은 亦可爲符節이니 周官掌節에 有英簜이라 象有齒하고 犀兕(시)有革하고 鳥有羽하고 獸有毛라 木은 梗(편)、梓、豫章之屬이라 齒、革은 可以成車甲이요 羽、毛는 可以爲旌旄요 木은 可以備棟宇器械之用也라 島夷는 東南海島之夷라 卉는 草也니 葛越、木綿之屬이라 織貝는 錦名이니 織爲貝文이니 詩曰貝錦이 是也라 今南夷木綿之精好者를 亦謂之吉貝라하니 海島之夷以卉服來貢호되 而織貝之精者를 則入篚焉이라 包는 裹也라 小曰橘이요 大曰柚라 錫者는 必待錫命而後貢이요 非歲貢之常也라 張氏曰 必錫命乃貢者는 供祭祀, 燕賓客則詔之요 口腹之欲은 則難於出令也니라

'삼품(三品)'은 금(金)·은(銀)·동(銅)이다. '요(瑤)'와 '곤(琨)'은 옥돌의 이름이니, 《시경》〈공류(公劉)〉에 "무엇을 허리에 찼는가. 옥(玉)과 요(瑤)이다." 하였다. '곤(琨)'은 《설문》에 "아름다운 돌로 옥과 같은 것이다." 하였으니, 이것을 취함은 예기(禮器)를 만들 수 있기 때문이다. 실대의 재목은 화살의 살을 만드는 데 알맞고, 탕(簜)의 재목은 악기의 관(管)을 만드는 데 알맞다. '탕(簜)'은 또한 부절(符節)을 만들 수 있으니, 《주관(周官)》〈장절(掌節)〉에 "영탕(英簜;부절을 담아두는 그릇)이 있다." 하였다. 코끼리

··· 瑤 : 아름다운옥 요 琨 : 아름다운옥 곤 卉 : 풀 훼 橘 : 귤 귤 柚 : 유자 유 筍 : 살대 가 兕 : 외뿔소 시
梗 : 나무이름 편 梓 : 가래나무 재

는 상아가 있고 물소와 외뿔소는 가죽이 있고, 새는 깃털이 있고 짐승은 털이 있다. 나무는 편(楩)나무와 재(梓)나무와 예장(豫章)나무 등속이다. 상아와 가죽은 수레와 갑옷을 만들 수 있고, 깃털과 털은 정모(旌旄;깃발)를 만들 수 있고, 나무는 동우(棟宇; 들보와 서까래)와 기계(器械)의 쓰임에 대비할 수 있다.

'도이(島夷)'는 동남쪽 해도(海島)에 있는 오랑캐이다. '훼(卉)'는 풀이니, 갈월(葛越; 갈포와 부들로 짠 베)과 목면(木綿;지금의 목화는 아님) 등속이다. '직패(織貝)'는 비단의 이름이니, 짜서 자개 무늬를 만든 것이니,《시경》〈항백(巷伯)〉의 '패금(貝錦)'이라는 것이 이것이다. 지금 남이(南夷)의 목면 중에 정(精)하고 좋은 것을 또한 길패(吉貝)라 이르니, 해도의 오랑캐들이 훼복(卉服)을 입고 와서 공물을 바치되 직패의 정(精)한 것을 광주리에 넣어 가지고 온 것이다. '포(包)'는 싸는 것이다. 작은 것을 '귤(橘)'이라 하고 큰 것을 '유(柚)'라 한다. '석(錫)'은 반드시 명령을 내리기를 기다린 뒤에 바치고, 해마다 바치는 일정한 것이 아니다.

장씨(張氏)가 말하였다. "반드시 바치라는 명령이 내려야 비로소 바치는 것은 제사(祭祀)에 올리고 빈객(賓客)을 연향(燕享)하게 되면 바치라고 명령하고, 군주의 구복(口腹)의 욕심을 위해서는 명령을 냄을 어렵게(신중하게) 여기는 것이다."

45. 沿于江、海하여 達于淮、泗하나니라

장강(長江)과 바다로 물결을 따라 내려가 회수(淮水)와 사수(泗水)에 도달한다.

順流而下曰沿이라 沿江入海하여 自海而入淮泗라 不言達于河者는 因於徐也라 禹時에 江淮未通이라 故로 沿於海러니 至吳하여 始開邗(한)溝[180]하고 隋人廣之하여 而江淮舟船始通也라 孟子言 排淮泗而注之江은 記者之誤也라

물결을 따라 내려감을 '연(沿)'이라 한다. 장강(長江)을 따라 바다로 들어가서〈황하로 가기 위해〉바다에서 회수(淮水)와 사수(泗水)로 들어간 것이다. 하(河)에 도달한다고 말하지 않은 것은 서주(徐州)를 따랐기 때문이다. 우(禹) 때에는 장강과 회수가 아직 서로 통하지 못하였으므로 바다를 따라 내려갔는데, 오(吳)나라 때에 이르러 비로

---

180 至吳 始開邗溝 : 사계(沙溪)는 "한구(邗溝)는 광릉(廣陵)에 있다." 하였다. ○ 임씨(林氏)가 말하였다. "춘추 때에 오왕(吳王) 부차(夫差)가 구거(溝渠)를 파서 물을 통하게 하여 진(晉)나라와 황지(黃池)에서 만났다.〔夫差掘溝通水, 與晉會于黃池〕"《詳說》

••• 沿 : 따를 연 邗 : 물이름 한

소 한구(邗溝)를 개통하고 수(隋)나라 사람들이 이것을 넓혀서 장강과 회수의 배들이 비로소 통하게 되었다. 《맹자》 〈등문공 상(滕文公上)〉에 "회수와 사수를 터놓아 강으로 주입했다."고 한 것은 기록한 자의 잘못이다.

46. 荊及衡陽에 惟荊州라
형산(荊山)과 형산(衡山) 남쪽에 형주(荊州)가 있다.

荊州之域은 北距南條荊山하고 南盡衡山之陽이라 荊、衡은 各見(현)導山하니라 唐孔氏曰 荊州以衡山之陽爲至者는 蓋南方에 惟衡山爲大하여 以衡陽言之하니 見其地不止此山하여 而猶包其南也니라

형주 지역은 북쪽으로는 남조형산(南條荊山;남쪽의 형산)에 이르고, 남쪽으로는 형산(衡山)의 남쪽까지 다한다. 형산(荊山)과 형산(衡山)은 각각 도산(導山)에 보인다. 당(唐)나라 공씨(孔氏)가 말하였다. "형주에서 형산(衡山)의 남쪽까지 이른다고 한 것은 남방에서는 오직 형산(衡山)만이 커서 형양(衡陽)이라고 말한 것이니, 그 지역이 이 산에만 그치지 아니하여 오히려 그 남쪽을 싸고 있음을 나타낸 것이다."

47. 江、漢이 朝宗于海하며
강수(江水;양자강)와 한수(漢水)가 바다에 조종(朝宗)하며,

江、漢은 見(현)導水하니라 春見(현)曰朝요 夏見曰宗이니 朝宗은 諸侯見天子之名也라 江、漢이 合流于荊하니 去海尙遠이라 然이나 水道已安하여 而無有壅塞橫決之患이라 雖未至海나 而其勢已奔趨於海하니 猶諸侯之朝宗于王也라

강(江)·한(漢)은 도수(導水)에 보인다. 봄에 뵙는 것을 '조(朝)'라 하고 여름에 뵙는 것을 '종(宗)'이라 하니, 조(朝)와 종(宗)은 제후가 천자를 알현하는 명칭이다. 강(江)·한(漢)이 형주에서 합류하니, 바다와의 거리가 아직 멀다. 그러나 물길이 이미 안정되어 막히거나 멋대로 터지는 폐해가 없었다. 비록 바다에 이르지는 않았으나 그 형세가 이미 바다로 달려가게 되었으니, 마치 제후들이 왕에게 조종(朝宗;조회)함과 같은 것이다.

48. 九江이 孔殷하도다

구강(九江)이 매우 바르게 흐르도다.

九江은 卽今之洞庭也라 水經에 言 九江이 在長沙下雋(전)西北이라하고 楚地記曰 巴陵瀟湘之淵이 在九江之間이라하니 今岳州巴陵縣은 卽楚之巴陵이요 漢之下雋 也라 洞庭이 正在其西北하니 則洞庭之爲九江이 審矣라 今沅(원)水、漸水、元水、 辰水、敍水、酉水、澧(예)水、資水、湘水 皆合於洞庭하니 意以是名九江也라 孔은 甚이요 殷은 正也니 九江水道 甚得其正也라

　구강(九江)은 곧 지금의 동정호(洞庭湖)이다. 《수경》에는 "구강이 상사(長沙)의 하전(下雋) 서북쪽에 있다." 하였고, 《초지기(楚地記)》에는 "파릉(巴陵)의 소상(瀟湘)의 못이 구강의 사이에 있다." 하였으니, 지금의 악주(岳州) 파릉현(巴陵縣)은 곧 초(楚)나라의 파릉이고, 한(漢)나라의 하전이다. 동정호가 바로 그 서북쪽에 있으니, 동정호가 구강이 됨이 분명하다. 지금 원수(沅水)·점수(漸水)·원수(元水)·신수(辰水)·서수(敍水)·유수(酉水)·예수(澧水)·자수(資水)·상수(湘水)가 모두 동정호에서 합류하니, 짐작컨대 이 때문에 구강이라 이름한 듯하다. '공(孔)'은 심함이요 '은(殷)'은 바름이니, 구강의 물길이 심히 그 바름을 얻은 것이다.

○ 按漢志에 九江이 在廬江郡之尋陽縣이라하고 尋陽記에 九江之名은 一曰烏江이요 二曰蜂(방)江이요 三曰烏白江이요 四曰嘉靡江이요 五曰畎江이요 六曰源江이요 七曰廩(름)江이요 八曰提江이요 九曰箘江이라하니라 今詳漢九江郡之尋陽은 乃禹貢揚州之境이어늘 而唐孔氏又以爲九江之名이 起於近代라하니 未足爲據라 且九江을 派別取之耶인댄 亦必首尾短長이 大略均布然後에 可目之爲九라 然이나 其一水之間에 當有一洲로되 九江之間은 沙水相間하여 乃爲十有七道어늘 而今尋陽之地는 將無所容이라 況沙洲出沒하여 其勢不常하니 果可以爲地理之定名乎아 設使派別爲九라도 則當曰九江旣道요 不應曰孔殷이며 於導江에 當曰播九江이요 不應曰過九江이라 反復參攷컨대 則九江은 非尋陽이 明甚이니 本朝胡氏以洞庭爲九江者得之라 曾氏亦謂 導江曰 過九江하여 至于東陵이라하니 東陵은 今之巴陵이니 今巴陵之上은 卽洞庭也라 因九水所合하여 遂名九江이라 故로 下文導水曰 過九江이라하니라 經之例에 大水合小水를 謂之過라하니 則洞庭之爲九江이 益以明矣니라

　○ 살펴보건대, 《한서》〈지리지〉에는 "구강(九江)이 여강군(廬江郡)의 심양현(尋陽

··· 殷:바를은　雋:살찔전　沅:물이름원　澧:물이름예　蜯:조개방　廩:창고름　箘:살대감균

縣)에 있다." 하였고, 《심양기(尋陽記)》에는 "구강의 이름은 첫째는 오강(烏江), 둘째는 방강(蜂江), 셋째는 오백강(烏白江), 넷째는 가미강(嘉靡江), 다섯째는 견강(畎江), 여섯째는 원강(源江), 일곱째는 름강(廩江), 여덟째는 제강(提江), 아홉째는 균강(箘江)이다." 하였다.

이제 살펴보건대, 한(漢)나라 구강군(九江郡)의 심양(尋陽)은 바로 〈우공〉의 양주(揚州) 지역인데, 당(唐)나라 공씨(孔氏)는 또 "구강이란 이름이 근대(近代)에 시작되었다." 하였으니, 충분히 근거할 수 없다. 또 구강을 강의 갈래가 나누어진 것을 취했다면 또한 반드시 수미(首尾)와 장단(長短)이 대략 균등하게 분포된 뒤에야 지목하여 아홉이라 할 수 있는 것이다. 그러나 한 물 사이에는 마땅히 한 모래섬이 있을 터인데, 구강의 사이는 모래와 물이 서로 번갈아서 마침내 17개의 물길이 되었으니, 지금 심양 지역에는 장차 구강을 용납할 곳이 없다. 더구나 모래섬이 출몰하여 그 형세가 일정하지 않으니, 과연 지리(地理)의 일정한 명칭으로 삼을 수 있겠는가.

설사 물의 갈래가 나뉘어진 것이 아홉이라 하더라도 마땅히 구강(九江)이 이미 물길을 따랐다고 말할 것이요 심히 바르다고 말할 수가 없으며, 도강(導江)에 마땅히 구강으로 나뉘었다고 말할 것이요 구강과 합류하였다고 말할 수가 없으니, 반복하여 참고해 보면 구강은 심양이 아님이 매우 분명하니, 본조(本朝;송(宋)나라)의 호씨(胡氏;호단(胡旦))가 동정호를 구강이라고 한 것이 맞다. 증씨(曾氏) 또한 이르기를 "도강(導江)에 '구강을 지나서 동릉(東陵)에 이른다.' 하였으니, 동릉은 지금의 파릉(巴陵)이니, 현재 파릉의 위가 곧 동정호이다. 아홉 물이 합류함으로 인하여 마침내 구강이라 이름하였으므로 하문(下文)의 도수(導水)에 '구강과 합류한다.'고 말한 것이다." 하였다. 경문(經文)의 예(例)에 "큰 물이 작은 물과 합함을 과(過)라 한다." 하였으니, 동정호가 구강이 됨이 더욱 분명하다.

49. 沱(타), 潛이 旣道하니
타수(沱水)와 잠수(潛水)가 이미 물길을 따르니,

爾雅曰 水自江出爲沱요 自漢出爲潛이라하니 凡水之出於江漢者 皆有此名이니 此則荊州江漢之出者也라 今按 南郡枝江縣에 有沱水라 然이나 其流入江이요 而非出於江也라 華容縣에 有夏水하니 首出于江하고 尾入于沔하니 亦謂之沱라 若潛水則未有見(현)也니라

... 沱 : 물이름 타 沔 : 물이름 면

《이아(爾雅)》에 "물이 강(江:장강)에서 갈라져 나온 것을 타(沱)라 하고, 한수(漢水)에서 갈라져 나온 것을 잠(潛)이라 한다." 하였으니, 모든 물이 강(江)·한(漢)에서 나온 것은 모두 이 명칭이 있는 것이니, 이는 형주(荊州)의 강·한에서 나온 것이다. 지금 살펴보건대, 남군(南郡) 지강현(枝江縣)에 타수(沱水)가 있으나 그 흐름이 장강(長江)으로 들어가고 장강에서 나온 것이 아니다. 화용현(華容縣)에 하수(夏水)가 있으니, 머리는 장강에서 나오고 꼬리는 면수(沔水)로 들어가는데 또한 이것을 타(沱)라고 한다. 잠수(潛水)로 말하면 보이는 곳이 없다.

50. 雲土요 夢作乂하도다

운택(雲澤)은 흙이 드러나고 몽택(夢澤)은 다스려졌도다.

雲、夢은 澤名이라 周官職方에 荊州其澤藪[181]曰雲夢이라하니 方八九百里요 跨江南北하니 華容、枝江、江夏、安陸이 皆其地也라 左傳에 楚子濟江入于雲中이라하고 又楚子以鄭伯으로 田于江南之夢이라하니 合而言之則爲一이요 別而言之則二澤[182]也라 雲土者는 雲之地는 土見(현)而已요 夢作乂者는 夢之地는 已可耕治也라 蓋雲、夢之澤은 地勢有高卑라 故로 水落에 有先後요 人工에 有早晩也라

'운(雲)'과 '몽(夢)'은 못 이름이다. 《주관(周官)》〈직방(職方)〉에 "형주(荊州)의 택수(澤藪)를 운(雲)·몽(夢)이라 한다." 하였으니, 사방 8~9백 리이고 강남과 강북을 점유하였으니, 화용(華容)·지강(枝江)·강하(江夏)·안륙(安陸)이 다 이 지역이다. 《춘추좌씨전》 정공(定公) 4년에 "초자(楚子:초왕)가 강(江)을 건너 운택(雲澤) 가운데로 들어갔다." 하였고, 또 "초자(楚子)가 정백(鄭伯)을 데리고 강남(江南)의 몽택(夢澤)에서 사냥했다." 하였으니, 합하여 말하면 하나이고 나누어 말하면 두 못인 것이다.

운토(雲土)는, 운택 지역은 흙만 보일 뿐이고 몽작예(夢作乂)는 몽택 지역은 이미 밭갈고 다스릴 수 있는 것이다. 운택과 몽택은 지형에 높고 낮음이 있으므로 물이(수위(水位)가) 떨어짐에 선후(先後)가 있고, 인공(人工:치수함)에 조만(早晩)이 있는 것이다.

......
181 澤藪:택수(澤藪)는 초가을까지는 물이 모여 호수가 되었다가 갈수기(渴水期)에는 물이 마르고 수초(水草)가 우거져 사냥할 수 있는 곳(늪)을 이른다.
182 別而言之則二澤:《채전방통》에 "장강(長江)의 남쪽에 있는 것을 몽(夢), 장강의 북쪽에 있는 것을 운(雲)이라 한다." 하였다.

51. **厥土는 惟塗泥니 厥田은 惟下에 中이요 厥賦는 上에 下로다**
 그 토질은 진흙이니, 전(田)은 하(下)에 중(中)이고, 부(賦)는 상(上)에 하(下)이다.

荊州之土는 與揚州同이라 故로 田比揚에 只加一等이로되 而賦爲第三等者는 地闊而人工修也일새라
 형주의 토질은 양주와 같다. 그러므로 전(田)은 양주에 비하여 다만 한 등급을 더 하였는데, 부(賦)가 제 3등인 것은 지역이 넓고 인공(人工)이 닦여졌기 때문이다.

52. **厥貢은 羽、毛、齒、革과 惟金三品과 杶(춘)、榦、栝(괄)、柏과 礪、砥(지)、砮、丹이로다 惟菌簵(균로)、楛(호)는 三邦이 底(지)貢厥名하나니라 包匭(궤)菁(청)茅며 厥篚는 玄、纁、璣、組로소니 九江이 納錫大龜로다(하놋다)**
 그 공물(貢物)은 새의 깃과 짐승의 털과 상아와 가죽, 금속의 세 종류와 참죽나무 줄기와 전나무와 측백나무, 거친 숫돌과 고운 숫돌, 화살촉과 단사(丹砂)이다. 균로(菌簵)와 싸리나무 화살은 세 고을에서 유명한 것을 바친다. 싸서 궤에 넣어 바치는 것은 청모(菁茅;띠풀)이며, 광주리에 담아서 바치는 폐백은 검은 비단[玄]과 붉은 비단[纁]과 기(璣)와 인끈이니, 구강(九江)에서는 큰 거북을 얻으면 바친다.

荊之貢은 與揚州로 大抵多同이라 然이나 荊先言羽、毛者는 (漢)[唐]孔氏[183] 所謂善者爲先也라 按職方氏에 揚州는 其利金、錫이요 荊州는 其利丹、銀、齒、革이라하니 則荊、揚所産이 不無優劣矣라 杶、栝、柏은 三木名이니 杶木은 似樗(저)而可爲弓榦이요 栝木은 柏葉松身이라 礪、砥는 皆磨石이니 砥는 以細密爲名이요 礪는 以麤糲(추려)爲稱이라 砮者는 中矢鏃之用이니 肅愼氏貢石砮者 是也라 丹은 丹砂也라 菌簵는 竹名이요 楛는 木名이니 皆可以爲矢라 董安于之治晉陽也에 公宮之垣을 皆以荻蒿苫(점)楚廇之하니 其高丈餘러니 趙襄子發而試之에 其堅則菌簵不能過也라하니 則菌簵는 蓋竹之堅者니 其材中矢之笴(가)라 楛는 肅愼氏貢楛矢者是也라 三邦은 未詳其地라 底는 致也니 致貢菌簵、楛之有名者也라
 형주(荊州)의 공물은 양주(揚州)와 대체로 같은 것이 많다. 그러나 형주에서 우(羽)

......
183 (漢)[唐]孔氏:아래의 '善者爲先'은 孔安國의 《서전》에 보이지 않고, 공영달(孔穎達)의 소(疏)에 보이므로 이에 의거하여 바로잡았다.

··· 闊:넓을 활 杶:참죽나무 춘 栝:전나무 괄 砥:숫돌 지 砮:돌살촉 노 簵:화살대 로 楛:싸리나무 호 匭:궤 궤 菁:세모진대 청 纁:붉을 훈 樗:가죽나무 저 糲:거칠 려 鏃:살촉 촉(족) 荻:갈대 적 苫:거적자리 점

·모(毛)를 먼저 말한 것은 당(唐)나라 공씨(孔氏)의 이른바 "좋은 것을 먼저 기록한다."는 것이다. 살펴보건대, 《주례》〈직방씨(職方氏)〉에 "양주의 이로움은 금과 주석이고, 형주의 이로움은 단사(丹砂)와 은(銀)과 상아와 가죽이다." 하였으니, 형주와 양주에서 생산되는 것은 우열이 없지 않다. '춘(杶)'·'괄(栝)'·'백(柏)'은 세 나무의 이름이니, 춘목(杶木;참죽나무)은 가죽나무와 비슷한데 활의 근간을 만들 수 있고, 괄목(栝木;전나무)은 측백나무 잎에 소나무 몸이다. '려(礪)'와 '지(砥)'는 다 숫돌이니, 지(砥)는 세밀함으로 이름하고 려(礪)는 거침으로 칭한 것이다. '노(砮)'는 화살촉으로 쓰기에 알맞은 것이니, 《국어(國語)》〈노어(魯語)〉에 "숙신씨(肅愼氏)가 석노(石砮)를 바쳤다."는 것이 이것이다. '단(丹)'은 단사(丹砂)이다. '균로(箘簵)'는 대나무 이름이고, '호(楛;싸리나무)'는 나무 이름이니, 모두 화살을 만들 수 있다.

《전국책(戰國策)》〈조책(趙策)〉에 "동안우(董安于)가 진양(晉陽)을 다스릴 적에 공궁(公宮)의 담을 모두 갈대와 쑥으로 만든 거적자리와 가시나무로 덮으니, 그 높이가 한 길이 넘었다. 조양자(趙襄子)가 화살을 쏘아 시험해 보니, 그 견고함이 균로(箘簵)도 통과하지 못했다." 하였으니, 균로는 대나무의 견고한 것이니, 그 재목이 화살대에 알맞다. '호(楛)'는 《국어》〈노어〉에 '숙신씨가 호시(楛矢;싸리나무 화살)를 바쳤다'는 것이 이것이다. '삼방(三邦)'은 그 지역이 자세하지 않다. '지(底)'는 이룸이니, 균로와 싸리나무 화살 중에 유명한 것을 바침을 이룬 것이다.

匭는 匣也라 菁茅는 有刺而三脊이니 所以供祭祀縮酒之用이니 旣包而又匣之는 所以示敬也라 齊桓公이 責楚貢包(苞)茅不入하여 王祭不供하여 無以縮酒하고 又管子云 江、淮之間에 一茅而三脊을 名曰菁茅라하니 菁茅는 一物也라 孔氏謂 菁(정)以爲葅者非是라 今辰州麻陽縣苞茅山에 出苞茅하니 有刺而三脊이라 纁은 周禮染人에 夏纁玄하니 纁은 絳色幣也라 璣는 珠不圓者요 組는 綬類라 大龜는 尺有二寸이니 所謂國之守龜니 非可常得이라 故로 不爲常貢이요 若偶得之면 則使之納錫於上이라 謂之納錫者는 下與上之辭니 重其事也라

'궤(匭)'는 갑(匣)이다. '청모(菁茅)'는 가시가 있고 등의 골이 세모꼴로 되어있으니, 제사에 술을 거를 때의 쓺(술을 거르는 용수)에 제공하는 것이니, 이미 싸고 또 갑에 넣음은 공경함을 보인 것이다. 《춘추좌씨전》 희공(僖公) 4년에 "제(齊)나라 환공(桓公)이 초(楚)나라의 공물인 포모(包茅)가 들어오지 않아 왕(王)의 제사에 쓰지 못하여 술을 거를 수 없다."고 책하였고, 또 《관자(管子)》에 "강(江)·회(淮)의 사이에서 한 띠풀에

··· 縮:거를 축 葅:김치 저

등의 골이 셋인 것을 청모(菁茅)라 한다." 하였으니, 청모는 똑같은 물건이다. 공씨(孔氏)는 "정(菁;순무)으로써 김치를 담근다." 하였는데, 이것은 옳지 않다. 지금 신주(辰州)의 마양현(麻陽縣) 포모산(苞茅山)에 포모가 생산되는데, 가시가 있고 등의 골이 셋이다.

'훈(纁)'은 《주례》〈염인(染人)〉에 "여름에는 훈(纁)·현(玄)을 물들인다." 하였으니, '훈(纁)'은 붉은색의 폐백이다. '기(璣)'는 구슬이 둥글지 않은 것이요, '조(組)'는 인끈의 종류이다. 큰거북[大龜]은 1척(尺) 2촌(寸)이니, 《춘추좌씨전》 소공(昭公) 5년에 이른바 '나라의 수귀(守龜;나라에 보관된 큰 거북껍질)'라는 것이니, 항상 얻을 수 있는 것이 아니다. 그러므로 일정한 공물로 삼지 않고 만약 우연히 얻으면 위에 바쳐 올리게 한 것이다. '납석(納錫)'이라고 말한 것은 아랫사람이 위에 올린다는 말이니, 이 일을 중히 여긴 것이다.

53. 浮于江、沱、潛、漢하여 逾于洛하여 至于南河하나니라
강수(江水)와 타수(沱水)·잠수(潛水)·한수(漢水)에 배를 띄워 낙수(洛水)를 넘어서 남하(南河)에 이른다.

江、沱、潛、漢은 其水道之出入이 不可詳이로되 而大勢則自江、沱而入潛、漢也라 逾는 越也라 漢與洛不通이라 故로 舍舟而陸하여 以達于洛하고 自洛而至于南河也라 程氏曰 不徑浮江漢하고 兼用沱潛者는 隨其貢物所出之便하여 或由經流하고 或循枝派하여 期於便事而已니라

강수·타수·잠수·한수는 물길의 출입을 자세히 알 수 없으나 대세는 강수·타수로부터 잠수·한수에 들어간다. '유(逾)'는 넘음이다. 한수는〈산이 가로막혀〉낙수(洛水)와 통하지 않으므로 배를 놓아두고 육지로 가서 낙수에 이르고, 낙수로부터 남하(南河)에 이른 것이다. 정씨(程氏)가 말하였다. "곧바로 강수·한수에 배를 띄우지 않고 겸하여 타수·잠수를 쓴 것은 나오는 공물의 편리한 수송에 따라 혹은 경류(經流)를 따르고 혹은 지파(枝派;지류)를 따라서 일을 편리하게 함을 기약할 뿐이다."

54. 荊河에 惟豫州라
형산(荊山)과 황하에 예주(豫州)가 있다.

… 逾 : 넘을 유

豫州之域은 西南至南條荊山하고 北距大河라

    예주(豫州)의 지역은 서남으로는 남조 형산(南條荊山)에 이르고 북쪽으로는 대하(大河;황하)에 이른다.

55. 伊、洛、瀍(전)、澗이 旣入于河하며
    이수(伊水)・낙수(洛水)・전수(瀍水)・간수(澗水)가 이미 황하에 들어가며,

伊水는 山海經曰 熊耳之山에 伊水出焉하니 東北至洛陽縣南하여 北入于洛이라하니라 郭璞云 熊耳는 在上洛縣南이라하니 今商州上洛縣也라 地志에 言 伊水出弘農盧氏(지)之熊耳者는 非是라 洛水는 地志云 出弘農郡上洛縣冢領(嶺)山이라하고 水經에 謂之讙(환)擧山이라하니 今商州洛南縣冢領(嶺)山也요 至鞏縣하여 入河라하니 今河南府鞏縣也라 瀍水는 地志云 出河南郡穀城縣替(잠)亭北이라하니 今河南府河南縣西北에 有古穀城縣하니 其北山은 實瀍水所出也라 至偃師縣하여 入洛이라하니 今河南府偃師縣也라 澗水는 地志云 出弘農郡新安縣하여 東南入于洛이라하니 新安은 在今河南府新安澠(면)池之間하니 今澠池縣東二十三里新安城이 是也요 城東北에 有白石山하니 卽澗水所出이라 酈道元云 世謂之廣陽山이라하니 然則澗水出今之澠池하여 至新安入洛也라 伊、瀍、澗水는 入于洛하고 而洛水는 入于河어늘 此言伊、洛、瀍、澗入于河라하여 若四水不相合而各入河者는 猶漢入江하고 江入海로되 而荊州에 言江漢朝宗于海意同하니 蓋四水竝流하여 小大相敵故也라 詳見(현)下文하니라

    이수(伊水)는 《산해경(山海經)》에 "웅이산(熊耳山)에서 이수(伊水)가 나오니, 동북으로 낙양현(洛陽縣) 남쪽에 이르러 북쪽으로 낙수(洛水)로 들어간다." 하였으며, 곽박(郭璞)은 이르기를 "웅이(熊耳)는 상락현(上洛縣) 남쪽에 있다." 하였으니, 지금의 상주(商州) 상락현이다. 〈지리지〉에 "이수는 홍농군(弘農郡) 노지현(盧氏縣) 웅이산에서 나온다." 한 것은 잘못이다.

    낙수(洛水)는 〈지리지〉에 "홍농군 상락현 총령산(冢嶺山)에서 나온다." 하였고, 《수경(水經)》에는 "환거산(讙擧山)이다." 하였으니, 지금의 상주(商州) 낙남현(洛南縣) 총령산이며, "공현(鞏縣)에 이르러 하수(河水)로 들어간다." 하였으니, 지금의 하남부(河南府) 공현이다.

    전수(瀍水)는 〈지리지〉에 "하남군(河南郡) 곡성현(穀城縣) 잠정(替亭)의 북쪽에서 나

··· 瀍 : 물이름 전　讙 : 기쁠 환　鞏 : 굳을 공　澠 : 땅이름 면(승)

온다." 하였으니, 지금의 하남부(河南府) 하남현(河南縣) 서북쪽에 옛 곡성현이 있으니, 그 북쪽 산(山)은 실로 전수가 나오는 곳이다. "언사현(偃師縣)에 이르러 낙수로 들어간다." 하였으니, 지금의 하남부 언사현이다.

간수(澗水)는 〈지리지〉에 "홍농군 신안현(新安縣)에서 나와 동남쪽으로 낙수로 들어간다." 하였으니, 신안은 지금의 하남부 신안과 면지(澠池)의 사이에 있으니, 지금의 면지현(澠池縣) 동쪽 23리 지점인 신안성(新安城)이 이곳이다. 성(城) 동북쪽에 백석산(白石山)이 있으니, 곧 간수가 나오는 곳이다. 역도원(酈道元)은 이르기를 "세상에서 광양산(廣陽山)이라 이른다." 하였으니, 그렇다면 간수는 지금의 면지에서 나와 신안현에 이르러 낙수(洛水)로 들어가는 것이다.

이수·전수·간수는 낙수로 들어가고 낙수는 황하로 들어가는데, 여기에서 이수·낙수·전수·간수가 황하로 들어간다고 말하여, 마치 네 물이 서로 합류하지 않고 각기 황하로 들어가는 것처럼 말한 것은, 한수는 강(江)으로 들어가고 강은 바다로 들어가나 형주(荊州)에서 강수(江水)와 한수가 바다에 조종(朝宗)한다고 말한 것과 뜻이 같으니, 네 물이 나란히 흘러서 크고 작음이 서로 필적(匹敵)할 만하기 때문이다. 하문(下文)에 자세히 보인다.

56. 滎(형)、波旣豬로다
형수(滎水)와 파수(波水)가 이미 물이 모여 흐르도다.

滎、波는 二水名이라 濟水는 自今孟州溫縣入河하고 潛行絶河하여 南溢爲滎하니 在今鄭州滎澤縣西五里敖倉東南이니 敖倉者는 古之敖山也라 按今濟水但入河하고 不復過河之南하며 滎瀆水受河水에 有石門하니 謂之滎口石門也라 鄭康成謂 滎은 今塞爲平地로되 滎陽民이 猶謂其處爲滎澤이라하니라 酈道元曰 禹塞淫水하여 於滎陽下에 引河東南하여 以通淮、泗、濟水하고 分河東南流러니 漢明帝使王景으로 卽滎水故瀆하여 東注浚儀하고 謂之浚儀渠라하니라 漢志에 謂滎陽縣에 有狼蕩渠하니 首受濟者 是也라 南曰狼蕩이요 北曰浚儀니 其實은 一也라 波水는 周職方에 豫州는 其川滎、雒이요 其浸波、溠(사)라하고 爾雅云 水自洛出爲波라하며 山海經曰 婁涿(루탁)之山에 波水出其陰하여 北流注于穀이라하여 二說不同하니 未詳

⋯ 滎 : 물이름 형 豬 : 방죽 저 溠 : 물이름 사 婁 : 끌루 涿 : 물이름 탁

孰是라 孔氏以滎波爲一水者는 非也[184]라

　형수(滎水)과 파수(波水)는 두 물의 이름이다. 제수(濟水)는 지금의 맹주(孟州) 온현(溫縣)에서 황하로 들어가고 땅속으로 흘러 황하를 넘어 남쪽으로 넘쳐 형수(滎水)가 되니, 지금의 정주(鄭州) 형택현(滎澤縣) 서쪽 4~5리 지점인 오창(敖倉) 동남쪽에 있으니, 오창은 옛날의 오산(敖山)이다. 살펴보건대, 지금 제수(濟水)는 단지 황하로 들어가고 다시는 황하의 남쪽을 통과하지 않으며, 형독수(滎瀆水)가 황하를 받는 곳에 석문(石門)이 있으니, 이곳을 형구 석문(滎口石門)이라 이른다. 정강성(鄭康成;정현)은 "형수(滎水)는 지금 막아서 평지가 되었는데, 형양(滎陽)의 백성들은 아직도 이곳을 형택(滎澤)이라 이른다." 하였고, 역도원(酈道元)은 말하기를 "우(禹)가 범람하는 물을 막아서 형양의 아래에서 하수(河水)를 동남쪽으로 끌어들여 회수(淮水)·사수(泗水)와 제수(濟水)를 통하게 하고 하수를 나누어 동남쪽으로 흐르게 하였는데, 한(漢)나라 명제(明帝)가 왕경(王景)으로 하여금 형수의 옛 못을 동쪽으로 준의(浚儀)에 주입시키고 준의거(浚儀渠)라 했다." 하였다. 《한서》〈지리지〉에 '형양현(滎陽縣)에 낭탕거(狼蕩渠)가 있으니, 머리(초입(初入))에 땅속에서 나온 제수(濟水)를 받는다.'는 것이 이것이다. 남쪽을 낭탕(狼蕩)이라 하고, 북쪽을 준의(浚儀)라 하니, 실제는 하나이다.

　파수(波水)는 《주례》〈직방씨(職方氏)〉에 '예주(豫州)는 냇물이 형수(滎水)와 낙수(雒水)이고, 못이 파수(波水)와 사수(溠水)이다.' 하였고, 《이아》에는 '물이 낙수(洛水)에서 나온 것을 파(波)라 한다.' 하였으며, 《산해경(山海經)》에는 '루탁산(婁涿山)에 파수(波水)가 그 북쪽에서 나와 북쪽으로 흘러 곡수(穀水)에 주입한다.' 하였다. 그리하여, 두 말이 똑같지 않은데 누가 옳은지 자세하지 않다. 공씨(孔氏)가 형수(滎水)와 파수(波水)를 한 물이라고 한 것은 잘못이다.

57. 導菏(가)澤하사 被孟豬하시다
　가택(菏澤)을 인도하여 맹저(孟豬)에 이르게 하셨다.

------

184 孔氏以滎波爲一水者 非也 : 이에 대해 오윤상은 《집전》은 분명하지 못한 듯하다. 공전(孔傳;공안국의 서전(書傳))에 '형택의 물결은 물이 막혀 고인물이 되고 물이 모여 못을 이루어 넘치지 않는다.' 하였으니, 이 설이 나은 듯하다.[傳恐未瑩. 孔傳曰 滎澤之波, 水壅遏而爲瀦, 畜水而成澤, 不濫溢, 此說似勝.] 하였다.

⋯ 菏 : 물이름 가

菏澤은 地志에 在濟陰郡定陶縣東이라하니 今興仁府濟陰縣南三里라 其地有菏山故로 名其澤爲菏澤也라 蓋濟水所經이니 水經에 謂 南濟는 東過(宛)[宛]句縣[185]南하고 又東過定陶縣南하고 又東北에 菏水東出焉이 是也라 被는 及也라 孟豬는 爾雅에 作孟諸라 地志에 在梁國睢(수)陽縣東北이라하니 今南京虞城縣西北孟諸澤이 是也라 曾氏曰 被는 覆(부)也니 菏水衍溢일새 導其餘波하여 入于孟豬하니 不常入也라 故로 曰被니라

　가택(菏澤)은 〈지리지〉에 "제음군(濟陰郡) 정도현(定陶縣) 동쪽에 있다." 하였으니, 지금의 흥인부(興仁府) 제음현(濟陰縣) 남쪽 3리 지점이다. 이곳에 가산(菏山)이 있으므로 그 못을 이름하여 가택(菏澤)이라 한 것이다. 제수(濟水)가 경유하는 곳이니,《수경(水經)》에 "남제(南濟)는 동쪽으로 연구현(宛句縣) 남쪽을 지나고, 또 동쪽으로 정도현(定陶縣) 남쪽을 지나고, 또 동북쪽에 가수(菏水)가 동쪽에서 나온다." 한 것이 이것이다. '피(被)'는 미침이다. '맹저(孟豬)'는《이아》에 맹제(孟諸)로 되어 있다. 〈지리지〉에 "양국(梁國) 수양현(睢陽縣) 동북쪽에 있다." 하였으니, 지금의 남경(南京) 우성현(虞城縣) 서북쪽 맹제택(孟諸澤)이 이곳이다.

　증씨(曾氏)가 말하였다. "피(被)는 덮임이니, 가수(菏水)가 넘치므로 그 남은 물줄기를 인도하여 맹저택에 들어가게 한 것이니, 항상 들어가지는 않기 때문에 피(被)라고 한 것이다."

58. 厥土는 惟壤이니 下土는 墳壚(로)로다

　그 토질은 양토(壤土)이니 낮은 지역은 분기(墳起)하고 성글다.

土不言色者는 其色雜也일새라 壚는 疏也라 顏氏曰 玄而疏者를 謂之壚라 其土有高下之不同故로 別言之하니라

　흙의 색깔을 말하지 않은 것은 색깔이 뒤섞여있기 때문이다. '로(壚)'는 성근(푸석푸석함) 것이다. 안씨(顏氏)가 말하기를 "검고 성근 것을 로(壚)라 한다." 하였다. 토질에 고하(高下)의 차이가 있으므로 별도로 말한 것이다.

------
185 宛句縣:사계(沙溪)는 "원(宛)은 마땅히 연(宛)이 되어야 하는데, 음(音)은 '연'이다." 하였다.《詳說》

··· 衍:넘칠 연　壚:검은흙 로

59. **厥田**은 **惟中**에 **上**이요 **厥賦**는 **錯**이로소니 **上**에 **中**이로다

　그 전(田)은 중(中)에 상(上)이고, 그 부(賦)는 뒤섞어 내니 상(上)에 중(中)이다.

田은 第四等이요 賦는 第二等이로되 雜出第一等也라

　　전(田)은 제 4등이고, 부(賦)는 제 2등인데 뒤섞어서 제 1등을 내는 것이다.

60. **厥貢**은 **漆·枲·絺·紵**(저)요 **厥篚**는 **纖纊**이로소니 **錫貢磬錯**이로다 (하놋다)

　그 공물은 옻칠과 삼베와 갈포와 모시이며 광주리에 담아서 바치는 폐백은 가는 솜이니, 경쇠를 연마하는 숫돌은 바치라는 명령이 있으면 바친다.

林氏曰 周官載師에 漆林之征이 二十(有)[而]五[186]하니 周以爲征이로되 而此乃貢者는 蓋豫州在周에 爲畿內故로 載師掌其征而不制貢이요 禹時엔 豫在畿外故로 有貢也라하니 推此義하면 則冀不言貢者를 可知라 顔師古曰 織紵以爲布及練이라 然이나 經但言貢枲與紵하니 成布與未成布를 不可詳也라 纊은 細綿也라 磬錯은 治磬之錯也니 非所常用之物이라 故로 (非)[不]常貢[187]하고 必待錫命而後納也니 與揚州橘柚同이라 然이나 揚州先言橘柚而此先言錫貢者는 橘柚言包하니 則於厥篚之文에 無嫌이라 故로 言錫貢在後요 磬錯則與厥篚之文으로 嫌於相屬이라 故로 言錫貢在先이니 蓋立言之法也니라

　　임씨(林氏)가 말하기를 "《주관(周官;주례)》〈재사(載師)〉에 칠림(漆林)에 대한 세금은 20분에 5이니, 주(周)나라는 세금으로 내었으나 여기서는 공물로 삼은 것은 예주(豫州)가 주(周)나라에 있어서는 기내(畿內)였기 때문에 재사(載師)가 세금을 관장하고 공물을 내도록 하지 않은 것이며, 우(禹) 때에는 예주가 기외(畿外)에 있었으므로 공물을 냄이 있었던 것이다." 하였으니, 이 뜻을 미루어 보면 기주에서 공물을 말하지 않은 것을 알 수 있다.

　　안사고(顔師古)가 말하기를 "모시를 짜서 삼베와 마전한 베를 만든다." 하였다. 그러나 경문(經文)에 단지 시(枲)와 저(紵)를 바친다고 말하였으니, 성포(成布;고운 삼베)인지 미성포(未成布;거친 삼베)인지는 상세하지 않다. '광(纊)'은 가는 솜이다. '경착(磬

------

186 二十有五 : 사계의 《경서변의》에 의거하여 바로잡았음을 밝혀둔다.
187 非常貢 : 호산은 "비(非)는 혹 불(不) 자의 오류인 듯하다." 하였다. 《詳說》

⋯ 絺 : 가는갈포 치　紵 : 모시 저　纊 : 솜 광　錯 : 숫돌 착

錯)'은 경쇠를 다스리는 숫돌이니, 항상 사용하는 물건이 아니므로 일정하게 바치지 않고, 반드시 바치라는 명령이 내리기를 기다린 뒤에 바치는 것이니, 양주(揚州)에서의 귤(橘)·유(柚)와 같다. 그러나 양주에서는 귤·유를 먼저 말하였는데 여기서는 석공(錫貢)을 먼저 말한 것은 귤·유는 싼다고 말하였으니, 궐비(厥篚)의 글에 혐의가 없기 때문에 석공을 말한 것이 뒤에 있고, 경착은 궐비의 글과 서로 연결됨을 혐의하기 때문에 석공을 말한 것이 앞에 있는 것이니, 이는 글을 쓰는 방법이다.

61. 浮于洛하여 達于河하나니라

낙수(洛水)에 배를 띄워 황하에 도달한다.

豫州는 去帝都最近하여 豫之東境은 徑自入河하고 豫之西境은 則浮于洛而後에 至河也라

예주는 제도(帝都)와의 거리가 가장 가까워서 예주의 동쪽 지역은 곧바로 황하로 들어가고, 예주의 서쪽 지역은 낙수(洛水)에 배를 띄운 뒤에야 황하에 이른다.

62. 華陽, 黑水에 惟梁州라

화산(華山) 남쪽과 흑수(黑水)에 량주(梁州)가 있다.

梁州之境은 東距華山之南하고 西據黑水라 華山은 卽太華니 見(현)導山하고 黑水는 見導水하니라

량주(梁州)의 경계는 동쪽으로는 화산(華山)의 남쪽에 이르고, 서쪽으로는 흑수(黑水)를 넘어갔다. 화산은 곧 태화산(太華山)이니 도산(導山)에 보이고, 흑수는 도수(導水)에 보인다.

63. 岷, 嶓(민파)旣藝하며

민산(岷山)과 파총산(嶓冢山)에 이미 곡식을 심었으며,

··· 岷 : 산이름 민 嶓 : 산이름 파

岷、嶓는 二山名이라 岷山은 地志에 在蜀郡湔氐(전저)道[188]西徼(요)外라하니 在今 茂州汶山縣하니 江水所出也라 鼂氏曰 蜀은 以山近江源者를 通爲岷山하니 連峯 接岫하여 重疊險阻하여 不詳遠近이라 靑城、天彭諸山之所環遶가 皆古之岷山이 니 靑城은 乃其第一峰也라하니라 嶓冢山은 地志云 在隴西郡氐道縣이라하니 漾 (양)水所出이요 又云在西縣이라하니 今興元府西縣、三泉縣[189]也라 蓋嶓冢一山이 跨于兩縣云이라 川原旣滌하여 水去不滯하여 而無泛溢之患하니 其山이 已可種藝 也라

　　민(岷)과 파(嶓)는 두 산의 이름이다. 민산(岷山)은 〈지리지〉에 "촉군(蜀郡) 전저도 현(湔氐道縣) 서쪽 변방 밖에 있다." 하였으니, 지금의 무주(茂州) 문산현(汶山縣)에 있 으니, 강수(江水)가 나오는 곳이다. 조씨(鼂氏)가 말하기를 "촉(蜀) 지방은 산이 강(양자 강)의 근원에 가까운 것을 통틀어 민산이라 하니, 봉우리가 연하고 뫼가 이어져서 중 첩되고 험하여 원근(遠近)을 상세히 알 수 없다. 청성산(靑城山)과 천팽산(天彭山) 등을 둘러싼 여러 산이 모두 옛날의 민산이니, 청성산은 곧 그 첫 번째 봉우리이다." 하였다.
　　파총산(嶓冢山)은 〈지리지〉에 "농서군(隴西郡) 저도현(氐道縣)에 있다." 하였으니, 양수(漾水)가 나오는 곳이며, 또 "서현(西縣)에 있다." 하였으니, 지금의 흥원부(興元府) 서현(西縣)과 삼천현(三泉縣)이다. 아마도 파총산 하나가 두 현(縣)에 걸쳐있는 듯하 다. 내의 바닥이 이미 깨끗이 씻겨져서 물이 흘러가고 막히지 않아 범람하는 폐해가 없으니, 이들 산이 이미 곡식을 심을 수 있었던 것이다.

64. 沱、潛이 旣道하도다
　타수(沱水)와 잠수(潛水)가 이미 물길을 따르도다.

此는 江漢別流之在梁州者라 沱水는 地志에 蜀郡郫(비)縣에 江沱在東하니 西入 大江[190]이라하니 郫縣은 今成都府郫縣也라 又地志云 蜀郡汶江縣에 江沱在西南 하여 東入江이라하니 汶江縣은 今永康軍導江縣也라 潛水는 地志云 巴郡宕(탕)渠 縣에 潛水西南入江이라하니 宕渠는 今渠州流江縣也라 酈道元이 謂 宕渠縣에 有

・・・・・・
188　在蜀郡湔氐道 : 호산은 "현(縣)에 만이(蠻夷)가 있는 곳을 '도(道)'라 한다." 하였다.《詳說》
189　三泉縣 : 호산은 "저도(氐道)가 뒤에 삼천현(三泉縣)이 되었다." 하였다.《詳說》
190　江沱在東 西入大江 : 〈지리지〉에는 '江沱在西 東入江'으로 되어 있다.

・・・　湔 : 씻을 전　氐 : 오랑캐 저　徼 : 변방 요　岫 : 묏부리 수　遶 : 두를 요　隴 : 언덕 롱　漾 : 물이름 양
　　　郫 : 땅이름 비　宕 : 방탕할 탕

大穴하여 潛水入焉하니 通罡(岡)山下하여 西南潛出하여 南入于江이라하니라 又地志에 漢中郡安陽縣에 灊(潛)谷水出하여 西南入漢이라하니 灊은 音潛이요 安陽縣은 今洋州眞符縣也라

이는 강(江)·한(漢)의 별류(別流)로서 량주(梁州)에 있는 것이다. 타수(沱水)는 〈지리지〉에 "촉군(蜀郡) 비현(郫縣)에 강(江)의 타(沱)가 동쪽에 있으니, 서쪽으로 대강(大江)에 들어간다." 하였으니, 비현(郫縣)은 지금의 성도부(成都府) 비현이다. 또 〈지리지〉에 "촉군(蜀郡) 문강현(汶江縣)에 강(江)의 타(沱)가 서남쪽에 있으니, 동쪽으로 강(江)에 들어간다." 하였으니, 문강현은 지금의 영강군(永康軍) 도강현(導江縣)이다. 잠수(潛水)는 〈지리지〉에 "파군(巴郡) 탕거현(宕渠縣)에 잠수(潛水)가 서남쪽으로 강(江)에 들어간다." 하였으니, 탕거(宕渠)는 지금의 거주(渠州) 유강현(流江縣)이다. 역도원(酈道元)은 "탕거현에 큰 구멍이 있어 잠수가 그리로 들어가니, 강산(罡山) 밑을 통과하여 서남쪽으로 땅속으로 흐르다가 밖으로 나와서 남쪽으로 강에 들어간다." 하였다. 또 〈지리지〉에 "한중군(漢中郡) 안양현(安陽縣)에 잠곡수(灊谷水)가 나와서 서남쪽으로 한수(漢水)로 들어간다." 하였으니, '잠(灊)'은 음(音)이 잠(潛)이며, 안양현(安陽縣)은 지금의 양주(洋州) 진부현(眞符縣)이다.

○ 又按 梁州는 乃江、漢之原이어늘 此不志者는 岷之藝는 導江也요 嶓之藝는 導漾也며 道沱則江悉矣요 道潛則漢悉矣일새라 上志岷、嶓하고 下志沱、潛하니 江、漢源流를 於是而見이라

○ 또 살펴보건대, 량주(梁州)는 바로 강(江)·한(漢)의 발원지인데 여기에서 기록하지 않은 이유는 민산(岷山)에 곡식을 심을 수 있는 것은 강(江)을 인도하였기 때문이고, 파총산(嶓冢山)에 곡식을 심을 수 있는 것은 양수(漾水)를 인도하였기 때문이며, 타수(沱水)가 옛 길을 따르면 강(江)이 다 포함되고, 잠수(潛水)가 옛 길을 따르면 한수(漢水)가 다 포함된 것이다. 위에 민(岷)·파(嶓)를 기록하고 아래에 타(沱)·잠(潛)을 기록하였으니, 강(江)·한(漢)의 원류(源流)를 여기에서 볼 수 있다.

65. 蔡、蒙에 旅平[191]하시며

......
191 旅平 : 사계(沙溪)는 '여제(旅祭)를 지내고 평(平)하시며'로 풀이하였음을 밝혀둔다.

··· 罡 : 북두성 강 灊 : 고을이름 첨(潛通) 旅 : 제사 려

채산(蔡山)과 몽산(蒙山)에 홍수를 다스리는 일을 마치고 여(旅)제사를 지냈으며,

蔡、蒙은 二山名이라 蔡山은 輿地記에 在今雅州嚴道縣이라하고 蒙山은 地志에 蜀郡青衣縣이라하니 今雅州名山縣也라 酈道元이 謂 山이 上合下開하고 沫(매)水逕其間하여 溷(혼)崖[192]水脈漂疾하여 歷代爲患이러니 蜀郡太守李冰이 發卒鑿平溷崖라하니 則此二山은 在禹에 爲用功多也라 祭山曰旅니 旅平者는 治功畢而旅祭也라

채(蔡)와 몽(蒙)은 두 산의 이름이다. 채산은 《여지기(輿地記)》에 "지금의 아주(雅州) 엄도현(嚴道縣)에 있다." 하였고, 몽산은 〈지리지〉에 "촉군(蜀郡)의 청의현(青衣縣)에 있다." 하였으니, 지금의 아주(雅州) 명산현(名山縣)이다. 역도원은 이르기를 "산이 위는 합하고 아래는 벌어졌으며, 매수(沫水)가 그 사이를 경과하는바, 혼애(溷崖)의 물살이 빨라서 역대에 폐해가 되었는데, 〈진(秦)나라 때〉 촉군 태수(蜀郡太守) 이빙(李冰)이 병력을 징발하여 혼애를 뚫어 평평하게 하였다." 하였으니, 이 두 산은 우(禹) 때에 있어서 공력을 씀이 많았던 것이다. 산에 제사함을 '여(旅)'라 하니, '여평(旅平)'은 홍수를 다스리는 공(功)을 마치고 여제(旅祭)를 지낸 것이다.

66. 和夷에 底績하시다
화(和)·이(夷)에 공적을 이루셨다.

和夷는 地名이라 嚴道以西에 有和川하고 有夷道하니 或其地也라 又按 晁氏曰 和、夷는 二水名이라 和水는 今雅州榮經縣北和川이니 水自蠻界羅嵒(巖)州東西來하여 逕蒙山하니 所謂青衣水而入岷江者也라 夷水는 出巴郡魚(復)[腹]縣하여 東南過佷(한)山縣南하고 又東過夷道縣北하여 東入于江이라하니라 今詳二說컨대 皆未可必이로되 但經言底績者三[193]에 覃懷、原隰이 旣皆地名이면 則此恐爲地名이요 或地名因水를 亦不可知也로라

······
192 溷崖 : 혼애(溷崖)는 언덕 이름으로 지금의 사천성(四川省) 낙산시(樂山市) 동쪽 2리 지점인 능운산(凌雲山) 대불암(大佛巖)에 있다 한다.
193 底績者三 : 지적(底績)은 공적을 이룬 것으로, 셋이란 기주(冀州)의 담회(覃懷), 양주(梁州)의 화(和)·이(夷), 옹주(雍州)의 원습(原隰)을 가리킨 것이다.

··· 溷 : 흐릴 혼 漂 : 빠를 표 嵒 : 바위 암 佷 : 고을이름 항

화이(和夷)는 지명이다. 엄도현(嚴道縣) 이서(以西)에 화천(和川)이 있고 이도(夷道)가 있으니, 혹 이 지역인 듯하다. 또 살펴보건대, 조씨(鼂氏)가 말하기를 "화(和)·이(夷)는 두 물 이름이다. 화수(和水)는 지금의 아주(雅州) 형경현(滎經縣) 북쪽 화천(和川)이니, 물이 남만(南蠻)의 경계인 나암주(羅嵒州) 동서쪽에서 와서 몽산(蒙山)을 경유하니, 이른바 청의수(青衣水)로서 민강(岷江)으로 들어간다는 것이다. 이수(夷水)는 파군(巴郡) 어복현(魚腹縣)에서 나와 동남쪽으로 한산현(佷山縣) 남쪽을 지나가고, 또 동쪽으로 이도현(夷道縣) 북쪽을 지나서 동쪽으로 강(江)에 들어간다." 하였다. 이제 두 말을 살펴보면 모두 옳음을 기필할 수 없으나, 단 경문(經文)에 공적을 이루었다는 것이 셋인데, 담회(覃懷)와 원습(原隰)이 이미 모두 지명이었다면 이 화이도 지명일 듯하며, 혹 지명이 물 이름을 따른 것인지를 또한 알 수 없다.

67. 厥土는 青黎니
그 토질은 푸르고 검으니

黎는 黑也라
'여(黎)'는 검음이다.

68. 厥田은 惟下에 上이요 厥賦는 下에 中이로소니 三錯이로다
그 전(田)은 하(下)에 상(上)이고 그 부(賦)는 하(下)에 중(中)이니, 3등으로 뒤섞어 낸다.

田은 第七等이요 賦는 第八等이로되 雜出第七、第九等也라 按賦雜出他等者를 或以爲歲有豐凶이라하고 或以爲戶有增減이라하니 皆非也라 意者컨대 地力有上下하여 年分不同하니 如周官에 田一易、再易[194]之類라 故로 賦之等第 亦有上下年分하니 冀之正賦는 第一等이로되 而間歲第二等也요 揚之正賦는 第七等이로되 而間歲第六等也며 豫之正賦는 第二等이로되 而間歲第一等也요 梁之正賦는 第八等이로되 而間歲出第七、第九等也라 當時에 必有條目詳具어늘 今不存矣요 書之所載는 特凡例也라 若謂歲之豐凶、戶之增減이라하면 則九州皆然이니 何獨於冀、揚、豫、

---

194 一易再易 : 밭을 1년을 묵혔다가 다시 경작하는 것을 일역(一易), 2년을 묵혔다가 다시 경작하는 것을 재역(再易)이라 한다.

梁四州에 言哉리오

　전(田)은 제7등이고 부(賦)는 제8등인데 제7등과 제9등을 뒤섞어 내는 것이다. 살펴보건대, 부세를 뒤섞어 다른 등급을 내는 것을 혹자는 "연사(年事)에 풍흉(豐凶)이 있기 때문이다." 라고 하고, 혹자는 "호구(戶口)에 증감(增減)이 있기 때문이다." 라고 하는데, 이는 모두 잘못된 말이다. 짐작컨대 지력(地力)에 높고 낮음이 있어 연분(年分;연도에 따른 수확량)이 똑같지 않으니,《주관(周官)》〈대사도(大司徒)〉에 '토지가 일역(一易)·재역(再易)이라는 것'과 같은 따위일 것이다. 그러므로 부세의 등급 또한 높고 낮은 연분(年分)이 있는 것이니, 기주(冀州)의 정부(正賦)는 제1등이나 간세(間歲;격년)로 제2등을 내며, 양주(揚州)의 정부(正賦)는 제7등이나 간세로 제6등을 내며, 예주(豫州)의 정부는 제2등이나 간세로 제1등을 내며, 양주의 정부는 제8등이나 간세로 제7등과 제9등을 내는 것이다.

　당시에 반드시 조목(條目)이 자세히 갖춰져 있었을 터인데 이제 남아 있지 않으며, 《서경》에 기재한 것은 다만 범례(凡例)일 뿐이다. 만약 연사의 풍흉과 호구의 증감이라고 한다면 아홉 주(州)가 다 그러할 것이니, 어찌 홀로 기주(冀州)·양주(揚州)·예주(豫州)·량주(梁州)의 네 주(州)에만 말했겠는가.

69. 厥貢은 璆(구)、鐵과 銀、鏤(루)와 砮磬과 熊、羆(비)와 狐、狸의 織皮[195]로다

　그 공물(貢物)은 옥경(玉磬)과 부드러운 쇠와 은(銀)과 강철과 노경(砮磬;석경(石磬))과 곰과 큰곰과 이리와 살쾡이의 직피(織皮;직물과 피복(皮服))이다.

璆는 玉磬이요 鐵은 柔鐵也라 鏤는 剛鐵이니 可以刻鏤者也라 磬은 石磬也라 言鐵而先於銀者는 鐵之利多於銀也니 後世에 蜀之卓氏、程氏以鐵冶로 富擬封君하니 則梁之利 尤在於鐵也라 織皮者는 梁州之地는 山林爲多하니 獸之所走라 熊、羆、狐、狸四獸之皮는 製之면 可以爲裘요 其毳(취)毛는 織之면 可以爲罽(계)也라

　'구(璆)'는 옥경(玉磬)이고, '철(鐵)'은 유철(柔鐵;정철(正鐵))이다. '루(鏤)'는 강철(剛鐵)이니, 새길 수 있는 것이다. '경(磬)'은 석경(石磬)이다. 쇠를 말하면서 은(銀)보다 먼저한 것은 쇠의 이익이 은보다 많기 때문이다. 후세에 촉(蜀) 지방의 탁씨(卓氏)와 정

......
195　熊羆狐狸織皮:《언해》에는 "熊羆와 狐狸와 織한 皮로다"로 되어 있으나, 《집전》과 《상설(詳說)》을 참고하여 위와 같이 수정 번역하였다.

··· 璆: 옥소리 구　鏤: 강철 루　砮: 돌살촉 노　羆: 큰곰 비　狸: 살쾡이 리　毳: 솜털 취　罽: 모포 계

씨(程氏)가 쇠를 주조(鑄造)하는 것으로 부유함이 봉군(封君)에 비견되었으니, 량주(梁州)의 이익이 더욱 쇠에 있었던 것이다. '직피(織皮)'는 량주 지역은 산림이 많아 짐승들이 달려가는 곳이니, 곰과 큰곰, 여우와 살쾡이 이 네 짐승의 가죽은 옷을 만들면 갖옷이 되고, 연한 털은 짜면 계(罽;고운 털옷이나 털방석)가 되는 것이다.

○ 林氏曰 徐州는 貢浮磬하고 此州는 旣貢玉磬하고 又貢石磬하며 豫州는 又貢磬錯하니 以此觀之하면 則知當時樂器는 磬最爲重이니 豈非以其聲角而在淸濁小大之間하여 最難得其和者哉아

○ 임씨(林氏)가 말하였다. "서주(徐州)는 부경(浮磬)을 바치고, 이 주(州)는 이미 옥경(玉磬)을 바치고 또 석경(石磬)을 바쳤으며, 예주(豫州)는 또 경착(磬錯;석경을 가는 숫돌)을 바쳤으니, 이로써 보면 당시의 악기는 경쇠가 가장 중함을 알 수 있으니, 아마도 그 소리가 각성(角聲)이어서 청탁(淸濁)과 소대(小大)의 중간에 있어 가장 그 화(和)함을 얻기 어려운 때문이 아니겠는가."

70. 西傾으로 因桓是來하여 浮于潛하며 逾于沔(면)하며 入于渭하여 亂于河하나니라

서경산(西傾山)에서 환수(桓水)를 따라 와서 잠수(潛水)에 떠오며, 면수(沔水)를 넘으며, 위수(渭水)로 들어가서 하수(河水)를 가로지른다.

西傾은 山名이라 地志에 在隴西郡臨洮(조)縣西라하니 今洮州臨潭縣西南이라 桓은 水名이니 水經曰 西傾之南에 桓水出焉이라하니라 蘇氏曰 漢은 始出爲漾이요 東南流爲沔이요 至漢中하여 東行爲漢沔[196]이라하니라 酈道元曰 自西傾而至葭(가)萌하여 浮于西漢하니 西漢은 卽潛水也라 自西漢溯流而屆(계)于晉壽界하면 阻漾枝津하고 南歷岡北하여 迤邐(이리)接漢沔하며 歷漢川하여 至于褒水하고 逾褒而暨于衙嶺之南溪하며 灌于斜川하고 屆于武功而北하여 以入于渭라하니라 漢武帝時에 人有上書하여 欲通褒斜道及漕어늘 事下張湯하여 問之하니 云 褒水는 通沔하고 斜水는 通渭하니 皆可以漕라 從南陽하여 上沔入褒하고 褒絶水至斜間百餘里는 以

---

196 東行爲漢沔:호산은 "면수가 한수가 되었으나 여전히 면(沔)이라는 이름을 써서 한면(漢沔)이라 한 것이다.〔沔而爲漢, 猶蒙沔名.〕"하였다.《詳說》

··· 亂:가로지를 란 洮:씻을 조 葭:갈대 가 屆:이를 계 迤:연할 이 邐:연할 리

車轉하여 從斜下渭니 如此면 則漢中穀 可致라하니라 經言沔、渭而不言褒、斜者는 因大以見(현)小也라 褒、斜之間에 絶水百餘里라 故로 曰逾라 然이나 於經文則當 曰逾于渭어늘 今日逾于沔은 此又未可曉也라 絶河而渡日亂이라

서경(西傾)은 산 이름이다. 〈지리지〉에 "농서군(隴西郡) 임조현(臨洮縣) 서쪽에 있다." 하였으니, 지금의 조주(洮州) 임담현(臨潭縣) 서남쪽이다. 환(桓)은 물 이름이니, 《수경》에 "서경산(西傾山)의 남쪽에서 환수(桓水)가 나온다." 하였다. 소씨가 말하기를 "한수(漢水)는 처음 나오면 양수(漾水)라 하고, 동남쪽으로 흐르면 면수(沔水)라 하고, 한중(漢中)에 이르러 동쪽으로 흘러가면 한면(漢沔)이라 한다." 하였다. 역도원은 말하기를 "서경산으로부터 가맹(葭萌)에 이르러 서한(西漢)으로 떠온다. 서한은 곧 잠수(潛水)이다. 서한에서 거슬러 올라가서 진수(晉壽)의 경계에 이르면 양지진(漾枝津)이 막혀있고, 남쪽으로 강산(岡山) 북쪽을 지나 빙 돌아서 한면(漢沔)을 접하며, 한천(漢川)을 지나 포수(褒水)에 이르고, 포수를 넘어 아령(衙嶺)의 남계(南溪)에 이르며, 사천(斜川)에 주입하고 무공(武功)에 이르러 북쪽으로 위수(渭水)에 들어간다." 하였다.

《사기》〈하거서(河渠書)〉에 한(漢)나라 무제(武帝) 때에 어떤 사람이 상서(上書)하여 포수(褒水)와 사수(斜水)의 물길과 조운(漕運)하는 길을 개통하고자 하므로 일을 장탕(張湯)에게 내려 물으니, 이르기를 "포수는 면수와 통하고 사수는 위수(渭水)와 통하니, 모두 조운할 수 있습니다. 남양(南陽)을 따라 면수로 올라오고 포수로 들어가며, 포수는 물이 끊겨 사수에 이르는 사이의 백여 리는 수레로 수송하여 사수를 따라 위수로 내려오니, 이와 같이 하면 한중(漢中)의 곡식을 가져올 수 있습니다." 하였다.

경문(經文)에 면(沔)과 위(渭)를 말하고 포(褒)와 사(斜)를 말하지 않은 것은 큰 것을 인하여 작은 것을 나타낸 것이다. 포(褒)와 사(斜)의 사이에 물이 백여 리나 끊겨 있다. 그러므로 유(逾)라고 말한 것이다. 그러나 경문(經文)에 마땅히 위수를 넘는다고 말해야 할 터인데 이제 면수를 넘었다고 말한 것은 이 또한 알 수 없다. 황하를 끊고 건너옴을 난(亂)이라 한다.

71. 黑水、西河에 惟雍州라
흑수(黑水)와 서하(西河)에 옹주(雍州)가 있다.

雍州之域은 西據黑水하고 東距西河하니 謂之西河者는 主冀都而言也라
옹주 지역은 서쪽으로는 흑수를 넘어가고 동쪽으로는 서하에 이르니, 서하라고 이

른 것은 기주(冀州)를 위주하여 말한 것이다.

72. 弱水旣西하며
약수(弱水)가 이미 서쪽으로 흐르며,

柳宗元曰 西海之山에 有水焉하니 散渙無力하여 不能負芥하여 投之則委靡墊(점)沒하여 及底(저)而後止라 故로 名曰弱이라하니라 旣西者는 導之西流也라 地志云 在張掖郡刪丹縣이라하고 薛氏曰 弱水는 出吐谷渾界窮石山하여 自刪丹西로 至合黎山하여 與張掖縣河合이라하니라 又按 通鑑에 魏太武擊柔然할새 至栗水하고 西行至菀園水하여 分軍收(수)討하고 又循弱水하여 西行至涿邪(야)山이라하니 則弱水는 在菀園水之西, 涿邪山之東矣라 北史에 載太武至菀園水하여 分軍搜討하여 東至瀚海하고 西接張掖水하고 北度燕然山이라하여 與通鑑小異라 豈瀚海、張掖水가 於弱水에 爲近乎아 程氏據西域傳하여 以弱水爲在條支라하여 援引甚悉이라 然이나 長安西行一萬二千二百里하고 又百餘日에 方至條支라 其去雍州 如此之遠하니 禹豈應窮荒而導其流也哉아 其說이 非是니라

유종원(柳宗元)이 말하기를 "서해(西海)의 산에 물이 있으니, 흩어져 힘이 없어서 지푸라기도 띄우지 못하여 지푸라기를 던지면 쓰러지고 가라앉아 밑바닥에 이른 뒤에 멈춘다. 그러므로 약수(弱水)라 이름했다." 하였다. 기서(旣西)는 인도하여 서쪽으로 흐르게 한 것이다. 〈지리지〉에 "약수는 장액군(張掖郡) 산단현(刪丹縣)에 있다." 하였고, 설씨(薛氏)는 "약수는 토곡혼(吐谷渾)의 경계인 궁석산(窮石山)에서 발원하여 산단(刪丹)에서 서쪽으로 합려산(合黎山)에 이르러 장액현(張掖縣)에 있는 하수(河水)와 합류한다." 하였다.

또 살펴보건대, 《자치통감(資治通鑑)》에 "북위(北魏)의 태무제(太武帝)가 오랑캐인 유연(柔然)을 공격할 적에 율수(栗水)에 이르고 서쪽으로 가서 도원수(菀園水)에 이르러 군대를 나누어 수색 토벌하고, 또 약수를 따라 서쪽으로 가서 탁야산(涿邪山)에 이르렀다" 하였으니, 약수는 도원수의 서쪽, 탁야산의 동쪽에 있는 것이다. 《북사(北史)》에는 "태무제가 도원수에 이르러 군대를 나누어 수색 토벌하여 동쪽으로 한해(瀚海)에 이르고 서쪽으로 장액수(張掖水)에 접하였으며, 북쪽으로 연연산(燕然山)을 지나갔다."고 기재하여, 《자치통감》과 다소 다르다. 아마도 한해와 장액수가 약수에 가까운가 보다.

··· 旣 : 이를 기　渙 : 풀릴 환　委 : 쓰러질 위　靡 : 쓰러질 미　墊 : 빠질 점　菀 : 새삼 도　瀚 : 물이름 한

정씨(程氏)는 《한서(漢書)》〈서역전(西域傳)〉을 근거해서 "약수가 조지(條支)에 있다." 하여, 증거를 끌어댄 것이 매우 자세하다. 그러나 장안(長安)에서 서쪽으로 1만 2천2백 리를 가야 하고, 또 백여 일이 걸려야 비로소 조지(條支)에 이른다. 옹주(雍州)와의 거리가 이와 같이 머니, 우(禹)가 어찌 먼 곳까지 그 흐름을 인도하였겠는가. 그 말이 옳지 않다.

73. 涇이 屬渭、汭하며
경수(涇水)가 위수(渭水)와 예수(汭水)에 속하며

涇、渭、汭는 三水名이라 涇水는 地志에 出安定郡涇陽縣西라하니 今原州百泉縣岍(견)頭山也요 東南至馮翊陽陵縣하여 入渭라하니 今永興軍高陵縣也라 渭水는 地志에 出隴西郡首陽縣西南이라하니 今渭州渭源縣鳥鼠山西北南谷山也요 東至京兆船司空縣하여 入河라하니 今華州華陰縣也라 汭水는 地志에 作芮하니 扶風汧(견)縣弦蒲藪에 芮水出其西北하여 東入涇이라하니 今隴州汧源縣弦蒲藪에 有汭水焉이라 周職方에 雍州는 其川涇、汭라하고 詩曰 汭鞠之卽이라하니 皆謂是也라 屬은 連屬也니 涇水連屬渭、汭二水也라

경(涇)과 위(渭)·예(汭)는 세 물의 이름이다. 경수는 〈지리지〉에 "안정군(安定郡) 경양현(涇陽縣) 서쪽에서 발원한다." 하였으니, 지금의 원주(原州) 백천현(百泉縣) 견두산(岍頭山)이며, "동남쪽으로 풍익(馮翊)의 양릉현(陽陵縣)에 이르러 위수로 들어간다." 하였으니, 지금의 영흥군(永興軍) 고릉현(高陵縣)이다. 위수는 〈지리지〉에 "농서군(隴西郡) 수양현(首陽縣) 서남쪽에서 발원한다." 하였으니, 지금의 위주(渭州) 위원현(渭源縣) 조서산(鳥鼠山) 서북쪽 남곡산(南谷山)이며, "동쪽으로 경조(京兆)의 선사공현(船司空縣)에 이르러 하수(河水)로 들어간다." 하였으니, 지금의 화주(華州) 화음현(華陰縣)이다.

예수(汭水)는 〈지리지〉에 예(芮)로 되어 있으니, "부풍군(扶風郡) 견현(汧縣) 현포수(弦蒲藪)에 예수가 서북쪽에서 나와 동쪽으로 경수(涇水)로 들어간다." 하였는데, 지금의 농주(隴州) 견원현(汧源縣) 현포수에 예수가 있다. 《주례》〈직방(職方)〉에 "옹주(雍州)의 내는 경수(涇水)와 예수(汭水)이다." 하였고, 《시경》〈대아(大雅) 공류(公劉)〉에 "예국(汭鞠;예수가)에 나아가 산다." 한 것은 모두 이것을 말한 것이다. '속(屬)'은 연속함이니, 경수가 위수와 예수 두 물에 연속한 것이다.

••• 汭 : 물이름 예 岍 : 산이름 견 芮 : 물가 예 汧 : 물이름 견

74. 漆, 沮旣從하며

칠수(漆水)와 저수(沮水)가 이미 위수(渭水)를 따르며,

漆, 沮는 二水名이라 漆水는 寰宇記에 自耀州同官縣東北界來하여 經華原縣하여 合沮水라하니라 沮水는 地志에 出北地郡直路縣東이라하니 今坊州宜君縣西北境也라 寰宇記에 沮水는 自坊州昇平縣北子午嶺出하니 俗號子午水요 下合楡谷, 慈馬等川하여 遂爲沮水하며 至耀州華原縣하여 合漆水하고 至同州朝邑縣하여 東南入渭라하니라 二水相敵이라 故竝言之하니라 旣從者는 從於渭也라 又按 地志에 謂漆水出扶風(縣)[郡]이라하니 晁氏曰 此는 豳(빈)之漆也라하고 水經에 漆水는 出扶風杜陽縣이라한대 程氏曰 杜陽은 今岐山普潤縣之地라하니 亦漢漆縣之境이라 其水入渭가 在酆(풍)水之上하여 與經序渭水節次로 不合하니 非禹貢之漆水也라

칠(漆)과 저(沮)는 두 물의 이름이다. 칠수는 《환우기(寰宇記)》에 "요주(耀州) 동관현(同官縣) 동북쪽 경계로부터 와서 화원현(華原縣)을 경유하여 저수와 합류한다." 하였다. 저수는 〈지리지〉에 "북지군(北地郡) 직로현(直路縣) 동쪽에서 발원한다." 하였으니, 지금의 방주(坊州) 의군현(宜君縣) 서북쪽 경계이다. 《환우기》에 "저수는 방주(坊州) 승평현(昇平縣) 북쪽 자오령(子午嶺)에서 나오니 세속에서 자오수(子午水)라 칭하고, 아래로 유곡천(楡谷川)·자마천(慈馬川) 등과 합류하여 마침내 저수가 되며, 요주(耀州) 화원현(華原縣)에 이르러 칠수와 합류하고, 동주(同州) 조읍현(朝邑縣)에 이르러 동남쪽으로 위수(渭水)에 들어간다." 하였다. 칠수와 저수 두 물이 서로 대등하므로 아울러 말한 것이다. '기종(旣從)'은 위수를 따르는 것이다.

또 살펴보건대, 〈지리지〉에 "칠수가 부풍군(扶風郡)에서 나온다." 하였는데, 조씨(晁氏)는 "이는 빈(豳)의 칠수이다." 하였으며, 《수경(水經)》에 "칠수는 부풍군 두양현(杜陽縣)에서 나온다." 하였는데, 정씨(程氏)는 "두양(杜陽)은 지금의 기산(岐山) 보윤현(普潤縣) 지역이다." 하였으니, 또한 한(漢)나라 칠현(漆縣)의 경내이다. 이 물이 위수에 들어감이 풍수(酆水)의 위에 있어서 경문(經文)에 위수를 서열한 절차와 합하지 않으니, 이는 〈우공(禹貢)〉의 칠수가 아니다.

75. 灃水攸同이로다

풍수(灃水)가 위수(渭水)와 함께 흐르도다.

沮 : 물이름 저 楡 : 느릅나무 유 豳 : 땅이름 빈(邠同) 酆 : 땅이름 풍 灃 : 물이름 풍

灃水는 地志에 作酆하니 出扶風鄠(호)縣終南山이라하니 今永興軍鄠縣山也라 東至咸陽縣하여 入渭라 同者는 同於渭也라 渭水自鳥鼠而東에 灃水南注之하고 涇水北注之하고 漆, 沮東北注之하니 曰屬, 曰從, 曰同은 皆主渭而言也라

 풍수(灃水)는 〈지리지〉에 "풍(酆)으로 되어 있는데, 부풍군(扶風郡) 호현(鄠縣) 종남산(終南山)에서 발원한다." 하였으니, 지금의 영흥군(永興軍) 호현산(鄠縣山)이다. 동쪽으로 함양현(咸陽縣)에 이르러 위수(渭水)로 들어간다. 동(同)은 위수와 함께 흐르는 것이다. 위수는 조서산(鳥鼠山) 동쪽에서 올 적에, 풍수가 남쪽에서 주입하고 경수(涇水)가 북쪽에서 주입하고, 칠수(漆水)와 저수(沮水)가 동북쪽에서 주입하니, '속(屬)'이라 말하고 '종(從)'이라 말하고 '동(同)'이라 말한 것은 모두 위수를 위주하여 말한 것이다.

76. 荊, 岐에 旣旅하시고 終南, 惇物로 至于鳥鼠하시며

 형산(荊山)과 기산(岐山)에 여제(旅祭)를 지내고, 종남산(終南山)과 돈물산(惇物山)에서 조서산(鳥鼠山)에 이르시며,

荊, 岐는 二山名이라 荊山은 卽北條之荊[197]이라 地志에 在馮翊懷德縣南이라하니 今耀州富平縣掘陵原也라 岐山은 地志에 在扶風美陽縣西北이라하니 今鳳翔府岐山縣東北十里也라 終南, 惇物, 鳥鼠는 亦皆山名이라 終南은 地志에 古文은 以太一山爲終南山하니 在扶風武功縣이라하니 今永興軍萬年縣南五十里也라 惇物은 地志에 古文은 以垂山爲惇物하니 在扶風武功縣이라하니 今永興軍武功縣也라 鳥鼠는 地志에 在隴西郡首陽縣西南이라하니 今渭州渭源縣西也니 俗呼爲靑雀山이라 擧三山而不言所治者는 蒙上旣旅之文也라

 형(荊)과 기(岐)는 두 산의 이름이다. 형산(荊山)은 바로 북조형산(北條荊山;북쪽으로 뻗어나온 형산)이다. 〈지리지〉에 "풍익군(馮翊郡) 회덕현(懷德縣) 남쪽에 있다." 하였으니, 지금의 요주(耀州) 부평현(富平縣) 굴릉원(掘陵原)이다. 기산(岐山)은 〈지리지〉에 "부풍군(扶風郡) 미양현(美陽縣) 서북쪽에 있다." 하였으니, 지금의 봉상부(鳳翔府) 기산현(岐山縣) 동북쪽 10리 지점이다.

......

197 荊山 卽北條之荊 : 여기의 형산은 서북쪽에 있는 형산이며, 남쪽 형주(荊州)에 있는 형산은 남조형산(南條荊山)이라 한다.

··· 酆 : 땅이름 호 惇 : 도타울 돈

종남(終南)과 돈물(惇物)과 조서(鳥鼠) 또한 모두 산 이름이다. 종남은 〈지리지〉에 "고문(古文)에는 태일산(太一山)을 종남산(終南山)이라 하였는데 부풍군(扶風郡) 무공현(武功縣)에 있다." 하였으니, 지금의 영흥군(永興軍) 만년현(萬年縣) 남쪽 50리 지점이다. 돈물은 〈지리지〉에 "고문(古文)에는 수산(垂山)을 돈물이라 하였는데, 부풍군 무공현에 있다." 하였으니, 지금의 영흥군 무공현이다. 조서는 〈지리지〉에 "농서군(隴西郡) 수양현(首陽縣) 서남쪽에 있다." 하였으니, 지금의 위주(渭州) 위원현(渭源縣) 서쪽이니, 세속에서 청작산(靑雀山)이라 부른다. 세 산을 들고 다스린 바를 말하지 않은 것은 위에 '형산과 기산에 이미 여제(旅祭)를 지냈다'는 글을 이어 받았기 때문이다.

77. 原, 隰에 底績하사 至于豬野하시다

평원(平原)과 습지(隰地)에 공적을 이루어 저야택(豬野澤)에 이르셨다.

廣平曰原이요 下濕曰隰이니 詩曰 度(탁)其隰原이 卽指此也라 鄭氏曰 其地在豳이라하니 今邠州也라 豬野는 地志云 武威縣東北에 有休屠(저)澤하니 古(今)[文]¹⁹⁸에 以爲豬野라하니 今涼州姑臧縣也라 治水成功이 自高而下라 故로 先言山하고 次原, 隰하고 次陂澤也하니라

넓고 평평한 곳을 '원(原)'이라 하고, 하습(下濕)한 곳을 '습(隰)'이라 하니, 《시경》 〈공류(公劉)〉에 이른바 "그 습지와 평원을 헤아린다."는 것이 곧 이를 가리킨 것이다. 정씨(鄭氏)는 말하기를 "그 땅이 빈(豳)에 있다." 하였으니, 지금의 빈주(邠州)이다. '저야(豬野)'는 〈지리지〉에 "무위현(武威縣) 동북쪽에 휴저택(休屠澤)이 있으니, 고문(古文)에는 저야(豬野)라 했다." 하였으니, 지금의 양주(涼州) 고장현(姑臧縣)이다. 홍수를 다스려 성공함이 높은 곳에서부터 아래로 내려왔으므로 먼저 산을 말하고 다음에 원(原)·습(隰)을 말하고 다음에 피택(陂澤)을 말한 것이다.

78. 三危旣宅하니 三苗丕敍하도다

삼위(三危)가 이미 집을 짓고 사니, 삼묘(三苗)가 공(功)이 크게 펼쳐졌도다.

------

198 古文:〈지리지(地理志)〉는 일반적으로 반고(班固)가 찬(撰)한 《한서(漢書)》의 〈지리지〉를 뜻하는데, 여기의 고문(古文)은 반고가 《한서》를 찬(撰)할 당시 인용한 옛 〈지리지〉를 가리킨 것이다.

··· 邠 : 땅이름 빈 조 : 클 비

三危는 卽舜竄三苗之地니 或以爲燉煌이라하나 未詳其地라 三苗之竄은 在洪水未平之前이러니 及是하여 三危已旣可居하니 三苗於是大有功敍라 今按 舜竄三苗는 以其惡之尤甚者를 遷之하고 而立其次者於舊都러니 今旣竄者는 已丕敍로되 而居於舊都者는 尙桀驁(오)不服이라 蓋三苗舊都는 山川險阻하니 氣習使然이라 今湖南猺(요)洞에 時猶竊發이로되 俘而詢之하면 多爲猫姓하니 豈其遺種歟아

'삼위(三危)'는 곧 순(舜)이 삼묘(三苗)를 귀양보낸 지역이니, 혹자는 돈황(燉煌)이라 하나 그 지역이 자세하지 않다. 삼묘를 귀양보낸 것은 아직 홍수를 다스리기 이전에 있었는데, 이때에 이르러 삼위가 이미 거주할 수 있었으니, 삼묘가 이에 공(功)이 크게 펼쳐짐이 있었던 것이다.

이제 살펴보건대, 순(舜)이 삼묘를 귀양보낸 것은 악함이 특히 심한 자를 귀양보내고 그 다음인 자를 옛 도읍에 세웠었는데, 이제 이미 귀양간 자는 공(功)이 크게 펴졌으나 옛 도읍에 거주하는 자는 아직도 교만[桀驁]하여 복종하지 않은 것이다. 삼묘의 옛 도읍은 산천이 험하고 막혔으니, 기습(氣習)이 그러한 것이다. 지금의 호남(湖南) 요동(猺洞)에 때로는 아직도 몰래 나와 도둑질하는 자가 있는데, 사로잡아 물어보면 대부분 묘성(猫姓)이라 하니, 아마도 그 유종(遺種)인가보다.

79. 厥土는 惟黃壤이니

그 토질은 황색 양토[黃壤]이니,

黃者는 土之正色이라 林氏曰 物得其常性者最貴하니 雍州之土黃壤이라 故로 其田이 非他州所及이니라

황색은 흙의 정색(正色)이다. 임씨(林氏)가 말하기를 "물건은 그 떳떳한 성질을 얻은 것이 가장 귀하니, 옹주(雍州) 지역은 황색의 양토(壤土)이므로 그 토지가 다른 주(州)에 미칠 바가 아닌 것이다." 하였다.

80. 厥田은 惟上에 上이요 厥賦는 中에 下요

그 전(田)은 상(上)에 상(上)이고, 그 부(賦)는 중(中)에 하(下)이며,

田은 第一等이로되 而賦第六等者는 地狹而人功少也일새라

전(田)은 제1등인데 부(賦)는 제6등인 것은 땅이 좁고 인공(人功:인력)이 적기 때문

⋯ 燉:불성할 돈 桀:흉포할 걸 驁:거만할 오 猺:개 요 俘:사로잡을 부 猫:고양이 묘

이다.

81. 厥貢은 惟球琳, 琅玕이로다

그 공물은 오직 구림(球琳;아름다운 옥)과 낭간(琅玕)이로다.

球琳은 美玉也요 琅玕은 石之似珠者라 爾雅曰 西北之美者는 有昆侖虛(곤륜허)之球琳, 琅玕이라하니라 今南海에 有靑琅玕하니 珊瑚屬也라

 '구림(球琳)'은 아름다운 옥(玉)이고, '낭간(琅玕)'은 진주와 비슷한 옥돌이다. 《이아(爾雅)》에 "서북쪽에서 아름다운 것은 곤륜허(昆侖墟)의 구림과 낭간이 있다." 하였다. 지금 남해(南海)에 청랑간(靑琅玕)이 있으니, 산호(珊瑚)의 등속이다.

82. 浮于積石하여 至于龍門西河하고(하여) 會于渭, 汭하나니라

〈동북 지역은〉 적석산(積石山)에 배를 띄워 용문(龍門)의 서하(西河)에 이르고 〈서남 지역은〉 위수(渭水)와 예수(汭水)로 모인다.

積石은 地志에 在金城郡河關縣西南羌中이라하니 今鄯(선)州龍支縣界也라 龍門山은 地志에 在馮翊夏陽縣이라하니 今河中府龍門縣也라 西河는 冀之西河也라 雍之貢道有二하니 其東北境은 則自積石至于西河요 其西南境은 則會于渭, 汭[199]라 言渭, 汭하고 不言河者는 蒙梁州之文也라 他州貢賦도 亦當不止一道리니 發此例하여 以互見(현)耳라

 적석산(積石山)은 〈지리지〉에 "금성군(金城郡) 하관현(河關縣) 서남쪽 강중(羌中;서강(西羌) 지역)에 있다." 하였으니, 지금의 선주(鄯州) 용지현(龍支縣)의 경계이다. 용문(龍門)은 〈지리지〉에 "풍익군(馮翊郡) 하양현(夏陽縣)에 있다." 하였으니, 지금의 하중부(河中府) 용문현(龍門縣)이다. 서하(西河)는 기주(冀州)의 서하이다. 옹주(雍州)에 공물을 바치는 길이 두 가지가 있으니, 동북 지역은 적석산으로부터 서하(西河)에 이르고, 서

......
199 其東北境……則會于渭汭 : 경문의 '浮于積石, 至于龍門西河, 會于渭汭.'를 부연 설명한 것인데, 호산은 《언해》의 뜻은 적석에 띄운 것과 함께 위수(渭水) 어구로 모인 것으로 해석하였으니, 다시 살펴보아야 한다.[諺解之意, 以與浮積石者, 會于渭口, 更商之.] 하였다. 《詳說》《언해》에는 '至于龍門하야'로 현토(懸吐)하고 '積石에 浮하야 龍門 西河에 至하야 渭汭에 會하나니라'로 해석하였는바, 《집전》과 호산의 설에 따라 현토를 바꾸고 부연하여 번역하였다.

··· 琳 : 아름다운옥 림   琅 : 아름다운옥 랑   玕 : 아름다운옥돌 간   崙 : 뭉칠 륜   珊 : 산호 산   瑚 : 산호 호
   鄯 : 나라이름 선

남 지역은 위수(渭水)와 예수(汭水)로 모인다. 위(渭)·예(汭)를 말하고 황하를 말하지 않은 것은 량주(梁州)의 글을 이어 받았기 때문이다. 다른 주(州)의 공부(貢賦)도 마땅히 한 길에만 그치지 않을 것이니, 이 예(例)를 말하여 서로 나타낸 것이다.

○ 按 邢恕奏乞下熙河路하여 打造船五百隻하여 於黃河에 順流放下하여 至會州西小河內藏放이라한대 熙河路漕使李復이 奏 竊知邢恕欲用此船하여 載兵順流而下하여 去取夏之興州하오니 契勘(계감)會州之西小河鹹水는 其闊이 不及一丈이요 深止於一二尺하니 豈能藏船이리잇고 黃河過會州하여 入韋精山이면 石峽嶮窄(험착)하여 自上垂流直下에 高數十(丈)[尺]이니 船豈可過리잇고 至西安州之東하면 大河分爲六七道하여 散流하니 (渭)[謂]之南山이라 逆流數十里라야 方再合하니 逆(溜)[流]는 水淺灘磧(탄적)하여 不勝舟載라 此聲若出이면 必爲夏國侮笑[200]리이다하니 事遂寢하니라 邢恕之策이 如李復之言인댄 可謂謬矣라 然이나 此言貢賦之路에도 亦曰浮于積石하여 至于龍門西河라하니 則古來此處河道가 固通舟楫矣어늘 而復之言이 乃如此는 何也오 姑錄之하여 以備參考云이라

○ 살펴보건대,〈송나라 경원로 경략안무사(涇原路經略安撫使)〉형서(邢恕)가 주청하기를 "희하로(熙河路)로 내려가서 배 5백 척을 만들어 황하의 흐르는 물길을 따라 놓아 내려보내서 회주(會州)의 서쪽 소하(小河) 안에 이르러 숨겼다가 방출(放出)하소서." 하였는데, 희하로조사(熙河路漕使)인 이복(李復)이 아뢰기를 "엎드려 생각하건대, 형서가 이 배를 사용하여 병력(兵力)을 싣고 물길을 따라 내려가서 하(夏)나라의 흥주(興州)를 취하고자 한 것이니, 살펴보건대〔契勘〕 회주의 서쪽 소하(小河)의 짠물은 그 넓이가 한 길에 미치지 못하고 깊이가 겨우 1∼2척에 그치니, 어찌 배를 감춰 둘 수 있겠습니까. 황하는 회주를 지나 위정산(韋精山)으로 들어가면 돌골짜기가 험하고 좁아서 위에서 폭포로 흘러 곧바로 내려옴에 높이가 수십 척이니, 배가 어떻게 이곳을 지나갈 수 있겠습니까. 또 서안주(西安州)의 동쪽에 이르면 대하(大河:황하)가 나뉘어 6∼7개의 물길이 되어서 흩어져 흐르니, 이것을 남산(南山)이라 하는데 수십 리를 역류(逆流)하다가 비로소 다시 합류하니, 역류히는 곳은 물이 얕고 여울에 자갈이 섞여 있어서 배로 싣고 갈 수 없습니다. 이러한 소문이 만약 누설되어 나가면 반드시 하

......

200 按 邢恕……必爲夏國侮笑 : 이 내용은 이복(李復)의《휼수집(潏水集)》에 보이는바, 여기에 근거하여 (丈)〔尺〕, (渭)〔謂〕, (溜)〔流〕로 바로잡았다.

··· 漕 : 배로운반할 조 峽 : 산골 협 嶮 : 험할 험 窄 : 좁을 착(책) 灘 : 여울 탄 磧 : 모랫벌 적

(夏)나라에게 모욕과 비웃음을 받을 것입니다." 하니, 이 일이 마침내 중지되었다.

형서의 계책이 이복의 말과 같다면 잘못되었다고 할 만하다. 그러나 여기에서 공부(貢賦)를 운반하는 길을 말한 것에도 또한 "적석산에 배를 띄워서 용문(龍門)의 서하(西河)에 이른다." 하였으니, 고래(古來)로 이 곳의 황하 물길은 진실로 주즙(舟楫)이 통한 것인데 이복의 말이 마침내 이와 같음은 어째서인가? 우선 이것을 기록하여 참고에 대비하는 바이다.

83. **織皮**는 **岷崙**과 **析支**와 **渠搜**니(어니와) **西戎**이 **卽敍**하도다

직피(織皮:직물과 가죽옷)는 곤륜(岷崙)과 석지(析支)와 거수(渠搜)이니, 이들 서융(西戎)이 펴짐에 나아갔도다.

岷崙은 卽河源所出이니 在臨羌하고 析支는 在河關西千餘里라 渠搜는 水經曰 河自朔方東轉하여 經渠搜縣故城北이라하니 蓋近朔方之地也라 三國이 皆貢皮衣라 故로 以織皮冠之하고 皆西方戎落이라 故로 以西戎總之라 卽은 就也라 雍州水土旣平에 而餘功及於西戎이라 故로 附于末하니라

곤륜(岷崙)은 곧 황하가 발원하는 곳이니 임강(臨羌)에 있고, 석지(析支)는 하관현(河關縣)의 서쪽 천여 리 지점에 있다. 거수(渠搜)는 《수경》에 "황하가 삭방(朔方)에서 동쪽으로 돌아 거수현(渠搜縣)의 옛 성 북쪽을 경유한다." 하였으니, 아마도 삭방(朔方)과 가까운 지역일 것이다. 세 나라가 모두 직물과 가죽옷을 바쳤으므로 직피(織皮)를 앞에 놓았고, 모두 서방(西方)의 오랑캐 부락이므로 서융(西戎)으로 총괄한 것이다. '즉(卽)'은 나아감이다. 옹주(雍州)는 수토(水土)가 이미 다스려짐에 남은 공(功:일)이 서융에 미쳤다. 그러므로 끝에 붙인 것이다.

○ 蘇氏曰 靑、徐、揚三州는 皆萊夷、淮夷、島夷所篚요 此三國도 亦篚織皮어늘 但古語에 有顚倒詳略爾라 其文이 當在厥貢惟球琳琅玕之下, 浮于積石之上이니 簡編脫誤라 不可不正이니라 愚謂 梁州도 亦篚織皮하니 恐蘇氏之說爲然이로라

○ 소씨(蘇氏)가 말하였다. "청주(靑州)·서주(徐州)·양주(揚州) 세 주(州)는 모두 내이(萊夷)와 회이(淮夷)·도이(島夷)가 광주리에 넣어 폐백을 바치고, 이들 세 나라 또한 직피를 광주리에 넣어 바쳤는데, 다만 고어(古語:《한서》〈지리지〉의 고주(古註))에 전도되고 상략(詳略)함이 있을 뿐이다. 이 글은 마땅히 '궐공유구림랑간(厥貢惟球琳琅

⋯ 岷 : 뫼 곤(崑同)　崙 : 뫼 륜

玤)'의 아래, '부우적석(浮于積石)'의 위에 있어야 하니, 간편(簡編)이 탈오(脫誤)되었으니, 바로잡지 않을 수 없다."

내가 생각건대, 량주(梁州) 또한 직피를 광주리에 넣어 폐백으로 바쳤으니, 소씨(蘇氏)의 말이 옳을 듯하다.

84. **導岍**(견)하사되 **及岐**하여 **至于荊山**하시며 **逾于河**하사 **壺口**, **雷首**로 **至于太岳**하시며 **底(砥)柱**, **析城**으로 **至于王屋**하시며 **太行**, **恒山**으로 **至于碣石**하사 **入于海**[201]하시다

견산(岍山)에 물을 인도하시되 기산(岐山)에 미쳐 형산(荊山)에 이르며, 황하를 넘어 호구(壺口)와 뇌수(雷首)에서 태악(太岳)에 이르며, 지주(底柱)와 석성(析城)에서 왕옥산(王屋山)에 이르며, 태항산(太行山)과 항산(恒山)에서 갈석(碣石)에 이르러 바다에 들어가게 하셨다.

此下는 隨山也라 岍、岐、荊三山은 皆雍州山이라 岍山은 地志에 扶風岍縣西吳山이니 古文에 以爲汧山이라하니 今隴州吳山縣吳嶽山也라 周禮에 雍州山鎭曰嶽山이라하니라 又按 寰宇記에 隴州汧源에 有岍山하니 岍水所出이니 禹貢所謂岍山也라 圅氏以爲今之隴山、天井、金門、秦嶺山者는 皆古之岍也라하니라 岐、荊은 見雍州하니라 壺口、雷首、太岳、底柱、析城、王屋、太行、恒山은 皆冀州山이니 壺口、太岳、碣石은 見冀州하니라 雷首는 地志에 在河東郡蒲坂縣南이라하니 今河中府河東縣也라

이 아래는 산을 따라 물을 인도한 것이다. 견(岍)·기(岐)·형(荊)은 모두 옹주(雍州)의 산이다. 견산(岍山)은 〈지리지〉에 "부풍군(扶風郡) 견현(岍縣)의 서쪽 오산(吳山)인데 고문(古文)에 견산(岍山)이라 한다." 하였으니, 지금의 농주(隴州)·오산현(吳山縣)·오악산(吳嶽山)이다. 《주례》〈직방씨〉에 "옹주의 진산(鎭山)은 악산(嶽山)이다." 하였다. 또 살펴보건대, 《환우기(寰宇記)》에 "농주(隴州)의 견원(汧源)에 견산(岍山)이 있

---

201 導岍……入于海:이에 대하여 오윤상은 이렇게 말하였다. "도수(導水)는 천하의 큰 냇물과 큰 개천을 인도하여 황하와 바다로 들어가게 한 것이요 도산(導山)은 나무를 제거하고 물의 근원을 소통시켜서 막히는 근심이 없게 한 것이니, 도산 또한 도수이다.〔導水, 導天下之大川巨瀆, 歸于河海也; 導山, 刊除樹木, 疏滌泉源, 俾無壅閼之患, 導山亦導水也.〕"

으니, 견수(汧水)가 나오는 곳이니, 〈우공〉에 이른바 견산이다." 하였다. 조씨(晁氏)는 이르기를 "지금의 농산(隴山)·천정산(天井山)·금문산(金門山)·진령산(秦嶺山)은 모두 옛날의 견산이다." 하였다.

기산(岐山)과 형산(荊山)은 옹주에 보인다. 호구(壺口)·뇌수(雷首)·태악(太岳)·지주(底柱)·석성(析城)·왕옥(王屋)·태항(太行)·항산(恒山)은 모두 기주(冀州)의 산(山)이니, 호구·태악·갈석(碣石)은 기주에 보인다. 뇌수는 〈지리지〉에 "하동군(河東郡) 포판현(蒲坂縣) 남쪽에 있다." 하였으니, 지금의 하중부(河中府) 하동현(河東縣)이다.

底柱는 石在大河中流하여 其形如柱하니 今陝(섬)州陝縣三門山이 是也라 析城은 地志에 在河東郡濩(호)澤縣西라하니 今澤州陽城縣也니 晁氏曰 山峰이 四面如城이라하니라 王屋은 地志에 在河東郡垣縣東北이라하니 今絳州垣曲縣也니 晁氏曰 山狀如屋이라하니라 太行山은 地志에 在河內郡山陽縣西北이라하니 今懷州河內也라 恒山은 地志에 在常山郡上曲陽縣西北이라하니 今定州曲陽也라 逾者는 禹自荊山而過于河也라 孔氏以爲荊山之脈이 逾河而爲壺口、雷首者는 非是니라

지주산(底柱山)은 돌이 대하(大河; 황하)의 중류에 있는데, 그 모습(돌이 솟아 있는 모습)이 기둥과 같으니, 지금의 섬주(陝州) 섬현(陝縣) 삼문산(三門山)이 이곳이다. 석성(析城)은 〈지리지〉에 "하동군(河東郡) 확택현(濩澤縣) 서쪽에 있다." 하였으니, 지금의 택주(澤州) 양성현(陽城縣)이니, 조씨(晁氏)가 말하기를 "산의 봉우리가 사면이 성(城)과 같다." 하였다.

왕옥(王屋)은 〈지리지〉에 "하동군 원현(垣縣) 동북쪽에 있다." 하였으니, 지금의 강주(絳州) 원곡현(垣曲縣)이니, 조씨가 말하기를 "산의 모양이 지붕과 같다." 하였다. 태항산은 〈지리지〉에 "하내군(河內郡) 산양현(山陽縣) 서북쪽에 있다." 하였으니, 지금의 회주(懷州) 하내(河內)이다. 항산(恒山)은 〈지리지〉에 "상산군(常山郡) 상곡양현(上曲陽縣) 서북쪽에 있다." 하였으니, 지금의 정주(定州) 곡양(曲陽)이다. '유(逾)'는 우(禹)가 형산(荊山)에서 황하를 지나간 것이다. 공씨(孔氏)는 "형산의 산맥이 황하를 넘어 호구(壺口)와 뇌수(雷首)가 되었다." 하였는데, 이는 옳지 않다.

蓋禹之治水에 隨山刊木하시니 其所表識(지)諸山之名은 必其高大하여 可以辨疆域하고 廣博하여 可以奠民居라 故로 謹而書之하여 以見(현)其施功之次第요 初非

··· 陝 : 땅이름 섬 濩 : 클 호 絳 : 붉을 강

有意推其脈絡之所自來하여 若今之葬法所言[202]也라 若必實以山脈言之하면 則尤見(견)其說之謬妄이라 蓋河北諸山은 根本脊脈이 皆自代北寰、武、嵐(람)、憲諸州로 乘高而來하여 其脊以西之水는 則西流以入龍門西河之上流하고 其脊以東之水는 則東流而爲桑乾(간)、幽、冀하여 以入于海라 其西一支는 爲壺口、太岳하고 次一支는 包汾、晉之源而南出하여 以爲析城、王屋하고 而又西折하여 以爲雷首하며 又次一支는 乃爲太行하고 又次一支는 乃爲恒山이라 其間에 各隔沁、潞諸川하여 不相連屬하니 豈自岍、岐로 跨河而爲是諸山哉아 山之經理者를 已附于逐州之下하고 於此에 又條列而詳記之하니 而山之經緯를 皆可見矣라 王、鄭이 有三條四列之名이나 皆爲未當이라 今據導字컨대 分之以爲南北二條하여 而江、河以爲之紀요 於二之中에 又分爲二焉하니 此北條大河北境之山也니라

우(禹)가 홍수를 다스림에 산을 따라 나무를 제거하였으니, 그 표시한 바의 여러 산의 명칭은 반드시 높고 커서 강역(疆域)을 분별하고, 넓어서 백성들이 안정하여 살 수 있었을 것이다. 그러므로 삼가 기록하여 그 시공(施功)한 차례를 나타낸 것이요, 애당초 그 맥락(산맥)의 소자래(所自來)를 미루어서 지금의 장법(葬法)에서 말한 바와 같이 하려는데 뜻이 있었던 것이 아니다.

만약 반드시 실제로 산맥을 가지고 말한다면 더욱 그 말이 그릇되고 망령됨을 볼 수 있다. 하북(河北)의 여러 산은 근본 산맥이 모두 대북(代北)의 환(寰)·무(武)·남(嵐)·헌(憲) 등 여러 주(州)로부터 높은 곳을 타고 와서 그 등마루 이서(以西)의 물은 서쪽으로 흘러 용문(龍門)의 서하(西河) 상류로 들어가고, 그 등마루 이동(以東)의 물은 동쪽으로 흘러 상간수(桑乾水)와 유주(幽州)·기주(冀州)의 여러 물이 되어서 바다로 들어간다. 서쪽 한 가지는 호구(壺口)와 태악(太岳)이 되고, 다음 한 가지는 분수(汾水)·진수(晉水)의 근원을 싸고 남쪽으로 나와서 석성(析城)과 왕옥(王屋)이 되었고, 또 서쪽으로 꺾여 뇌수(雷首)가 되었으며, 또 다음의 한 가지 지맥(枝脈)은 바로 태항산이 되었고, 또 다음의 한 가지는 바로 항산(恒山)이 되었다. 그 사이에 각각 심(沁)·노(潞) 등 여러 냇물이 막혀 있어서 서로 연결되지 않으니, 어찌 견산(岍山)·기산(岐山)으로부터 황하를 넘어 이 여러 산이 되었겠는가.

산을 경리(經理;다스림)한 것을 이미 각 주(州)의 아래에 붙였고, 여기에는 또 조목

••••••
202 若今之葬法所言 : 장법(葬法)은 장사지내는 법으로 풍수지리가(風水地理家)의 명당설(明堂說)을 가리키는바, 이들은 반드시 산맥(山脈)의 내룡(來龍)을 중시한다.

••• 嵐 : 아지랑이 람　沁 : 물이름 심

조목 나열하여 자세히 기록하였으니, 산의 경위(經緯)를 다 볼 수 있다. 왕씨(王氏;왕숙(王肅))와 정씨(鄭氏;정현(鄭玄))는 세 가닥을 넷으로 나열했다는 명칭이 있으나 다 합당치 못하다. 이제 도(導) 자를 살펴보면 나누어 남조(南條)와 북조(北條) 두 가지로 만들어서 강(江)·하(河)를 기강(紀綱)으로 삼았고, 둘 가운데 또 나누어 둘로 삼은 것이니, 이는 북조 대하(北條大河)의 북쪽 지역에 있는 산들이다.

85. **西傾、朱圉、鳥鼠**로 **至于太華**하시며 **熊耳、外方、桐柏**으로 **至于陪尾**하시다

서경(西傾)·주어(朱圉)·조서(鳥鼠)에서 태화(太華)에 이르며, 웅이(熊耳)·외방(外方)·동백(桐柏)에서 배미(陪尾)에 이르게 하셨다.

西傾、朱圉、鳥鼠、太華는 雍州山也요 熊耳、外方、桐柏、陪尾는 豫州山也라 西傾은 見梁州하니라 朱圉는 地志에 在天水郡冀縣南이라하니 今秦州大潭縣也니 俗呼爲白巖山이라 鳥鼠는 見雍州하니라 太華는 地志에 在京兆華陰縣南이라하니 今華州華陰縣二十里也라 熊耳는 在商州上洛縣하니 詳見豫州하니라 外方은 地志에 穎川郡崈(崇)高縣에 有崈高山하니 古文엔 以爲外方이라하니 在今西京登封縣也라 桐柏은 地志에 在南陽郡平氏(지)縣東南이라하니 今唐州桐柏縣也라 陪尾는 地志에 江夏郡安陸縣東北에 有橫尾山하니 古文엔 以爲陪尾라하니 今安州安陸也라 西傾에 不言導者는 蒙導岍之文也라 此는 北條大河南境之山也라

서경(西傾)·주어(朱圉)·조서(鳥鼠)·태화(太華)는 옹주(雍州)의 산이고, 웅이(熊耳)·외방(外方)·동백(桐柏)·배미(陪尾)는 예주(豫州)의 산이다. 서경은 량주(梁州)에 보인다. 주어는 〈지리지〉에 "천수군(天水郡) 기현(冀縣)의 남쪽에 있다." 하였으니, 지금의 진주(秦州) 대담현(大潭縣)이니, 세속에서는 백암산(白巖山)이라 부른다. 조서는 옹주에 보인다. 태화는 〈지리지〉에 "경조(京兆)의 화음현(華陰縣) 남쪽에 있다." 하였으니, 지금의 화주(華州) 화음현(華陰縣) 20리 지점이다. 웅이는 상주(商州) 상락현(上洛縣)에 있으니, 예주에 자세히 보인다. 외방은 〈지리지〉에 "영천군(穎川郡) 숭고현(崇高縣)에 숭고산(崇高山;嵩山)이 있는데, 고문(古文)에 외방(外方)이라 했다." 하였으니, 지금의 서경(西京) 등봉현(登封縣)에 있다. 동백은 〈지리지〉에 "남양군(南陽郡) 평지현(平氏縣) 동남쪽에 있다." 하였으니, 지금의 당주(唐州) 동백현(桐柏縣)이다. 배미는 〈지리지〉에 "강하군(江夏郡) 안륙현(安陸縣) 동북쪽에 횡미산(橫尾山)이 있는데, 고문(古文)에 배미(陪尾)라 했다." 하였으니, 지금의 안주(安州) 안륙(安陸)이다. 서경에 도(導)를

··· 圉 : 마부 어 陪 : 모실 배 穎 : 물이름 영

말하지 않은 것은 도견(導岍)의 글을 이어 받았기 때문이다. 이는 북조(北條)인 대하(大河; 황하)의 남쪽 지역에 있는 산들이다.

86. 導嶓冢하사되 至于荊山하시며 內方으로 至于大別하시다

파총산(嶓冢山)을 인도하시되 형산(荊山)에 이르며, 내방산(內方山)으로부터 대별산(大別山)에 이르게 하셨다.

嶓冢은 卽梁州之嶓也니 山形如冢故로 謂之嶓冢이니 詳見梁州하니라 荊山은 南條荊山이니 地志에 在南郡臨沮縣[東]北[203]이라하니 今襄陽府南章縣也라 內方、大別도 亦山名이라 內方은 地志에 章山이니 古文에 以爲內方山이라 在江夏郡竟陵縣東北이라하니 今荊門軍長林縣也라 左傳에 吳與楚戰할새 楚濟漢而陳하여 自小別로 至于大別이라하니 蓋近漢之山이니 今漢陽軍漢陽縣北大別山이 是也라 地志、水經에 云 在安豐者는 非是라 此는 南條江漢北境之山也[204]라

파총(嶓冢)은 곧 량주(梁州)의 파(嶓)이니, 산의 모양이 무덤과 같으므로 파총이라 이르는바, 량주에 자세히 보인다. 형산(荊山)은 남조 형산(南條荊山)이니, 〈지리지〉에 "남군(南郡) 임저현(臨沮縣) 동북쪽에 있다." 하였으니, 지금의 양양부(襄陽府) 남장현(南章縣)이다. 내방(內方)과 대별(大別) 또한 산 이름이다. 내방은 〈지리지〉에 "장산(章山)이니, 고문(古文)에는 내방산(內方山)이라 한다. 강하군(江夏郡) 경릉현(竟陵縣) 동북쪽에 있다." 하였으니, 지금의 형문군(荊門軍) 장림현(長林縣)이다. 《춘추좌씨전》 정공(定公) 4년에 "오(吳)나라와 초(楚)나라가 싸울 적에 초나라가 한수(漢水)를 건너 진을 쳐서 소별산(小別山)으로부터 대별산(大別山)에 이르렀다." 하였으니, 아마도 한수와 가까운 산일 것이니, 지금의 한양군(漢陽軍) 한양현(漢陽縣) 북쪽 대별산이 이곳이다. 〈지리지〉와 《수경》에 "안풍(安豐)에 있다."고 한 것은 옳지 않다. 이는 남조(南條)인 강

······
203 臨沮縣北:《한서》〈지리지〉에는 북(北)이 동북(東北)으로 되어 있다.
204 此南條江漢北境之山也:이에 대하여 오윤상은 이렇게 말하였다. "대하(황하) 남쪽 지역의 물이 남조(南條)에 속하지 않고 북조(北條)에 속하며, 강(江)·한(漢)의 북쪽 지역의 물이 북조에 속하지 않고 남조에 속한 것은, 비록 대하 남쪽 지역에 있으나 북쪽으로 흐르는 것은 북조에 소속시키고 비록 강·한의 북쪽 지역에 있으나 남쪽으로 흐르는 것은 남조에 소속시켜서일 것이다.〔大河南境之水, 不屬於南條而屬於北條, 江漢北境之水, 不屬於北條而屬於南條者, 蓋雖在大河南境, 流於北者, 屬之北條, 雖在江漢北境, 流于南者, 屬之南條也.〕"

··· 嶓:산이름 파 冢:클 총 沮:물이름 저

(江)·한(漢)의 북쪽 지역에 있는 산들이다.

87. 岷山之陽으로 至于衡山하시며 過九江하사 至于敷淺原하시다

민산(岷山)의 남쪽에서 형산(衡山)에 이르며, 구강(九江)을 지나 부천원(敷淺原)에 이르게 하셨다.

岷山은 見梁州하니라 衡山은 南嶽也라 地志에 在長沙國湘南縣이라하니 今潭州衡山縣也라 九江은 見荊州하니라 敷淺原은 地志云 豫章郡歷陵縣南에 有傅陽(易)山[205]하니 古文에 以爲敷淺原이라하니 今江州德安縣博陽山也라 鼂氏以爲在鄱(파)陽者는 非是라 今按 鼂氏以鄱陽에 有傅(博)陽山하고 又有歷陵山하니 爲應地志歷陵縣之名이라 然이나 鄱陽은 漢舊縣地니 不應又爲歷陵縣이라 山名偶同이니 不足據也라 江州德安이 雖爲近之나 然所謂敷淺原者는 其山이 甚小而卑하니 亦未見其爲在所表見(현)者라 惟廬阜는 在大江·彭蠡之交하고 最高且大하니 宜所當紀志(識)者로되 而皆無考據하니 恐山川之名이 古今或異하여 而傳者未必得其眞也니 姑俟知者하노라

민산(岷山)은 량주(梁州)에 보인다. 형산(衡山)은 남악(南嶽)이다. 〈지리지〉에 "장사국(長沙國) 상남현(湘南縣)에 있다." 하였으니, 지금의 담주(潭州) 형산현(衡山縣)이다. 구강(九江)은 형주에 보인다. 부천원(敷淺原)은 〈지리지〉에 "예장군(豫章郡) 역릉현(歷陵縣) 남쪽에 박양산(博陽山)이 있으니, 고문(古文)에는 부천원(敷淺原)이라 한다." 하였으니, 지금의 강주(江州) 덕안현(德安縣) 박양산이다. 조씨(鼂氏)가 "파양(鄱陽)에 있다." 한 것은 옳지 않다.

이제 살펴보건대, 조씨는 파양에 박양산이 있고 또 역릉산(歷陵山)이 있으니, 〈지리지〉의 역릉현(歷陵縣)이란 명칭에 응한다(부합한다)고 여긴 것이다. 그러나 파양은 한(漢)나라의 옛 현(縣) 지역이니, 또 역릉현이 될 수 없는 것이다. 박양이란 산 이름이 우연히 같은 것이니, 근거삼을 수 없다. 강주(江州)의 덕안(德安)이 비록 근사하나 이른바 부천원이라는 것은 이 산이 매우 작고 낮으니, 또한 드러내어 나타낼 위치(대상)에 있음을 볼 수 없다. 오직 여부(廬阜)는 대강(大江)과 팽려(彭蠡)의 교차점에 있으며

······
205 博陽山:〈지리지〉에는 부양산(傅昜(陽)山)으로 되어 있다.

가장 높고 또 크니, 마땅히 기록할 대상이나 모두 고거(考據)가 없으니, 산천(山川)의 이름이 고금이 혹 달라져서 전하는 자가 반드시 그 진실을 알아내지 못한 듯하니, 우선 아는 자를 기다린다.

過는 經過也니 與導岍逾于河之義同이라 孔氏以爲衡山之脈이 連延而爲敷淺原者도 亦非是라 蓋岷山之脈이 其北一支는 爲衡山而盡於洞庭之西하고 其南一支는 度桂嶺하여 北經袁筠之地하여 至德安하니 所謂敷淺原者니 二支之間에 湘水間斷이라 衡山은 在湘水西南하고 敷淺原은 在湘水東北하니 其非衡山之脈連延過九江而爲敷淺原者明甚이라 且其山川崗脊源流가 具在眼前이로되 而古今異說이 如此어늘 況殘山斷港으로 歷數千百年者를 尙何自取信哉아 岷山에 不言導者는 蒙導嶓冢之文也라 此는 南條江, 漢南境之山也라

　'과(過)'는 경과(經過)함이니, 견산(岍山)을 인도함에 황하를 넘어간다는 뜻과 같다. 공씨(孔氏)는 "형산(衡山)의 산맥이 연이어 뻗어서 부천원이 되었다." 하였는데, 이 또한 옳지 않다. 민산의 산맥이 북쪽 한 가지는 형산이 되어 동정호(洞庭湖)의 서쪽에서 다하고(끝나고), 남쪽 한 가지는 계령(桂嶺)을 넘어 북쪽으로 원균(袁筠) 지역을 경유하여 덕안(德安)에 이르니, 이른바 부천원이라는 곳이니, 두 지맥(支脈)의 사이에는 상수(湘水)가 사이에 끊겨(막혀) 있다. 형산은 상수의 서남쪽에 있고 부천원은 상수의 동북쪽에 있으니, 형산의 산맥이 연이어 뻗어서 구강(九江)을 지나 부천원이 된 것이 아님이 매우 분명하다. 또 그 산천(山川)의 등마루와 원류(源流)가 모두 눈앞에 나와 있는데도 고금(古今)의 이설(異說)이 이와 같으니, 하물며 작은 산, 끊긴 항구로 수천백 년을 지난 것을 오히려 어디로부터 믿을 수 있겠는가. 민산에 도(導)를 말하지 않은 것은 파총(嶓冢)을 인도한다는 글을 이어 받았기 때문이다. 이는 남조(南條)인 강(江)·한(漢)의 남쪽 지역에 있는 산들이다.

88. 導弱水하사되 至于合黎하여 餘波를 入于流沙하시다

　약수(弱水)를 인도하시되 합려(合黎)에 이르러 남은 물줄기를 유사(流沙)로 들어가게 하셨다.

此下는 濬川也라 弱水는 見雍州하니라 合黎는 山名이니 隋地志에 在張掖縣西北하니 亦名羌谷이라하니라 流沙는 杜佑云 在沙州西八十里하니 其沙隨風流行이라 故

··· 袁 : 이에 원　筠 : 대껍질 균　崗 : 뫼 강　脊 : 산등성이 척

로 曰流沙라하니라 水之疏導者를 已附于逐州之下하고 於此에 又派別而詳記之하니 而水之經緯를 皆可見矣라 濬川之功이 自隨山始라 故로 導水次於導山也라 又按 山水皆原(源)於西北이라 故로 禹敍山敍水에 皆自西北而東南하여 導山則先岍、岐하고 導水則先弱水也라

이 이하는 내를 깊이 판 것이다. 약수(弱水)는 옹주(雍州)에 보인다. 합려(合黎)는 산 이름이니, 《수서(隋書)》〈지리지(地理志)〉에 "장액현(張掖縣) 서북쪽에 있는데, 또한 강곡(羌谷)이라 칭한다." 하였다. 유사(流沙)는 두우(杜佑)가 이르기를 "사주(沙州) 서쪽 80리 지점에 있으니, 모래가 바람을 따라 흘러 다니므로 유사라 이름했다." 하였다.

물을 소도(疏導;소통하여 인도함)함을 이미 각 주(州)의 아래에 붙였고, 여기에 또 물줄기를 나누어 자세히 기록하였으니, 물의 경(經)·위(緯)를 다 볼 수 있다. 냇물을 파는(준설하는) 공(功)이 산을 따라 시작되었으므로 물을 인도함이 산을 인도함보다 다음이 된 것이다. 또 살펴보건대, 산과 물이 모두 서북쪽에서 근원하였다. 그러므로 우(禹)가 산을 서술하고 물을 서술할 적에 모두 서북쪽으로부터 동남쪽에 이르러, 산을 인도함은 견산(岍山)과 기산(岐山)을 먼저 하고, 물을 인도함은 약수(弱水)를 먼저 한 것이다.

89. 導黑水하사되 至于三危하사 入于南海하시다
흑수(黑水)를 인도하시되 삼위(三危)에 이르러 남해(南海)에 들어가게 하셨다.

黑水는 地志에 出犍(건)爲郡南廣縣汾關山이라하고 水經에 出張掖雞山하여 南至燉煌하고 過三危山하여 南流入于南海라하고 唐樊綽(번작)云 西夷之水에 南流入于南海者凡四니 曰區江, 曰西珥河, 曰麗(리)水, 曰瀰渃(미약)江이니 皆入于南海라 其曰麗水者는 即古之黑水也니 三危山이 臨峙其上이라하니라 按梁、雍二州는 西邊이 皆以黑水爲界하니 是黑水自雍之西北而直出梁之西南也라 中國은 山勢岡脊이 大抵皆自西北而來하니 積石、西傾、岷山岡脊以東之水는 既入于河、漢、岷江하고 其岡脊以西之水는 即爲黑水하여 而入于南海라 地志, 水經, 樊氏之說이 雖未詳的實이나 要是其地也라

흑수(黑水)는 〈지리지〉에 "건위군(犍爲郡) 남광현(南廣縣) 분관산(汾關山)에서 발원한다." 하였고, 《수경(水經)》에는 "장액군(張掖郡) 계산(雞山)에서 발원하여 남쪽으로 돈황(燉煌)에 이르고, 삼위산(三危山)을 지나 남쪽으로 흘러 남해(南海)로 들어간다."

犍 : 거세한소 건 樊 : 울타리 번 綽 : 넉넉할 작 瀰 : 물흐를 미 渃 : 물흐를 약 峙 : 높이솟을 치, 고개 치

하였고, 당(唐)나라의 번작(樊綽)은 "서이(西夷)의 물에 남쪽으로 흘러 남해로 들어가는 것이 모두 넷이니, 구강(區江)·서이하(西珥河)·리수(麗水)·미약강(瀰渃江)이니, 모두 남해로 들어간다. 리수(麗水)라고 칭하는 것은 곧 옛날의 흑수이니, 삼위산(三危山)이 그 위에 높이 임해 있다." 하였다.

　　상고해 보건대, 량주(梁州)와 옹주(雍州) 두 주(州)는 서쪽 변경이 모두 흑수를 경계로 삼으니, 이는 흑수가 옹주의 서북쪽에서 곧바로 량주의 서남쪽으로 나오기 때문이다. 중국은 산세의 등마루가 대체로 모두 서북쪽에서 왔으니, 적석(積石)·서경(西傾)·민산(岷山) 등마루 이동(以東)의 물은 이미 하수(河水)와 한수(漢水)·민강(岷江)으로 들어가고, 등마루 이서(以西)의 물은 곧 흑수가 되어서 남해로 들어간다. 〈지리지〉와 《수경》, 번씨(樊氏)의 말이 비록 확실한지는 자세하지 않으나 요컨대 이들 지역이다.

程氏曰 樊綽이 以麗水爲黑水者는 恐其狹小하여 不足爲界라 其所稱西珥河者는 却與漢志葉楡澤으로 相貫이요 廣處可二十里니 旣足以界別二州라 其流又正趨南海하며 又漢滇(전)池는 卽葉楡之地라 武帝初開滇, 巂(수)時에 其地에 古有黑水舊祠하니 夷人不知載籍하여 必不能附會요 而綽及道元이 皆謂此澤以楡葉所積得名이라하니 則其水之黑은 似楡葉積漬所成이라 且其地乃在蜀之正西하고 又東北距宕(탕)昌이 不遠하니 宕昌은 卽三苗種裔라 與三苗之敍于三危者로 又爲相應하니 其證驗이 莫此之明也니라

　　정씨(程氏)는 다음과 같이 말하였다. "번작(樊綽)이 리수(麗水)를 흑수라 한 것은 물이 너무 협소하여 경계가 될 수 없을 듯하다. 서이하(西珥河)라고 칭한 것은 《한서》〈지리지〉의 엽유택(葉楡澤)과 서로 통하고 넓은 곳은 20리쯤 되니, 이미 량주와 옹주 두 주(州)를 충분히 경계하여 구별할 수 있다. 그 흐름이 또 곧바로 남해로 달려가며, 또 한(漢)나라의 전지(滇池)는 곧 엽유(葉楡) 지역이다. 무제(武帝)가 처음 전수(滇水)와 수수(巂水) 지역을 개통했을 때에 이 지역에 예로부터 흑수의 옛 사당(祠堂)이 있었으니, 오랑캐 사람들은 재적(載籍;전적(典籍))을 몰라 반드시 억지로 부회(附會)하지 못했을 것이며, 번작과 역도원(酈道元)은 모두 '이 못은 느릅나무 잎이 쌓여서 〈엽유택(葉楡澤)이란〉 이름을 얻었다.' 하였으니, 그 물빛이 검은 것은 느릅나무 잎이 쌓이고 잠겨서 이루어진 듯하다. 또 이 지역은 바로 촉(蜀) 지방의 정서(正西)쪽에 있고, 또 동북쪽으로 탕창(宕昌)과 거리가 멀지 않으니, 탕창은 곧 삼묘(三苗)의 종예(種裔;후예)들이 사는 곳이다. '삼묘가 삼위(三危)에서 공(功)이 펴졌다.'는 것과 또 서로 응하니, 그

••• 滇 : 성할 전　巂 : 고을이름 수　宕 : 클 탕

증험이 이처럼 분명할 수 없다."

90. 導河하사되 積石으로 至于龍門하며 南至于華陰하며 東至于厎(砥)柱하며 又東至于孟津하며 東過洛汭하여 至于大伾하며 北過洚(강)水하여 至于大陸하며 又北播爲九河하여 同爲逆河라 入于海하니라

하수(河水:황하)를 인도하시되 적석(積石)으로부터 용문(龍門)에 이르며, 남쪽으로 화음(華陰)에 이르며, 동쪽으로 지주(厎柱)에 이르며, 또 동쪽으로 맹진(孟津)에 이르며, 동쪽으로 낙예(洛汭)를 지나 대비(大伾)에 이르며, 북쪽으로 강수(洚水)를 지나 대륙(大陸)에 이르며, 또 북쪽으로 나뉘어 구하(九河)가 되어 함께 합류하여 역하(逆河)가 되어 바다에 들어가게 하였다

積石、龍門은 見雍州하니라 華陰은 華山之北也라 厎柱는 見導山하니라 孟은 地名이요 津은 渡處也니 杜預云 在河內郡河陽縣南이라하니 今孟州河陽縣也라 武王師渡孟津者卽此니 今亦名富平津이라 洛汭는 洛水交流之內니 在今河南府鞏縣之東이라 洛之入河는 實在東南이로되 河則自西而東過之라 故로 曰東過洛汭라하니라 大伾는 孔氏曰 山再成曰伾[206]라하고 張揖은 以爲在成皐라하고 鄭玄은 以爲在修武、武德이라한대 臣瓚[207]은 以爲修武、武德엔 無此山이요 成皐山은 又不再成이라 今通利軍黎陽縣臨河에 有山하니 蓋大伾也라 按黎陽山은 在大河垂欲趨北之地라 故로 禹記之니 若成皐之山인댄 旣非從東折北之地요 又無險礙如龍門、厎柱之須疏鑿이며 西去洛汭 旣已大(太)近하고 東距洚水、大陸이 又爲絶遠하니 當以黎陽者로 爲是니라

적석(積石)과 용문(龍門)은 옹주에 보인다. 화음(華陰)은 화산(華山)의 북쪽이다. 지주(厎柱)는 도산(導山)에 보인다. '맹(孟)'은 지명이고 '진(津)'은 물을 건너가는 곳(나루)

••••••
206 山再成曰伾 : 사계(沙溪)의《경서변의》에는 아래 도연수조(導沇水條)의 '재성왈도(再成曰陶)'를 포함하여 재성(再成)의 뜻을 풀이하였는데, 신경숙(申敬叔;신흠(申欽))은 물과 육지가 변천하여 다시 만들어진 것으로 보았으나 임무숙(任茂叔;임숙영(任叔英))은 중첩(重疊)의 뜻으로 보았음을 밝히고 사계는 후자의 설을 따랐다 하였다.
207 臣瓚 : 신찬(臣瓚)은 '신하인 찬'이란 뜻으로, 성씨가 분명하지 않은바, 안지추(顔之推)는 "신찬은 우찬(于瓚)이다.〔臣瓚, 于瓚.〕" 하였고, 추계우(鄒季友)는《한서(漢書)》에 주를 단 사람이니, 혹자는 성이 설(薛)이라 한다.〔註漢書人, 或云姓薛.〕" 하였다.《詳說》

… 伾 : 산너머산 비 瓚 : 옥술잔 찬

이니, 두예(杜預)가 이르기를 "하내군(河內郡) 하양현(河陽縣)의 남쪽에 있다." 하였으니, 지금의 맹주(孟州) 하양현이다. 아래 〈무성(武成)에〉 무왕(武王)의 군대가 맹진(孟津)을 건너갔다는 것이 바로 이곳이니, 지금은 또한 부평진(富平津)이라 이름한다. 낙예(洛汭)는 낙수(洛水)가 교류하는 지점의 안이니, 지금의 하남부(河南府) 공현(鞏縣)의 동쪽에 있다. 낙수가 하수(河水)에 들어감은 실로 동남쪽에 있으나 하수가 서쪽에서 동쪽으로 지나가기 때문에 동쪽으로 낙예를 지난다고 한 것이다.

　　대비(大伾)는 공씨(孔氏)가 말하기를 "산이 다시 중첩되어(두 층으로) 이루어진 것을 비(伾)라 한다." 하였고, 장읍(張揖)은 "성고(成皐)에 있다." 하였고, 정현(鄭玄)은 "수무(修武)와 무덕(武德)에 있다." 하였는데, 신찬(臣瓚)은 이르기를 "수무와 무덕에는 이 산이 없고, 성고산(成皐山)은 또 두 층으로 이루어진 것이 아니니, 지금 통리군(通利軍) 여양현(黎陽縣) 임하(臨河)에 산이 있는데, 이것이 대비이다." 하였다.

　　살펴보건대, 여양산(黎陽山)은 대하(大河)가 막 북쪽으로 달려가고자 하는 지역에 있으므로 우(禹)가 기록한 것이니, 만약 성고(成皐)의 산이라면 이미 동쪽에서 와서 북쪽으로 꺾여 간 지역이 아니며, 또 용문(龍門)이나 지주(底柱)처럼 물길이 험하고 막혀서 소통하고 뚫을 필요가 없으며, 서쪽은 낙예와의 거리가 이미 너무 가깝고, 동쪽으로는 강수(洚水)·대륙(大陸)과 거리가 또 매우 머니, 마땅히 여양(黎陽)에 있는 것을 옳다 하겠다.

洚水는 地志에 在信都縣이라하니 今冀州信都縣枯洚渠也라 程氏曰 周時에 河徙砱礫(령력)이라가 至漢에 又改向頓丘하여 東南流하니 與禹河迹으로 大相背戾라 地志에 魏郡鄴縣에 有故大河在東北하여 直達于海라하니 疑卽禹之故河라 孟康以爲 王莽河는 非也라 古洚瀆은 自唐, 貝州로 經城北하여 入南宮하고 貫穿信都하니 大抵北向而入故河於信都之北하여 爲合北過洚水之文하니 當以信都者爲是라 大陸은 見冀州하고 九河는 見兗州하니라 逆河는 意以海水逆潮而得名이라 九河旣淪于海면 則逆河는 在其下流니 固不復有矣[208]라 河上播而爲九라가 下同而爲一하니 其分播合同은 皆水勢之自然이니 禹特順而導之耳니라

　　강수(洚水)는 〈지리지〉에 "신도현(信都縣)에 있다." 하였으니, 지금의 기주(冀州) 신

208　固不復有矣 : 호산은 이를 해석하여 "굳이 강구할 것이 없다.[不必講求]" 하였다. 《詳說》

··· 砱 : 돌구멍 령　礫 : 자갈 력

도현 고강거(枯洚渠)이다. 정씨(程氏)는 말하기를 "주나라 때에 하수(河水)가 영력(砱礫)으로 옮겨갔다가 한나라 때에 또다시 돈구(頓丘)를 향해 동남쪽으로 흐르니, 우(禹)의 때에 하수의 자취와는 크게 어긋난다. 〈지리지〉에 '위군(魏郡) 업현(鄴縣)에 옛 대하(大河)가 동북쪽에 있어서 곧바로 바다로 통한다.' 하였으니, 의심컨대 곧 우(禹)의 옛 하수인 듯하다." 하였다. 맹강(孟康)이 "왕망하(王莽河)이다." 한 것은 옳지 않다.

옛 강독(洚瀆)은 당주(唐州)·패주(貝州)에서 성(城) 북쪽을 경유하여 남궁(南宮)으로 들어가고 신도(信都)를 관통하니, 대저 '북향하여 신도의 북쪽에 있는 옛 하수(河水)로 들어가서 북쪽으로 강수(洚水)를 지난다.'는 글과 부합하니 신도에 있는 것을 옳다 하겠다. 대륙(大陸)은 기주에 보이고, 구하(九河)는 연주에 보인다. 역하(逆河)는 짐작컨대, 바닷물이 조수(潮水)물을 거슬려 얻은 이름인 듯하다. 구하가 이미 바다로 침몰했으면 역하는 그 하류에 있었을 것이니, 진실로 다시 있을 수가 없다.(다시 연구할 것이 없다.). 하수가 위에서 나뉘어져 아홉이 되었다가 아래에서 합하여 다시 하나가 되었으니, 그 분파(分播)하고 합동(合同)함은 모두 수세(水勢)의 자연이니, 우가 단지 순히 하여 인도했을 뿐이다.

今按 漢西域傳의 張騫(건)所窮河源에 云 河有兩源하니 一出蔥嶺하고 一出于闐(전)하니 于闐은 在南山下라 其河北流하여 與蔥嶺河合하여 東注蒲昌海라 蒲昌海는 一名鹽澤이니 去玉門, 陽關三百餘里라 其水停居하여 冬夏에 不增減하고 潛行地中하여 南出積石이라하니라 又唐長慶中에 薛元鼎이 使吐蕃할새 自隴西成紀縣西南으로 出塞二千餘里하여 得河源於莫賀延磧尾하니 曰閔(비)磨黎山이라 其山이 中高四下하니 所謂崑崙也라 東北流하여 與積石河로 相連하니 河源澄瑩(징형)하고 冬春可涉이라 下稍合流하여 色赤하고 益遠에 他水并注하여 遂濁이라 吐蕃亦自言崑崙이 在其國西南이라하니 二說에 恐薛氏爲是로라

이제 살펴보건대, 《한서(漢書)》〈서역전(西域傳)〉에 장건(張騫)이 끝까지 찾아간 하원(河源;황하의 근원)에 이르기를 "하수는 두 근원이 있으니, 하나는 총령(蔥嶺)에서 발원하고 하나는 우전(于闐)에서 발원한다. 우전은 우전국 남산 아래에 있는데 이 물은 북쪽으로 흘러서 총령하(蔥嶺河)와 합류하여 동쪽으로 포창해(蒲昌海)로 주입(注入)한다. 포창해는 일명(一名) 염택(鹽澤)이니, 옥문관(玉門關)과 양관(陽關)과 거리가 3백여 리이다. 이 하수(河水)는 정체하여 겨울이나 여름에 물이 불어나거나 줄지 않고, 땅속으로 흘러 남쪽 적석(積石)으로 나온다." 하였다.

⋯ 騫 : 이지러질 건 蔥 : 파 총 闐 : 나라이름 전

또 당(唐)나라 장경(長慶) 연간에 설원정(薛元鼎)이 토번(吐蕃)에 사신(使臣)으로 갈 적에 농서(隴西)의 성기현(成紀縣) 서남쪽으로부터 변방(요새) 2천여 리를 나가서 하원(河源)을 막하연적미(莫賀延積尾)에서 찾아내니, 비마려산(閟磨黎山)이라 칭한다. 이 산(山)은 가운데가 높고 사방이 낮으니, 이른바 곤륜산(崑崙山)이다. 물이 동북쪽으로 흘러서 적석하(積石河)와 서로 연결되니, 하수(河水)의 근원이 맑고 겨울과 봄에는 물이 얕아 건너갈 수 있다. 아래는 차츰 합류하여 색깔이 붉어지고 더욱 멀어짐에 다른 물이 함께 주입하여 마침내 탁해진다. 토번(吐蕃) 또한 말하기를 "곤륜산이 그 나라의 서남쪽에 있다." 하니, 두 말 중에 설씨(薛氏)가 옳은 듯하다.

河自積石으로 三千里而後에 至于龍門이어늘 經에 但一書積石하고 不言方向은 荒遠하여 在所略也라 龍門而下는 因其所經이니 記其自北而南이면 則曰南至華陰이라하고 記其自南而東이면 則曰東至底柱라하고 又詳記其東向所經之地면 則曰孟津, 曰洛汭, 曰大伾라하고 又記其自東而北이면 則曰北過洚水라하고 又詳記其北向所經之地면 則曰大陸, 曰九河라하고 又記其入海之處면 則曰逆河라하니라 自洛汭而上은 河行於山하니 其地皆可攷어니와 自大伾而下는 垠(은)岸高於平地라 故로 決齧(설)流移하여 水陸變遷하니 而洚水, 大陸, 九河, 逆河를 皆難指實이라 然이나 上求大伾하고 下得碣石하여 因其方向하여 辨其故迹이면 則猶可考也라 其詳은 悉見上文하니라

　하수(河水)는 적석(積石)으로부터 3천여 리를 흐른 뒤에 용문(龍門)에 이르는데, 경문(經文)에 단지 한 번 적석을 쓰고 방향을 말하지 않은 것은 아득히 멀어서 생략할 대상이 있었던 것이다. 용문 이하는 황하가 그 경유한 바를 따른 것이니, 북쪽에서 남쪽으로 간 것을 기록할 적에는 "남쪽으로 화음(華陰)에 이른다." 하였고, 남쪽에서 동쪽으로 간 것을 기록할 적에는 "동쪽으로 지주(底柱)에 이른다." 하였고, 또 동향하여 경유한 땅을 자세히 기록할 적에는 "맹진(孟津)·낙예(洛汭)·대비(大伾)"라 하였고, 또 동쪽에서 북쪽으로 간 것을 기록할 적에는 "북쪽으로 강수(洚水)를 지나갔다." 하였고, 또 북향하여 경유한 땅을 자세히 기록할 적에는 "대륙(大陸)·구하(九河)"라 하였고, 또 바다로 들어간 곳을 기록할 적에는 "역하(逆河)"라 하였다.

　낙예(洛汭)로부터 이상은 하수(河水)가 산밑을 흘러가니 그 지역을 다 상고할 수 있으나 대비(大伾)로부터 이하는 강안(江岸)이 평지보다 높으므로 물이 터지고 땅을 깎아먹고 물길이 옮겨져 물과 육지가 변천하니, 강수·대륙·구하·역하를 다 실제를

··· 齧 : 씹을 설

가리키기 어렵다. 그러나 위로 대비를 찾고 아래로 갈석(碣石)을 찾아서 그 방향을 따라 옛 자취를 분변한다면 아직도 상고할 수 있다. 그 자세한 것은 상문(上文;위의 대륙(大陸)과 구하(九河)의 주)에 자세히 보인다.

○ 又按 李復云 同州韓城北에 有安國嶺하니 東西四十餘里요 東臨大河라 瀕河에 有禹廟한대 在山斷河出處라 禹鑿龍門에 起於唐張仁愿所築東受降城之東하여 自北而南하여 至此山盡이라 兩岸에 石壁峭(초)立하고 大河盤束於山峽間千數百里라가 至此하여 山開岸闊하니 豁然奔放하여 怒氣噴風하고 聲如萬雷라하니라 今按舊說에 禹鑿龍門이나 而不詳其所以鑿이요 誦說相傳에 但謂因舊修闢하여 去其齟齬(저어)하여 以決水勢而已라하니라 今詳此說하면 則謂受降以東으로 至於龍門은 皆是禹新開鑿이니 若果如此면 則禹未鑿時에 河之故道는 不知却在何處라 而李氏之學極博하니 不知此說又何所考也로라

○ 또 살펴보건대, 이복(李復)이 이르기를 "동주(同州)의 한성(韓城) 북쪽에 안국령(安國嶺)이 있으니, 동서가 40여 리이며, 동쪽으로 대하(大河)에 임하였다. 빈하(瀕河;황하가)에 우(禹)의 사당이 있는데 산(山)이 끊기고 하수(河水)가 발원하는 곳에 있다. 우가 용문(龍門)을 뚫을 적에 당(唐)나라 장인원(張仁愿)이 쌓은 동수항성(東受降城) 동쪽에서 시작하여 북에서 남으로 와서 이 산(안국령)에 이르러 다하였다. 두 강안(江岸)에는 석벽(石壁)이 우뚝이 서 있고, 대하(大河)가 산협(山峽)의 사이 천 수백 리를 감고 흐르다가 이곳(안국령)에 이르러 산이 열리고 강안이 넓어지니, 물길이 활연(豁然;넓게)히 분방(奔放)하여 파도의 노기(怒氣)가 넘쳐 바람이 일고, 소리가 수만의 우레와 같다." 하였다.

이제 살펴보건대 구설(舊說)에 우(禹)가 용문(龍門)을 뚫었다고 하나 그 뚫은 이유가 상세하지 않고, 전설(傳說)에 내려오기를 단지 옛것을 인하여 닦고 열어서 막히는 것을 제거해서 수세(水勢)를 터놓았다고 할 뿐이다. 이제 이 말을 자세히 살펴보면 수항성(受降城) 이동에서 용문에 이르기까지는 모두 우가 〈천 수백 리를〉 새로 뚫어 만든 것이라 하니, 만약 과연 이와 같다면 우가 새로 물길을 뚫기 이전에 하수(河水)의 옛 길은 어느 곳에 있었는지 알 수 없다. 이씨(李氏)의 학문이 지극히 해박한데, 이 말은 또 무엇을 근거하였는지 알 수 없다.

91. 嶓冢에 導漾하사 東流爲漢하며 又東爲滄浪之水하며 過三澨(서)하여 至

⋯ 愿:삼갈 원　峭:산뾰족할 초　齟:어긋날 저　齬:어긋날 어　漾:물이름 양　澨:물이름 서

于大別하여 **南入于江**하며 **東匯**(회)**澤**하여 **爲彭蠡**(팽려)하며 **東爲北江**하여 **入于海**하니라

　파총산(嶓冢山)에서 양수(瀁水)를 인도하사 동쪽으로 흘러 한수(漢水)가 되며, 또 동쪽으로 창랑(滄浪)의 물이 되며, 삼서(三澨)를 지나 대별산(大別山)에 이르러 남쪽으로 장강(長江)에 들어가며, 동쪽으로 돌아 택(澤)이 되어 팽려호(彭蠡湖)가 되며, 동쪽으로 북강(北江)이 되어 바다에 들어가게 하였다.

　瀁은 水名이니 水經曰 瀁水는 出隴西郡氐道縣嶓冢山하여 東至武都라하니라 常璩[209]曰 漢水有兩源하니 此東源也니 卽禹貢所謂嶓冢導瀁者요 其西源은 出隴西嶓冢山會泉하니 始源曰沔이라 逕葭萌하여 入漢이라하니 東源은 在今西縣之西하고 西源은 在今三泉縣之東也니 酈道元謂 東西兩川이 俱出嶓冢하여 而同爲漢水者是也라 水源이 發于嶓冢하여 爲瀁하고 至武都爲漢하고 又東流爲滄浪之水라 酈道元云 武當縣北四十里漢水中에 有洲하니 曰滄浪洲요 水曰滄浪水 是也라 蓋水之經歷은 隨地得名이니 謂之爲者는 明非他水也라 三澨는 水名이니 今郢州長壽縣磨石山에 發源하여 東南流者를 名澨水라하고 至復州景陵縣界來를 又名汊(차)水하니 疑卽三澨之一이라 然이나 據左傳漳澨、遠澨하면 則爲水際니 未可曉也라 大別은 見導山하니 入江은 在今漢陽軍漢陽縣이라 匯는 回也라 彭蠡는 見揚州라 北江은 未詳이니 入海는 在今通州靜海縣이라

　양(瀁)은 물 이름이니,《수경(水經)》에 "양수(瀁水)는 농서군(隴西郡) 저도현(氐道縣) 파총산(嶓冢山)에서 발원하여 동쪽으로 무도(武都)에 이른다." 하였다. 상거(常璩)는 말하기를 "한수(漢水)는 두 근원이 있으니 이는 동쪽 근원이니, 바로〈우공(禹貢)〉에 이른바 '파총산에서 양수를 인도했다.'는 것이요, 서쪽 근원은 곧 농서군 파총산〈서쪽〉회천(會泉:샘물 이름)에서 나오니 처음의 근원을 면수(沔水)라 한다. 가맹(葭萌)을 지나 한수로 들어간다." 하였으니, 동쪽 근원은 지금 서현(西縣)의 서쪽에 있고, 서쪽 근원은 지금 삼천현(三泉縣)의 동쪽에 있으니, 역도원(酈道元)이 "동·서의 두 냇물이 모두 파총산에서 나와 함께 한수가 된다."고 한 것이 이것이다. 수원(水源)이 파총산에서 발원하여 양수가 되고, 무도에 이르러 한수가 되고, 또 동쪽으로 흘러 창랑(滄浪)의

------

209 常璩 : 상거(常璩)는 동진(東晉) 사람으로《화양국지(華陽國志)》를 찬하였다.

⋯ 匯 : 돌 회　璩 : 옥고리 거　郢 : 땅이름 영　汊 : 물두갈래로흐를 차

물이 된다. 역도원이 "무당현(武當縣) 북쪽 40리 지점의 한수 가운데에 모래섬이 있으니, 창랑주(滄浪洲)라 하고 물을 창랑수(滄浪水)라 한다." 한 것이 이것이다. 물의 경력(經歷;지나간)은 땅을 따라 이름을 얻으니, '~가 된다〔爲〕'고 이른 것은 다른 물이 아님을 밝힌 것이다.

삼서(三澨)는 물 이름이니, 지금의 영주(郢州) 장수현(長壽縣) 마석산(磨石山)에서 발원하여 동남쪽으로 흐르는 것을 서수(澨水)라 하고, 복주(復州) 경릉현(景陵縣) 경계에서 오는 것을 또 차수(汊水)라 이름하니, 의심컨대 곧 삼서(三澨)의 하나인 듯하다. 그러나 《춘추좌씨전》 선공(宣公) 4년과 소공(昭公) 23년의 장서(漳澨)와 원서(遠澨)를 상고해보면 서(澨)는 물가가 되니, 이해할 수가 없다. 대별산(大別山)은 도산(導山)에 보이니, 강(江)에 들어가는 곳은 지금의 한양군(漢陽軍) 한양현(漢陽縣)에 있다. 회(匯)는 물이 도는 것이다. 팽려(彭蠡)는 양주(揚州)에 보인다. 북강(北江)은 자세하지 않으니, 바다에 들어가는 곳은 지금의 통주(通州) 정해현(靜海縣)에 있다.

○ 今按 彭蠡는 古今記載에 皆謂今之鄱(파)陽이라 然이나 其澤이 在江之南하여 去漢水入江之處가 已七百餘里요 所蓄之水는 則合饒, 信, 徽, 撫, 吉, 贛(감), 南安, 建昌, 臨江, 袁筠, 隆興, 南康數州之流하니 非自漢入而爲匯者라 又其入江之處는 西則廬阜요 東則湖口로 皆石山峙立하고 水道狹甚하니 不應漢水入江之後 七百餘里에 乃橫截而南하여 入于鄱陽이요 又橫截而北流爲北江이라 且鄱陽은 合數州之流하여 豬而爲澤하니 泛溢壅遏이요 初無仰於江, 漢之匯而後成也라 不惟無所仰於江, 漢이라 而衆流之積이 日遏月高하니 勢亦不復容江, 漢之來入矣라 今湖口橫渡之處는 其北則江, 漢之濁流요 其南則鄱陽之淸漲이니 不見所謂漢水匯澤而爲彭蠡者라 鄱陽之水가 旣出湖口면 則依南岸하여 與大江相持以東이니 又不見所謂橫截而爲北江者라 又以經文考之하면 則今之彭蠡旣在大江之南하니 於經에 則宜曰南匯彭蠡요 不應曰東匯며 於導江에 則宜曰南會于匯요 不應曰北會于匯라 匯旣在南이면 於經에 則宜曰北爲北江이요 不應曰東爲北江이니 以今地望[210]參校컨대 絕爲反戾라

○ 이제 살펴보건대, 팽려(彭蠡)는 고금(古今)의 기재(記載)에 모두 지금의 파양

---

210 地望 : 그 지역의 진산(鎭山)인 망산(望山)을 가리킨 것으로 보이는데, 호산은 "지형 중에 크게 드러나 볼 수 있는 것이다." 하였다. 《詳說》

••• 徽 : 아름다울 휘 贛 : 물이름 공, 물이름 감(灨同)

호(鄱陽湖)라 하였다. 그러나 이 호수는 장강(長江)의 남쪽에 있어서 한수(漢水)가 장강으로 들어가는 곳과 거리가 이미 7백여 리이며, 모인 물은 요주(饒州)·신주(信州)·휘주(徽州)·무주(撫州)·길주(吉州)·감주(贛州)·남안(南安)·건창(建昌)·임강(臨江)·원균(袁筠)·융흥부(隆興府)·남강(南康) 등 여러 주(州)의 물이 합류하니, 한수에서 들어와 물이 돌아 택(澤)이 된 것이 아니다. 또 장강에 들어가는 곳은 서쪽은 여부(廬阜)이고 동쪽은 호구(湖口)로 모두 석산(石山)이 우뚝 솟아 있고 물길이 매우 좁으니, 한수가 강으로 들어간 뒤 7백여 리에 도리어 가로질러 남쪽으로 흘러 파양호로 들어가고, 또다시 가로질러 북쪽으로 흘러 북강(北江)이 될 리가 없다.

또 파양호는 여러 주(州)의 물이 합류해서 모여 못〔澤〕이 되었으니, 물이 넘쳐서 둑을 막은 것이요, 애당초 강(江)·한(漢)의 물이 돎에 의뢰한 뒤에 이루어진 것이 아니다. 강·한에 의뢰할 것이 없을 뿐만 아니라, 여러 물이 모인 것이 날로 막히고 달로 높아지니, 형세가 또한 다시 강·한이 흘러 들어옴을 용납할 수가 없다. 이제 호구(湖口)를 가로질러 건너는 곳은, 북쪽으로는 강·한의 탁류(濁流)이고 남쪽으로는 파양호의 청창(淸漲:맑은 물)이니, 이른바 '한수가 돌아 택(澤)이 되어 팽려(彭蠡)가 되었다.'는 것을 볼 수 없다. 파양호의 물이 이미 호구(湖口)에서 나왔으면 남쪽 강안(江岸)을 의지하여 대강(大江:장강)과 서로 버티고 동쪽으로 흐르니, 또 이른바 '가로질러 북강(北江)이 되었다.'는 것을 볼 수 없다.

또 경문(經文)을 가지고 상고해 보면 지금의 팽려(彭蠡)가 이미 대강(大江)의 남쪽에 있으니, 경문에 마땅히 남쪽으로 돌아 팽려가 되었다고 말할 것이요 동쪽으로 돈다고 말할 수가 없으며, 강(江)을 인도함에 마땅히 남쪽으로 돌아 못에 모인다고 말할 것이요 북쪽으로 돌아 못에 모인다고 말할 수가 없는 것이다. 물이 돌아 못이 된 것이 이미 남쪽에 있으면 경문에 마땅히 북쪽으로 북강(北江)이 되었다고 말할 것이요 동쪽으로 북강이 되었다고 말할 수가 없으니, 지금 지망(地望)을 가지고 서로 비교해 보면 크게 위배된다.

今廬江之北에 有所謂巢湖者하니 湖大而源淺이라 每歲四五月間에 蜀嶺雪消하여 大江泛溢之時에 水淤入湖하고 至七八月하여 大江水落이면 湖水方洩(설)하여 隨江以東하니 爲合東匯、北匯之文이라 然이나 鄱陽之湖는 方五六百里니 不應舍此而錄彼하여 記其小而遺其大也라 蓋嘗以事理情勢考之컨대 洪水之患은 惟河爲甚하니 意當時龍門、九河等處에 事急民困하여 勢重役煩일새 禹親莅(리)而身督之

··· 淤 : 진흙 어

하시고 若江, 淮則地偏水急하여 不待疏鑿하고 固已通行일새 或分遣官屬하여 往視亦可라 況洞庭, 彭蠡之間은 乃三苗所居요 水澤山林이 深昧不測이라 彼方負其險阻하여 頑不卽工하니 則官屬之往者도 亦未必遽敢深入이라 是以로 但知彭蠡之爲澤이요 而不知其非漢水所匯며 但意如巢湖江水之淤요 而不知彭蠡之源 爲甚衆也라 以此致誤하여 謂之爲匯하고 謂之北江을 無足怪者라 然則鄱陽之爲彭蠡信矣니라

  지금 여강(廬江)의 북쪽에 이른바 소호(巢湖)라는 것이 있는데 호수는 크나 수원(水源)이 얕다. 매년 4~5월 사이에 촉령(蜀嶺:촉 지방의 산)의 눈이 녹아서 대강(大江)이 범람할 때에는 물과 진흙이 넘쳐 호수로 들어가고, 7~8월이 되어 대강의 수위(水位)가 떨어지면 호수물이 막 빠져서 강을 따라 동쪽으로 흐르니, 동쪽으로 돌고 북쪽으로 돈다는 글에 부합된다. 그러나 파양호는 사방이 5~6백 리이니, 이것(파양호)을 버리고 저것(소호)을 기록하여, 작은 것을 기록하고 큰 것을 빠뜨렸을 리가 없다. 한 번 사리(事理)와 정세(情勢)로써 살펴보건대 홍수의 폐해는 오직 하수(河水)가 가장 심하였으니, 짐작컨대 당시 용문(龍門)과 구하(九河) 등지에 〈치수하는〉 일이 급하고 백성이 곤궁하여 형세가 막중하고 부역이 번거로우므로 이들 지역은 우(禹)가 직접 가서 몸소 감독하였고, 강(江)과 회수(淮水)로 말하면 지역이 궁벽하고 물길이 급히 흘러서 굳이 소통시키고 뚫기를 기다리지 않고서도 진실로 이미 통행(흘러감)되었으므로 혹 관속(官屬)들을 나누어 보내어 가서 살펴보게 하여도 또한 괜찮았을 것이다.

  하물며 동정호와 팽려호의 사이는 바로 삼묘(三苗)가 거주하는 곳으로 수택(水澤)과 산림(山林)이 깊고 어두워 측량할 수 없는 곳이다. 저들이 그 험조(險阻)함을 믿고서 완악하여 사공(事功)에 나아가지 않았으니, 관속(官屬)으로서 간 자들도 반드시 갑자기 감히 깊이 들어가지는 못했을 것이다. 이 때문에 단지 팽려(彭蠡)가 택(澤)이 됨만 알았고, 한수(漢水)가 돌아 못이 된 것이 아님을 알지 못하였으며, 단지 소호(巢湖)가 강수(江水)의 진흙인 것처럼 생각하였고, 팽려(彭蠡)의 근원이 매우 많다는 것을 알지 못했던 것이다. 이 때문에 잘못 돈다고 말하고 북강(北江)이라고 말한 것을, 굳이 괴이하게 여길 것이 못된다. 그렇다면 파양호가 팽려인 것이 틀림없다.

92. **岷山**에 **導江**하사 **東別爲沱**하며 **又東至于澧**(례)하며 **過九江**하여 **至于東陵**하며 **東迆**(이)**北會**하여 **爲匯**하며 **東爲中江**하여 **入于海**하니라

  민산(岷山)에 강수(江水)를 인도하시어 동쪽으로 나뉘어 타수(沱水)가 되며, 또 동쪽

... 澧 : 물이름 례 迆 : 연할 이

으로 례수(澧水)에 이르며, 구강(九江)을 지나 동릉(東陵)에 이르며, 동쪽으로 돌아 북쪽으로 모여 회택(匯澤)이 되며, 동쪽으로 중강(中江)이 되어 바다에 들어가게 하였다.

沱는 江之別流於梁者也라 澧는 水名이라 水經에 出武陵充縣하여 西至長沙下雋(전)縣하여 西北入江이라하고 鄭氏云 經에 言道、言會者는 水也요 言至者는 或山、或澤也니 澧는 宜山澤之名이라하니라 按下文九江에 澧水旣與其一하니 則非水明矣라 九江은 見荊州하니라 東陵은 巴陵也니 今岳州巴陵縣也라 地志에 在廬江西北者는 非是라 會匯, 中江은 見上章하니라

　타(沱)는 장강이 나뉘어 량주(梁州)에 흐르는 것이다. 례(澧)는 물 이름이다. 《수경(水經)》에 "무릉(武陵)의 충현(充縣)에서 발원하여 서쪽으로 장사(長沙)의 하전현(下雋縣)에 이르러 서북쪽으로 강(동정호(洞庭湖))에 들어간다." 하였고, 정씨(鄭氏)는 "경문(經文)에 도(道)라 말하고 회(會)라 말한 것은 물이고, 지(至)라 말한 것은 혹 산(山)이나 혹 택(澤:호수)이니, 례(澧)는 마땅히 산(山)·택(澤)의 이름일 것이다." 하였다. 살펴보건대, 하문(下文)의 구강(九江)에 례수(澧水)가 이미 그 하나에 참여되었으니, 흘러가는 물이 아님이 분명하다. 구강은 형주에 보인다. 동릉(東陵)은 파릉(巴陵)이니, 지금의 악주(岳州) 파릉현(巴陵縣)이다. 〈지리지〉에 "여강군(廬江郡) 서북에 있다." 한 것은 옳지 않다. 모여서 회택(匯澤)이 되고 중강(中江)이 된 것은 상장(上章)에 보인다.

93. **導沇水**하사되 **東流爲濟**하여 **入于河**하며 **溢爲滎**(형)하며 **東出于陶丘北**하며 **又東至于菏**(가)하며 **又東北**으로 **會于汶**하여 **又北東**으로 **入于海**하니라

　연수(沇水)를 인도하시되 동쪽으로 흘러 제수(濟水)가 되어 하수(河水)에 들어가며, 넘쳐 형수(滎水)가 되며, 동쪽으로 도구(陶丘)의 북쪽으로 나오며, 또 동쪽으로 가택(菏澤)에 이르며, 또 동북쪽으로 문수(汶水)와 모여서 다시 북동쪽으로 바다에 들어가게 하였다.

沇水는 濟水也니 發源爲沇이요 旣東爲濟라 地志云 濟水는 出河東郡垣曲縣王屋山東南이라하니 今絳州垣曲縣山也라 始發源王屋山頂崖下하니 曰沇水요 旣見(현)而伏하여 東出於今孟州濟源縣하니 二源이라 東源은 周廻七百步로 其深不測이요 西源은 周廻六百八十五步로 其深一丈이라 合流至溫縣하니 是爲濟水니 歷號(곡)公臺하여 西南入于河라 溢은 滿也라 復出河之南하여 溢而爲滎하니 滎은 卽滎

··· 絳 : 붉을 강 號 : 나라이름 곡

波之榮이니 見豫州하니라 又東出於陶丘北하니 陶丘는 地名이라 再成曰陶니 在今
廣濟軍西요 又東至于菏하니 菏는 卽菏澤이니 亦見豫州하니라 謂之至者는 濟陰縣
에 自有菏派하니 濟流至其地爾라 汶은 北汶也니 見靑州하니라 又東北至于東平府
壽張縣安民亭하여 合汶水하여 至今靑州博興縣하여 入海하니라

연수(沇水)는 제수(濟水)이니, 발원하면 연수라 하고 이미 동쪽으로 흐르면 제수라
한다. 〈지리지〉에 "제수는 하동군(河東郡) 원곡현(垣曲縣) 왕옥산(王屋山) 동남쪽에서
발원한다." 하였으니, 지금의 강주(絳州) 원곡현의 산이다. 처음으로 왕옥산 산정(山
頂)의 벼랑 밑에서 발원하니 연수(沇水)라 칭하고, 나타났다가 다시 숨어서(지하로 숨어
흘러서) 동쪽으로 지금의 맹주(孟州) 제원현(濟源縣)으로 나오니, 근원이 둘이다. 동쪽
근원은 주회(周廻;둘레)가 700보(步)로 그 깊이를 측량할 수 없으며, 서쪽 근원은 주회
가 685보로 그 깊이가 한 길이다. 합류하여 온현(溫縣)에 이르니 이것을 제수라 하니,
괵공대(虢公臺)를 지나서 남쪽으로 하수(河水)로 들어간다. '일(溢)'은 가득차서 넘침
이다. 다시 하수의 남쪽으로 나와 넘쳐서 형수(滎水)가 되니, 형(滎)은 곧 형파(滎波)의
형(滎)으로, 예주(豫州)에 보인다. 다시 동쪽으로 잠류(潛流;땅 속으로 흐름)하여 동쪽으
로 도구(陶丘)의 북쪽으로 나오니, 도구는 지명이다.

산이 다시 중첩되어 이루어진 것을 '도(陶)'라 하니, 지금의 광제군(廣濟軍) 서쪽에
있고 또 동쪽으로 가(菏)에 이르니 가(菏)는 곧 가택(菏澤)이니, 또한 예주에 보인다.
이른다(至)고 말한 것은 제음현(濟陰縣)에 따로 가택의 물줄기가 있으니, 제수의 흐름
이 이 지역에 이르러 합류한 것이다. 문(汶)은 북쪽 문수(汶水)이니, 청주(靑州)에 보인
다. 또 동북쪽으로 동평부(東平府) 수장현(壽張縣) 안민정(安民亭)에 이르러 문수와 합
류해서 지금의 청주(靑州) 박흥현(博興縣)에 이르러 바다로 들어간다.

唐李賢[211]은 謂 濟는 自鄭以東으로 貫滑、曹、鄆(운)、濟、齊、靑하여 以入于海라하고
本朝樂史는 謂 今東平、濟南、淄川、北海界中에 有水流入海하니 謂之淸河라하니
라 酈道元은 謂 濟水는 當王莽之世하여 川瀆枯竭이라가 其後에 水流逕通이나 津
渠勢改하여 尋梁脈水[212]에 不與昔同이라하니 然則滎澤、濟河雖枯나 而濟水未嘗絶

------

211 李賢 : 추계우(鄒季友)가 말하였다. "당 고종(唐高宗)의 장회태자(章懷太子)인 현(賢)이니,
《후한서(後漢書)》에 주(註)를 달았다." 《詳說》
212 尋梁脈水 : 사계(沙溪)는 "혹자가 '심양(尋梁)은 그 큰 물줄기〔梁脊〕를 찾는 것이요, 맥수(脈

··· 鄆 : 땅이름 운

流也라 程氏曰 滎水之爲濟는 本無他義라 濟之入河에 適會河滿하여 溢出南岸이니 溢出者는 非濟水요 因濟而溢故로 禹還以元名命之라하니라 按 程氏言溢之一字 固爲有理라 然이나 出於河南者 旣非濟水면 則禹不應以河枝流로 而冒稱爲濟라 蓋溢者는 指滎而言이요 非指河也라 且河濁而滎淸하니 則滎之水 非河之溢이 明矣라 況經所書는 單立導沇條例하여 若斷若續이나 而實有源流요 或見(현)或伏이나 而脈絡可考라 先儒皆以濟水性下勁疾이라 故로 能入河穴地하여 流注顯伏이라하니라

당(唐)나라 이현(李賢)은 이르기를 "제수는 정주(鄭州)로부터 동쪽으로 활주(滑州)·조주(曹州)·운주(鄆州)·제주(濟州)·제주(齊州)·청주(靑州)를 관통하여 바다로 들어간다." 하였고, 본조(本朝)의 악사(樂史)는 "지금의 동평(東平)·제남(濟南)·치천(淄川)·북해(北海)의 지역 중에 물이 흘러 바다로 들어가는 것이 있으니, 이것을 청하(淸河)라 한다." 하였다. 역도원(酈道元)은 이르기를 "제수는 왕망(王莽)의 때를 당하여 냇물이 고갈(枯渴)되었다가. 그후 물이 흘러 물길이 통하였으나 나루터와 도랑이 형세가 바뀌어서 큰 물줄기를 찾아보고 작은 물길을 찾아봄에 옛날과 똑같지 않다." 하였으니, 그렇다면 형택(滎澤)과 제하(濟河)는 비록 고갈되었으나, 제수는 일찍이 흐름이 끊기지 않은 것이다.

정씨(程氏)는 말하기를 "형수(滎水)를 제수(濟水)라 한 것은 본래 딴 뜻이 없다. 제수가 하수(河水)로 들어갈 적에 마침 하수가 가득하여 넘쳐서 남안(南岸)으로 나온 때를 만난 것이니, 넘쳐서 나온 것은 제수가 아니요, 제수로 인하여 넘쳤기 때문에 우(禹)가 다시 원래의 명칭(황하로 들어가는 제수)으로 명명(命名)한 것이다." 하였다.

살펴보건대, 정씨(程氏)가 일(溢) 한 글자를 말한 것은 진실로 일리(一理)가 있다. 그러나 하수의 남쪽에서 나온 것이 이미 제수가 아니라면 우(禹)가 하수의 지류(支流)를 그대로 제수라고 칭할 리가 없으니, 넘쳤다는 것은 형수(滎水)를 가리켜 말한 것이요 하수를 가리켜 말한 것이 아니다. 또 하수는 흐린데 형수는 맑으니, 형수의 물은 하수가 넘친 것이 아님이 분명하다. 더구나 경문(經文)에 기록한 것은 단지 연수(沇水)를 인도하는 조례(條例)를 세워서 물이 끊긴 듯하고 이어진 듯하나 실제는 근원과 유파(流派)가 있고, 혹 나타나고 혹 숨으나 물길의 맥락(脈絡)을 상고할 수 있다. 선유(先

······

水)는 그 물길의 맥을 살펴보는 것이다.' 하니, 이 말이 옳을 듯하다." 하였으므로 이에 따라 번역하였다.

儒)들이 모두 "제수는 성질이 아래로 급히 내려가기 때문에 하수로 들어가 땅속을 파서 흐름이 나타났다 숨었다 한다." 하였다.

南豐曾氏齊州二堂記云 泰山之北은 與齊之東南諸谷之水로 西北匯于黑水之灣하고 又西北匯于柏崖之灣하여 而至于渴馬之崖하니 蓋水之來也衆이라 其北折而西也에 悍疾尤甚이라가 及至于崖下면 則泊然而止하며 而自崖以北으로 至于歷城之西하면 蓋五十里而有泉湧出하니 高或致數尺이라 其旁之人이 名之曰趵(표)突之泉이라하니라 齊人皆謂 嘗有棄糠於黑水之灣者러니 而見(현)之於此라하니 蓋泉自渴馬之崖로 潛流地中이라가 而至此復出也라 其注而北은 則謂之濼(락)水니 達于淸河하여 以入于海하니 舟之通於濟者 皆於是乎達也라 齊多甘泉하여 其顯名者[以]十數로되 而色味皆同하니 以余驗之컨대 蓋皆濼水之旁出者也라하니라 然則水之伏流地中이 固多有之어늘 奚獨於滎澤에 疑哉리오 吳興沈氏亦言 古說에 濟水는 伏流地中이라하니 今歷下凡發地皆是流水라 世謂濟水經過其下라하며 東阿亦濟所經이라 取其井水하여 煮膠면 謂之阿膠니 用攪(교)濁水則淸하고 人服之면 下膈疏痰이라하니 蓋其水性趨下하여 淸而重故也라 濟水伏流絶河는 乃其物性之常이요 事理之著者어늘 程氏非之하니 顧弗深考耳니라

남풍 증씨(南豐曾氏:증공(曾鞏))의 〈제주이당기(齊州二堂記)〉에 다음과 같이 말하였다. "태산(泰山)의 북쪽은 제주(齊州)의 동남쪽 여러 골짝의 물과 함께 서북쪽 흑수만(黑水灣)으로 돌아 나오고, 또 서북쪽 백애만(柏崖灣)으로 돌아 나와 갈마(渴馬)의 벼랑에 이르니, 물이 흘러오는 것이 많다. 그 북쪽으로 꺾여 서쪽으로 감에 물살이 더욱 빠르다가 갈마의 벼랑 밑에 이르면 잔잔히 멈추며, 벼랑으로부터 북쪽으로 역성(歷城)의 서쪽에 이르면 50리 지점에 솟아 나오는 샘물이 있으니, 솟아나오는 높이가 혹 몇 척(尺)에 이른다. 이 부근의 사람들은 이것을 표돌천(趵突泉)이라 칭한다. 제주(齊州) 사람들은 모두 이르기를 '일찍이 흑수만(黑水灣)에 겨를 버린 자가 있었는데 여기에서 나타났다.' 하니, 샘물이 갈마의 벼랑으로부터 땅속으로 숨어 흐르다가 이에 이르러 다시 나온 것이다. 그 주입하는 곳의 이북(以北)은 낙수(濼水)라 이르니, 청하(淸河)에 도달하여 바다로 들어가니, 제수로 통하는 배는 모두 이곳에 도달한다. 제주에는 맛이 단 샘물[甘泉]이 많아 이름이 드러난 것이 십수 개인데 색과 맛이 모두 같으니, 내가 징험해 보건대 모두 낙수(濼水)의 곁에서 나온 것이다."

그렇다면 물이 땅속으로 숨어 흐르는 것이 진실로 많이 있는데, 유독 형택(滎澤)에

... 趵 : 차는소리 표 糠 : 겨 강 濼 : 물이름 락 膠 : 아교 교 痰 : 가래 담

만 의심할 것이 있겠는가. 오흥 심씨(吳興沈氏;심괄(沈括)) 또한 말하기를 "옛말에 제수(濟水)는 땅속으로 숨어 흐른다 하였으니, 지금 역하(歷下)의 모든 땅에서 나오는 물은 모두 이 땅속으로 흐르는 물이다. 세상에서는 이르기를 '제수가 그 밑을 지나간다.' 하며, 동아(東阿) 또한 제수가 경유하는 곳인데, 우물물을 취하여 달여 진하게 되면 이것을 아교(阿膠)라 이르니, 이것을 사용하여 흐린 물을 저으면 물이 맑아지고, 사람이 이것을 먹으면 가슴이 막힌 것을 내리고 담(痰)을 소통시키니, 물의 성질이 아래로 달려가서 맑고 무겁기 때문이다."

　　제수가 숨어 흘러 하수를 건너감은 바로 그 물성(物性)의 떳떳함이요 사리(事理)에 드러난 것인데, 정씨(程氏)가 이를 비난하였으니, 다만 깊이 상고하지 않았을 뿐이다.

94. **導淮**하사되 **自桐柏**하여 **東會于泗, 沂**(기)하여 **東入于海**하니라

　　회수(淮水)를 인도하시되 동백산(桐柏山)으로부터 동쪽으로 사수(泗水)와 기수(沂水)에 모여 동쪽으로 바다에 들어가게 하였다.

水經云 淮水는 出南陽平氏(지)縣胎簪山이라하니 禹只自桐柏導之耳라 桐柏은 見導山하고 泗、沂는 見徐州하니라 沂入于泗하고 泗入于淮어늘 此言會者는 以二水相敵故也라 入海는 在今淮浦하니라

　　《수경》에 "회수는 남양(南陽) 평지현(平氏縣) 태잠산(胎簪山)에서 나온다." 하였으니, 우(禹)가 단지 동백산으로부터 인도했을 뿐이다. 동백산은 도산(導山)에 보이고 사수와 기수는 서주(徐州)에 보인다. 기수는 사수로 들어가고 사수는 회수로 들어가는데, 여기에 모인다고 말한 것은 두 물이 서로 필적할 만하기 때문이다. 바다에 들어가는 곳은 지금의 회포현(淮浦縣)에 있다.

95. **導渭**하사되 **自鳥鼠、同穴**하여 **東會于灃**하며 **又東會于涇**하며 **又東過漆、沮**하여 **入于河**하니라

　　위수(渭水)를 인도하시되 조서산(鳥鼠山)과 동혈산(同穴山)으로부터 동쪽으로 풍수(灃水)에 모이며, 또 동쪽으로 경수(涇水)에 모이며, 또 동쪽으로 칠수(漆水)와 저수(沮水)를 지나 하수(河水)에 들어가게 하였다.

同穴은 山名이라 地志云 鳥鼠山者는 同穴之枝山也라하니라 餘는 竝見雍州하니라

‥‥　胎 : 태 태　簪 : 비녀 잠

孔氏曰 鳥鼠共爲雌雄하여 同穴而處라하니 其說이 怪誕不經하니 不足信也라 酈道元云 渭水出南谷山하니 在鳥鼠山西北이라하니 禹只自鳥鼠、同穴로 導之耳니라

　동혈(同穴)은 산 이름이다. 〈지리지〉에 "조서산(鳥鼠山)은 동혈산의 지산(枝山)이다." 하였다. 나머지는 모두 옹주(雍州)에 보인다. 공씨(孔氏)가 말하기를 "새와 쥐가 함께 암놈과 수놈이 되어서 한 구멍에 살았으므로 동혈이라 했다." 하였으니, 그 말이 괴이하고 허탄하여 바르지 못하니, 믿을 것이 못된다. 역도원은 "위수(渭水)가 남곡산(南谷山)에서 나오니, 조서산의 서북쪽에 있다." 하였으니, 우(禹)가 단지 조서산과 동혈산으로부터 인도했을 뿐이다.

96. **導洛**하사되 **自熊耳**하여 **東北**으로 **會于澗**、**瀍**(전)하며 **又東會于伊**하며 **又東北**으로 **入于河**하니라

　낙수(洛水)를 인도하시되 웅이산(熊耳山)에서 동북쪽으로 간수(澗水)와 전수(瀍水)에 모이며, 또 동쪽으로 이수(伊水)에 모이며, 또 동북쪽으로 황하에 들어가게 하였다.

熊耳는 盧氏(지)之熊耳也라 餘는 竝見豫州하니라 洛水는 出冢嶺山하니 禹只自熊耳導之耳니라

　웅이(熊耳)는 노지현(盧氏縣)의 웅이산(熊耳山)이다. 나머지는 모두 예주(豫州)에 보인다. 낙수(洛水)는 총령산(冢嶺山)에서 나오니, 우(禹)가 단지 웅이산으로부터 인도했을 뿐이다.

○ 按經에 言嶓冢導漾하고 岷山導江者는 漾之源이 出於嶓하고 江之源이 出於岷이라 故로 先言山而後言水也요 言導河積石하고 導淮自桐柏하고 導渭自鳥鼠、同穴하고 導洛自熊耳는 皆非出於其山이요 特自其山以導之耳라 故로 先言水而後言山也라 河不言自者는 河源이 多伏流하니 積石은 其見(현)處라 故로 言積石而不言自也요 沇水에 不言山者는 沇水伏流하여 其出非一이라 故로 不誌其源也요 弱水、黑水에 不言山者는 九州之外라 蓋略之也라 小水合大水를 謂之入이요 大水合小水를 謂之過요 二水勢均相入을 謂之會니 天下之水莫大於河라 故로 於河에 不言會하니 此는 禹貢立言之法也니라

　○ 상고해보건대, 경문(經文)에 파총산(嶓冢山)에서 양수(漾水)를 인도하고 민산(岷山)에서 장강(長江)을 인도한다고 말한 것은 양수(漾水)의 근원이 파총산에서 나오고

장강의 근원이 민산에서 나오기 때문이다. 그러므로 먼저 산(山)을 말하고 뒤에 물을 말한 것이다. 하수(河水:황하)를 인도하되 적석산(積石山)으로부터 하고 회수(淮水)를 인도하되 동백산(桐柏山)으로부터 하고 위수(渭水)를 인도하되 조서산(鳥鼠山)과 동혈산(同穴山)으로부터 하고 낙수(洛水)를 인도하되 웅이산(熊耳山)으로부터 했다고 말한 것은 모두 그 산에서 발원한 것이 아니고, 단지 그 산으로부터 인도했을 뿐이다. 그러므로 먼저 물을 말하고 뒤에 산을 말한 것이다.

하수에 자(自;어느 곳으로부터 오는 것)를 말하지 않은 것은 하수의 근원은 땅속으로 숨어 흐르는 것이 많으니, 적석산은 바로 물이 나타난 곳이므로 적석산이라고 말하고 자(自)를 말하지 않은 것이며, 연수(沇水)에 산을 말하지 않은 것은 연수는 숨어 흘러서 나오는 곳이 한 곳이 아니므로 그 근원을 기록하지 않은 것이며, 약수(弱水)와 흑수(黑水)에 산을 말하지 않은 것은 구주(九州)의 밖이라서 생략한 것이다. 작은 물이 큰 물과 합류함을 '입(入)'이라 하고, 큰물이 작은 물과 합류함을 '과(過)'라 하고, 두 물이 형세가 대등하여 서로 들어감을 '회(會)'라 하니, 천하의 물이 하수(황하)보다 큰 것이 없기 때문에 하수에는 회(會)라고 말하지 않은 것이다. 이는 〈우공(禹貢)〉에 글을 쓴 법이다.

97. 九州攸同하니 四隩(오)旣宅하도다 九山에 刊旅하며 九川에 滌源하며 九澤이 旣陂하니 四海會同이로다

구주(九州)가 함께 하니 사해(四海)의 물가가 이미 집을 지어 살 수 있게 되었다. 구주의 산에 땅을 깎아 길을 내어 여제(旅祭)를 지내며, 구주의 냇물에 근원을 깊이 파며, 구주의 못이 이미 제방이 있으니, 사해의 물이 모여 함께 흐르도다.

隩는 隈(외)也니 李氏曰 涯內近水爲隩라하니라 陂는 障也라 會同은 與灉沮會同同義라 四海之隩에 水涯之地 已可奠居요 九州之山이 槎(사)木通道하여 已可祭告요 九州之川이 濬滌泉源하여 而無壅遏이요 九州之澤이 已有陂障하여 而無決潰니 四海之水가 無不會同하여 而各有所歸라 此는 蓋總結上文하여 言九州四海水土 無不平治也²¹³니라

......

213 言九州四海水土 無不平治也 : 오윤상은 "구주를 차례로 나열함에 먼저 동남 지방의 하류로부터 시작함은 치수(治水)한 공력을 기록한 것이요, 도산(導山)과 도수(導水)에 모두 산등성이와 물

··· 隩 : 물가언덕 오 陂 : 방죽 피 碾 : 물굽이 외 槎 : 뗏목 사

'오(隩)'는 물가이니, 이씨(李氏)가 말하기를 "물가의 안에 물과 가까운 곳을 오(隩)라 한다." 하였다. '피(陂)'는 제방이다. '회동(會同)'은 옹수(瀦水)·저수(沮水)의 회동과 뜻이 같다. 사해의 물가에 물가의 땅이 이미 집터를 정하여 살 수 있고, 구주의 산이 나무를 베어 길을 통해서 이미 제사(祭祀)하여 고유(告由)하였고, 구주의 냇물이 물의 근원을 깊이 파서 막힘이 없고, 구주의 못이 이미 제방이 있어서 터짐이 없으니, 사해의 물이 모여서 함께 하지 않음이 없어서 각기 돌아가는 바가 있었다. 이는 상문(上文)을 모두 맺어서 구주와 사해의 수토(水土)가 평치(平治)되지 않음이 없음을 말한 것이다.

98. **六府孔修**하여 **庶土交正**이어늘 **底**(지)**愼財賦**하사되 **咸則**(칙)**三壤**하사 **成賦中邦**하시다

　육부(六府)가 크게 닦여져서 여러 땅이 서로 바르게 되자, 재부(財賦)의 들어옴을 신중히 하되 모두 상(上)·중(中)·하(下) 세 등급의 토양(土壤)을 품절(品節:분별)하여 중국에 부세를 이루셨다.

孔은 大也니 水、火、金、木、土、穀이 皆大修治也라 土者는 財之自生이니 謂之庶土면 則非特穀土也라 庶土有等하니 當以肥瘠高下名物로 交相正焉하여 以任土事라 底는 致也니 因庶土所出之財하여 而致謹其財賦之入이니 如周大司徒以土宜之法으로 辨十有二土之名物하여 以任土事之類라 咸은 皆也요 則은 品節之也라 九州穀土를 又皆品節之以上中下三等이니 如周大司徒辨十有二壤之名物하여 以(致)[教]稼穡之類라 中邦은 中國也니 蓋土賦는 或及於四夷로되 而田賦則止於中國而已라 故曰 成賦中邦이라하니라

　'공(孔)'은 큼이니, 수(水)·화(火)·금(金)·목(木)·토(土)·곡(穀)의 육부(六府)가 다 크게 수치(修治)된 것이다. '토(土)'는 재물이 말미암아 나오는 곳이니, 여러 땅[庶土]이라고 일렀으면 단지 곡식이 나오는 땅만이 아니다. 여러 땅에 등급이 있으니, 마땅히 비옥하고 척박함과 높고 낮은 지역의 명물(名物:토양의 명칭과 생산되는 물건)로 서로 바르게 하여 토지의 일을 맡겨야 한다. '지(底)'는 이룸이니, 여러 땅에서 나오는 재

의 근원을 따라 기록함은 총괄하여 성공을 서술한 것이다.〔序列九州, 先自東南下流而始, 記施功次第也; 導山導水, 皆從山脊水源而記, 總敍成功也.〕" 하였다.

··· 孔 : 클 공

물을 인하여 재부(財賦)의 수입을 삼가는 것이니, 《주례》의 〈대사도(大司徒)〉가 토질에 마땅한 법(法)으로 열두 토양의 명물(名物)을 분변하여 토지의 일을 맡기는 따위와 같은 것이다. '함(咸)'은 모두이고, '칙(則)'은 품절(品節)함이다. 구주의 곡식이 나오는 토지를 또 모두 상(上)·중(中)·하(下) 세 등급으로 품절하니, 《주례》의 〈대사도〉가 열두 토양의 명물을 분변하여 가색(稼穡)을 가르치는 따위와 같은 것이다. '중방(中邦)'은 중국이니, 토지에 대한 부세는 혹 사방 오랑캐에 미치나 전지(田地)에 대한 부세는 중국에만 그친다. 그러므로 "중국에 부세를 이룬다."고 한 것이다.

99. 錫土姓하시다

토지(土地)와 성(姓)을 내려주셨다.

錫土姓者는 言錫之土以立國하고 錫之姓以立宗이니 左傳所謂天子建德하여 因生以賜姓하고 胙(조)之土而命之氏者也[214]라

토성(土姓)을 내려준다는 것은 토지를 주어서 나라를 세우고, 성(姓)을 주어서 종족(宗族)을 세우게 함을 말한 것이니, 《춘추좌씨전》은공(隱公) 9년에 이른바 "천자가 덕(德)이 있는 자를 세워서 그가 태어남으로 인하여 성(姓)을 주고 토지를 주어서 씨(氏)를 명(命)한다."는 것이다.

100. 祗台(이)德先하신대 不距朕行하니라

나의 덕(德)을 공경하여 솔선(率先)하시니, (천하가) 나의 행함을 어기지 않았다.

台는 我요 距는 違也라 禹平水土하고 定土賦하고 建諸侯하여 治已定하고 功已成矣라 當此之時하여 惟敬德以先天下하면 則天下自不能違越我之所行也라

'이(台)'는 나이고, '거(距)'는 어김이다. 우(禹)가 수토(水土)를 다스리고 토부(土賦)를 정하고 제후를 세워서 다스림이 이미 안정되고 공(功)이 이미 이루어졌다. 이 때를

------

214 因生以賜姓 胙之土而命之氏者也: 옛날 형제간에도 성(姓)을 달리하였고 씨(氏)는 동성(同姓)이면서도 씨를 달리하였는바, 제요(帝堯)와 설(契)과 직(稷)은 모두 제곡(帝嚳)의 아들이었으나 성이 각각 달랐으며, 강태공(姜太公)은 성이 강인데 여(呂) 땅에 봉해져 여를 씨로 하였다. 한 가지로 단정하기는 어려우나 씨는 우리나라의 관향(貫鄕)과 유사하다.

••• 錫:줄 석 胙:갚을 조 台:나 이

당하여 오직 덕(德)을 공경하여 천하에 솔선하면 천하가 저절로 나의 행하는 바를 어기지 않을 것이다.

101. **五百里**는 **甸服**이니 **百里**는 **賦納總**하고 **二百里**는 **納銍**(질)하고 **三百里**는 **納秸**(갈)하여 **服**하고 **四百里**는 **粟**하고 **五百里**는 **米**니라

5백 리는 전복(甸服)이니, 백 리는 부세에 총(總;벼의 모든 것)을 바치고, 2백 리는 낫으로 벤 것(볏짚)까지 바치고, 3백 리는 갈(秸;껍질을 제거한 짚)까지 바쳐 모두 수송하는 일을 겸하고, 4백 리는 곡식만 바치고, 5백 리는 쌀만 바친다.

甸服은 畿內之地也²¹⁵라 甸은 田이요 服은 事也니 以皆田賦之事라 故로 謂之甸服이라 五百里者는 王城之外에 四面이 皆五百里也라 禾本全曰總이요 刈禾曰銍이니 半藁也요 半藁去皮曰秸이라 謂之服者는 三百里內는 去王城爲近하니 非惟納總, 銍, 秸이라 而又使之服輸將之事也²¹⁶라 獨於秸言之者는 總前二者而言也라 粟은 穀也라 內百里爲最近이라 故로 幷禾本總賦之요 外百里次之니 只刈禾半藁納也요 外百里又次之니 去藁麤皮納也요 外百里爲遠하니 去其穗而納穀이요 外百里爲尤遠하니 去其穀而納米라 蓋量其地之遠近하여 而爲納賦之輕重精麤也라 此는 分甸服五百里而爲五等者也라

'전복(甸服)'은 기내(畿內)의 땅이다. '전(甸)'은 밭이고 '복(服)'은 일이니, 모두 전부(田賦)의 일이기 때문에 전복이라고 이른 것이다. 5백 리는 왕성(王城)의 밖에 사면이 모두 5백 리인 것이다. 벼의 뿌리까지 온전히 바치는 것을 '총(總)'이라 하고, 벼를 벤 것을 '질(銍)'이라 하니 반 짚(볏짚의 반을 벗긴 것)이고, 반 짚에 거죽을 벗긴 것을

------

215 甸服 畿內之地也: 호산은 "전복(甸服)과 후복(侯服)에 대한 《언해》의 해석이 아래의 삼복(三服;綏服·要服·荒服)과 다르니, 마땅히 다시 헤아려 보아야 한다.〔甸服, 侯服諺釋, 與下三服異, 合更商.〕" 하였다. 《詳說》《언해》에 전복은 '甸의(에) 服하나니', 후복은 '侯에 服하나니', 수복(綏服)은 '綏한 服이니', 요복(要服)은 '要한 服이니', 황복(荒服)은 '荒한 服이니'로 해석하여 위와 아래가 서로 다른바, '전복은 甸하는 服이니, 후복은 侯하는 服이니'로 해석하여 통일하는 것이 옳을 듯하다. 그러나 번역에서는 이를 해석하지 않고 전복·후복·수복·요복·황복으로 통일하였다.

216 謂之服者……而又使之服輸將之事也: 호산은 "여기의 '복(服)' 자는 마땅히 따로 구(句)를 떼어야 하니, 《언해》의 구두는 마땅히 다시 헤아려 보아야 한다.〔此服字, 當特爲句, 諺讀合更商.〕" 하였다. 《詳說》《언해》에는 '納秸服하고'로 현토하고, '秸服을 納하고'로 해석하였는바, 호산의 설에 따라 '秸服하여 納하고'로 현토하여 번역하였다.

⋯ 甸:다스릴 전 銍:벨 질 秸:짚갈 개 刈:벨 예 藁:짚 고 麤:거칠 추 穗:이삭 수

'갈(秸)'이라 한다. '복(服)'이라고 한 것은 3백 리 이내는 왕성과 거리가 가까우니, 단지 총(總)·질(銍)·갈(秸)을 바칠 뿐만 아니라 또 수송하는 일을 하게 한 것이다. 유독 갈(秸)에서만 복(服)을 말한 것은 앞의 두 가지(총과 질)를 총괄하여 말한 것이다. '속(粟)'은 곡식이다. 안의 백 리는 가장 가까우므로 벼 뿌리까지 아울러 모두 바치고, 밖의 백 리는 그 다음이니 다만 벼를 베어 반 짚만 바치고, 밖의 백 리는 또 그 다음이니, 짚의 거친 거죽을 버리고 바치며, 밖의 백 리는 머니 그 이삭을 버리고 곡식만 바치며, 밖의 백 리는 더욱 머니 곡식(왕겨)을 버리고 쌀만 바친다. 이는 그 지역의 원근(遠近)을 헤아려서 전부(田賦)를 바침에 경중(輕重)과 정추(精麤;정하고 거친 것)를 정하였다. 이는 전복의 5백 리를 나누어 다섯 등급을 만든 것이다.

102. 五百里는 侯服이니 百里는 采요 二百里는 男邦이요 三百里는 諸侯니라

5백 리는 후복(侯服)이니, 백 리는 채읍(采邑)이고 2백 리는 남방(男邦)이고 3백 리는 제후이다.

侯服者는 侯國之服이니 甸服外에 四面이 又各五百里也라 采者는 卿大夫邑地라 男邦은 男爵이니 小國也요 諸侯는 諸侯之爵이니 大國, 次國也라 先小國而後大國者는 大可以禦外侮요 小得以安內附也라 此는 分侯服五百里而爲三等也라

'후복(侯服)'은 제후국의 일이니, 전복(甸服) 밖에 사면이 또 각기 5백 리이다. '채(采)'는 경대부(卿大夫)의 읍지(邑地;채읍)이다. '남방(男邦)'은 남작(男爵)이니 작은 나라이고, 제후는 제후의 작위(爵位)이니, 대국(大國;공후(公侯))과 그 다음 나라(백(伯))이다. 소국을 먼저 하고 대국을 뒤에 한 것은 큰 나라는 외적(外敵)의 침입을 막을 수 있고, 작은 나라는 와서 귀부(歸附)함을 편안히 할 수 있기 때문이다. 이는 후복 5백 리를 나누어 세 등급을 만든 것이다.

103. 五百里는 綏服이니 三百里는 揆(규)文敎하고 二百里는 奮武衛하나니라

5백 리는 수복(綏服)이니, 3백 리는 문교(文敎)를 헤아리고 2백 리는 무위(武衛)를 떨친다.

綏는 安也니 謂之綏者는 漸遠王畿而取撫安之義라 侯服外에 四面이 又各五百里也라 揆는 度(탁)也라 綏服은 內取王城千里하고 外取荒服千里하여 介於內外之間

··· 綏 : 편안할 수 揆 : 헤아릴 규 奮 : 뽐낼 분

이라 故로 以內三百里로 揆文教하고 外二百里로 奮武衛하여 文以治內하고 武以治
外하니 聖人所以嚴華夏之辨者如此라 此는 分綏服五百里而爲二等也라

'수(綏)'는 편안함이니, 수(綏)라고 이른 것은 왕기에서 점점 멀어지므로 어루만져
편안히 하는 뜻을 취한 것이다. 후복(侯服)의 밖에 사면이 또 각기 5백 리이다. '규(揆)'
는 헤아림이다. 수복(綏服)은 안으로는 왕성과 천 리 밖에 떨어져 있고[取], 밖으로는
황복(荒服)과 천 리 안에 있어서 안팎의 사이에 끼어 있다. 그러므로 안의 3백 리는 문
교(文教)를 헤아리고 밖의 2백 리는 무위(武衛)를 떨쳐서, 문(文)으로써 안을 다스리고
무(武)로써 밖을 다스린 것이니, 성인(聖人)이 화하(華夏:중국)의 구분을 엄격히 한 것
이 이와 같다. 이는 수복 5백 리를 나누어 두 등급을 만든 것이다.

104. **五百里**는 **要服**이니 **三百里**는 **夷**요 **二百里**는 **蔡**(살)이니라
　5백 리는 요복(要服)이니, 3백 리는 오랑캐이고 2백 리는 살(蔡:유배지)이다.

要服은 去王畿已遠하여 皆夷狄之地니 其文法이 略於中國이라 謂之要者는 取要
約之義니 特羈縻(기미)之而已[217]라 綏服外에 四面이 又各五百里也라 蔡은 放也니
左傳云 蔡蔡叔이 是也니 流放罪人於此也라 此는 分要服五百里而爲二等也라

　'요복(要服)'은 왕기와의 거리가 너무 멀어서 모두 이적(夷狄)의 땅이니, 문서(文書)
와 법령(法令)이 중국보다 소략하다. '요(要)'라고 말한 것은 요약의 뜻을 취한 것이니,
다만 기미(羈縻)할 뿐이다. 수복(綏服)의 밖에 사면이 또 각기 5백 리이다. '살(蔡)'은
방(放:유배)이니,《춘추좌씨전》정공(定公) 4년에 "채숙(蔡叔)을 유배했다."는 것이 이것
이니, 죄인을 이곳에 유방(流放)하는 것이다. 이는 요복의 5백 리를 나누어 두 등급을
만든 것이다.

105. **五百里**는 **荒服**이니 **三百里**는 **蠻**이요 **二百里**는 **流**니라
　5백 리는 황복(荒服)이니, 3백 리는 만(蠻)이고 2백 리는 유배지이다.

荒服은 去王畿益遠하여 而經略之者 視要服에 爲尤略也라 以其荒野故로 謂之荒

217　特羈縻之而已 : 기미(羈縻)는 천자국의 통치나 지시를 직접 받지 않고, 단지 먼 제후국으로
　　　매여 있기만 한 것을 이른다.

⋯ 蔡 : 귀양갈 살　羈 : 맬 기　縻 : 얽을 미

服이라 要服外에 四面이 又各五百里也라 流는 流放罪人之地니 蔡(살)與流皆所以處罪人이나 而罪有輕重故로 地有遠近之別也라 此는 分荒服五百里而爲二等也라

'황복(荒服)'은 왕기(王畿)와의 거리가 더욱 멀어서 경략(經略)한 것이 요복(要服)에 비하여 더욱 소략하다. 이곳이 황야(荒野)이기 때문에 황복이라 이른 것이다. 요복의 밖에 사면이 또 각기 5백 리이다. '유(流)'는 죄인을 유방(流放)하는 땅이니, 살(蔡)과 유(流)가 모두 죄인을 거처하게 하는 곳이나 죄(罪)에 경중(輕重)이 있으므로 땅에 원근(遠近)의 구별이 있는 것이다. 이는 황복 5백 리를 나누어 두 등급을 만든 것이다.

○ 今按 每服五百里니 五服則二千五百里요 南北東西相距五千里라 故로 益稷篇에 言弼成五服호되 至于五千이라하니라 然이나 堯都冀州하니 冀之北境은 幷雲中、涿、易(역)이라도 亦恐無二千五百里며 藉使有之라도 亦皆沙漠不毛之地요 而東南財賦所出은 則反棄於要荒이니 以地勢考之컨대 殊未可曉라 但意古今土地盛衰不同하니 當舜之時에 冀北之地 未必荒落如後世耳라 亦猶閩、浙之間이 舊爲蠻夷淵藪러니 而今富庶繁衍하여 遂爲上國하니 土地興廢는 不可以一時槪也니라

○ 이제 살펴보건대, 복(服)마다 5백 리이니, 오복(五服)이면 2천 5백 리이며, 남북과 동서의 상거(相去;거리)가 5천 리이다. 그러므로 〈익직(益稷)〉에 "오복을 도와 이루되 5천 리에 이르렀다"고 한 것이다. 그러나 제요(帝堯)는 기주(冀州)에 도읍하였으니, 기주의 북쪽 경계는 운중(雲中)과 탁주(涿州)·역주(易州)를 합하더라도 2천 5백 리가 될 수 없을 듯하며, 가령 있더라도 모두 사막의 불모지이고, 동남쪽의 재부(財賦)가 나오는 곳은 오히려 요복과 황복으로 버려지니, 지형으로 고찰하건대 자못 이해할 수가 없다. 다만 짐작컨대 고금(古今)의 토지는 성쇠(盛衰)가 똑같지 않으니, 제순(帝舜)의 때를 당하여 기주 이북의 땅이 반드시 황락(荒落)함이 후세(後世)와 같지는 않았을 것이다. 이는 또한 민(閩;복건성)·절(浙;절강성)의 사이가 옛날에는 만이(蠻夷)의 연수(淵藪;소굴)였었는데 지금에는 백성들이 부서(富庶)하고 번성하여 마침내 상국(上國)이 된 것과 같으니, 토지의 흥폐(興廢)는 똑같은 때로 개괄할 수가 없다.

周制에 九畿曰侯、甸、男、采、衛、蠻、夷、鎭、藩이요 每畿亦五百里며 而王畿는 又不在其中하니 倂之則一方五千里라 四方相距爲萬里니 蓋倍禹服之數也라 漢地志에 亦言東西九千里요 南北一萬三千里라하니 先儒皆疑禹服之狹而周、漢地廣이라 或以周服里數는 皆以方言이라하고 或以古今尺有長短이라하고 或以禹直方計어

··· 藉 : 가령 자 閩 : 오랑캐 민 浙 : 물이름 절

늘 而後世以人迹屈曲取之라하니 要之컨대 皆非的論이라 蓋禹聲敎所及則地盡四海나 而其疆理則止以五服爲制하고 至荒服之外하여는 又別爲區畫이니 如所謂咸建五長이 是已라 若周、漢則盡其地之所至而疆畫之也니라

주(周)나라 제도(《주례》〈직방씨〉)에 구기(九畿)는 후(侯)‧전(甸)‧남(男)‧채(采)‧위(衛)‧만(蠻)‧이(夷)‧진(鎭)‧번(藩)이며, 기(畿)마다 또한 5백 리이고, 왕기는 또 이 안에 들어 있지 않으니, 이것을 합하면 한 방면이 5천 리이다. 사방의 상거(相去)는 만 리가 되니, 우복(禹服)의 수에 배(倍)가 된다. 《한서》〈지리지〉에 또한 "동서(東西)가 9천 리이고, 남북(南北)이 1만 3천 리이다." 하였으니, 선유(先儒)들은 모두 우복(禹服)은 땅이 좁고 주(周)나라와 한(漢)나라는 땅이 넓음을 의심하였다.

혹자는 "주복(周服)의 리수(里數)는 모두 사방으로 말하였다." 하고, 혹자는 "고금(古今)의 자[尺]가 장단(長短)의 차이가 있다." 하고, 혹자는 "우(禹)의 때에는 직방(直方:일직선)으로 계산하였는데 후세에는 사람 발자국의 굴곡(屈曲)을 취했다." 하니, 요컨대 모두 정확한 의논이 아니다. 우(禹)의 성교(聲敎)가 미친 것은 지역이 사해에 다 하였으나 강리(疆理:국경을 다스림)한 것은 다만 오복(五服)으로 제한하였고, 황복(荒服)의 밖에 이르러는 또 따로 구획(區畫)을 한 것이니, 〈익직〉에 이른바 "다섯 장(長)을 모두 세웠다[咸建五長]."는 것이 이것이다. 주(周)나라와 한(漢)나라로 말하면 그 땅의 경계까지 다해서 강리(疆理)하여 구획한 것이다.

106. 東漸于海하며 西被于流沙하며 朔南에 暨(기)하여 聲敎訖(흘)于四海어늘 禹錫玄圭하사 告厥成功하시다

동쪽으로 바다(동해)에 무젖고, 서쪽으로 유사(流沙)에 입혀지며, 북쪽과 남쪽에 이르러 성교(聲敎)가 사해에 다 미치자, 우(禹)가 검은 규(圭)를 올려 성공을 아뢰셨다.

漸은 漬요 被는 覆(부)요 暨는 及也라 地有遠近이라 故로 言有淺深也라 聲은 謂風聲이요 敎는 謂敎化라 林氏曰 振擧於此而遠者聞焉이라 故로 謂之聲이요 軌範於此而遠者效焉이라 故로 謂之敎라 上言五服之制하고 此言聲敎所及하니 蓋法制有限이요 而敎化無窮也라 錫은 與師錫之錫同하니 水土旣平에 禹以玄圭爲贄하여 而告成功于舜也라 水色黑이라 故로 圭以玄云이라

'점(漸)'은 무젖음이요 '피(被)'는 덮임이요, '기(暨)'는 미침이다. 지역에 원근(遠近)의 차이가 있기 때문에 말(글)이 깊고 얕음이 있는 것이다. '성(聲)'은 풍성(風聲)을 이

⋯ 暨 : 미칠 기 訖 : 다할 흘 漬 : 젖을 지 贄 : 폐백 지

르고, '교(敎)'는 교화(敎化)를 이른다. 임씨(林氏)가 말하기를 "여기에서 떨쳐 듦에 멀리 있는 자가 듣기 때문에 성(聲)이라 이르고, 여기에서 법(法:규범)이 됨에 멀리 있는 자가 본받기 때문에 교(敎)라 이른다." 하였다.

위에서는 오복(五服)의 제도를 말하고 여기서는 성교(聲敎)가 미치는 바를 말하였으니, 법제는 한계가 있으나 교화는 무궁한 것이다. '석(錫)'은 위 〈요전〉의 사석(師錫; 여럿이 올림)의 석(錫)과 같으니, 수토(水土)가 이미 다스려짐에 우(禹)가 검은 규(圭)를 폐백으로 삼아 성공을 제순(帝舜)에게 고한 것이다. 물빛이 검으므로 규를 검은색으로 한 것이다.

〈감서(甘誓)〉

甘은 地名이니 有扈氏國之南郊也니 在扶風鄠(호)縣하니라 誓는 與禹征苗之誓同義하니 言其討叛伐罪之意하고 嚴其坐作進退之節이니 所以一衆志而起其怠也라 誓師于甘이라 故로 以甘誓名篇하니라 書有六體[218]하니 誓其一也라 今文古文皆有하니라

　'감(甘)'은 지명이니, 유호씨(有扈氏) 나라의 남쪽 교외(郊外)이니, 부풍군(扶風郡) 호현(鄠縣)에 있었다. '서(誓)'는 〈대우모(大禹謨)〉에 우(禹)가 삼묘(三苗)를 정벌할 때에 맹세한 것과 뜻이 같으니, 배반하는 자를 토벌하고 죄 있는 자를 정벌하는 뜻을 말하며, 앉고 일어나며 나아가고 물러가는 절도를 엄격히 한 것이니, 여러 사람의 마음을 통일시켜 나태한 마음을 흥기시킨 것이다. 군사들에게 감(甘) 땅에서 맹세했으므로 감서(甘誓)로 편(篇)을 이름한 것이다. 《서경》은 여섯 체(體)가 있으니, 서(誓)가 그 중에 하나이다. 금문(今文)과 고문(古文)에 모두 있다.

○ 按 有扈는 夏同姓之國이라 史記曰 啓立에 有扈不服이어늘 遂滅之라한대 唐孔氏因謂 堯、舜은 受禪이어늘 啓獨繼父라 以是不服이라하니 亦臆度(억탁)之耳라 左傳昭公元年에 趙孟曰 虞有三苗하고 夏有觀、扈하고 商有姺(신)、邳(비)하고 周有徐、奄이라하니 則有扈亦三苗、徐、奄之類也니라

　○ 살펴보건대, 유호(有扈)는 하(夏)나라와 동성(同姓)의 나라이다. 《사기》 〈하기(夏紀)〉에 "계(啓)가 서자(즉위하자), 유호가 복종하지 않으므로 마침내 멸망시켰다." 하였는데, 당(唐)나라 공씨(孔氏)는 인하여 이르기를 "요(堯)·순(舜)은 선양(禪讓)을 받았는데, 계(啓)는 홀로 아버지를 이어 즉위하였다. 이 때문에 유호가 복종하지 않은 것이다." 하였으니, 또한 억측일 뿐이다. 《춘추좌씨전》 소공(昭公) 원년(元年)에 조맹(趙孟:조무(趙武))이 말하기를 "우(虞)나라는 삼묘(三苗)가 있었고, 하나라는 관(觀)·호(扈)가 있었고, 상(商)나라는 신(姺)·비(邳)가 있었고, 주(周)나라는 서(徐)·엄(奄)이 있었다." 하였으니, 그렇다면 유호 또한 삼묘와 서·엄의 무리일 것이다.

---

218 書有六體 : 육체(六體)는 《서경》의 여섯 가지 문체(文體)로 전(典)·모(謨)·훈(訓)·고(誥)·서(誓)·명(命)을 이른다.

··· 扈 : 뒤따를 호　鄠 : 땅이름 호　姺 : 나라이름 신　邳 : 땅이름 비

【小序】 啓與有扈로 戰于甘之野할새 作甘誓하니라

　계(啓)가 유호(有扈)와 함께 감(甘) 땅의 들에서 싸울 적에 〈감서(甘誓)〉를 지었다.

【辨說】 經曰大戰于甘者는 甚有扈之辭也[219]라 序書者는 宜若春秋筆然이니 春秋에 桓王失政하여 與鄭戰于繻(유)葛한대 夫子猶書王伐鄭이라하사 不曰與, 不曰戰者는 以存天下之防也라 以啓之賢으로 征有扈之無道는 正禮樂征伐自天子出也어늘 序書者 曰與曰戰이라하여 若敵國者는 何哉오 孰謂書序爲夫子作乎아

　경문(經文)에 "감(甘) 땅에서 크게 싸웠다."고 말한 것은 유호(有扈)의 죄를 심하게 여긴 말씀이다. 〈서서(序書)〉를 지은 자는 마땅히 《춘추(春秋)》의 필법(筆法)과 같이 해야 하니, 《춘추》에 환왕(桓王)이 정사를 잘못하여 정(鄭)나라와 유갈(繻葛)에서 싸웠는데, 부자(夫子;공자)가 오히려 '왕이 정(鄭)을 정벌했다.〔王伐鄭〕'고 쓰시어 '여(與)'라고 말하지 않고 '전(戰)'이라고 말하지 않은 것은 천하의 예방(禮防)을 보존하려고 하신 것이다. 계(啓)의 어짊으로 유호의 무도함을 정벌함은 바로 예악(禮樂)과 정벌(征伐)이 천자로부터 나온 것인데, 〈서서〉를 지은 자가 '여(與)'라 하고 '전(戰)'이라 하여 마치 적국(敵國)과 같이 여긴 것은 어째서인가. 누가 〈서서〉를 부자(공자)가 지었다고 말하는가.

1. 大戰于甘하실새 乃召六卿하시다

　감(甘) 땅에서 크게 싸울 적에 마침내 육경(六卿)을 부르셨다.

六卿은 六鄕之卿[220]也라 按周禮에 鄕大夫는 每鄕에 卿一人이니 六鄕六卿이라 平居無事면 則各掌其鄕之政敎禁令하여 而屬於大司徒하고 有事出征이면 則各率其鄕之一萬二千五百人하여 而屬於大司馬하니 所謂軍將皆卿[221]者是也니 意夏制亦如

......

219　甚有扈之辭也 : 유호(有扈)가 복종하지 않은 죄를 심히 드러낸 것이다.〔甚著其不服之罪.〕

220　六鄕之卿 : 《사마법(司馬法)》을 보면 천자국은 도성에서 1백 리쯤 떨어진 곳을 교(郊)라 하는데 여기에 육향(六鄕)이 있고, 2백 리쯤 되는 곳을 주(州)라 하는데 여기에 육수(六遂)가 있다. 향(鄕)과 주(州)에는 각각 1만 2천 5백 가호(家戶)가 있는데 향(鄕)은 경(卿) 한 사람이 맡아 다스리고 수(遂)는 중대부(中大夫) 한 사람이 다스리며, 가호(家戶)마다 병사 한 사람씩을 내어 육향(六鄕)은 정군(正軍)이 되고 육수(六遂)는 부군(副軍)이 된다. 그리하여 천자국은 육군(六軍), 큰 제후국은 삼군(三軍), 그 다음의 제후국은 이군(二軍)을 보유한다. 여기의 육경(六卿)은 직접 천자를 보좌하는 육경은 아니다.

221　軍將皆卿 : 《주례》〈하관(夏官) 서관(敍官)〉에 "군장(軍將)은 모두 경(卿)으로 임명한다.〔軍將

... 繻 : 고운명주 유

此리라 古者에 四方有變이면 專責之方伯하고 方伯不能討然後에 天子親征之하니 天子之兵은 有征無戰이라 今啓旣親率六軍以出하고 而又書大戰于甘이라하니 則有扈之怙(호)强稔(임)惡하여 敢與天子抗衡이니 豈特孟子所謂六師移之[222]者리오 書曰大戰은 蓋所以深著有扈不臣之罪하여 而爲天下後世諸侯之戒也니라

'육경(六卿)'은 육향(六鄕)의 경(卿)이다. 《주례(周禮)》를 살펴보면 향대부(鄕大夫)는 향(鄕)마다 경(卿)이 한 사람이니, 육향(六鄕)이면 육경(六卿)이다. 〈향대부는〉 평소에 일이 없으면 각기 그 향(鄕)의 정교(政敎)와 금령(禁令)을 관장하여 대사도(大司徒)에 소속되고, 일이 있어 출정(出征)하게 되면 각기 그 향(鄕)의 병사 1만 2천 5백 명을 거느려서 대사마(大司馬)에 소속되니, 《주례》〈하관(夏官)〉에 이른바 "군장(軍將)이 모두 경(卿)이다."라는 것이 이것이니, 짐작컨대 하(夏)나라 제도 또한 이와 같을 듯하다.

옛날에 사방에 변란이 있으면 오로지 방백(方伯)에게 책임지우고, 방백이 토벌하지 못한 뒤에야 천자가 친히 정벌하였으니, 천자의 군대는 정벌만 있고 싸움은 없다. 그런데 지금 계(啓)가 이미 친히 육군(六軍)을 거느려 출정하였고, 또 감(甘) 땅에서 크게 싸웠다고 썼으니, 유호가 강함을 믿고 악한 짓을 자행하여 감히 천자와 항형(抗衡; 항거)한 것이니, 어찌 다만 《맹자》에 이른바 "육사(六師)로 바꾼다."는 것일 뿐이겠는가. '크게 싸웠다'고 쓴 것은 유호가 신하노릇하지 않은 죄(罪)를 깊이 드러내어 천하와 후세의 제후들에게 경계를 삼은 것이다.

2. 王曰 嗟六事之人아 予誓告汝하노라

왕(王)이 말씀하였다. "아! 육사(六事)의 사람들아. 내 맹세하여 너희들에게 고하노라.

重其事故로 嗟歎而告之라 六事者는 非但六卿이요 有事於六軍者 皆是也라

그 일을 소중히 여겼기 때문에 차탄(嗟歎)하여 고한 것이다. '육사(六事)'는 단지 육경(六卿)만이 아니요, 육군(六軍)에 일이 있는 자는 모두 육사이다.

━━━━━━
皆命卿)"라는 말이 보인다.
222 六師移之 : 육사(六師)는 육군(六軍)으로, 육군을 동원하여 제후왕을 갈아치우는 것이다. 《맹자》〈고자 하(告子下)〉에 "제후가 한 번 조회오지 않으면 직위를 폄하고 두 번 조회오지 않으면 그 영토를 깎아내고 세 번 조회오지 않으면 육군으로 그 임금(제후)를 갈아치운다.〔一不朝則貶其爵, 再不朝則削其地, 三不朝則六師移之.〕"라고 보인다.

••• 怙 : 믿을 호 稔 : 곡식익을 임 衡 : 저울대 형

3. 有扈氏威侮五行[223]하며 怠棄三正[224]할새 天用勦(剿)絶其命하시나니 今予는 惟恭行天之罰이니라

유호씨(有扈氏)가 오행(五行)을 포학히 하고 불경하며 삼정(三正)을 태만히 하여 버리기에 하늘이 그 명(命)을 끊으시니, 이제 나는 하늘의 벌을 공손히 행할 것이다.

威는 暴殄之也요 侮는 輕忽之也라 鯀汨(곤골)五行而殛死하니 況於威侮之者乎아 三正은 子丑寅之正也니 夏正은 建寅하니라 怠棄者는 不用正朔也라 有扈氏暴殄天物하고 輕忽不敬하며 廢棄正朔하고 虐下背上하여 獲罪于天일새 天用剿絶其命하시나니 今我伐之는 惟敬行天之罰而已라 今按此章컨대 則三正迭建이 其來久矣라 舜協時月正日[225]도 亦所以一正朔也니 子丑之建이 唐虞之前에 當已有之리라

'위(威)'는 포진(暴殄;함부로 버림)함이요 '모(侮)'는 경홀(輕忽)히 하는 것이다. 아래 〈홍범(洪範)〉에 "곤(鯀)이 오행(五行)을 어지럽히다가 귀양가 죽었다." 하였으니, 하물며 오행을 위모(威侮)하는 자임에랴. '삼정(三正)'은 자(子)·축(丑)·인(寅)의 정월(正月)이니, 하정(夏正)은 건인월(建寅月;북두성(北斗星) 자루가 초저녁에 인방(寅方)을 가리키는 달)로 하였다. '태기(怠棄)'는 정삭(正朔)을 쓰지 않는 것이다. '유호씨가 하늘이 낸 물건을 함부로 버리고 경홀히 하여 공경하지 않으며, 정삭(正朔)을 폐기하고 아랫사람들을 학대하고 윗사람을 배반하여 하늘에 죄를 얻었으므로 하늘이 그 명(命)을 끊으시니, 이제 내가 정벌함은 오직 하늘의 벌을 공경히 행할 뿐이다.'라고 한 것이다.

이제 이 장(章)을 살펴보건대, 삼정을 차례로 세운 것은 그 유래가 오래이다. 〈순전(舜典)〉에 제순(帝舜)이 사시(四時)와 월(月)을 맞추고 날짜(일진)를 바로잡은 것도 또한

••••••
223 威侮五行:위모오행(威侮五行)에 대하여 진대유(陳大猷)는 "오상(五常)의 도리를 위배하고 춘생(春生)·하장(夏長)·추수(秋收)·동장(冬藏)에 알맞은 이치를 거역하는 것이 모두 오행을 업신여긴 행위이다." 하였다. 《大全本》

224 三正:자월(子月)·축월(丑月)·인월(寅月)을 정월(正月)로 함을 이른다. 북두칠성(北斗七星)의 자루가 초저녁에 정북방(正北方)인 자방(子方)을 가리키는 달을 자월이라 하고, 축방(丑方)을 가리키는 달을 축월이라 하고, 인방(寅方)을 가리키는 달을 인월이라 하는바, 주(周)나라는 자월을, 은(殷)나라는 축월을, 하(夏)나라는 인월을 정월로 삼았다. 현재 우리가 사용하는 음력은 하나라의 정월을 따른 것으로 자월은 음력 11월, 축월은 12월에 각각 해당한다. 북두칠성은 일곱 개의 별로 이루어졌는데, 위에 있는 네 별(::)을 말[斗]로 보고 아래의 세 별(;)을 자루[杓]로 본다.

225 舜協時月正日:협(協)은 맞추어 바로잡는 것이며 정(正)은 일진(日辰)에 잘못된 것이 있으면 바로잡는 것으로, 위 〈순전(舜典)〉에 "사시와 달을 맞추어 보고 날짜(일진)를 바로잡았다.[協時月, 正日.]"라고 보인다.

••• 勦 : 죽일 초 殄 : 끊을 진 汨 : 어지럽힐 골 殛 : 귀양갈 극 迭 : 번갈아 질

정삭을 통일한 것이니, 자월(子月)과 축월(丑月)을 정월로 삼은 것이 당(唐)·우(虞) 이전에 마땅히 있었을 것이다.

4. 左不攻于左하면 汝不恭命이며 右不攻于右하면 汝不恭命이며 御非其馬之正이면 汝不恭命이니라

　수레의 왼쪽에 있는 자가 왼쪽을 다스리지 않으면 네가 명령을 공손히 받들지 않는 것이며, 수레의 오른쪽에 있는 자가 오른쪽을 다스리지 않으면 네가 명령을 공손히 받들지 않는 것이며, 어(御;마부)가 말을 바른 방식으로 몰지 않으면 네가 명령을 공손히 받들지 않는 것이다.

左는 車左요 右는 車右也라 攻은 治也라 古者에 車戰之法은 甲士三人에 一居左以主射하고 一居右以主擊刺(척)하고 御者居中以主馬之馳驅也라 左傳宣公十二年에 楚許伯이 御樂(악)伯하고 攝叔爲右하여 以致晉師할새 樂伯曰 吾聞致師者는 左射以菆(추)라하니 是車左主射也요 攝叔曰 吾聞致師者는 右入壘하여 折馘(괵)執俘而還이라하니 是車右主擊刺也라 御非其馬之正[226]은 猶王良所謂詭遇[227]也라 蓋左右不治其事와 與御非其馬之正은 皆足以致敗라 故로 各指其人하여 以責其事하여 而欲各盡其職而不敢忽也니라

　'좌(左)'는 수레의 왼쪽이고, '우(右)'는 수레의 오른쪽이다. '공(攻)'은 다스림이다. 옛날에 수레(병거(兵車))로 싸우는 법은 갑사(甲士)가 세 사람인데, 한 사람은 수레의 왼쪽에 있으면서 활쏘기를 주관하고, 한 사람은 오른쪽에 있으면서 적을 치고 찌르는 것을 주관하며, 말 모는 자는 중앙에 있으면서 말의 치구(馳驅)를 주관한다. 《춘추좌씨전》 선공(宣公) 12년에 초(楚)나라 허백(許伯)이 악백(樂伯)을 위하여 말을 몰고 섭숙(攝叔)이 수레의 오른쪽이 되어서 진(晉)나라 군대에게 도전(挑戰)할 적에, 악백이 말

......

226 御非其馬之正 : 경문에도 그대로 보이는데, 호산은 "이 구(句)는 《언해》의 해석을 다시 헤아려 보아야 할 듯하다.〔此句諺釋 恐在更商.〕" 하였다. 《詳說》 경문에 대한 《언해》는 "御가 그 馬를 正으로 하지 않으면"으로 해석하였는바, 호산의 설에 따라 모두 수정하였다.

227 王良所謂詭遇 : 왕량(王良)은 춘추시대(春秋時代) 말을 잘 몬 자이며, 궤우(詭遇)는 비정상적으로 수레를 몰아 사수(射手)가 짐승을 잡게 하는 것이다. 옛날에는 말을 모는 어자(御者)와 활을 쏘는 사수(射手)가 한 조(組)가 되어 사냥을 하여 어자는 규칙에 맞게 수레를 몰고 사수는 그 수레 위에서 활을 쏘아 짐승을 잡는데, 궤우는 어자가 규칙을 지키지 않고 사수가 사냥하기 편리한대로 맞추어 주는 것으로, 이 내용이 《맹자》 〈등문공 하(滕文公下)〉에 보인다.

… 菆 : 좋은화살 추　壘 : 토성 루, 보루 루　馘 : 왼쪽귀벨 괵　俘 : 사로잡을 부　詭 : 속일 궤

하기를 "내 들으니 적에게 도전[致師]할 경우에는 왼쪽에 있는 자가 좋은 화살로 활을 쏜다." 하였으니, 이는 수레의 왼쪽에 있는 자가 활쏘기를 주관하는 것이며, 섭숙이 말하기를 "내 들으니 적에게 도전할 때에는 수레의 오른쪽에 있는 자가 적의 보루(堡壘)로 쳐들어가서 적군의 귀를 베고 포로를 잡아 돌아온다." 하였으니, 이는 수레의 오른쪽에 있는 자가 치고 찌름을 주관하는 것이다.

'어(御)가 말을 바른 방식으로 몰지 않는다'는 것은 왕량(王良)의 이른바 궤우(詭遇)와 같은 것이다. 좌(左)·우(右)가 그 일을 다스리지 않음과 마부가 말을 바르게 몰지 않음은 모두 실패를 부를 수 있다. 그러므로 각기 그 사람을 지적하여 그 일을 책해서 각기 직책을 다하여 감히 소홀히 하지 않게 하고자 한 것이다.

5. **用命**은(이란) **賞于祖**하고 **不用命**은(이란) **戮于社**하되 **予則孥戮汝**하리라

명(命)을 따르는 자는 선조(先祖)의 사당에서 상을 내리고, 명(命)을 따르지 않는 자는 사(社)에서 죽이되 내 너의 자식까지 죽이리라."

戮은 殺也라 禮曰 天子巡狩에 以遷廟主行이라하고 左傳에 軍行에 祓(불)**社釁**(흔)**鼓라하니 然則天子親征에 必載其遷廟之主와 與其社主以行은 以示賞戮之不敢專也라 祖는 左니 陽也라 故賞于祖요 社는 右니 陰也라 故戮于社라 孥는 子也니 孥戮은 與上戮字同義라 言若不用命이면 不但戮及汝身이요 將倂汝妻子而戮之라 戰은 危事也니 不重其法이면 則無以整肅其衆而使赴功也니라**

'륙(戮)'은 죽임이다. 예(禮:《예기》〈증자문(曾子問)〉)에 "천자(天子)가 순수(巡狩)할 때에는 체천(遞遷)한 사당의 신주(神主)를 모시고 간다." 하였고, 《춘추좌씨전》 선공(宣公) 4년에는 "군대가 출행(出行)할 때에는 사(社)에서 불제(祓祭)를 지내고 북에 짐승의 피를 바른다." 하였으니, 그렇다면 천자가 친정(親征)할 때에 반드시 체천한 사당의 신주와 사(社)의 신주를 싣고 가는 것이니, 이는 상 주고 죽이는 것을 감히 독단할 수 없음을 보인 것이다. 조묘(祖廟)는 왼쪽에 있으니 양(陽)이므로 선조의 사당에서 상을 주고, 사(社)는 오른쪽에 있으니 음(陰)이므로 사에서 죽이는 것이다.

'노(孥)'는 자식이니, '노륙(孥戮)'은 위의 륙(戮) 자와 뜻이 같다. "만약 명령을 따르지 않으면 단지 죽음이 네 몸에 미칠 뿐만 아니라 장차 너의 처자식까지 아울러 죽일 것이다."라고 말한 것이다. 싸움은 위태로운 일이니, 그 법을 엄중히 하지 않으면 무리(병사)를 정돈하고 엄숙히 하여 공(功)에 나아가게 할 수가 없다.

⋯ 戮 : 죽일 륙　孥 : 자식 노　祓 : 제액할 불　釁 : 틈바를 흔

或曰 戮은 辱也니 孥戮은 猶秋官司厲에 孥(奴)男子以爲罪隸之孥라 古人은 以辱 爲戮하니 謂戮辱之以爲孥耳라 古者에 罰弗及嗣하니 孥戮之刑은 非三代之所宜 有也라하니라 按 此說이 固爲有理라 然以上句考之컨대 不應一戮而二義라 蓋罰弗 及嗣者는 常刑也요 予則孥戮者는 非常刑也니 常刑則愛克厥威요 非常刑則威 克厥愛라 盤庚遷都에도 尙有劓(의)殄滅之無遺育之語하니 則啓之誓師 豈爲過哉 리오

혹자는 이르기를 "륙(戮)은 욕(辱)을 주는 것이니, 노륙(孥戮)은 《주례》〈추관(秋官)〉〈사려(司厲)〉에 '남자를 종으로 삼아 죄예(罪隸:죄를 지은 노예)로 삼는다.'는 노(孥)와 같다. 옛사람은 욕(辱)을 륙(戮)이라 하였으니, 치욕을 주어서 노예로 삼음을 이른다. 옛날에 벌이 자식에게 미치지 않았으니, 자식까지 죽이는 형벌은 삼대(三代)에 마땅히 있을 것이 아니다."라고 한다.

살펴보건대, 이 말이 진실로 이치가 있으나 상구(上句)로 살펴보면 하나의 륙(戮) 자에 두 가지 뜻이 있을 수 없다. 벌이 자식에게 미치지 않는 것은 평상시의 형벌이고, 내 너의 자식까지 죽인다는 것은 평상시의 형벌이 아니다. 평상시의 형벌은 사랑이 위엄을 이기고, 평상시의 형벌이 아닌 것은 위엄이 사랑을 이긴다. 아래 〈반경((盤庚))〉에 반경이 천도(遷都)할 때에도 오히려 "코를 베고 진멸(殄滅;죽임)하여 종자를 남겨두어 기르지 않겠다."는 말이 있으니, 계(啓)가 군사들에게 맹세한 것이 어찌 지나치겠는가.

… 劓 : 코벨 의

〈오자지가(五子之歌)〉

五子는 太康之弟也요 歌는 與帝舜作歌之歌로 同義하니 今文無, 古文有하니라

 오자(五子;다섯 사람)는 태강(太康)의 아우이고, '가(歌)'는 〈익직(益稷)〉에 제순(帝舜)이 노래를 지었다는 가(歌)와 뜻이 같으니, 금문(今文)에는 없고 고문(古文)에는 있다.

【小序】 太康失邦이어늘 昆弟五人이 須于洛汭하더니 作五子之歌하니라

 태강(太康)이 나라를 잃자, 그의 형제 다섯 사람이 낙수(洛水)가에서 기다리더니 〈오자지가(五子之歌)〉를 지었다.

【辨說】 經文已明하니 此但疣贅(우췌)耳라 下文不註者는 放此[228]하니라

 경문(經文)에 이미 분명하니, 이 〈소서〉는 다만 군더더기일 뿐이다. 아래 글에 주(변설)를 달지 않은 것은 이와 같다.

1. **太康尸位**하여 **以逸豫**로 **滅厥德**한대 **黎民**이 **咸貳**어늘 **乃盤遊無度**하여 **畋**(전)**于有洛之表**하여 **十旬**을 **弗反**하니라

 태강(太康)이 지위만 차지하여 일예(逸豫;편안함과 즐거움)로 그 덕(德)을 멸(滅)하자 여민(黎民)들이 모두 배반하였는데, 마침내 놀이에 즐기기를 무도(無度;한없음)히 하여 낙수(洛水)의 밖으로 사냥가서 십순(十旬;100일)이 되어도 돌아오지 않았다.

太康은 啓之子라 尸는 如祭祀之尸니 謂居其位而不爲其事니 如古人所謂尸祿、尸官[229]者也라 豫는 樂(락)也라 夏諺曰 吾王不遊면 吾何以休며 吾王不豫면 吾何以助리오 一遊一豫 爲諸侯度라하니 夏之先王이 非不遊豫나 蓋有其節하니 皆所以爲民이요 非若太康以逸豫而滅其德也라 民咸貳心이로되 而太康이 猶不知悔하고 乃安於遊畋之無度[230]하여 言其遠이면 則至于洛水之南하고 言其久면 則十旬而弗

......

228 下文不註者 倣此 : 〈시서(詩序)〉와 변설(辨說)의 내용이 다소 평탄한 것(크게 다르지 않은 것)과 똑같은 예이다.〔與詩序辨之稍平者同例.〕
229 所謂尸祿尸官 : 시록(尸祿)은 하는 일 없이 녹만 먹는 것으로《한서(漢書)》〈공우전(貢禹傳)〉에 보이고, 시관(尸官)은 하는 일 없이 관직만 차지하는 것으로 아래 〈윤정(胤征)〉에 보인다.
230 乃安於遊畋之無度 : 경문의 '반유무도(盤遊無度)'를 부연 설명한 것으로, 호산은 "이《집전》은 논(論)으로 해석하였기 때문에 '반유무도' 한 구의 해석을 모두 본문(경문)의 문세를 따르지 않

  … 汭 : 물굽이 예 疣 : 군더더기 우 贅 : 군더더기 췌 尸 : 시동 시 豫 : 즐거울 예 貳 : 배반할 이 畋 : 사냥할 전

反하니 是則太康이 自棄其國矣니라

　태강(太康)은 계(啓)의 아들이다. '시(尸)'는 제사(祭祀)의 시동(尸童)과 같으니, 그 지위에 있기만 하고 일을 하지 않음을 이르니, 옛사람의 이른바 '시록(尸祿)·시관(尸官)'과 같은 것이다. '예(豫)'는 즐김이다. 《맹자》〈양혜왕 하〉에 하(夏)나라 속담에 "우리 왕이 유람하지 않으면 우리들이 어떻게 쉬며, 우리 왕이 즐기지 않으면 우리들이 어떻게 도움을 받겠는가. 한 번 유람하고 한 번 즐기는 것이 제후들의 법도가 된다." 하였으니, 하나라의 선왕들이 유람하고 즐기지 않은 것은 아니나 다 절도가 있었으니 모두 백성을 위한 것이었고, 태강처럼 일예(逸豫)로써 그 덕(德)을 멸(滅)한 것이 아니다. 백성들이 모두 배반하는 마음을 품었으나 태강은 오히려 뉘우칠 줄을 알지 못하고, 마침내 놀고 사냥하기를 한없이 함에 편안하여, 그 먼 것을 말하면 낙수(洛水)의 남쪽까지 이르고 그 오램을 말하면 십순(十旬)이 되어도 돌아오지 않았으니, 이는 태강이 스스로 자기 나라를 버린 것이다.

2. **有窮后羿 因民弗忍**하여 **距(拒)于河**하니라

　유궁(有窮)의 임금인 예(羿)가 백성들이 견디지(참아내지) 못함을 이용하여 하수(河水)에서 태강을 막았다.

窮은 國名이요 羿는 窮國君之名也라 或曰 羿는 善射者之名이라 賈逵(규)說文에 羿는 帝嚳射官이라 故로 其後善射者를 皆謂之羿하니 有窮之君亦善射라 故로 以羿目之也라하니라 羿因民不堪命하여 距太康于河北[231]하여 使不得返하고 遂廢之하니라

　'궁(窮)'은 나라 이름이고, '예(羿)'는 궁(窮)나라 군주의 이름이다. 혹자는 이르기를

......

았는데, 《언해》의 해석은 도리어 이 《집전》을 따라 해석해서 '놀이와 사냥을 즐기는 것이 한도가 없음에 편안히 여긴다.'는 뜻으로 삼았으니, 마땅히 다시 헤아려 보아야 한다. 반(盤)은 반(般)과 같으니, 놀이와 사냥을 즐기는 것이 한도가 없음을 이른다.〔此註以論釋之, 故盤遊無度一句之釋, 不盡依本文之勢, 合更商. 盤, 與般同, 樂也. 謂盤于遊畋者無度也.〕"《詳說》《언해》에는 "遊를 無度에 盤하야'로 되어있는바, 호산의 설에 따라 경문을 수정 번역하였다.

231　距太康于河北:경문의 '距于河'를 부연 설명한 것으로 호산은 《언해》의 해석에 '우(于)'를 왕(往;가다)의 뜻으로 삼았으니, 문세를 잃은 듯하다.〔諺釋于作往義, 恐失文勢.〕하였다.《詳說》《언해》에는 '河에 가 距하니라'로 해석하였는바, 호산의 설에 따라 우(于)를 어(於;에서)로 수정 번역하였다.

••• 羿:이름 예　距:막을 거　逵:길거리 규　嚳:임금이름 곡

"예(羿)는 활쏘기를 잘하는 자의 이름이다. 가규(賈逵)의 《설문(說文)》에 '예는 제곡(帝嚳)의 활쏘는 관원이었으므로 그 뒤에 활쏘기를 잘하는 자를 모두 예(羿)라 했다.' 하였으니, 유궁(有窮)의 군주 또한 활쏘기를 잘하였기 때문에 예라고 지목했다."라고 한다. 예는 백성들이 군주의 명령을 견뎌내지 못함을 이용하여, 태강을 하북(河北;황하 북쪽)에서 막아 돌아오지 못하게 하고 마침내 폐위(廢位)하였다.

3. **厥弟五人**이 **御其母以從**[232]하여 **徯**(혜)**于洛之汭**(예)하더니 **五子咸怨**하여 **述大禹之戒**하여 **以作歌**하니라

  그의 아우 다섯 사람이 어머니를 모시고 따라가 낙수(洛水)의 물가에서 기다렸는데, 다섯 사람이 모두 원망하면서 대우(大禹)의 경계를 기술하여 노래를 지었다.

御는 侍也라 怨은 如孟子所謂小弁(반)之怨親親也라 小弁之詩는 父子之怨이요 五子之歌는 兄弟之怨이니 親之過大而不怨이면 是愈疏也라 五子知宗廟社稷危亡之不可救와 母子兄弟離散之不可保하여 憂愁鬱悒(읍)하고 慷慨感厲하여 情不自已라 發爲詩歌하여 推其亡國敗家之由 皆原於荒棄皇祖之訓하니 雖其五章之間에 非盡述皇祖之戒나 然其先後終始 互相發明이라 史臣이 以其作歌之意로 序於五章之首하니 後世序詩者 每篇에 皆有小序[233]하여 以言其作詩之義는 其原이 蓋出諸此라

  '어(御)'는 모심이다. '원(怨)'은 《맹자》〈고자 하(告子下)〉에 이른바 "〈소반(小弁)〉의 원망은 친한 사람을 친애했다."는 것과 같다. 〈소반〉의 시(詩)는 부자간(父子間)의 원망이요, 오자(五子)의 노래는 형제간(兄弟間)의 원망이니, 어버이(부모와 형제)의 잘못이 큰데도 원망하지 않으면 이는 더욱 소원해지는 것이다. 다섯 사람은 종묘(宗廟)와 사직(社稷)이 위태롭고 멸망하여 구원할 수 없음과 모자(母子)와 형제가 이산(離散)하

••••••
232 厥弟五人 御其母以從 : 오윤상은 말하였다. "공전(孔傳)에 '태강이 처음 사냥갈 때에 오자(五子)가 따라갔다.' 하였으나 옳지 않은 듯하다. 태강이 비록 편안히 즐김에 한도가 없었으나 한때의 사냥에 온 집안이 따라갈 이치가 없다. 아마도 태강이 오랫동안 돌아오지 않자 예(羿)가 중앙에서 난을 일으켰다. 그러므로 오자가 그 어머니를 모시고 태강을 낙수(洛水)의 북쪽에서 기다렸을 것이다.〔御其母以從, 孔傳謂太康初去之時, 五子以從, 恐不然. 太康雖逸豫無度, 一時敗獵, 無全家以從之理. 蓋太康久不返, 而羿從中作亂. 故五子御其母, 徯太康于洛水之汭也.〕"
233 後世序詩者 每篇皆有小序 : 〈소서(小序)〉는 《시경》 등의 각 편에 시(詩)를 짓게 된 동기 등을 설명한 〈서(序)〉를 가리킨다.

••• 徯 : 기다릴 혜 弁 : 새날 반 悒 : 답답할 읍 慷 : 슬플 강 慨 : 슬플 개

여 보존할 수 없음을 알고는 근심하고 답답하며 강개하고 감려(感厲;감분(感忿))하여 감정을 스스로 그칠 수 없었다. 그러므로 나타내어 시가(詩歌)를 지어서 나라를 멸망시키고 집안을 망치는 이유가 모두 황조(皇祖;우왕)의 교훈을 황기(荒棄;폐지)함에서 근원했다고 추명(推明)하였으니, 비록 다섯 장(章) 사이에 황조의 경계를 모두 기술한 것은 아니나, 그 선후(先後)와 종시(終始)가 서로 발명이 된다.

사신(史臣)이 노래를 지은 뜻을 다섯 장의 머리에 서술하였으니, 후세에 시(詩)를 서술하는 자가 편마다 모두 소서(小序)를 두어 시(詩)를 지은 뜻을 말한 것은 그 근원이 아마도 여기에서 나왔을 것이다.

4. 其一曰 皇祖有訓하시니 民可近이언정 不可下니라 民惟邦本이니 本固라사 邦寧이라하시니라 (하나니라)

그 첫 번째는 다음과 같다. "황조(皇祖)께서 교훈을 남기시니, '백성은 가까이할지언정 얕잡아 보아서는(소원히 해서는) 안 된다. 백성은 나라의 근본이니, 근본이 견고하여야 나라가 튼튼하다.' 하셨다.

此는 禹之訓也라 皇은 大也라 君之與民은 以勢而言하면 則尊卑之分이 如霄壤之不侔로되 以情而言하면 則相須以安이 猶身體之相資以生也라 故로 勢疏則離하고 情親則合하니 以其親故로 謂之近이요 以其疏故로 謂之下니 言其可親而不可疏之也라 且民者는 國之本이니 本固而後에 國安하나니 本旣不固면 則雖强如秦, 富如隋라도 終亦滅亡而已矣라 其一、其二는 或長幼之序이나 或作歌之序리니 不可知也라

이는 우왕(禹王)의 교훈이다. '황(皇)'은 큼이다. 군주와 백성은 형세(形勢)로써 말하면 존비(尊卑)의 구분이 하늘과 땅처럼 비견할 수 없으나, 정(情)으로써 말하면 서로 필요로 하여 편안함이 신체(身體)가 서로 자뢰(의뢰)하여 사는 것과 같다. 그러므로 형세가 소원하면 이반(離叛)하고 정(情)이 친하면 합하니, 친하기 때문에 가까이 한다고 말하고 소원하기 때문에 얕잡아 본다고 이른 것이니, 친할 수는 있으나 소원히 해서는 안 됨을 말한 것이다. 또 백성은 나라의 근본이니, 근본이 견고한 뒤에야 나라가 편안하니, 근본이 이미 견고하지 않으면 비록 강함이 진(秦)나라와 같고 부유함이 수(隋)나라와 같더라도 끝내 또한 멸망할 뿐이다. '기일(其一)'과 '기이(其二)'는 혹 장유(長幼)의 순서이거나 혹 노래를 지은 순서일 것이니, 알 수가 없다.

⋯ 霄 : 하늘 소   侔 : 짝할 모, 비견할 모

5. 予視天下한대 愚夫愚婦 一能勝予라하나니 一人이 三失이어니 怨豈在明이리오 不見(현)에 是圖니라 予臨兆民호되 凜(름)乎若朽索(후삭)之馭(어)六馬하노니 爲人上者는 奈何不敬고

내가 천하를 보건대 미련한 지아비와 부인들도 한 사람이 능히 우리를 이긴다 하니, 한 사람이 세 번 잘못을 하였으니 원망이 어찌 밝은 데에 있겠는가. 일이 나타나지 않았을 때에 도모하여야 한다. 내 조민(兆民)들을 대하되 두렵기가 썩은 새끼줄로 여섯 말을 어거하는 것과 같으니, 백성의 윗사람이 된 자가 어찌하여 공경하지 않는가."

予는 五子自稱也라 君失人心이면 則爲獨夫니 獨夫則愚夫愚婦一能勝我矣라 三失者는 言所失衆也라[234] 民心怨背를 豈待其彰著而後知之리오 當於事幾未形之時而圖之也라 朽는 腐也라 朽索은 易絶이요 六馬는 易驚이라 朽索은 固非可以馭馬也니 以喩其危懼可畏之甚이니 爲人上者 奈何而不敬乎아 前旣引禹之訓言하고 此則以己之不足恃, 民之可畏者로 申結其義也니라

'여(予)'는 오자(五子)가 자칭(自稱)한 것이다. 군주가 인심을 잃으면 독부(獨夫)가 되니, 독부가 되면 미련한 지아비와 부인들이 한 사람이 능히 우리를 이기는 것이다. '삼실(三失)'은 잘못한 것이 많음을 말한 것이다. 민심이 원망하고 배반함을 어찌 그 드러나기를 기다린 뒤에 알겠는가. 마땅히 사기(事幾;일의 기미)가 드러나지 않았을 때에 도모하여야 한다. '후(朽)'는 썩음이다. 썩은 새끼줄은 끊어지기 쉽고, 여섯 말은 놀라기 쉽다. 썩은 새끼줄은 진실로 말을 어거할 수 있는 것이 아니니, 이로써 위구(危懼)하여 두려워할 만함이 심함을 비유한 것이다. 백성의 윗사람이 된 자가 어찌하여 공경하지 않는가. 앞에서는 이미 우왕(禹王)의 교훈(敎訓)을 인용하였고, 여기서는 자기(군주를 가리킴)를 믿을 수 없음과 백성이 두려워할 만하다는 것으로써 거듭 그 뜻을 맺은 것이다.

6. 其二曰 訓에 有之하시니 內作色荒이어나 外作禽荒이어나 甘酒嗜音이어나

......

234 三失者 言所失衆也 : 경문의 '一人三失'을 부연 설명한 것으로, 호산은 "반드시 세 번에만 그치지 않았으므로 중(衆;많음)이라 한 것이다. 그러나 《언해》의 해석은 너무 주에 구애된 듯하다.[未必止於三, 故言衆. 然諺釋太泥於註.]" 하였다. 《詳說》《언해》에는 '一人이 失이 三이어니'로 해석하였는바, 호산의 설을 따라 경문을 수정 번역하였다.

··· 凜 : 차가울 름, 두려울 름 索 : 노끈 삭 馭 : 어거할 어 荒 : 빠질 황 嗜 : 즐길 기

峻宇彫(雕)牆(조장)이어나 有一於此하면 未或不亡이라하시니라(이니라)

　그 두 번째는 다음과 같다. "우왕의 교훈에 있으니, 안으로 색황(色荒)을 하거나 밖으로 금황(禽荒)을 하거나 술을 달게 여기고 음악을 좋아하거나 집을 높이 짓고 담장을 조각하거나 하여 이 중에 한 가지가 있으면 혹 망하지 않는 이가 없다."

此亦禹之訓也라 色荒은 惑嬖寵也요 禽荒은 耽遊畋(전)也니 荒者는 迷亂之謂라 甘嗜는 皆無厭也라 峻은 高大也요 宇는 棟宇也요 彫는 繪飾也라 言六者에 有其一이면 皆足以致滅亡也라 禹之訓이 昭明如此어늘 而太康이 獨不念之乎아 此章은 首尾意義已明이라 故로 不復申結之也하니라

　이 또한 우왕(禹王)의 교훈이다. '색황(色荒)'은 총애(寵愛)하는 여자에게 혹함이요, '금황(禽荒)'은 유전(遊畋; 놀이와 사냥)을 탐함이니, 황(荒)은 미란(迷亂)함을 이른다. '감(甘)'과 '기(嗜)'는 모두〈좋아하여〉만족함이 없는 것이다. '준(峻)'은 높고 큼이요, '우(宇)'는 동우(棟宇; 들보기둥과 서까래)요, '조(彫)'는 그리고 꾸미는 것이다. 여섯 가지 중에 한 가지가 있으면 모두 멸망을 이룰 수 있음을 말한 것이다. 우왕의 교훈이 이처럼 밝고 분명한데, 태강(太康)은 홀로 생각하지 않는가. 이 장(章)은 처음과 끝의 의의(意義)가 이미 분명하므로 다시 거듭 맺지 않은 것이다.

7. 其三曰 惟彼陶唐으로 有此冀方하시니 今失厥道하여 亂其紀綱하여 乃底(지)滅亡이로다

　그 세 번째는 다음과 같다. "저 도당(陶唐)으로부터 이 기방(冀方; 기주 지방)을 소유하셨는데, 이제 그 도(道)를 잃어 기강(紀綱)을 문란하게 해서 끝내 멸망함에 이르게 되었도다."

堯初爲唐侯라가 後爲天子하여 都陶라 故로 曰陶唐이라 堯授舜하고 舜授禹에 皆都冀州하니 言冀方者는 擧中以包外也라 大者爲綱이요 小者爲紀라 底는 致也라 堯舜禹相授一道하여 以有天下어시늘 今太康이 失其道而紊亂其紀綱하여 以致滅亡也라

　요(堯)가 처음에 당후(唐侯)가 되었다가 뒤에 천자가 되어 도(陶)에 도읍하셨으므로 '도당(陶唐)'이라 칭한 것이다. 요는 순(舜)에게 전수하고 순은 우(禹)에게 전수하셨는데 모두 기주(冀州)에 도읍하였으니, '기방(冀方)'이라고 말한 것은 중앙(도성)을 들

彫 : 아로새길 조　嬖 : 사랑할 폐　繪 : 그릴 회

어 밖을 포괄한 것이다. 큰 것(줄)을 '강(綱)'이라 하고, 작은 것을 '기(紀)'라 한다. '지(底)'는 이름이다. 요·순·우가 서로 한(똑같은) 도(道)를 전수하여 천하를 소유하셨는데, 이제 태강(太康)이 그 도를 잃어 기강을 문란시켜 멸망에 이르게 한 것이다.

○ 又按 左氏所引惟彼陶唐之下에 有帥彼天常一語하고 厥道는 作其行하고 乃底滅亡은 作乃滅而亡하니라

○ 또 살펴보건대, 《춘추좌씨전》 애공(哀公) 6년에 인용된 것은 '유피도당(惟彼陶唐)'의 아래에 '솔피천상(帥彼天常;저 하늘의 떳떳함을 따른다.)'이라는 한 말이 있고, '궐도(厥道)'는 '기행(其行)'으로 되어 있고, '내지멸망(乃底滅亡)'은 '내멸이망(乃滅而亡)'으로 되어 있다.

8. 其四曰 明明我祖는 萬邦之君이시니 有典有則(칙)하사 貽厥子孫이라 關石, 和鈞이 王府에 則有하니 荒墜厥緒하여 覆(복)宗絶祀로다

그 네 번째는 다음과 같다. "밝고 밝은 우리 선조(先祖)는 만방(萬邦)의 군주이시니, 전(典)이 있고 칙(則)이 있어 자손들에게 남겨주셨다. 어디에서나 통하는 석(石)과 누구에게나 화평한 균(鈞)이 왕부(王府)에 있는데, 그 전통을 폐하고 실추시켜 종통(宗統)을 전복시키고 후사(後祀)를 끊는구나."

明明은 明而又明也라 我祖는 禹也라 典은 猶周之六典이요 則은 猶周之八則[235]이니 所以治天下之典章法度也라 貽는 遺라 關은 通이요 和는 平也라 百二十斤爲石이요 三十斤爲鈞이니 鈞與石은 五權[236]之最重者也라 關通은 以見(현)彼此通同하여 無

------

235 典猶周之六典 則猶周之八則:육전(六典)은 나라를 다스리는 여섯 가지 떳떳한 법으로, 치전(治典;이전(吏典))·교전(敎典)·호전(戶典)·예전(禮典)·정전(政典)·병전(兵典)·형전(刑典)·사전(事典;공전(工典))이며, 팔칙(八則)은 공경(公卿)들의 식읍(食邑)과 왕자(王子)들의 봉지(封地)를 다스리는 여덟 가지 법으로, 제사(祭祀)·법칙(法則)·폐치(廢置)·녹위(祿位)·부공(賦貢)·예속(禮俗)·형상(刑賞)·전역(田役;전렵(田獵)과 역사(役使))인바, 《주례(周禮)》〈천관(天官)〉에 자세히 보인다.

236 五權:저울의 다섯 가지 단위로 수(銖)·냥(兩)·근(斤)·균(鈞)·석(石)을 가리키는데, 수(銖)는 기장알 1백 개의 무게이며, 24수(銖)를 1냥(兩)이라 하고, 16냥을 1근(斤), 30근을 1균(鈞), 4균을 1석(石)이라 한다.

··· 貽:줄 이 關:통할 관 鈞:서른근 균

折閱[237]之意요 和平은 以見人情兩平하여 無乖爭之意라 言禹以明明之德으로 君臨天下하시니 典則, 法度 所以貽後世者如此요 至於鈞、石之設하여 所以一天下之輕重而立民信者하여도 王府亦有之하니 其爲子孫後世慮 可謂詳且遠矣어늘 奈何太康이 荒墜其緒하여 覆其宗而絕其祀乎아하니라

'명명(明明)'은 밝고 또 밝음이다. '아조(我祖)'는 우왕(禹王)이다. '전(典)'은 주(周)나라의 육전(六典)과 같고, '칙(則)'은 주나라의 팔칙(八則)과 같으니, 천하를 다스리는 전장(典章)과 법도(法度)이다. '이(貽)'는 남겨줌이다. '관(關)'은 통함이요, '화(和)'는 화평함(똑고름)이다. 120근을 '석(石)'이라 하고, 30근을 '균(鈞)'이라 하니, 균과 석은 오권(五權) 중에 가장 무거운 것이다. '관통(關通)'은 피차(彼此)가 통하고 같아서 절열(折閱)의 뜻이 없음을 나타낸 것이요, '화평(和平)'은 인정이 두 사람 모두 화평하여 어그러지고 다투는 뜻이 없음을 나타낸 것이다.

"우왕이 밝고 밝은 덕(德)으로 천하에 군림(君臨)하시니, 전칙(典則)과 법도를 후세에 물려준 것이 이와 같으며, 균(鈞)·석(石)을 설치하여 천하의 경중(輕重)을 통일하고 백성들에게 신(信)을 세운 것 또한 왕부(王府)에 있으니, 그 자손과 후세를 위해 염려하심이 상세하고 또 원대하다고 이를 만한데, 어찌하여 태강(太康)은 그 전통을 황폐하고 실추시켜 종통(宗統)을 전복시키고 제사를 끊는가." 한 것이다.

○ 又按法度之制는 始於權하니 權與物鈞而生衡하고 衡運生規하고 規圓生矩하고 矩方生繩하고 繩直生準[238]하니 是權衡者는 又法度之所自出也라 故로 以鈞石言之하니라

○ 또 살펴보건대, 법도(표준, 기준)의 제도는 저울에서 시작되었으니, 저울이 물건과 균등하여 저울대가 생기고, 저울대가 한 바퀴 돌아 규(規)를 낳고, 규의 둥근 것이 구(矩)를 낳고, 구의 네모진 것이 승(繩;먹줄)을 낳고, 승의 곧은 것이 준(準;수평기)을 낳으니, 이 권(權)·형(衡)은 또 법도가 말미암아 나오는 것이다. 그러므로 균(鈞)·석(石)으로써 말한 것이다.

......
237 折閱: 절(折)은 손해보는 것이고 열(閱)은 물건을 파는 것으로 곧 물건을 팔아 손해봄을 이른다. 《순자(荀子)》〈수신(修身)〉에 "훌륭한 장사꾼은 물건을 팔아 손해본다 하여 매매를 그만 두지 않는다.〔良賈不爲折閱不市〕"라고 보인다.
238 權與物鈞而生衡……繩直生準: 이 내용은 《한서(漢書)》〈율력지(律曆志)〉에 보인다.

··· 閱: 분간할 열 乖: 어그러질 괴 規: 그림쇠 규 矩: 곡척 구 繩: 먹줄 승 準: 수준기준

9. **其五曰 嗚呼曷歸**오 **予懷之悲**여 **萬姓**이 **仇予**하나니 **予將疇依**오 **鬱陶乎**라 **予心**이여 **顔厚有忸怩**(뉵니)호라 **弗愼厥德**이어니 **雖悔**인들 **可追**아

 그 다섯 번째는 다음과 같다. "아! 어디로 돌아갈까. 내 마음의 서글픔이여! 만백성이 나(태강)를 원수로 여기니, 내 장차 누구를 의지하겠는가. 슬프다. 내 심정이여! 얼굴(낯가죽)이 두꺼워 부끄러운 마음이 있노라. 그 덕(德)을 삼가지 않았으니, 후회한들 뒤따라 고칠 수 있겠는가."

曷은 何也라 嗚呼曷歸는 歎息無地之可歸也요 予將疇依는 彷徨無人之可依也니 爲君至此면 亦可哀矣라 仇予之予는 指太康也라 指太康而謂之予者는 不忍斥言이니 忠厚之至也라 鬱陶는 哀思也라 顔厚는 愧之見(현)於色也요 忸怩는 愧之發於心也라 可追는 言不可追也라

 '갈(曷)'은 어찌이다. '오호갈귀(嗚呼曷歸)'는 돌아갈 만한 곳이 없음을 탄식한 것이요, '여장주의(予將疇依)'는 방황하여 의지할 만한 사람이 없는 것이니, 군주가 이 지경에 이르면 또한 가련하다. 구여(仇予)의 '여(予)'는 태강(太康)을 가리킨 것이다. 태강을 가리키면서 나라고 말한 것은 차마 태강을 지척(指斥)하여 말할 수가 없어서이니, 충후(忠厚)함이 지극하다. '울도(鬱陶)'는 슬픈 생각이다. '안후(顔厚)'는 부끄러움이 얼굴빛에 나타나는 것이요, '뉵니(忸怩)'는 부끄러움이 마음에서 나오는 것이다. '가추(可追)'는 따를 수 없음을 말한 것이다.

... 疇 : 누구 주 陶 : 근심할 도 忸 : 부끄러울 뉵 怩 : 부끄러울 니

〈윤정(胤征)〉

胤은 國名이라 孟子曰 征者는 上伐下也라하니 此以征名이나 實卽誓也라 仲康이 丁有夏中衰之運하여 羿執國政하니 社稷安危 在其掌握이어늘 而仲康이 能命胤侯以掌六師하고 胤侯能承仲康以討有罪하니 是雖未能行羿不道之誅하고 明義和黨惡之罪나 然當國命中絶之際하여 而能擧師伐罪하니 猶爲禮樂征伐之自天子出也라 夫子所以錄其書者는 以是歟인저 今文無, 古文有하니라

윤(胤)은 국명(國名)이다.《맹자》〈진심 하(盡心下)〉에 "정(征)은 윗사람이 아랫사람을 정벌하는 것이다." 하였으니, 이 편(篇)은 정이라고 이름하였으나 실제는 서(誓)이다. 중강(仲康)은 하(夏)나라가 중간에 쇠하는 운(運)을 만나 예(羿)가 국정(國政)을 잡으니, 사직(社稷)의 안위(安危)가 예의 손아귀에 있었는데, 중강이 윤후(胤侯)에게 명하여 육사(六師)를 관장하게 하고, 윤후가 중강의 명령을 받들어서 죄 있는 자를 토벌하였다. 이는 비록 무도(無道)한 예(羿)에게 주벌(誅伐)을 행하고 희화(羲和)가 악(惡)에 편당한 죄를 밝히지는 못하였으나, 국가의 운명이 중간에 〈40년 동안〉 끊기는 즈음을 당하여 군대를 동원해서 죄 있는 자를 정벌하였으니, 그래도 예악(禮樂)과 정벌(征伐)이 천자(天子)로부터 나옴이 된다. 부자(夫子)가 이 글을 기록한 것은 이 때문일 것이다. 금문(今文)에는 없고 고문(古文)에는 있다.

○ 或曰 蘇氏以爲羲和는 貳於羿하고 忠於夏者라 故로 羿假仲康之命하여 命胤侯征之라하니라 今按 篇首에 言 仲康이 肇位四海하여 胤侯를 命掌六師라하고 又曰 胤侯承王命徂征이라하니 詳其文意컨대 蓋史臣이 善仲康能命將遣師하고 胤侯能承命致討요 未見貶仲康不能制命하고 而罪胤侯之爲專征也라 若果爲篡羿之書인댄 則亂臣賊子所爲를 孔子亦取之爲後世法乎아

○ 혹자가 말하기를 "소씨(蘇氏:소식(蘇軾))가 '희화는 예(羿)를 배반하고 하나라에 충성한 자였다. 그러므로 예(羿)가 중강의 명(命)을 빌어서 윤후를 명하여 정벌했다.' 하였다." 한다. 이제 살펴보건대, 편 머리에 "중강이 사해에 처음 즉위하여 윤후를 명(命)해 육사(六師)를 관장하게 했다." 하였고, 또 이르기를 "윤후가 왕명(王命)을 받들어 가서 정벌했다." 하였으니, 이 글의 뜻을 살펴보면, 사신(史臣)이 중강이 장수(將帥)를 명하여 군대를 파견하고 윤후가 왕명을 받들어 토벌한 것을 좋게 여긴 것이요, 중

··· 胤 : 맏아들 윤 握 : 쥘 악 貶 : 폄하할 폄 篡 : 빼앗을 찬

강이 명령을 통제하지 못함을 폄하고 윤후가 제멋대로 정벌함을 죄준 것을 발견할 수가 없다. 만약 과연 찬탈한 예(羿)의 글이라면 난신 적자(亂臣賊子)가 행한 일을 공자(孔子)께서 또한 취하여 후세(後世)의 법(法)으로 삼으셨겠는가.

【小序】 義和湎淫하여 廢時亂日이어늘 胤往征之할새 作胤征하니라

희화(羲和)가 술에 빠져 철을 폐하고 날짜를 어지럽히자, 윤후(胤侯)가 가서 정벌하면서 〈윤정(胤征)〉을 지었다.

【辨說】 以經考之하면 義和는 蓋黨羿惡하니 仲康이 畏羿之强하여 不敢正其罪而誅之하고 止責其廢厥職、荒厥邑爾라 序書者不明此意하고 亦曰湎淫廢時亂日이라하니 亦有所畏而不敢正其罪耶[239]아

경문(經文)을 가지고 상고해보면, 희화(羲和)는 아마도 예(羿)의 악(惡)에 편당(偏黨)한 자이니, 중강(仲康)이 예의 강함을 두려워해서 감히 그 죄를 바로잡아 토벌하지 못하고, 다만 그 직책을 폐하고 그 고을에서 황음(荒淫)함을 꾸짖었을 뿐이다. 〈서서〉를 지은 자가 이 뜻을 밝게 알지 못하고 또한 '〈춘분과 추분, 동지와 하지의〉 철[時]을 폐하고 날짜(일진)를 어지럽힌 것이다.'고 말하였으니, 또한 두려워한 바가 있어서 감히 그 죄를 바로잡지 못한 것인가.

1. 惟仲康이 肇位四海하사 胤侯를 命掌六師러시니 羲和廢厥職하고 酒荒于厥邑한대 胤后承王命하여 徂征하니라

중강(仲康)이 처음 사해에 즉위하시어 윤후(胤侯)를 명하여 육사(六師)를 관장하게 하였는데, 희화(羲和)가 직책을 폐하고 그 고을에서 술에 빠져 황란(荒亂)하였다. 이에 윤후가 왕명(王命)을 받들어 가서 정벌하였다.

仲康은 太康之弟요 胤侯는 胤國之侯라 命掌六師는 命爲大司馬也라 仲康始卽位에 卽命胤侯하여 以掌六師하고 次年[240]에 方有征義和之命하니 必本始而言者는 蓋

・・・・・・
239 亦有所畏而不敢正其罪耶 : 중강(仲康)이 진실로 예(羿)를 두려워하였고, 〈서〉를 지은 자 또한 예를 두려워한 것일 것이다.〔仲康固畏羿, 序者亦畏羿也.〕
240 次年 : '차년(次年)'은 즉위한 다음해로, 즉위 원년(卽位元年)을 가리킨다. 옛날 제왕(帝王)들은 즉위한 첫해에는 전왕(前王)의 연호(年號;연도(年度))를 그대로 사용하고 다음해에 처음으로 개원(改元)하여 즉위 원년으로 삼았다.

・・・ 肇 : 비로소 조 徂 : 갈 조

史臣이 善仲康肇位之時에 已能收其兵權이라 故로 羲和之征이 猶能自天子出也니라

　　중강(仲康)은 태강(太康)의 아우이고, 윤후(胤侯)는 윤국(胤國)의 제후이다. '명하여 육사(六師)를 관장하게 했다.'는 것은 명하여 대사마(大司馬)를 삼은 것이다. 중강이 처음 즉위하자 즉시 윤후를 명하여 육사를 관장하게 하고, 다음 해에 처음으로 희화(羲和)를 정벌하라는 명을 내렸으니, 군이 시작을 근본하여 말한 것은 사신(史臣)이 중강이 처음 즉위한 때에 이미 병권(兵權)을 거두었기 때문에 희화를 정벌한 것이 그래도 천자로부터 나옴을 훌륭하게 여긴 것이다.

林氏曰 羿廢太康而立仲康이나 然其篡也는 乃在相之世라 仲康이 不爲羿所篡하고 至其子相然後에 見篡하니 是則仲康이 猶有以制之也라 羿之立仲康也는 方將執其禮樂征伐之權하여 以號令天下러니 而仲康卽位之始에 卽能命胤侯하여 掌六師以收其兵權하니 如漢文帝入自代邸하여 卽皇帝位하고 夜拜宋昌爲衛將軍하여 鎭撫南北軍[241]之類라 羲和之罪 雖曰沈亂于酒나 然黨惡於羿하여 同惡相濟라 故로 胤侯承王命往征之하여 以翦羿羽翼이라 故로 終仲康之世토록 羿不得以逞(령)하니 使仲康盡失其權이면 則羿之篡夏 豈待相而後敢耶아 羲氏, 和氏는 夏合爲一官이라 曰胤后者는 諸侯入爲王朝公卿이니 如禹、稷、伯夷謂之后也라

　　임씨(林氏)가 말하였다. "예(羿)가 태강을 폐위하고 중강을 세웠으나 그가 찬탈(篡奪)한 것은 바로 상(相)의 세대에 있었다. 중강이 예에게 찬탈을 당하지 않고 그의 아들 상(相)에 이른 뒤에야 찬탈을 당했으니, 이는 중강이 오히려 그를 제재함이 있었던 것이다. 예가 중강을 세운 것은 막 장차 예악(禮樂)과 정벌(征伐)의 권력을 잡아서 천하에 호령하려 해서였는데, 중강이 즉위한 초기에 즉시 윤후를 명해서 육사를 관장하게 하여 병권을 거두었으니, 한(漢)나라 문제(文帝)가 대저(代邸)에서 들어와 황제의

241　漢文帝……鎭撫南北軍 : 대저(代邸)는 대왕(代王)의 저택(邸宅)으로 당시 제후들은 각기 도성인 장안(長安)에 저택을 소유하고 있었다. 남북군(南北軍)은 남군(南軍)과 북군(北軍)으로, 당시 궁궐의 호위부대를 남군, 도성의 경비를 맡은 부대를 북군이라 하였는데, 도성의 남쪽에 있다 하여 남군, 도성의 북쪽에 있다 하여 북군이라 칭한 것이다. 한 고조(漢高祖;유방(劉邦))의 후비(后妃)인 여후(呂后)가 제위(帝位)에 올랐다가 죽자, 정국(政局)이 크게 불안하였다. 이에 대왕(代王)에 봉해져 있던 고조(高祖)의 아들 유항(劉恒)이 황제로 추대되어 즉위하니, 이가 곧 문제(文帝)이다. 문제는 대저(代邸)에서 미앙궁(未央宮)으로 들어온 즉시 심복(心腹)인 송창(宋昌)을 위장군(衛將軍)으로 임명하여 군권을 장악하였다.

⋯　邸:집 저　逞:쾌할 령, 욕심부릴 령

자리에 오르고 밤에 송창(宋昌)을 위장군(衛將軍)에 제수(除授)하여 남북군(南北軍)을 진무(鎭撫)한 것과 같은 류(類)이다.

희화(羲和)의 죄는 비록 술에 빠져 혼란하다고 하였으나 예(羿)에게 당악(黨惡;악당이 됨)이 되어 같은 악인(惡人)끼리 서로 도와주었다. 그러므로 윤후가 왕명을 받들고 가서 정벌하여 예의 우익(羽翼)을 자른 것이다. 그러므로 중강의 세대를 마치도록 예가 욕심을 부리지 못한 것이니, 가령 중강이 권력을 모두 잃었다면 예가 하(夏)나라를 찬탈한 것을 어찌 상(相)을 기다린 뒤에 감행하였겠는가."

희씨(羲氏)와 화씨(和氏)를 하나라는 합하여 한 관원으로 삼았다. 윤후(胤后)라고 말한 것은 제후로서 들어와 왕조(王朝)의 공경(公卿)이 된 것이니, 우(禹)와 직(稷)과 백이(伯夷)를 후(后)라고 이른 것과 같다.

2. **告于衆曰 嗟予有衆**아 **聖有謨訓**하시니 **明徵定保**니라 **先王**이 **克謹天戒**어시든 **臣人**이 **克有常憲**하여 **百官**이 **修輔**할새 **厥后惟明明**이시니라

　군사들에게 고하였다. "아! 우리 군사들아. 성인(聖人)께서 훌륭한 모훈(謨訓;가르침)을 남겨주셨으니, 밝게 징험이 있어 나라를 안정시키고 보존하였다. 선왕이 〈위에서〉 하늘의 경계를 삼가시거든 신하들이 〈아래에서〉 떳떳한 법을 지켜 백관(百官)이 직책을 수행하고 보필(輔弼)하였기에 그 임금이 밝고 밝았던 것이다.

徵은 **驗**이요 **保**는 **安也**라 **聖人訓謨**가 **明有徵驗**하여 **可以定安邦國也**니 **下文**은 **卽謨訓之語**라 **天戒**는 **日蝕(食)之類**라 **謹者**는 **恐懼修省**하여 **以消變異也**라 **常憲者**는 **奉法修職**하여 **以供乃事也**라 **君能謹天戒於上**하고 **臣能有常憲於下**하여 **百官之衆**이 **各修其職**하여 **以輔其君**이라 **故**로 **君**이 **內無失德**하고 **外無失政**이니 **此其所以爲明明后也**라 **又按 日食者**는 **君弱臣强之象**이니 **后羿專政之戒也**라 **羲和**는 **掌日月之官**이어늘 **黨羿而不言**하니 **是可赦乎**아

'징(徵)'은 징험이요, '보(保)'는 편안함이다. 성인(聖人)의 훌륭한 훈모(訓謨)가 밝게 징험이 있어서 나라를 안정시킬 수 있었으니, 하문(下文)은 곧 모훈(謨訓)의 말이다. 하늘의 경계는 일식(日食;日蝕) 따위이다. '근(謹)'은 공구(恐懼)하고 수성(修省)하여 변괴를 사라지게 하는 것이다. 떳떳한 법(法)이란 법을 받들고 직책을 수행해서 각자의 일을 하는 것이다. 군주는 위에서 하늘의 경계를 삼가고 신하는 아래에서 떳떳한 법을 지켜서 백관(百官)의 무리가 각기 그 직책을 닦아 그 군주를 보필하는 것이다. 이

··· 謨 : 가르칠 모　蝕 : 먹을 식

때문에 군주가 안으로는 실덕(失德)이 없고 밖으로는 실정(失政)이 없는 것이니, 이것이 밝고 밝은 임금이 되는 이유이다. 또 살펴보건대, 일식은 군주가 약하고 신하가 강한 상(象)이니, 후예(后羿)가 정권을 전횡(專橫)함에 대한 경계이다. 희화(羲和)는 해와 달을 관장한 관원인데 예(羿)의 무리가 되어서 말하지 않았으니, 이를 용서할 수 있겠는가.

3. **每歲孟春**에 **遒**(주)**人**이 **以木鐸**으로 **徇于路**하되 **官師**²⁴² **相規**하며 **工執藝事**하여 **以諫**하라 **其或不恭**하면 **邦有常刑**이라하니라(하니라)

매년 맹춘(孟春;정월)에 주인(遒人)이 목탁(木鐸)을 치면서 도로를 순행하며 말하기를 '관(官)・사(師)가 서로 바로잡고, 백공(百工)들이 기예(技藝)의 일을 잡아서 간하라. 혹시라도 공손히 수행하지 않으면 나라에 떳떳한 법(法)이 있다.' 하였다.

遒人은 宣令之官이라 木鐸은 金口木舌이니 施政敎時에 振以警衆也라 周禮小宰之職에 正歲에 帥治官之屬²⁴³하여 徇以木鐸하여 曰 不用法者는 國有常刑이라하니 亦此意也라 官은 以職言이요 師는 以道言이라 規는 正也니 相規云者는 胥敎誨也라 工은 百工也라 百工技藝之事에 至理存焉하니 理無往而不在라 故로 言無微而可略也라 孟子曰 責難於君을 謂之恭이라하니 官師百工이 不能規諫이면 是謂不恭이니 不恭之罪도 猶有常刑이어든 而況於畔官離次하여 俶擾天紀者乎아

'주인(遒人)'은 명령을 선포(宣布)하는 관원이다. '목탁(木鐸)'은 입은 쇠이고 혀는 나무로 되어 있으니, 정교(政敎)를 베풀(펼칠) 때에 흔들어서(쳐서) 사람들을 경계하는 것이다. 《주례(周禮)》〈천관(天官) 소재(小宰)〉의 직책에 정세(正歲;새해)에 치관(治官)의 무리를 거느리고 목탁을 가지고 도로를 순행하면서 말하기를 "법을 따르지 않는 자는 나라에 떳떳한 법이 있다." 하였으니, 또한 이러한 뜻이다.

'관(官)'은 직책으로써 말하였고, '사(師)'는 도(道)로써 말하였다. '규(規)'는 바로잡음이니, 서로 바로잡는다는 것은 서로 교회(敎誨)함이다. '공(工)'은 백공(百工)이다. 백

------

242 官師:관(官)과 사(師)는 모두 벼슬아치의 명칭인데, 여기의 사(師)는 '서로 스승삼고 본받다'의 뜻이 있으나, 사부(師傅)와는 무관(無關)함을 밝혀둔다.

243 帥治官之屬:치관(治官)은 일을 다스리는 관원으로《주례(周禮)》〈천관(天官)〉의 관리를 가리키는데, 천관은 대총재(大冢宰)로 조선조(朝鮮朝)의 이조(吏曹)에 해당한다.

··· 遒:굳셀 주 鐸:목탁 탁 徇:순행할 순 規:타이를 규 誨:가르칠 회 俶:비로소 숙 擾:어지럽힐 요

공의 기예(技藝)의 일에 지극한 이치가 있으니, 이치는 가는 곳마다 있지 않은 데가 없다. 그러므로 하찮다고 하여 생략할 수 없음을 말한 것이다. 《맹자》〈이루 상(離婁上)〉에 "군주에게 어려운 일로 책함을 공손하다고 이른다." 하였다. 관사(官師)와 백공(百工)들이 서로 바로잡고 간(諫)하지 못하면 이것을 불공(不恭)이라 이르니, 불공한 죄도 오히려 떳떳한 형벌이 있는데, 하물며 관직을 어지럽히고 처한 바의 위차(位次)를 버려서 처음으로 천기(天紀)를 어지럽힌 자에 있어서랴.

4. **惟時羲和 顚覆厥德**이요 **沈亂于酒**하여 **畔官離次**하여 **俶擾天紀**하여 **遐棄厥司**하나니라(하여) **乃季秋月朔**에 **辰**이 **弗集于房**[244]이어늘 **瞽奏鼓**하며 **嗇夫馳**하며 **庶人**이 **走**어늘 **羲和尸厥官**하여 **罔聞知**하여 **昏迷于天象**하여 **以干先王之誅**하니 **政典**에 **曰**(호되) **先時者**도 **殺無赦**하며 **不及時者**도 **殺無赦**라하니라

이 희화(羲和)가 그 덕(德)을 전복하고 술에 빠져 혼란하여 관직을 어지럽히고 처하는 바의 위차(位次)를 버려서 〈이때에 이르러〉 처음으로 천기(天紀:하늘의 기강)를 어지럽혀 맡은 일을 멀리 버려서 계추(季秋)의 월삭(月朔)에 별이 방수(房宿)에 화집(和集)하지 않았다. 그리하여 악사(樂師)인 봉사[瞽]가 북을 울리고 색부(嗇夫)가 치달리며 서인(庶人)들이 분주한데도 희화는 그 관직을 지키기만 하여 듣고 앎이 없어 천상(天象)에 혼미해서 선왕의 주벌(誅罰)을 범하였으니, 〈정전(政典)〉에 '때보다 먼저하는 자도 죽여 용서하지 말며, 때에 미치지 못하는 자도 죽여 용서하지 말라.' 하였다.

次는 位也니 官은 以職言이요 次는 以位言이라 畔官은 則亂其所治之職이요 離次는 則舍其所居之位라 俶은 始요 擾는 亂也라 天紀는 則洪範所謂歲、月、日、星辰、曆數 是也라 蓋自堯舜命羲和하여 曆象日、月、星辰之後로 爲羲和者 世守其職하여 未嘗紊亂이러니 至是하여 始亂其天紀焉이라 遐는 遠也니 遠棄其所司之事也라 辰은 日月會次之名이요 房은 所次之宿(수)也라 集은 漢書에 作輯하니 集輯通用이라 言日月會次 不相和輯하여 而掩蝕於房宿也라 按 唐志에 日蝕이 在仲康卽位之五

......
244 季秋月朔 辰弗集于房: 계추(季秋)는 음력 9월이고 월삭(月朔)은 그 달의 초하루이며, 신(辰)은 해와 달이 교차하여 만나는 12방위이고, 방(房)은 이십팔수(二十八宿)의 하나로 대화(大火)인 묘(卯)에 해당한다. 9월 초하루는 해와 달이 대화인 묘방(卯方;정동(正東))에서 만나야 하는데, 서로 화합하지 못하여 달이 해를 가리워서 일식(日食)이 일어났음을 말한 것이다.

··· 擾: 어지럽힐 요　遐: 멀 하　瞽: 봉사 고　嗇: 인색할 색

年이라하니라

'차(次)'는 위차(位次;근무하는 장소)이니, 관(官)은 직책으로 말하였고 차(次)는 위차로 말하였다. '반관(畔官)'은 자기가 다스리는 바의 직책을 어지럽히는 것이요, '이차(離次)'는 자기가 처한 바의 위차를 버리는 것이다. '숙(俶)'은 처음이고, '요(擾)'는 어지럽힘이다. '천기(天紀)'는 아래 〈홍범(洪範)〉에 이른바 '세(歲)·월(月)·일(日)·성신(星辰)·역수(曆數)'가 이것이다. 요(堯)·순(舜)이 희(羲)·화(和)를 명(命)하여 일·월과 성신을 역상(曆象;책력으로 기록하고 관상 기구로 천체를 살펴봄)으로 기록한 뒤로부터 희화가 된 자는 대대로 이 직책을 지켜서 일찍이 문란(紊亂)하지 않았는데, 이때에 이르러 처음으로 천기(天紀)를 어지럽힌 것이다. '하(遐)'는 멂이니, 맡은 바의 일을 멀리 버린 것이다.

'신(辰)'은 해와 달이 모이는 위차의 이름이고, '방(房)'은 모이는 위차의 별[宿]이다. '집(集)'은 《한서(漢書)》에 집(輯)으로 되어 있으니, 집(集)과 집(輯)은 통용된다. 일·월이 모이는 위차가 서로 화집(和輯)하지 못하여, 방수(房宿)에 가리워 먹힘을 말한 것이다. 살펴보건대 《구당서(舊唐書)》〈천문지(天文志)〉에 "일식이 중강(仲康)이 즉위한 후 5년에 있었다." 하였다.

瞽는 樂官이니 以其無目而審於音也라 奏는 進也라 古者에 日蝕則伐鼓用幣以救之하니 春秋傳曰 惟正陽之月[245] 則然이요 餘則否라하니 今季秋而行此禮는 夏禮與周異也라 嗇夫는 小臣也니 漢有上林嗇夫라 庶人은 庶人之在官者라 周禮에 庭氏救日之弓矢[246]라하니 嗇夫、庶人은 蓋供救日之百役者라 曰馳, 曰走者는 以見(현)

------

245 正陽之月 : 음력 4월을 가리킨다. 12개월을 《주역(周易)》의 십이벽괘(十二辟卦)에 맞추면 4월은 건괘(乾卦 ䷀)에 해당하는데, 건괘는 여섯 효(爻)가 모두 양효(陽爻)이므로 '정양(正陽)'의 달이라 한 것이다. 벽괘란 1년 열두 달에 주장이 되는 괘로, 즉 일양(一陽)이 처음 생기는 동짓달(11월)의 복괘(復卦 ䷗)로부터 시작하여 12월은 이양(二陽)의 림괘(臨卦 ䷒), 정월은 삼양(三陽)의 태괘(泰卦 ䷊), 2월은 사양(四陽)의 대장괘(大壯卦 ䷡), 3월은 오양(五陽)의 쾌괘(夬卦 ䷪), 4월은 순양(純陽)인 건괘(乾卦 ䷀)이며, 다시 일음(一陰)이 처음 생기는 하지(夏至;5월)의 구괘(姤卦 ䷫)로부터 시작하여 6월은 이음(二陰)의 돈괘(遯卦 ䷠), 7월은 삼음(三陰)의 비괘(否卦 ䷋), 8월은 사음(四陰)의 관괘(觀卦 ䷓), 9월은 오음(五陰)의 박괘(剝卦 ䷖), 10월은 순음(純陰)의 곤괘(坤卦 ䷁)로 순환한다. 벽괘의 벽(辟)은 군주의 뜻으로 12개월을 주관하는 괘를 이른다.

246 救日之弓矢 : 일식(日食)에는 태음(太陰)인 달을 향해 활을 쏘고 월식(月食)에는 태양(太陽)인 해를 향해 활을 쏘았는바, 옛날사람들은 일식은 달의 기운이 너무 왕성하고, 월식은 해의 기운이 너무 왕성하기 때문에 생겨나는 변고라고 여겨 이러한 행위를 하였던 것이다. 호산은 "구(救) 자

日蝕之變에 天子恐懼于上하고 嗇夫, 庶人이 奔走于下하여 以助救日이 如此其急이어늘 羲和爲曆象之官하여 尸居其位하여 若無聞知하면 則其昏迷天象하여 以干先王之誅하니 豈特不恭之刑而已哉아 政典은 先王政治之典籍也라 先時, 後時는 皆違制失時하니 當誅而不赦者也라 今日蝕之變이 如此어늘 而羲和罔聞知하니 是固干先王後時之誅矣니라

'고(瞽:봉사)'는 악관(樂官)이니, 눈이 없어서(멀어서) 음악을 잘 살피기 때문이다. '주(奏)'는 올림이다. 옛날에 일식이 있으면 북을 치고 폐백을 올려 구원하였으니,《춘추좌씨전(春秋左氏傳)》소공(昭公) 17년에 "오직 정양(正陽;4월)의 달이면 이렇게 하고, 나머지는 그렇지 않다." 하였으니, 지금은 계추(季秋;9월)인데 이 예(禮)를 행한 것은 하(夏)나라 예(禮)는 주(周)나라와 다르기 때문이다.

'색부(嗇夫)'는 낮은 신하이니, 한(漢)나라는 상림원(上林苑)에 색부가 있었다. '서인(庶人)'은 서인으로서 관청에서 심부름하는 자이다.《주례(周禮)》〈추관(秋官)〉에 "정씨(庭氏)는 일식을 구원하는 궁시(弓矢)를 마련한다." 하였으니, 색부와 서인은 아마도 일식을 구원하는 여러 가지 일을 맡은 자일 것이다. '치(馳)'라 하고 '주(走)'라 한 것은, 이로써 일식의 변고에 천자는 위에서 공구(恐懼)하고 색부와 서인들은 아래에서 분주하여, 일식을 구원함을 돕기를 이와 같이 급히 함을 나타낸 것이다. 그런데도 희화(羲和)는 역상(曆象)의 관원이 되어서 지위를 지키기만 하여 마치 듣고 앎이 없는 듯하니, 그 천상(天象)을 혼미하여 선왕의 주벌(誅罰)을 범한 것이다. 어찌 다만 불공(不恭)함에 대한 형벌일 뿐이겠는가. 〈정전(政典)〉'은 선왕의 정치를 적은 전적(典籍)이다. 때보다 먼저하고 때에 뒤늦은 것은 모두 제도를 어겨 때를 잃었으니, 마땅히 주살(誅殺)하고 용서하지 말아야 할 자이다. 이제 일식의 변고가 이와 같은데도 희화는 듣고 앎이 없으니, 이는 진실로 때에 뒤늦은 선왕의 주벌을 범한 것이다.

5. 今予以爾有衆으로 奉將天罰하노니 爾衆士는 同力王室하여 尙弼予하여 欽承天子威命하라

이제 나는 너희 군사들을 데리고 천벌(天罰)을 받들어 행하려 하노니, 너희 여러 군사들은 왕실(王室)에 힘을 함께 하여 부디 나를 도와 천자의 위명(威命)을 공경히 받들라.

......
위에 탈자(脫字)가 있는 듯하다." 하였다.《詳說》

將은 行也라 我以爾衆士로 奉行天罰하노니 爾其同力王室하여 庶幾輔我하여 以敬承天子之威命也라 蓋天子는 討而不伐하고 諸侯는 伐而不討하나니 仲康之命胤侯는 得天子討罪之權이요 胤侯之征義和는 得諸侯敵愾之義[247]라 其辭直하고 其義明하니 非若五霸摟諸侯以伐諸侯에 其辭曲하고 其義迂也니라

'장(將)'은 행함이다. 내 너희 여러 군사들을 거느리고 천벌을 받들어 행하려 하니, 너희들은 왕실(王室)에 힘을 함께 하여 부디 나를 도와 천자의 위명(威命)을 공경히 받들라고 한 것이다. 천자는 죄를 성토(聲討)하기만 하고 정벌(征伐)하지 않고, 제후는 정벌하기만 하고 성토하지 않으니, 중강(仲康)이 윤후(胤侯)를 명함은 천자가 죄를 성토하는 권한을 얻었고, 윤후가 희화(羲和)를 정벌함은 제후가 적개(敵愾)하는 뜻을 얻은 것이다. 말(명분)이 곧고 의(義)가 분명하니, 오패(五霸)가 제후를 이끌고서 제후를 정벌할 적에 말이 곧지 못하고 의(義)가 바르지 못한 것과는 같지 않다.

6. 火炎崑岡하면 玉石이 俱焚하나니 天吏逸德은 烈于猛火하니 殲厥渠(巨)魁하고 脅從은 罔治하여 舊染汚俗을 咸與惟新호리라

 불이 곤강(崑岡;곤산의 등마루)을 태우면 옥과 돌이 모두 불탄다. 천리(天吏;천자)로서 지나친 덕(德;잘못된 행위)은 그 폐해가 맹렬한 불보다 더하니, 큰 괴수만 죽이고 위협(威脅)에 따른 자들은 다스리지 말아서 옛날에 물든 나쁜 풍습을 모두 함께 새롭게 하겠다.

崑은 出玉山名이요 岡은 山脊也라 逸은 過요 渠는 大也라 言火炎崑岡하면 不辨玉石之美惡而焚之하나니 苟爲天吏而有過逸之德하여 不擇人之善惡而戮之면 其害有甚於猛火不辨玉石也라 今我는 但誅首惡之魁而已요 脅從之黨은 則罔治之하여 舊染汚習之人을 亦皆赦而新之하리니 其誅惡宥善이 是猶王者之師也라

 '곤(崑)'은 옥(玉)이 나오는 산 이름이고, '강(岡)'은 산의 등마루이다. '일(逸)'은 지나침이요, '거(渠)'는 큼이다. 불이 곤강(崑岡)을 태우면 옥(玉)·석(石)의 좋고 나쁨을 구분하지 않고 태우니, 만약 천리(天吏)가 되어 지나친 덕(德)이 있어서 사람의 선(善)

──────
247 得諸侯敵愾之義 : 제후적개지의(諸侯敵愾之義)는 천자가 분개하는 상대를 제후가 자기의 적으로 여겨 토벌하는 것을 이른다. 《춘추좌씨전》문공(文公) 4년에 "제후는 왕이 분개하는 상대를 대적하여 그 공(功)을 바친다.〔諸侯敵王所愾而獻其功〕라고 보인다.

··· 愾:성낼 개 摟:끌루 迂:굽을 우 殲:죽일 섬 渠:클 거 魁:괴수 괴

·악(惡)을 가리지 않고 죽이면 그 폐해가 맹렬한 불이 옥·석을 구분하지 않고 태우는 것보다 심한 것이다. 지금 나는 단지 첫 번째로 악(惡)을 주도한 괴수를 벨 뿐이요, 위협에 따른 무리는 다스리지 말아서 옛날에 나쁜 풍습에 물든 사람을 또한 모두 용서하여 새롭게 한다 하였으니, 악을 주벌하고 선을 용서함은 이는 그래도 왕자(王者)의 군대인 것이다.

今按 胤征에 始稱羲和之罪호되 止以其畔官離次 俶擾天紀하고 至是에 有脅從舊染之語하니 則知羲和之罪 當不止於廢時亂日이요 是必聚不逞(령)之人하여 崇飮私邑하여 以爲亂黨하여 助羿爲惡者也라 胤侯徂征에 隱其叛逆而不言者는 蓋正名其罪하면 則必鉏(서)根除源이로되 而仲康之勢 有未足以制后羿者라 故로 止責其曠職之罪나 而實誅其不臣之心也니라

이제 살펴보건대 윤후(胤后)가 정벌(征伐)할 적에 처음 희화(羲和)의 죄를 말하면서 다만 '관직을 어지럽히고 처한 바의 위차(位次)를 버려 처음으로 천기(天紀)를 어지럽혔다'고 말하였고, 이에 이르러는 '위협에 따랐다', '옛날에 물들었다'는 말이 있으니, 희화의 죄가 마땅히 때(철)를 폐하고 날짜를 어지럽힘에 그치지 않고, 반드시 불령(不逞;불량)한 사람들을 모아 사사로운 고을에서 술을 마심을 숭상하여 난당(亂黨)을 만들어 예(羿)를 도와 악(惡)을 한 자임을 알 수 있다.

윤후가 가서 정벌할 적에 이들의 반역(叛逆)을 숨기고 말하지 않은 것은 아마도 그 죄를 바로 이름하면(지목하면) 반드시 뿌리를 뽑고 근원을 제거해야 할 터인데, 중강(仲康)의 형세가 충분히 후예(后羿)를 제재할 수 없었다. 그러므로 다만 직무를 유기한 죄만 책하였으나 실제는 신하노릇하지 않는 마음을 주벌한 것이다.

7. 嗚呼라 威克厥愛하면 允濟요 愛克厥威하면 允罔功이니 其爾衆士는 懋戒哉어다

아! 위엄이 사랑(동정심)을 이기면 진실로 성공할 것이요, 사랑이 위엄을 이기면 진실로 공(功)이 없을 것이니, 너희 여러 군사들은 힘써 경계할지어다."

威者는 嚴明之謂요 愛者는 姑息之謂라 記曰 軍旅主威라하니 蓋軍法은 不可以不嚴이니 嚴明勝이면 則信其事之必濟요 姑息勝이면 則信其功之無成이라 誓師之末에 而復嗟歎하여 以是深警之하니 欲其勉力戒懼而用命也니라

··· 逞 : 쾌할 령 鉏 : 제거할 서

'위(威)'는 엄하고 분명함을 이르고, '애(愛)'는 고식(姑息:구차하게 안주함)을 이른다. 《예기(禮記)》〈곡례(曲禮)〉에 "군려(軍旅)는 위엄을 위주한다." 하였으니, 군법(軍法)은 엄하지 않을 수 없다. 엄하고 분명함이 우세하면 진실로 일이 반드시 이루어지고, 고식(姑息)이 우세하면 진실로 공(功)이 이루어지지 못한다. 군사들에게 맹세하는 끝에 다시 차탄(嗟歎)하여 이 말로써 깊이 경계하였으니, 힘써 경계하고 두려워하여 명령을 따르게 하고자 한 것이다.

상서 商書

書經集傳卷四

상서(商書)

契始封商이러니 **湯因以爲有天下之號**하니 **書凡十七篇**이라

설(契)을 처음 상(商)나라에 봉(封)하였는데 탕왕(湯王)이 인하여 천하를 소유한 칭호로 삼았으니, 〈상서(商書)〉는 모두 17편(篇)이다.

〈탕서(湯誓)〉

湯은 號也니 或曰諡라 湯은 名履요 姓子氏라 夏桀이 暴虐이어늘 湯이 往征之하실새 亳(박)衆이 憚於征役이라 故로 湯이 諭以弔伐之意하시니 蓋師興之時에 而誓于亳(박)都者也라 今文古文皆有하니라

    탕(湯)은 호(號)이니, 혹은 시호(諡號)라 한다. 탕(湯)은 이름이 리(履)이고 성(姓)이 자씨(子氏)이다. 하(夏)나라의 걸(桀)이 포학하므로 탕왕(湯王)이 가서 정벌하려 하셨는데, 도성인 박읍(亳邑)의 무리(백성)들이 정역(征役;정벌하는 부역)을 꺼려하였다. 그러므로 탕왕이 〈도탄에 빠진〉 백성을 위문하고 죄(罪)가 있는 자(걸)를 정벌하려는 뜻을 효유(曉諭)하였으니, 군대를 일으킬 때에 박도(亳都)에서 맹세한 것이다. 금문(今文)과 고문(古文)에 모두 있다.

【小序】 伊尹이 相湯伐桀할새 升自陑(이)하여 遂與桀戰于鳴條之野하여 作湯誓하니라

    이윤(伊尹)이 탕왕(湯王)을 도와 걸(桀)을 정벌할 적에 탕왕이 이(陑) 땅의 길로부터 올라와 마침내 걸과 명조(鳴條)의 들에서 싸웠다. 이때 〈탕서(湯誓)〉를 지었다.

【辨說】 以伊尹爲首稱者는 得之하니 咸有一德에 亦曰 惟尹이 躬曁湯咸有一德이라하니라 陑는 在河曲之陽이요 鳴條는 在安邑之西라 升自陑는 義未詳이라 漢孔氏遂以爲出其不意라하니 亦序意有以啓其陋與인저

    이윤(伊尹)을 맨앞에 칭한 것은 맞다. 〈함유일덕(咸有一德)〉에도 이르기를 '저 이윤이 몸소 탕왕(湯王)과 함께 모두 순일(純一)한 덕을 소유했다.' 하였다. '이(陑)'는 하곡(河曲)의 북쪽에 있고 '명조(鳴條)'는 안읍(安邑)의 서쪽에 있다. 이(陑)로부터 올라왔다는 것은 뜻이 자세하지 않다. 한(漢)나라 공씨(孔氏)는 마침내 '그 상대방(걸)이 뜻하지(예상하지) 않았을 때에 출동한 것이다.' 하였으니, 이는 또한 〈서〉의 뜻이 그 누추함을 열어놓음이 있는 것이리라.

1. 王曰 格하라 爾衆庶아 悉聽朕言하라 非台(이)小子 敢行稱亂[248]이라 有夏

......

248 敢行稱亂 : 칭(稱)은 '거(擧)'로 훈하였는바, 감행칭란(敢行稱亂)은 '감히 난을 일으킴을 행한다'는 뜻으로 보인다. 호산은 "행칭란(行稱亂)에 대한 《언해》의 해석은 문세가 아니니, 마땅히 다시

... 諡 : 시호 시   亳 : 땅이름 박   台 : 나 이

多罪어늘 **天命殛**(극)**之**하시나니라

왕(王)이 다음과 같이 말씀하였다. "이리 오라. 너희 무리들아! 모두 짐의 말을 들어라. 나 소자(小子)가 감히 〈군대를 동원하여〉 난(亂)을 일으키려는 것이 아니라, 유하(有夏:하나라)가 죄가 많으므로 하늘이 명하여 정벌하게 하시는 것이다.

王曰者는 **史臣追述之稱也**라 **格**은 **至**요 **台**는 **我**요 **稱**은 **擧也**라 **以人事言之**하면 **則臣伐君**이니 **可謂亂矣**나 **以天命言之**하면 **則所謂天吏**니 **非稱亂也**라

'왕왈(王曰)'이라 한 것은 〈이 때 왕이 아니었는데〉 사신(史臣)이 추후(追後)에 서술한 칭호이다. '격(格)'은 이름이요, '이(台)'는 나요, '칭(稱)'은 듦이다. 사람의 일로써 말하면 신하(제후인 탕)가 군주(걸)를 정벌하는 것이니 난(亂)이라고 이를 만하나, 천명(天命)으로 말하면 이른바 천리(天吏:하늘의 관리)라는 것이니, 군대를 동원하여 난리를 일으키려는 것이 아니다.

2. **今爾有衆**이 **汝曰 我后不恤我衆**하여 **舍我穡事**하고 **而割正夏**라하나니 **予惟聞汝衆言**이나 **夏氏有罪**어늘 **予畏上帝**라 **不敢不正**이니라

지금 너희 무리들은 말하기를 '우리 임금님이 우리들을 구휼하지(돌보지) 않아서 우리의 수확하는 일을 버려두고 하(夏)나라를 끊어 바로잡으려 한다.'라고 한다. 나는 너희들의 중론(衆論)을 들었으나 하나라가 죄가 있으므로 나는 상제(上帝)를 두려워하여 감히 바로잡지 않을 수 없노라.

穡은 **刈穫**(예확)**也**라 **割**은 **斷也**라 **亳邑之民**이 **安於湯之德政**하여 **桀之虐焰所不及**이라 故로 **不知夏氏之罪**하고 **而憚伐桀之勞**하여 **反謂 湯不恤亳邑之衆**하여 **舍我刈穫之事**하고 **而斷正有夏**라하니 **湯言 我亦聞汝衆論如此**나 **然夏桀暴虐**하여 **天命殛之**하시니 **我畏上帝**라 **不敢不往正其罪也**라하시니라

'색(穡)'은 벼를 베어 수확함이다. '할(割)'은 끊음이다. 박읍(亳邑)의 백성들은 탕왕의 덕정(德政)에 편안하여 걸(桀)의 포악한 기염이 미치지 않았으므로 하(夏)나라의 죄를 알지 못하고, 걸을 정벌하는 수고로움을 꺼려하여 도리어 이르기를 "탕왕이 우리

― 헤아려보아야 한다.[行稱亂之諺釋, 有非文勢, 合更商.]" 하였다. 《詳說》《언해》에는 "敢히 亂을 稱하야 行하는"으로 해석하였는바, 호산의 설에 따라 수정 번역하였다.

… 殛:죽일 극 穡:거둘 색 刈:벨 예 焰:불꽃 염

(박읍(亳邑)의 무리)들을 구휼하지 않아서 우리의 수확하는 일을 버려두고 하나라를 정벌하려 한다." 하니, 탕왕이 말씀하기를 "나 또한 너희들의 중론(衆論)이 이와 같음을 들었으나 하나라 걸이 포학하여 하늘이 명하여 정벌하게 하시니, 나는 상제(上帝)를 두려워하므로 감히 가서 그 죄를 바로잡지 않을 수 없다."고 하신 것이다.

3. 今汝其曰(호되) 夏罪는 其如台라하나니 夏王이 率遏衆力[249]하며 率割夏邑한대 有衆이 率怠弗協하여 曰 時日은 曷喪고 予及汝로 皆(偕)亡이라하나니 夏德이 若茲라 今朕이 必往호리라

 지금 너희들은 말하기를 '하(夏)나라의 죄가 우리를 어찌겠는가.'라고 한다. 하나라 왕은 백성들의 힘을 모두 끊으며 하나라의 읍을 해친다. 이에 무리들이 모두 태만하고 화합하지 아니하여 말하기를 '이 해는 어느 때에나 없어지려는가? 내 너와 함께 모두 망했으면 한다.' 하니, 하나라의 덕(德:악덕)이 이와 같다. 이제 짐이 반드시 가서 정벌할 것이다.

遏은 絕也요 割은 剿(의)割夏邑[250]之割이라 時는 是也라 湯이 又擧商衆言 桀雖暴虐이나 其如我何오하고 湯又應之曰 夏王이 率爲重役以窮民力하고 嚴刑以殘民生하니 民厭夏德하여 亦率皆怠於奉上하고 不和於國하여 疾視其君하여 指日而曰 是日은 何時而亡乎아 若亡則吾寧與之俱亡이라하니 蓋苦桀之虐하여 而欲其亡之甚也라 桀之惡德이 如此하니 今我之所以必往也라 桀이 嘗自言 吾有天下는 如天之有日하니 日亡이라야 吾乃亡耳라 故로 民因以日目之하니라

 '알(遏)'은 끊음이요, '할(割)'은 아래 〈다방(多方)〉에 의할하읍(剿割夏邑)의 할(割)이다. '시(時)'는 이것이다. 탕왕은 또 상(商)나라 백성들이 "걸(桀)이 비록 포학하나 우리를 어찌겠는가."라고 말하는 것을 듣고, 다시 이에 응하여 말씀하기를 "하나라 왕이 부역을 무겁게 하여 백성들의 힘을 모두 곤궁하게 하고 형벌을 엄하게 하여 민생

・・・・・・
249 率遏衆力 : 솔(率)을 《언해》에는 '솔(率:솔선)하야'로 풀이하였으나 퇴계(退溪)의 《삼경석의(三經釋義)》를 따라 '모두'로 해석하였다. 바로 아래에 '率怠弗協'이란 구(句)가 있는데, 여기에서는 《언해》에 '다(모두) 태(怠)하여 協치 아니하여'로 해석하였는바, 호산 역시 "《언해》의 해석은 두 솔(率) 자가 똑같지 않으니, 마땅히 다시 헤아려 보아야 한다.〔諺釋二率字不同, 合更商.〕" 하였다. 《詳說》

250 剿割夏邑 : 하나라를 끊어버린다는 것으로 뒤 〈다방(多方)〉에 보인다.

・・・ 率 : 모두 솔 皆 : 함께 해 剿 : 코벨 의 疾 : 미워할 질

을 해치니, 백성들이 하나라의 악덕(惡德)을 싫어하여 또한 모두 윗사람을 받듦에 태만하고 나라에 화합하지 아니하여, 그 군주를 질시(疾視)해서 해(태양)를 가리키며 말하기를 '이 해는 어느 때에나 없어지려는가? 만일 없어진다면 내 차라리 너와 함께 모두 없어지겠다(망하겠다).' 하니, 걸의 학정(虐政)에 시달려서 그가 망하기를 바람이 심한 것이다. 걸의 악덕이 이와 같으니, 이제 내가 반드시 가서 정벌해야 하는 것이다." 하였다. 걸이 일찍이 스스로 말하기를 "내가 천하를 소유함은 하늘에 해가 있는 것과 같으니, 해가 없어져야 내가 비로소 망한다." 하였다. 그러므로 백성들이 인하여 해를 가지고 그를 지목한 것이다.

4. **爾尙輔予一人**하여 **致天之罰**하라 **予其大賚**(뢰)**汝**하리라 **爾無不信**하라 **朕不食言**하리라 **爾不從誓言**하면 **予則孥戮汝**하여 **罔有攸赦**하리라

너희들은 부디 나 한 사람을 도와서 하늘의 벌을 이루도록(내리도록) 하라. 내가 너희들에게 크게 상을 내리겠다. 너희들은 불신(不信)하지 말라. 짐(朕)은 식언(食言)하지 않으리라. 너희들이 나의 맹세하는 말을 따르지 않는다면 나는 너희들을 자식까지 죽여서 용서하지 않겠다."

賚는 與也라 **食言**은 言已出而反吞之也라 禹之征苗에 止曰 爾尙一乃心力이라야 其克有勳이러시니 至啓則曰 用命은 賞于祖하고 不用命은 戮于社호되 予則孥戮汝라하고 此又益以朕不食言, 罔有攸赦하니 亦可以觀世變矣로다

'뇌(賚)'는 줌이다. '식언(食言)'은 말을 이미 내고 도로 삼키는 것이다.(자기가 한 말을 실천하지 않는 것이다.) 우왕(禹王)이 삼묘(三苗)를 정벌할 적에는 다만 "너희들은 부디 너희들의 마음과 힘을 함께 하여야 능히 공(功)이 있을 것이다." 하였는데, 계(啓)에 이르러는 "명령을 잘 따르는 자는 조묘(祖廟)에서 상을 주고, 명령을 따르지 않는 자는 사(社)에서 죽이되 내 너희들을 자식까지 죽이겠다." 하였고, 여기서는 또 "짐은 식언하지 않으리라.", "용서하지 않겠다."는 말을 더하였으니, 또한 세상이 변함을 볼 수 있다.

... 賚 : 줄 뢰 孥 : 처자 노 赦 : 용서할 사

〈중훼지고(仲虺之誥)〉

仲虺는 臣名으로 奚仲之後니 爲湯左相하니라 誥는 告也라 周禮에 士師以五戒[251]로 先後刑罰하니 一曰誓니 用之於軍旅요 二曰誥니 用之於會同이라하니 以喩衆也라 此但告湯이로되 而亦謂之誥者는 唐孔氏謂仲虺亦必對衆而言이니 蓋非特釋湯之慙이요 而且以曉其臣民衆庶也라하니라 古文有, 今文無[252]하니라

중훼(仲虺)는 신하의 이름으로 해중(奚仲)의 후예이니, 탕왕(湯王)의 좌상(左相)이 되었다. '고(誥)'는 고함이다. 《주례》〈추관(秋官)〉에 "사사(士師)가 다섯 가지 경계로써 형벌을 도왔으니, 첫 번째는 서(誓)이니 군려(軍旅)에서 사용하고, 두 번째는 고(誥)이니 회동(會同)에서 사용한다." 하였으니, 이로써 무리들을 깨우친 것이다. 이는 단지 탕왕에게 아뢴 것인데 또한 고(誥)라고 이른 것은, 당나라 공씨가 이르기를 "중훼가 또한 반드시 무리들을 상대하여 말한 것이니, 단지 탕왕의 부끄러움을 풀어줄 뿐만이 아니요, 또 그 신민(臣民)과 중서(衆庶)들을 깨우친 것이다." 하였다. 고문(古文)에는 있고 금문(今文)에는 없다.

【小序】 湯歸自夏하사 至于大坰하시니 仲虺作誥하니라

탕왕(湯王)이 하(夏)나라에서 돌아와 대경(大坰)에 이르시니, 중훼(仲虺)가 고(誥)를 지었다.

【辨說】 大坰은 地名이라

'대경(大坰)'은 지명(地名)이다.

---

251 五戒 : 다섯 가지 경계인 서(誓)·고(誥)·금(禁)·규(糾)·헌(憲)을 가리킨다. 《주례(周禮)》〈추관(秋官)〉사사(士師)에 "오계로써 형벌을 도왔다. 첫 번째는 서(誓)이니 군대에 사용하고, 두 번째는 고(誥)이니 회동에 사용하고, 세 번째는 금(禁)이니 사냥하는 일에 사용하고, 네 번째는 규(糾)이니 국중(국내)에 사용하고, 다섯 번째는 헌(憲)이니 도비에 사용한다.〔以五戒先後刑罰; 一曰誓, 用之于軍旅; 二曰誥, 用之于會同; 三曰禁, 用之于田役; 四曰糾, 用諸國中; 五曰憲, 用諸都鄙.〕"라고 보인다.

252 古文有 今文無 : 일반적으로 '今文無 古文有'라 썼는데, 여기에서 순서가 뒤바뀐 것에 대해 호산은 "여기에서 고문을 먼저 든 것은 혹 전사의 오류일 것이다.〔此先擧古文, 或傳寫之誤.〕" 하였다. 《詳說》

··· 虺 : 이무기 훼 誥 : 아뢸 고

1. 成湯이 放桀于南巢하시고 惟有慙德[253]하사 曰 予恐來世以台(이)爲口實하노라

　성탕(成湯)이 걸(桀)을 남소(南巢)에 유폐시키고 부끄러워하는 덕(德;마음)이 있어 말씀하기를 "나는 후세에 나를 구실로 삼을까 두려워한다." 하셨다.

武功成故로 曰成湯이라 南巢는 地名이라 廬江六縣에 有居巢城하니 桀奔于此어늘 因以放之也라 湯之伐桀은 雖順天應人이나 然承堯、舜、禹授受之後하여 於心에 終有所不安이라 故로 愧其德之不古若하고 而又恐天下後世藉以爲口實也라

　무공(武功)이 이루어졌으므로 성탕(成湯)이라 한 것이다. 남소(南巢)는 지명이다. 여강(廬江) 육현(六縣)에 거소성(居巢城)이 있으니, 걸(桀)이 이곳으로 달아나자, 인하여 이곳에 유폐시킨 것이다. 탕왕이 걸을 정벌한 것은 비록 하늘의 뜻에 순종하고 사람의 마음에 응한 것이나 요(堯)·순(舜)·우(禹)가 천하를 주고받은 뒤를 이어서 마음에 끝내 불안한 바가 있었다. 그러므로 그 덕이 옛날과 같지 못함을 부끄러워하였고, 또 천하와 후세에 이것을 빌려서 구실로 삼을까 두려워한 것이다.

○ 陳氏曰 堯舜以天下讓에 後世好名之士 猶有不知而慕之者[254]하니 湯武征伐而得天下에 後世嗜利之人이 安得不以爲口實哉아 此湯之所以恐也歟신저

　○ 진씨(陳氏)가 말하였다. "요·순이 천하를 사양함에 후세에 명예를 좋아하는 인사들이 오히려 알지 못하고 사모한 자가 있었으니, 탕(湯)·무(武)가 정벌하여 천하를 얻음에 후세에 이익을 좋아하는 사람들이 어찌 정벌의 구실로 삼지 않겠는가. 이것이 탕왕이 두려워하신 이유일 것이다."

------

253 惟有慙德:《집전(集傳)》에는 "덕(德)이 옛날의 성왕(聖王)만 못한 것을 부끄러워하는 것"으로 풀이하였으나 퇴계의 《삼경석의》에는 "참(慙)한 덕(德)을 두사"로 풀이하였는바, 덕을 마음으로 본 설이 옳을 듯하다.

254 後世好名之士 猶有不知而慕之者 : 사계(沙溪)는 "연왕(燕王) 쾌(噲)의 부류이다.〔燕噲之類〕" 하였다. 《詳說》 전국시대 연왕 쾌는 '왕께서 정승 자지(子之)에게 왕위를 물려주겠다고 하시면 왕께서는 요(堯)·순(舜)의 선양(禪讓)을 따랐다는 훌륭한 명성을 얻는 반면, 자지는 왕위를 사양하고 받지 않아 왕위가 그대로 유지될 것이라.'는 신하들의 말에 현혹되어 왕위를 자지에게 사양하였다. 그러나 자지가 사양하지 않고 그대로 왕위를 받는 바람에 연왕 쾌가 도리어 자지의 신하가 되었으며, 이로 인해 나라가 혼란에 빠지게 되었다. 이에 제(齊)나라가 공격하여 연나라를 소유하고 연왕 쾌와 자지를 모두 죽였다. 이 내용은 사책(史冊)에 보일 뿐만 아니라 《맹자》에도 여러 번 보인다.

··· 慙 : 부끄러울 참　藉 : 빌릴 자　塗 : 진흙 도

2. 仲虺乃作誥曰 嗚呼라 惟天이 生民有欲하니 無主면 乃亂일새 惟天이 生聰明은(하샤든) 時乂시니 有夏昏德하여 民墜塗炭이어늘 天乃錫王勇智하사 表正萬邦하사 纘禹舊服하시니 玆率厥典하여 奉若天命이니이다

중훼(仲虺)는 마침내 다음과 같은 고(誥)를 지었다.

"아! 하늘이 내신 백성들이 욕망이 있으니, 군주가 없으면 마침내 혼란하므로 하늘이 총명한 사람을 내어 〈군주가 되게 한 것은 백성들의〉 쟁란(爭亂)을 다스리려고 하신 것입니다. 유하(有夏)가 어두운 덕(德)이 있어서 백성들이 도탄에 빠지므로 하늘이 마침내 왕에게 용맹과 지혜를 내려주시어 만방(萬邦)을 표정(表正)하여 우왕(禹王)이 옛날 행하셨던 것을 잇게 하시니, 이에 그 떳떳함을 따라서 천명을 받들어 순히 하셔야 할 것입니다.

仲虺恐湯憂愧不已하여 乃作誥하여 以解釋其意하니라 歎息言 民生에 有耳目口鼻愛惡(오)之欲하니 無主則爭且亂矣라 天生聰明은 所以爲之主하여 而治其爭亂者也라 墜는 陷也라 塗는 泥요 炭은 火也라 桀爲民主而反行昏亂하여 陷民於塗炭하니 旣失其所以爲主矣라 然民不可以無主也라 故로 天錫湯以勇智之德하시니 勇足以有爲하고 智足以有謀하니 非勇智면 則不能成天下之大業也라 表正者는 表正於此而影直於彼也라 天錫湯以勇智者는 所以使其表正萬邦하여 而繼禹舊所服行也라 此但率循其典常하여 以奉順乎天而已니 天者는 典常之理所自出이요 而典常者는 禹之所服行者也라 湯은 革夏而纘舊服하시고 武는 革商而政由舊하시니 孔子所謂百世可知[255]者 正以是也니라

중훼(仲虺)는 탕왕의 근심과 부끄러움이 그치지 않음을 걱정하여 마침내 고(誥)를 지어서 그 뜻(마음)을 풀어준 것이다. 탄식하고 말하기를 "백성들이 태어남에 이(耳)·목(目)·구(口)·비(鼻)와 좋아하고 미워하는 욕망이 있으니, 군주가 없으면 다투고 또 어지럽게 된다. 하늘이 총명한 사람을 낸 것은 그를 군주로 삼아 그 쟁란(爭亂)을 다스리려 한 것입니다." 하였다.

'추(墜)'는 빠짐이다. '도(塗)'는 진흙이고, '탄(炭)'은 숯불이다. 걸이 백성의 군주가 되어 도리어 혼란함을 행해서 백성들을 도탄에 빠뜨리니, 이미 군주가 된 소이(所以)

······
255 孔子所謂百世可知 : '백세가지(百世可知)'는 후세 백 왕조(王朝)의 일을 미리 알 수 있다는 뜻으로 이 내용은 《논어》〈위정(爲政)〉에 보인다.

··· 炭 : 숯 탄 纘 : 이을 찬 泥 : 진흙 니

를 잃은 것이다. 그러나 백성들은 군주가 없을 수 없으므로 하늘이 탕왕에게 용맹과 지혜의 덕을 내려주셨으니, 용맹은 충분히 일을 할 수 있고 지혜는 충분히 일을 도모할 수 있으니, 용맹과 지혜가 아니면 천하의 대업(大業)을 이루지 못한다.

'표정(表正)'은 여기에 표본이 바로잡혀 있으면 그림자가 저기에 곧게 나타나는 것이다. 하늘이 탕왕에게 용맹과 지혜를 내려주신 것은 만방(萬邦)을 표정하여 우왕이 옛날 행하셨던 것을 잇게 한 것이다. 이는 단지 그 떳떳함〔典常〕을 따라서 하늘을 받들어 순히 할 뿐이니, 하늘은 전상(典常)의 이치가 말미암아 나오는 곳이요, 전상은 우왕이 행하신 것이다. 탕왕은 하나라를 개혁하였으나 옛날에 행하셨던 것을 이었고, 무왕(武王)은 상(商)나라를 개혁하였으나 정사(政事)는 옛것을 따랐으니, 공자의 이른바 '백세(百世)가 지나도 알 수 있다.'는 것은 바로 이 때문이다.

林氏曰 齊宣王이 問孟子曰 湯放桀하시고 武王伐紂라하니 有諸잇가 孟子曰 賊仁者를 謂之賊이요 賊義者를 謂之殘이요 殘賊之人을 謂之一夫니 聞誅一夫紂矣요 未聞弑君也²⁵⁶라하시니 夫立之君者는 懼民之殘賊而無以主之니 爲之主而自殘賊焉이면 則君之實이 喪矣니 非一夫而何오 孟子之言은 則仲虺之意也니라

임씨(林氏:임지기(林之奇))가 말하였다. "제(齊)나라 선왕(宣王)이 맹자에게 묻기를 '탕왕이 걸(桀)을 유폐하고 무왕이 주(紂)를 정벌했다고 하는데, 그런 일이 있습니까?' 하니, 맹자는 '인(仁)을 해치는 자를 적(賊)이라 이르고 의(義)를 해치는 자를 잔(殘)이라 이르며 잔적(殘賊)한 사람을 일부(一夫)라 이르니, 일부인 주(紂)를 정벌했다는 말은 들었고 군주를 시해했다는 말은 듣지 못하였습니다.'라고 대답하셨다. 군주를 세우는 이유는 백성들이 잔적을 당하는데도 주장하여 다스리는 자가 없을까 두려워해서이니, 군주가 되어서 스스로 잔적한다면 군주의 실제를 상실한 것이니, 일부가 아니고 무엇이겠는가. 맹자의 말씀은 바로 중훼의 뜻인 것이다."

3. 夏王이 有罪하여 矯誣上天하여 以布命于下한대 帝用不臧하사 式商受命하사 用爽厥師하시니이다

하왕(걸)이 죄가 있어 하늘을 사칭하고 무함하여 아래에 명령을 펴니, 상제가 좋지 않게 여기시어 상나라로써 천명을 받아 그 무리를 밝히게 하셨습니다.

······
256 齊宣王······未聞弑君也:이 내용은《맹자》〈양혜왕 하(梁惠王下)〉에 보인다.

··· 賊:해칠 적 殘:해칠 잔 矯:속일 교 臧:착할 장 爽:밝을 상

矯는 與矯制之矯同이라 誣는 罔이요 臧은 善이요 式은 用이요 爽은 明이요 師는 衆也라 天은 以形體言이요 帝는 以主宰言이라 桀知民心不從하고 矯詐誣罔[257]하여 託天以惑其衆하니 天用不善其所爲하여 用使有商受命하여 用使昭明其衆庶也라

'교(矯)'는 교제(矯制;황제의 제명(制命)을 사칭함)의 교(矯)와 같다. '무(誣)'는 속임이요, '장(臧)'은 좋음이요, '식(式)'은 씀이요, '상(爽)'은 밝음이요, '사(師)'는 무리이다. 천(天)은 형체로써 말하고, 제(帝)는 주재(主宰)로써 말한 것이다. 걸(桀)은 민심이 따르지 않음을 알고는 속이고 거짓말하되 하늘을 가탁하여 그 무리를 혹하게 하였으니, 하늘이 그 소행을 좋게 여기지 아니하여 이로써 상나라로 하여금 천명을 받아서 하여금 그 무리를 밝히게 한 것이다.

○ 王氏曰 夏有昏德則衆從而昏하고 商有明德則衆從而明하니라
○ 吳氏曰 用爽厥師는 續下文簡賢附勢에 意不相貫하니 疑有脫誤로라

　○ 왕씨(王氏:왕안석(王安石))가 말하였다. "하나라가 어두운 덕이 있으면 백성들이 따라서 어두워지고, 상나라가 밝은 덕이 있으면 백성들이 따라서 밝아지는 것이다."
　○ 오씨(吳氏:오역(吳棫))가 말하였다. "용상궐사(用爽厥師)는 아랫글의 간현부세(簡賢附勢)와 연결함에 뜻이 서로 관통하지 않으니, 의심컨대 탈오(脫誤)가 있는 듯하다."

4. 簡賢附勢 寔繁有徒하여 肇我邦이 于有夏에 若苗之有莠(유)하며 若粟之有秕(비)하여 小大戰戰하여 罔不懼于非辜어늘(어늘사) 矧(신)予之德이 言足聽聞이온여(잇따녀)

현자(賢者)를 소홀히 하고 세력에 붙는 자들이 실로 무리가 많아서, 처음 우리 상나라가 유하(有夏)에게 있어 〈없애고자 하는 것이〉 마치 벼싹(苗)에 피(莠)가 있고 곡식에 쭉정이가 있는 것과 같았다. 그리하여 작고 큰 자(벼슬이 낮은 자와 높은 자)들이 전

......
257　矯詐誣罔:경문의 '矯誣上天 以布命于下'를 부연 설명한 것으로, 사계(沙溪)는 《언해》에는 '교무하되 상천으로써 한다'는 뜻으로 해석하였으니, 이는 주(註)의 해설을 따른 것이나 주의 해설이 본문에 위배되지 않는지 모르겠다.〔諺解釋以矯詐以上天之意, 蓋從註說, 未知註說不違於本文耶.〕" 하였다. 《언해》에는 '矯誣호되 上天으로 하야'로 되어 있는바, 이 구(句)는 '上天을 矯誣하여'로 해석하여야 할 것이다. 이에 대해 호산은 "살펴보건대 무망(誣罔) 두 글자 가운데 천(天) 자의 뜻이 이미 포함되었으니, 하늘을 속여 명을 퍼뜨려 그 백성을 혹하게 함을 말한 것이다.〔按誣罔二字中, 天字之意已該, 言誣天以布命, 惑其民耳.〕" 하였다. 《詳說》

··· 罔 : 속일 망　寔 : 진실로 식　莠 : 가라지 유　秕 : 쭉정이 비　矧 : 하물며 신

전긍긍하여 죄가 없는데도 벌을 받을까 두려워하지 않는 이가 없었는데, 하물며 우리 탕왕의 덕을 말하면 사람들이 들음에 흡족함에 있어서이겠습니까.

簡은 略이요 繁은 多요 肇는 始也라 戰戰은 恐懼貌라 言簡賢附勢之人이 同惡相濟하여 寔多徒衆하여 肇我邦이 於有夏에 爲桀所惡(오)하여 欲見翦除가 如苗之有莠하고 如粟之有秕하여 鋤(서)治簸(파)揚하여 有必不相容之勢라 商衆이 小大震恐하여 無不懼陷于非罪어든 況湯之德이 言則足人之聽聞하여 尤桀所忌疾者乎아 以苗粟喩桀하고 以莠秕喩湯은 特言其不容於桀而迹之危如此라 史記에 言 桀이 囚湯於夏臺라하니 湯之危 屢矣니 無道而惡(오)有道는 勢之必至也니라

'간(簡)'은 소략(疏略)함이요, '번(繁)'은 많음이요, '조(肇)'는 처음이다. '전전(戰戰)'은 공구(恐懼)하는 모양이다. 말하기를 "현자를 소홀히 하고 세력에 붙는 자들이 악(惡)을 함께 하여 서로 이루어주어서 실로 그 무리가 많아, 처음 우리 상나라가 유하(有夏)에게 있어서 걸(桀)에게 미움을 받아 전제(翦除)를 가하고자 함이, 벼싹에 피[莠]가 있는 것과 같고 곡식에 쭉정이가 있는 것과 같아 피를 뽑아서 다스리고 쭉정이를 까불러서 날려 보내어 반드시 서로 용납하지 못하는 형세가 있었다. 그리하여 상나라 무리 중에 작고 큰 자들이 두려워하여 죄가 아닌 것에 빠질까 두려워하지 않는 이가 없었는데, 하물며 탕왕의 덕을 말하면 사람들이 들음에 흡족하여 더욱 걸이 시기하고 미워하는 바에 있어서이겠습니까." 한 것이다.

벼싹과 곡식으로 걸을 비유하고 피와 쭉정이로 탕왕을 비유한 것은 단지 걸에게 용납되지 못하여 행적의 위태로움이 이와 같음을 말했을 뿐이다. 《사기》〈은기(殷紀)〉에 "걸이 탕왕을 하대(夏臺)라는 옥(獄)에 가두었다." 하였으니, 탕왕의 위태로움이 여러 번이었으니, 무도(無道)하면서 유도(有道)한 자를 미워함은 형편상 반드시 이르는 것이다.

5. 惟王은 不邇聲色하시며 不殖貨利하시며 德懋懋官하시며 功懋懋賞[258]하시며 用人惟己하시며 改過不吝하사 克寬克仁하사 彰信兆民하시니이다

------

258 德懋懋官 功懋懋賞 :《집전》에는 '懋, 茂也, 繁多之意.'라 하였으나, 오윤상은 "위의 무(懋)와 아래의 무(懋)를 구분하여 위의 무 자는 진실로 무성(성대)하다는 뜻이고 아래의 무 자는 권면하다는 뜻으로 보는 것이 옳을 듯하다.〔上懋字, 固是茂盛之意, 下懋字, 以勉之意看恐是.〕" 하였다.

⋯ 簸 : 까부를 파 邇 : 가까울 이 懋 : 성할 무

왕께서는 음악과 여색을 가까이 하지 않고 재화(財貨)와 이익을 증식하지 않으시며, 덕이 많은 자에게는 관직을 크게 내리고 공이 많은 자에게는 상을 크게 내리시며(상으로써 권면하시며), 사람을 등용하되 자신으로 생각하시고 허물을 고침에 인색하게 하지 않으시어, 능히 너그럽고 능히 인자하여 덕이 드러나 조민(兆民)들에게 믿음을 받으셨습니다.

邇는 近이요 殖은 聚也라 不近聲色과 不聚貨利는 若未足以盡湯之德이라 然이나 此本原之地니 非純乎天德而無一毫人欲之私者면 不能也라 本原澄澈然後에 用人處己에 而莫不各得其當이라 懋는 茂也니 繁多之意니 與時乃功懋哉之義同[259]이라 言人之懋於德者는 則懋之以官하고 人之懋於功者는 則懋之以賞하며 用人惟己하여 而人之有善者를 無不容하고 改過不吝하여 而己之不善者를 無不改하여 不忌能於人하고 不吝過於己하여 合併爲公하고 私意不立하니 非聖人이면 其孰能之리오 湯之用人處己者如此하여 而於臨民之際라 是以로 能寬能仁하니 謂之能者는 寬而不失於縱이요 仁而不失於柔라 易曰 寬以居之하고 仁以行之는 君德也라하니 君德昭著하여 而孚信於天下矣라 湯之德이 足人聽聞者如此하니라

'이(邇)'는 가까움이요, '식(殖)'은 모음이다. 음악과 여색을 가까이 하지 않음과 재화와 이익을 증식하지 않음은 탕왕의 덕을 다 표현할 수 없을 듯하다. 그러나 이는 본원(本原;근본인 마음)의 자리이니, 천덕(天德)에 순수하여 일호(一毫)라도 인욕(人欲)의 사사로움이 없는 자가 아니면 능할 수 없는 것이다. 본원(本原)이 맑고 깨끗한 뒤에야 사람을 등용하고 자기 몸을 처신함에 각각 그 마땅함을 얻지 않음이 없는 것이다.

'무(懋)'는 성함이니, 번다(繁多)의 뜻이니, 위 〈대우모〉에 '시내공무재(時乃功懋哉)'의 뜻과 같다. 사람 중에 덕이 많은 자에게는 관직으로 성대히 하고 사람 중에 공이 많은 자에게는 상으로 성대히 하며, 사람을 등용할 때에는 자신으로 생각하여 사람 중에 선행(善行)이 있는 자는 용납하지 않음이 없고, 허물을 고침에 인색하지 아니하

---

259 懋茂也……與時乃功懋哉之義同 : '時乃功懋哉'는 위의 〈대우모(大禹謨)〉에 보이는바, 여기의 무(懋)는 힘쓴다는 뜻으로, 여기와는 서로 부합하지 않는다. 사계(沙溪)는 《집전》의 이러한 오류를 지적하고, 덕무무관(德懋懋官)과 공무무상(功懋懋賞)을 《집전》에 무지이관(懋之以官), 무지이공(懋之以功)으로 해석한 것 역시 무기관(懋其官;관직을 성대히 내림), 무기상(懋其賞;상을 성대히 내림)으로 해석하는 것만 못하다고 하였다. 그리하여 퇴계(退溪)의 '관(官)'으로 무(懋)하며'한 풀이를 따르지 않았음을 밝혀둔다.

··· 澄 : 맑을 징 澈 : 맑을 철 吝 : 아낄 린

여 자기의 불선(不善)을 고치지 않음이 없어서, 남의 재능을 시기하지 않고 자기의 허물을 고침에 인색하지 아니하여 두 가지를 합병해서 공정하게 하고 사의(私意)를 세우지 않았으니, 성인이 아니면 그 누가 이에 능하겠는가. 탕왕이 사람을 등용하고 자기 몸을 처함이 이와 같아서 백성을 대하는 즈음에 나타났다. 이 때문에 능히 너그럽고 능히 인(仁)하였으니, '능'이라고 이른 것은 너그러우면서도 방종함에 잘못되지 않고, 인(仁)하면서도 유약함에 잘못되지 않는 것이다.

《주역》건괘(乾卦)〈문언전(文言傳)〉에 "너그러움으로써 거하고 인으로써 행함은 군주의 덕이다." 하였으니, 군주의 덕이 밝게 드러나서 천하에 믿어진 것이다. 탕왕의 덕이 사람들의 들음에 흡족함이 이와 같았다.

6. 乃葛伯이 仇餉이어늘 初征自葛하사 東征에 西夷怨하며 南征에 北狄怨하여 曰 奚獨後予오하며 攸徂(조)之民은 室家相慶하여 曰 徯(혜)予后하더소니 后來하시니 其蘇라하니 民之戴商이 厥惟舊哉니이다

갈백(葛伯)이 들밥을 먹이는 자를 원수로 삼자, 처음 정벌을 갈(葛)나라로부터 시작하시어, 동쪽을 정벌하면 서쪽 오랑캐가 원망하고 남쪽을 정벌하면 북쪽 오랑캐가 원망하여 이르기를 '어찌하여 홀로 우리 나라를 뒤에 정벌하는가.' 하였으며, 정벌하러 가는 곳의 백성들은 실가(室家;집안식구들)가 서로 경하(慶賀)하여 이르기를 '우리 임금님을 기다렸는데 우리 임금께서 오시니 소생할 것이다.' 하였으니, 백성들이 상나라를 떠받든 지가 오래되었습니다.

葛은 國名이요 伯은 爵也라 餉은 饋也니 仇餉은 與餉者爲仇也라 葛伯이 不祀어늘 湯이 使問之하신대 曰 無以供粢盛이로이다 湯이 使亳衆往耕이어시늘 老弱이 饋餉이러니 葛伯이 殺其童子한대 湯이 遂征之[260]하시니 湯征이 自葛始也라 奚는 何요 徯는 待也라 蘇는 復生也라 西夷, 北狄은 言遠者如此則近者可知也라 湯師之未加者는 則怨望其來하여 曰 何獨後予오하고 其所往伐者는 則妻孥相慶하여 曰 待我后久矣러니 后來하시니 我其復生乎인저하니 他國之民이 皆以湯爲我君하여 而望其來者如此라 天下之愛戴歸往於商者 非一日矣니 商業之興은 蓋不在於鳴條之役

• • • • • •
260 葛伯不祀…… 湯遂征之 : 이 내용은 《맹자》〈등문공 하(滕文公下)〉에 보인다.

··· 餉 : 먹일 향 徂 : 갈 조 徯 : 기다릴 혜 蘇 : 소생할 소 戴 : 일 대 饋 : 먹일 궤 粢 : 기장 자

也니라

'갈(葛)'은 나라 이름이요, '백(伯)'은 작위이다. '향(餉)'은 들밥을 먹임이니, '구향(仇餉)'은 들밥을 먹이는 자와 원수가 됨을 이른다. 갈백(葛伯)이 제사하지 않으므로 탕왕이 사람을 시켜 물으시니, 대답하기를 "자성(粢盛:제수로 올리는 기장과 조)을 마련할 수 없어서입니다." 하였다. 탕왕이 박읍(亳邑)의 백성들로 하여금 가서 밭을 경작하게 하였는데, 노약자들이 들밥을 내오자 갈백이 그 동자(童子)를 죽이고 음식(밥과 고기)을 빼앗았다. 이에 탕왕이 마침내 정벌하였으니, 탕왕의 정벌이 갈나라로부터 비롯된 것이다. '해(奚)'는 어찌이고 '혜(徯)'는 기다림이다. '소(蘇)'는 다시 사는(소생하는) 것이다. '서이(西夷)'와 '북적(北狄)'은 멀리 있는 자들이 이와 같으면 가까이 있는 자들은 알 수 있음을 말한 것이다.

탕왕의 군대가 정벌을 가하지 않는 곳은 탕왕이 정벌해 오기를 원망하고 바라면서 말하기를 "어찌 홀로 우리 나라를 뒤에 정벌하는가." 하였으며, 가서 정벌하는 곳은 처자들이 서로 경하하여 말하기를 "우리 임금님을 기다린 지가 오래되었는데 우리 임금께서 오시니, 우리들은 다시 살 것이다." 하였으니, 타국의 백성들이 모두 탕왕을 우리 군주라고 하여 와서 정벌해주기를 바램이 이와 같았다. 천하가 상나라를 사랑하고 떠받들며 귀의(歸依)한 것이 하루이틀이 아니니, 상나라의 기업(基業)이 일어남은 〈탕왕이 걸을 물리친〉 명조(鳴條)의 전역(戰役)에 있었던 것이 아니다.(상나라의 기업(基業)이 일어남은 '명조의 전역'에 있지 않을 것이다.)

○ 呂氏曰 夏、商之際에 君臣易位하니 天下之大變이라 然이나 觀其征伐之時에 唐虞都兪揖遜[261] 氣象이 依然若存하니 蓋堯、舜、禹、湯이 以道相傳하여 世雖降이나 而道不降也니라

○ 여씨(呂氏;여조겸(呂祖謙))가 말하였다. "하(夏)·상(商)이 교체될 즈음에 군신간이 자리를 바꾸니, 천하의 큰 변고이다. 그러나 살펴보건대 정벌할 때에 당(唐)·우(虞)의 도유(都兪)하고 읍손(揖遜)하는 기상이 의연(依然)히 그대로 남아 있는 듯하니, 요(堯)·순(舜)·우(禹)·탕(湯)이 도(道)로써 서로 전수하여, 세대는 비록 아래로 내려

──────
261 都兪揖遜: 도(都)는 찬미하는 말이고 유(兪)는 상대방의 말을 수긍하고 인정하는 말로 위의 〈우서(虞書)〉에 자주 보이는바, 도유(都兪)는 군신간(君臣間)이 자유롭게 의견을 교환함을 뜻하며, 읍손(揖遜)은 읍(揖)하고 겸손(사양)함을 이른다.

왔으나(바뀌었으나) 도는 내려가지 않은 것이다."

7. **佑賢輔德**하시며 **顯忠遂良**하시며 **兼弱攻昧**하시며 **取亂侮亡**하사 **推**(퇴)**亡固存**하시사 **邦乃其昌**하리이다

〈제후 중에〉 현자를 돕고 덕이 있는 자를 도우시며, 충성스러운 자를 드러내고 어진 자를 이루어 주시며, 약한 자를 겸병하고 어두운 자를 공격하시며, 어지러운 자를 취하고 망하는 자를 상(傷)하게 하시어, 저들이 망하는 것을 밀쳐내고 우리가 보존하는 것을 튼튼히 하셔야 나라가 마침내 번창할 것입니다.

前은 旣釋湯之慙이요 此下는 因以勸勉之也라 諸侯之賢德者를 佑之輔之하고 忠良者를 顯之遂之는 所以善善也라 侮는 說文曰 傷也라하니라 諸侯之弱者를 兼之하고 昧者를 攻之하며 亂者를 取之하고 亡者를 傷之는 所以惡(오)惡也라 言善則由大以及小하고 言惡則由小以及大라 推亡者는 兼、攻、取、侮也요 固存者는 佑、輔、顯、遂也니 推彼之所以亡하고 固我之所以存이라야 邦國이 乃其昌矣리라

앞에서는 이미 탕왕의 부끄러움을 풀어드렸고, 이 아래는 인하여 권면한 것이다. 제후 중에 어질고 덕이 있는 자를 돕고 보조하며 충량(忠良)한 자를 드러내고 이루어줌은 선(善)한 자를 좋게 여기는 것이다. '모(侮)'는 《설문(說文)》에 "상함이다." 하였다. 제후 중에 약한 자를 겸병하고 어두운 자를 공격하며 어지러운 자를 취하고 망하는 자를 상하게 함은 악한 자를 미워하는 것이다. 선을 말할 때에는 큼으로부터 작음에 이르고, 악을 말할 때에는 작음으로부터 큼에 이르렀다. 망하는 것을 밀쳐낸다는 것은 겸(兼)·공(攻)·취(取)·모(侮)이며, 보존하는 것을 튼튼하게 한다는 것은 우(佑)·보(輔)·현(顯)·수(遂)이다. 저들이 망하는 것을 밀쳐내고 우리가 보존하는 것을 튼튼히 하여야 나라가 번창할 것이다.

8. **德日新**하면 **萬邦**이 **惟懷**하고 **志自滿**하면 **九族**이 **乃離**하리니 **王**은 **懋昭大德**하사 **建中于民**하소서 **以義制事**하시며 **以禮制心**하시사 **垂裕後昆**[262]하리이다

......
262 垂裕後昆 : 오윤상은 "이것은 넉넉하고 두터운(여유로운) 방도를 후손에 남겨준다는 것인 듯하니, 《집전》의 해석은 문리가 순하지 못한 듯하다.〔恐是垂裕厚之道於後昆也, 傳釋恐不順.〕" 하였다. 이에 따라 경문을 수정 번역하였다.

... 推 : 밀칠 퇴

予聞호니 曰 能自得師者는 王이요 謂人莫己若者는 亡이라 好問則裕하고 自用則小라하니이다

　덕이 날로 새로워지면 만방(萬邦)이 그리워하고, 마음이 자만(自滿)하면 구족(九族)이 마침내 이반(離叛)할 것이니, 왕께서는 힘써 대덕(大德)을 밝히시어 백성들에게 중도(中道)를 세우소서. 의(義)로써 일을 제재하시며 예(禮)로써 마음을 제재하셔야 후손들에게 여유롭고 넉넉함을 드리울 것입니다. 제가 듣자오니, '능히 스스로 스승을 얻는 자는 왕자(王者)가 되고, 남들이 자기만 못하다고 말하는 자는 망한다. 묻기를 좋아하면 여유가 있고, 스스로 지혜를 쓰면 작아진다.' 하였습니다.

德日新者는 日新其德而不自已也요 志自滿者는 反是라 湯之盤銘曰 苟日新이어든 日日新하고 又日新²⁶³이라하니 其廣新之義歟인저 德日新이면 則萬邦雖廣이나 而無不懷요 志自滿이면 則九族雖親이나 而亦離라 萬邦은 擧遠以見(현)近也요 九族은 擧親以見疏也라 王其勉明大德하여 立中道於天下라 中者는 天下之所同有也²⁶⁴나 然非君建之면 則民不能以自中이요 而禮義者는 所以建中者也라 義者는 心之裁制요 禮者는 理之節文이니 以義制事면 則事得其宜요 以禮制心이면 則心得其正이니 內外合德하여 而中道立矣라 如此면 非特有以建中於民이요 而垂諸後世者 亦綽(작)乎有餘裕矣²⁶⁵리라

　덕이 날로 새로워진다는 것은 날로 그 덕을 새롭게 하여 스스로 그치지 않는 것이요, 마음이 자만하다는 것은 이와 반대이다. 탕왕이 목욕하는 대야에 새긴 글에 "만일 어느 날 새로워졌거든 나날이 새롭게 하고 또 날로 새롭게 하라." 하였으니, 이는 일

263　湯之盤銘曰……又日新 : 반명(盤銘)은 목욕하는 대야에 명문(銘文)을 새겨 스스로 경계한 것으로 이 내용은 《대학장구(大學章句)》 전문(傳文) 2장에 보인다.

264　中者 天下之所同有也 : 중(中)은 감정이 아직 발하지 않은 상태에서 마음속에 간직하고 있는 성(性)으로, 아래 〈탕고(湯誥)〉에 보이는 '강충우하민(降衷于下民)'의 충(衷)과 같으며, 《중용》 1장의 '미발지중(未發之中)'과 같으므로, 천하 사람이 똑같이 가지고 있다고 말한 것이다.

265　垂諸後世者 亦綽乎有餘裕矣 : 경문의 '垂裕後昆'을 부연 설명한 것으로, 호산은 "수유(垂裕)는 《언해》의 해석이 비록 주의 글을 따른 것이나 본문의 문세(文勢)를 잃은 듯하다.〔垂裕, 諺釋雖依註文, 恐失本文之勢.〕" 하였다. ○ 공씨(孔氏)가 말하였다. "수유후곤(垂裕後昆)은 우족(優足; 넉넉하고 충분함)한 도를 후래에 남기는 것이다.〔垂優足之道〕" 하였다. 《詳說》 수유후곤은 여유롭고 넉넉한 도를 후손(後昆)에게 남겨주는 것인데, 《집전》에 수유(垂裕)를 '수저(垂諸)'라 해석하고 유(裕)를 '작호유여유(綽乎有餘裕)'라 하였으므로 말한 것이다.

⋯　盤 : 소반 반　綽 : 너그러울 작

신(日新)의 뜻을 넓힌 것이다. 덕이 날로 새로워지면 만방이 비록 넓으나 그리워하지 않는 이가 없고, 마음이 자만하면 구족(九族)이 비록 친하나 또한 이반한다. 만방은 넓음을 들어 가까움을 나타낸 것이요, 구족은 친함을 들어 소원함을 나타낸 것이다.

　왕은 힘써 대덕(大德)을 밝혀서 중도(中道)를 천하에 세워야 한다. 중(中)은 천하 사람이 똑같이 가지고 있는 것이나 군주가 세워주지 않으면 백성들이 스스로 중(中)하지 못하며, 예의(禮義)는 중을 세우는 것이다. '의(義)'는 마음의 제재요 '예(禮)'는 이치의 절문(節文)이니, 의로써 일을 제재하면 일이 그 마땅함을 얻고 예로써 마음을 제재하면 마음이 그 바름을 얻게 되니, 내외가 덕을 합하여 중도가 확립된다. 이와 같이 하면 다만 백성에게 중을 세움이 있을 뿐만 아니요, 후세에 〈여유로움을〉 드리움이 또한 넉넉하여 여유가 있을 것이다.

然是道也는 必學焉而後至라 故로 又擧古人之言하여 以爲隆師好問이면 則德尊而業廣이요 自賢自用者는 反是라 謂之自得師者는 眞知己之不足과 人之有餘하여 委心聽順하여 而無拂逆之謂也라 孟子曰 湯之於伊尹에 學焉而後臣之라 故로 不勞而王이라하니 其湯之所以自得者歟인저 仲虺言懷諸侯之道하고 推而至於修德檢身이요 又推而至於能自得師라 夫自天子로 至於庶人히 未有舍師而能成者하니 雖生知之聖이라도 亦必有師焉이라 後世之不如古는 非特世道之降이라 抑亦師道之不明也니라 仲虺之論이 遡流而源하여 要其極而歸諸能自得師之一語하니 其可爲帝王之大法也歟인저

　그러나 이 도는 반드시 배운 뒤에 이른다. 그러므로 또 옛사람의 말을 들어 이르기를 "스승을 높이고 묻기를 좋아하면 덕이 높아지고 업(業)이 넓어지며, 스스로 어질다고 여기고 스스로 지혜를 쓰는 자는 이와 반대이다."라고 한 것이다. 스스로 스승을 얻었다는 것은 자신의 부족함과 남의 유여(有餘)함을 참으로 알아서 마음을 맡겨 듣고 순종하여 어기거나 거슬림이 없음을 이른다. 《맹자》〈공손추 하(公孫丑下)〉에 "탕왕이 이윤에게 배운 뒤에 신하로 삼았기 때문에 수고롭지 않고도 왕자(王者)가 되었다." 하였으니, 이것이 탕왕이 스스로 스승을 얻음일 것이다.

　중훼는 제후들을 회유하는 방도를 말하고 미루어 덕을 닦고 몸을 검속(檢束)함에 이르렀고, 또다시 미루어 스스로 스승을 얻음에 이르렀다. 천자로부터 서인에 이르기까지 스승을 버리고 성공하는 자는 있지 않으니, 비록 생이지지(生而知之)의 성인(聖人)이라도 또한 반드시 스승이 있어야 한다. 후세가 옛날만 못한 이유는 단지 세도(世

⋯ 拂 : 어길 불　遡 : 거스를 소

道)가 낮아져서일 뿐만 아니라, 또한 사도(師道)가 밝지 못하기 때문이다. 중훼의 의논은 흐름을 거슬러 근원에 이르러서 그 극(極)을 요약하여 '스스로 스승을 얻는다'는 한마디 말씀에 돌렸으니, 제왕의 대법(大法)이 될 만하다 할 것이다.

9. 嗚呼라 愼厥終인댄(홀든) 惟其始니 殖有禮하시며 覆(복)昏暴하사 欽崇天道하시사 永保天命하시리이다

아! 그 종(終)을 삼가려면 그 시작을 잘해야 하니, 예(禮)가 있는 자를 봉(封)해주며 어둡고 포악한 자를 전복시켜, 하늘의 도를 공경하고 높이셔야 천명을 영원히 보존하실 것입니다."

上文에 旣勸勉之하고 於是에 歎息言 謹其終之道는 惟於其始圖之라하니 始之不謹而能謹終者는 未之有也라 伊尹이 亦言謹終于始라하니 事雖不同이나 而理則一也라 欽崇者는 敬畏尊奉之意라 有禮者를 封殖之하고 昏暴者를 覆亡之는 天之道也니 欽崇乎天道면 則永保其天命矣라 按仲虺之誥에 其大意有三하니 先言天立君之意와 桀逆天命而天之命湯者를 不可辭하고 次言湯德足以得民하여 而民之歸湯者 非一日하고 末言爲君艱難之道와 人心離合之機와 天道福善禍淫之可畏하여 以明今之受夏 非以利己요 乃有無窮之恤하여 以深慰湯而釋其慙하니 仲虺之忠愛 可謂至矣라 然湯之所慙은 恐來世以爲口實者어늘 仲虺終不敢謂無也하니 君臣之分이 其可畏如此哉인저

상문(上文)에서는 이미 권면하였고, 여기서는 탄식하고 말하기를 "그 종(終)을 삼가는 방도는 오직 시작에 도모하여야 한다." 하였으니, 시작을 삼가지 않고서 종(終)을 삼가는 자는 있지 않다. 이윤 또한 "종을 시작에 삼가라." 하였으니, 일은 비록 똑같지 않으나 이치는 하나이다(동일하다). '흠숭(欽崇)'은 공경하고 높여 받드는 뜻이다. 예가 있는 자를 봉하여 〈키워〉 주고, 어둡고 포악한 자를 전복시켜 망하게 함은 하늘의 도(道)이니, 하늘의 도를 공경하고 높이면 천명을 길이 보전할 것이다.

살펴보건대 〈중훼지고〉에 세 가지 대의(大意)가 있으니, 먼저는 하늘이 군주를 세운 뜻과 걸(桀)이 천명을 거슬러 하늘이 탕왕에게 명한 것을 사양할 수 없음을 말하였고, 다음은 탕왕의 덕이 충분히 백성(민심)을 얻어서 백성들이 탕왕에게 돌아온 것이 하루이틀이 아님을 말하였고, 맨끝에는 군주 노릇하기가 어려운 도(道)와 인심(人心)이 이합(離合)하는 기틀과 천도가 선(善)한 자에게 복을 주고 악(惡)한 자에게 화(禍)를

··· 殖 : 세울 식

줌이 두려울 만함을 말하여, 지금에 하(夏)나라를 받은 것이 자기를 이롭게 함이 아니요 도리어 무궁한 근심이 있음을 밝혀, 탕왕을 깊이 위로하고 그 부끄러움을 풀어드린 것이니, 중훼의 충성과 사랑이 지극하다고 이를 만하다. 그러나 탕왕이 부끄러워한 것은 후세에서 자신을 구실로 삼을까 두려워한 것이었는데, 중훼는 끝내 감히 이것이 없다고 말하지 않았으니, 군주와 신하의 직분이 두려워할 만함이 이와 같다.

〈탕고(湯誥)〉

湯이 伐夏歸亳하시니 諸侯率職來朝어늘 湯作誥하여 以與天下更(경)始하시니 今文無, 古文有하니라

 탕왕이 하나라를 정벌하고 박읍(亳邑)으로 돌아오시니, 제후들이 직책을 받들어 내조(來朝)하였다. 탕왕이 고(誥)를 지어 천하와 더불어 경시(更始;새 출발)하셨으니, 금문(今文)에는 없고 고문(古文)에는 있다.

【小序】 湯旣黜夏命하고 復歸于亳하사 作湯誥하니라 咎單이 作明居[266]하니라
 탕왕(湯王)이 이미 하(夏)나라의 명(命)을 내치고 다시 박읍(亳邑)으로 돌아와 〈탕고(湯誥)〉를 지었다. 구단(咎單)이 〈명거(明居)〉를 지었다.
【辨說】 一篇亡이라
 〈명거〉 한 편은 없어졌다.

1. 王이 歸自克夏하사 至于亳하사 誕告萬方하시다
 왕이 하나라를 이기고 돌아와 박읍에 이르사 크게 만방에 고하셨다.

誕은 大也라 亳은 湯所都니 在宋州穀熟縣하니라
 '탄(誕)'은 큼이다. '박(亳)'은 탕왕이 도읍한 곳이니, 송주(宋州)의 곡숙현(穀熟縣)에 있었다.

2. 王曰 嗟爾萬方有衆아 明聽予一人誥하라 惟皇上帝 降衷于下民하사 若有恒性[267]하니 克綏厥猷[268]는(라사) 惟后니라

------

266 明居 : 공씨가 말하였다. "토지를 주관한 관원이니, 백성들이 거주하는 법을 밝힌 것이다.〔主土地之官, 明居民法.〕"
267 恒性 : 명대(明代) 나흠순(羅欽順)은 "육경(六經) 속에서 '심(心)'을 말함은 제순(帝舜)으로부터 시작되고, '성(性)'을 말함은 성탕(成湯)으로부터 시작되었다.〔六經之中, 言心自帝舜始, 言性自成湯始.〕" 하였다. 《困知記》
268 克綏厥猷 :《언해》에는 《집전》을 근거하여 토(吐)를 '라사'로 달았으나 퇴계(退溪)의 《삼경석의(三經釋義)》를 따라 '는'으로 수정하였다.

⋯ 猷 : 도유

왕이 다음과 같이 말씀하였다.
　"아! 너희 만방의 무리들아. 나 한 사람의 가르침을 분명히 들어라. 훌륭하신 상제가 하민들에게 충(衷:중(中))을 내려주어 순히 하여 떳떳한 성(性)을 소유하였으니, 능히 그 도에 편안하게 하는 분은 오직 군주인 것이다.

皇은 大요 衷은 中이요 若은 順也라 天之降命에 而具仁義禮智信之理하여 無所偏倚하니 所謂衷也요 人之稟命에 而得仁義禮智信之理하여 與心俱生하니 所謂性也라 猷는 道也니 由其理之自然하여 而有仁義禮智信之行하니 所謂道也라 以降衷而言하면 則無有偏倚하니 順其自然하여 固有常性矣어니와 以稟受而言하면 則不無淸濁純雜之異라 故로 必待君師之職而後에 能使之安於其道也라 故로 曰 克綏厥猷는 惟后라하니라 夫天生民有欲은 以情言也요 上帝降衷于下民은 以性言也라 仲虺는 卽情以言人之欲하고 成湯은 原性以明人之善하시니 聖賢之論이 互相發明이라 然其意則皆言君道之係於天下者 如此之重也니라

　'황(皇)'은 위대함이요, '충(衷)'은 중(中)이요, '약(若)'은 순함이다. 하늘이 명을 내릴 적에 인(仁)·의(義)·예(禮)·지(智)·신(信)의 이치를 갖추어 편벽되거나 치우친 바가 없으니 이른바 충(衷)이며, 사람이 명을 받을 적에 인·의·예·지·신의 이치를 얻어 마음과 함께 나오니 이른바 성(性)이다. '유(猷)'는 도(道)이니, 이치의 자연을 따라 인·의·예·지·신의 행실이 있으니 이른바 도이다. 충(衷)을 내려준 입장에서 말하면 편벽되거나 치우친 바가 없으니 이치의 자연을 순히 하여 본래 떳떳한 성(性)을 보유하고 있으나, 품수(稟受)한 기질(氣質)의 입장에서 말하면 청(淸)·탁(濁)과 순(純)·잡(雜)의 다름이 없지 못하다. 그러므로 반드시 군주와 스승의 직책이 있은 뒤에야 도에 편안하게 할 수 있는 것이다. 그러므로 그 도에 편안하게 하는 분은 오직 군주라고 말한 것이다.
　〈중훼지고〉에 '하늘이 내신 백성들이 욕망이 있다'는 것은 정(情)으로써 말한 것이요, '상제가 하민에게 충(衷)을 내려주었다'는 것은 성(性)으로써 말한 것이다. 중훼는 정(情)에 나아가 사람의 욕망을 말하였고, 성탕은 성(性)에 근원하여 사람의 선(善)을 밝혔으니, 성현의 의논이 서로 발명된다. 그러나 그 뜻은 모두 군주의 도가 천하에 관계됨이 이와 같이 중(重)함을 말한 것이다.

3. 夏王이 滅德作威하여 以敷虐于爾萬方百姓한대 爾萬方百姓이 罹其凶

… 罹 : 걸릴 리

害하여 弗忍荼(도)毒하여 竝告無辜于上下神祇(기)하니 天道는 福善禍淫이라 降災于夏하사 以彰厥罪하시니라

하왕(夏王)이 덕을 멸하고 위엄을 부려 너희 만방의 백성들에게 포악함을 펴니, 너희 만방의 백성들이 그의 흉해(凶害)에 걸려서 도독(荼毒)을 참지 못하여, 모두 죄가 없음을 상하(上下)의 신기(神祇)에게 하소연하였다. 하늘의 도는 선한 자에게 복을 내리고 포악한 자에게 화를 내린다. 그리하여 하나라에 재앙을 내려 그 죄를 드러내신 것이다.

言桀이 無有仁愛하고 但爲殺戮하니 天下被其凶害 如荼之苦하고 如螫(석)之毒[269]하여 不可堪忍일새 稱寃於天地鬼神하여 以冀其拯己라 屈原曰 人窮則反本이라 故로 勞苦倦極이면 未嘗不呼天也[270]라하니라 天之道는 善者福之하고 淫者禍之하나니 桀旣淫虐이라 故로 天降災以明其罪라 意當時必有災異之事리니 如周語所謂伊洛竭而夏亡之類라

걸(桀)은 인애(仁愛)함이 없고 단지 살육을 하니, 천하가 그 흉해(凶害)를 입음이 마치 여뀌의 씀과 같고 독충의 독과 같아서 견디고 참을 수가 없었다. 그러므로 천지의 귀신에게 원통함을 말하여 자기를 구원해 주기를 바란 것이다. 굴원(屈原)이 말하기를 "사람이 곤궁해지면 근본으로 돌아간다. 〈그러므로〉 사람이 수고롭고 괴로우며 피곤함이 지극하면 일찍이 하늘을 부르지 않음이 없는 것이다." 하였다. 하늘의 도는 선한 자에게 복을 내리고 포악한 자에게 화를 내리니, 걸이 이미 지나치게 포악하므로 하늘이 재앙을 내려서 그 죄를 밝힌 것이다. 짐작컨대 당시에 반드시 재이(災異)의 일이 있었을 것이니, 《국어(國語)》〈주어(周語)〉에 이른바 '이수(伊水)와 낙수(洛水)가 고갈됨에 하나라가 망했다.'는 따위와 같은 것이다.

······
269　如荼之苦 如螫之毒 : 경문의 '荼毒'을 나누어 해석한 것으로 荼는 여뀌, 毒은 독충이나 벌의 쏨으로 보았으나, 호산은 "살펴보건대 《시경》〈상유(桑柔)〉의 주에 '도독(荼毒)'은 한 가지 일로 해석하였으니, 마땅히 이것을 바름으로 삼아야 한다.〔按桑柔註, 荼毒作一事, 當以爲正.〕" 하였다. 〈상유〉의 11절(節)에 '寧爲荼毒'이라고 보이는데, 주자의 주에 "도(荼)는 쓴나물(여뀌)이니, 맛이 쓰고 냄새가 매워 능히 물건을 죽일 수 있다. 그러므로 '도독(荼毒)'이라 한 것이다.〔荼, 苦菜也, 味苦氣辛, 能殺物, 故謂之荼毒也.〕"라고 보인다. 이에 따라 경문을 도독으로 번역하였다.
270　屈原曰……未嘗不呼天也 : 이 내용은 굴원(屈原)이 말한 것이 아니고 《사기(史記)》〈굴원전(屈原傳)〉에 보이는 사마천(司馬遷)의 말임을 밝혀둔다.

··· 荼 : 씀바귀 도, 여뀌 도　螫 : 쏠 석　拯 : 구원할 증　竭 : 다할 갈

4. **肆台小子 將天命明威**하여 **不敢赦**일새 **敢用玄牡**(무)하여 **敢昭告于上天神后**하여 **請罪有夏**하고 **聿求元聖**하여 **與之戮力**하여 **以與爾有衆**으로 **請命**호라

그러므로 나 소자는 하늘이 명하신 밝은 위엄을 받들어 감히 용서할 수가 없기에 감히 검은 희생을 써서 상천(上天)과 신후(神后)에게 밝게 아뢰어 유하(有夏)에게 죄를 내릴 것을 청하고, 마침내 원성(元聖)을 찾아서 그와 더불어 힘을 다해 너희 무리들과 함께 명을 청하였노라.

肆는 故也라 故我小子 奉將天命明威하여 不敢赦桀之罪也라 **玄牡**는 夏尙黑하니 未變其禮也라 **神后**는 后土也라 **聿**은 遂也라 **元聖**은 伊尹也라

'사(肆)'는 고(故;그러므로)이다. 그러므로 나 소자가 하늘이 명하신 밝은 위엄을 받들어서 감히 걸의 죄를 용서하지 못하는 것이다. '현무(玄牡;검정색의 숫 희생)'는 하나라는 검정색을 숭상하였으니, 아직 그 예를 바꾸지 않은 것이다. '신후(神后)'는 후토(后土)이다. '율(聿)'은 드디어(마침내)이다. '원성(元聖)'은 이윤이다.

5. **上天**이 **孚佑下民**이라 **罪人**이 **黜伏**하니 **天命弗僭**이 **賁**(비)**若草木**이라 **兆民**이 **允殖**하니라

상천이 진실로 하민들을 돕기에 죄인이 쫓겨나 굴복하니, 천명이 어긋나지 아니하여 찬란함이 초목과 같다. 그리하여 만백성들이 진실로 생식(生殖)되는 것이다.

孚, **允**은 皆信也라 **僭**은 差也라 **賁**는 文之著也라 **殖**은 生也라 上天이 信佑下民이라 故로 夏桀이 竄亡而屈服하니 天命無所僭差가 燦然若草木之敷榮하여 兆民이 信乎其生殖矣니라

'부(孚)'와 '윤(允)'은 모두 진실로이다. '참(僭)'은 어긋남이다. '비(賁)'는 문채가 드러남이다. '식(殖)'은 낳음이다. 상천이 진실로 하민들을 돕는다. 그러므로 하걸(夏桀)이 도망하여 굴복하니, 천명의 어긋남이 없음이 초목이 찬란하게 잎이 피고 꽃이 피는 것과 같아서 조민(兆民)들이 진실로 생식되는 것이다.

6. **俾予一人**으로 **輯寧爾邦家**하시니 **茲朕**이 **未知獲戾于上下**하여 **慄慄危懼**

··· 肆 : 그러므로 사　牡 : 수컷 무(모)　聿 : 드디어 률　孚 : 진실로 부　僭 : 어그러질 참　賁 : 문채날 비
　　 殖 : 번성할 식　戾 : 죄 려　慄 : 두려울 률

하여 **若將隕于深淵**하노라

〈하늘이〉 나 한 사람으로 하여금 너희 방가(邦家:나라)를 화합하고 편안하게 하시니, 이에 짐(朕)은 〈혹시〉 위의 하늘과 아래의 땅에 죄를 얻을지 알지 못하여, 율률(慄慄)하여 위태롭게 여기고 두려워해서 장차 깊은 못에 빠질 것처럼 여기노라.

輯은 和요 戾는 罪요 隕은 墜也라 天使我輯寧爾邦家하시니 其付予之重을 恐不足以當之요 未知己得罪於天地與否하여 驚恐憂畏하여 若將墜於深淵하니 蓋責愈重則憂愈大也라

'집(輯)'은 화합함이요 '려(戾)'는 죄요 '운(隕)'은 떨어짐이다. 하늘이 나로 하여금 너희 나라를 화합하고 편안하게 하시니, 그 맡겨 주신 중(重)함을 감당하지 못할까 두려우며, 나 자신이 천지에게 죄를 얻을지의 여부를 알지 못하여, 놀라고 두려워하며 근심하고 조심하여 장차 깊은 못에 빠질 것처럼 여기니, 책임이 더욱 무거울수록 근심이 더욱 커지는 것이다.

7. **凡我造邦**은 **無從匪彝**하며 **無卽慆**(도)**淫**하여 **各守爾典**하여 **以承天休**하라

무릇 우리 새로 시작하는 나라들은 법이 아닌 것을 따르지 말며, 태만하고 음탕함에 나아가지 말아서 각각 너희의 떳떳한 법을 지켜 하늘의 아름다운 명령을 받들도록 하라.

夏命已黜에 湯命惟新하니 侯邦雖舊나 悉與更(경)始라 故로 曰造邦이라 彝는 法이요 卽은 就요 慆는 慢也라 匪彝는 指法度言이요 慆淫은 指逸樂言이라 典은 常也니 各守其典常之道하여 以承天之休命也라

하나라 명이 이미 축출됨에 탕왕의 명이 새로워지니, 제후의 나라가 비록 오래되었으나 모두 다시 새롭게 시작하였다. 그러므로 '조방(造邦)'이라고 말한 것이다. '이(彝)'는 법이요, '즉(卽)'은 나아감이요, '도(慆)'는 태만함이다. '비이(匪彝)'는 법도를 가리켜 말한 것이요, '도음(慆淫)'은 일락(逸樂)을 가리켜 말한 것이다. '전(典)'은 떳떳함이니, 각기 그 전상(典常)의 도를 지켜 하늘의 아름다운 명을 받드는 것이다.

8. **爾有善**이면 **朕弗敢蔽**요 **罪當朕躬**이면 **弗敢自赦**니 **惟簡**이 **在上帝之心**하니라 **其爾萬方**의 **有罪**는 **在予一人**이요 **予一人**의 **有罪**는 **無以爾萬方**이니라

너희가 선(善)함이 있으면 내 감히 엄폐하지(덮어두지) 않을 것이요, 죄가 나의 몸에

··· 隕 : 떨어질 운 慆 : 거만할 도 黜 : 내칠 출

당하면 감히 스스로 용서하지 않을 것이니, 간열(簡閱)함이 상제의 마음에 달려 있다. 너희 만방이 죄가 있음은 책임이 나 한 사람에게 있고, 나 한 사람이 죄가 있음은 너희 만방 때문이 아니다.

簡은 閱也라 人有善이면 不敢以不達이요 己有罪면 不敢以自恕니 簡閱을 一聽於天이라 然이나 天以天下로 付之我하시니 則民之有罪는 實君所爲요 君之有罪는 非民所致라 非特聖人이 厚於責己而薄於責人이라 是乃理之所在니 君道當然也니라
　　'간(簡)'은 간열(簡閱;간별)함이다. 남이 선행(善行)이 있으면 감히 현달하게 하지 않을 수 없고, 내 몸에 죄가 있으면 감히 스스로 용서할 수 없으니, 간열함을 한결같이 하늘을 따르는 것이다. 그러나 하늘이 천하를 나에게 맡겨 주셨으니, 백성들이 죄가 있음은 실로 나 군주의 소행(所行)이요, 나 군주가 죄가 있음은 백성들의 소치(所致)가 아니다. 이는 단지 성인이 자기를 책함에 후하고 남을 책함에 박하게 할 뿐만 아니라, 이는 바로 이치가 있는 곳이니, 군주의 도리에 당연한 것이다.

9. 嗚呼라 尙克時忱(침)이라사 乃亦有終하리라
　아! 행여 이에 성실(誠實)하게 하여야 마침내 또한 종(終)이 있을 것이다."

忱은 信也라 歎息言 庶幾能於是而忱信焉이라야 乃亦有終也라 吳氏曰 此는 兼人己而言이니라
　　'침(忱)'은 성실함이다. 탄식하고 말씀하기를 "행여 능히 이에 성실하여야 또한 종(終)이 있다."고 한 것이다. 오씨(吳氏)가 말하였다. "이는 남과 자기를 겸하여 말씀한 것이다."

··· 忱 : 성실할 침

〈이훈(伊訓)〉

訓은 導也라 太甲嗣位에 伊尹이 作書訓導之어늘 史錄爲篇하니 今文無, 古文有하니라

'훈(訓)'은 인도(훈도)함이다. 태갑(太甲)이 왕위를 잇자 이윤이 글을 지어 훈도하였는데 사관이 기록하여 편을 만들었으니, 금문(今文)에는 없고 고문(古文)에는 있다.

【小序】 成湯이 旣沒하시니 太甲元年에 伊尹이 作伊訓、肆命[271]、徂后[272]하니라

성탕이 별세하시자, 태갑 원년에 이윤이 〈이훈(伊訓)〉과 〈사명(肆命)〉·〈조후(徂后)〉를 지었다.

【辨說】 孟子曰 湯崩에 太丁未立하고 外丙二年이요 仲壬四年이러니 太甲이 顚覆湯之典刑이라하고 史記에 太子太丁은 未立而死하여 立太丁之弟外丙이러니 二年崩하고 又立外丙之弟仲壬이러니 四年崩이어늘 伊尹이 乃立太丁之子太甲이라하니라 序書者 以經文首言奉嗣王祇見(현)厥祖라하여 遂云成湯旣沒에 太甲元年이라하니 後世儒者 以序爲孔子所作이라하여 不敢非之하고 反疑孟子所言與本紀所載하니 是可歎也라 肆命、徂后二篇은 亡하니라

《맹자》〈만장 상(萬章上)〉에 "탕왕이 붕(崩)함에 태정(太丁)은 즉위하지 못하고 죽었고, 외병(外丙)은 재위가 2년이요 중임(仲壬)은 4년이었는데, 태갑이 탕왕의 전형(典刑)을 전복시켰다." 하였고, 《사기》〈은본기(殷本紀)〉에는 "태자(太子) 태정은 즉위하기 전에 죽어서 태정의 아우 외병(外丙)을 세웠는데 2년에 붕하였고, 또 외병의 아우 중임(仲壬)을 세웠는데 4년에 붕하므로 이윤이 마침내 태정의 아들 태갑을 세웠다." 하였다. 〈서서(書序)〉를 지은 자가 경문(經文)에 '맨 먼저 사왕(嗣王)을 받들어 공경히 그 할아버지를 뵈었다.'고 말했다 하여, 마침내 이르기를 '성탕이 이미 별세함에 태갑의 원년이다.' 하였다. 그런데 후세의 유자(儒者)들은 〈서서〉가 공자가 지은 것이라 하여 감히 비난하지 못하고, 도리어 맹자가 말씀한 바와 《사기》〈은본기〉에 기재되어 있는 것을 의심하였으니, 이는 탄식할 만한 일이다. 〈사명(肆命)〉과 〈조후(徂后)〉 두 편은 없

------

271 肆命 : 공씨가 말하였다. "천명(天命)을 말하여 태갑(太甲)을 경계한 내용이다.〔陳天命以戒太甲.〕"

272 徂后 : 공씨가 말하였다. "지나간 명군(明君)을 말하여 경계한 내용이다.〔陳往古明君以戒.〕"

어졌다.

○ 吳氏曰 太甲諒陰은 爲服仲壬之喪이니 以是時에 湯葬已久요 仲壬在殯이라 太甲은 太丁之子로 視仲壬爲叔父나 爲之後者는 爲之子也라 祗見厥祖는 謂至湯之廟라 蓋太甲旣立에 伊尹訓于湯廟라 故로 稱祗見厥祖라 若止是殯前이면 旣不當稱奉이요 亦不當稱祗見也[273]니라

○ 오씨(吳氏)가 말하였다. "태갑이 양암(諒陰;여막)에서 거상(居喪)한 것은 중임의 상(喪)에 복을 입기 위해서이니, 이때에 탕왕을 장사한 지가 이미 오래였고 중임이 빈소에 있었다. 태갑은 태정의 아들로 중임은 그의 숙부가 되나, 그의 후계자가 된 자는 그의 아들이 되는 것이다. 공경히 그 할아버지를 뵈었다는 것은 탕왕의 사당에 이름을 말한 것이다. 태갑이 이미 즉위함에 이윤이 그를 탕왕의 사당에서 가르쳤다. 그러므로 공경히 그 할아버지를 뵈었다고 칭한 것이다. 만약 다만 탕왕의 빈소 앞이라고 한다면 이미 '봉(奉;받듦)'이라고 칭할 수가 없고, 또한 공경히 뵈었다고 칭할 수가 없는 것이다."

1. 惟元祀十有二月乙丑에 伊尹이 祠(祀)于先王할새 奉嗣王하여 祗見(현)厥祖[274]어늘 侯甸羣后咸在하며 百官이 總己하여 以聽冢宰어늘 伊尹이 乃明言烈祖之成德하여 以訓于王하니라

원사(元祀;원년) 12월 을축일(乙丑日)에 이윤이 선왕에게 제사할 적에 사왕(嗣王;태갑)을 받들어 공경히 할아버지(탕왕)를 뵈었는데, 이때 후복(侯服)과 전복(甸服)의 여러 제후들이 모두 있었으며, 백관들이 자기의 직책을 총괄하여 총재(冢宰)인 이윤에게서 명령을 들었다. 이윤이 이에 열조(烈祖;성탕)가 이룩하신 덕을 분명히 말하여 왕에게

------

273 亦不當稱祗見也 : 태갑(太甲)이 항상 여차(廬次;여막에 있을 것이기 때문이다.〔常居廬次〕

274 伊尹祀于先王 奉嗣王 祗見厥祖 : 오윤상은 "공전(孔傳)에 '태갑이 탕왕을 뒤이었다.' 하였고, 김인산(金仁山)의《전편강목(前編綱目)》에도 이 말을 따랐으니, 이는 탕왕이 반드시 적손(嫡孫)을 버리고 작은 아들을 세워 떳떳한 법을 버리지 않았을 것이라고 생각한 것이다. 만약 이 말과 같다면 탕왕이 붕(崩)한 다음해의 세수(歲首;정월초하루)이니, 이는 탕왕을 제사함으로 인하여 공경히 뵈온 것이다. 그러나 3년상 안의 제사에 이윤이 제사를 대행하는 예가 없을 듯하니, 이 또한 의심할 만한 일이 아니겠는가. 채침의《집전》을 바꿀 수 없다.〔孔傳謂太甲繼湯, 金仁山前編, 亦從是說, 蓋謂湯必不捨嫡孫而立子以亂經也. 若如是說, 則湯崩之明年歲首, 此因祭湯而祗見也. 然三年內祭祀, 似無攝行之禮, 此亦非可疑乎. 恐蔡傳不可易.〕" 하였다.

··· 殯 : 빈소 빈

다음과 같이 훈계하였다.

夏曰歲요 商曰祀요 周曰年이니 一也라 元祀者는 太甲卽位之元年이라 十二月者는 商以建丑爲正이라 故로 以十二月爲正也라 乙丑은 日也니 不繫以朔者는 非朔日 也²⁷⁵일새라 三代雖正朔不同이나 然皆以寅月起數하니 蓋朝覲會同、頒曆授時는 則 以正朔行事하고 至於紀月之數하여는 則皆以寅爲首也라 伊는 姓이요 尹은 字也²⁷⁶ 니 伊尹은 名摯라 祠者는 告祭於廟也라 先王은 湯也라 冢은 長也니, 禮에 有冢子 冢婦之名하고 周人亦謂之冢宰하니 古者에 王宅憂어든 祠祭則冢宰攝而告廟하고 又攝而臨羣臣이라 太甲이 服仲壬之喪일새 伊尹이 祠于先王에 奉太甲하여 以卽位 改元之事로 祇見厥祖하니 則攝而告廟也며 侯服甸服之羣后咸在하고 百官이 總 己之職하여 以聽冢宰하니 則攝而臨羣臣也라 烈은 功也니 商頌曰 衎(간)我烈祖라 하니라 太甲이 卽位改元하니 伊尹이 於祠告先王之際에 明言湯之成德하여 以訓太 甲하니 此는 史官敍事之始辭也라

하나라는 세(歲)라 하고 상나라는 사(祀)라 하고 주나라는 연(年)이라 하였으니, 똑같다. '원사(元祀)'는 태갑이 즉위한 원년이다. 12월은 상나라는 건축월(建丑月)을 정월로 삼았으므로 12월을 정월로 삼은 것이다. '을축'은 일진(日辰)이니, 초하루를 붙이지 않은 것은 초하루가 아니기 때문이다. 삼대(三代)가 비록 정삭(正朔)이 똑같지 않으나 모두 인월(寅月)로 수(數)를 일으켰으니(시작하였으니), 조근(朝覲)하고 회동(會同)하며 책력을 반포하여 농사철을 나누어주는 것은 정삭(正朔)으로 행사하였고, 달의 수(數)를 기록함에 이르러는 모두 인월을 첫 번째로 삼은 것이다. 이(伊)는 성(姓)이고 윤(尹)은 자(字)이니, 이윤의 이름은 지(摯)이다. '사(祠)'는 사당에 고유하고 제사한 것이다. '선왕'은 탕왕이다.

'총(冢)'은 우두머리이니, 예(禮:《예기》〈내측(內則)〉)에 총자(冢子;큰아들)·총부(冢婦;

••••••
275 乙丑……非朔日也 : 사계(沙溪)는 아래 〈무성(武成)〉에 '유일월임진방사백 월익일계사(惟一月 壬辰旁死魄 越翼日癸巳)'라 한 것을 들어 임진일(壬辰日)이 삭(朔)인데도 삭이라 말하지 않고 방사백(旁死魄)이라 하였음을 상기하고, 사관(史官)의 기록에 상세하고 간략함이 있을 뿐 큰 의의(意義)가 있는 것이 아니라고 하였다.
276 伊姓 尹字也 : 추계우(鄒季友)가 말하였다. "삼대에 자(字)로 전한 자가 있지 않았다. 또 이윤이 자칭하기를 윤궁(尹躬;이윤이 몸소)이라 하였으니, 그렇다면 자가 아님이 분명하다. 혹 두 이름이 있었거나 혹 이름을 바꿨을 것이다.[三代未有以字傳者, 且其自稱曰尹躬, 則非字明矣. 或有兩名, 或更名耳.]"《詳說》

··· 摯 : 도타울 지 衎 : 즐길 간

큰며느리)의 명칭이 있고, 주나라 사람 또한 총재(冢宰)라 일렀으니, 《주례》〈천관(天官)〉에〉 옛날에 왕이 택우(宅憂;상중(喪中)에 있음)하면 사당에서 제사지낼 경우 총재가 대신하여 사당에 고유하고, 또 대신하여 군신(羣臣)에게 임(臨)하였다.

태갑이 중임(仲壬)의 상복을 입고 있었으므로 이윤이 선왕에게 제사할 적에 태갑을 받들어 즉위하고 개원(改元)한 일을 가지고 공경히 할아버지를 뵈온 것이니, 이는 태갑을 대신하여 사당에 고한 것이며, 후복(侯服)과 전복(甸服)의 여러 제후들이 모두 있었고 백관이 자기의 직책을 모두 총괄하여 총재에게 명령을 들었으니, 이는 태갑을 대신하여 군신(羣臣)에게 임한 것이다. '열(烈)'은 공(功)이니, 《시경》〈상송(商頌) 나(那)〉에 "우리 열조(烈祖;공렬이 많은 탕왕)를 즐겁게 한다." 하였다. 태갑이 즉위하고 원년을 고치자, 이윤이 선왕에게 제사하고 고유할 적에 탕왕이 이룩하신 덕을 분명히 말하여 태갑에게 훈계하였으니, 이는 사관이 일을 서술한 처음 말이다.

或曰 孔氏言湯崩踰月에 太甲卽位라하니 則十二月者는 湯崩之年建子之月也니 豈改正朔而不改月數乎아 曰 此는 孔氏惑於序書之文也[277]라 太甲이 繼仲壬之後하여 服仲壬之喪이어늘 而孔氏曰 湯崩에 奠殯而告라하니 固已誤矣요 至於改正朔而不改月數하여는 則於經史에 尤可考라 周建子矣로되 而詩言四月維夏, 六月徂暑라하니 則寅月起數를 周未嘗改也요 秦建亥矣로되 而史記에 始皇三十一年十二月에 更(경)名臘曰嘉平이라하니 夫臘은 必建丑月也라 秦以亥正이면 則臘爲三月이어늘 云十二月者는 則寅月起數를 秦未嘗改也라 至三十七年하여 書十月癸丑에 始皇出遊하고 十一月에 行至雲夢이라하고 繼書七月丙寅에 始皇崩하여 九月에 葬酈(驪)山이라하니 先書十月、十一月하고 而繼書七月、九月者는 知其以十月爲正朔이나 而寅月起數를 未嘗改也라

혹자는 말하기를 "공씨(孔氏;공안국)가 이르기를 '탕왕이 승하(昇遐)한 지 한 달이 지나 태갑이 즉위했다.' 하였으니, 그렇다면 12월은 탕왕이 승하한 해의 건자월(建子月;음력11월)이니, 어찌 정삭(正朔)은 고치고 월수(月數)는 고치지 않았겠는가?"라고 말하였다. 그러나 이것은 공씨가 《서경》의 〈서(序)〉에 미혹된 것이다.

태갑이 중임의 뒤를 이어 중임의 상복을 입고 있었는데, 공씨가 "탕왕이 승하함에

......
277 孔氏惑於序書之文也:〈서서(書序)〉에 "성탕이 이미 별세하니, 태갑 원년에 이윤이 〈이훈(伊訓)〉을 지었다.〔成湯旣沒, 太甲元年, 伊尹作伊訓.〕"고 하였으므로 말한 것이다.

··· 臘:섣달제향 랍 酈:땅이름 력

빈소에 전(奠)을 올리고 고유했다."고 말했으니 진실로 이미 잘못되었으며, 정삭은 고치고 월수는 고치지 않음에 이르러는 경문(經文)과 사서(史書)에서 더욱 상고할 수 있다. 주나라는 건자월(建子月)을 정월로 하였으나《시경》〈사월(四月)〉에 "4월에 여름이 되고, 6월에 더위가 물러간다."고 말하였으니, 그렇다면 인월(寅月)로 수(數)를 일으킴을 주나라가 일찍이 고치지 않은 것이며, 진(秦)나라는 건해월(建亥月)을 정월로 삼았으나《사기》〈진기(秦紀)〉에 "시황(始皇) 31년 12월에 납향(臘享)의 이름을 고쳐 가평(嘉平)이라 했다." 하였으니, 납향은 반드시 건축월(建丑月)로 한다. 진나라가 해월(亥月)을 정월로 삼았으면 납향은 3월이 되어야 하는데, 12월이라고 말한 것은 인월(寅月)로 수를 일으킴을 진나라가 일찍이 고치지 않은 것이다. 37년에 이르러 "10월 계축일에 시황이 나가 유람하였고, 11월에 여행하여 운몽(雲夢)에 이르렀다."고 썼고, 뒤이어 "7월 병인일에 시황이 별세하여 9월에 여산(酈山:驪山)에 장사지냈다."고 썼으니, 먼저 10월·11월을 쓰고, 뒤이어 7월·9월을 쓴 것은 10월을 정삭으로 삼았으나 인월로 수를 일으킴을 일찍이 고치지 않았음을 알 수 있다.

且秦史制書에 謂改年始하여 朝賀를 皆自十月朔이라하니 夫秦은 繼周者也니 若改月數면 則周之十月은 爲建酉月矣리니 安在其爲建亥乎아 漢初에 史氏所書는 舊例也라 漢仍秦正이로되 亦書曰 元年冬十月[278]이라하니 則正朔改而月數不改 亦已明矣라 且經曰 元祀十有二月乙丑이라하니 則以十二月爲正朔而改元을 何疑乎아 惟其以正朔行事也라 故로 後乎此者 復(복)政厥辟도 亦以十二月朔에 奉嗣王하여 歸于亳[279]하니 蓋祠告, 復政이 皆重事也라 故로 皆以正朔行之라 孔氏不得其說하고 而意湯崩踰月에 太甲卽位하여 奠殯而告라하니 是는 以崩年改元矣라 蘇氏曰 崩年改元은 亂世事也니 不容在伊尹而有之니 不可以不辨이라하니라

또 진나라 사관(史官)의 제서(制書:조서(詔書))에 "새해의 시작을 고쳐서 조회하고 하례함을 모두 10월 초하루부터 했다." 하였으니, 진나라는 주나라를 뒤이었으니, 만약 주나라가 월수를 고쳤다면 주나라의 10월은 건유월(建酉月;음력 8월)이 되는 것이니, 어찌 건해월(建亥月)이 될 수 있겠는가. 한(漢)나라 초기에 사관이 쓴 것은 옛날 예

······
278 元年冬十月: 호산은 "이 내용은《사기》〈고조기(高祖紀)〉에 보인다." 하였으며, 또 "한 무제(漢武帝) 태초 원년에 이르러 처음으로 하정을 따랐다.〔至武帝太初元年, 始從夏正.〕" 하였다.《詳說》
279 亦以十二月朔 奉嗣王 歸于亳: 이 내용은 아래〈태갑 상(太甲上)〉에 보인다.

(例)를 그대로 따른 것이었다. 한나라는 진나라의 정월을 그대로 따랐으나 또한 "원년 동(冬) 10월이다." 하였으니, 정삭은 고쳤으나 월수는 고치지 않은 것이 또한 너무 분명하다.

또 경문(經文)에 "원사(元祀) 12월 을축일이다." 하였으니, 그렇다면 상나라가 12월을 정삭으로 삼아 원년을 고쳤음을 어찌 의심할 것이 있겠는가. 오직 정삭으로 행사했기 때문에 이보다 뒤에 정권(政權)을 군주(태갑)에게 돌려줄 때에도 또한 12월 초하루에 사왕(嗣王)을 받들어 박읍(亳邑)으로 돌아왔던 것이니, 사당에 고유함과 정권을 군주에게 돌려줌이 다 중요한 일이므로 모두 정삭으로 행한 것이다. 공씨는 그 말(이유)을 알지 못하고 생각하기를 "탕왕이 승하한 지 한 달이 넘음에 태갑이 즉위하여 빈소에 전(奠)을 올리고 고유했다." 하였으니, 이는 승하한 해에 개원한 것이 된다.

소씨(蘇氏)는 말하기를 "승하한 해에 개원함은 난세(亂世)의 일이니, 이윤의 세대에 이러한 일이 있을 수 없으니, 분변하지 않을 수 없다." 하였다.

又按 孔氏以爲湯崩이라하여늘 吳氏曰 殯有朝夕之奠하니 何爲而致祠며 主喪者는 不離於殯側이니 何待於祗見이리오 蓋太甲之爲嗣王은 嗣仲壬而王也라 太甲은 太丁之子니 仲壬은 其叔父也라 嗣叔父而王이로되 而爲之服三年之喪은 爲之後者 爲之子也일새라 太甲이 旣卽位於仲壬之柩前하고 方居憂於仲壬之殯側일새 伊尹이 乃至商之祖廟하여 徧祀商之先王하고 而以立太甲告라 不言太甲祀而言伊尹은 喪三年엔 不祭也일새라 奉太甲하여 徧見(현)商之先王이로되 而獨言祗見厥祖者는 雖徧見先王이나 而尤致意於湯也니 亦猶周公金縢之册에 雖徧告三王이나 而獨眷眷於文王也[280]라 湯旣已祔于廟하니 則是此書 初不廢外丙仲壬之事나 但此書本爲伊尹稱湯以訓太甲이라 故로 不及外丙仲壬之事爾라하니라 餘見書序하니라

------

280 周公金縢之册 雖徧告三王 而獨眷眷於文王也 : '금등(金縢)'은 원래 쇠사슬로 봉함한 글을 이르는데, 뒤에는 〈주서(周書)〉의 편명이 되었다. 주(周)나라 무왕(武王)이 은(殷)나라를 이긴지 얼마 되지 않아 병환이 있자, 주공(周公)은 "아직 왕실이 편안하지 못하고 은나라 백성들이 화목하지 않아 근본이 동요되기 쉽다."고 생각하였다. 그리하여 태왕(太王)과 왕계(王季)·문왕(文王)에게 명을 청하여 자신으로 무왕의 죽음을 대신하게 해주실 것을 원하였는데, 사관이 그 축책(祝册)한 글을 기록하고 이 일의 시말을 서술하여 합해서 한 편으로 만들었는바, 이것을 쇠사슬로 봉함한 궤짝에 보관하였으므로 '금등'이라 한 것이다. 주공은 여기에서 태왕과 왕계·문왕에게 명을 청하였으나 특별히 아버지인 문왕에게 간절히〔眷眷〕했으므로 말한 것이다. 뒤의 〈금등〉을 참고할 것.

··· 徧 : 두루 변(편) 縢 : 봉함할 등 眷 : 돌아볼 권 祔 : 부제할 부

또 살펴보건대 공씨가 "탕왕이 승하하였다." 하였는데, 오씨(吳氏)가 말하기를 "빈소에는 조석(朝夕)의 전(奠;상식(上食))이 있으니 어찌하여 사당에 제사하며, 상주(喪主)는 빈소의 곁을 떠나지 않으니 어찌 공경히 뵐 것이 있겠는가. 태갑이 사왕이 된 것은 중임을 이어 왕이 된 것이다. 태갑은 태정(太丁)의 아들이니, 중임은 그의 숙부이다. 숙부를 뒤이어 왕이 되었으나 그를 위해 삼년의 복(服)을 입은 것은 후계자가 된 자는 그의 자식이 되기 때문이다. 태갑이 이미 중임의 영구(靈柩) 앞에서 즉위하고 중임의 빈소 곁에서 거우(居憂)하고 있기에 이윤이 마침내 상나라의 조묘(祖廟)에 이르러 상나라의 선왕에게 두루 제사하고, 태갑을 세운 일을 고유한 것이다. 태갑이 제사했다고 말하지 않고 이윤이 했다고 말한 것은 제왕이 3년상 안에는 제사하지 않기 때문이다. 태갑을 받들어 상나라의 선왕들을 두루 뵈었는데 유독 할아버지(탕왕)를 공경히 뵈었다고 말한 것은, 비록 선왕들을 두루 뵈었으나 더욱 탕왕에게 뜻을 지극히 한 것이니, 이는 또한 주공(周公)이 〈금등(金縢)〉의 책에 비록 〈태왕(太王)·왕계(王季)·문왕(文王)〉 세 왕에게 두루 고유하였으나 유독 문왕에게 권권(眷眷)한 것과 같다. 탕왕이 이미 사당에 부묘(祔廟)되었으니, 그렇다면 이 글은 애당초 외병(外丙)과 중임의 일을 폐하지 않았으나, 다만 이 글은 본래 이윤이 탕왕을 말하여 태갑을 훈계하려 한 것이다. 그러므로 외병과 중임의 일을 언급하지 않은 것이다." 하였다. 나머지는 〈서서(書序)〉에 보인다.

2. 曰 嗚呼라 古有夏先后 方懋厥德하실새 罔有天災하며 山川鬼神이 亦莫不寧하며 暨(기)鳥獸魚鼈(별)이 咸若하더니 于其子孫이 弗率한대 皇天이 降災하사 假手于我有命하시니 造攻은 自鳴條어늘 朕哉自亳하시니이다

"아! 옛날 유하(有夏)의 선후(先后;선왕)들이 그 덕을 힘쓰셨기에 천재(天災)가 없었으며, 산천의 귀신들이 또한 편안하지 않음이 없었으며, 조수(鳥獸)와 어별(魚鼈;물고기와 자라)들이 모두 순하였는데, 그 자손들이 법도를 따르지 않자 황천(皇天)이 재앙을 내리시어 천명을 소유한 우리 탕왕에게 손을 빌리시니, 공격을 시작함은 명조(鳴條)로부터 하였으나 우리(탕왕)가 덕을 닦은 것은 박읍(亳邑)으로부터 시작하셨습니다.

詩曰 殷監不遠하여 在夏后之世라하니 商之所宜監者 莫近於夏라 故로 首以夏事告之也라 率은 循也요 假는 借也라 有命은 有天命者니 謂湯也라 桀이 不奉循先王之道라 故로 天降災하사 借手于我成湯以誅之라 夏之先后 方其懋德엔 則天之眷

… 暨: 및 기 鼈: 자라 별 若: 순할 약

命이 如此러니 及其子孫弗率하여는 而覆亡之禍 又如此하니 太甲이 不知率循成湯之德이면 則夏桀覆亡之禍를 亦可監矣라 哉는 始也라 鳴條는 夏所宅也요 亳은 湯所宅也니 言造可攻之釁者는 由桀積惡於鳴條요 而湯德之修는 則始於亳都也[281]라

《시경》〈대아(大雅) 탕(蕩)〉에 "은나라의 거울(귀감)이 멀리 있지 않아 하후(夏后)의 세대에 있다." 하였으니, 상나라가 마땅히 거울로 삼을 것은 하나라보다 더 가까운 것이 없다. 그러므로 첫 번째로 하나라의 일로써 고한 것이다. '솔(率)'은 따름이요, '가(假)'는 빌림이다. '유명(有命)'은 천명을 소유한 자이니, 탕왕을 이른다. 걸(桀)이 선왕의 도를 따르지 않았으므로 하늘이 재앙을 내려서 우리 성탕의 손을 빌어 주벌(誅伐)한 것이다.

하나라의 선후(先后)들이 덕을 힘쓸 적에는 하늘이 돌아보고 명함이 이와 같았는데, 자손들이 법도를 따르지 않음에 이르러는 복망(覆亡)의 화가 또 이와 같으니, 태갑이 성탕의 도를 따를 줄 모르면 하 걸(夏桀)의 복망한 화를 또한 거울로 삼을 수 있는 것이다. '재(哉)'는 시작함이다. '명조(鳴條)'는 하나라가 거주(도읍)하던 곳이요, '박읍'은 탕왕이 거주하던 곳이니, 공격할 수 있는 단서를 만든 것은 걸(桀)이 명조에서 악을 쌓음에서 말미암았고, 탕왕이 덕을 닦음은 박읍에서 시작하였음을 말한 것이다.

3. **惟我商王**이 **布昭聖武**하사 **代虐以寬**하신대 **兆民**이 **允懷**하니이다

우리 상왕(商王)이 성무(聖武)를 펴서 드러내시어 너그러움으로 사나움을 대신하시니, 조민(兆民)들이 믿고 그리워하였습니다.

布昭는 敷著也라 聖武는 猶易所謂神武而不殺者라 湯之德威 敷著于天下하여 代

......
281 言造可攻之釁者……則始於亳都也 : 경문의 '造攻自鳴條 朕哉自亳'을 부연 설명한 것으로, 호산은 "가수(假手)와 조공(造攻)의 어세(語勢)로 보면 이는 처음 공격함을 말한 것이니, 만일 덕이 처음 닦여졌다고 말한다면 그 뜻이 소원할 듯하다. 《맹자》의 《집주》에 '재(哉)는 그 일(공격하는 일)을 시작함을 말한다.' 하였으니, 걸(桀)을 공벌(攻伐)하는 일을 가리킨 것이 아니겠는가.〔以假手造攻語勢觀之, 蓋謂始攻也. 若謂德始修, 則其意恐遠矣. 孟子註, 始其事之云, 非指攻伐之事者乎.〕" 하였다. 《詳說》
《맹자》〈만장 상(萬章上)〉에도 이 글이 전재(轉載)되었는데, 《집주》에 "이윤이 말하기를 '무도한 걸을 처음 공격한 것은 우리가 이 일을 박읍(亳邑)에서 시작할 때부터였다.'〔伊尹言, 始攻桀無道, 由我始其事于亳也.〕"라고 하였으므로 말한 것이다. 이에 의하면 경문(經文)의 '造攻自鳴條, 朕哉自亳'은 '처음 공격은 맹조에서 하였으나 저의 공격은 박읍에서 시작된 것입니다.'라고 해석하여야 할 것이다.

... 釁 : 틈흔

桀之虐以吾之寬이라 故로 天下之民이 信而懷之也라

'포소(布昭)'는 펴서 드러냄이다. '성무(聖武)'는 《주역》〈계사전 상(繫辭傳上)〉에 이른바 '신무(神武)하여 죽이지 않는다.'는 말과 같다. 탕왕의 덕과 위엄이 천하에 펴져 드러내어 걸(桀)의 사나움을 대신하되 우리의 너그러움으로써 하셨다. 그러므로 천하의 백성들이 믿고 그리워한 것이다.

4. 今王이 嗣厥德인댄 罔不在初하니 立愛惟親하시며 立敬惟長하사 始于家邦하사 終于四海하소서

이제 왕께서 그 덕을 이으려 하신다면 즉위하는 초기에 있지 않음이 없으니, 사랑을 세우되 어버이로부터 하시며 공경을 세우되 어른으로부터 하시어, 집과 나라에서 시작하여 사해에 마치소서.

初는 卽位之初니 言始不可以不謹也라 謹始之道는 孝悌而已니 孝悌者는 人心之所同이니 非必人人敎詔之라 立은 植(치)也니 立愛敬於此에 而形愛敬於彼하니 親吾親以及人之親하고 長吾長以及人之長하여 始于家하여 達于國하고 終而措之天下矣라 孔子曰 立愛를 自親始는 敎民睦也요 立敬을 自長始는 敎民順也[282]라하시니라

'초(初)'는 즉위한 초기이니, 처음(시작)을 삼가지 않으면 안 됨을 말한 것이다. 처음을 삼가는 방도는 효(孝)·제(悌) 뿐인데 효·제는 인심(人心)에 똑같은 바이니, 반드시 사람마다 가르칠 것이 없다. '입(立)'은 세움이다. 사랑과 공경을 여기에 세움에 사랑과 공경이 저기에 나타나니, 내 어버이를 친애하여 남의 어버이에게 미치고, 내 어른을 공경하여 남의 어른에 미쳐서, 집에서 시작하여 나라에 이르고 끝내는 천하에 두는(베푸는) 것이다. 공자가 말씀하기를 "사랑을 세움을 어버이로부터 시작함은 백성들에게 화목함을 가르치는 것이요, 공경을 세움을 어른으로부터 시작함은 백성들에게 순종함을 가르치는 것이다." 하셨다.

5. 嗚呼라 先王이 肇修人紀하사 從諫弗咈(불)하시며 先民을 時若하시며 居上克明하시며 爲下克忠하시며 與人不求備하시며 檢身若不及하사 以至于有萬

------

282 孔子曰……敎民順也 : 이 내용은 《예기》〈제의(祭義)〉에 보인다.

··· 肇 : 비로소 조 咈 : 어길 불

邦하시니 **茲惟艱哉**니이다

　아! 선왕께서 처음으로 인기(人紀;인륜)를 닦으시어 간언(諫言)을 따르고 어기지 않으시며 선민(先民)을 이에 순종하시며, 위에 거(居)해서는 능히 밝게 하시고 아래가 되어서는 능히 충성하시며, 사람을 허여하되 완비(完備)하기를 요구하지 않고 몸을 검속(檢束)하되 미치지 못할 듯이 하시어 만방(萬邦)을 소유함에 이르셨으니, 이것이 어려운 것입니다.

人紀는 三綱、五常이니 **孝敬之實也**라 上文에 欲太甲立其愛敬이라 故로 此言成湯之所修人紀者하니 如下文所云也라 綱常之理 未嘗泯沒이로되 桀廢棄之러니 而湯始修復之也라 咈은 逆也라 先民은 猶前輩、舊德也라 從諫不咈하고 先民是順은 非誠於樂善者면 不能也라 居上克明은 言能盡臨下之道요 爲下克忠은 言能盡事上之心이라

　'인기(人紀)'는 삼강(三綱)과 오상(五常;오륜)이니 효도하고 공경하는 실제이다. 상문(上文)에 태갑이 사랑과 공경을 세우고자 하였다. 그러므로 여기서는 성탕이 인기를 닦은 것을 말하였으니, 하문(下文)에 말한 바와 같다. 삼강·오상의 이치가 일찍이 없어지지 않았으나 걸(桀)이 폐기(廢棄)하였는데, 탕왕이 처음으로 닦아 회복한 것이다. '불(咈)'은 거스름이다. '선민(先民)'은 전배(前輩), 구덕(舊德)과 같다. 간언(諫言)을 따르고 거스르지 않으시며 선민에게 순종한 것은, 선(善)을 즐거워함에 진실한 자가 아니면 능하지 못하다. 윗자리에 거해서는 능히 밝게 했다는 것은 아랫사람에 임하는 도리를 다했음을 말한 것이요, 아랫사람이 되어서는 능히 충성했다는 것은 윗사람을 섬기는 마음을 다함을 말한 것이다.

○ 呂氏曰 湯之克忠이 最爲難看이라 湯放桀하여 以臣易君하니 豈可爲忠이리오 不知湯之心最忠者也라 天命未去하고 人心未離에 事桀之心이 曷嘗斯須替哉리시오 與人之善하여 不求其備하고 檢身之誠이 有若不及하여 其處上下人己之間이 又如此라 是以로 德日以盛하고 業日以廣하여 天命歸之하고 人心戴之하여 由七十里而至于有萬邦也니 積累之勤이 茲亦難矣라 伊尹이 前旣言夏失天下之易하고 此又言湯得天下之難하니 太甲이 可不思所以繼之哉아

　○ 여씨(呂氏)가 말하였다. "탕왕이 능히 충성하심은 가장 보기가(알기가) 어렵다. 탕왕이 걸을 추방하여 신하(제후)로서 군주를 갈아치웠으니, 어찌 충성이라 할 수 있

··· 艱 : 어려울 간　替 : 쇠할 체　戴 : 추대할 대

겠는가. 그러나 이는 탕왕의 마음이 가장 충성스러움을 알지 못한 것이다. 천명이 아직 떠나지 않고 민심이 아직 이반하지 않았을 때에 걸을 섬기는 마음이 어찌 일찍이 사수(斯須;잠시)라도 쇠하셨겠는가. 남의 선(善)을 허여하여 완비하기를 요구하지 않고 자신을 검속하는 정성이 미치지 못할 듯이 여기시어 윗사람과 아랫사람, 남과 나의 사이에 대처함이 또 이와 같으셨다. 이 때문에 덕이 날로 성해지고 업(業)이 날로 넓어져서 천명이 돌아오고 인심이 추대하여, 70리 나라로써 만방을 소유함에 이르렀으니, 적루(積累;나날이 쌓음)의 수고로움이 이 또한 어려운 것이다. 이윤이 앞에서는 하나라가 천하를 잃음이 쉬웠음을 말하였고, 여기서는 또 탕왕이 천하를 얻음이 어려웠음을 말하였으니, 태갑이 이것을 계승할 것을 생각하지 않을 수 있겠는가."

6. **敷求哲人**하사 **俾輔于爾後嗣**하시니이다

철인(哲人)을 널리 구하시어 당신의 후사(後嗣)들을 돕게 하셔야 할 것입니다.

敷는 廣也니 廣求賢哲하여 使輔爾後嗣也라

'부(敷)'는 넓음이니, 현철(賢哲)한 자를 널리 구하여 당신의 후사들을 돕게 하여야 하는 것이다.

7. **制官刑**하사 **儆于有位**하사 曰[283] **敢有恒舞于宮**하며 **酣歌于室**하면 **時謂巫風**이며 **敢有殉于貨色**하며 **恒于遊畋**(전)하면 **時謂淫風**이며 **敢有侮聖言**하며 **逆忠直**하며 **遠耆德**하며 **比頑童**하면 **時謂亂風**이니 **惟茲三風十愆**[284]에 **卿士有一于身**하면 **家必喪**하고 **邦君**이 **有一于身**하면 **國必亡**하나니 **臣下不匡**하면 **其刑**이 **墨**이라하사 **具訓于蒙士**하시니이다

관부(官府)의 형벌을 만드시어 지위에 있는 자들을 경계하여 말씀하기를 '감히 궁중에서 항상 춤을 추고 집에서 취하여 노래함이 있으면 이것을 무풍(巫風)이라 이르며,

・・・・・・

283 儆于有位 曰:호산은 "《언해》의 해석에 왈(曰) 자를 생략함은 어째서인가?[諺釋略曰字, 何也?]" 하였다.《詳說》《언해》에 왈(曰) 자의 해석이 빠져 있는바, 이에 따라 보충 번역하였다.

284 三風十愆:삼풍(三風)은 세 가지의 풍화(風化)로, 무풍(巫風)・음풍(淫風)・난풍(亂風)을 이르며, 십건(十愆)은 열 가지의 잘못으로 무풍의 항무(恒舞)와 감가(酣歌), 음풍의 화(貨)・색(色)・유(遊)・전(畋)과 난풍의 모성언(侮聖言)・역충직(逆忠直)・원기덕(遠耆德)・비완동(比頑童)을 가리킨다.

・・・ 儆:경계할 경 酣:술취할 감 畋:사냥할 전 耆:늙을 기 愆:허물 건

감히 재화와 여색을 탐하고 유람과 사냥을 항상함이 있으면 이것을 음풍(淫風)이라 이르며, 감히 성인의 말씀을 업신여기고 충직한 말을 거스르며 나이 많고 덕이 있는 이를 멀리하고 완동(頑童)을 가까이 함이 있으면 이것을 난풍(亂風)이라 이르니, 이 삼풍(三風)과 열 가지 잘못〔十愆〕 중에 경사(卿士)가 몸에 한 가지가 있으면 집이 반드시 망하고, 나라의 군주(제후)가 몸에 한 가지가 있으면 나라가 반드시 망하니, 신하가 이것을 바로잡지 않으면 그 형벌이 묵형(墨刑)이다.' 하시어, 몽사(蒙士;어린 선비)일 적에 자세히 가르치셔야 할 것입니다.

官刑은 官府之刑也라 巫風者는 常歌常舞하여 若巫覡(격)然也라 淫은 過也니 過而無度也라 比는 昵(닐)也라 倒置悖理曰亂이니 好人之所惡(오)하고 惡人之所好也라 風은 風化也라 三風은 愆之綱也요 十愆은 風之目也라 卿士諸侯十有其一이면 已喪其家하고 亡其國矣라 墨은 墨刑也니 臣下而不能匡正其君이면 則以墨刑加之라 具는 詳悉也라 童蒙始學之士를 則詳悉以是訓之니 欲其入官而知所以正諫也라 異時에 太甲이 欲敗度하고 縱敗禮하니 伊尹이 先見其微라 故로 拳拳及此하니라 劉侍講曰 墨은 卽叔向所謂夏書昏墨賊殺[285]이 皐陶之刑이니 貪以敗官爲墨이니라

'관형(官刑)'은 관부의 형벌이다. '무풍(巫風)'은 항상 노래하고 항상 춤추어 무격(巫覡;여자무당과 남자무당)과 같은 것이다. '음(淫)'은 지나침이니, 지나쳐 한도가 없는 것이다. '비(比)'는 친함이다. 행위가 도치(倒置)되고 이치를 어김을 '난(亂)'이라 하니, 사람들이 싫어하는 바를 좋아하고 사람들이 좋아하는 바를 싫어하는 것이다. '풍(風)'은 풍화(風化)이다. '삼풍(三風)'은 건(愆)의 강령이고 '십건(十愆)'은 풍의 조목이다. 경사와 제후가 열 가지 중에 한 가지가 있으면 이미 집을 망치고 나라를 망치는 것이다.

'묵(墨)'은 묵형(墨刑)이니, 신하로서 그 군주를 바로잡지 못하면 묵형을 가하는 것이다. '구(具)'는 상세히 다하는 것이다. 동몽(童蒙)의 처음 배우는 선비들을 이로써 자세히 가르치니, 이는 관청에 들어와서 바르게 간(諫)할 줄을 알게 하고자 해서이다.

......
285 叔向所謂夏書昏墨賊殺 : 숙향(叔向)은 춘추시대 진(晉)나라의 대부인 양설힐(羊舌肸)의 자로, 이 내용은 《춘추좌씨전》 소공(昭公) 14년에 보이는데, 악한 사람이 남의 선행을 약탈하여 자신의 덕으로 삼는 것을 혼(昏)이라 하고, 탐욕을 부려 관직을 무너뜨림을 묵(墨)이라 하고, 사람을 죽이기를 꺼리지 않는 것을 적(賊)이라 하는바, 이 세 가지 죄(罪)는 모두 사형(死刑)에 해당함을 말한 것이다. 그러나 경문(經文)의 묵(墨)은 묵형(墨刑)으로 이와는 맞지 않으니, 《집전(集傳)》에 잘못 인용한 듯하다.

... 覡 : 남자무당 격 昵 : 친할 닐 拳 : 생각할 권

뒤에 태갑이 욕심으로 법도를 무너뜨리고 방종으로 예를 무너뜨렸으니, 이윤이 미리 그 기미를 보았으므로 간곡하게 이것을 언급한 것이다.

유시강(劉侍講;유창(劉敞))이 말하였다. "묵(墨)은 곧 숙향(叔向)의 이른바 〈하서(夏書)〉에 '혼(昏)과 묵(墨)과 적(賊)은 죽이는 것이 고요(皐陶)의 형벌이다.' 라는 것이니, 탐욕을 부려 관청의 직무를 무너뜨림을 묵(墨)이라 한다."

8. 嗚呼라 嗣王은 祗厥身하사 念哉하소서 聖謨洋洋하여 嘉言이 孔彰하시니 惟上帝는 不常하사 作善이어든 降之百祥하시고 作不善이어든 降之百殃하시나니 爾惟德이어든 罔小[286]어다 萬邦의 惟慶이니이다 爾惟不德이어든 罔大어다 墜厥宗하리이다

아! 사왕은 그 몸을 공경하사 이를 깊이 생각하소서. 성인의 계책이 양양(洋洋)하여 아름다운 말씀(가르침)이 매우 드러나시니, 상제는 일정하지 않으시어 선행(善行)을 하면 온갖 상서를 내리고 불선(不善)을 하면 온갖 재앙을 내리십니다. 당신은 덕에 있어서는 작다고 여기지 마소서. 만방의 경사입니다. 당신은 덕이 아닌 것에 있어서는 크다고(악이 크지 않다고) 여기지 마소서. 그 종사(宗祀)를 실추하실 것입니다."

歎息言 太甲이 當以三風十愆之訓으로 敬之於身하여 念而勿忘也라 謨는 謂其謀요 言은 謂其訓이라 洋은 大요 孔은 甚也니 言其謀訓大明하여 不可忽也라 不常者는 去就無定也니 爲善則降之百祥하고 爲惡則降之百殃하여 各以類應也라 勿以小善而不爲니 萬邦之慶이 積於小요 勿以小惡而爲之[287]니 厥宗之墜 不在大하니 蓋善必積而後成이요 惡雖小而可懼라 此는 總結上文하고 而又以天命人事禍福으로 申戒之也니라

〈이윤이〉 탄식하고 말씀하기를 "태갑은 마땅히 삼풍(三風)과 십건(十愆)의 교훈으

------

286 罔小 : 사계(沙溪)는 "주자(朱子)가 '하찮게 여겨서는 안 된다.'고 해석하여 채주(蔡註;《집전》)와 다르다." 하였다.

287 勿以小惡而爲之 : 경문의 '爾惟不德 罔大'를 부연 해석한 것으로, 호산은 "악이 크지 않다고 생각하지 말라는 것이다. 망소(罔小)의 망(罔)에 비하면 그 뜻이 중첩되니, 《언해》의 해석은 주의 뜻이 아니다.〔莫, 謂不大也. 視罔小之罔, 其義疊, 諺釋非註意.〕" 하였다. 《詳說》《언해》에는 '네 덕이 아니어든 대(大)케 마를지어다.'로 해석하였는바, '물이소악이위지(勿以小惡而爲之)'는 '악이 크지 않다고 여기지 말라'는 뜻이다.

... 謨 : 가르침 모, 계책 모

로 몸을 공경하여 생각하고 잊지 말라."고 한 것이다. '모(謨)'는 계책을 이르고, '언(言)'은 가르침을 이른다. '양(洋)'은 큼이요 '공(孔)'은 심함이니, 그 모훈(謨訓)이 크게 밝아서 소홀히 할 수 없음을 말한 것이다. '불상(不常)'은 거취가 일정함이 없는 것이니, 선(善)을 하면 온갖 상서를 내리고 악(惡)을 하면 온갖 재앙을 내려서 각기 류(類)에 따라 응하는 것이다. 작은 선이라고 여겨 하지 않아서는 안되니 만방의 복경(福慶)이 작은 데서 쌓이며, 작은 악이라고 여겨 해서는 안되니 종사(宗祀)가 실추됨이 큰 것에 있지 않으니, 선은 반드시 쌓은 뒤에 이루어지고 악은 비록 작더라도 두려워할 만하다. 이는 윗글을 총결(總結)하고 또 천명(天命)과 인사(人事)의 화복(禍福)을 가지고 거듭 경계한 것이다.

〈태갑 상(太甲上)〉

商史錄伊尹告戒節次와 及太甲往復之辭라 故로 三篇이 相屬成文하고 其間에 或附史臣之語하여 以貫篇意하니 若史家紀傳之所載也라 唐孔氏曰 伊訓、肆命、徂后[288]、太甲、咸有一德이 皆是告戒太甲이로되 不可皆名伊訓이라 故로 隨事立稱也라하니라 林氏曰 此篇亦訓體라 今文無, 古文有하니라

상나라 사관(史官)이 이윤이 고계(告戒)한 절차와 태갑이 동(桐)으로 갔다가 돌아온 내용을 기록하였다. 그러므로 세 편이 서로 이어져 글을 이루고, 그 사이에 혹 사신(史臣)의 말을 부록(附錄)하여 편의 뜻을 관통하게 하였으니, 역사가(歷史家)의 기전체(紀傳體)에 기재한 것과 같다. 당나라 공씨(공영달)가 말하기를 "〈이훈(伊訓)〉·〈사명(肆命)〉·〈조후(徂后)〉·〈태갑(太甲)〉·〈함유일덕(咸有一德)〉은 모두 이윤이 태갑에게 고계(告戒)한 것인데, 이것을 모두 이훈(伊訓)이라고 이름할 수 없으므로 일을 따라 명칭을 세운 것이다." 하였다. 임씨(林氏;임지기)가 말하기를 "이 편 또한 훈체(訓體)이다." 하였다. 금문(今文)에는 없고, 고문(古文)에는 있다.

【小序】 太甲旣立하여 不明[289]이어늘 伊尹이 放諸桐이러니 三年에 復歸于亳하여 思庸[290]이어늘 伊尹이 作太甲三篇하니라

태갑이 즉위하여 예(禮)에 밝지 못하자 이윤이 동(桐) 땅으로 추방하였는데, 3년에 다시 박읍(亳邑)으로 돌아와 떳떳한 도(道)를 생각하므로 이윤이 〈태갑(太甲)〉 상·중·하 3편을 지었다.

【辨說】 案孔氏云 桐은 湯葬地也라하여 若未葬之辭하니 蓋上文祗見厥祖는 言湯在殯이라 故로 此不敢爲已葬이라 使湯果在殯이면 則太甲固已密邇其殯側矣니 捨殯而欲密邇湯於將葬之地는 固無是理也라 孔氏之失은 起於伊訓序文之繆하여

......

288 肆命 徂后:〈사명(肆命)〉은 천명을 진술하여 태갑(太甲)을 경계한 내용이고, 〈조후(徂后)〉는 전날의 현명한 군주를 인용하고 경계한 내용이었는데, 지금은 모두 망실되었다.
289 太甲旣立 不明:공씨가 말하였다. "불명(不明)은 거상(居喪)하는 예(禮)에 밝지 못한 것이다.〔不明居喪之禮〕"
290 思庸:공씨가 말하였다. "사용(思庸)은 떳떳한 도(道)를 생각함이다.〔念常道〕"

······ 邇:가까울 이 側:곁 측

遺外丙、仲壬二帝[291]라 故書旨不通하니라

　살펴보건대, 공씨가 이르기를 '동(桐)은 탕왕의 장지(葬地)이다.'라고 해서 탕왕을 아직 장례 지내지 않은 것처럼 말하였으니, 이는 윗글에 그 할아버지를 공경히 뵈옴은 탕왕이 빈소에 있음을 말한 것이라고 여겼다. 그러므로 여기에서 감히 이미 장례 하였다고 말하지 못한 것이다. 만일 탕왕이 과연 빈소에 있었다면, 태갑은 진실로 이미 그 〈할아버지의〉 빈소 곁에 매우 가까이 있을 것이니, 빈소를 버리고 탕왕을 장례 지내려는 땅에 매우 가까이하고자 함은 진실로 이러할 리(理)가 없는 것이다. 공씨의 잘못은 〈이훈(伊訓)〉의 〈서문〉이 잘못됨에 기인(起因)하여 외병(外丙)과 중임(仲壬) 두 임금을 빠뜨림에 있다. 그러므로 글 뜻이 통하지 못한 것이다.

1. **惟嗣王**이 **不惠于阿衡**하신대
　사왕이 아형(阿衡)에게 순하지 못하시자,

惠는 順也라 阿는 倚요 衡은 平也라 阿衡은 商之官名이니 言天下之所倚平也니 亦曰保衡이라 或曰 伊尹之號라하니라 史氏錄伊尹之書할새 先此以發之하니라

　'혜(惠)'는 순함이다. '아(阿)'는 의지함이요 '형(衡)'은 균평(均平)함이다. 아형(阿衡)은 상나라의 관직 이름이니, 천하가 의지하여 균평하게 됨을 말한 것이니, 또한 보형(保衡)이라고도 한다. 혹자는 이윤의 호(號)라고 한다. 사씨(史氏)가 이윤의 글을 기록할 적에 이것을 먼저 말한 것이다.

2. **伊尹**이 **作書**하여 **曰 先王**이 **顧諟天之明命**하사 **以承上下神祇**(기)하시며 **社稷宗廟**를 **罔不祗肅**하신대 **天監厥德**하사 **用集大命**하사 **撫綏萬方**이어시늘 **惟尹**이 **躬克左右**(佐佑)**厥辟**하여 **宅師**하니 **肆嗣王**이 **丕承基緖**하시니이다
　이윤이 다음과 같은 글을 지었다.
　"선왕이 이 하늘의 밝은 명을 돌아보사 상하(上下)의 신기(神祇)를 받드시며, 사직과 종묘를 공경하고 엄숙히 하지 않음이 없으시니, 하늘이 그 덕을 살펴보시고서 대명(大

------

291 起於伊尹序文之繆 遺外丙仲壬二帝 : 위 〈이훈〉의 〈소서(小序)〉에 "성탕이 별세하자, 태갑 원년에 이윤이 〈이훈〉과 〈사명〉·〈조후〉를 지었다." 하여 외병과 중임의 두 왕이 빠져 있으므로 말한 것이다.

··· 諟 : 이 시　辟 : 임금 벽

命)을 모아 만방을 어루만지고 편안하게 하셨습니다. 이에 제가 몸소 능히 군주를 좌우에서 보필하여 여러 무리들을 편안히 살게 하니, 그러므로 사왕께서 기서(基緒)를 크게 계승하게 되신 것입니다.

顧는 常目在之也라 諟는 古是字라 明命者는 上天顯然之理而命之我者니 在天에 爲明命이요 在人에 爲明德이라 伊尹言 成湯常目이 在是天之明命하여 以奉天地神祇하시며 社稷, 宗廟를 無不敬肅이라 故로 天視其德하사 用集大命하사 以有天下하여 撫安萬邦이어늘 我又身能左右成湯하여 以居民衆이라 故로 嗣王이 得以大承其基業也라

 '고(顧)'는 항상 눈이 여기에 있는 것이다. '시(諟)'는 시(是) 자의 고자(古字)이다. '명명(明命)'은 하늘의 드러난 이치로서 나에게 명한 것이니, 하늘에 있으면 명명(明命)이라 하고 사람에게 있으면 명덕(明德)이라 한다. 이윤이 말하기를 "성탕의 눈이 항상 이 하늘의 명명에 계시어 천지의 신기(神祇)를 받드시며, 사직과 종묘를 공경하고 엄숙히 받들지 않음이 없으셨다. 그러므로 하늘이 그 덕을 살펴보아 이로써 대명을 모아 천하를 소유하게 하여 만방을 어루만지고 편안하게 하셨으며, 나도 몸소 성탕을 좌우(佐佑)하여 백성들을 편안히 살게 하였다. 그러므로 사왕이 그 기업(基業)을 크게 계승하게 되었다."고 한 것이다.

3. 惟尹이 躬先見于西邑夏하니 自周有終한대 相亦惟終이러니 其後嗣王이 罔克有終한대 相亦罔終하니 嗣王은 戒哉하사 祗爾의 厥辟하소서 辟不辟이면 忝厥祖하리이다

 제(이윤)가 몸소 예전에 서읍(西邑)의 하(夏)나라를 보니, 〈하나라의 선왕이〉 스스로 주(周:충신(忠信))하여 종(終:좋은 끝마침)이 있자 보상(輔相)하는 자 역시 종(終)이 있었는데, 그 후에 사왕이 종이 있지 못하자 보상하는 자 역시 종이 없었으니, 사왕께서는 이를 경계하사 당신의 군주 노릇함을 공경하소서. 군주가 군주된 도리를 행하지 못하면 선조에게 욕이 될 것입니다."

夏都安邑하니 在亳之西라 故로 曰西邑夏라 周는 忠信也니 國語曰 忠信爲周라하니라

○ 施氏曰 作僞하면 心勞日拙하니 則缺露而不周요 忠信則無僞라 故로 能周而無

缺이라하니라 夏之先王이 以忠信有終이라 故로 其輔相者亦能有終이러니 其後에 夏桀이 不能有終이라 故로 其輔相者亦不能有終하니 嗣王은 其以夏桀爲戒哉하사 當敬爾所以爲君之道니 君而不君이면 則忝辱成湯矣라 太甲之意는 必謂伊尹足以任天下之重하니 我雖縱欲이나 未必遽至危亡이라 故로 伊尹이 以相亦罔終之言으로 深折其私而破其所恃也하니라

하나라가 안읍(安邑)에 도읍하였으니, 박읍의 서쪽에 있으므로 서읍(西邑)의 하나라고 말한 것이다. '주(周)'는 충신(忠信)이니, 《국어(國語)》〈노어(魯語)〉에 "충신을 주(周)라 한다." 하였다.

○ 시씨(施氏)가 말하기를 "거짓을 행하면 마음이 수고롭고 날로 졸렬해지니 결함이 드러나서 두루[周]하지 못하고, 충신(忠信)을 행하면 거짓이 없으므로 능히 두루하여 결함이 없는 것이다." 하였다. 하나라의 선왕이 충신으로써 종(終)이 있었으므로 그 보상(輔相)하는 자 역시 종이 있었는데, 그 후 하 걸(夏桀)이 종이 있지 못하므로 그 보상하는 자 역시 종이 있지 못하였으니, 사왕은 하 걸을 경계로 삼아서 마땅히 당신이 군주가 된 도를 공경하여야 할 것이니, 군주로서 군주노릇을 하지 못하면 성탕에게 욕이 될 것이다. 태갑의 뜻은 반드시 생각하기를 '이윤이 충분히 천하의 중임(重任)을 맡을 만하니, 내가 비록 욕심을 부리더라도 반드시 갑자기 위망(危亡)에 이르지는 않을 것이다.'라고 여겼을 것이다. 그러므로 이윤이 보상 또한 종(終)이 없다는 말로써 그의 사사로움을 깊이 꺾고, 그 믿는 점을 깨뜨린 것이다.

4. 王이 惟庸하사 罔念聞하신대

왕이 심상하게 여겨 생각하고 듣지 않으셨다.

庸은 常也라 太甲이 惟若尋常於伊尹之言하여 無所念聽하니 此는 史氏之言이라

'용(庸)'은 심상(尋常;평범)함이다. 태갑은 이윤의 말을 심상한 것처럼 여겨 생각하고 듣는 바가 없었던 것이니, 이는 사관의 말이다.

5. 伊尹이 乃言曰 先王이 昧爽에 丕顯하사 坐以待旦하시며 旁求俊彦하사 啓迪後人하시니 無越厥命(하사) 以自覆하소서

이윤이 마침내 다음과 같이 말하였다. "선왕은 매상(昧爽;새벽)에 크게 덕을 밝히시어 앉아서 아침을 기다리시며, 준걸스런 사람과 훌륭한 선비들을 사방으로 구하여 후인

··· 爽 : 밝을 상 彦 : 선비 언 迪 : 인도할 적

들을 계적(啓迪;계도(啓導))하셨으니, 〈사왕(태갑)께서는〉 그 명을 무너뜨려 스스로 전복하지 마소서.

昧는 晦요 爽은 明也니 昧爽云者는 欲明未明之時也라 丕는 大也라 顯亦明也라 先王이 於昧爽之時에 洗濯澡(조)雪하고 大明其德하여 坐以待旦而行之也라 旁求者는 求之非一方也라 彦은 美士也라 言湯孜孜爲善하사 不遑寧處如此요 而又旁求俊彦之士하여 以開導子孫하시니 太甲이 毋顚越其命以自取覆亡也라

 '매(昧)'는 어둠이요 '상(爽)'은 밝음이니, 매상(昧爽)은 날이 밝으려고 하나 아직 밝지 않았을 때이다. '비(丕)'는 큼이다. '현(顯)' 또한 밝음이다. 선왕이 매상의 때에 몸을 깨끗이 씻고서 그 덕을 크게 밝혀 앉아서 아침을 기다려 행한 것이다. '방구(旁求)'는 구하기를 한 방면에만 하지 않는 것이다. '언(彦)'은 아름다운 선비이다. 탕왕은 부지런히 선행(善行)을 하여 편안히 거처할 겨를이 없음이 이와 같으셨고, 또 준언(俊彦)의 선비를 사방으로 구하여 자손들을 계도(啓導)하셨으니, 태갑이 그 명을 전월(顚越;무너뜨림)하여 스스로 복망(覆亡;전복)을 취하지 말라고 말한 것이다.

6. 愼乃儉德하사 惟懷永圖하소서
 검약(儉約)의 덕을 삼가하여 영구한 도모를 생각하소서.

太甲이 欲敗度하고 縱敗禮하니 蓋奢侈失之而無長遠之慮者라 伊尹이 言當謹其儉約之德하여 惟懷永久之謀니 以約失之者鮮矣[292]라 此는 太甲受病之處라 故로 伊尹이 特言之하니라

 태갑은 욕심으로 법도를 무너뜨리고 방종(放縱)으로 예(禮)를 무너뜨리니, 사치함에 잘못되어서 장원(長遠)한 생각이 없는 자이다. 이윤이 말하기를 "마땅히 검약의 덕을 삼가하여 오직 영구한 도모를 생각하라." 하였으니, 검약함으로 잘못되는 자는 적다. 이는 태갑이 부족한 부분이므로 이윤이 특별히 말한 것이다.

......

292 以約失之者鮮矣 : 이 내용은 《논어》〈이인(里仁)〉에 보이는 공자의 말씀이다. 약(約)은 검약에만 그치는 것이 아니고 자신을 낮추어 치연(侈然;잘난체함)히 스스로 방만(放慢)하지 않는 것인데, 여기서는 사치함을 위주하여 검약이라 한 것이다.

··· 澡 : 씻을 조 孜 : 부지런할 자 遑 : 겨를 황

7. 若虞機張이어든 往省括于度則釋[293]이니 欽厥止하사 率乃祖攸行[294]하시면 惟朕이 以懌(역)[295]이며 萬世에 有辭하시리이다

우인(虞人;사냥몰이꾼)이 쇠뇌에 기아(機牙)를 얹어 놓았거든 자신이 가서 화살끝이 법도에 맞는가를 살피고 활을 발사함과 같이 할 것이니, 그 그침을 공경하여 당신의 선조께서 행하신 바를 따르시면 저도 기쁠 것이며, 만세(萬世)에 훌륭한 명예(칭찬)가 있을 것입니다."

虞는 虞人也라 機는 弩牙也요 括은 矢括也라 度는 法度니 射者之所準望者也라 釋은 發也라 言若虞人之射에 弩機旣張이어든 必往察其括之合於法度하고 然後發之면 則發無不中矣라 欽者는 肅恭收斂이라 止는 見虞書[296]하니라 率은 循也라 欽厥止者는 所以立本이요 率乃祖者는 所以致用이니 所謂省括于度則釋也라 王能如是면 則動無過擧하여 近可以慰悅尹心이요 遠可以有譽於後世矣라 安汝止者는 聖君之事니 生而知者也요 欽厥止者는 賢君之事니 學而知者也라

'우(虞)'는 우인(虞人)이다. '기(機)'는 쇠뇌의 기아이고, '괄(括)'은 화살의 오늬이다. '도(度)'는 법도이니, 활쏘는 자가 기준하여 바라보는 것이다. '석(釋)'은 발사함이다. 우인이 활을 쏠 적에 쇠뇌에 기아를 이미 얹어 놓았으면 자신이 반드시 가서 화살의 오늬가 법도에 맞는가를 관찰하고 그런 뒤에 발사하면 발사함에 맞지 않음이 없음과 같음을 말한 것이다. '흠(欽)'은 숙공(肅恭)하고 수렴(收斂)하는 것이다. '지(止)'는 〈우서(虞書)〉에 보인다. '솔(率)'은 따름이다. 그 그침을 공경함은 근본을 세우는 것이고,

......

293 往省括于度則釋:괄(括)은 화살 끝에 V모양으로 갈라져 있어 활줄에 끼우는 부분(오늬)이다. 주에는 '必往察其括之合於法度'로 부연 설명하였는데, 호산은 《언해》의 해석이 주의 뜻을 잃었다.[諺釋失註意]" 하였다. 《詳說》《언해》에는 '往하여 括을 省하여 度하거든'으로 해석하였는바, 호산의 설을 따라 '가서 화살끝이 법도에 맞는가를 살피고 활을 발사하는 것'으로 수정 번역하였다.

294 欽厥止 率乃祖攸行:흠궐지(欽厥止)에 대하여 오윤상은 "살펴보건대 바로 할아버지의 행한 바를 따른 것이니, 굳이 본(本)과 용(用)을 나눌 필요가 없다.[按欽厥止, 卽率乃祖攸行, 恐不必分本與用.]" 하였다. 이는 《집전》의 '欽厥止者, 所以立本; 率乃祖者, 所以致用.'을 비판한 것이다.

295 以懌(역):懌은 음이 '역'인데 우리나라에서는 중종(中宗)의 휘(諱)를 피하여 '예'로 읽었음을 밝혀둔다.

296 止見虞書:위의 〈익직(益稷)〉의 '안여지(安汝止)'를 가리킨 것이다. 《집전》에 "지(止)는 마음에 그치는(머무는) 것이다." 하였는바, '안여지(安汝止)'는 군주의 마음이 편안히 지선(至善)에 머물러 억지로 힘쓰지 않고 안이행지(安而行之;힘쓰지 않고 편안히 행함)함을 이른다.

• • • 虞 : 벼슬이름 우 括 : 살촉끝 괄, 오늬 괄 釋 : 놓을 석 懌 : 기쁠 역 弩 : 쇠뇌 노

당신의 선조를 따름은 용(用)을 지극히 하는 것이니, 이른바 '화살의 오늬가 법도에 맞는가를 살펴보고 활을 쏘라.'는 것이다. 왕이 이와 같이 하면 행동함에 지나친 거동이 없어서 가까이는 이윤의 마음을 위안하고 기쁘게 할 것이요, 멀리는 후세에 명예가 있을 것이다. '안여지(安汝止)'는 성군(聖君)의 일이니 생이지지(生而知之;태어나면서부터 도리를 아는 성인)한 자이고, '흠궐지(欽厥止)'는 현군(賢君)의 일이니 학이지지(學而知之;배워서 도리를 아는 현인)한 자이다.

8. 王이 未克變한대
 왕이 능히 변하지(바꾸지) 못하였다.

不能變其舊習也라 此亦史氏之言이라
 〈왕이〉 그 옛 습관을 바꾸지 못한 것이다. 이 또한 사관의 말이다.

9. 伊尹曰 玆乃不義는 習與性成이로소니 予는 弗狎于弗順이라하고(케호리니) 營于桐宮하여 密邇先王其訓하여 無俾世迷케하니라(케호리라)
 이윤이 말하기를 "이 의롭지 못함은 습관이 천성(天性)과 함께 이루어졌기 때문이니, 나는 의리를 순히 따르지 않는 사람과 가까이 있게 하지 않겠다." 하고, 동(桐) 땅에 궁궐을 경영해서 태갑이 선왕을 가까이하여 이로써 가르쳐서 평생토록 혼미함이 없게 하였다.

狎은 習也라 弗順者는 不順義理之人也라 桐은 成湯墓陵之地라 伊尹이 指太甲所爲하여 乃不義之事는 習惡而性成者也라 我不可使其狎習不順義理之人이라하고 於是에 營宮于桐하여 使親近成湯之墓하여 朝夕哀思하여 興起其善하여 以是訓之하여 無使終身迷惑而不悟也니라
 '압(狎)'은 익힘이다. '불순(弗順)'은 의리를 순히 따르지 않는 사람이다. '동(桐)'은 성탕의 능묘(陵墓)가 있는 곳이다. 이윤이 태갑의 하는 바를 가리켜 "이 의롭지 못한 일은 악(惡)을 익혀서 천성으로 이루어진 것이다. 나는 왕(태갑)으로 하여금 의리를 순히 따르지 않는 사람과 가까이 하고 익히게 하지 않겠다." 하고, 이에 궁궐을 동 땅에 경영하여 태갑으로 하여금 성탕의 능묘에서 가까워 아침저녁으로 슬피 생각해서 선(善)한 마음을 흥기시켜 이로써 가르쳐서 종신토록 미혹되어 깨닫지 못함이 없게 한

것이다.

10. 王이 徂桐宮居憂하사 克終允德[297]하시다

왕이 동궁(桐宮)에 가서 거우(居憂:집상(執喪))하여 능히 마침내 덕을 진실하게 하셨다.

徂는 往也라 允은 信也라 有諸己之謂信이니 實有其德於身也라 凡人之不善은 必有從臾(慫慂)[298]以導其爲非者하나니 太甲桐宮之居에 伊尹이 旣使其密邇先王陵墓하여 興發其善心하고 又絶其比昵之黨하여 而革其汚染하니 此其所以克終允德也라 次篇에 伊尹이 言嗣王克終厥德이라하고 又曰 允德協于下라 故로 史氏言克終允德하여 結此篇하여 以發次篇之義하니라

'조(徂)'는 감이다. '윤(允)'은 신실(信實)함이다. 〈선(善)을〉 자기 몸에 소유함을 신(信)이라 이르니, 그 덕을 자기 몸에 진실로 소유하는 것이다. 무릇 사람이 불선(不善)을 함은 반드시 종용(從臾:권함)하여 비행(非行)을 하도록 인도하는 자가 있어서이니, 태갑이 동궁에 거처할 적에 이윤이 이미 선왕의 능묘에 가깝게 해서 선(善)한 마음을 흥발(興發)시키고, 또 친하고 가까운 나쁜 무리들을 끊어서 그 오염된 것을 고치게 하니, 이 때문에 능히 끝내 덕을 진실하게 한 것이다. 다음 편에 이윤이 말하기를 "사왕이 능히 그 덕을 끝마쳤다."고 하였고, 또 "진실한 덕이 아래에 화합하였다."고 말하였다. 그러므로 사관이 능히 끝내 덕을 진실하게 하였다고 말하여 이 편을 맺어서 다음 편의 뜻을 발한 것이다.

······

297 克終允德: 퇴계(退溪)는 1. '능(能)히 윤덕(允德)으로 종(終)하시다', 2. '윤덕을 종하시다', 3. '윤덕에 종하시다', 4. '능(能)히 마침내 덕(德)을 윤(允)하시다'의 네 가지 해석을 열거하고, "맨끝의 해석을 혹자는 잘못된 것이라고 말하나 이것이 가장 올바른 뜻이다." 하였으므로 이를 따랐다.

298 從臾: 종유(從臾)에 대해 사계(沙溪)는 서서(書序)를 인용하여 "종용(慫慂)으로 읽고 권하는 뜻이다." 하였다.

〈태갑 중(太甲中)〉

1. **惟三祀十有二月朔**에 **伊尹**이 **以冕服**으로 **奉嗣王**하여 **歸于亳**하다
   3년 12월 초하루에 이윤이 면복(冕服)으로 사왕을 받들어 박읍으로 돌아왔다.

太甲終喪明年之正朔也라 冕은 冠也라 唐孔氏曰 周禮에 天子六冕[299]에 備物盡文은 惟袞冕耳니 此蓋袞冕之服이라하니 義或然也라 奉은 迎也라 喪旣除에 以袞冕吉服으로 奉迎以歸也라

　태갑이 상(喪)을 마친 명년(明年)의 정삭(正朔;정월 초하루)이다. '면(冕)'은 관(冠)이다. 당나라 공씨는 말하기를 "《주례》〈사복(司服)〉에 천자는 여섯 가지 면복(冕服) 중에 물건을 구비하고 문채를 다한 것은 오직 곤면(袞冕)이니, 이것은 곤면의 옷이다." 하였으니, 뜻에 혹 옳을 듯하다. '봉(奉)'은 맞이함이다. 태갑이 상(喪)을 이미 벗음에 〈이윤이〉 곤면의 길복(吉服)으로 맞이해 받들어서 돌아온 것이다.

2. **作書曰 民非后**면 **罔克胥匡以生**이며 **后非民**이면 **罔以辟四方**하리니 **皇天**이 **眷佑有商**하사 **俾嗣王**으로 **克終厥德**하시니 **實萬世無疆之休**샷다
　이윤이 다음과 같은 글을 지었다. "백성은 군주가 아니면 서로 바로잡아 살 수가 없으며, 군주는 백성이 아니면 사방에 군주노릇 할 수가 없으니, 황천(皇天)이 우리 상나라를 돌아보고 도우시어 사왕으로 하여금 능히 그 덕을 끝마치게 하셨으니, 이는 실로 만세(萬世)에 무강(無疆;무궁)한 아름다움이십니다."

民非君이면 則不能相正以生이요 君非民이면 則誰與爲君者리오 言民固不可無君이요 而君尤不可失民也라 太甲改過之初에 伊尹이 首發此義하니 其喜懼之意深矣라 夫太甲不義 有若性成이러니 一旦[300]에 飜然改悟하니 是豈人力所至리오 蓋天命眷商하여 陰誘其衷이라 故로 嗣王이 能終其德也라 向也에 湯緖幾墜러니 今其自

---

299 天子六冕 : 육면(六冕)은 여섯 종류의 면복(冕服)으로 대구면(大裘冕)·곤면(袞冕)·별면(鷩冕)·취면(毳冕)·치면(絺冕)·현면(玄冕)을 이른다.
300 一旦 : 내각본(內閣本)에는 이태조(李太祖)의 휘(諱)를 피하여 조(朝)로 바꾸어 놓았음을 밝혀둔다.

… 袞 : 곤룡포 곤 飜 : 뒤집을 번

是有永하니 豈不爲萬世無疆之休乎아

　백성은 군주가 아니면 서로 바로잡아 살 수가 없고, 군주는 백성이 아니면 누구와 함께 군주노릇을 하겠는가. 백성은 진실로 군주가 없을 수 없고 군주는 더더욱 백성을 잃어서는 안 됨을 말한 것이다. 태갑이 허물을 고친 초기에 이윤이 첫 번째로 이 뜻을 말하였으니, 기뻐하고 두려워한 뜻이 깊다. 태갑의 불의(不義)는 마치 천성으로 이루어진 듯하였는데 하루아침에 번연(翻然)히 고쳐 깨달았으니, 이 어찌 사람의 힘으로 이룬 것이겠는가. 이는 천명이 상나라를 돌아보아 은근히 그 충(衷;마음)을 유도하였으므로 사왕이 그 덕을 끝마치게 된 것이다. 지난날에는 탕왕의 통서(統緒;전통)가 거의 실추될 뻔하였는데, 이제 앞으로는 영원함이 있게 되었으니, 어찌 만세에 무궁한 아름다움이 되지 않겠는가.

3. 王이 拜手稽首曰 予小子는 不明于德하여 自底(지)不類하여 欲敗度하며 縱敗禮하여 以速戾(려)于厥躬하니 天作孼(얼)은 猶可違어니와 自作孼은 不可逭(환)이니 旣往에 背師保之訓하여 弗克于厥初하나 尙賴匡救之德하여 圖惟厥終하노이다

　왕이 배수 계수(拜手稽首)하고 말씀하였다. "나 소자는 덕에 밝지 못하여 스스로 불류(不類;불초(不肖))함에 이르러 욕심으로 법도를 무너뜨리고 방종으로 예를 무너뜨려 이 몸에 죄를 불렀으니, 하늘이 만든 재앙은 그래도 피할 수 있으나 스스로 지은 재앙은 도망(도피)할 수가 없습니다. 기왕에 사보(師保)의 가르침을 저버려 그 처음에는 잘하지 못했으나 행여 바로잡아 주시는 덕을 힘입어 그 종(終)을 잘 끝마칠 것을 도모하고 생각합니다."

拜手는 首至手也요 稽首는 首至地也라 太甲이 致敬於師保에 其禮如此라 不類는 猶不肖也라 多欲則興作而亂法度하고 縱肆則放蕩而隳(휴)禮儀라 度는 就事言之也요 禮는 就身言之也라 速은 召之急也라 戾는 罪요 孼은 災요 逭은 逃也라 旣往은 已往也라 已往에 旣不信伊尹之言하여 不能謹之於始나 庶幾〔賴〕正救之力[301]하여 以圖惟其終也라 當太甲不惠阿衡之時하여는 伊尹之言에 惟恐太甲不聽이러니 及

301　庶幾〔賴〕正救之力 : 사계(沙溪)의 "서기(庶幾) 아래에 뇌(賴) 자가 빠진 듯하다."는 설을 따라 보충하였다. 《經書辨疑》

•••　類 : 착할 류　孼 : 재앙 얼　逭 : 도망할 환　匡 : 바로잡을 광　隳 : 무너질 휴

太甲改過之後하여는 太甲之心에 惟恐伊尹不言하니 夫太甲은 固困而知之者라 然이나 昔之迷러니 今之復하고 昔之晦러니 今之明하여 如日月昏蝕이라가 一復其舊에 而光采炫耀(현요)하여 萬景俱新하니 湯、武는 不可及已어니와 豈居成王之下乎아

'배수(拜手)'는 머리가 손에 이름이요, '계수(稽首)'는 머리가 땅에 이르는 것이다. 태갑이 사보(師保;이윤)에게 공경을 다할 적에 그 예가 이와 같았다. '불류(不類)'는 불초(不肖)와 같다. 욕심이 많으면 쓸데없는 일을 흥작(興作)하여 법도를 어지럽히고, 종사(縱肆;방사)하면 방탕하여 예의(禮儀)를 무너뜨린다. '도(度)'는 일을 가지고 말한 것이요, '예(禮)'는 몸을 가지고 말한 것이다. '속(速)'은 부르기를 급히 하는 것이다. '려(戾)'는 죄이고, '얼(孼)'은 재앙이고, '환(逭)'은 도망(도피)하는 것이다. '기왕'은 이왕(已往)이다. 이왕에 이미 이윤의 말을 믿지 아니하여 처음에는 삼가지 못하였으나 행여 바로잡아 주시는 힘에 의뢰하여 그 종(終)을 잘 끝마칠 것을 도모한다는 것이다.

태갑이 아형(阿衡;이윤)의 말에 순종하지 않을 때에는 이윤의 말에 행여 태갑이 〈자기 말을〉 들어주지 않을까 두려워하였는데, 태갑이 개과(改過)한 뒤에 이르러는 태갑의 마음에 행여 이윤이 말해주지 않을까 두려워하였으니, 태갑은 진실로 곤궁하여(애써서) 안 자이다. 그러나 옛날에는 혼미했는데 지금에는 돌아왔고, 옛날에는 어두웠는데 지금에는 밝아져서 해와 달이 어둡고 먹혔다가 한번 옛 모습을 회복하자 광채가 빛나서 만 가지 경치가 모두 새로워지는 것과 같으니, 탕(湯)·무(武)에는 미칠 수 없겠으나 어찌 성왕(成王)의 아래에 있겠는가.

4. 伊尹이 拜手稽首曰 修厥身하며 允德이 協于下는 惟明后니이다

이윤이 배수 계수하여 다음과 같이 말하였다.
"몸을 닦으며 덕에 진실함이 아래에 화합함은 현명한 군주입니다.

伊尹이 致敬以復太甲也라 修身則無敗度敗禮之事하고 允德則有誠身誠意之實하니 德誠于上하여 協和于下는 惟明后然也라

이윤이 공경을 다하여 태갑에게 답한 것이다. 몸을 닦으면 법도를 무너뜨리거나 예를 무너뜨리는 일이 없으며, 덕에 진실하면 몸을 성실히 하고 뜻을 성실히 하는 실제가 있으니, 덕이 위에 진실하여 아래에 화합함은 현명한 군주만이 그러한 것이다.

··· 蝕 : 먹을 식 炫 : 빛날 현 耀 : 빛날 요

5. **先王**이 **子惠困窮**하신대 **民服厥命**하여 **罔有不悅**하여 **竝其有邦**한 **厥隣**이 **乃曰 徯**(혜)**我后**하노소니 **后來**하시면 **無罰**아하니이다(아)

　선왕(탕왕)이 곤궁한 백성들을 자식처럼 사랑하시자, 백성들은 그 명에 복종하여 기뻐하지 않는 이가 없어, 함께 나라를 소유했던 이웃나라의 백성들이 마침내 말하기를 '우리 임금님을 기다리노니, 우리 임금님이 오시면 벌이 없겠는가.' 하였습니다.

此는 **言湯德所以協下者**라 **困窮之民**을 **若己子而惠愛之**하니 **惠之若子**면 **則心之愛者誠矣**니 **未有誠而不動者也**라 故로 **民服其命**하여 **無有不得其懽心**이라 **當時諸侯 竝湯而有國者 其隣國之民**이 **乃以湯爲我君**하여 **曰 待我君**하노니 **我君來**하시면 **其無罰乎**아하니 **言除其邪虐**이라 **湯之得民心也如此**하니 **卽仲虺后來其蘇之事**니라

　이는 탕왕의 덕이 아래에 화합함을 말한 것이다. 곤궁한 백성을 자기의 자식처럼 사랑하였으니, 사랑하기를 자식처럼 하면 마음에 사랑함이 정성스러운 것이니, 정성스럽고서 감동시키지 못하는 자는 있지 않다. 그러므로 백성들이 그 명령에 복종하여 환심을 얻지 못함이 없었던 것이다. 당시에 제후로서 탕왕과 함께 나라를 소유했던 자의 이웃나라 백성들이 마침내 탕왕을 우리 임금님이라 하여, 말하기를 "우리 임금님을 기다리노니 우리 임금님이 오시면 벌이 없겠는가."라고 말하였으니, 이는 사악하고 포악함을 제거함을 말한 것이다. 탕왕이 민심을 얻음이 이와 같았으니, 이는 곧 〈중훼지고(仲虺之誥)〉의 '우리 임금님께서 오시니 소생(다시 살아남)할 것이다.'라는 일이다.

6. **王懋乃德**하사 **視乃烈祖**하사 **無時豫怠**하소서

　왕은 당신의 덕을 힘쓰시어 당신의 열조(烈祖)를 살펴보아 한 시도 편안히 놀고 태만하지 마소서.

湯之盤銘曰 苟日新이어든 **日日新**하고 **又日新**이라하니 **湯之所以懋其德者如此**라 **太甲**이 **亦當勉於其德**하여 **視烈祖之所爲**하여 **不可頃刻而逸豫怠惰也**라

　탕왕의 반명(盤銘)에 "만일 어느 날 새로워졌거든 나날이 새롭게 하고 또 날로 새롭게 하라." 하였으니, 탕왕이 덕을 힘쓴 것이 이와 같았다. 태갑 또한 마땅히 덕을 힘써서 열조(烈祖)의 하신 바를 살펴보아 경각(頃刻:잠시동안)이라도 일예(逸豫:편안히 놀

... 徯 : 기다릴 혜　豫 : 즐길 예　盤 : 세수대야 반

고 높)하고 태타(怠惰)하지 말아야 할 것이다.

7. **奉先思孝**하시며 **接下思恭**하시며 **視遠惟明**하시며 **聽德惟聰**하시면 **朕承王之休**하여 **無斁**(역)하리이다
　선조를 받들 적에는 효성을 생각하시고 아랫사람을 대할 적에는 공손함을 생각하시며, 보기를 멀리하되 밝게 볼 것을 생각하시고 듣기를 덕스러운 말로 하되 귀밝게 들을 것을 생각하시면 저는 왕의 아름다운 덕을 받들어서 싫어함이 없을 것입니다."

思孝則不敢違其祖요 **思恭則不敢忽其臣**이라 **惟亦思也**라 **思明則所視者遠**하여 **而不蔽於淺近**이요 **思聰則所聽者德**하여 **而不惑於憸**(섬)**邪**니 **此**는 **懋德之所從事者**라 **太甲能是**면 **則我承王之美**하여 **而無所厭斁也**라
　효성을 생각하면 감히 선조를 어기지 못하고, 공손함을 생각하면 감히 신하를 소홀히 하지 못한다. '유(惟)' 또한 생각함이다. 밝게 볼 것을 생각하면 보는 것이 멀어서 천근함에 가리워지지 않고, 귀밝게 들을 것을 생각하면 듣는 것이 덕스러운 말이어서 간사함에 혹하지 않을 것이니, 이는 덕을 힘씀에 종사하는 것이다. 태갑이 이에 능하면 나는 왕의 아름다운 덕을 받들어서 싫어하는 바가 없을 것이다.

⋯　斁 : 싫을 역　憸 : 간사할 섬

〈태갑 하(太甲下)〉

1. 伊尹이 申誥于王曰 嗚呼라 惟天은 無親하사 克敬을 惟親하시며 民罔常懷하여 懷于有仁하며 鬼神은 無常享하여 享于克誠하나니 天位艱哉니이다

이윤이 거듭 왕에게 다음과 같이 고하였다.

"아! 하늘은 친애하는 사람이 없어 능히 공경하는 자를 친애하시며, 백성들은 항상 그리워하는 사람이 없어 인(仁)이 있는 이를 그리워하며, 귀신은 항상 흠향함이 없어 능히 정성스러운 자에게 흠향하니, 천위(天位:천자의 지위)를 유지하기가 어렵습니다.

申誥는 重誥也라 天之所親과 民之所懷와 鬼神之所享이 皆不常也라 惟克敬, 有仁, 克誠而後에 天親之하고 民懷之하고 鬼神享之也라 曰敬, 曰仁, 曰誠者는 各因所主而言이라 天謂之敬者는 天者는 理之所在니 動靜語默에 不可有一毫之慢이요 民謂之仁者는 民非元后면 何戴리오 鰥寡孤獨이 皆人君所當恤이요 鬼神謂之誠者는 不誠無物이니 誠立於此而後에 神格於彼라 三者所當盡이 如此하니 人君이 居天之位하여 其可易(이)而爲之哉아 分而言之則三이요 合而言之하면 一德而已라 太甲이 遷善未幾에 而伊尹이 以是告之하니 其才固有大過人者歟인저

'신고(申誥)'는 거듭 고하는 것이다. 하늘의 친애하는 바와 백성의 그리워하는 바와 귀신의 흠향하는 바가 모두 일정하지 않다. 오직 능히 공경하고 인(仁)이 있고 능히 정성스러운 뒤에야 하늘이 친애하고 백성이 그리워하고 귀신이 흠향하는 것이다. 경(敬)·인(仁)·성(誠)은 각기 주장하는 바를 따라 말한 것이다. 하늘에 경(敬)이라 한 것은 하늘은 이치가 있는 곳이니, 동정(動靜)과 어묵(語默)에 조금도 태만함이 없는 것이요, 백성에 인(仁)이라 한 것은 백성은 원후(元后)가 아니면 누구를 떠받들겠는가. 홀아비[鰥]와 과부[寡]와 고아[孤]와 독신자[獨]는 모두 인군이 마땅히 구휼해야 할 자들이다. 귀신에 성(誠)이라 한 것은 정성스럽지 못하면 사물이 없으니, 정성이 여기에 선 뒤에 신(神)이 저기에 강림하는 것이다. 세 가지를 마땅히 극진히 하여야 함이 이와 같으니, 인군이 천자의 지위에 거하여 함부로(쉽게) 할 수 있겠는가. 나누어 말하면 세 가지이고, 합하여 말하면 일덕(一德;순일(純一)한 덕)일 뿐이다. 태갑이 개과천선(改過遷善)한 지 얼마 되지 않아 이윤이 이 말을 고하였으니, 태갑은 그 재질이 진실로 보통사람보다 크게 뛰어남이 있는 것이다.

2. 德이면 惟治하고 否德이면 亂이라 與治同道하면 罔不興하고 與亂同事하면 罔不亡하나니 終始에 愼厥與는 惟明明后니이다

덕이 있으면 다스려지고 덕이 없으면 어지러워집니다.(혼란해집니다.) 잘 다스린 자와 도를 함께 하면 흥하지 않음이 없고, 어지러운 자와 일을 함께 하면 망하지 않음이 없으니, 시종(始終) 함께 할 바를 삼가는 것은 오직 밝고 밝은 군주입니다.

德者는 合敬、仁、誠之稱也[302]라 有是德則治하고 無是德則亂이니 治固古人有行之者矣요 亂亦古人有行之者也라 與古之治者同道하면 則無不興이요 與古之亂者同事하면 則無不亡이라 治而謂之道者는 蓋治因時制宜하여 或損或益하여 事未必同이나 而道則同也요 亂而謂之事者는 亡國喪家가 不過貨色、遊畋、作威、殺戮等事하니 事同이면 道無不同也라 治亂之分이 顧所與如何耳니 始而與治면 固可以興이나 終而與亂이면 則亡亦至矣니 謹其所與하여 終始如一은 惟明明之君이 爲然也라 上篇은 言惟明后하고 此篇은 言惟明明后하니 蓋明其所已明[303]하여 而進乎前者矣니라

'덕(德)'은 경(敬)·인(仁)·성(誠)을 합한 명칭이다. 이 덕이 있으면 다스려지고 이 덕이 없으면 어지러워지니, 잘 다스림은 진실로 고인(古人) 중에 행한 자가 있고, 어지러움 또한 고인 중에 행한 자가 있다. 옛날의 잘 다스린 자와 더불어 도를 함께 하면 흥하지 않음이 없고, 옛날의 어지러운 자와 더불어 일을 함께 하면 망하지 않음이 없다. 다스림에 도라고 한 것은 다스림은 때에 따라 마땅하게 하여 혹 덜기도 하고 혹 더하기도 하여 일이 반드시 똑같지는 않으나 도는 똑같기 때문이요, 어지러움에 일이라고 한 것은 나라를 망치고 집안을 잃는 것이 재화와 여색, 유람과 사냥, 위엄을 일으키고 살육하는 등의 일에 불과하니, 일이 같으면 도(道)도 같지 않음이 없는 것이다. 치(治)·란(亂)의 구분이 다만 함께하는 바의 여하에 달려 있으니, 처음에 잘 다스

······

302 德者 合敬仁誠之稱也 : 위 절(節)의 克敬惟親과 懷于有仁, 享于克誠을 합하여 말한 것이다.

303 蓋明其所已明 : 경문의 '惟明明后'를 부연 설명한 것으로, 오윤상은 "이는 밝고 또 밝다는 뜻인 듯하니, 《집전》의 해석은 분명하지 않은 듯하다.〔似是明而又明之意, 傳釋恐不的確.〕" 하였고, 호산은 '明明后'에 대하여 "밝고 또 밝은 군주이니 이것이 바른 뜻이다.〔明而又明之君也, 此正義也.〕"라고 전제하고, 주의 '明其所已明'에 대해서는 "이것도 한 뜻이니, 《언해》의 해석은 이 뜻을 따랐는바, 마땅히 다시 생각하여야 한다.〔此其一義也, 諺釋用此義, 合更商.〕" 하였다. 《詳說》 영재(寧齋)와 호산의 설에 따라 경문을 수정 번역하였다.

리는 자와 함께하면 진실로 흥할 수 있으나 종말에 어지러운 자와 함께하면 망함이 또한 이르니, 그 함께하는 바를 삼가서 시종여일(始終如一)하게 함은 오직 밝음을 밝히는 군주가 그러한 것이다. 상편(上篇)에는 유명후(惟明后)라고 말하고, 이 편에서는 유명명후(惟明明后)라고 말하였으니, 이미 밝은 것을 밝혀서 전자(前者)보다 더 나아간 것이다.

3. **先王**이 **惟時**로 **懋敬厥德**하사 **克配上帝**러시니 **今王**이 **嗣有令緖**하시니 **尙監玆哉**인저

　선왕이 때때로 힘써 덕을 공경하사 능히 상제에 짝하셨는데, 금왕(今王)께서 훌륭한 통서(전통)를 이어 소유하셨으니, 부디 이것을 살펴보셔야 할 것입니다.

敬은 **卽克敬惟親之敬**이니 **擧其一以包其二也**라 **成湯**이 **勉敬其德**하사 **德與天合**이라 **故**로 **克配上帝**러시니 **今王**이 **嗣有令緖**하시니 **庶幾其監視此也**라

　'경(敬)'은 곧 극경유친(克敬惟親)의 경(敬)이니, 그 하나를 들어 두 가지(인(仁)과 성(誠))를 포함한 것이다. 성탕이 덕을 힘써 공경하사 그 덕이 하늘과 합하셨으므로 능히 상제에 짝하셨는데, 금왕이 훌륭한 전통을 이어 소유하셨으니, 부디 이것을 살펴보셔야 할 것입니다.

4. **若升高必自下**하며 **若陟遐必自邇**하니이다

　높은 곳에 오름은 반드시 아래로부터 시작함과 같으며, 먼 곳에 오름은 반드시 가까운 곳에서 시작함과 같습니다.

此는 **告以進德之序也**라 **中庸論君子之道**에 **亦謂譬如行遠必自邇**하며 **譬如登高必自卑**라하니 **進德修業之喩 未有如此之切者**라 **呂氏曰 自此**는 **乃伊尹畫一以告太甲**[304]**也**라

　이는 덕을 진전하는 순서를 고한 것이다. 《중용장구(中庸章句)》15장에 군자의 도를 논할 적에도 또한 '비유하면 먼 곳을 갈 적에는 반드시 가까운 곳으로부터 시작하

---

304 伊尹畫一以告太甲 : 획일(畫一)을 총결(總結), 또는 종합(綜合;한결같음)의 뜻으로 보기도 하나 확실하지 않다.

… 陟 : 오를 척　遐 : 멀 하　譬 : 비유할 비

는 것과 같고, 높은 곳에 오를 적에는 반드시 낮은 곳으로부터 시작하는 것과 같다.'고 하였으니, 덕을 진전하고 업(業)을 닦는 비유가 이와 같이 간절한 것이 있지 않다.

여씨(呂氏)가 말하였다. "여기서부터는 바로 이윤이 획일(畫一)하여 태갑에게 고한 것이다."

5. 無輕民事하사 惟難하시며 無安厥位하사 惟危하소서

백성의 일을 경홀(輕忽)히 여기지 마시어 어렵게 여길 것을 생각하시며, 지위를 편안히 여기지 마시어 위태롭게 여길 것을 생각하소서.

無는 毋通이라 毋輕民事而思其難하고 毋安君位而思其危니라

'무(無)'는 무(毋)와 통한다. 백성의 일을 경홀히 여기지 말아서 그 어려움을 생각하고, 군주의 지위를 편안히 여기지 말아서 그 위태로움을 생각하여야 한다.

6. 愼終于始하소서

종말(終末)을 삼가되 시초(始初)에 하소서.

人情이 孰不欲善終者리오마는 特安於縱欲하여 以爲今日姑若是하고 而他日固改之也라 然始而不善而能善其終者寡矣라 桐宮之事는 往已어니와 今其卽政臨民하니 亦事之一初也라

사람의 정(情)이 누구인들 잘 끝마치고자 하지 않겠는가마는 다만 욕심을 부림에 편안하여 생각하기를 '금일(今日)에는 우선 이와 같이 하고 후일(後日)에는 진실로 고치겠다.'고 한다. 그러나 시초에 잘하지 못하고서 종말을 잘하는 자는 적다. 동궁(桐宮)의 일은 이미 지나갔지만 지금 정사에 나아가 백성을 임하니, 이것은 또한 일의 한 시초인 것이다.

7. 有言이 逆于汝心이어든 必求諸道하시며 有言이 遜于汝志어든 必求諸非道하소서

남의 말이 당신의 마음에 거슬리거든 반드시 도에서 찾으시며, 남의 말이 당신의 뜻에 순하거든 반드시 도가 아닌 것에서 찾으소서.

... 遜 : 따를 손

鯁直之言은 人所難受요 巽順之言은 人所易從이니 於其所難受者엔 必求諸道요 不可遽以逆于心而拒之며 於其所易從者엔 必求諸非道요 不可遽以遜于志而聽之라 以上五事[305]는 蓋欲太甲이 矯乎情之偏也라

　정직한 말은 사람들이 받아들이기 어렵고 공손한 말은 사람들이 따르기 쉬우니, 그 받아들이기 어려운 말에는 반드시 도에서 찾을 것이요 대번에 마음에 거슬린다 하여 거절하지 말며, 따르기 쉬운 말에는 반드시 도가 아닌 것에서 찾을 것이요 대번에 마음에 공손하다 하여 듣지 말아야 한다. 이상의 다섯 가지 일은 태갑으로 하여금 정(情)의 편벽됨을 바로잡고자 한 것이다.

8. 嗚呼라 弗慮면 胡獲이며 弗爲면 胡成이리오 一人이 元良하면 萬邦이 以貞하리이다

　아! 생각하지 않으면 어찌 얻으며 행하지 않으면 어찌 이루겠습니까. 한 사람(군주)이 크게 선(善)하면 만방이 바르게 될 것입니다.

胡는 何也라 弗慮何得은 欲其謹思之也요 弗爲何成은 欲其篤行之也라 元은 大요 良은 善이요 貞은 正也라 一人者는 萬邦之儀表니 一人元良이면 則萬邦以正矣라

　'호(胡)'는 어찌이다. '불려하득(弗慮何得)'은 삼가 이것을 생각하게 하고자 한 것이요, '불위하성(弗爲何成)'은 독실히 이것을 행하게 하고자 한 것이다. '원(元)'은 큼이요, '량(良)'은 선(善)이요, '정(貞)'은 바름이다. 군주 한 사람(一人)은 만방의 의표이니, 군주 한 사람이 크게 선하면 만방이 바르게 되는 것이다.

9. 君罔以辯言亂舊政하며 臣罔以寵利居成功이라사 邦其永孚于休하리이다

　군주는 말 잘하는 말로 옛 정사를 어지럽히지 말며, 신하는 총리(寵利;은총과 이로움)로 성공에 거하지 말아야 나라가 길이 아름다움에 진실할 것입니다."

弗思弗爲하여 安於縱弛면 先王之法이 廢矣요 能思能爲하여 作其聰明이면 先王之法이 亂矣니 亂之爲害 甚於廢也라 成功은 非寵利之所可居者라 至是에 太甲이 德

......
305　五事 : 위의 무경민사(無輕民事)·무안궐위(無安厥位)·신종우시(愼終于始)·필구저도(必求諸道)·필구저비도(必求諸非道)의 다섯 가지를 가리킨 것이다.

··· 鯁 : 가시셀 경　巽 : 공손할 손　矯 : 바로잡을 교　胡 : 어찌 호

已進일새 伊尹이 有退休之志矣니 此는 咸有一德之所以繼作也라 君臣이 各盡其道면 邦國이 永信其休美也[306]리라

생각하지 않고 행하지 아니하여 방종(縱弛)함에 편안하면 선왕의 법이 버려지고, 능히 생각하고 능히 행하여 사사로운 총명을 일으키면 선왕의 법이 어지럽혀지니, 어지럽히는 폐해가 폐해지는 것보다 심하다. 성공은 총리(寵利)로 거할 바가 아니다. 이 때에 이르러 태갑의 덕이 이미 진전되었기에 이윤이 물러가 쉬려는 뜻이 있었으니, 이는 〈함유일덕(咸有一德)〉을 뒤이어 짓게 된 이유이다. 군주와 신하가 각각 도리를 다한다면 나라가 길이 아름다움에 진실할 것이다.

○ 吳氏曰 上篇에 稱嗣王不惠于阿衡이라하니 必其言이 有與伊尹背違者리니 辯言亂政은 或太甲所失이 在此요 罔以寵利居成功이라하니 己之所自處者 已素定矣라 下語旣非泛論이면 則上語必有爲而發也리라

○ 오씨(吳氏)가 말하였다. "상편(上篇)에 사왕이 아형에게 순하지 못하였다고 말하였으니, 반드시 그의 말이 이윤과 위배됨이 있었을 것이니, 말 잘하는 말로 정사를 어지럽힘은 혹 태갑의 잘못이 여기에 있었던 듯하다. '총리(寵利)로 성공에 거하지 말아야 한다.' 하였으니, 자신(이윤)의 자처할 바가 이미 본래 정해진 것이다. 아랫말이 이미 범연(泛然)한 말이 아니라면 윗말도 반드시 이유가 있어서 말한 것일 것이다."

------
306 邦國永信其休美也 : 경문의 '邦其永孚于休'를 부연 설명한 것이다. 그러나 호산은 "'부우휴(孚于休)'는 아름다움에 합함을 말한 듯하다.〔孚于休, 似謂合於休美也.〕" 하였다. 《詳說》 '부(孚)'를 합(合)으로 훈하는 것이 좋을 듯하나, 우선 《언해》를 따랐음을 밝혀둔다.

〈함유일덕(咸有一德)〉

伊尹이 致仕而去할새 恐太甲德不純一及任用非人이라 故로 作此篇하니 亦訓體也라 史氏取其篇中咸有一德四字하여 以爲篇目하니 今文無, 古文有하니라

이윤이 치사(致仕)하고 떠날 적에 태갑의 덕이 순일(純一)하지 못하고 나쁜 사람을 등용할까 두려워하였다. 그러므로 이 편을 지었으니, 또한 훈체(訓體)이다. 사신이 편 가운데에 '함유일덕(咸有一德)'이라는 네 글자를 취하여 편의 제목으로 삼았으니, 금문(今文)에는 없고 고문(古文)에는 있다.

【小序】 伊尹이 作咸有一德하니라

이윤(伊尹)이 〈함유일덕〉을 지었다.

1. 伊尹이 旣復政厥辟하고 將告歸할새 乃陳戒于德하니라

이윤이 이미 군주에게 정사(정권)를 되돌려주고 장차 군주에게 고하여 돌아가려 할 적에 마침내 덕으로 경계하는 말씀을 올렸다.

伊尹이 已還政太甲하고 將告老而歸私邑할새 以一德으로 陳戒其君하니 此史氏本序[307]라

이윤이 이미 태갑에게 정사를 되돌려주고 장차 고로(告老)하여 사읍(私邑)으로 돌아가려 할 적에 일덕(一德:순일(純一)한 덕)을 가지고 군주에게 진계(陳戒)하였으니, 이는 사관의 본서(本序)이다.

2. 曰 嗚呼라 天難諶(심)은 命靡常이니 常厥德하면 保厥位하고 厥德이 靡常하면 九有以亡하리이다

다음과 같이 말하였다.

"아! 하늘을 믿기 어려움은 천명이 항상하지 않기 때문이니, 그 덕을 항상하면 그 지위를 보존하고 그 덕이 항상하지 않으면 구주(九州)가 망할 것입니다.

······
307 此史氏本序:호산은 "본문(경문)이 서(序)가 되었으므로 본서라 하여 〈서서〉와 구별한 것이다.〔本文爲序, 故謂之本序, 以別於書序.〕" 하였다.《詳說》

··· 諶:믿을 심 靡:없을 미

諶은 信也라 天之難信은 以其命之不常也라 然天命雖不常이나 而常於有德者하니 君德有常[308]이면 則天命亦常하여 而保厥位矣요 君德不常이면 則天命亦不常하여 而九有以亡矣라 九有는 九州也라

'심(諶)'은 믿음이다. 하늘을 믿기 어려움은 천명이 항상(일정)하지 않기 때문이다. 그러나 천명이 비록 항상하지 않으나 덕이 있는 자에게는 항상하니, 군주의 덕이 항상함이 있으면 천명 또한 항상하여 그 지위를 보존하고, 군주의 덕이 항상하지 않으면 천명 또한 항상하지 아니하여 구유(九有)가 망한다. '구유'는 구주(九州)이다.

3. 夏王이 弗克庸德하여 慢神虐民한대 皇天이 弗保하시고 監于萬方하사 啓迪有命하사 眷求一德하사 俾作神主어시늘 惟尹이 躬曁(기)湯으로 咸有一德하여 克享天心하여 受天明命하여 以有九有之師하여 爰革夏正하소이다

하왕(夏王)이 덕을 항상하지 못하여 신(神)을 소홀히 하고 백성들에게 포악히 하자, 황천이 보호하지 않으시고 만방을 살펴보아 천명이 있는 분을 계적(啓迪;계도)하여 일덕(一德)이 있는 분을 돌아보고 찾으시어 백신(百神)의 주인이 되게 하셨습니다. 저는 몸소 탕왕과 함께 모두 일덕을 소유하여 능히 천심에 합당해서 하늘의 밝은 명을 받아 구주의 무리를 소유하여 이에 하나라의 정삭(正朔)을 바꿨습니다.

上文에 言天命無常하여 惟有德則可常하고 於是에 引桀之所以失天命과 湯之所以得天命者하여 證之하니라 一德은 純一之德이니 不雜不息之義니 卽上文所謂常德也라 神主는 百神之主라 享은 當也라 湯之君臣이 皆有一德이라 故로 能上當天心하여 受天明命而有天下하니라 於是에 改夏建寅之正하여 而爲建丑正也[309]라

상문(上文)에서는 천명이 항상함이 없어 오직 덕이 있는 이에게 항상함을 말하였

------

308 君德有常:경문의 '常厥德'을 해석한 것으로, 호산은 "《언해》의 해석은 이 주를 따랐는데, 본문(경문)의 문세에 위배된다.〔諺釋依此註, 而違於本文之勢.〕"하였다. 《詳說》《언해》에는 "그 德이 常치 않으면"으로 풀이하였는바, 이에 따라 경문을 수정 번역하였다.

309 改夏建寅之正 而爲建丑正也:건인(建寅)과 건축(建丑)은 초저녁에 북두칠성의 자루가 인방(寅方)을 가리키거나 축방(丑方)을 가리킴을 이른다. 북두칠성의 자루는 하루에 한 바퀴를 돌고 약간 더 돌아 1년에 366번을 돈다. 그리하여 매월 자(子)·축(丑)·인(寅)의 순서로 도는데, 이것을 월건(月建)이라 하는바, 하나라는 인방을 가리키는 달을 정월로, 상나라는 축방을 가리키는 달을 정월로, 주나라는 자방(子方;정북방)을 가리키는 달을 정월로 삼았다. 자세한 내용은 265쪽 삼정(三正) 주 참조.

고, 여기서는 걸(桀)이 천명을 잃은 이유와 탕왕이 천명을 얻은 이유를 인용하여 증명하였다. '일덕(一德)'은 순일(純一)한 덕이니 잡되지 않고 쉬지 않는 뜻이니, 곧 상문에 이른바 '상덕(常德)'이다. '신주(神主)'는 백신(百神)의 주인이다. '향(享)'은 합당함이다. 탕왕의 군주와 신하가 모두 일덕을 소유하였다. 그러므로 위로 천심에 합당하여 하늘의 밝은 명을 받아서 천하를 소유하였다. 이에 하나라의 건인(建寅)의 정삭(正朔)을 바꿔 건축(建丑)의 정삭으로 만든 것이다.

4. **非天**이 **私我有商**이라 **惟天**이 **佑于一德**이며 **非商**이 **求于下民**이라 **惟民**이 **歸于一德**이니이다

  하늘이 우리 상나라를 사사로이 도와준 것이 아니라 하늘이 일덕(一德)이 있는 분을 도와준 것이며, 상나라가 하민들에게 요구한 것이 아니라 백성들이 일덕이 있는 분에게 돌아온 것입니다.

上言一德故로 **得天得民**이요 **此言天佑民歸**가 **皆以一德之故**니 **蓋反復言之**라

  위에서는 일덕이 있으므로 천심을 얻고 민심을 얻은 것을 말하였고, 여기서는 하늘이 돕고 백성들이 돌아온 것이 모두 일덕이 있는 연고임을 말하였으니, 반복하여 말한 것이다.

5. **德惟一**이면 **動罔不吉**하고 **德二三**이면 **動罔不凶**하리니 **惟吉凶**이 **不僭在人**은 **惟天**이 **降災祥**이 **在德**이니이다

  덕이 한결같으면 동(動)함에 길하지 않음이 없고, 덕이 두 가지가 되고 세 가지가 되어(덕이 잡되어) 한결같지 않으면 동함에 흉하지 않음이 없을 것이니, 길·흉이 어긋나지 않아 사람에게 달려 있음은 하늘이 재앙과 상서를 내림이 덕의 여하(如何)에 달려 있기 때문입니다.

二三則雜矣라 **德之純則無往而不吉**이요 **德之雜則無往而不凶**이라 **僭**은 **差也**라 **惟吉凶**이 **不差在人者**는 **惟天之降災祥**이 **在德故也**라

  덕이 두 가지가 되고 세 가지가 되면 잡된 것이다. 덕이 순일(純一)하면 가는 곳마다 길하지 않음이 없고, 덕이 잡되면 가는 곳마다 흉하지 않음이 없다. '참(僭)'은 어긋남이다. 길·흉이 어긋나지 않아 사람에게 달려 있음은 하늘이 재앙과 상서를 내림이

··· 罔: 없을 망　僭: 어긋날 참

덕에 달려 있기 때문이다.

6. **今嗣王**이 **新服厥命**이신댄 **惟新厥德**이니 **終始惟一**이 **時乃日新**이니이다

　이제 사왕이 새로 천명을 받으시려면 그 덕을 새롭게 하셔야 할 것이니, 시종 한결같이 함(순일하게 함)이 이것이 바로 날로 새로워지는 것입니다.

太甲이 新服天子之命하니 德亦當新이라 然新德之要는 在於有常而已니 終始有常하여 而無間斷이 是乃所以日新也라

　태갑이 새로 천자가 되는 명을 받았으니(입었으니), 덕 또한 마땅히 새로워져야 한다. 그러나 덕이 새로워지는 요점은 항상함이 있음에 달려 있을 뿐이니, 시종 항상함이 있어서 간단함이 없음이 이것이 바로 날로 새로워지는 것이다.

7. **任官**호되 **惟賢材**하시며 **左右**를 **惟其人**하소서 **臣**은 **爲上爲德**하고 **爲下爲民**하나니 **其難其愼**하시며 **惟和惟一**하소서

　관직을 맡기되 오직 현자(賢者)와 재능이 있는 자로 하시며, 좌우의 신하를 오직 훌륭한 사람을 등용하소서. 신하는 위를 위해서는 덕을 위하고 아래를 위해서는 백성을 위해야 하니, 어렵게 여기고 신중히 하시며 조화롭고 한결같게 하소서.

賢者는 有德之稱이요 材者는 能也라 左右者는 輔弼大臣이니 非賢材之稱可盡이라 故로 曰惟其人이라하니라 夫人臣之職이 爲上爲德은 左右厥辟也요 爲下爲民은 所以宅師也라 不曰君而曰德者는 兼君道而言也라 臣職所係 其重如此하니 是必其難其愼이라 難者는 難於任用이요 愼者는 愼於聽察이니 所以防小人也라 惟和惟一은 和者는 可否相濟[310]요 一者는 終始如一이니 所以任君子也라

　'현(賢)'은 덕이 있는 이의 칭호이며, '재(材)'는 능함이다. '좌우(左右)'는 보필하는 대신(大臣)이니, 현(賢)·재(材)의 칭호로 다할 수 있는 것이 아니다. 그러므로 '유기인(惟其人)'이라고 말한 것이다. '인신(人臣)의 직책이 위를 위해서는 덕을 위한다.' 함은 그 군주를 보필함이요, '아래를 위해서는 백성을 위한다.' 함은 무리(백성)들을 편안히

──────
310 和者可否相濟 : 어떤 사안을 두고 군주와 신하가 서로 가(可)타 부(否)타 논쟁하여 사리(事理)의 옳고 그름을 따져서 조화롭게 처리함을 이른다.

살게 하는 것이다. 군(君)이라 말하지 않고 덕이라 말한 것은 군도(君道)를 겸하여 말한 것이다. 신하의 직책의 관계되는 바가 그 중함이 이와 같으니, 반드시 어렵게(신중하게) 여기고 삼가야 할 것이다. '난(難)'은 임용을 어렵게 여기는 것이요, '신(愼)'은 듣고 살핌을 삼가는 것이니, 소인을 방지하는 것이다. 유화(惟和)·유일(惟一)은 '화(和)'는 가(可)와 부(否)로 서로 이루어 주는 것이요, '일(一)'은 시종여일함이니, 군자를 임용하는 것이다.

8. 德無常師하여 主善이 爲師며 善無常主하여 協于克一이니이다

덕은 떳떳한(일정한) 법이 없어 선(善)을 주장함이 법이 되며, 선은 일정한 주장이 없어 능히 한결같음에 합합니다.

上文에 言用人하고 因推取人爲善之要하니라 無常者는 不可執一之謂라 師는 法이요 協은 合也라 德者는 善之總稱이요 善者는 德之實行이며 一者는 其本原統會者也라 德兼衆善하니 不主於善이면 則無以得一本萬殊之理요 善原於一하니 不協于一이면 則無以達萬殊一本之妙라 謂之克一者는 能一之謂也니 博而求之於不一之善이요 約而會之於至一之理라 此는 聖學始終條理[311]之序니 與夫子所謂一貫[312]者로 幾矣라 太甲이 至是而得與聞焉하니 亦異乎常人之改過者歟인저 張氏曰 虞書精一數語[313]之外에 惟此爲精密이니라

상문(上文)에 인재를 등용함을 말하고, 인하여 사람을 취하여 선(善)을 하는 요점을 미루어 넓혔다. '무상(無常)'은 하나를 잡을 수 없음을 이른다. '사(師)'는 법이요, '협(協)'은 합함이다. '덕'은 선의 총칭이고, '선'은 덕의 실제 행실이며, '일(一)'은 그 본원(本原)이 통회(統會:모두 모임)한 것이다. 덕은 여러 선을 겸하였으니, 선을 주장하

......

311 聖學始終條理 : 성학(聖學)은 성인의 학문이며 조리(條理)는 맥락(脈絡)이란 말과 같은바, 조리를 시작함은 지(智:知)의 일이요 조리를 끝마침은 성(聖:行)의 일이니,《맹자》〈만장 하(萬章下)〉의 "始條理者, 智之事也. 終條理者, 聖之事也."등을 요약한 것이다.

312 夫子所謂一貫 : 부자(夫子)는 공자이며, 일관(一貫)은 일이관지(一以貫之)로, 한 가지 이치가 여러 일을 관통하는 것을 가리킨다. 공자는 "나의 도(道)는 한 이치가 만사·만물을 꿰뚫는다.〔吾道一以貫之〕" 하셨다.《論語 里仁》

313 虞書精一數語 : 위 〈우서(虞書) 대우모(大禹謨)〉의 '인심은 위태롭고 도심은 미묘(은미)하니, 정(精)하게 살피고 한결같이〔一〕지켜야 진실로 그 중(中)을 지킬 수 있다.〔人心惟危, 道心惟微, 惟精惟一, 允執厥中.〕'을 가리킨 것이다.

지 않으면 일본만수(一本萬殊;근본은 하나이나 만 가지로 다름)의 이치를 얻을 수 없고, 선은 일(一)에 근원하였으니, 일에 합하지 않으면 만수일본(萬殊一本;만 가지로 다르나 근본은 하나임)의 묘리(妙理)를 통달할 수 없다. '극일(克一)'이라고 말한 것은 능히 한결같음을 이르니, 널리 하여 하나가 아닌 선에 구하고, 요약하여 지극히 한결같은 이치에 맞추는 것이다. 이는 성학(聖學)이 조리(條理)를 시작하고 끝마치는 차례이니, 부자(夫子)의 이른바 '일관(一貫)'과 거의 같을 것이다. 태갑이 이때에 이르러 참여하여 이것을 들었으니, 또한 보통사람이 허물을 고침과는 다른 것이다.

　　장씨(張氏;장식(張栻))가 말하였다. "〈우서(虞書)〉의 '정일(精一)' 몇 마디 말 이외에는 오직 이 말이 정밀하다."

9. **俾萬姓**으로 **咸曰 大哉**라 **王言**이여케하시며 **又曰 一哉**라 **王心**이여케하사 **克綏先王之祿**하사 **永底**(지) **烝民之生**하소서

　만백성으로 하여금 모두 말하기를 '위대하다. 왕의 말씀이여!'라고 하게 하시며, 또 말하기를 '한결같다. 왕의 마음이여!'라고 하게 하시어, 능히 선왕의 천록(天祿;천자의 지위)을 편안히 하사 증민(烝民;여러 백성)의 삶을 길이 이루게 하소서.

人君이 惟其心之一故로 其發諸言也大하고 萬姓이 見其言之大故로 能知其心之一이니 感應之理 自然而然이니 以見人心之不可欺而誠之不可掩也라 祿者는 先王所守之天祿也라 烝은 衆也라 天祿安하고 民生厚는 一德之效驗也라

　인군이 그 마음이 한결같으므로 말에 발로됨이 위대하고, 만백성들이 군주의 말이 위대함을 보았으므로 그 마음이 한결같음을 아는 것이다. 감응(感應)하는 이치가 자연히 이렇게 되는 것이니, 인심을 속일 수 없고 성실함을 엄폐할 수 없음을 나타낸 것이다. '록(祿)'은 선왕이 지켜온 바의 천록(天祿)이다. '증(烝)'은 많음이다. 천록이 편안하고 민생이 후해짐은 일덕(一德)의 효험이다.

10. **嗚呼**라 **七世之廟**에 **可以觀德**이며 **萬夫之長**에 **可以觀政**이니이다

　아! 7세의 사당에서 덕을 관찰할 수 있으며, 만부(萬夫)의 우두머리에게서 정사를 관찰할 수 있습니다.

天子七廟니 三昭三穆에 與太祖之廟로 七이라 七廟는 親盡則遷이니 必有德之主는

⋯　烝 : 무리 증　掩 : 가릴 엄　穆 : 신주차례 목

則不祧(조)毁라 故曰七世之廟에 可以觀德이요 天子는 居萬民之上하니 必政敎有 以深服乎人而後에 萬民悅服이라 故曰萬夫之長에 可以觀政이라하니 伊尹이 歎 息言 德政修否 見(현)於後世하고 服乎當時[314]하여 有不可掩者如此하니라

　천자는 일곱 사당이니, 세 소(昭)와 세 목(穆)에 태조(太祖)의 사당을 합하여 일곱이다. 일곱 사당은 친(親)이 다하면(6대가 지나면) 옮기니, 반드시 덕이 있는 군주는 조훼(祧毁;체천(遞遷))하지 않으므로 7세(世)의 사당에서 덕을 관찰할 수 있다고 말한 것이다. 천자는 만민(萬民)의 위에 거하니, 반드시 정교(政敎)가 사람들을 깊이 감복(感服)함이 있은 뒤에야 만민들이 기뻐하여 복종한다. 그러므로 만부의 우두머리에게서 정사를 관찰할 수 있다고 말한 것이다. 이윤이 탄식하고 말하기를 "덕정(德政)의 닦이고 닦이지 못함이 후세에 나타나고 당시에 감복하여 가리울 수 없음이 이와 같다."고 한 것이다.

11. 后非民이면 罔使며 民非后면 罔事니 無自廣以狹人하소서 匹夫匹婦 不 獲自盡하면 民主罔與成厥功하리이다

　군주는 백성이 아니면 부릴 사람이 없으며, 백성은 군주가 아니면 섬길 사람이 없으니, 스스로 크다(잘났다) 하여 남을 좁게(작게) 여기지 마소서. 필부(匹夫)·필부(匹婦)가 스스로 다함을 얻지 못하면 백성의 군주는 함께 공(功)을 이루지 못할 것입니다."

罔使, 罔事는 卽上篇의 民非后면 罔克胥匡以生이요 后非民이면 罔以辟四方之意 라 申言君民之相須者如此하여 欲太甲不敢忽也라 無는 毋同이라 伊尹이 又言 君 民之使事 雖有貴賤不同이나 至於取人爲善하여는 則初無貴賤之間이라 蓋天以一 理로 賦之於人하여 散爲萬善하니 人君이 合天下之萬善而後에 理之一者可全也 라 苟自大而狹人하여 匹夫匹婦 有一不得自盡於上이면 則一善不備하여 而民主 亦無與成厥功矣라하니라 伊尹이 於篇終에 致其警戒之意하고 而言外之旨는 則又 推廣其所謂一者如此하니 蓋道體之純全이요 聖功之極致也라 嘗因是言之컨대 以 爲精粹無雜者一也요 終始無間者一也요 該括萬善者一也[315]니 一者는 通古今하고

......
314　服乎當時 : 호산은 복(服)을 행하는 것으로 보았다. 《詳說》
315　精粹無雜者……一也 : 정수무잡(精粹無雜)은 함유일덕(咸有一德)의 일(一)을 가리킨 것이고, 종시무간(終始無間)은 종시유일(終始惟一)의 일(一)을 가리킨 것이고, 해괄만선(該括萬善)은

...　祧 : 체천할 조　狹 : 좁을 협　該 : 포용할 해

達上下하니 萬化之原이요 萬事之幹이라 語其理則無二요 語其運則無息이요 語其體則幷包而無所遺也라 咸有一德之書에 而三者之義悉備하니 前乎伏羲、堯、舜、禹、湯과 後乎文、武、周公、孔子 同一揆也니라

'망사(罔使)'와 '망사(罔事)'는 곧 상편(上篇)에 '백성은 군주가 아니면 서로 바로잡아 살 수가 없고, 군주는 백성이 아니면 사방에 군주 노릇을 할 수 없다.'는 뜻이다. 군주와 백성이 서로 필요함이 이와 같음을 거듭 말하여 태갑이 감히 소홀히 하지 않기를 바란 것이다. '무(無)'는 무(毋)와 같다.

이윤이 또 말하기를 "군주와 백성이 부리고 섬김은 비록 귀천의 똑같지 않음이 있으나 사람을 취하여 선(善)을 함에 있어서는 애당초 귀천의 간격(차이)이 없다. 하늘이 한 이치(성선(性善))를 인간에게 부여하여 흩어져 만 가지 선(善)이 되었으니, 인군이 천하의 만 가지 선을 합한 뒤에야 한 이치를 온전히 할 수 있는 것이다. 만일 스스로 큰체 하여 남을 좁게 여겨서 필부(한 지아비)·필부(한 지어미)가 한 사람이라도 자신의 뜻을 윗사람에게 다하지 못함이 있으면 한 선(善)이 구비되지 못하여 백성의 군주가 또한 그 공(功)을 이룰 수 없을 것이다." 하였다.

이윤이 편의 끝에 경계하는 뜻을 지극히 하였고, 말 밖의 뜻은 또 이른바 일(一)이란 것을 미루어 넓힘이 이와 같았으니, 이는 도체(道體)의 순전(純全)함이요 성공(聖功;성인의 공부)의 극치이다. 일찍이 이로 인하여 말하건대 정수(精粹)하여 잡됨이 없는 것이 일(一)이고, 시종(始終) 간단(間斷)함이 없는 것이 일(一)이고, 만선(萬善)을 포괄하는 것이 일(一)이다. 일(一)은 고금을 통하고 상하를 통하니, 온갖 조화의 근원이요 만 가지 일의 근간이다. 그 이치를 말하면 두 가지가 없고, 그 운행을 말하면 쉼이 없고, 그 체(體)를 말하면 모두 포괄하여 빠뜨림이 없다. 〈함유일덕〉의 한 글에 세 가지의 뜻이 다 구비되었으니, 이전의 복희(伏羲)·요(堯)·순(舜)·우(禹)·탕(湯)과 뒤의 문(文)·무(武)·주공(周公)·공자(孔子)가 동일한 법인 것이다.

······
협우극일(協于克一)의 일(一)을 가리킨 것이다.

··· 幹 : 줄기 간, 근본 간 揆 : 헤아릴 규, 법 규

〈반경 상(盤庚上)〉

盤庚은 陽甲之弟라 自祖乙都耿이러니 圮(비)於河水어늘 盤庚이 欲遷于殷한대 而大家世族이 安土重遷하여 胥動浮言하고 小民은 雖蕩析離居하나 亦惑於利害하여 不適有居하니 盤庚이 喩以遷都之利와 不遷之害라 上、中二篇은 未遷時言이요 下篇은 旣遷後言이라 王氏曰 上篇은 告羣臣이요 中篇은 告庶民이요 下篇은 告百官族姓이라 左傳에 謂盤庚之誥라하니 實誥體也라 三篇은 今文古文皆有로되 但今文은 三篇이 合爲一하니라

반경(盤庚)은 양갑(陽甲)의 아우이다. 조을(祖乙) 때로부터 경(耿)에 도읍하였는데 하수(河水;황하)에 무너졌으므로 반경이 은(殷)으로 천도(遷都)하고자 하였으나, 대가(大家)와 세족(世族)들은 살던 땅을 편안히 여기고 천도하는 것을 어렵게 여겨 서로 부언(浮言;근거없는 말)으로 선동하고, 소민(小民)들은 비록 탕석리거(蕩析離居;뿔뿔이 흩어져서 거주함)하였으나 또한 이해에 현혹되어 새 거주지로 가려 하지 않으니, 반경이 천도의 이로움과 천도하지 않는 해로움을 말하였다. 상(上)·중(中) 두 편은 천도하지 않았을 때의 말씀이고, 하편(下篇)은 이미 천도한 뒤의 말씀이다.

왕씨(王氏)가 말하였다. "상편(上篇)은 군신(羣臣)에게 고(告)한 것이고, 중편(中篇)은 서민(庶民)에게 고한 것이고, 하편은 백관(百官)과 족성(族姓)에게 고한 것이다." 《춘추좌씨전》 애공(哀公) 11년에 '반경지고(盤庚之誥)'라 하였으니, 실로 고체(誥體)이다.

세 편은 금문(今文)과 고문(古文)에 다 있는데, 다만 금문은 세 편이 합하여 하나가 되었다.

【小序】 盤庚이 五遷하고 將治亳殷하니 民咨胥怨이어늘 作盤庚三篇[316]하니라

반경이 다섯 번 천도하고 장차 박은(亳殷)으로 환도(還都)하려 하자, 백성들이 서로 원망하므로 〈반경(盤庚)〉 3편을 지었다.

【辨說】 以篇中에 有不常厥邑이 于今五邦이라하여 序遂曰 盤庚五遷이라하나 然今

---

316 作盤庚三篇:공씨가 말하였다. "반경(盤庚)은 은(殷)나라 왕의 이름이니, 은나라는 질박하여 임금의 이름으로 편명(篇名)을 삼았다.〔盤庚, 殷王名, 殷質, 以名篇.〕"

··· 耿 : 빛날 경 圮 : 무너질 비 蕩 : 흩어질 탕 咨 : 이 자

詳于今五邦之下에 繼以今不承于古하면 罔知天之斷命이라하니 則是盤庚之前에 已自有五遷이어늘 而作序者 考之不詳하고 繆云爾也라 又五邦云者는 五國都也니 經言亳、囂、相、耿은 惟四邦耳요 盤庚從湯居亳이면 不可又謂之一邦也라 序與經文으로 旣已差繆요 史記에 遂謂盤庚自有五遷이라하니 誤人이 甚矣로다

편 가운데에 '그 고을(서울)을 항상하지 못한 지가 지금 오방(五邦)이다.' 하였는데, 〈서서〉에 마침내 이르기를 '반경이 다섯 번 천도했다.' 하였으나 이제 '지금 오방'이라는 아래에 뒤이어 '이제 옛날을 계승하지 않으면 하늘이 명(命)을 끊을지를 알지 못하겠다.'고 말하였으니, 그렇다면 이는 반경의 이전에 이미 별도로(따로) 다섯 번 천도함이 있었는데, 〈서서〉를 지은 자가 상고하기를 자세히 하지 못하여 잘못 이렇게 말한 것이다. 또 오방이라고 말한 것은 다섯 개의 국도(國都)이다. 경문(經文)에 '박(亳)·효(囂)·상(相)·경(耿)'이라고 말한 것은 오직 네 곳의 국도일 뿐이요, 반경이 탕왕을 따라 박읍에 거하였다면 또 한 고을이라고 말할 수가 없다. 〈서서〉는 경문과 이미 어긋나 잘못되었고, 《사기》에는 마침내 '반경이 별도로 다섯 번 천도함이 있었다.' 하였으니, 사람(독자)을 그르침이 심하다.

1. **盤庚이 遷于殷할새 民不適有居어늘 率籲(유)衆慼하사 出矢言하시다**

반경(盤庚)이 은(殷)으로 천도하려 할 적에 백성들이 새 거주지로 가려 하지 않자, 여러 근심하는 사람들을 불러서 맹세하는 말씀을 내셨다.

殷은 在河南偃師라 適은 往이라 籲는 呼요 矢는 誓也라 史臣言 盤庚이 欲遷于殷이로되 民不肯往適有居어늘 盤庚이 率呼衆憂之人하여 出誓言以喩之하니 如下文所云也라

은(殷)은 하남(河南)의 언사현(偃師縣)에 있다. '적(適)'은 감이다. '유(籲)'는 부름이요, '시(矢)'는 맹세함이다. 사신이 말하기를 "반경이 은으로 천도하고자 하였으나 백성들이 새 거주지로 가려 하지 않으므로 반경이 여러 근심하는 사람들을 모두 불러서 맹세하는 말을 내어 효유(曉諭)하였으니, 하문(下文)에 말한 바와 같다."

○ 周氏曰 商人稱殷은 自盤庚始라 自此以前은 惟稱商이러니 自盤庚遷都之後로 於是에 殷、商兼稱하고 或只稱殷也하니라

○ 주씨(周氏)가 말하였다. "상나라 사람들이 은(殷)이라고 칭한 것은 반경으로부

… 率 : 모두 솔 籲 : 부를 유 慼 : 근심할 척 矢 : 맹세할 시 偃 : 누울 언

터 시작되었다. 이 이전에는 오직 상(商)이라고만 칭하였는데, 반경이 은에 천도한 뒤로 이에 은과 상을 겸칭하였고, 혹은 단지 은이라고만 칭하였다."

2. 曰 我王이 來하사 旣爰宅于玆는(하산든) 重我民이라 無盡劉어신마는 不能胥匡以生일새 卜稽하니 曰其如台(이)아하나다 (라하나다)
〈말씀하였다.〉 "우리 선왕께서 이곳에 오시어 여기 이 경(耿) 땅에 집터(도읍터)를 정하신 것은 우리 백성들을 소중히 여기신 것이요 다 죽이려고 하신 것이 아니었건마는 서로 바로잡아(구원하여) 살지 못하기에 점(占)을 쳐 상고해 보니, '점괘에 〈이 경(耿) 땅이〉 그 우리에게 어쩔 수 없다.' 하는구나!

曰은 盤庚之言也라 劉는 殺也라 盤庚이 言 我先王祖乙이 來都于耿은 固重我民之生이요 非欲盡致之死也언마는 民適不幸하여 蕩析離居하여 不能相救以生일새 稽之於卜[317]하니 亦曰此地無若我何라하니 言耿不可居하니 決當遷也라
'왈(曰)'은 반경의 말씀이다. '류(劉)'는 죽임이다. 반경이 말씀하기를 "우리 선왕인 조을(祖乙)이 경(耿) 땅에 와서 도읍하심은 진실로 우리 백성들의 삶을 소중히 여긴 것이요 다 죽음에 이르게 하려고 했던 것은 아니었지만, 백성들이 마침 불행하여 탕석리거(蕩析離居)하여 서로 바로잡아 살지 못하기에 점(占)에 상고해 보니, 또한 이르기를 '이 땅은 우리에게 어쩔 수 없다.'고 하는구나!" 하였으니, 경 땅은 살 수가 없으니 결단코 천도해야 함을 말한 것이다.

3. 先王이 有服이어시든 恪謹天命[318]하사되 玆猶不常寧하사 不常厥邑이 于今五邦이시니 今不承于古하면 罔知天之斷命이온 矧曰其克從先王之烈가
선왕께서 일이 있으시면 하늘의 명을 삼가시되 오히려 항상 편안히 여기지 않으시

......
317 稽之於卜 : 경문의 '卜稽'를 부연 설명한 것인데, 호산은 신안 진씨(新安陳氏)가 '복계는 점을 쳐 상고하는 것이다.[卜以稽之]'라고 한 말을 인용하고, 《언해》의 해석은 주에 구애되었다.[諺釋泥於註]" 하였다. 《詳說》《언해》에는 "卜에 稽호니"로 해석하였는바, 호산의 설을 따라 경문을 수정 번역하였다.
318 恪謹天命 : 오윤상은 천명(天命)을 천리(天理)로 보아 "이는 무릇 일이 있을 적에 반드시 천리를 따름을 말한 것이니, 만약 '점을 상고한 일을 가리켜 말했다.'고 하면 원만하고 통창하지 못할 듯하다.[謂凡有事, 必遵循天理也, 若指謂稽卜之事, 恐未圓暢.]" 하였다.

··· 劉:죽일 류 稽:상고할 계 台:나 이 恪:삼갈 각 矧:하물며 신

어 그 도읍을 한 곳에 일정하게 하지 않으신 것이 지금 다섯 고을이니, 이제 옛날을 계승하여 천도하지 않으면 하늘이 명(命)을 끊을지도 모르는데 하물며 능히 선왕의 공렬(功烈)을 따른다고 말할 수 있겠는가.

服은 事也라 先王이 有事어든 恪謹天命하여 不敢違越하사되 先王이 猶不敢常安하사 不常其邑이 于今五遷厥邦矣라 今不承先王而遷하면 且不知上天之斷絶我命이온 況謂其能從先王之大烈乎아 詳此言하면 則先王遷徙에도 亦必有稽卜之事로되 仲丁,河亶甲篇逸하여 不可考矣라 五邦은 漢孔氏謂 湯遷亳하고 仲丁遷囂하고 河亶甲居相하고 祖乙居耿하니 幷盤庚遷殷하여 爲五邦이라하니라 然以下文今不承于古文勢로 考之하면 則盤庚之前에 當自有五遷이라 史記에 言祖乙遷邢(형)이라하니 或祖乙兩遷也리라

'복(服)'은 일이다. 선왕은 천도할 일이 있으면 하늘의 명을 삼가 감히 어기지 못하셨는데 선왕이 오히려 항상 편안하지 못하시어 그 도읍을 일정하게 하지 않은 것이 지금 다섯 번 그 도읍을 옮기셨다. 이제 선왕을 계승하여 천도하지 않으면 장차 상천(上天)이 우리의 명(命)을 끊을지도 모르는데, 하물며 선왕의 큰 공렬(功烈)을 능히 따른다고 말할 수 있겠는가. 이 말씀을 살펴보면 선왕이 천도할 때에도 또한 반드시 점(占)을 쳐 상고한 일이 있었을 터인데, 〈중정편(仲丁篇)〉과 〈하단갑편(河亶甲篇)〉이 산일(散逸)되어 상고할 수가 없다.

'오방(五邦)'은 한나라 공씨가 이르기를 "탕(湯)은 박(亳)으로 천도하고, 중정(仲丁)은 효(囂)로 천도하고, 하단갑(河亶甲)은 상(相)에 거(居)하고, 조을(祖乙)은 경(耿)에 거하였으니, 반경이 은(殷)에 천도한 것까지 아울러 오방이 된다." 하였다. 그러나 하문(下文)에 "이제 옛날을 계승하지 않으면"이라는 문세(文勢)로 살펴본다면 반경 이전에 따로 다섯 번 천도함이 있었을 것이다. 《사기》〈은기(殷紀)〉에 "조을이 형(邢)으로 천도했다." 하였으니, 혹 조을이 두 번 천도하였을 것이다.

4. **若顚木之有由櫱**(얼)이라 **天其永我命于玆新邑**하사 **紹復先王之大業**하사 **底**(지)**綏四方**이시니라

쓰러진 나무에 싹이 나는 것과 같으니, 하늘이 우리의 명을 이 새 도읍에서 영원하게 하시어 선왕의 대업(大業)을 계승하고 회복하여 사방의 편안함을 이르게 하실 것이다."

··· 逸 : 없어질 일　囂 : 시끄러울 효　亶 : 진실로 단　邢 : 땅이름 형　櫱 : 움싹 얼

顚은 仆(부)也라 由는 古文作䪌(유)하니 木生條也라 顚木은 譬耿이오 由蘖은 譬殷
也니 言今自耿遷殷이 若已仆之木而復生也라 天其將永我國家之命於殷하여 以
繼復先王之大業하여 而致安四方乎[319]인저

'전(顚)'은 쓰러짐이다. '유(由)'는 《고문상서》에 유(䪌)로 되어 있으니, 나무에 새로운 가지가 나는 것이다. 쓰러진 나무는 경(耿)을 비유하고 유얼(由蘖)은 은(殷)을 비유하였으니, 지금 경(耿)에서 은으로 천도함은 이미 쓰러진 나무에 다시 가지가 나는 것과 같음을 말한 것이다. 하늘이 장차 우리 국가의 명을 은(殷)에서 영구히 하여 선왕의 대업을 계승하고 회복해서 사방을 편안하게 하실 것이다.

5. 盤庚이 斅(효)于民하사되 由乃在位하사 以常舊服으로 正法度하사 曰無或
敢伏小人之攸箴하라하사 王이 命衆하신대 悉至于庭하니라

반경이 백성들을 가르치시되 지위에 있는 자로부터 시작하여 옛부터 떳떳이(항상) 있어온 일로 법도를 바로잡아 말씀하기를 "감히 혹시라도 소인(백성)들의 경계하는 말을 숨기지 말라." 하시어, 왕(王)이 여러 사람들에게 명(命)하시자 모두 뜰에 이르렀다.

斅는 敎요 服은 事요 箴은 規也라 耿地潟鹵墊隘(석로점애)나 而有沃饒之利라 故로
小民은 苦於蕩析離居로되 而巨室則總于貨寶하니 惟不利於小民而利於巨室이라
故로 巨室不悅하여 而胥動浮言하고 小民은 眩於利害하여 亦相與咨怨이라 間有能
審利害之實而欲遷者면 則又往往爲在位者之所排擊阻難하여 不能自達於上하니
盤庚이 知其然이라 故로 其敎民에 必自在位始요 而其所以敎在位者는 亦非作爲
一切(절)之法[320]以整齊之라 惟擧先王舊常遷都之事하여 以正其法度而已라 然所
以正法度者는 亦非有他焉이요 惟曰 使在位之臣으로 無或敢伏小人之所箴規焉
耳라 蓋小民이 患潟鹵墊隘하여 有欲遷而以言箴規其上者면 汝毋得遏絶而使不
得自達也라 衆者는 臣民咸在也라 史氏將述下文盤庚之訓語라 故로 先發此하니라

'효(斅)'는 가르침이요, '복(服)'은 일이요, '잠(箴)'은 경계함이다. 경(耿) 땅은 갯벌

...

319 而致安四方乎 : 경문의 '底綏四方'을 부연 설명한 것으로, 호산은 《언해》의 해석이 분명하지 못하다.(諺釋未瑩)" 하였다. 《詳說》《언해》에는 '四方이 綏케 함을 이루시니라'라고 해석하였는바, 호산의 설을 따라 '사방을 편안하게 하는 것'으로 수정 번역하였다.

320 一切之法 : 일절(一切)의 법은 형편이나 상황을 생각하지 않고 칼로 물건을 자르듯이 일률적으로 정제(整齊)함만을 위주하여 융통성이 없는 법(法)을 이른다.

··· 䪌 : 나무에싹날 유 仆 : 넘어질 부 斅 : 가르칠 효 箴 : 경계할 잠 潟 : 짠흙 석 鹵 : 염전 로 墊 : 빠질 점
隘 : 막힐 애 眩 : 어지러울 현 阻 : 험할 조

이어서 빠지고 막혔으나 비옥한 이로움이 있었다. 그러므로 소민들은 탕석리거(蕩析離居;뿔뿔이 흩어져서 거주함)함을 괴로워하였으나 거실(巨室)들은 재화와 보물을 모았으니, 오직 소민들에게만 이롭지 않고 거실들에게는 이로웠다. 그러므로 거실들이 천도하는 것을 좋아하지 않아 서로 부언(浮言)으로 선동하였고, 소민들은 이해에 현혹되어 또한 〈천도하는 것을〉 서로 원망하였다. 간혹 이해의 실제를 살펴서 천도하고자 하는 자가 있으면 또 왕왕 지위에 있는 자들에게 배척과 저지를 당하여 자신의 뜻이 위에 도달되지 못하니, 반경은 이러한 사실을 알았다. 그러므로 백성을 가르칠 적에 반드시 지위에 있는 자들로부터 시작하였고, 지위에 있는 자들을 가르치는 방법은 또한 일절(일률적)인 법을 만들어 정제(整齊)한 것이 아니라, 오직 선왕이 예로부터 항상 있어왔던 천도한 일을 들어서 그 법도를 바로잡았을 뿐이었다.

그러나 법도를 바로잡음은 또한 다른 방법이 있는 것이 아니요, 오직 지위에 있는 신하들로 하여금 감히 혹시라도 소인(소민)들이 경계하는 말을 숨기지 말게 하였을 뿐이니, 소민들이 갯벌에 빠지고 막힘을 근심하여 천도하고자 해서 말로써 윗사람을 잠규(箴規;타이름)하고자 하는 자가 있으면 너희들은 이것을 막아서 스스로 도달되지 못하게 하지 말라고 한 것이다. '중(衆)'은 신하와 백성들이 모두 있는 것이다. 사신이 장차 하문(下文)에 반경의 훈계하는 말을 서술하려 하였으므로 먼저 이것을 말한 것이다.

6. 王若曰 格汝衆아 予告汝訓하노니 汝猷黜乃心하여 無傲從康하라

왕(王)이 대략 다음과 같이 말씀하셨다.

"이리 오너라. 너희들아. 내 너희들에게 훈계를 고하노니, 너희들은 너희들의 사심(私心)을 버릴 것을 도모하여, 〈군주의 명령에〉 오만하고 〈자신의〉 편안함을 따르지 말도록 하라.

若曰者는 非盡當時之言이요 大意若此也라 汝猷黜乃心者는 謀去汝之私心也라 無는 與毋同하니 毋得傲上之命、從己之安이라 蓋傲上則不肯遷이요 從康則不能遷이니 二者는 所當黜之私心也라 此雖盤庚對衆之辭나 實爲羣臣而發이니 以斅民이 由在位故也니라

'약왈(若曰)'은 모두 당시에 한 말씀이 아니요, 대의(大意)가 이와 같은 것이다. '너희들은 너희들의 마음을 버릴 것을 도모하라.'는 것은 너희들의 사심(私心)을 버리도록 꾀하라는 것이다. '무(無)'는 무(毋)와 같으니, 상(上;군주)의 명령에 오만하고 자신

의 편안함을 따르지 말라고 한 것이다. 상(上)에게 오만하면 천도하려 하지 않고, 편안함을 따르면 천도할 수 없으니, 이 두 가지는 마땅히 버려야 할 사심이다. 이는 비록 반경이 여러 사람을 상대로 한 말씀이나 실제는 군신(羣臣)을 위하여 한 말씀이니, 백성을 가르치되 지위에 있는 자들로부터 시작하였기 때문이다.

7. **古我先王**이 **亦惟圖任舊人**하사 **共政**하시니 **王**이 **播告之修**어시든 **不匿厥指**일새 (한들로) **王用丕欽**하시며 **罔有逸言**일새 (한들로) **民用丕變**하더니 **今汝聒**(괄)**聒**하여 **起信**이 **險膚**하니 **予不知乃所訟**이로다

 옛날 우리 선왕이 또한 옛사람(세신 구가(世臣舊家))을 도모하여 맡기셔서 정사를 함께 하셨으니, 왕이 닦아야 할 일을 펴 말씀하시면 〈신하들이〉 그 뜻을 숨기지 않았으므로 왕이 크게 공경하였으며, 잘못된 말이 없었으므로 백성들이 크게 변화하였는데, 지금 너희들은 시끄럽게 떠들어 백성들에게 믿음을 얻는 것이 험하고 얕으니, 나는 너희들이 다투는 바를 알지 못하겠다.

逸은 **過也**라 **盤庚言 先王**이 **亦惟謀任舊人**하여 **共政**하시니 **王**이 **播告之修**어시든 **則奉承于內**하여 **而能不隱匿其指意**라 故로 **王用大敬之**하시며 **宣化于外**에도 **又無過言以惑衆聽**이라 故로 **民用大變**이러니 **今爾**는 **在內則伏小人之攸箴**하고 **在外則不和吉을 言于百姓**하여 **譊**(요)**譊多言**하여 **凡起信於民者 皆險陂膚淺之說**이니 **我不曉汝所言**이 **果何謂也**라 **詳此所謂舊人者**하면 **世臣, 舊家之人**이요 **非謂老成人也**라 **蓋沮遷都者**는 **皆世臣, 舊家之人**이니 **下文人惟求舊一章**에 **可見**이니라

 '일(逸)'은 잘못이다. 반경이 말씀하기를 "선왕이 또한 옛사람을 도모하여 맡겨서 정사를 함께하셨으니, 왕이 닦아야 할 일을 펴 말씀하시면 〈신하들이〉 안에서 받들어 그 뜻을 숨기지 않았으므로 왕이 크게 공경하였으며, 밖에 교화를 베풀 적에도 잘못된 말로 사람들의 들음을 현혹함이 없었으므로 백성들이 크게 변화하였는데, 지금 너희들은 안에서는 소인(백성)들의 경계하는 말을 숨기고, 밖에서는 화(和)하고 길(吉)하지 않은 것을 백성들에게 말해서 시끄럽게 말을 많이 하여 무릇 백성들에게 믿음을 얻는 것이 모두 험피(險陂)하고 부천(膚淺)한 말이니, 나는 너희들이 말하는 바가 과연 무엇을 이르는 것인지 깨닫지 못하겠다." 한 것이다.

 여기에 이른바 구인(舊人)이란 것을 자세히 살펴보면 세신(世臣)·구가(舊家)의 사람이요, 노성(老成)한 사람을 이른 것이 아니다. 천도를 저지하는 자들은 모두 세

••• 聒 : 시끄러울 괄 膚 : 얕을 부 匿 : 숨을 닉 譊 : 시끄러울 요 陂 : 치우칠 피 沮 : 막을 저

신·구가의 사람이니, 하문(下文)의 "사람은 옛 사람〔舊人〕을 구해야 한다."는 한 장(章)에서 이것을 볼 수 있다.

8. **非予自荒玆德**이라 **惟汝含德**하여 **不惕**(척)**予一人**하나니 **予若觀火**언마는 **予亦拙謀**라 **作乃逸**이니라

　내가 스스로 이 덕(德)을 황폐하게 하려는 것이 아니라, 너희들이 덕을 감추어 나 한 사람을 두려워하지 않아서이다. 내가 너희들의 심정을 불을 보듯이 분명하게 알건마는 나도 계책이 졸렬하여 너희들의 잘못을 이루어준 것이다.

荒은 **廢也**요 **逸**은 **過失也**라 **盤庚言 非我輕易遷徙**하여 **自荒廢此德**이요 **惟汝不宣布德意**하여 **不畏懼於我**라 **我視汝情**이 **明若觀火**언마는 **我亦拙謀**라 **不能制命**하여 **而成汝過失也**라

　'황(荒)'은 황폐함이요, '일(逸)'은 과실(잘못)이다. 반경이 말씀하기를 "내가 가볍게 천사(遷徙)하여 스스로 이 덕을 황폐하려 함이 아니요, 오직 너희들이 이 덕스러운 뜻을 선포하지 않아 나를 두려워하지 않아서이다. 내가 너희들의 심정을 봄이 불을 보듯이 분명하지만 나도 계책이 졸렬하여 너희들의 목숨을 제재(制裁;전천(專擅))하지 못해서 너희들의 과실을 이루어준 것이다."라고 하였다.

9. **若網**이 **在綱**이라사 **有條而不紊**하며 **若農**이 **服田力穡**이라사 **乃亦有秋**니라

　마치 그물이 벼리(큰 줄)가 있어야 조리가 있어 문란하지 않음과 같으며, 농부가 전무(田畝)에서 일하여 농사를 힘써야 가을에 수확이 있는 것과 같다.

紊은 **亂也**라 **綱擧則目張**은 **喩下從上, 小從大**니 **申前無傲之戒**요 **勤於田畝則有秋成之望**은 **喩今雖遷徙勞苦**나 **而有永建乃家之利**니 **申前從康之戒**하니라

　'문(紊)'은 문란함이다. 벼릿줄이 들리면 그물눈이 펴짐은 아랫사람이 윗사람을 따르고 작은(낮은) 사람이 큰(높은) 사람을 따름을 비유한 것이니, 앞의 오만하지 말라는 경계를 거듭한 것이며, 전무(田畝)에 부지런하면 가을에 수확할 희망이 있음은 지금 비록 천사(遷徙)하여 수고로우나 영원히 너의 집을 세우는 이로움이 있음을 비유한 것이니, 앞의 편안함을 따른다는 경계를 거듭한 것이다.

··· 惕 : 두려울 척 網 : 그물 망 綱 : 벼리 강

10. **汝克黜乃心**하여 **施實德于民**호되 **至于婚友**오사 **丕乃敢大言汝有積德**이라하라

　너희들은 능히 너희들의 사심을 버려 실제의 덕을 백성들에게 베풀되 인척과 친구들에게까지 이르고서야 너는 이에 감히 크게 말하기를 '네가 적덕(積德)이 있다.'고 하라.

蘇氏曰 商之世家大族으로 造言以害遷者는 欲以苟悅小民爲德也라 故로 告之曰 是何德之有리오 汝曷不去汝私心하고 施實德于民與汝婚姻僚友乎아 勞而有功이 此實德也니 汝能勞而有功이어든 則汝乃敢大言曰我有積德이라하라 曰積德云者는 亦指世家大族而言이니 申前汝猷黜乃心之戒하니라

　소씨(蘇氏)가 말하였다. "상나라의 세가(世家)와 대족(大族)으로 근거 없는 말을 만들어내어 천도를 방해하는 자들은 구차히 소민(小民)들을 기쁘게 함을 덕으로 삼으려 하였다. 그러므로 이들에게 고하기를 '이 무슨 덕됨이 있겠는가. 너희들은 어찌 너희들의 사심을 버리고 실제의 덕을 백성과 너희들의 인척과 요우(僚友)들에게 베풀지 않는가. 수고로워 공(功)이 있는 것이 이것이 실제의 덕이니, 너희들이 능히 수고로워 공이 있거든 너희들은 그제야 비로소 감히 크게 말하기를 「내가 적덕이 있다.」고 하라.' 한 것이다. 적덕이라고 말한 것은 또한 세가와 대족을 가리켜 말한 것이니, 앞의 '너희들은 너희들의 사심을 버릴 것을 도모하라'는 경계를 거듭한 것이다."

11. **乃不畏戎毒于遠邇**하나니 **惰農**이 **自安**하여 **不昬**(민)**作勞**하여 **不服田畝**하면 **越其罔有黍稷**하리라

　너희들이 멀고 가까운 곳에 큰 해독을 끼침을 두려워하지 않으니, 게으른 농부가 스스로 편안하여 힘써 수고로운 일을 하지 않아 전무(田畝)에서 일하지 않으면 서직(黍稷;기장과 조)의 수확이 없게 될 것이다.

戎은 大요 昬은 强也라 汝不畏沈溺하여 大害於遠近하고 而憚勞不遷하니 如怠惰之農이 不强力爲勞苦之事하여 不事田畝하니 安有黍稷之可望乎아 此章은 再以農喩하여 申言從康之害하니라

　'융(戎)'은 큼이요, '민(昬)'은 힘씀이다. 너희들이 물에 빠져 멀고 가까운 곳에 큰 해독을 끼침을 두려워하지 않고, 수고로움을 꺼리고 천도하지 않으니, 이는 마치 게으른 농부가 힘써 수고로운 일을 하지 않아 전무(田畝)에서 일하지 않는 것과 같으니,

⋯ 昬 : 힘쓸 민　服 : 일할 복　憚 : 꺼릴 탄

어찌 서직(黍稷)의 수확을 바랄 수 있겠는가. 이 장은 다시 농사로 비유하여 편안함을 따르는 폐해를 거듭 말하였다.

12. 汝不和吉을 言于百姓[321]하나니 惟汝自生毒이로다 乃敗禍姦宄(귀)로 以自災于厥身하여 乃旣先惡于民이요 乃奉其恫(통)하여야 汝悔身인들 何及이리오 相時憸(첨)民한대 猶胥顧于箴言이라도(하거든) 其發에 有逸口니 矧予制乃短長之命이온여 汝는 曷弗告朕하고 而胥動以浮言하여 恐沈于衆고 若火之燎于原하여 不可嚮邇나 其猶可撲滅[322]이니 則惟爾衆이 自作弗靖이라 非予有咎니라

너희들이 화(和)하고 길(吉)하지 않음을 백성들에게 말하니, 너희들이 스스로 해독을 끼치는 것이다. 너희들이 화패(禍敗)와 간귀(姦宄)로 스스로 자기 몸에 재앙을 끼쳐서 이미 백성들에게 악(惡)의 선도(첫 번째)가 되고, 마침내 그 고통을 받고서야 너희들이 자신을 뉘우친들 어찌 미치겠는가. 이 소민들을 보건대 오히려 서로 경계하는 말을 돌아보더라도 말함에 잘못된 말이 있을까 염려스러운데, 하물며 내가 너희들의 짧고 긴 목숨을 제재함에 있어서랴. 너희들은 어찌 나에게 고하지 않고, 서로 부언(浮言)으로 선동(煽動)하여 사람들을 공동(恐動:두렵게 함)시키고 죄악에 빠지게 하는가. 마치 불이 평원(平原)에 타올라 향하여 가까이 할 수 없으나 오히려 박멸할 수 있음과 같으니, 너희들이 스스로 안정하지 않음을 만드는 것이요, 내가 잘못이 있는 것이 아니다.

吉은 好也라 先惡은 爲惡之先也[323]라 奉은 承이요 恫은 痛이요 相은 視也라 憸民은 小民也라 逸口는 過言也라 逸口도 尙可畏어든 況我制爾生殺之命하니 可不畏乎아

------

321 汝不和吉을 言于百姓:《언해》에는 "화(和)하고 길(吉)함을 백성들에게 말하지 않는다."고 해석하였으나 퇴계(退溪)의《삼경석의(三經釋義)》를 따라 수정 번역하였다.

322 若火之燎于原 不可嚮邇 其猶可撲滅者:호산은《언해》에 유(猶) 자를 생략함은 어째서인가.〔諺釋略猶字, 何也.〕"하였다.《詳說》《언해》에 '火가 原에 燎하야 可히 嚮하야 邇치 못하나 可히 撲하여 滅홈 같으니'로 해석하였는바, 호산의 설을 따라 보충 번역하였다.

323 先惡 爲惡之先也:경문의 '先惡'을 부연 설명한 것으로, 호산은 "〈위악지선(爲惡之先)에 대하여〉 '위(爲)' 자를 선(先)에서 해석한다(악의 솔선이 되는 것이다).' 하고, 혹자는 '악에서 해석한다(악을 하는 첫 번째가 됨).'라고 한다.〔爲字釋於先, 或曰釋於惡.〕"하였고, "《언해》의 해석은 분명하지 못하다.〔諺釋未瑩〕"하였다.《詳說》《언해》에는 '民으로 먼저 惡하고'로 해석하였는바, 호산의 설을 따라 수정 번역하였다.

••• 恫:아플 통 憸:간사할 첨 燎:태울 료 嚮:향할 향 撲:칠 박 靖:고요할 정

恐은 謂恐動之以禍患이요 沈은 謂沈陷之於罪惡이라 不可嚮邇나 其猶可撲滅者는 言其勢焰雖盛이나 而殄滅之不難也라 靖은 安이요 咎는 過也니 則惟爾衆이 自爲不安이요 非我有過也라 此章은 反復辯論하여 申言傲上之害하니라

'길(吉)'은 좋음이다. '선악(先惡)'은 악의 선도가 되는 것이다. '봉(奉)'은 받듦이요, '통(恫)'은 고통이요, '상(相)'은 봄이다. '첨민(憸民)'은 소민이다. '일구(逸口)'는 잘못된 말이다. 잘못된 말도 오히려 두려워할 만한데 하물며 내가 너희들을 살리고 죽이는 명(命)을 쥐고 있으니, 두려워하지 않을 수 있겠는가. '공(恐)'은 화환(禍患)으로 공동(恐動)함을 이르고, '침(沈)'은 죄악에 빠뜨림을 이른다. '향하여 가까이할 수 없으나 오히려 박멸할 수 있다.'는 것은 그 형세와 기염(氣焰)이 비록 성(盛)하나 끊어서 박멸함이 어렵지 않음을 말한 것이다. '정(靖)'은 편안함이요 '구(咎)'는 허물이니, 너희들이 스스로 불안(不安)함을 만드는 것이요, 내가 허물이 있는 것이 아니다. 이 장은 반복하여 변론해서 신하들이 군주에게 오만히 하는 폐해를 거듭 말하였다.

13. **遲任**이 **有言曰 人惟求舊**요 **器非求舊**라 **惟新**이라하도다
지임(遲任)이 말하기를 '사람은 옛사람을 구하고, 그릇은 옛것을 구할 것이 아니라 새 그릇을 쓰라.' 하였다.

遲任은 古之賢人이라 蘇氏曰 人舊則習하고 器舊則弊하니 當常使舊人이요 用新器也³²⁴라하니라 今按盤庚所引하면 其意在人惟求舊一句하니 而所謂求舊者는 非謂老人이요 但謂求人於世臣舊家云耳라 詳下文意하면 可見이니 若以舊人爲老人이면 又何侮老成人之有리오

지임(遲任)은 옛날의 현인이다. 소씨(蘇氏)가 말하기를 "사람은 오래되면 익숙하고 그릇은 오래되면 망가지니, 마땅히 항상 옛사람을 부리고 새 그릇을 사용하여야 한다." 하였다.

이제 반경이 인용한 바를 살펴보면 그 뜻이 '사람은 옛사람을 구해야 한다.'는 한 글귀에 있으니, 이른바 '옛사람을 구한다.'는 것은 노인(老人:노성한 사람)을 말한 것이

---

324 蘇氏曰……用新器也:소식(蘇軾)의 《서전(書傳)》에는 이 아래에 "나는 이제 노성한 사람의 말을 따라 새 도읍으로 옮기려는 것이다.〔我今所以從老成之言, 而遷新邑也.〕"라는 내용이 이어져 있다.

••• 嚮:향할 향 邇:가까울 이 遲:늦을 지

아니요, 단지 사람을 세신(世臣)과 구가(舊家)에서 구하여야 함을 이른 것이다. 하문(下文)의 뜻을 살펴보면 알 수 있으니, 만약 구인(舊人)을 노인이라고 한다면 또 어찌 노성한 사람을 업신여김이 있겠는가.

14. **古我先王**이 **暨乃祖乃父**로 **胥及逸勤**하시니 **予敢動用非罰**가 **世選爾勞**하나니 **予不掩爾善**호리라 **茲予大享于先王**할새 **爾祖其從與享之**하여 **作福作災**하나니 **予亦不敢動用非德**호리라

　옛날에 우리 선왕께서 너희들의 조(祖)·부(父)와 더불어 서로 편안함과 수고로움을 함께 하셨으니, 내 감히 잘못된 형벌을 동(動)하여(가져다가) 쓰겠는가. 대대로 너희들의 공로를 뽑아 기록하고 있으니, 나는 너희들의 선(善)함을 엄폐하지 않을 것이다. 내가 선왕에게 크게 제향(祭享)할 적에 너희들의 선조도 따라서 함께 배향하여 복을 만들고 재앙을 만드니, 나 또한 감히 덕이 아닌 것을 동하여 쓰지 않을 것이다.

胥는 相也라 敢은 不敢也라 非罰은 非所當罰也라 世는 非一世也라 勞는 勞于王家也라 掩은 蔽也라 言先王及乃祖乃父로 相與同其勞逸하시니 我豈敢動用非罰以加汝乎아 世簡爾勞하니 不蔽爾善호리라 茲我大享于先王할새 爾祖亦以功而配食於廟라 先王이 與爾祖父로 臨之在上하시고 質之在旁하사 作福作災가 皆簡在先王與爾祖父之心하니 我亦豈敢動用非德以加汝乎아

　'서(胥)'는 서로이다. '감(敢)'은 감히 하지 못하는 것이다. '비벌(非罰)'은 마땅히 형벌하여야 할 바가 아닌 것이다. '세(世)'는 한 대(代)만이 아니다.(대대로이다.) '로(勞)'는 왕가에 수고함이다. '엄(掩)'은 가리움이다. 선왕이 너희들의 조(祖)·부(父)와 더불어 서로 수고로움과 편안함을 함께 하셨으니, 내 어찌 감히 잘못된 형벌을 동하여 써서 너희들에게 가하겠는가. 대대로 너희들의 공로를 뽑아 기록하고 있으니, 너희들의 선(善)을 엄폐하지 않을 것이다. 내 선왕에게 크게 제향할 적에 너희들의 선조 또한 공로로써 사당에서 배식(配食;배향)한다. 선왕이 너희들의 조·부와 함께 강림하여 위에 계시고 질정함에 곁에 계셔서 복을 만들고 재앙을 만듦에 모두 간열(簡閱;간택)함이 선왕과 너희들의 조·부의 마음에 달려 있으니, 내 또한 어찌 감히 덕이 아닌 것을 동하여 써서 너희들에게 가하겠는가.

15. **予告汝于難**하노니 **若射之有志**라(하니) **汝無侮老成人**하며 **無弱孤有幼**

··· 暨 : 더불 기, 및 기　掩 : 가릴 엄　享 : 제향 향

하고 **各長于厥居**하여 **勉出乃力**하여 **聽予一人之作猷**하라

  내 너희들에게 어려움을 말하노니, 활쏘는 자가 〈과녁을 맞춤에〉 뜻이 있는 것과 같으니, 너희들은 노성한 사람을 업신여기지 말고 외로운 어린이들을 하찮게 여기지 말며, 각각 그 거처를 장구히 하여 힘써 너희들의 힘을 내어서 나 한 사람이 만든 계책을 따르도록 하라.

難은 言謀遷徙之難也라 蓋遷都는 固非易事요 而又當時臣民이 傲上從康하여 不肯遷徙라 然我志決遷이 若射者之必於中하여 有不容但已者라 弱은 少之也라 意當時老成孤幼 皆有言當遷者라 故로 戒其老成者不可侮요 孤幼者不可少之也라 爾臣은 各謀長遠其居하여 勉出汝力하여 以聽我一人遷徙之謀也라

  '난(難)'은 천사(遷徙)를 도모함이 어려움을 말한 것이다. 천도는 진실로 쉬운 일이 아니요, 또 당시의 신민(臣民)들이 군주에게 오만하고 〈자신의〉 편안함을 따라 천도하려 하지 않았다. 그러나 내 뜻이 결단코 천도하려 함은 마치 활쏘는 자가 과녁을 맞춤을 기필하는 것과 같아 단지 그대로 중지할 수 없다. '약(弱)'은 하찮게 여김이다. 짐작컨대 당시에 노성한 사람과 외로운 어린이는 모두 "마땅히 천도해야 한다."고 말하는 자가 있었던 듯하다. 그러므로 노성한 자를 업신여기지 말고 외로운 어린이를 하찮게 여기지 말라고 경계한 것이다. 너희 신하들은 각기 그 거처를 장원(長遠)히 할 것을 도모하여 힘써 너희들의 힘을 내어서 나 한 사람의 천사하는 계책을 따라야 할 것이다.

16. **無有遠邇**히 **用罪**는 **伐厥死**하고 **用德**은 **彰厥善**호리니 **邦之臧**은 **惟汝衆**이요 **邦之不臧**은 **惟予一人**이 **有佚罰**이니라

  멀고 가까움에 관계없이 죄악을 행하는 자는 죽임으로 벌(罰)을 주고, 덕(德)을 따르는 자는 그 선(善)을 표창할 것이니, 나라가 잘됨은 너희들 때문이며, 나라가 잘못됨은 나 한 사람이 벌을 제대로 시행하지 못했기 때문이다.

用罪는 猶言爲惡이요 用德은 猶言爲善也라 伐은 猶誅也라 言無有遠近親疎히 凡伐死彰善을 惟視汝爲惡爲善如何爾라 邦之善은 惟汝衆用德之故요 邦之不善은 惟我一人이 失罰其所當罰也라

  '용죄(用罪)'는 위악(爲惡)이란 말과 같고, '용덕(用德)'은 위선(爲善)이란 말과 같다. '벌(伐)'은 주(誅)와 같다. 원근과 친소에 관계없이 모두 죽을죄로 주벌하고 선(善)을

··· 徙 : 옮길 사 臧 : 잘할 장 佚 : 방탕할 일

표창함을 오직 너희들이 악(惡)을 하는가 선(善)을 하는가를 볼 뿐이다. 나라가 잘됨은 너희들이 덕을 행하기 때문이요, 나라가 잘못됨은 나 한 사람이 마땅히 벌주어야 할 자를 벌주지 않았기 때문이다.

17. **凡爾衆**은 **其惟致告**하여 **自今**으로 **至于後日**히 **各恭爾事**하여 **齊乃位**하며 **度乃口**하라 **罰及爾身**하면 **弗可悔**리라

　무릇 너희들은 서로 고(告)하여 경계해서 지금으로부터 후일에 이르기까지 각기 너희들이 할 일을 공손히 수행하여, 너희들의 자리를 정돈하며 너희들의 말을 법도에 맞게 하라. 벌이 너희들의 몸에 미치면 뉘우칠 수 없을(후회막급일) 것이다."

致告者는 **使各相告戒也**라 **自今以往**으로 **各敬汝事**하여 **整齊汝位**하고 **法度汝言**하라 **不然**이면 **罰及汝身**하여 **不可悔也**라

　'치고(致告)'는 각기 서로 고하여 경계하게 한 것이다. 지금으로부터 이후로는 각기 너희들의 일을 공경하여 너희들의 자리를 정제(整齊)하고 너희들의 말을 법도에 맞게 하라. 이렇게 하지 않으면 벌이 너희들의 몸에 미쳐서 뉘우칠 수 없을 것이다.

〈반경 중(盤庚中)〉

1. **盤庚**이 **作**하사 **惟涉河**하여 **以民遷**할새 **乃話民之弗率**하사 **誕告用亶**이어시늘 **其有衆**이 **咸造**하여 **勿褻在王庭**이러니 **盤庚**이 **乃登進厥民**하시다

반경이 일어나 황하를 건너〈천도하여〉백성들을 옮길 적에 마침내 따르지 않는 백성들에게 말씀하여 크게 고(告)하기를 정성으로 하셨다. 이에 무리(백성)들이 모두 나와서 설만(褻慢;함부로함)하지 말자고 하며 왕의 조정에 있었는데, 반경이 곧 그 백성들을 올라와 나오게 하셨다.

作은 **起而將遷之辭**라 **殷在河南故**로 **涉河**라 **誕**은 **大**요 **亶**은 **誠也**라 **咸造**는 **皆至也**라 **勿褻**은 **戒其毋得褻慢也**니 **此**는 **史氏之言**이라 **蘇氏曰 民之弗率**을 **不以政令齊之**하고 **而以話言曉之**하니 **盤庚之仁也**니라

'작(作)'은 일어나 장차 옮기려는 말이다. 은(殷)이 황하의 남쪽에 있으므로 황하를 건넌 것이다. '탄(誕)'은 큼이요, '단(亶)'은 정성이다. '함조(咸造)'는 모두 이름이다. '물설(勿褻)'은 설만하지 말자고 경계한 것이니, 이는 사신의 말이다.

소씨(蘇氏)가 말하였다. "백성들이 따르지 않는 것을 정령(政令)으로 정제(整齊)하지 않고 말로 깨닫게 하였으니, 이는 반경의 인(仁)이다."

2. **曰 明聽朕言**하여 **無荒失朕命**하라

다음과 같이 말씀하였다.
"분명히 내 말을 들어서 나의 명(命)을 폐하거나 잃지 말도록 하라.

荒은 **廢也**라

'황(荒)'은 폐함이다.

3. **嗚呼**라 **古我前后 罔不惟民之承**하신대 **保后胥慼**일새(혼들로) **鮮以不浮于天時**하니라

아! 옛날에 우리 전후(前后;선왕)들이 백성을 공경하지 않음이 없으시자, 백성들이 군주를 보호하여 서로 걱정하였기에 이로써 천시(天時)의 어려움을 이겨내지 못함이 적었다.

... 亶 : 진실로 단 造 : 이룰 조 褻 : 설만할 설 浮 : 이겨낼 부

承은 敬也라 蘇氏曰 古謂過爲浮하니 浮之言은 勝也라 后旣無不惟民之敬이라 故로 民亦保后하여 相與憂其憂하여 雖有天時之災나 鮮不以人力勝之也니라 林氏曰 憂民之憂者는 民亦憂其憂하나니 罔不惟民之承은 憂民之憂也요 保后胥慼은 民亦憂其憂也니라

'승(承)'은 공경함이다. 소씨(蘇氏)가 말하였다. "옛날에는 과(過;더함, 나음)를 부(浮)라 하였으니, 부(浮)란 말은 이겨냄이다. 임금이 이미 백성들을 공경하지 않음이 없으므로 백성들 또한 임금을 보호하여 서로 그(임금)의 걱정을 걱정해서 비록 천시의 재앙이 있으나 사람의 힘으로 이겨내지 못함이 적었던 것이다."

임씨(林氏)가 말하였다. "백성들의 걱정을 걱정하는 군주는 백성들 또한 그 군주의 걱정을 걱정하니, 백성을 공경하지 않음이 없음은 백성의 걱정을 걱정함이요, 임금을 보호하여 서로 걱정함은 백성들 또한 그 군주의 걱정을 걱정하는 것이다."

4. 殷降大虐[325]이어늘 先王이 不懷하사 厥攸作은 視民利하사 用遷이시니 汝는 曷弗念我古后之聞고 承汝俾汝는 惟喜康共이니 非汝有咎라 比于罰이니라

〈하늘이〉 은나라에 큰 해로움이 내리시거늘 선왕들이 편안히 여기지 않으시어 그 흥작(興作;일을 일으킴)함은 백성들의 이로움을 살펴보아 천도하신 것이니, 너희들은 어찌 내가 들은바 고후(古后;선왕)의 일을 생각하지 않는가. 내가 너희들을 공경하고 너희들을 부리는 것은 편안함을 함께 함을 기뻐해서이니, 너희들에게 잘못이 있어서 형벌에 미치게 하려는 것이 아니다.

先王이 以天降大虐으로 不敢安居하시니 其所興作은 視民利當遷而已니 爾民은 何不念我以所聞先王之事아 凡我所以敬汝使汝者는 惟喜與汝同安爾니 非爲汝有罪하여 比于罰而謫遷汝也라

선왕은 하늘이 큰 해로움을 내리시므로 감히 편안히 거처하지 못하셨으니, 그 흥작하는 것은 백성들의 이로움을 살펴보아 마땅히 천도하여야 했을 뿐이었으니, 너희

---

325 殷降大虐 : 사계(沙溪)가 말씀하였다. "이때 아직 은으로 천도하지 않았는데, 이미 은이라고 칭한 것은 미상이다.〔時未遷殷, 而已稱殷, 未詳.〕"《經書辨說》 호산은 "살펴보건대 주(《집전》)에 은을 고쳐 천(天)으로 썼으니, 아마도 경문의 '은(殷)'은 전사의 오류인가보다.〔按註改殷作天, 豈經文傳寫之訛歟.〕" 하였다. 《詳說》 이는 《집전》에 '先王以天降大虐, 不敢安居'라고 부연 설명하였으므로 말한 것이다.

… 曷 : 어찌 갈   比 : 미칠 비   謫 : 귀양갈 적

백성들은 어찌하여 내가 들은 선왕의 일을 생각하지 않는가. 무릇 내가 너희들을 공경하고 너희들을 부리는 까닭은 오직 너희들과 편안함을 함께 함을 기뻐해서이니, 너희들이 죄가 있어 형벌에 미치게 해서 너희들을 귀양보내려는 것이 아니다.

5. 予若籲(유)懷茲新邑은 亦惟汝故니 以丕從厥志니라

 내 이와 같이 너희들을 불러서 새 도읍에 오라 함은 또한 너희 백성들 때문이니, 너희들의 뜻을 크게 따르려 해서이다.

我所以招呼懷來于此新邑者는 亦惟以爾民이 蕩析離居之故니 欲承汝俾汝康共하여 以大從爾志也라 或曰 盤庚遷都에 民咨胥怨이어늘 而此以爲丕從厥志는 何也오 蘇氏曰 古之所謂從衆者는 非從其口之所不樂(락)이요 而從其心之所不言而同然者니라 夫趨利而避害하고 捨危而就安은 民心同然也라 殷亳之遷은 實斯民所利로되 特其一時에 爲浮言搖動하여 怨咨不樂이니 使其卽安危利害之實而反求其心이면 則固其所大欲者矣니라

 내가 너희들을 불러서 이 새 도읍에 오게 한 까닭은 또한 너희 백성들이 탕석리거하는 연고 때문이니, 너희들을 공경하고 너희들을 부려서 편안함을 함께 하여 너희들의 뜻을 크게 따르고자 해서이다.

 혹자가 말하기를 "반경이 천도함에 백성들이 원망하고 서로 비방하였는데, 여기에 '그 뜻을 크게 따른다.'고 말함은 어째서인가?" 하였다. 이에 소씨는 다음과 같이 대답하였다. "옛날에 이른바 '여러 사람을 따른다.'는 것은 그 입에 좋아하지 않는 바를 따르는 것이 아니요, 그 마음에 말하지 않으면서 똑같이 옳게 여김을 따르는 것이다." 이익을 따르고 해로움을 피하며 위태로움을 버리고 편안함으로 나아가는 것은 민심에 똑같은 것이다. 은박(殷亳)으로 옮김은 실로 이 백성들에게 이로운 것인데, 다만 일시적으로 부언(浮言)에 동요되어 원망하고 즐거워하지 않는 것이니, 가령 국가의 안위(安危)와 이해(利害)의 실제에 나아가 그 마음을 돌이켜 찾아본다면 진실로 크게 원하는 바인 것이다.

6. 今予將試以汝遷하여 安定厥邦이어늘 汝不憂朕心之攸困이요 乃咸大不宣乃心하여 欽念以忱하여 動予一人하나니 爾惟自鞠自苦로다 若乘舟하니 汝弗濟하면 臭厥載하리라 爾忱이 不屬하니 惟胥以沈이로다 不其或稽어니 自

… 籲 : 부를 유 丕 : 클 비 咨 : 원망할 자 忱 : 정성 침 鞠 : 곤궁할 국 臭 : 부패할 취

怒인들 **曷瘳**(추)리오

이제 나는 장차 너희들 때문에 천도하여 이 나라를 안정시키려 하는데, 너희들은 내 마음의 곤궁한 바를 걱정하지 않고, 모두 너희들의 마음을 크게 펴서 정성으로 공경하고 생각하여 나 한 사람을 감동시키지 않으니, 이는 너희들 스스로 곤궁하고 너희들 스스로 괴롭게 하는 것이다. 마치 배를 타는 것과 같으니, 너희들이 제때에 물을 건너가지 않으면 진실로 배에 실은 물건을 부패시키고 말 것이다. 너희들의 정성이 이어지지 않으니, 서로 침몰할 뿐이다. 혹시라도 상고하지 않으니, 스스로 노여워한들 어찌 고통스러움을 덜겠는가.

上文엔 言先王惟民之承에 而民亦保后胥慼하고 今我亦惟汝故로 安定厥邦이어늘 而汝乃不憂我心之所困하고 乃皆不宣布腹心하여 欽念以誠하여 感動於我하니 爾徒爲此紛紛하여 自取窮苦라 譬乘舟컨대 不以時濟하면 必敗壞其所資라 今汝從上之誠이 間斷不屬(촉)하니 安能有濟리오 惟相與以及沈溺而已라 詩曰 其何能淑이리오 載胥及溺이라하니 正此意也라 利害若此어늘 爾民而罔或稽察焉³²⁶하니 是雖怨疾忿怒나 何損於困苦乎아

상문(上文)에서는 선왕이 백성을 공경함에 백성들 또한 임금을 보호하여 서로 걱정함을 말하였고, 이제는 나도 너희들 때문에 이 나라를 안정시키려 하는데 너희들은 도리어 내 마음의 곤궁한 바를 걱정하지 않고, 모두 속에 있는 마음을 펴서 정성으로 공경하고 생각하여 나를 감동시키지 않으니, 너희들은 다만 이처럼 분분함을 하여 스스로 곤궁함과 괴로움을 취할 뿐이다. 배를 타는 것에 비유하면 제때에 물을 건너가지 않으면 반드시 그 싣고 있는 물자(物資)를 부패시키고마는 것과 같다.

이제 너희들의 윗사람을 따르는 정성이 간단(間斷)하여 연속되지 않으니, 어찌 능히 구제함이 있겠는가. 오직 서로 함께 침닉(沈溺)에 미칠 뿐이다. 《시경》〈상유(桑柔)〉에 "그 어찌 선(善)하겠는가. 서로 함께 빠질 뿐이다." 하였으니, 바로 이 뜻이다. 이해가 이와 같은데도 너희 백성들이 혹시라도 상고하고 살핌이 없으니, 이 비록 원망하고 미워하고 분노하나 어찌 곤고(困苦)함을 덜겠는가.

---

326 爾民而罔或稽察焉 : 호산은 "채침(蔡沈)의 《집전》 가운데 사용한 이(而) 자는 왕왕 뜻을 취함이 없는 경우가 있으니, 여기와 같은 따위가 이것이다. 독자들은 여기에 집착하지 말지어다.〔蔡註中所用而字, 往往無取意者, 此類是也. 讀者勿泥.〕" 하였다. 《詳說》

••• 瘳 : 나을 추 屬 : 이어질 촉 淑 : 착할 숙

7. 汝不謀長하여 以思乃災하나니 汝誕勸憂로다 今其有今이나 罔後하리니 汝何生이 在上이리오

너희들은 장구한 계책을 도모하여 너희들의 천도하지 않음에 따른 재앙을 생각하지 않으니, 이는 너희들이 크게 우환으로 권면하는 것이다. 지금은 비록 금일이 있으나 후일이 없을 것이니, 너희들에게 무슨 삶이 하늘에 있겠는가.

汝不爲長久之謀하여 以思其不遷之災³²⁷하니 是는 汝大以憂而自勸也라 孟子曰 安其危而利其災하여 樂(락)其所以亡이라하니 勸憂之謂也라 有今은 猶言有今日也요 罔後는 猶言無後日也라 上은 天也라 今其有今罔後는 是天斷棄汝命이니 汝有何生理於天乎아 下文에 言迓續乃命于天이라하니 蓋相首尾之辭라

너희들이 장구한 계책을 하여 천도하지 않음에 따른 재앙을 생각하지 않으니, 이는 너희들이 크게 우환으로 스스로 권면하는 것이다. 《맹자》〈이루 상(離婁上)〉에 "위태로움을 편안하게 여기고 재앙을 이롭게 여겨서 그 망하게 되는 소이(所以)를 즐긴다." 하였으니, 우환으로 권면함을 이른 것이다. '유금(有今)'은 금일이 있다는 말과 같고, '망후(罔後)'는 후일이 없다는 말과 같다. '상(上)'은 하늘이다. '지금은 금일이 있으나 후일이 없다.'는 것은 이는 하늘이 너희들의 명을 끊어버릴 것이니, 너희들이 무슨 살〔生〕 이치가 하늘에 있겠는가. 하문(下文)에는 "나는 너희들의 명을 하늘에서 맞이하여 이어주려 한다."고 말했으니, 서로 머리와 꼬리가 되는 말이다.

8. 今予命汝하노니 一하여 無起穢以自臭하라 恐人이 倚乃身³²⁸하여 迂乃心하노라

이제 나는 너희들에게 명(命)하노니, 마음을 한결같이 해서 더러움을 일으켜 스스로 부패하지 말도록 하라. 사람들이 너희들의 몸에 기대어 너희들의 마음을 굽게(사곡(邪曲)하게) 할까 두렵노라.

......

327 以思其不遷之災: 호산은 경문의 '乃命于天'의 '乃'를 '其'로 보고 "내(乃)는 너이니, 《언해》의 해석에 이것을 생략함은 어째서인가.〔乃, 汝也. 諺釋略之, 何也?〕" 하였다. 《詳說》《언해》에는 '써 災를 思치 아니하나니'로 되어 있는바, 호산의 설에 따라 보충 번역하였다.

328 倚乃身: 오윤상은 "의(倚)를 공전(孔傳)의 편의(偏倚;편벽되고 기댐)로 해석한 것이 옳을 듯하다.〔倚, 孔傳釋以偏倚, 恐是.〕" 하였다.

... 迓 : 맞이할 아 倚 : 기댈 의 迂 : 굽을 우

爾民은 當一心以聽上이요 無起穢惡以自臭敗하라 恐浮言之人이 倚汝之身하고 迂汝之心하여 使汝邪僻而無中正之見也라

　너희 백성들은 마땅히 한 마음으로 윗사람을 따를 것이요, 더러움과 악함을 일으켜 스스로 냄새나고 부패하지 말도록 하라. 부언(浮言)하는 사람들이 너희들의 몸에 기대고 너희들의 마음을 굽게 해서 너희들로 하여금 사벽(邪僻)하여 중정(中正)한 소견이 없게 할까 두렵다.

9. 予迓續乃命于天하노니 予豈汝威리요 用奉畜(휵)汝衆이니라

　나는 너희들의 명을 하늘에서 맞이하여 이어주려 하노니, 내가 어찌 너희들을 위협하겠는가. 너희들을 받들어 기르려고 하는 것이다.

我之所以遷都者는 正以迎續汝命于天이니 予豈以威脅汝哉리오 用以奉養汝衆而已니라

　내가 천도하는 까닭은 바로 너희들의 명을 하늘에서 맞이하여 이어주고자 해서이니, 내 어찌 너희들을 위협하겠는가. 이로써 너희들을 봉양하려 할 뿐이다.

10. 予念我先神后之勞爾先하노니 予丕克羞爾는 用懷爾然이니라

　나는 우리 선신후(先神后:선왕)께서 너희들의 선조를 수고롭게 하셨음을 생각하노니, 내가 너희들을 크게 길러줌은 너희들을 생각하기 때문이다.

神后는 先王也라 羞는 養也니 即上文畜養之意라 言我思念我先神后之勞爾先人하니 我大克羞養爾者는 用懷念爾故也라

　'신후(神后)'는 선왕이다. '수(羞)'는 기름이니, 곧 상문(上文)의 흑양(畜養)의 뜻이다. "나는 우리 선후(先后)께서 너희 선인들을 수고롭게 하셨음을 사념하노니, 내가 크게 너희들을 길러줌은 너희들을 생각하기 때문이다."라고 말씀한 것이다.

11. 失于政하여 陳于茲하면 高后丕乃崇降罪疾하사 曰曷虐朕民고하시리라

　내가 정사를 잘못하여 천도하지 않고 이곳에 오래 있으면, 고후(高后:탕왕(湯王))께서는 나에게 크게 죄질(罪疾)을 크게 내리시며 말씀하기를 '어찌하여 나의 백성들을 포악히 하는가?'라고 하실 것이다.

⋯　脅 : 위협할 협　羞 : 기를 수, 봉양할 수　崇 : 클 숭

陳은 久요 崇은 大也라 耿圯而不遷하여 以病我民이면 是는 失政而久于此也라 高后는 湯也라 湯必大降罪疾於我하사 日何爲而虐害我民고하시리니 蓋人君이 不能 爲民圖安이면 是亦虐之也라

　'진(陳)'은 오램이요, '숭(崇)'은 큼이다. 경(耿) 땅이 황하에 무너지는데도 천도하지 않아 우리 백성들을 해롭게 하면 이는 정사를 잘못하여 이곳에 오래 있는 것이다. '고후(高后)'는 탕왕이다. 탕왕은 반드시 크게 죄질(罪疾:죄와 고통)을 내 몸에 내리시며 말씀하기를 "어찌하여 나의 백성들을 포악히 하고 해치는가?"라고 하실 것이니, 인군이 백성을 위하여 편안함을 도모하지 못하면 이 또한 학해(虐害)하는 것이다.

12. 汝萬民이 乃不生生하여 暨予一人猷로 同心하면 先后丕降與汝罪疾하사 日曷不暨朕幼孫으로 有比오하시리니 故有爽德이라 自上으로 其罰汝하시리니 汝罔能迪하리라

　너희 만민들이 생생(生生:생업에 종사하며 즐겁게 살아감)하지 못하여 나 한 사람의 계책과 마음을 함께 하지 않으면 선후께서는 너희들에게 죄질을 크게 내리시며 말씀하기를 '어찌하여 짐의 어린 손자와 함께 친하지 않는가?'라고 하실 것이다. 그러므로 상덕(爽德:실덕(失德))이 있어 위로부터 너희들에게 벌을 내리실 것이니, 너희들은 이 벌을 면할 수 없을 것이다.

樂生興事하면 則其生也厚하니 是謂生生이라 先后는 泛言商之先王也요 幼孫은 盤庚自稱之辭라 比는 同事也라 爽은 失也라 言汝民이 不能樂生興事하여 與我同心以遷이면 我先后大降罪疾於汝하사 曰 汝何不與朕幼小之孫으로 同遷乎아하시리라 故로 汝有失德하여 自上其罰汝하시리니 汝無道以自免也라

　생업을 즐거워하고 일을 일으키면 생업이 후(厚)해질 것이니, 이것을 '생생(生生)'이라 이른다. '선후(先后)'는 상나라의 선왕을 범연히 말한 것이요, '유손(幼孫)'은 반경이 자칭한 말이다. '비(比)'는 일을 함께 하는 것이다. '상(爽)'은 잃음(잘못)이다. 너희 백성들이 생업을 즐거워하고 일을 일으켜서 나와 마음을 함께 하여 천도하지 않으면, 우리 선후께서는 너희들에게 죄질을 크게 내리시며 말씀하기를 "너희들은 어찌 짐(朕)의 유소(幼小)한 손자와 함께 천도하지 않는가?"라고 하실 것이다. 그러므로 너희들에게 실덕(失德)이 있어 위로부터 너희들에게 벌을 내리실 것이니, 너희들은 스스로 면할 방법이 없을 것이다.

13. **古我先后** 旣勞乃祖乃父라 汝共作我畜民이니 汝有戕이 則在乃心하면 我先后綏乃祖乃父하여시든 乃祖乃父 乃斷棄汝하여 不救乃死하리라

옛날 우리 선후께서 이미 너희들의 조(祖)·부(父)를 수고롭게 하셨다. 그리하여 너희가 함께 나의 기르는 백성이 되었으니, 너희가 나를 해치려는 마음이 너희들 마음속에 있으면, 우리 선후께서 너희들의 조·부를 회유하여 오게 하실 것이니, 그러면 너희들의 조·부는 마침내 너희들을 끊고 버려서 너희들의 죽음을 구원하지 않을 것이다.

旣勞乃祖乃父者는 申言勞爾先也요 汝共作我畜民者는 汝皆爲我所畜之民也라 戕은 害也라 綏는 懷來之意라 謂汝有戕害 在汝之心이면 我先后固已知之하사 懷來汝祖汝父하시리니 汝祖汝父 亦斷棄汝하여 不救汝死也라

'이미 너희들의 조·부를 수고롭게 했다.'는 것은 너희들의 선조를 수고롭게 함을 거듭 말한 것이요, '너희들이 함께 나의 기르는 백성이 되었다.'는 것은 너희들이 모두 나의 기르는 바의 백성이 되었다는 것이다. '장(戕)'은 해침이다. '수(綏)'는 회유하여 오게 하는 뜻이다. 너희들이 나를 장해(戕害)하려는 생각이 너희들 마음속에 있으면, 우리 선후께서는 진실로 이것을 이미 아시고는 너희들의 조·부를 회유하여 오게 하실 것이니, 그러면 너희들의 조·부 또한 너희들을 끊고 버려서 너희들의 죽음을 구원하지 않을 것이다.

14. 茲予有亂政同位 具乃貝玉[329]하면 乃祖乃父 丕乃告我高后하여 曰 作丕刑于朕孫이라하여 迪高后하여 丕乃崇降弗祥하리라

나의 정사를 다스려 지위를 함께한 자들이 너의 화폐(貨貝)와 옥(玉)을 모으면 너희들의 조·부가 크게 우리 고후에게 아뢰어 '나의 손자에게 큰 형벌을 내리소서.'라고 말씀하여, 고후를 인도해서 크게 상서롭지 못함을 많이 내릴 것이다.

亂은 治也요 具는 多取而兼有之謂라 言若我治政之臣으로 所與共天位者 不以民

......

329 具乃貝玉 : 호산은 "내(乃)는 너이니,《언해》의 해석에 이것을 생략함은 어째서인가.〔乃, 汝也. 諺釋略之, 何也?〕" 하였다.《詳說》《언해》에 "貝와 玉을 具하면"으로 풀이하였는바, 호산의 설을 따라 보충 번역하였다.

... 戕 : 해칠 장　綏 : 편안할 수　亂 : 다스릴 난

生爲念하고 而務富貝玉者면 其祖父亦告我成湯하여 作丕刑于其子孫이라하여 啓成湯하여 丕乃崇降弗祥而不赦也라 此章을 先儒皆以爲責臣之辭라 然詳其文勢하면 曰玆予有亂政同位라하니 則亦對民庶責臣之辭요 非直爲羣臣言也라 按上四章에 言君有罪, 民有罪, 臣有罪면 我高后與爾民臣祖父로 一以義斷之하여 無所赦也라 王氏曰 先王設敎에 因俗之善而導之하고 反俗之惡而禁之하나니 方盤庚時에 商俗衰하여 士大夫棄義卽利라 故로 盤庚이 以其貝玉爲戒하니 此는 反其俗之惡而禁之者也요 自成周以上으로는 莫不事死如事生하고 事亡如事存이라 故로 其俗이 皆嚴鬼神하니 以經考之컨대 商俗爲甚이라 故로 盤庚이 特稱先后與臣民之祖父 崇降罪疾爲告하니 此는 因其俗之善而導之者也니라.

'난(亂)'은 다스림이요, '구(具)'는 많이 취하고 겸하여 소유함을 이른다. 만약 나의 정사를 다스리는 신하로서 천위(天位;높은 지위)를 함께한 자 중에 민생을 생각하지 않고 화패(貨貝)와 옥(玉)을 많이 모으기를 힘쓰는 자가 있으면, 그 조·부 또한 우리 성탕에게 아뢰어 "자손에게 큰 형벌을 내리소서."라고 말씀하여, 성탕을 계도해서 크게 상서롭지 못함을 많이 내려 용서하지 않을 것이다. 이 장은 선유(先儒)들이 모두 신하를 책한 말씀이라 하였다. 그러나 문세를 살펴보면 '나의 정사를 다스려 지위를 함께한 자'라고 하였으니, 또한 백성들을 대하여 신하를 책한 말씀이요, 단지 군신(羣臣)만을 위하여 말씀한 것이 아니다.

살펴보건대 위의 네 장은 군주가 죄가 있고 백성이 죄가 있고 신하가 죄가 있으면 우리 고후가 너희 신민(臣民)의 조·부와 함께 한결같이 의리로써 결단하여 용서하는 바가 없을 것임을 말하였다.

왕씨(王氏)가 말하였다. "선왕이 가르침을 베풀 적에 풍속의 좋은 것을 인하여 인도하고, 풍속의 나쁜 것을 뒤집어 금하였다. 반경 당시에 상나라 풍속이 쇠하여 사대부들이 의(義)를 버리고 이익에 나아갔으므로 반경이 패옥(貝玉)을 많이 소유함을 경계하였으니, 이는 그 풍속의 나쁜 것을 뒤집어 금한 것이다. 그리고 성주(成周) 이전에는 죽은 사람 섬기기를 산 사람을 섬기는 것처럼 하고, 없어진(장례한) 분 섬기기를 생존한 분을 섬기는 것처럼 하지 않는 이가 없었다. 그러므로 그 풍속이 모두 귀신을 두려워하였으니, 경전(經傳)을 가지고 살펴보면 상나라 풍속이 특히 심하였다. 그러므로 반경이 특별히 선후와 신민의 조·부가 죄질을 크게 내린다고 말씀하여 고하였으니, 이는 그 풍속의 좋은 것을 인하여 인도한 것이다."

15. 嗚呼라 今予告汝不易(이)하노니 永敬大恤하여 無胥絶遠하여 汝分猷念以相從하여 各設中于乃心하라

아! 이제 나는 너희들에게 천도함이 쉽지 않음을 고하노니, 〈너희들은 나의〉 큰 근심을 길이 공경하여 서로 끊고 멀리하지 말아서, 너희들의 계책과 생각을 나누어 서로 함께 해서 각각 너희들의 마음에 중(中;지극한 이치)을 베풀도록(갖도록) 하라.

告汝不易는 卽上篇告汝于難之意라 大恤은 大憂也라 今我告汝以遷都之難하노니 汝當永敬我之所大憂念者라 君民一心然後에 可以有濟니 苟相絶遠而誠不屬이면 則殆矣라 分猷者는 分君之所圖而共圖之요 分念者는 分君之所念而共念之라 相從은 相與也라 中者는 極至之理니 各以極至之理로 存于心이면 則知遷徙之議爲不可易(역)하여 而不爲浮言橫議之所動搖也리라

너희들에게 쉽지 않음을 고한다는 것은 곧 상편(上篇)의 너희들에게 천도하는 어려움을 고한다는 뜻이다. '대휼(大恤)'은 큰 근심이다. 이제 나는 너희들에게 천도하는 어려움을 고하노니, 너희들은 마땅히 내가 크게 근심하고 생각하는 것을 길이 공경하여야 할 것이다. 군주와 백성이 한 마음이 된 뒤에야 성공이 있을 수 있으니, 만일 서로 끊고 멀리하여 정성이 연속되지 않는다면 위태로울 것이다. '분유(分猷)'는 군주의 도모하는 바를 나누어 함께 도모하는 것이요, '분념(分念)'은 군주의 생각하는 바를 나누어 함께 생각하는 것이다. '상종(相從)'은 서로 함께하는 것이다. '중(中)'은 지극한 이치이니, 각각 지극한 이치를 마음속에 두면 천사(遷徙)하는 논의가 변역(變易)할 수 없는 것임을 알아서 부언(浮言)과 횡의(橫議;멋대로 지껄이는 의논)에 동요되지 않을 것이다.

16. 乃有不吉不迪이 顚越不恭과 暫遇姦宄(귀)어든 我乃劓(의)殄滅之無遺育하여 無俾易種于玆新邑호리라

마침내 불길(不吉;불선(不善))하고 부적(不迪;부도(不道))한 사람들이 전월(顚越)하여 공손하지 않음과 잠시 만남에 간귀(姦宄;간악)한 짓을 하는 자가 있으면, 나는 이들을 코 베고 진멸(殄滅;죽임)하여 남겨두어 기르지 않아서 종자를 이 새 도읍에 옮겨놓지 못하게 할 것이다.

··· 猷 : 도모할 유 顚 : 엎어질 전 暫 : 잠시 잠 宄 : 바깥도적 귀 劓 : 코벨 의

乃有不善不道之人이 顚隕踰越하여 不恭上命者와 及暫時所遇에 爲姦爲宄하여 劫掠行道者어든 我小則加以劓하고 大則殄滅之하여 無有遺育하여 毋使移其種于此新邑也라 遷徙에 道路艱關하니 恐姦人乘隙生變이라 故嚴明號令하여 以告勅之니라

이에 불선(不善)하고 불도(不道)한 사람들로서 전운(顚隕)하고 유월(踰越;법도를 넘음)하여 군주의 명령에 공손하지 않은 자와 잠시 만남에 간귀(姦宄)한 짓을 하여 길가는 자들을 겁탈하고 약탈하는 자가 있으면, 내가 작게는 코 베는 형벌을 가하고 크게는 진멸(殄滅)하여 남겨두어 기르지 않아서 그 종자를 이 새 도읍에 옮겨놓지 못하게 할 것이다. 천사에는 도로의 통행이 어려우니, 간사한 사람들이 틈을 타서 변란을 일으킬까 두렵다. 그러므로 호령을 엄히 하고 분명히 하여 고한 것이다.

17. 往哉生生하라 今予는 將試以汝遷하여 永建乃家호리라(니라)

가서 생업에 종사하도록 하라. 이제 나는 장차 너희들을 데리고 도읍을 옮겨서 너희들의 집을 영원히 세워줄 것이다."

往哉는 往新邑也라 方遷徙之時엔 人懷舊土之念하고 而未見新居之樂이라 故로 再以生生勉之하여 振起其怠惰而作其趨事也라 試는 用也라 今我將用汝遷하여 永立乃家하여 爲子孫無窮之業也라

'왕재(往哉)'는 새 도읍으로 가는 것이다. 막 천사할 때에는 사람들이 옛날에 살던 땅의 생각을 그리워하고 새 거주지의 즐거움을 보지 못한다. 그러므로 다시 생생(生生)이란 말로 권면하여, 그 게으름을 떨치고 일어나서 일에 달려가도록 진작시킨 것이다. '시(試)'는 씀(데리고)이다. 이제 나는 장차 너희들을 데리고 도읍을 옮겨서 너희들의 집을 영원히 세워주어 자손들의 무궁한 업(業)으로 삼고자 한다.

⋯ 隕:떨어질 운 踰:넘을 유 劫:위협할 겁 隙:틈 극

〈반경 하(盤庚下)〉

1. **盤庚**이 **旣遷**하사 **奠厥攸居**하시고 **乃正厥位**하사 **綏爰有衆**하시다

반경이 이미 천도하여 거주할 곳을 정하시고는 군신간과 상하간의 지위를 바로잡아 여러 무리들을 편안하게 하셨다.

盤庚이 **旣遷新邑**하여 **定其所居**하고 **正君臣上下之位**하여 **慰勞臣民遷徙之勞**하여 **以安有衆之情也**[330]라 **此**는 **史氏之言**이라

반경이 이미 새 도읍으로 천도하여 거주할 곳을 정하고는 군신간과 상하간의 지위를 바로잡아 신민(臣民)들의 천사(遷徙)하는 수고로움을 위로하여 여러 무리들의 정(情)을 편안하게 한 것이다. 이는 사관(史官)의 말이다.

2. **曰無戲怠**하여 **懋建大命**하라

반경이 다음과 같이 말씀하였다.
"희롱하고 태만하지 말아 힘써 큰 명(命)을 세우도록 하라.

曰은 **盤庚之言也**라 **大命**은 **非常之命也**라 **遷國之初**엔 **臣民上下 正當勤勞盡瘁**하여 **趨事赴功**하여 **以爲國家無窮之計**라 **故**로 **盤庚**이 **以無戲怠戒之**하고 **以建大命勉之**하니라

'왈(曰)'은 반경의 말씀이다. '대명(大命)'은 비상한 명(命)이다. 국도(國都)를 옮기는 초기에는 신민(臣民)과 상하가 바로 근로하여 수고로움을 다해서 일에 달려가고 공(功)에 나아가서 국가의 무궁한 계책을 세워야 한다. 그러므로 반경이 '희롱하고 태만히 하지 말라.'는 말씀으로 경계하고, 큰 명을 세우라고 권면한 것이다.

3. **今予其敷心腹腎腸**하여 **歷告爾百姓于朕志**하노라(호니) **罔罪爾衆**이니 **爾**

------

330 以安有衆之情也 : 경문의 '綏爰有衆'을 부연 설명한 것인데, 호산은 "원(爰)은 이에(於)이다. 수원(綏爰)을 《언해》의 해석에 '원수(爰綏)'로 해석하였으니, 잘못인 듯하다.〔爰, 於也. 綏爰, 諺釋作爰綏, 恐誤.〕" 하였다. 《詳說》《언해》에는 "이에 有衆을 綏하시다"로 해석하였는바, 호산이 말씀한 뜻이 분명하지 않으므로 그대로 《언해》를 따랐음을 밝혀둔다.

⋯ 奠 : 정할 전 戲 : 희롱할 희 瘁 : 수고로울 췌 敷 : 펼 부 腎 : 신장 신

無共怒하여 協比讒言予一人하라

이제 나는 심장과 뱃속과 신장과 창자에 있는 말을 펴서 너희 백성들에게 나의 뜻을 모두 고하노니, 너희들을 죄주지 않을 것이니, 너희들은 함께 노(怒)하여 협비(協比;서로 빌붙음)해서 나 한 사람을 비방[讒言]하지 말라.

歷은 盡也라 百姓은 畿內民庶니 百官、族姓도 亦在其中이라

'역(歷)'은 모두이다. 백성(百姓)은 기내(畿內)의 민서(民庶)이니, 백관(百官)과 군주의 족성(族姓)들 또한 이 가운데에 들어 있다.

4. 古我先王이 將多于前功하리라 適于山[331]하사 用降我凶德하사 嘉績于朕邦하시니라

옛날 우리 선왕께서는 '장차 전인(前人)의 공(功)보다 많게 하리라.' 하시어, 산(山)으로 가셔서 우리의 흉한(나쁜) 덕(德;재앙)을 낮추어 우리 나라에 아름다운 공적이 있게 하셨다.

古我先王은 湯也라 適于山은 往于亳也라 契(설)始居亳이러니 其後屢遷하니 成湯이 欲多于前人之功이라 故로 復(부)往居亳이라 按立政三亳을 鄭氏曰 東成皐요 南轘轅(환원)이요 西降谷이라하니 以亳依山故로 曰適于山也라 降은 下也라 依山이면 地高水下하여 而無河圮(비)之患이라 故로 曰用下我凶德이라하니라 嘉績은 美功也라

옛날 우리 선왕은 탕왕이다. 산에 갔다는 것은 박읍(亳邑)에 간 것이다. 설(契)이 처음 박읍에 거주하였는데 그 후 여러 번 천도하니, 성탕은 전인의 공보다 더 많게 하고자 하셨다. 그러므로 다시 박읍에 가서 거주한 것이다. 살펴보건대 〈입정(立政)〉의 삼박(三亳)을 정씨(鄭氏)는 "동쪽은 성고(成皐)이고 남쪽은 환원(轘轅)이고 서쪽은 강곡(降谷)이다." 하였으니, 박읍이 산을 의지하였기 때문에 산에 갔다고 말한 것이다. '강(降)'은 낮춤이다. 산에 의지하면 땅이 높고 물(수위)이 낮아서 황하에 무너지는 폐해가 없다. 그러므로 우리의 흉덕(凶德)을 낮추었다고 말한 것이다. '가적(嘉績)'은 아

......

331 適于山:이에 대하여 오윤상은 "이는 반드시 탕왕의 일이 됨을 발견할 수 없다.〔未見其必爲湯之事.〕" 하였다.

··· 讒:참소할 참 屢:여러 루 轘:땅이름 환·轅:멍에 원

름다운 공(功)이다.

5. 今我民이 用蕩析離居하여 罔有定極이어늘 爾謂朕호되 曷震動萬民(하여) 以遷고하나다

　지금 우리 백성들이 탕석리거해서 정하여 머물 곳이 없는데, 너희들은 짐(朕)에게 이르기를 '어찌하여 만민을 진동하여 도읍을 옮기는가.' 하는구나.

今耿이 爲河水圮壞하여 沈溺墊隘(점애)하니 民用蕩析離居하여 無有定止하여 將陷於凶德而莫之救어늘 爾謂我호되 何故로 震動萬民以遷也오하나라

　지금 경(耿) 땅이 하수에 침식되어 무너져서 침닉(沈溺)하고 협소하니, 백성들이 탕석리거하여 정하여 머물 곳이 없어서 장차 흉덕에 빠져 구제할 수가 없게 되었는데도 너희들은 나에게 이르기를 "무슨 연고로 만민을 진동하여 도성을 옮기는가."라고 하는구나.

6. 肆上帝 將復(복)我高祖之德하사 亂越我家어시늘 朕及篤敬으로 恭承民命332하여 用永地于新邑호라

　그러므로 상제께서 장차 우리 고조(高祖)의 덕(德)을 회복하여 다스림이 우리 국가에 미치게 하시니, 짐(朕)은 독경(篤敬;공경을 독실히 함)하는 신하들과 함께 공손히 백성의 명(命)을 받들어 이어서 이 새 도읍에 영원한 터전을 만들었노라.

乃上天이 將復我成湯之德而治及我國家하니 我與一二篤敬之臣으로 敬承民命하여 用長居于此新邑也라

　상천(上天)이 장차 우리 성탕의 덕을 회복하여 다스림이 우리 국가에 미치게 하니, 나는 한두 명의 독경(篤敬)하는 신하들과 함께 공경히 백성의 명을 받들어 이어서 이

••••••
332 恭承民命:《집주》에는 별다른 해석이 없으나, 연천(淵泉) 홍석주(洪奭周)는 "나는 생각건대, 민명(民命)은 곧 윗글의 '네 명을 맞이하여 이어간다.〔迓屬乃命〕'는 명(命)이고 승(承)에는 받들어 이어간다는 뜻이 있으니, 흩어져 살아 백성의 명(생명, 운명)이 장차 떨어지려(끊기려) 하는데, 새로 세운 도읍으로 옮기는 것은 바로 공경히 받들어 〈네 명을〉 이어지게 하는 것이다.〔愚謂, 民命卽迓屬乃命之命, 承有奉持繼續之意, 蕩析離居, 民命將墜, 遷于新邑, 乃所以敬承之也.〕"하였다. 《尙書補傳》

…　墊 : 빠질 점　隘 : 좁을 애

새 도읍에 장구히 거주하게 한 것이다.

7. 肆予沖人이 非廢厥謀라 弔(적)由靈이며 各非敢違卜이라 用宏茲賁(분)[333]이니라

그러므로 나 충인(沖人;어린 사람)은 너희들의 계책을 폐기하려는 것이 아니라 선(善)한 계책을 씀에 이르게 하고자 해서이며, 너희들도 각기 점(占)을 어기려는 것이 아니라 이 큰 사업을 크게 하고자 해서였다.

沖은 童이요 弔은 至요 由는 用이요 靈은 善也라 宏、賁은 皆大也라 言我非廢爾衆謀라 乃至用爾衆謀之善者[334]니 指當時臣民에 有審利害之實하여 以爲當遷者言也라 爾衆이 亦非敢固違我卜이라 亦惟欲宏大此大業爾니 言爾衆亦非有他意也라 蓋盤庚이 於旣遷之後에 申彼此之情하여 釋疑懼之意하며 明吾前日之用謀하고 略彼旣往之傲惰하여 委曲忠厚之意가 藹(애)然於言辭之表라 大事以定하고 大業以興하여 成湯之澤이 於是而益永하니 盤庚이 其賢矣哉인저

'충(沖)'은 어림이요, '적(弔)'은 이름이요, '유(由)'는 씀이요, '령(靈)'은 선(善;좋음)이다. '굉(宏)'과 '분(賁)'은 모두 큼이다. 내가 너희들의 여러 계책을 폐기하려는 것이 아니라 마침내 너희들의 여러 계책 중에 좋은 것을 씀에 이르려고 해서이니, 이는 당시 신민 중에 이해의 실제를 살펴서 "마땅히 옮겨야 한다."고 말한 자를 가리켜 말한 것이다. 너희들 또한 감히 굳이 내 점을 어기려는 것이 아니라 또한 이 큰 사업을 크게 하고자 해서일 뿐이니, 너희들 또한 딴 뜻이 있어서가 아님을 말한 것이다.

반경은 이미 천도한 뒤에 거듭 피차의 정(情)을 펴서 의구(疑懼)하는 마음을 풀어주고, 자신이 지난날 계책을 씀을 밝히고 저들의 기왕의 오만함과 게으름을 생략하

------

333 各非敢違卜 用宏茲賁:이에 대하여 오윤상은 "'각비감위복(各非敢違卜)'을 공전(孔傳)에 '군주와 신하가 감히 점을 어기지 못한다.' 하였으니, 이는 '내가 너의 계책을 따르지 않은 것은 계책의 좋은 것을 따라 군신과 상하가 감히 점을 어기지 아니하여 이 큰 업을 크게 하고자 한다.'는 것이다.〔各非敢違卜, 孔傳曰, 君臣不敢違卜, 蓋不從爾謀者, 欲屈用謀之善, 君臣上下不敢違卜, 以宏此大業云爾.〕" 하였다.

334 乃至用爾衆謀之善者:호산은 《상설》에서 "지용(至用)은 지극히 쓰는 것이니,《언해》의 해석은 마땅히 다시 살펴보아야 한다.〔至用, 極用也. 諺釋合更商.〕" 하여 《집전》의 '弔至'의 지(至)를 지극의 뜻으로 본 듯하다. 그러나 여기의 지(至)는 일반적으로 '이르다'로 해석하므로《언해》의 해석을 그대로 따랐음을 밝혀둔다.

⋯ 沖:어릴충 弔:이를적 宏:클굉 賁:클분 藹:성할애

여, 간곡(委曲)하고 충후(忠厚)한 뜻이 언사(言辭)의 밖에 크게 드러난다. 대사(大事)가 결정되고 대업(大業)이 일어나서 성탕의 은택이 이에 더욱 영구하게 되었으니, 반경이 그 어질구나.

8. **嗚呼**라 **方伯、師長、百執事之人**은 **尙皆隱哉**어다

　아! 방백(方伯)과 사(師)·장(長)과 백집사(百執事)의 사람들은 부디 모두 은통(隱痛: 근심하고 애통해 함)하는 마음을 간직할지어다.

隱은 痛也라 **盤庚이 復歎息言 爾諸侯、公卿、百執事之人은 庶幾皆有所隱痛於心哉**어다

　'은(隱)'은 은통(隱痛)이다. 반경이 다시 탄식하고 말씀하기를 "너희 제후와 공경과 백집사의 사람들은 부디 모두 마음에 은통하는 바가 있어야 할 것이다."라고 한 것이다.

9. **予其懋簡相爾**는 **念敬我衆**이니라

　내가 힘써 좋은 지역을 간택하여 너희들을 인도함은 나의 백성들을 생각하고 공경하기 때문이다.

相은 爾雅曰 導也라하니라 **我懋勉簡擇導汝는 以念敬我之民衆也**라

　'상(相)'은 《이아(爾雅)》〈석언(釋言)〉에 "인도함이다." 하였다. 내가 힘써 간택하여 너희들을 인도함은 나의 백성을 생각하고 공경하기 때문이다.

10. **朕은 不肩好貨**하고 **敢恭生生**하여 **鞠人謀人之保居**를 **叙欽**하노라

　짐(朕)은 재화를 좋아하는 이에게 맡기지 않고, 공경에 용감하여 생업에 종사해서 사람을 길러주고 사람들의 거처를 보존함을 도모하는 자를 차례하여 등용하고 공경하노라.

肩은 任이요 敢은 勇也라 **鞠人謀人은 未詳**이라 **或曰 鞠은 養也**라 **我不任好賄(회)之人**하고 **惟勇於敬民**하여 **以其生生爲念**하여 **使鞠人謀人之保居者**를 **吾則叙而用之**하고 **欽而禮之也**라

··· 相: 인도할 상　肩: 맡길 견　賄: 재물 회

'견(肩)'은 맡김이요, '감(敢)'은 용감함이다. '국인(鞠人)'과 '모인(謀人)'은 미상이다. 혹자는 말하기를 "국(鞠)은 기름(養)이다."라고 한다. 나는 재물을 좋아하는 사람을 임용하지 않고, 오직 백성을 공경함에 용감하여 생업에 종사함을 생각해서 사람을 길러주고 사람의 거처를 보존함을 도모하는 자를 내 차례하여 등용하고 공경하여 예우할 것이다.

11. **今我旣羞告爾于朕志**하니 **若否**를 **罔有弗欽**[335]하라

이제 내가 이미 나아가 짐(朕)의 뜻을 너희들에게 고(告)하였으니, 내 뜻과 같고 같지 않음을 공경하지 않음이 없도록 하라.

羞는 進也라 若者는 如我之意니 卽敢恭生生之謂요 否者는 非我之意니 卽不肩好貨之謂라 二者를 爾當深念하여 無有不敬我所言也라

'수(羞)'는 나아감이다. '약(若)'은 나의 뜻과 같이함이니 곧 공경함에 용감하여 생업에 종사함을 이르고, '부(否)'는 나의 뜻이 아님이니 곧 재물을 좋아하는 이에게 맡기지 않음을 이른다. 이 두 가지를 너희들은 마땅히 깊이 생각해서 내가 말한 바를 공경하지 않음이 없어야 할 것이다.

12. **無總于貨寶**하고 **生生**으로 **自庸**하라

화보(貨寶)를 모으려 하지 말고, 생업에 종사함을 자신의 공(功)으로 삼으라.

無는 毋同이요 總은 聚也라 庸은 民功也라 此則直戒其所不可爲하고 勉其所當爲也라

'무(無)'는 무(毋)와 같고, '총(總)'은 모음이다. '용(庸)'은 백성의 공(功)이다. 이는 곧바로 그 하지 말아야 할 것을 경계하고, 마땅히 해야 할 것을 권면한 것이다.

......
335 若否 罔有弗欽 : 이에 대해 오윤상은 "약(若)은 나의 뜻과 같이 하여 감히 생생(生生)하는 사람을 이르고, 부(否)는 나의 뜻과 같이 하지 아니하여 재물을 좋아하는 사람을 이르니, 이 두 종류의 사람이 모두 나의 가르침을 따라 공경하지 않음이 없는 것이다. 만약 《집전》의 해석과 같이 하면 문리가 순하지 못할 듯하다.〔若, 謂〔如〕我之意而敢生生之人, 否, 謂不〔如〕我之意而好貨之人, 此二者, 皆聽我之訓而無有不欽也. 若如傳釋, 則文理恐不順.〕" 하였다.

··· 羞 : 나아갈 수 總 : 모을 총

13. 式敷民德하여 永肩一心하라

백성들을 위하는 덕(德)을 공경히 펴서 영원히 한 마음에 맡기도록 하라."

式은 敬也라 敬布爲民之德하여 永任一心이니 欲其久而不替也라 盤庚이 篇終에 戒勉之意가 一節이 嚴於一節하고 而終以無窮期之하니 盤庚이 其賢矣哉인저 蘇氏 曰 民不悅而猶爲之는 先王이 未之有也라 祖乙이 圯於耿하니 盤庚이 不得不遷이 라 然使先王處之면 則動民而民不懼하고 勞民而民不怨이어늘 盤庚은 德之衰也하 여 其所以信於民者未至라 故로 紛紛如此라 然民怨誹逆命이로되 而盤庚이 終不 怒하고 引咎自責하여 益開衆言하고 反復告諭하여 以口舌로 代斧鉞하여 忠厚之至 하니 此는 殷之所以不亡而復興也라 後之君子 厲民以自用者 皆以盤庚藉口하니 予不可以不論이로라

　'식(式)'은 공경함이다. 공경히 백성들을 위하는 덕(德)을 펴서 영원히 한 마음에 맡겨야 할 것이니, 나라가 오래도록 침체하지 않고자 한 것이다. 반경은 편의 맨끝에 경계하고 권면(勸勉)한 뜻이, 이 한 절(節)이 앞의 한 절보다 엄하고, 마침내는 무궁함으로써 기약하였으니, 반경은 어질다고 할 것이다.

　소씨(蘇氏)가 말하였다. "백성들이 기뻐하지 않는데도 오히려 천도함은 선왕은 일찍이 이러한 일이 없었다. 조을(祖乙)이 경(耿) 땅에서 황하에 무너지니, 반경이 천도하지 않을 수 없었다. 그러나 가령 선왕이 이 경우에 처했다면 백성들을 움직여도 백성들이 두려워하지 않고, 백성들을 수고롭게 하여도 백성들이 원망하지 않았을 터인데, 반경은 덕이 쇠하여(부족하여) 백성들에게 신임을 받음이 지극하지 못하였다. 그러므로 분분함이 이와 같았던 것이다. 그러나 백성들이 원망하고 비방하며 명령을 거역하였으나 반경은 끝내 노여워하지 않고 허물을 이끌어 자책(自責)해서 사람들의 말을 더욱 열어주고 반복하여 고유(告諭)해서 입과 혀로써 부월(斧鉞)을 대신하여 충후(忠厚)함이 지극하니, 이는 은(殷)나라가 망하지 않고 다시 중흥하게 된 이유이다. 후세의 군자(君子;정치가)로서 백성을 괴롭게 하여 자신의 지혜를 쓰는 자들은 모두 반경을 구실로 삼으니, 내 이것을 논변하지 않을 수 없노라."

··· 誹 : 비방할 비　鉞 : 도끼 월　厲 : 엄할 려　藉 : 빌릴 자

〈열명 상(說命上)〉

說命은 記高宗命傅說之言이니 命之日以下 是也라 猶蔡仲之命、微子之命이니 後世命官制詞 其原이 蓋出於此라 上篇은 記得說命相之辭하고 中篇은 記說爲相進戒之辭하고 下篇은 記說論學之辭하니 總謂之命者는 高宗命說이 實三篇之綱領이라 故로 總稱之하니라 今文無, 古文有하니라

〈열명(說命)〉은 고종(高宗:무정(武丁))이 부열(傅說)에게 명(命)한 말을 기록한 것이니, '명지왈(命之日)' 이하가 이것이다. 뒤의 〈채중지명(蔡仲之命)〉과 〈미자지명(微子之命)〉과 같으니, 후세에 관직을 명하면서 글을 지은 것은 그 근원이 아마도 모두 여기에서 나왔을 것이다. 상편(上篇)은 부열을 얻어 정승을 명한 말을 기록하였고, 중편(中篇)은 부열이 정승이 되어 진계(進戒)한 말을 기록하였고, 하편(下篇)은 부열이 학문을 논한 말을 기록하였으니, 이것을 모두 명(命)이라고 이른 것은 고종이 부열에게 명한 것이 실로 세 편의 강령(綱領)이 되기 때문이다. 그러므로 모두 〈열명〉이라고 칭한 것이다. 금문(今文)에는 없고 고문(古文)에는 있다.

【小序】 高宗이 夢得說하고 使百工營求諸野하여 得諸傅巖하고 作說命三篇하니라

고종(高宗)이 꿈에 부열(傅說)을 얻고는 백공(百工;백관)들로 하여금 들에서 경영하여 찾게 하였는데 부암(傅巖)에서 얻었다. 그리하여 〈열명(說命)〉 3편을 지었다.

【辨說】 按經文에 乃審厥象하여 俾以形旁求于天下라하니 是高宗이 夢得良弼形象하고 乃審其狀貌하여 而廣求于四方이러니 說이 築傅巖之野할새 與形象肖似라 如序所云이면 似若高宗夢得傅說姓氏하고 又因經文에 有羣臣百官等語하여 遂謂 使百官營求諸野하여 得諸傅巖이라하니 非惟無補經文이요 而反支離晦昧하니 豈聖人之筆哉아

살펴보건대, 경문(經文)에 '마침내 그 상(象:모습)을 살펴서 이 상을 가지고 천하에 널리 구하였다.' 하였으니, 이는 고종이 꿈에 어진 보필(輔弼)의 상을 얻고는(보고는) 마침내 그 모습을 살펴서 널리 사방에 구하였는데, 부열이 부암의 들에서 살고 있었는바, 그 상이 매우 유사했던 것이다. 〈서서〉에서 말한 바와 같다면 마치 고종이 꿈에 부열의 성씨(姓氏)를 얻어 알고, 또 경문에 군신과 백관이라는 등의 말이 있음으로 인하여 마침내 '백관들로 하여금 여러 들에 경영하여 구하게 해서 그를 부암에서 얻었

다.' 하였으니, 이는 단지 경문에 도움이 없을 뿐만 아니라 도리어 지루하고 어두우니, 이 〈서〉가 어찌 성인이 쓰신 것이겠는가.

1. 王이 宅憂亮陰(암)三祀하사 旣免喪하시고 其惟(猶)弗言이어시늘 羣臣이 咸諫于王曰 嗚呼라 知之曰明哲이니 明哲이 實作則(칙)하나니 天子惟君萬邦이어시든 百官이 承式하여 王言이 惟作命하나니 不言하시면 臣下罔攸稟令하리이다

 왕(王)이 량암(亮陰:여막(廬幕))에서 택우(宅憂:집상(執喪))하기를 3년 동안 하여 이미 상복을 벗고도 오히려 말씀하지 않으시니, 군신(羣臣)들이 모두 왕에게 간(諫)하였다. "아! 먼저(미리) 아는 사람을 명철(明哲)이라 하니, 명철이 실로 법이 됩니다. 천자가 만방(萬邦)에 군주가 되시거든 백관이 명령을 받들어서 왕의 말씀이 법령(法令:법칙이라는 명령)이 되니, 왕께서 말씀하지 않으시면 신하들이 명령을 받을 곳이 없습니다."

亮은 亦作諒이요 陰은 古作闇이라 按喪服四制에 高宗諒陰三年이라하여늘 鄭氏註云 諒은 古作梁하니 楣를 謂之梁이요 闇은 讀如鶉鷃(순암)之鷃이니 闇은 謂廬也라하니 卽倚廬之廬라 儀禮에 翦屛柱楣³³⁶라하여늘 鄭氏謂柱楣는 所謂梁闇이 是也라하니 宅憂亮陰은 言宅憂於梁闇也라 先儒는 以亮陰으로 爲信默不言이라하니 則於諒陰三年不言에 爲語復(복)而不可解矣라 君薨이어든 百官總己하여 聽於冢宰하나니 居憂亮陰不言은 禮之常也라 高宗이 喪父小乙이러니 惟旣免喪而猶弗言³³⁷하니 羣臣이 以其過於禮也라 故로 咸諫之라 歎息言 有先知之德者를 謂之明哲이니 明哲이 實爲法於天下라 今天子君臨萬邦이어시든 百官이 皆奉承法令하여 王言則爲命³³⁸하니 不言則臣下無所稟令矣니라

• • • • • •

336 翦屛柱楣 : 병(屛)은 상주(喪主)가 거처하는 여막(廬幕)에 풀로 만든 가리개이고, 주미(柱楣)는 기둥과 문설주에 작은 기둥을 세움으로써 가리개를 들어 올려 햇볕을 받는 것이다. 초상에는 여막에 창문을 북향으로 내고 가리개를 만들되 끝을 단정하게 자르지 않으며 문설주에 기둥을 세우지 않다가 3개월이 되어 장례하고 우제(虞祭)를 지낸 뒤에는 가리개의 끝을 자르고 문설주에 기둥을 세우는바, 《채전방통》에 자세히 보인다.

337 惟旣免喪而猶弗言 : 경문의 '其惟弗言'을 부연 설명한 것으로, 호산은 "경문의 유(惟) 자는 혹 유(猶)의 오자인 듯하니, 주의 뜻이 그러하다.〔經文惟字, 或猶之訛, 註意然耳.〕" 하였다. 《詳說》이 이에 따라 경문에 '猶'를 괄호 안에 넣었다.

338 百官皆奉承法令 王言則爲命 : 경문의 '百官承式 王言惟作命'을 변형하여 설명한 것으로, 호산

… 稟 : 물을 품   闇 : 어두울 암   楣 : 문설주 미   鶉 : 메추라기 순   鷃 : 메추라기 암   廬 : 여막 려   翦 : 자를 전

'량(亮)'은 또한 량(諒)으로도 쓰고, '암(陰)'은 《고문상서(古文尙書)》에는 암(闇)으로 되어 있다. 살펴보건대 《예기》 〈상복사제(喪服四制)〉에 '고종량암삼년(高宗諒陰三年)'이라 하였는데, 정씨(鄭氏)의 주(註)에 "량(諒)은 《고문상서》에는 량(梁)으로 되어 있으니 문설주를 량(梁)이라 하며, 암(闇)은 순암(鶉鷂;메추리)의 암(鷂)과 같이 읽으니 암(闇)은 여막(廬幕)을 이르는바, 곧 〈상주가 거처하는〉 의려(倚廬)의 여막이다." 하였고, 《의례》 〈상복전(喪服傳)〉에는 '전병주미(翦屛柱楣)한다.' 하였는데, 정씨는 이르기를 "주미는 이른바 량암(梁闇)이 이것이다." 하였으니, 택우량암(宅憂亮陰)은 양암에서 집상(執喪)한 것이다. 선유(先儒;공안국을 가리킴)는 량암(亮陰)을 "신실(信實)하고 침묵하여 말하지 않는 것이다." 하였는데, 량암하여 3년 동안 말하지 않았다는 것과 말이 중복되어 이해할 수 없다.

임금이 죽으면 백관들이 자신의 직책을 총괄하여 총재(冢宰)에게 명령을 들으니, 군주가 량암에서 집상하면서 말하지 않는 것은 떳떳한 예(禮)이다. 고종(高宗)이 아버지 소을(小乙)의 상(喪)을 당하였는데 이미 상을 벗고도 말하지 않으니, 군신(羣臣)들이 예에 과하다고 생각하였으므로 모두 간(諫)한 것이다. 탄식하여 말하기를 "선지(先知)의 덕이 있는 자를 명철(明哲)이라 이르니, 명철이 실로 천하에 법이 됩니다. 이제 천자가 만방에 군림하시면 백관이 모두 명령을 받들어서 왕이 말씀하면 명령이 되니, 말씀하지 않으시면 신하들이 명령을 받을 곳이 없습니다." 하였다.

2. **王庸作書以誥曰 以台**(이)로 **正于四方**이실새 **台恐德弗類**하여 **玆故**로 **弗言**하여 **恭默思道**하더니 **夢**에 **帝賚**(뢰) **予良弼**하시니 **其代予言**이리라

왕(王)이 글을 지어 다음과 같이 고(誥)하였다.
"〈하늘이〉 나로써 사방을 바로잡게 하시기에 나는 덕(德)이 선인(先人)과 같지 못할까 두려워 이 때문에 말하지 않고 공손하고 침묵하여 도(道)를 생각하였는데, 꿈에 상제(上帝)께서 나에게 어진 보필을 내려 주셨으니, 그가 나를 대신하여 말할 것이다."

庸은 **用也**니 **高宗**이 **用作書**하여 **告喩羣臣以不言之意**라 **言以我表正四方**하시니

······
은 "《언해》의 해석이 주의 뜻에 위배되는 듯하다.〔諺釋恐違註意〕" 하였다. 《詳說》 《언해》의 해석은 '百官이 式(법령)을 承하여 王言을 命을 삼나니'로 되어 있어 '왕의 말씀을 명령으로 삼는 것'으로 해석하였으나, 호산의 지적에 따라 '왕이 말씀하면 명령이 된다.'로 해석하였다.

··· 台:나이 賚:줄 뢰

任大責重하여 恐德不類于前人이라 故로 不敢輕易發言하고 而恭敬淵默하여 以思治道러니 夢에 帝與我賢輔하시니 其將代我言矣³³⁹리라 蓋高宗恭默思道之心이 純一不二하여 與天無間이라 故로 夢寐之間에 帝賚(뢰)良弼하니 其念慮所孚에 精神所格이요 非偶然而得者也니라

'용(庸)'은 씀이니, 고종이 이로써 글을 지어 군신(羣臣)들에게 말씀하지 않는 뜻을 고유하였다. 왕이 "〈하늘이〉 나로써 사방을 표정(表正)하게 하시니, 임무가 크고 책임이 무거워서 덕이 전인(前人)과 같지 못할까 두려웠다. 그러므로 감히 함부로 말을 내지 않고 공경하고 연묵(淵默;깊이 침묵함)하여 치도(治道)를 생각하였는데, 꿈에 상제께서 나에게 어진 보필을 주셨으니, 그가 장차 나를 대신하여 말할 것이다."라고 한 것이다. 고종이 공경하고 침묵하여 도(道)를 생각하는 마음이 순일(純一)하고 잡되지 않아서 하늘과 간격이 없었다. 그러므로 몽매(夢寐)의 사이에 상제께서 어진 보필을 준 것이니, 생각이 정성스러움에 정신(精神)이 감동시킨 것이요, 우연히 얻은 것이 아니다.

3. 乃審厥象하사 俾以形으로 旁求于天下하시니 說이 築傅巖之野³⁴⁰하더니 惟肖하더라

이에 그 상(象;부열의 얼굴 모습)을 자세히 살펴 그 상으로 천하에 널리 구하게 하였는데, 부열이 부암(傅巖)의 들에서 거주하였는바, 그 모습이 똑같았다.

審은 詳也니 詳所夢之人하여 繪其形象³⁴¹하여 旁求于天下라 旁求者는 求之非一方

......
339 其將代我言矣 : 경문의 '其代予言'을 부연 설명한 것으로, 호산은 "代我而言'은 나를 대신하여 말하는 것이니, 《언해》의 해석은 잘못된 듯하다.[代我而言, 諺釋恐誤.]" 하였다. 《詳說》《언해》에는 '그 장차 나의 言을 代하리라'로 해석하였는바, 호산의 설을 따라 수정 번역하였다.

340 築傅巖之野 : 이에 대하여 오윤상은, "공전에 '부씨의 바위에 시냇물이 길을 파괴하여 항상 서미(胥靡;죄인)들로 하여금 돌을 쌓게 하였다. 부열이 어질면서 은둔하여 가난하였으므로 죄인을 대신하여 돌을 쌓아 식량을 공급했다.' 하였다. 이것은 《맹자》의 '판축에서 등용되었다.'의 뜻과 부합하니, 마땅히 공전을 따라야 할 듯하다.[築傅巖之野, 孔傳曰, 傅氏之巖, 有澗水壞道, 常使胥靡築之, 說賢而隱, 代築以供食, 此合於孟子擧於版築之義, 恐當從孔傳.]" 하였다.

341 繪其形象 : 호산은 "경문의 '俾以形'을 해석한 것이니, 《언해》의 해석은 이것을 살피지 못한 듯하다.[釋俾以形, 諺釋恐未察此.]" 하였다. 《詳說》《언해》에는 '하여금 形으로써'로 해석하였는바, 《집전》과 호산은 '비(俾)'를 회(繪;그림을 그림)로 본 듯하다. 그러나 자전(字典)에는 이러한 훈(訓)이 보이지 않는다. 만약 주를 따른다면 '俾以形하여'로 현토하여야 할 것이다.

··· 寐 : 잠잘 매 孚 : 정성 부 旁 : 넓을 방 肖 : 닮을 초 繪 : 그림그릴 회

也라 築은 居也니 今言所居에도 猶謂之卜築[342]이라 傅巖은 在虞, 虢(괵)之間이라 肖는 似也니 與所夢之形相似라

'심(審)'은 자세히 살핌이니, 꿈 속에 본 사람을 자세히 살펴 그 형상을 그려서 천하에 널리 구하게 한 것이다. '방구(旁求)'는 구하기를 한 방소에만 한 것이 아니다. '축(築)'은 거주하는 것이니, 지금에도 거주하는 곳을 말할 때에 아직도 복축(卜築)이라고 한다. 부암(傅巖)은 우(虞)와 괵(虢)의 사이에 있었다. '초(肖)'는 같음이니, 꿈꾼 바의 모양과 서로 같은 것이다.

4. **爰立作相**하사 **王**이 **置諸其左右**하시다

이에 〈부열을〉 세워 정승을 삼아서 왕이 그 좌우에 두셨다.

於是에 立以爲相이라 按史記에 高宗得說하여 與之語하니 果聖人이어늘 乃擧以爲相이라하니 書不言은 省(생)文也니 未接語而遽命相은 亦無此理라 置諸左右는 蓋以冢宰兼師保也라 荀卿曰 學莫便乎近其人이라하니 置諸左右者는 近其人以學也라 史臣이 將記高宗命說之辭일새 先敍事始如此하니라

이에 〈부열을〉 세워 정승을 삼았다. 살펴보건대 《사기》〈은기(殷紀)〉에 "고종이 부열을 얻어 함께 말해보니 과연 성인이었으므로, 마침내 등용하여 정승을 삼았다." 하였으니, 《서경》에 이것을 말하지 않은 것은 글을 생략한 것이다. 접견하여 말해보지 않고 대번에 정승을 임명함은 또한 이러할 이치가 없다. 좌우에 둔다는 것은 총재(冢宰)로서 사보(師保)를 겸하게 한 듯하다. 순경(荀卿)이 말하기를 "배움은 그 사람을 가까이하는 것보다 편리함이 없다." 하였으니, 좌우에 둔 것은 그 사람을 가까이하여 배운 것이다. 사신(史臣)이 장차 고종이 부열을 명(命)하는 말을 기록하려 하였으므로 먼저 일의 시초를 서술하기를 이와 같이 한 것이다.

5. **命之曰 朝夕**에 **納誨**하여 **以輔台**(이)**德**하라

왕이 다음과 같이 명하셨다.

------

342 築……猶謂之卜築: 복축(卜築)은 좋은 집터를 잡아 사는 것을 이른다. 《집전》에는 축(築)을 복축으로 보아 이렇게 훈(訓)하였으나, 부열이 가난하여 부암(傅巖)에서 미천한 노역(勞役)을 대신해서 돌을 쌓아 길을 보수한 것으로 해석함이 일반적이다.

••• 虢 : 나라이름 괵

"아침저녁으로 가르침을 바쳐 나의 덕을 도우라.

此下는 命說之辭라 朝夕納誨者는 無時不進善言也라 孟子曰 人不足與適(謫)也 며 政不足與間也라 惟大人이아 爲能格君心之非라하니 高宗이 旣相說하여 處之以 師傅之職하고 而又命之朝夕納誨하여 以輔台德하니 可謂知所本矣라 呂氏曰 高 宗이 見道明이라 故로 知頃刻不可無賢人之言이니라

이 이하는 부열에게 명한 말씀이다. 아침저녁으로 가르침을 바치라는 것은 선언(善言)을 올리지 않을 때가 없는 것이다. 《맹자》〈이루 상(離婁上)〉에 "군주의 인재(人才) 등용을 이루 다 꾸짖을 수 없고, 정사의 잘못을 이루 다 흠잡을 수 없다. 오직 대인이라야 군주의 마음의 나쁜 것을 바로잡을 수 있다." 하였으니, 고종이 이미 부열을 정승으로 삼아 사부(師傅)의 직책에 처하게 하고, 또 아침저녁으로 가르침을 바쳐 자신의 덕을 도우라고 명했으니, 근본을 알았다고 이를 만하다.

여씨(呂氏)가 말하였다. "고종은 도(道)를 봄이 분명하였기 때문에 경각(頃刻)이라도 현인(賢人)의 말이 없어서는 안 됨을 안 것이다."

6. 若金이어든 用汝하여 作礪³⁴³하며 若濟巨川이어든 用汝하여 作舟楫하며 若 歲大旱이어든 用汝하여 作霖雨하리라

금(金;쇠)이라면 너를 사용하여 숫돌을 삼음과 같으며, 큰 내를 건넌다면 너를 사용하여 배와 노를 삼음과 같으며, 해(연사(年事))가 큰 가뭄이 든다면 너를 사용하여 장맛비를 삼음과 같을 것이다.

三日雨爲霖이라 高宗이 託物以喩望說納誨之切하니 三語雖若一意나 然一節이 深一節也라

3일 동안 비가 내림을 '임(霖;장마비)'이라 한다. 고종이 물건에 가탁하여 부열이 가르침을 바치기를 바람이 간절함을 비유하였으니, 세 말씀이 비록 한 뜻인 듯하나 〈거듭할수록〉 한 절(節)이 또 한 절보다 더 깊다.

......
343 若金用汝作礪:《언해》에는 "금(金) 같거든 너를 써 려(礪)를 작(作)하며"로 해석하였고, 퇴계(退溪)는 "금(金)이어든 여(汝)를 써 려(礪)를 작(作)흠과 같으며"로 해석하였으며, 하구(下句)의 '약제거천(若濟巨川)'과 '약세대한(若歲大旱)'도 이와 같은바, 퇴계의 설을 따랐음을 밝혀둔다.

••• 適 : 꾸짖을 적(謫同) 礪 : 숫돌 려 楫 : 노 집 霖 : 장마 림

7. 啓乃心하여 沃朕心하라

네 마음을 열어 내 마음에 대도록 하라.

啓는 開也요 沃은 灌漑也라 啓乃心者는 開其心而無隱이요 沃朕心者는 漑我心而厭飫(어)也라

'계(啓)'는 엶이요, '옥(沃)'은 관개(灌漑; 물을 댐)함이다. 네 마음을 열라는 것은 너의 마음을 열어 숨김이 없는 것이요, 내 마음에 대라는 것은 내 마음에 대어서 염어(厭飫; 흡족)하게 하는 것이다.

8. 若藥이 弗瞑(명)眩하면 厥疾이 弗瘳하며 若跣이 弗視地하면 厥足이 用傷하리라

약(藥)이 독하여 명현(瞑眩)하지 않으면 병(病)이 낫지 않음과 같으며, 발이 (발로 걸어갈 적에) 땅을 살피지 않으면 발이 상함과 같은 것이다.

方言에 曰 飮藥而毒을 海、岱之間에 謂之瞑眩이라하니라 瘳는 愈也라 弗瞑眩은 喩臣之言이 不苦口也요 弗視地는 喩我之行이 無所見也라

《방언(方言)》에 "약을 마셔 독이 있는 것을 해대(海岱; 동해와 태산)의 사이에서는 명현(瞑眩)이라 한다." 하였다. '추(瘳)'는 병이 나음이다. 명현하지 않음은 신하의 말이 입에 쓰지 않음을 비유한 것이요, 땅을 살피지 않음은 나의 걸음이 본 바가 없음을 비유한 것이다.

9. 惟曁乃僚로 罔不同心하여 以匡乃辟하여 俾率先王하여 迪我高后하여 以康兆民하라

네 관속(官屬)들과 마음을 함께하지 않음이 없어서 네 군주를 바로잡아 선왕의 도를 따라 우리 고후(高后; 성탕)의 자취를 밟아서 조민(兆民)을 편안하게 하라.

······
344 若藥……弗瘳 : 이 내용은 《맹자》〈등문공 상(滕文公上)〉에도 인용되었는데,《언해》에는 여기와 같이 해석하였으나, 호산은 "《맹자》에서는 약(若)을 만약으로 해석하는 것이 옳다." 하였다. 《맹자집주상설(孟子集註詳說)》참조.
345 方言 : 전한(前漢) 때의 학자(學者)인 양웅(揚雄)이 지은 책으로 각 지방의 방언(方言)을 수록하였는바, 정식 명칭은《양자방언(揚子方言)》이다.

··· 沃 : 물댈 옥 灌 : 물댈 관 漑 : 물댈 개 飫 : 배부를 어 瞑 : 어지러울 명 眩 : 어지러울 현 瘳 : 나을 추
跣 : 맨발 선 岱 : 뫼 대

匡은 正이요 率은 循也라 先王은 商先哲王也라 說旣作相하여 總百官하니 則卿士而下 皆其僚屬이라 高宗은 欲傅說이 曁其僚屬으로 同心正救하여 使循先王之道하여 蹈成湯之迹하여 以安天下之民也라

 '광(匡)'은 바로잡음이요, '솔(率)'은 따름이다. 선왕은 상나라의 선철왕(先哲王)이다. 부열이 이미 정승이 되어서 백관을 통솔하니, 경사(卿士) 이하가 모두 그의 관속이다. 고종은 부열이 요속(僚屬;부하 속관(屬官))들과 마음을 함께 하여 군주를 바로잡아 군주로 하여금 선왕의 도를 따라 성탕(成湯)의 자취를 밟아서 천하의 백성을 편안히 하기를 바란 것이다.

10. 嗚呼라 欽予時命하여 其惟有終하라
 아! 나의 이 명령을 공경하여 유종(有終)을 생각하라."

敬我是命하여 其思有終也니 是命은 上文所命者라
 나의 이 명령을 공경하여 그 유종을 생각하라는 것이니, 이 명(命)은 상문(上文)에 명령한 것이다.

11. 說이 復于王曰 惟木從繩則正하고 后從諫則聖하나니 后克聖이시면 臣不命其承이온 疇敢不祗若王之休命하리잇고
 부열이 왕에게 대답하였다. "나무는 먹줄을 따르면(따라 깎으면) 바르고 임금은 간언(諫言)을 따르면 성(聖)스러워지니, 임금께서 능히 성스러우시면 군주가 명령하지 않아도 신하들이 받드는데, 누가 감히 왕의 아름다운 명령에 공경히 순종하지 않겠습니까."

答欽予時命之語라 木從繩은 喩后從諫이니 明諫之決不可不受也라 然高宗은 當求受言於己요 不必責進言於臣이라 君果從諫이면 臣雖不命이라도 猶且承之온 況命之如此하시니 誰敢不敬順其美命乎아
 '나의 이 명령을 공경하라.'는 말씀에 대답한 것이다. 나무가 먹줄을 따름은 군주가 간언을 따름을 비유한 것이니, 간언을 결코 받아들이지 않으면 안 됨을 밝힌 것이다. 그러나 고종은 마땅히 자신에게 말을 받아들이려고 할 것이요, 굳이 신하에게 진언(進言)하기를 책할 것이 없다. 군주가 과연 간언을 따르면 신하들은 비록 군주가 명

··· 繩 : 먹줄 승 祗 : 공경할지

령하지 않더라도 오히려 받드는데, 하물며 명령하시기를 이와 같이 하시니, 누가 감히 아름다운 명령을 공경히 순종하지 않겠습니까.

〈열명 중(說命中)〉

1. **惟說**이 **命**으로 **總百官**하니라
　부열이 고종(高宗)의 명령으로 백관(百官)을 통솔하였다.

說이 **受命總百官**하니 **冢宰之職也**라
　부열이 명령을 받아 백관을 통솔하니, 총재(冢宰)의 직책이다.

2. **乃進于王曰 嗚呼**라 **明王**이 **奉若天道**하사 **建邦設都**하여 **樹后王、君公**하시고 **承以大夫、師、長**은 **不惟逸豫**라 **惟以亂民**이니이다
　부열이 이에 왕에게 진언(進言)하였다.
　"아! 명왕(明王)들이 천도(天道)를 받들어 순히 하사 나라를 세우고 도읍을 설치해서 후왕(后王)과 군공(君公)을 세우고 대부(大夫)와 사(師)·장(長)으로 받들게 하심은 군주가 일예(逸豫;편안하고 즐거움)하게 하려는 것이 아니라 오직 백성을 다스리고자 해서입니다.

后王은 **天子也**요 **君公**은 **諸侯也**라 **治亂曰亂**이라 **明王**이 **奉順天道**하여 **建邦設都**하여 **立天子、諸侯**하고 **承以大夫、師、長**하여 **制爲君臣上下之禮**하여 **以尊臨卑**하고 **以下奉上**하니 **非爲一人逸豫之計而已也**라 **惟欲以治民焉耳**니라
　'후왕'은 천자이고, '군공'은 제후이다. 난(亂)을 다스림을 '난(亂)'이라 한다. 명왕이 천도를 받들어 순히 하여 나라를 세우고 도읍을 설치해서 천자와 제후를 세우고 대부와 사(師)·장(長)으로 받들게 하여 군신(君臣)과 상하(上下)의 예를 제정해서, 높은 사람으로서 낮은 사람에게 임하고 아랫사람으로서 윗사람을 받들게 하였으니, 이는 군주 한 사람의 일예(逸豫)를 위한 계책에 그칠 뿐이 아니요, 오직 백성을 다스리고자 해서이다.

3. **惟天**이 **聰明**하시니 **惟聖**이 **時憲**하시면 **惟臣**이 **欽若**하며 **惟民**이 **從乂**하리이다
　하늘이 총명하시니, 성상(聖上)께서 이를 본받으시면 신하들이 공경히 순종하며, 백성들도 따라서 다스려질 것입니다.

··· 亂 : 다스릴 난　憲 : 본받을 헌　若 : 순할 약

天之聰明이 無所不聞하고 無所不見은 無他라 公而已矣라 人君이 法天之聰明하여 一出於公이면 則臣敬順하고 而民亦從治矣리라
　하늘의 총명이 듣지 않는 것이 없고 보지 않는 것이 없는 것은 다름이 아니라 공(公)일 뿐이니, 인군이 하늘의 총명을 본받아 한결같이 공(公)에서 나오면 신하들이 공경히 순종하고 백성들 또한 따라서 잘 다스려질 것이다.

4. 惟口는 起羞하며 惟甲胄는 起戎하나니이다 惟衣裳을 在笥하시며 惟干戈를 省厥躬하사 王惟戒茲하사 允茲克明하시면 乃罔不休하리이다
　입(말)은 부끄러움을 일으키며 갑주(甲胄:갑옷과 투구)는 전쟁을 일으킵니다. 의상(衣裳:관복)을 상자에 잘 보관해 두시며, 간과(干戈:창과 방패)를 몸에 살피시어 왕께서 이를 경계하사, 이것을 믿어 능히 분명하게 하시면 아름답지 않음이 없을 것입니다.

言語는 所以文身也나 輕出則有起羞之患하고 甲胄는 所以衛身也나 輕動則有起戎之憂라 二者는 所以爲己니 當慮其患於人也라 衣裳은 所以命有德이니 必謹於在笥者는 戒其有所輕予요 干戈는 所以討有罪니 必嚴於省躬者는 戒其有所輕動이라 二者는 所以加人이니 當審其用於己也라 王惟戒此四者하여 信此而能明焉이면 則政治無不休美矣리라
　언어(言語)는 몸을 문식하는 것이나 함부로 내면 부끄러움을 일으킬 화환(禍患)이 있고, 갑주는 몸을 호위하는 것이나 가볍게 동하면 전쟁을 일으킬 우려가 있다. 두 가지는 자신을 위하는 것이니, 마땅히 남에게 폐해를 끼침을 염려해야 한다. 의상(관복)은 덕이 있는 이에게 명하는(주는) 것이니, 반드시 신중히 보관하여 상자에 둠은 가볍게 주는 바가 있음을 경계한 것이며, 간과(干戈)는 죄가 있는 자를 토벌하는 것이니, 반드시 엄격히 몸을 살핌은 가볍게 움직이는 바가 있음을 경계한 것이다. 이 두 가지는 남에게 가하는(주는) 것이니, 마땅히 자신에게 씀을 살펴야 한다. 왕이 이 네 가지를 경계하여, 이것을 믿어 능히 밝게 하시면 정치가 아름답지 않음이 없을 것이다.

5. 惟治亂이 在庶官하니 官不及私昵(닐)하사 惟其能하시며 爵罔及惡德하사 惟其賢하소서
　나라가 다스려지고 혼란함은 여러 관원들에게 달려 있으니, 관직을 사사로이 가까운 자에게 미치지 않게 하여 능한 자로 하시며, 작위가 악덕(惡德)인 자에게 미치지 않

··· 胄:투구 주 戎:싸움 융 笥:상자 사 昵:친할 닐

게 하여 현자(賢者)로 하소서.

庶官은 治亂之原也니 庶官이 得其人則治하고 不得其人則亂이라 王制曰 論定而後官之하고 任官而後爵之라하니 六卿, 百執事는 所謂官也요 公, 卿, 大夫, 士는 所謂爵也라 官以任事라 故曰能이요 爵以命德이라 故曰賢이라 惟賢惟能은 所以治也요 私昵惡德은 所以亂也라

 여러 관원은 나라가 다스려지고 혼란해지는 근원이니, 여러 관원이 훌륭한 인물을 얻으면 나라가 다스려지고, 훌륭한 사람을 얻지 못하면 나라가 어지러워진다. 《예기》〈왕제(王制)〉에 "의론하여 결정한 뒤에 벼슬을 시키고〔官〕, 벼슬을 맡긴 뒤에 작위(爵位:품계)를 준다." 하였으니, 육경(六卿)과 백집사(百執事)는 이른바 관(官)이요, 공(公)·경(卿)·대부(大夫)·사(士)는 이른바 작(爵)이다. 관직은 일을 맡기기 때문에 능(能)이라 하였고, 작위는 덕이 있는 자에게 명하기 때문에 현(賢)이라 하였다. 현자와 능한 자를 임용함은 나라가 다스려지는 이유이고, 사사로이 가까운 자와 악덕(惡德)인 자를 임용함은 나라가 어지러워지는 이유이다.

○ 按古者에 公、侯、伯、子、男은 爵之於侯國하고 公、卿、大夫、士는 爵之於朝廷이어늘 此言庶官하니 則爵爲公、卿、大夫、士也라
○ 吳氏曰 惡德은 猶凶德也라 人君은 當用吉士니 凶德之人은 雖有過人之才나 爵亦不可及이니라

 ○ 살펴보건대 옛날에 공(公)·후(侯)·백(伯)·자(子)·남(男)은 제후국에 대한 작위이고 공·경·대부·사는 조정에 대한 작위인데, 여기에 서관(庶官)이라고 말했으니, 여기의 작(爵)은 공·경·대부·사인 것이다.
 ○ 오씨(吳氏)가 말하였다. "악덕(惡德)은 흉덕(凶德)과 같다. 인군은 마땅히 길한(선한) 선비를 써야 하니, 흉덕의 사람은 비록 남보다 뛰어난 재주가 있더라도 작위가 미쳐서는 안 된다."

6. **慮善以動**[346] 하사되 **動惟厥時**하소서

------
346 慮善以動 : 《언해》에는 "여(慮)가 선(善)커든 써 동(動)하사대"로 되어 있으나, 퇴계의 설(說)을 따라 '생각을 선(善)하게 하여'로 수정 번역하였다.

생각을 선(善)하게 하여 동(動)하시되 동함을 때에 맞게 하소서.

善은 當乎理也요 時는 時措之宜也라 慮는 固欲其當乎理나 然動非其時면 猶無益 也니 聖人이 酬酢斯世에 亦其時而已시니라

'선(善)'은 이치에 합당함이요, '시(時)'는 때로 조처함에 마땅한 것이다. 생각은 진실로 이치에 합당하게 하려고 하나 동함을 제때에 하지 않으면 오히려 무익(無益)하니, 성인이 이 세상을 수작(酬酢;수응)함 또한 때에 맞게 하실 뿐이다.

7. **有其善**하면 **喪厥善**하고 **矜其能**하면 **喪厥功**하리이다

자신이 선(善)을 소유하였노라고 생각하면 그 선을 상실하고, 자신의 재능을 자랑하면 그 공(功)을 상실할 것입니다.

自有其善이면 則己不加勉而德虧矣요 自矜其能이면 則人不效力而功隳(휴)矣라

스스로 선을 소유하였다고 여기면 자신이 더 힘쓰지 않아 덕이 이지러지고, 스스로 재능을 자랑하면 사람들이 자신의 힘을 다하지 않아 공(功)이 훼손된다.

8. **惟事事** 乃其有備니 有備라사 無患하리이다

일에 종사(從事)함이 바로 대비가 있는 것이니, 대비가 있어야 근심이 없을 것입니다.

惟事其事라야 乃其有備니 有備故로 無患也라 張氏曰 修車馬하고 備器械하여 事 乎兵事하면 則兵有其備라 故로 外侮不能爲之憂요 簡稼器하고 修稼政하여 事乎農 事하면 則農有其備라 故로 水旱이 不能爲之害하니 所謂事事有備無患者 如此니라

일에 종사하여야 이에 대비가 있으니, 대비가 있으므로 근심이 없는 것이다.

장씨(張氏)가 말하였다. "수레와 말을 수리하고 기계(器械;병기) 등의 장비를 마련하여 병사(兵事)에 종사하면 병(兵;국방)에 대비가 있으므로 외침(外侵;외국의 침범)이 근심이 되지 않으며, 농기구를 살펴보고 농정(農政)을 닦아 농사에 종사하면 농사에 대비가 있으므로 홍수와 가뭄이 폐해가 되지 않으니, 이른바 일에 종사하여 대비가 있어야 이에 근심이 없다는 것은 이와 같은 것이다."

9. **無啓寵**(하사) **納侮**하시며 **無恥過**(하사) **作非**하소서

··· 措:둘 조 酬:술권할 수 酢:술권할 작 虧:이지러질 휴 隳:무너질 휴

총애를 열어놓아 업신여김을 초래하지 말며, 과오를 부끄러워하여 잘못을 저지르지 마소서.

毋開寵幸而納人之侮하고 **毋恥過誤而遂己之非**라 過誤는 出於偶然이요 作非는 出於有意니라

　　총행(寵幸)을 열어놓아 남의 업신여김을 초래하지 말고, 과오를 부끄러워하여 자신의 잘못(비행(非行))을 이루지 말아야 한다. 과오는 우연(실수)에서 나오고, 작비(作非)는 유의(有意:고의)에서 나오는 것이다.

10. **惟厥攸居**라사 **政事惟醇**하리이다

　　그 머물 곳을 편안히 여기셔야 정사가 순수해질 것입니다.

居는 止而安之義니 安於義理之所止也라 義理出於勉強이면 則猶二也요 義理安於自然이면 則一矣니 一故로 政事醇而不雜也라

　　'거(居)'는 그쳐서(머물러서) 편안히 여기는 뜻이니, 의리에 그칠 바를 편안히 여기는 것이다. 의리가 억지로 힘씀에서 나오면 오히려(아직도) 둘(따로)이요, 의리가 자연에서 나오는 것을 편안히 여기면 하나이니, 하나이기 때문에 정사가 순수하여 잡되지 않은 것이다.

11. **黷**(독)**于祭祀** 時謂弗欽이니 禮煩則亂[347]이라 事神則難하니이다

　　제사에 번독(煩瀆)함(자주 제사하여 함부로 함)을 이것을 일러 공경하지 않는다 하니, 예(禮)는 번거로우면 혼란하여 신(神)을 섬기기 어렵습니다."

祭不欲黷이니 黷則不敬이요 禮不欲煩이니 煩則擾亂이니 皆非所以交鬼神之道也라 商俗이 尚鬼하니 高宗이 或未能脫於流俗하여 事神之禮 必有過焉이라 祖己戒其祀無豐昵(녜)하니 傅說이 蓋因其失而正之也라

347　禮煩則亂 : 이에 대하여 오윤상은 "이것은 바로 '제사를 번독하게 한다.'는 뜻을 말한 것이니, 채침의 《집전》에 '번(煩)'과 '독(黷)'으로 나누어 해석한 것은 옳지 못한 듯하다.[按禮煩則亂, 即申言黷于祭祀之義, 蔡傳分釋煩與黷, 文義恐未然.]" 하였다.

••• 醇 : 순전할 순　黷 : 더럽힐 독, 번독할 독　昵 : 아비사당 녜

제사는 설만하려고 하지 않아야 하니 설만하면 불경(不敬)해지고, 예(禮)는 번거로우려고 하지 않아야 하니 번거로우면 요란해지니, 이 두 가지는 모두 귀신을 사귀는 방도가 아니다. 상나라 풍속은 귀신을 숭상하였으니, 고종이 혹 유속(流俗)에서 벗어나지 못하여 신(神)을 섬기는 예가 반드시 과함이 있었을 것이다. 아래 〈고종융일(高宗肜日)〉에 조기(祖己)가 "제사를 아버지 사당에만 풍성하게 하지 말라."고 경계하였으니, 부열이 그 잘못을 인하여 바로잡은 것이다.

12. **王曰 旨哉**라 **說**아 **乃言**이 **惟服**이로다 **乃不良于言**이런들 **予罔聞于行**이랏다

왕(王)이 말씀하였다. "아름답다! 부열아. 너의 말이 행할 수 있겠다. 네가 좋은 말을 하지 않았더라면 내가 듣고서 행하지 못할 것이다."

旨는 美也라 古人은 於飮食之美者에 必以旨言之하니 蓋有味其言也라 服은 行也라 高宗이 贊美說之所言이 謂可服行하고 使汝不善於言이런들 則我無所聞而行之也라 蘇氏曰 說之言은 譬如藥石하니 雖散而不一이나 然一言一藥하여 皆足以治天下之公患이니 所謂古之立言者[348]니라

'지(旨)'는 아름다운 맛이다. 고인(古人)은 음식의 아름다운 것에 대해 반드시 맛〔旨〕이 있다고 말하였으니, 그 말에 맛(재미)이 있는 것이다. '복(服)'은 행함이다. 고종은 부열이 말한 것이 행할 수 있음을 찬미하고, 가령 네가 좋은 말을 하지 않았더라면 내가 듣고서 행하지 못할 것이다."라고 한 것이다.

소씨(蘇氏)가 말하였다. "부열의 말은 비유하면 약석(藥石)과 같으니, 비록 흩어져서 통일되지 않으나 한 마디 말이 한 가지 약(藥)이 되어 모두 천하의 공적(公的)인 병통을 다스릴 수 있으니, 이른바 옛날에 훌륭한 말을 세운(남긴) 자일 것이다."

13. **說**이 **拜稽首曰 非知之艱**이라 **行之惟艱**하니 **王忱**(침)**不艱**[349] 하시면 **允協**

------

348 所謂古之立言者 : 입언(立言)은 훌륭한 말이나 글을 남겨 후인을 깨우치는 것으로 《춘추좌씨전》 양공(襄公) 24년에 "태상(太上;최고)은 덕을 세우는 것이요, 그 다음은 공(功)을 세우는 것이요, 그 다음은 말을 세우는 것이다.〔太上有立德, 其次有立功, 其次有立言.〕"라고 보이는바, 노(魯)나라 대부 숙손표(叔孫豹)의 말이다.

349 王忱不艱 : 퇴계(退溪)는 "'왕침(王忱)'하시면 '불간(不艱)'이라'로 토(吐)를 달고 '왕(王)이 믿으시면 행하기가 어렵지 않다'로 고쳐야 한다." 하였으나, 《집전》을 위주하여 《언해》를 그대로 따랐음

··· 艱 : 어려울 간 忱 : 정성 침

于先王成德하시리니 惟說이 不言하면 有厥咎하리이다

부열이 절하고 머리를 조아리며 말하였다. "아는 것이 어려운 것이 아니라 행하는 것이 어려우니, 왕이 정성으로 믿어 어렵게 여기지 않으시면 진실로 선왕이 이룩하신 덕에 합하실 것이니, 제가 말씀드리지 않는다면 허물이 있을 것입니다."

高宗이 方味說之所言한대 而說이 以爲得於耳者非難이요 行於身者爲難이니 王忱信之하여 亦不爲難이면 信可合成湯之成德하시리니 說이 於是而猶有所不言이면 則有其罪矣라 上篇에 言后克聖하시면 臣不命其承은 所以廣其從諫之量하여 而將告以爲治之要也요 此篇에 言允協先王成德하시리니 惟說不言하면 有厥咎는 所以責其躬行之實하여 將進其爲學之說也니 皆引而不發[350]之義니라

고종(高宗)이 막 부열이 말한 것에 재미를 두자, 부열이 이르기를 "귀에 얻어 들음이 어려운 것이 아니요 몸에 행함이 어려우니, 왕이 진심으로 믿어 또한 어렵게 여기지 않으시면 진실로 성탕(成湯)이 이룩하신 덕에 합할 것입니다. 이러한데도 제가 오히려 말씀드리지 않음이 있으면 그 죄가 있을 것입니다."라고 한 것이다.

상편(上篇)에 '군주가 성스러우면 신하는 명령하지 않아도 군주의 뜻을 받든다.'고 말한 것은, 간언(諫言)을 따르는 도량을 넓혀서 장차 정치하는 요체(要體)를 고(告)하려고 한 것이요, 이 편에 '진실로 선왕이 이룩하신 덕에 합하실 것이니, 제가 말씀드리지 않는다면 그 허물(죄)이 있다.'고 말한 것은, 궁행(躬行)의 실제를 책(責)하여 장차 학문하는 말을 올리려고 한 것이니, 모두 활을 당기기만 하고 발사(發射)하지 않은 뜻이다.

••••••

을 밝혀둔다.

350 引而不發 : 인(引)은 활을 당기는 것이고 발(發)은 발사하는 것으로, 《맹자》〈진심 상(盡心上)〉에 "군자가 활을 당기기만 하고 발사하지 않으나 그 말해주지 않는 것(묘리)이 약여(躍如)하여 중도에 서 있으면 능한 자가 따른다.〔君子引而不發, 躍如也, 中道而立, 能者從之.〕"라고 보이는데, 《집주(集註)》에 "군자가 사람을 가르침에 다만 그것을 배우는 방도를 가르쳐주고 그것을 터득하는 묘함은 말해주지 않으니, 활을 쏘는 자가 활을 당기기만 하고 발사하지 않는 것과 같다." 하였다.

〈열명 하(說命下)〉

1. **王曰 來汝說**아 **台**(이)**小子 舊學于甘盤**하더니 **旣乃遯于荒野**하며 **入宅于河**하며 **自河徂亳**하여 **暨厥終**하여 **罔顯**호라

 왕(王)이 말씀하였다.
 "이리 오라. 부열아! 나 소자(小子)는 옛날에 감반(甘盤)에게 배웠는데 이윽고 황야(荒野)로 물러갔으며, 하수(河水)가에 들어가 살았으며, 하수에서 박읍(亳邑)으로 가서 끝마침에 이르도록 학문이 드러나지 못하였노라.

甘盤은 **臣名**이니 **君奭**에 **言在武丁時則有若甘盤**이라하니라 **遯**은 **退也**라 **高宗言 我小子舊學於甘盤**이러니 **已而退于荒野**하고 **後又入居于河**하고 **自河徂亳**하여 **遷徙不常**이라하여 **歷敍其廢學之因**하고 **而歎其學**이 **終無所顯明也**라 **無逸**에 **言高宗舊勞于外**하여 **爰暨小人**이라하니 **與此相應**이라 **國語**에 **亦謂武丁入于河**하고 **自河徂亳**이라하고 **唐孔氏曰 高宗爲王子時**에 **其父小乙**이 **欲其知民之艱苦**라 **故**로 **使居民間也**라하니라 **蘇氏謂甘盤遯于荒野**는 **以台小子語脈**으로 **推之**컨대 **非是**라

 감반(甘盤)은 신하의 이름이니, 아래 〈군석(君奭)〉에 "무정(武丁) 때에 있어서는 감반과 같은 이가 있었다." 하였다. '돈(遯)'은 물러감이다. 고종(高宗)이 말씀하기를 "나 소자(小子)는 옛날에 감반에게 배웠는데 이윽고 황야로 물러갔고 뒤에 또 하수(河水)가에 들어가 살았으며 하수로부터 박읍(亳邑)으로 가서, 옮겨다니고 일정하게 살지 않았다." 하여, 학문을 폐한 원인을 일일이 서술하고, 그리하여 그 학문이 끝내 드러나 밝음이 없음을 한탄한 것이다. 아래 〈무일(無逸)〉에 "고종이 옛날에 밖에서 수고로워 소인(백성)들과 함께했다." 하였으니, 이와 서로 응한다.
 《국어(國語)》〈초어(楚語)〉에도 "무정이 하수에 들어갔고 하수에서 박읍으로 갔다." 하였으며, 당나라 공씨는 "고종이 왕자였을 때에 그의 아버지인 소을(小乙)이 민간의 고통과 어려움을 알게 하려고 하였으므로 민간에 살게 했다." 하였다.
 소씨(蘇氏)가 '감반이 황야에 은둔했다.'고 말한 것은 '나 소자'란 어맥(語脈)으로 미루어 보면 옳지 않다.

2. **爾惟訓于朕志**하여 **若作酒醴**어든 **爾惟麴蘖**(국얼)이며 **若作和羹**이어든 **爾惟鹽梅**라 **爾交修予**하여 **罔予棄**하라 **予惟克邁乃訓**호라

… 醴: 단술 례 麴: 누룩 국 蘖: 누룩 얼 羹: 국 갱 鹽: 소금 염 梅: 매실 매 邁: 힘쓸 매

너는 짐(朕)의 뜻을 가르쳐서 내가 술과 단술을 만들려 하거든 네가 누룩과 엿기름이 되는 것과 같으며, 내가 간을 맞춘 국을 만들려 하거든 네가 소금과 매실(梅實)이 되는 것과 같아야 한다. 너는 여러 가지로 나를 닦아서 나를 버리지 말라. 내가 능히 너의 가르침을 행할 것이다."

心之所之를 謂之志라 邁는 行也라 范氏曰 酒非麴糵이면 不成이요 羹非鹽梅면 不和며 人君이 雖有美質이나 必得賢人輔導라야 乃能成德이라 作酒者는 麴多則太苦하고 糵多則太甘하니 麴糵得中然後成酒하며 作羹者는 鹽過則鹹(함)하고 梅過則酸하니 鹽梅得中然後成羹이라 臣之於君에 當以柔濟剛하고 可濟否하여 左右規正하여 以成其德이라 故로 曰 爾交修予하여 爾無我棄하라 我能行爾之言也라하니라 孔氏曰 交者는 非一之義니라

마음이 가는 것을 '지(志)'라 한다. '매(邁)'는 행함이다. 범씨(范氏)가 말하였다. "술은 누룩과 엿기름이 아니면 이루어지지 못하고, 국은 소금과 매실이 아니면 화(和:간을 맞춤)하지 못하며, 임금이 비록 아름다운 자질이 있더라도 반드시 현인(賢人)이 보도(輔導)해줌을 얻어야 비로소 덕을 이룰 수 있다. 술을 만드는 자는 누룩이 많으면 술맛이 너무 쓰고 엿기름이 많으면 술맛이 너무 다니, 누룩과 엿기름이 알맞은 뒤에야 좋은 술이 이루어지며, 국을 만드는 자는 소금이 지나치면 국이 너무 짜고 매실이 지나치면 국이 너무 시니, 소금과 매실이 알맞은 뒤에야 맛있는 국이 이루어진다. 신하는 군주에 대해 마땅히 유(柔)로써 강(剛)을 구제하고 가(可)함으로써 부(否)를 구제하여 좌우(左右)에서 돕고 바로잡아 그 덕을 이루어야 한다. 그러므로 '너는 여러 가지로 나를 닦아서 나를 버리지 말라. 내 능히 너의 말을 행하겠다.'고 말씀한 것이다."

공씨(孔氏)가 말하였다. "교(交)는 한 번이 아닌 뜻이다."

3. 說曰 王아 人을 求多聞은 時惟建事니 學于古訓[351]이라사 乃有獲하리니 事不師古하고 以克永世는 匪說의 攸聞이로소이다

......
351 人求多聞 時惟建事 學于古訓 : 이에 대하여 오윤상은 《집전》에 남과 자기를 나누어서 해석하였으니, 옳지 못한 듯하다. 옛날의 가르침을 배운 뒤에야 비로소 문견이 많아질 수 있으니, 두 가지 일이 아니다.〔求多聞, 學于古訓, 傳分人己而釋之, 恐不然. 學于古訓然後, 乃能多聞, 非兩項事.〕" 하였다.

··· 鹹 : 짤 함

부열이 말하였다.

"왕이시여! 사람을 문견(聞見)이 많은 자를 구함은 이는 일을 세우기 위해서입니다. 옛 가르침을 배워야 비로소 얻음이 있을 것이니, 일은 옛것을 본받지 않고서 능히 장구한 것은 제가 들은 바가 아닙니다."

求多聞者는 資之人이요 學古訓者는 反之己라 古訓者는 古先聖王之訓으로 載修身治天下之道하니 二典、三謨^{352}之類 是也라 說이 稱王而告之曰 人求多聞者는 是惟立事라 然必學古訓하여 深識義理然後有得이니 不師古訓하고 而能長治久安者는 非說所聞이라하니 甚言無此理也라

○ 林氏曰 傳說稱王而告之는 與禹稱舜曰帝光天之下로 文勢正同하니라

견문이 많은 자를 구하는 것은 남에게 자뢰(의뢰)함이요, 옛 가르침을 배우는 것은 자신에게 돌이키는 것이다. 옛 교훈이란 옛날 선성왕(先聖王)의 교훈으로 몸을 닦고 천하를 다스리는 방도를 기재한 것이니, 이전(二典)과 삼모(三謨)의 따위가 이것이다. 부열이 왕을 일컫고 고(告)하기를 "사람을 문견이 많은 자를 구하는 것은 이는 일을 세우기 위해서입니다. 그러나 반드시 옛 가르침을 배워서 의리를 깊이 안 뒤에야 얻음이 있을 것이니, 옛 가르침을 본받지 않고 능히 장구하게 나라가 다스려지고 편안한 것은 제가 들은 바가 아닙니다."라고 하였으니, 이러한 이치가 없음을 심히 말한 것이다.

○ 임씨(林氏)가 말하였다. "부열이 왕을 일컫고 고한 것은 〈익직(益稷)〉에 우(禹)가 순(舜)을 일컫고 '황제시여. 하늘의 아래에 빛난다.'고 말씀한 것과 문세(文勢)가 똑같다."

4. 惟學은 遜志니 務時敏하면 厥修乃來하리니 允懷于玆하면 道積于厥躬하리이다

배움은 뜻을 겸손하게 해야 하니, 힘써서 때로 민첩하게 하면 그 닦여짐이 비로소 올 것이니, 독실히 믿어 이것을 생각하면 도가 그 몸에 쌓일 것입니다.

---

352 二典三謨 : 이전(二典)은 위의 〈요전(堯典)〉·〈순전(舜典)〉을 이르고, 삼모(三謨)는 위의 〈대우모(大禹謨)〉·〈고요모(皐陶謨)〉·〈익직(益稷)〉을 가리킨다.

遜은 謙抑也요 務는 專力也라 時敏者는 無時而不敏也라 遜其志하여 如有所不能하고 敏於學하여 如有所不及하여 虛以受人하고 勤以勵己하면 則其所修 如泉始達하여 源源乎其來矣라 玆는 此也니 篤信而深念乎此하면 則道積於身하여 不可以一二計矣라 夫修之來하고 來之積하여 其學之得於己者如此하니라

'손(遜)'은 겸손하고 억제함이요, '무(務)'는 힘을 오로지 쓰는 것이다. '시민(時敏)'은 어느 때고 민첩하지 않음이 없는 것이다. 그 뜻을 겸손히 하여 마치 능하지 못한 바가 있는 듯이 하고, 학문에 민첩하여 미치지 못하는 바가 있는 듯이 하여, 겸허히 남에게 받아들이고 부지런히 자기를 힘쓰면 그 닦여지는 바가 마치 샘물이 처음 나와서 원원(源源:끊임없이)히 오는 것과 같을 것이다. '자(玆)'는 이것이니, 독실히 도(道)를 믿어 이것을 깊이 생각하면 도(道)가 몸에 쌓여서 한두 가지로 계산할 수 없을 것이다. 닦여짐이 오고 옴이 쌓여서 학문이 자기 몸에 얻어짐이 이와 같은 것이다.

5. 惟斅(효)는 學半이니 念終始를 典于學하면 厥德修를 罔覺하리이다
   가르침은 배움의 절반이니, 생각의 종(終)과 시(始)를 학문에 주장하면 그 덕이 닦여짐을 자신도 깨닫지 못할 것입니다.

斅는 敎也니 言敎人이 居學之半이라 蓋道積厥躬者는 體之立이요 斅學于人者는 用之行이니 兼體用, 合內外而後에 聖學을 可全也라 始之自學도 學也요 終之敎人도 亦學也니 一念終始 常在於學하여 無少間斷이면 則德之所修 有不知其然而然者矣리라 或曰 受敎亦曰斅라 斅於爲學之道에 半之니 半須自得이라하니 此說이 極爲新巧나 但古人論學에 語皆平正的實하니 此章句數非一이라 不應中間一語獨爾巧險이니 此蓋後世釋敎機權이어늘 而誤以論聖賢之學也라

'효(斅)'는 가르침이니, 사람을 가르침이 배움의 절반을 차지함을 말한 것이다. 도(道)가 그 몸에 쌓임은 체(體)가 서는 것이요, 배운 것을 남에게 가르침은 용(用)이 행해지는 것이니, 체·용을 겸하고 내(內)·외(外)를 합한 뒤에 성학(聖學)을 온전히 할 수 있다. 처음에 스스로 배우는 것도 학(學)이요 종말에 남을 가르침 또한 학이니, 한 생각의 종(終)과 시(始)가 항상 학(學)에 있어 조금도 간단(間斷)함이 없으면 덕(德)의 닦여짐이 그러한 줄을 알지 못하는 사이에 그러함이 있을 것이다.

혹자는 말하기를 "가르침을 받음을 또한 효(斅)라 한다. 배움은 학문하는 방도에 있어서 절반이니, 〈그 나머지〉 절반은 모름지기 스스로 터득해야 한다."라고 한다. 이

··· 斅 : 가르칠 효 典 : 주장할 전

말이 지극히 새롭고 공교로우나 다만 옛사람이 학문을 논함에 말이 모두 평정(平正)하고 적실(的實;분명하고 확실함)하니, 이 장(章)에서 〈학문을 논한〉 구수(句數)가 한둘이 아닌데 중간의 이 한 마디 말만 이처럼 공교롭고 험할 수가 없다. 이는 아마도 석교(釋敎;불교)의 기권(機權;기지와 권모술수)인데, 잘못 성현(聖賢)의 학문을 논한 듯하다.

6. 監于先王成憲하사 其永無愆하소서
선왕이 이루어 놓은 법을 살펴보시어 길이 잘못이 없게 하소서.

憲은 法이요 愆은 過也라 言德雖造於罔覺이나 而法必監于先王이니 先王成法者는 子孫之所當守者也라 孟子言遵先王之法而過者 未之有也라하니 亦此意니라
'헌(憲)'은 법(法)이요, '건(愆)'은 잘못이다. 덕은 비록 자신도 깨닫지 못하는 사이에 나아가나 법은 반드시 선왕을 살펴보아야 하니, 선왕이 이루어 놓은 법은 자손들이 마땅히 지켜야 할 바임을 말한 것이다.《맹자》〈이루 상(離婁上)〉에 "선왕의 법을 따르고서 잘못되는 자는 있지 않다." 하였으니, 또한 이러한 뜻이다.

7. 惟說이 式克欽承하여 旁招俊乂하여 列于庶位호리이다
제가 이로써 〈왕의 뜻을〉 공경히 받들어서 준예(俊乂)들을 널리 불러 여러 지위에 나열하겠습니다."

式은 用也라 言高宗之德이 苟至於無愆이면 則說이 用能敬承其意하여 廣求俊乂하여 列于衆職이라 蓋進賢이 雖大臣之責이나 然高宗之德이 未至면 則雖欲進賢이나 有不可得者니라
'식(式)'은 써이다. 고종(高宗)의 덕이 만일 잘못이 없음에 이르면 부열이 이로써 능히 공경히 그 뜻을 받들어서 준예(俊乂)들을 널리 구하여 여러 직책에 나열하겠다고 말한 것이다. 현자를 등용함이 비록 대신(大臣)의 책무(責務)이나 고종의 덕이 지극하지 않으면 비록 현자를 등용하려고 하더라도 될 수 없는 것이다.

8. 王曰 嗚呼라 說아 四海之內 咸仰朕德은 時乃風이니라
왕이 말씀하였다.
"아! 부열아. 사해의 안이 모두 짐(朕)의 덕을 우러러봄은 이는 너의 풍교(風敎) 때문

이다.

風은 敎也라 天下皆仰我德은 是汝之敎也라
  '풍(風)'은 가르침이다. 천하가 모두 나의 덕을 우러러봄은 이는 모두 너의 가르침 때문이다.

9. 股肱이라사 惟人이며 良臣이라사 惟聖이니라
  팔다리가 있어야 사람이며, 어진 신하가 있어야 군주가 성(聖)스러워진다.

手足備而成人이요 良臣輔而君聖이라 高宗이 初以舟楫霖雨爲喩하고 繼以麴蘗鹽梅爲喩하고 至此엔 又以股肱惟人爲喩하니 其所造益深에 所望益切矣로다
  수족(手足)이 갖추어져야 사람을 이루고, 어진 신하가 보필하여야 군주가 성(聖)스러워진다. 고종이 처음에는 배와 노, 장맛비로 비유하였고, 이어서 누룩과 엿기름, 소금과 매실로 비유하였으며, 이에 이르러서는 또 팔다리가 있어야 사람이 됨으로 비유하였으니, 나아간 바(조예)가 더욱 깊어짐에 기대한 바가 더욱 간절하다.

10. 昔先正保衡이 作我先王하여 乃曰 予弗克俾厥后로 惟堯舜이면 其心愧恥 若撻于市하며 一夫不獲이어든 則曰時予之辜라하여 佑我烈祖하여 格于皇天하니 爾尙明保予하여 罔俾阿衡으로 專美有商하라
  옛날 선정(先正)인 보형(保衡;이윤(伊尹))이 우리 선왕을 진작시켜 이르기를 '내가 그 군주로 하여금 요(堯)·순(舜) 같은 군주가 되게 하지 못하면 그 마음에 부끄러움이 시장에서 종아리를 맞는 듯이 여겼으며, 한 지아비라도 제 살 곳을 얻지 못하면 이는 나의 잘못이다.'라고 하여, 나의 열조(烈祖;탕왕)를 도와서 공(功)이 황천(皇天)에 이르렀으니, 너는 부디 나를 밝게 보좌(輔佐)하여 아형(阿衡;이윤)으로 하여금 상나라에서 아름다움을 독차지하게 하지 말라.

先正은 先世長官之臣이라 保는 安也니 保衡은 猶阿衡이라 作은 興起也라 撻于市는 恥之甚也라 不獲은 不得其所也라 高宗이 擧伊尹之言하여 謂其自任如此라 故

로 能輔我成湯하여 功格于皇天하니 爾庶幾明以輔我[353]하여 無使伊尹으로 專美於我商家也라 傅說은 以成湯望高宗이라 故로 曰協于先王成德하고 監于先王成憲이라하고 高宗은 以伊尹望傅說이라 故로 曰罔俾阿衡으로 專美有商이라하니라

'선정(先正)'은 선세(先世) 장관(長官;관청의 우두머리)의 신하이다. '보(保)'는 편안함이니, '보형(保衡)'은 아형(阿衡)과 같다. '작(作)'은 흥기(興起)시킴이다. 시장에서 종아리를 맞는다는 것은 부끄러움이 심한 것이다. '불획(不獲)'은 그 살 곳을 얻지 못하는 것이다. 고종이 이윤의 말을 들어서 "스스로 책임짐이 이와 같았기 때문에 능히 우리 성탕을 보좌하여 공(功)이 황천(皇天)에 이르렀으니, 너는 부디 밝게 나를 보필하여 이윤으로 하여금 우리 상나라에서 아름다움을 독차지하게 하지 말라."고 한 것이다. 부열은 성탕으로 고종을 기대했으므로 "선왕이 이루어 놓은 덕에 합하라." 하고, "선왕의 이루어 놓은 법을 살펴보라." 하였으며, 고종은 이윤으로 부열을 기대했으므로 "아형으로 하여금 상나라에 아름다움을 독차지하게 하지 말라." 한 것이다.

11. 惟后는 非賢이면 不乂하고 惟賢은 非后면 不食하나니 其爾克紹乃辟于先王하여 永綏民하라 說이 拜稽首曰 敢對揚天子之休命호리이다

임금은 현자(賢者)가 아니면 나라를 다스리지 못하고, 현자는 임금이 아니면 녹을 먹지 못하니, 너는 네 군주를 선왕에게 이어서 백성들을 길이 편안하게 하라."

부열이 절하고 머리를 조아리며 "감히 천자의 아름다운 명(命)을 대양(對揚;널리 세상에 알림)하겠습니다." 하였다.

君非賢臣이면 不與共治요 賢非其君이면 不與共食이니 言君臣相遇之難이 如此라 克者는 責望必能之辭요 敢者는 自信無慊(겸)之辭라 對者는 對以己요 揚者는 揚於衆이라 休命은 上文高宗所命也라 至是에 高宗은 以成湯自期하고 傅說은 以伊尹自任하여 君臣相勉勵如此러니 異時에 高宗이 爲商令王하고 傅說이 爲商賢佐하여 果無愧於成湯伊尹也 宜哉인저

군주는 현신(賢臣)이 아니면 함께 나라를 다스리지 못하고, 현신은 군주가 아니

──────
353 爾庶幾明以輔我:경문의 '爾尙明保予'를 글자를 바꾸어 설명하였는데, 경문의 '保'가 여기서는 '輔'로 바뀌었으나 그 이유가 분명하지 않다. 오자가 있는 듯하나 여러 본(本)이 모두 그러하므로 우선 본자(本字)대로 해석하였다.

··· 紹:이을 소 辟:임금 벽 休:아름다울 휴 慊:부족할 겸

면 함께 녹(祿)을 먹지 못하니, 군주와 신하가 서로 만나기 어려움이 이와 같음을 말한 것이다. '극(克)'은 반드시 능하기를 책망하는 말이요, '감(敢)'은 자신하여 부족함이 없는 말이다. '대(對)'는 자기로써 상대함이요, '양(揚)'은 여러 사람에게 드날림이다. '휴명(休命)'은 상문(上文)에 고종이 명한 것이다. 이에 이르러 고종은 성탕으로 스스로 기약하였고 부열은 이윤으로 스스로 자임(自任)하여, 군주와 신하가 서로 면려(勉勵)함이 이와 같았는데, 후일에 고종은 상나라의 훌륭한 왕이 되고 부열은 상나라의 어진 보좌가 되어서 과연 성탕과 이윤에게 부끄러움이 없었음이 당연하다 하겠다.

〈고종융일(高宗肜日)〉

高宗肜祭에 有雊(구)雉之異어늘 祖己訓王한대 史氏以爲篇하니 亦訓體也라 不言訓者는 以旣有高宗之訓이라 故로 只以篇首四字爲題하니라 今文古文皆有하니라

고종(高宗)이 융제(肜祭)할 적에 꿩이 우는 이변(異變)이 있었으므로 조기(祖己)가 왕을 훈계하였는데 사관이 이것을 편(篇)으로 만들었으니, 또한 훈체(訓體)이다. 훈(訓)이라고 말하지 않은 것은 이미 고종의 훈(訓)이 있기 때문에 다만 편 머리의 네 글자로 제목을 삼은 것이다. 금문(今文)과 고문(古文)에 모두 있다.

【小序】 高宗이 祭成湯할새 有飛雉 升鼎耳而雊어늘 祖己訓諸王하여 作高宗肜日, 高宗之訓하니라

고종이 성탕에게 제사할 적에 꿩이 날아와 솥귀로부터 올라와 울므로 조기가 왕을 훈계하여 〈고종융일(高宗肜日)〉과 〈고종지훈(高宗之訓)〉을 지었다.

【辨說】 經言肜日이어늘 而序以爲祭成湯하고 經言有雊雉어늘 而序以爲飛雉升鼎耳而雊라하니 載籍에 有所傳歟아 然經言典祀無豐于昵(녜)라하니 則爲近廟요 未必成湯也며 宗廟都宮은 堂室이 深遠幽邃어늘 而飛雉升立鼎耳而鳴은 亦已異矣라 高宗之訓篇亡하니라

경문(經文)에 융일(肜日)이라고 말하였는데 〈서서〉에서 '성탕을 제사하였다.' 하였고, 경문에는 우는 꿩이라고 하였는바, 〈서서〉에서는 '날으는 꿩이 솥귀로 올라와 울었다.'고 말하였으니, 재적(載籍)에 이런한 내용이 전하는 바가 있는가. 그러나 경문에 '전사(典祀;나라에 정(定)한 제사)를 아버지사당에만 풍성하게 하지 말라.' 하였으니, 그렇다면 이는 가까운 사당이 되는 것이요 반드시 성탕이 아닌 것이며, 종묘의 도궁(都宮)은 당실(堂室)이 깊숙하고 그윽한데 날으는 꿩이 솥귀로 올라와 서서 울었다는 것도 또한 이미 괴이하다. 〈고종지훈〉은 편이 없어졌다.

1. **高宗肜日**[355]에 **越有雊雉**어늘

......
354 都宮:시조(始祖)의 묘를 태묘(太廟)라 하고 군공(羣公)의 묘를 귀궁(貴宮)이라 하고 기타의 묘를 하궁(下宮)이라 하는데, 태묘, 귀궁, 하궁을 모두 '도궁(都宮)'이라 한다.
355 高宗肜日:고종융일(高宗肜日)에 대하여 오윤상은 "추씨가 이르기를 '조경(祖庚)'이 고종에

... 肜:제사 융 雊:새울음구 雉:꿩 치

고종이 융제(肜祭)하던 날에 꿩이 우는 이변이 있었다.

肜은 祭明日又祭之名이니 殷曰肜이요 周曰繹이라 雊는 鳴也니 於肜日에 有雊雉之異[356]라 蓋祭禰(녜)廟也니 序言湯廟者는 非是라

융(肜)은 제사지낸 다음날에 다시 지내는 제사의 이름이니, 은나라는 융(肜)이라 하였고 주나라는 역(繹)이라 하였다. 구(雊)는 울음이니, 융제하던 날에 꿩이 우는 이변이 있었다. 이는 아버지 사당에 제사한 것이니, 〈서(序)〉에 탕왕의 사당이라고 말한 것은 잘못이다.

2. 祖己曰 惟先格王이오사(코사) 正厥事하리라

조기(祖己)가 말하기를 "먼저 왕을 바로잡고서 이 일을 바로잡겠다." 하였다.

格은 正也니 猶格其非心之格이라 詳下文컨대 高宗이 祀豐于昵(녜)라하니 昵者는 禰(녜)廟也니 豐於昵는 失禮之正이라 故로 有雊雉之異하니 祖己自言 當先格王之非心然後에 正其所失之事라하니라 惟天監民以下는 格王之言이요 王司敬民以下는 正事之言也라

'격(格)'은 바로잡음이니, 아래 〈경명(冏命)〉에 '나쁜 마음을 바로잡는다.'는 격(格)과 같다. 하문(下文)을 자세히 살펴보면 '고종이 제사를 아버지 사당에만 풍성하게 한다.' 하였으니, 녜(昵)란 아버지의 사당이니, 아버지 사당에만 풍성하게 하는 것은 올바른 예(禮)를 잃은 것이다. 그러므로 꿩이 우는 이변이 있었으니, 조기가 스스로 말하기를 "마땅히 먼저 왕의 나쁜 마음을 바로잡은 뒤에 이 잘못된 일을 바로잡겠다."고 한 것이다. '유천감민(惟天監民)' 이하는 왕을 바로잡는 말이고, '왕사경민(王司敬民)' 이하는 일을 바로잡는 말이다.

••••••

게 융제(肜祭)한 날이다.' 하였으니, 이 말이 옳은 듯하다.〔鄒氏謂祖庚肜祭高宗之日, 此說恐是.〕" 하였다. 그렇다면 이 글은 조기(祖己)가 고종(高宗;무정(武丁))을 경계한 것이 아니요 고종의 아들 조경을 경계한 내용인 것이다.

356 有雊雉之異 : 이에 대하여 오윤상은 "소(疏)에 '꺼덕꺼덕 우는 꿩이 솥귀에 있었다.' 하였는데, 이 설을 《집전》가운데에 넣은 뒤에야 우는 꿩이 변이(變異)가 됨을 알 수 있다.〔雊雉, 疏曰, 雊鳴之雉, 在於鼎耳, 收入此說於傳中, 然後雊雉之爲變異, 可知也.〕" 하였다.

••• 繹 : 이을 역 禰 : 아비사당 녜 昵 : 아비사당 녜

3. 乃訓于王曰 惟天이 監下民하사되 典厥義니 降年이 有永有不永[357]은 非天夭民이라 民中絶命이니이다

　조기가 왕에게 다음과 같이 훈계하였다.
　"하늘이 하민(下民)들을 굽어보시되 그 의(義)를 주장하시니, 연수(年數:수명)를 내려 줌이 길기도 하고 길지 않기도 함은 하늘이 백성을 요절하게 한 것이 아니라, 백성들이 천명(天命)을 중간에 끊기 때문입니다.

典은 主也라 義者는 理之當然이니 行而宜之之謂라 言天監視下民하사 其禍福予奪을 惟主義如何爾라 降年이 有永有不永者는 義則永이오 不義則不永이니 非天夭折其民이오 民自以非義而中絶其命也라 意高宗之祀에 必有祈年請命之事리니 如漢武帝五畤(치)祀[358]之類라 祖己言 永年之道는 不在禱祠요 在於所行義與不義而已니 禱祠는 非永年之道也라하니라 言民而不言君者는 不敢斥也라

　'전(典)'은 주장함이다. '의(義)'는 이치의 당연함이니, 행하여 마땅하게 함을 이른다. 하늘이 하민들을 굽어보시어 화(禍)와 복(福), 주고 빼앗음을 오직 의(義)의 여하(如何)를 주장할 뿐임을 말한 것이다. 연수를 내려줌이 길기도 하고 길지 않기도 함은 의로우면 길고 의롭지 않으면 길지 않은 것이니, 하늘이 백성을 요절하게 한 것이 아니라, 백성들이 스스로 의롭지 않아서 그 명(命)을 중간에 끊은 것이다.
　짐작하건대 고종이 제사할 적에 반드시 긴 연수를 기원하고 명을 청(請)한 일이 있었을 것이니, 한(漢)나라 무제(武帝)가 오치(五畤)에 제사한 것과 같은 종류일 것이다. 조기가 말하기를 "연수를 길게 하는 방도는 기도하고 제사함에 있지 않고, 행하는 바가 의로우냐 의롭지 않으냐에 달려 있을 뿐이니, 기도하고 제사함은 연수를 길게 하는 방도가 아니다."라고 한 것이다. 백성을 말하고 군주를 말하지 않은 것은 감히 군주를 지적(指斥)할 수 없어서이다.

------

357 降年 有永有不永:년(年)은 연수(年數)로, 이 글은 마치 백성들의 장수하고 요절함을 가리킨 듯하나 실제는 군주가 장수하고 장수하지 않음을 가리킨 것으로 보아야 한다. 아래《집주》에 보이는 '기년청명(祈年請命)' 역시 장수를 기원하고 그러한 명을 내려주기를 청했다는 뜻이다.
358 五畤祀:오치사(五畤祀)는 동·서·남·북의 사방(四方)과 중앙(中央)의 다섯 신(神)에게 제사하는 것으로, 진(秦)나라에서 만든 밀치(密畤;동방청제(東方靑帝))·상치(上畤;중앙황제(中央黃帝))·하치(下畤;남방염제(南方炎帝))·휴치(畦畤;서방백제(西方白帝))와 한(漢)나라에서 추가로 만든 북치(北畤;북방흑제(北方黑帝))를 합한 것이다.

4. 民有不若德하며 不聽罪할새 天旣孚命으로 正厥德이어시늘 乃曰其如台아
 백성들이 덕을 순히 따르지 않고 죄에 굴복하지 않기에 하늘이 이미 부명(孚命)으로 그 덕을 바로잡으시는데, 도리어 '〈요얼(妖孽;요망함과 재앙)이〉 나에게 어쩌겠는가.'라고 말할 수 있겠습니까.

不若德은 不順於德이요 不聽罪는 不服其罪니 謂不改過也라 孚命者는 以妖孽(얼)爲符信而譴告之也라 言民이 不順德하고 不服罪일새 天旣以妖孽爲符信而譴告之하시니 欲其恐懼修省以正德이어늘 民乃曰 孽祥이 其如我何오하면 則天必誅絶之矣라 祖己意謂高宗은 當因雊雉以自省이요 不可謂適然而自恕라 夫數(삭)祭豐昵(녜)하여 徼(요)福於神은 不若德也요 瀆於祭祀를 傅說이 嘗以進戒어늘 意或吝改는 不聽罪也라 雊雉之異는 是天旣孚命으로 正厥德矣니 其可謂妖孽其如我何耶아

 '불약덕(不若德)'은 덕을 순히 따르지 않음이요, '불청죄(不聽罪)'는 죄에 굴복하지 않는 것이니, 허물을 고치지 않음을 이른다. '부명(孚命)'은 하늘이 요얼(妖孽)을 부신(符信)으로 삼아 견책하여 고하는 것이다. 백성들이 덕을 순히 따르지 않고 죄에 굴복하지 않기에 하늘이 이미 요얼을 부신으로 삼아 견책하여 고하시니, 이는 두려워하고 수성(修省)하여 덕을 바르게 하고자 한 것이다. 그런데 백성(임금)이 도리어 말하기를 "얼상(孽祥;재앙과 상서)이 나에게 어쩌겠는가."라고 한다면 하늘이 반드시 베어서 끊을 것임을 말한 것이다. 조기는 고종이 마땅히 꿩이 우는 이변으로 인하여 스스로 반성할 것이요, 때마침 그러하다 하여 스스로 용서해서는 안 된다고 여겼다.
 자주 제사하고 아버지 사당에만 풍성하게 하여 신(神)에게 복을 구함은 덕을 순히 따르지 않는 것이요, 제사에 설만함을 부열(傅說)이 일찍이 진계(進戒)하였는데, 마음에 혹 고치기를 인색해 함은 죄에 굴복하지 않는 것이다. 꿩이 우는 이변은 이는 하늘이 이미 부명(孚命)으로 덕을 바로잡은 것이니, '요얼이 나를 어쩌겠느냐.'라고 말할 수 있겠는가.

5. 嗚呼라 王司敬民하시니 罔非天胤이시니 典祀를 無豐于昵(녜)하소서
 아! 왕은 백성을 공경함을 맡으셨으니, 하늘의 아들 아님이 없으니, 제사를 주관함을 아버지 사당에만 풍성하게 하지 마소서."

··· 孚:정성부 孽:재앙얼 譴:꾸짖을견 徼:구할요 瀆:번독할독

司는 主요 胤은 嗣也라 王之職은 主於敬民而已니 徼福於神은 非王之事也라 況祖宗이 莫非天之嗣니 主祀^{359}에 其可獨豐於昵廟乎아

'사(司)'는 주장함이요, '윤(胤)'은 아들이다. 왕의 직책은 백성을 공경함을 주장할 뿐이니, 신에게 복을 구함은 왕이 할 일이 아니다. 더구나 조종(祖宗)은 하늘의 아들〔天子〕아님이 없으니, 제사를 주관함에 어찌 유독 아버지 사당에만 풍성하게 할 수 있겠는가.

······
359 主祀:경문의 전사(典祀)를 '제사를 주관하는 것'으로 풀이하였으나, 공안국의 전(傳)에는 "제사에 떳떳함이 있다.〔祭祀有常〕" 하여, 떳떳한 제사로 보았다.

〈서백감려(西伯戡黎)〉

西伯은 文王也니 名昌이요 姓姬氏라 戡은 勝也요 黎는 國名이니 在上黨壺關之地하니라 按史記에 文王이 脫羑(유)里之囚[360]하여 獻洛西之地하니 紂賜弓矢鈇鉞하여 使得專征伐하고 爲西伯이라하니라 文王이 旣受命에 黎爲不道한대 於是에 擧兵하여 伐而勝之하시니 祖伊知周德日盛하여 旣已戡黎어늘 紂惡不悛(전)하니 勢必及殷이라 故로 恐懼하여 奔告于王하여 庶幾王之改之也라 史錄其言하여 以爲此篇하니 誥體也라 今文古文皆有하니라

　'서백(西伯)'은 문왕이니, 이름이 창(昌)이고 성(姓)이 희씨(姬氏)이다. '감(戡)'은 이김이요. '려(黎)'는 나라 이름이니, 상당(上黨) 호관(壺關)의 땅에 있었다.

　살펴보건대《사기》〈은기(殷紀)〉에 "문왕이 유리(羑里)의 감옥에 갇혀 있다가 풀려나 낙서(洛西)의 땅을 바치니, 주(紂)가 궁시(弓矢)와 부월(鈇鉞)을 하사하여 마음대로 정벌할 수 있게 하고 서백을 삼았다." 하였다. 문왕이 이미 왕명을 받음에 려(黎)가 불도(不道)한 짓을 자행하므로 이에 군대를 들어(일으켜) 정벌하여 이기니, 조이(祖伊)는 주나라의 덕이 날로 성하여 이미 려(黎)나라를 이겼는데 주(紂)는 악(惡)을 고치지 않으니, 형세가 반드시 은나라에 미칠 줄을 알았다. 그러므로 공구(恐懼)하여 왕에게 달려가 아뢰어 왕이 고치기를 바란 것이다. 사관이 이 말을 기록하여 이 편을 만들었으니, 고체(誥體)이다. 금문(今文)과 고문(古文)에 모두 있다.

○ 或曰 西伯은 武王也라 史記에 嘗載紂使膠鬲(교격)觀兵한대 膠鬲이 問之曰 西伯이 曷爲而來[361]오하니 則武王亦繼文王하여 爲西伯矣니라

　○ 혹자는 말하기를 "서백은 무왕(武王)이다.《사기》에 일찍이 '주(紂)가 교격(膠鬲)으로 하여금 주나라 군대를 관찰하게 하니, 교격이「서백이 어찌하여 왔는가?」하고 물었다.'라고 기재하였다. 그렇다면 무왕 또한 문왕을 이어서 서백이 된 것이다." 하였다.

......

360　脫羑里之囚 : 유리(羑里)에 대해 추계우(鄒季友)는 말하였다. "유리는 옥(獄)의 이름이다. 일설에 '지명이니, 하내에 있는데 유수가 나온다.' 하였다.〔羑里, 殷獄名, 一云地名, 在河內, 羑水出焉.〕"《詳說》

361　史記嘗載……曷爲而來 :《채전방통》에 "이 내용은《사기》에 보이지 않고 아래〈무성(武成)〉의 소(疏)에 인용한《제왕세기(帝王世紀)》의 말이다." 하였다.《여씨춘추(呂氏春秋)》에도 보인다.

···　戡 : 이길 감　黎 : 검을 려　壺 : 병 호　羑 : 인도할 유　悛 : 고칠 전　膠 : 아교풀 교　鬲 : 땅이름 격

【小序】 殷始咎周362러니 周人乘黎어늘 祖伊恐하여 奔告于受하고 作西伯戡黎하니라

은나라가 처음 주나라를 미워하였는데 주나라 사람이 려(黎)나라를 이기자, 조이(祖伊)가 두려워하여 달려가 수(受;주(紂))에게 고하고 〈서백감려(西伯戡黎)〉를 지었다.

【辨說】 咎는 惡(오)요 乘은 勝也라 詳祖伊所告하면 無一言及西伯者하니 蓋祖伊雖知周不利於商이요 而又知周實無所利於商이어늘 序言殷始咎周라하니 似亦未明祖伊奔告之意로라

'구(咎)'는 미워함이요 '승(乘)'은 이김이다. 조이가 고한 말을 살펴보면 한마디 말도 서백에게 언급한 것이 없으니, 조이는 비록 주나라가 상나라에 이롭지 않음을 알았고 또 주나라가 실제로 상나라에 이로운 바가 없음을 알았는데, 〈서서〉에서는 은나라가 처음 주나라를 미워했다고 말하였으니, 또한 조이가 달려가 고한 뜻을 분명히 알지 못한 듯하다.

1. 西伯이 既戡黎어늘 祖伊恐하여 奔告于王하니라

서백이 려나라를 이기자, 조이가 두려워하여 왕에게 달려가 아뢰었다.

下文에 無及戡黎之事어늘 史氏特標此篇首하여 以見(현)祖伊告王之因也라 祖는 姓이요 伊는 名이니 祖己後也라 奔告는 自其邑으로 奔走來告紂也라

하문(下文)에는 려나라를 이긴 일을 언급한 것이 없는데, 사관이 특별히 이것을 편머리에 표제(標題)하여 조이가 왕에게 아뢴 연유를 나타낸 것이다. 조(祖)는 성(姓)이고 이(伊)는 이름이니, 조기(祖己)의 후손이다. '분고(奔告)'는 자기 사읍(私邑)에서 달려와 주(紂)에게 고한 것이다.

2. 曰 天子아 天既訖(흘)我殷命이라 格人, 元龜 罔敢知吉이로소니 非先王이 不相我後人이라 惟王이 淫戲하여 用自絶이니이다

"천자시여! 하늘이 이미 우리 은나라의 천명을 끊었습니다. 그리하여 훌륭한 사람과 큰 거북이 감히 길(吉)함을 알지 못하니, 선왕이 우리 후인(後人)을 돕지 않아서가 아니라, 왕이 음탕하고 희롱하여 이로써 스스로 천명을 끊었기 때문입니다.

......
362 殷始咎周: 공씨가 말하였다. "구주(咎周)는 주나라를 미워한 것이다."

⋯ 訖: 끊을 흘 相: 도울 상

祖伊將言天訖殷命이라 故로 特呼天子以感動之하니라 訖은 絶也라 格人은 猶言至人也니 格人、元龜는 皆能先知吉凶者라 言天旣已絶我殷命하여 格人、元龜 皆無敢知其吉者라하니 甚言凶禍之必至也라 非先王在天之靈이 不佑我後人이요 我後人이 淫戲하여 用自絶於天耳니라

조이가 장차 하늘이 은나라의 명을 끊으려 함을 말하려 하였으므로 특별히 천자를 불러서 감동하게 한 것이다. '흘(訖)'은 끊음이다. '격인(格人)'은 지인(至人;훌륭한 사람)이란 말과 같으니, 격인과 원귀(元龜)는 다 길·흉을 먼저 아는 자들이다. '하늘이 이미 우리 은나라의 명을 끊어서 격인과 원귀가 모두 감히 그 길함을 아는 자가 없다.' 하였으니, 흉화(凶禍)가 반드시 이를 것임을 심하게 말한 것이다. 하늘에 있는 선왕의 영혼이 우리 후인을 돕지 않아서가 아니요, 우리 후인들이 음탕하고 희롱하여 이로써 스스로 하늘의 명을 끊었을 뿐이다.

3. 故天이 棄我하사 不有康食하며 不虞天性하며 不迪率典하나이다

그러므로 하늘이 우리를 버리시어 편안히 먹고 살지 않게 하였으며, 천성(天性)을 헤아리지 아니하여 따라야 할 법을 따르지 않게 하였습니다.

康은 安이요 虞는 度(탁)也라 典은 常法也라 紂自絶於天이라 故로 天棄殷하여 不有康食하여 饑饉荐(천)臻也요 不虞天性하여 民失常心也요 不迪率典하여 廢壞常法也라

'강(康)'은 편안함이요, '우(虞)'는 헤아림이다. '전(典)'은 떳떳한 법이다. 주(紂)가 스스로 하늘의 명을 끊었으므로 하늘이 은나라를 버려, 편안히 먹고 살지 않게 하여 기근(饑饉)이 거듭 이르렀고, 천성을 헤아리지 아니하여 백성이 떳떳한 마음을 잃었고, 따라야 할 법을 계적(啓迪;따름)하지 아니하여 떳떳한 법을 폐괴(廢壞)한 것이다.

4. 今我民이 罔弗欲喪하여 曰 天은 曷不降威며 大命은 不摯(至)오 今王은 其如台(이)아하나이다(라하나이다)

지금 우리 백성들은 나라가 망하기를 바라지 않는 이가 없어서 말하기를 '하늘은 어찌 위엄을 내리지 않으며, 대명(大命)을 받을 자는 어찌 오지 않는가. 이제 왕은 우리에게 어찌겠는가.'라고 합니다."

··· 虞:헤아릴 우 饉:주릴 근 荐:거듭 천 臻:이를 진 摯:이를 지

大命은 非常之命이라 摯는 至也니 史記云 大命이 胡不至오하니라 民苦紂虐하여 無不欲殷之亡하여 曰 天은 何不降威於殷하며 而受大命者는 何不至乎아 今王은 其無如我何라하니 言紂不復能君長我也라 上章은 言天棄殷하고 此章은 言民棄殷하니 祖伊之言이 可謂痛切明著矣로다

'대명(大命)'은 비상(非常)한 명(천하를 맡겨주는 명)이다. '지(摯)'는 이름이니,《사기》〈은기(殷紀)〉에 "대명이 어찌 이르지 않는가." 하였다. 백성들이 주(紂)의 학정(虐政)에 시달려 은나라가 망하기를 바라지 않는 이가 없어서 말하기를 "하늘은 어찌하여 은나라에 위엄을 내리지 않으며, 대명을 받을 자는 어찌하여 오지 않는가. 이제 왕은 그 우리들에게 어찌할 수가 없다." 하였으니, 주(紂)가 다시 우리에게 군장(君長)이 될 수 없음을 말한 것이다. 상장(上章)은 하늘이 은나라를 버림을 말하였고, 이 장은 백성들이 은나라를 버림을 말하였으니, 조이의 말은 통절(痛切)하고 명저(明著)하다고 이를 만하다.

5. 王曰 嗚呼라 我生은 不有命(이) 在天가

왕이 말하기를 "아! 나의 삶은 명이 하늘에 달려있지 않은가." 하였다.

紂歎息謂 民雖欲亡我나 我之生은 獨不有命在天乎아하니라

주(紂)가 탄식하고 이르기를 "백성들이 비록 나를 망하게 하려고 하나 나의 삶은 홀로(오직) 명이 하늘에 있지 않는가." 하였다.

6. 祖伊反曰 嗚呼라 乃罪多參在上이어늘 乃能責命于天가

조이가 조정에서 돌아와 말하였다. "아! 그대의 죄가 많아서 상천(上天)에 나열되어 있는데, 하늘에게 명을 책할 수 있는가."

紂旣無改過之意하니 祖伊退而言曰 爾罪衆多하여 參列在上이어늘 乃能責其命於天耶아하니라 呂氏曰 責命於天은 惟與天同德者라야 方可니라

주(紂)가 이미 허물을 고칠 뜻이 없으니, 조이가 물러나와 말하기를 "그대의 죄가 많아서 하늘에 참렬(參列;나열)되어 있는데 하늘에게 명을 책할 수 있겠는가." 하였다. 여씨(呂氏)가 말하였다. "하늘에 명을 책함은 오직 하늘과 덕이 같은 자(성인)만이 가능하다."

... 參 : 나열할 삼

7. **殷之卽喪**이로소니 **指乃功**한대 **不無戮于爾邦**이로다

　은나라가 곧 멸망할 것이니, 당신이 한 일을 지적하건대 그대의 나라에 죽임이 없지 않을 것이다."

功은 事也라 言殷卽喪亡矣니 指汝所爲之事컨대 其能免戮於商邦乎아 蘇氏曰 祖伊之諫이 盡言不諱하여 漢、唐中主의 所不能容者라 紂雖不改나 而終不怒하여 祖伊得全하니 則後世人主 有不如紂者多矣니라

　'공(功)'은 일이다. "은나라가 곧 상망(喪亡)할 것이니, 네가 행한 바의 일을 지적하건대 어찌 능히 상나라에서 죽임을 면할 수 있겠는가."라고 한 것이다.

　소씨(蘇氏)가 말하였다. "조이의 간언(諫言)이 다 말하고 숨기지 않아서 한(漢)・당(唐)의 보통 군주가 수용할 수 없는 것이었다. 주(紂)가 비록 고치지는 않았으나 끝내 노(怒)하지 않아서 조이가 온전하였으니, 후세의 인주(人主)는 주(紂)만도 못한 자가 많은 것이다."

愚讀是篇하고 而知周德之至也로라 祖伊以西伯戡黎 不利於殷이라 故로 奔告於紂하니 意必及西伯戡黎不利於殷之語로되 而入以告后하고 出以語人에 未嘗有一毫及周者하니 是知周家初無利天下之心이라 其戡黎也는 義之所當伐也니 使紂遷善改過면 則周將終守臣節矣리라 祖伊는 殷之賢臣也라 知周之興이 必不利於殷이요 又知殷之亡이 初無與於周라 故로 因戡黎告紂에 反覆乎天命民情之可畏하고 而略無及周者하니 文、武公天下之心을 於是可見이니라

　나(채침)는 이 편을 읽고서 주나라의 덕이 지극함을 알았다. 조이는 서백이 려나라를 이긴 것이 은나라에게 불리하다고 생각하였으므로 달려가 주(紂)에게 고하였으니, 생각건대 반드시 서백이 려나라를 이긴 것이 은나라에 불리하다는 말을 언급했을 듯한데도 들어가 군주에게 고하고 나와서 사람들에게 말할 적에 털끝만큼도 주나라를 언급함이 없었으니, 이에 주나라가 애당초 천하를 탐하려는 마음이 없었음을 알 수 있다. 〈서백이〉 려나라를 이긴 것은 의리에 마땅히 정벌하여야 했기 때문이니, 가령 주(紂)가 개과천선을 하였더라면 주나라는 장차 끝내 신하의 절개를 지켰을 것이다. 조이는 은나라의 현신(賢臣)이었다. 주나라의 흥함이 은나라에게 불리함을 알았고, 또 은나라의 멸망이 애당초 주나라에 관여됨이 없음을 알았다. 그러므로 서백이 려나라를 이김으로 인하여 주(紂)에게 고할 적에 천명(天命)과 인정(人情)의 두려울 만함을

・・・ 戮 : 죽일 륙　諱 : 숨길 휘

반복하여 말하고 조금도 주나라를 언급함이 없었던 것이니, 문왕과 무왕이 천하를 공정하게 생각한 마음을 여기에서 볼 수 있다.

〈미자(微子)〉

微는 國名이요 子는 爵也라 微子는 名啓니 帝乙長子요 紂之庶母兄也라 微子痛殷之將亡하여 謀於箕子、比干이어늘 史錄其問答之語하니 亦誥體也라 以篇首에 有微子二字일새 因以名篇하니 今文古文皆有하니라

'미(微)'는 국명(國名)이고 '자(子)'는 작위(爵位)이다. 미자(微子)는 이름이 계(啓)이니, 제을(帝乙)의 장자(長子)이며 주(紂)의 서모(庶母)가 낳은 형이다. 미자는 은나라가 장차 망하려 함을 애통하게 여겨 기자(箕子)와 비간(比干)에게 상의하였는데, 사관이 그 문답한 말을 기록하였으니, 또한 고체(誥體)이다. 편 머리에 미자(微子)라는 두 글자가 있기에 인하여 편명(篇名)으로 삼으니, 금문(今文)과 고문(古文)에 모두 있다.

【小序】 殷旣錯天命이어늘 微子作誥父師、少師하니라

은나라가 천명을 어지럽히자, 미자가 고(誥)를 지어 부사(父師;기자)와 소사(少師;비간)에게 말하였다.

1. 微子若曰 父師、少師아 殷其弗或亂正四方이로소니 我祖底(지)遂陳于上이어시늘 我用沈酗(후)于酒하여 用亂敗厥德于下하나다

미자가 다음과 같이 말씀하였다.
"부사(父師)아! 소사(少師)아! 은나라가 혹여 사방을 다스려 바로잡지 못할 듯하니, 우리 선조께서 공(功)을 이룩하여 위에 진열해 계신데, 우리는 술에 빠져 주정하여 그 덕을 아래에서 어지럽히고 무너뜨립니다.

父師[363]는 太師三公이니 箕子也요 少師는 孤卿이니 比干也라 弗或者는 不能或如此也라 亂은 治也니 言紂無道하여 無望其能治正天下也라 底는 致요 陳은 列也라 我祖成湯이 致功하여 陳列於上이어시늘 而子孫이 沈酗于酒하여 敗亂其德於下라 沈酗를 言我而不言紂者는 過則歸己하여 猶不忍斥言之也니라

'부사(父師)'는 태사(太師)로 삼공(三公)이니 기자이고, '소사(少師)'는 고경(孤卿;이경

---

363 父師:호산은 "부(父)는 높이고 어른으로 여기는 것과 같다.〔父, 猶尊也'長也.〕" 하였다.《詳說》

...... 錯:어지럽힐 착 酗:술주정할 후

(貳卿))이니 비간이다. '불혹(弗或)'은 혹여 이와 같지 못할 듯한 것이다. '난(亂)'은 다스림이니, 주(紂)가 무도(無道)하여 그 능히 천하를 다스리고 바로잡기를 바랄 수 없음을 말한 것이다. '지(厎)'는 이룸이요, '진(陳)'은 나열함이다. 우리 선조이신 성탕이 공(功)을 이룩하여 위에 진열해 계신데 자손들이 술에 빠져 주정하여 그 덕을 아래에서 무너뜨리고 어지럽힌 것이다. 술에 빠져 주정함을 우리라고 말하고 주(紂)라고 말하지 않은 것은 허물을 자신에게 돌려서 아직도 차마 주를 지척(指斥)하여 말하지 못한 것이다.

2. 殷이 罔不小大히 好草竊姦宄어늘 卿士師師非度하여 凡有辜罪 乃罔恒獲한대 小民이 方興하여 相爲敵讎하나니 今殷其淪喪이 若涉大水에 其無津涯하니 殷遂喪이 越至于今이니이다(이러니라)

　은나라는 작은(낮은) 사람이나 큰(높은) 사람 가릴 것 없이 초절(草竊:풀 속에서 도둑질하는 좀도둑)과 간귀(姦宄)를 좋아하는데 경사(卿士)들은 법도가 아닌 것을 서로 본받아 무릇 죄가 있는 자들이 정상적으로 죄를 받지 않으니, 소민(小民)들이 막 일어나 서로 대적하여 원수가 되고 있습니다. 지금 은나라가 빠져 망함은 큰물을 건넘에 나루터와 물가가 없는 것과 같으니, 은나라가 마침내 망함은 지금에 이르게 되었습니다."

殷之人民이 無小無大히 皆好草竊姦宄어늘 上而卿士도 亦皆相師非法하여 上下容隱하여 凡有冒法之人이 無有得其罪者한대 小民이 無所畏懼하여 強凌弱하고 衆暴寡하여 方起讎怨하여 爭鬪侵奪하여 綱紀蕩然하니 淪喪之形이 茫無畔岸이라 若涉大水에 無有津涯하니 殷之喪亡이 乃至於今日乎아 微子上陳祖烈하고 下述喪亂하여 哀怨痛切하여 言有盡而意無窮이라 數千載之下에도 猶使人傷感悲憤하니 後世人主觀此면 亦可深監矣리라

　은나라의 인민들은 작은 사람이나 큰 사람 가릴 것 없이 모두 초절(草竊)과 간구(姦宄)를 좋아하는데, 위에서 경사들 또한 모두 서로 법이 아닌 것을 본받아서 상하(上下)가 용인(容忍)하고 숨겨주어, 무릇 법을 범한 사람들이 그 죄를 받는 자가 없었다. 이에 소민들이 두려워하는 바가 없어 강한 자가 약한 자를 능멸하고 많은 자가 적은 자를 포학히 하여 막 일어나 원수로 여기고 원망해서 쟁투(爭鬪)하고 침탈(侵奪)하여 기강이 완전히 무너지니, 윤상(淪喪;멸망)할 형상이 아득하여 언덕(끝)이 없었다. 이는 마치 큰물을 건너감에 나루터와 물가가 없는 것과 같으니, 은나라의 상망(喪亡)이 마침

··· 宄:간악할 귀　淪:빠질 륜　津:나루 진　涯:물가 애　茫:아득할 망

내 오늘에 이르렀단 말인가.

미자가 위로 선조의 공렬(功烈)을 진술하고 아래로 상란(喪亂)을 기술하여, 애원(哀怨)하고 통절(痛切)하여 말은 다함이 있으나 뜻은 무궁하다. 수천 년 뒤에도 오히려 사람들로 하여금 감상(感傷)하고 비분(悲憤)하게 하니, 후세의 인주가 이것을 본다면 또한 깊이 거울로 삼을 수 있을 것이다.

3. 曰 父師、少師아 我其發出狂할새 吾家耄 遜于荒이어늘 今爾無指告予顚隮(제)하나니 若之何其오

〈미자가 다시〉 말씀하였다. "부사아! 소사아! 우리가 미친 짓을 발출(發出)하기에 우리 국가의 노성(老成)한 사람들이 황야로 도망하는데, 이제 당신들은 나에게 넘어지고 떨어짐을 구제할 방법을 지시해서 말해줌이 없으니, 어찌하여야 합니까?"

曰者는 微子更(경)端之辭也라 何其는 語辭라 言紂發出顚狂하여 暴虐無道일새 我家老成之人이 皆逃遁于荒野하니 危亡之勢如此라 今爾無所指示告我以顚隕隮墮(전운제휴)之事하니 將若之何哉오 蓋微子憂危之甚에 特更端以問救亂之策이라 言我而不言紂者는 亦上章我用沈酗之義니라

'왈(曰)'은 미자가 단서를 바꾼 말이다. '하기(何其)'는 어조사이다. "주(紂)가 전광(顚狂;미친 짓)을 발출하여 포학하고 무도하기에 우리 국가의 노성한 사람들이 모두 황야로 도망하니, 위망(危亡)의 형세가 이와 같다. 그런데 이제 당신들은 나에게 넘어지고 떨어짐을 〈구제하는〉 일을 지시하여 알려줌이 없으니, 장차 어찌하여야 합니까?"라고 말한 것이다. 미자가 근심하고 위태롭게 여김이 심하기에 특별히 단서를 바꾸어 난(亂)을 구제할 계책을 물은 것이다. 우리라고 말하고 주(紂)라고 말하지 않은 것은 또한 상장(上章)의 '우리가 술에 빠져 주정한다.'는 뜻이다.

4. 父師若曰 王子아 天毒降災하사 荒殷邦이어시늘 方興하여 沈酗于酒하나다

부사(기자)가 다음과 같이 말씀하였다.

"왕자여! 하늘이 독하게 재앙을 내려 은나라를 황폐하게 하시는데, 막 일어나서 술에 빠져 주정하는구나.

此下는 箕子之答也라 王子는 微子也라 自紂言之하면 則紂無道故로 天降災요 自

... 耄 : 늙을 모 隮 : 떨어질 제 隕 : 떨어질 운 墮 : 떨어질 휴

天下言之하면 則紂之無道는 亦天之數라 箕子歸之天者는 以見(현)其忠厚敬君之意
니 與小旻詩에 言旻天疾威 敷于下土로 意同이라 方興者는 言其方興而未艾(예)也라
此는 答微子沈酗于酒之語로되 而有甚之之意하니 下同이라

　이 이하는 기자의 답이다. 왕자는 미자이다. 주(紂)의 입장에서 말하면 주가 무도
하기 때문에 하늘이 재앙을 내린 것이요, 천하의 입장에서 말하면 주의 무도함은 또
한 하늘의 운수이다. 기자가 이것을 하늘에 돌린 것은 충후(忠厚)하여 군주를 공경하
는 뜻을 나타낸 것이니,《시경》〈소민(小旻)〉에 '민천(旻天:군주)의 포악함이 하토(下土)
에 펴진다.'는 것과 뜻이 같다. '방흥(方興)'은 막 일어나서 다하지 않음을 말한 것이
다. 이는 미자의 '술에 빠져 주정한다.'는 말에 답한 것인데 그보다 더 심한 뜻이 있으
니, 아래도 이와 같다.

5. 乃罔畏畏하여 咈其耇長舊有位人하나다

　두려워할 것을 두려워하지 않아 구장(耇長)으로서 옛부터 지위에 있던 사람들을 어
기는구나.

乃罔畏畏者는 不畏其所當畏也라 孔子曰 君子有三畏하니 畏天命하며 畏大人하며
畏聖人之言[364]이라하시니라 咈은 逆也라 耇長은 老成之人也라 紂惟不畏其所當畏
라 故로 老成舊有位者를 紂皆咈逆而棄逐之하니 卽武王所謂播棄黎(리)老[365]
者라 此는 答微子發狂耄遜之語니 以上文特發問端이라 故로 此先答之하니라

　'내망외외(乃罔畏畏)'는 마땅히 두려워하여야 할 것을 두려워하지 않는 것이다. 공
자가 말씀하시기를 "군자가 세 가지 두려워함이 있으니, 천명을 두려워하고 대인(大
人)을 두려워하고 성인의 말씀을 두려워한다." 하셨다. '불(咈)'은 어김이다. '구장(耇
長)'은 노성(老成)한 사람이다. 주(紂)는 그 마땅히 두려워하여야 할 것을 두려워하지
않았다. 그러므로 노성한 사람으로서 옛부터 지위에 있던 자들을 주가 모두 어기고
거슬려 버리고 축출하였으니, 이는 곧 무왕의 이른바 '머리가 검으면서 노란 노인을
버렸다.'는 것이다. 이는 미자의 '미친 짓을 발출(發出)하기에 노성한 사람들이 도망한
다.'는 말에 답한 것이니, 상문(上文)에 특별히 묻는 단서를 발하였으므로 이것을 먼저

• • • • • •
364　孔子曰 …… 畏聖人之言 : 이 내용은 《논어》〈요왈(堯曰)〉의 맨 끝에 보인다.
365　武王所謂播棄黎(리)老 : 이 내용은 아래 〈태서 중(泰誓中)〉에 보인다.

… 旻 : 하늘 민 艾 : 다할 예 咈 : 어길 불 耇 : 늙을 구 黎 : 검을 려

답한 것이다.

6. **今殷民**이 **乃攘竊神祇**(기)**之犧牷牲**이어늘 **用以容**하여 **將食無災**하나다

　이제 은나라 백성들이 신기(神祇)에게 올릴 희전(犧牷)의 희생을 빼앗고 훔쳐가는데도 용인(容忍)해주어 가져다 먹어도 재앙(벌)이 없구나.

色純曰犧요 **體完曰牷**이요 **牛羊豕曰牲**[366]이라 **犧牷牲**은 **祭祀天地之物**이니 **禮之最重者**어늘 **猶爲商民攘竊而去**로되 **有司用相容隱**하여 **將而食之**라도 **且無災禍**하니 **豈特草竊姦宄而已哉**아 **此**는 **答微子草竊姦宄之語**라

　색깔이 순수함을 '희(犧)'라 하고, 몸이 온전함을 '전(牷)'이라 하고, 소와 양과 돼지를 '생(牲)'이라 한다. 희전(犧牷)의 생(牲)은 하늘과 땅에 제사하는 물건이니, 예(禮)에 가장 중한 것인데도 오히려 상나라 백성들이 빼앗고 훔쳐갔으나 유사(有司)가 서로 용인하고 숨겨주어서 가져다가 먹어도 재앙과 화가 없었으니, 어찌 다만 초절(草竊)과 간귀(姦宄)일 뿐이겠는가. 이는 미자의 '초절 간귀(草竊姦宄)'의 말에 답한 것이다.

7. **降監殷民**하니 **用乂讐斂**이로소니 **召敵讐不怠**하여 **罪合于一**하니 **多瘠**이라도 **罔詔**로다

　은나라 백성을 내려다보니, 백성을 다스림이 원수처럼 세금을 거두고 있다. 적수(敵讐)를 부르기를 게을리 하지 않아 죄(罪)가 모여 하나가 되었으니, 굶주려 죽는 이가 많은데도 하소연할 곳이 없도다.

讐斂은 **若仇敵掊**(부)**斂之也**라 **不怠**는 **力行而不息也**라 **詔**는 **告也**라 **下視殷民**하니 **凡上所用以治之者 無非讐斂之事**라 **夫上以讐而斂下**면 **則下必爲敵以讐上**이니 **下之敵讐**는 **實上之讐斂以召之**어늘 **而紂方且召敵讐不怠**하여 **君臣上下 同惡相濟**하여 **合而爲一**이라 **故**로 **民多飢殍**(부)**而無所告也**라 **此**는 **答微子小民相爲敵讐**

......
366 **色純曰犧……牛羊豕曰牲** : 옛날 제사에 순색(純色)의 희생을 몸을 해체하지 않고 통째로 사용하였는데, 색깔은 왕조에 따라 각기 달라 은(殷)나라는 백색(白色)을, 주(周)나라는 적색(赤色)을 사용하였으며, 우(牛)·양(羊)·시(豕)를 총칭하여 생(牲)이라 하고 우(牛) 하나만을 쓰는 것을 특(特), 양(羊)·시(豕) 두 가지만을 쓰는 것을 소뢰(少牢), 세 가지를 모두 쓰는 것을 태뢰(太牢)라 하였다.

··· 攘 : 빼앗을 양　牷 : 희생 전　瘠 : 파리할 척　詔 : 고할 조　掊 : 거둘 부　殍 : 굶어죽을 부

之語라

'수렴(讐斂)'은 구적(仇敵;원수와 적)처럼 세금을 거두는 것이다. 게을리 하지 않는다는 것은 힘써 행하고 쉬지 않는 것이다. '조(詔)'는 하소연함이다. 은나라 백성을 내려다보니, 무릇 위에서 다스리는 것이 원수처럼 거두는 일 아님이 없다. 윗사람이 원수처럼 아랫사람에게 거두면 아랫사람은 반드시 윗사람을 원수로 여겨 대적하니, 아랫사람이 원수로 여겨 대적함은 실로 윗사람이 원수처럼 거두어 자초한 것이다. 그런데도 주(紂)는 막 적수(敵讐)를 부르기를 게을리 하지 않아 군신과 상하가 악(惡)을 함께 하여 서로 이루어서 합하여 하나가 되었다. 그러므로 백성들이 굶주려 죽는 이가 많은데도 하소연할 곳이 없는 것이다. 이는 미자의 '소민(小民)들이 서로 대적하여 원수가 된다.'는 말에 답한 것이다.

8. **商**이 **今其有災**하리니 **我**는 **興受其敗**[367]호리라 **商其淪喪**이라도 **我罔爲臣僕**호리라 **詔王子出迪**하노니 **我舊云**이 **刻子**랏다 **王子弗出**하면 **我乃顚隮**하리라

상나라가 이제 재앙이 있을 것이니, 나(기자)는 일어나 그 화패(禍敗)를 받으리라. 상나라가 망하더라도 나는 남의 신복(臣僕;신하)이 되지는 않을 것이다. 왕자(미자)에게 떠나가는 것이 도리임을 고하노니, 내가 옛날에 말한 것이 그대를 해쳤구려. 왕자가 떠나가지 않으면 우리(종사(宗祀))는 전복(顚覆)되고 실추(失墜)될 것이다.

商今其有災하리니 我出當其禍敗라 商若淪喪이라도 我斷無臣僕他人之理라 詔는 告也니 告微子以去爲道라 蓋商祀는 不可無人이니 微子去則可以存商祀也라 刻은 害也라 箕子舊以微子長且賢이라하여 勸帝乙立之러니 帝乙不從하고 卒立紂하니 紂必忌之라 是는 我前日所言이 適以害子니 子若不去면 則禍必不免하여 我商家宗祀 始隕墜而無所托矣라 箕子自言 其義는 決不可去요 而微子之義는 決不可不去也라 此는 答微子淪喪顚隮之語라

상나라가 이제 재난이 있을 것이니, 나는 나와서 그 화패를 당하겠다(받겠다). 상나라가 만약 망하더라도 나는 결단코 타인에게 신복이 될 이치가 없다. '조(詔)'는 고(告)함이니, 미자에게 떠나는 것이 도리임을 고한 것이다. 상나라의 제사는 받들 사람이

......
367 興受其敗:흥수(興受)에 대하여 호산(壺山)은 기자(箕子)가 "자기 몸으로 화패(禍敗)를 당하는 것이다.〔興受, 言以身當之.〕"하였다.《詳說》

… 刻:해칠 각 隮:떨어질 제

없어서는 안 되니, 미자가 떠나가면 상나라의 종사(宗祀)를 보존할 수 있다. '각(刻)'은 해침이다. 기자가 옛날에 "미자가 나이가 많고(장남이고) 또 어질다." 하여 제을(帝乙)에게 미자를 세울 것을 권하였는데, 제을이 이를 따르지 않고 끝내 주(紂)를 세웠으니, 주는 반드시 미자를 시기(의심하고 꺼림)할 것이다. 이는 내가 지난날에 말한 것이 다만 그대를 해쳤을 뿐이니, 그대가 만약 떠나가지 않으면 화(禍)를 반드시 면치 못하여, 우리 상나라의 종사가 비로소 실추되어 의탁할 곳이 없게 될 것이다. 기자가 스스로 말씀하기를 "자신은 의리상 결코 떠날 수 없고, 미자는 의리상 결코 떠나가지 않을 수 없다."고 한 것이다. 이는 미자의 '윤상 전제(淪喪顚隮)'의 말에 답한 것이다.

9. 自靖하여 人自獻于先王이니 我는 不顧行遯호리라

스스로 〈의리에〉 편안하여 지조를 지켜 사람마다 스스로 선왕에게 뜻을 바칠 것이니, 나는 떠나가 은둔함을 돌아보지 않겠다."

上文에 旣答微子所言하고 至此則告以彼此去就之義라 靖은 安也라 各安其義之所當盡하여 以自達其志於先王하여 使無愧於神明而已니 如我則不復顧行遯也라 按此篇은 微子謀於箕子ㆍ比干이어늘 箕子答如上文이로되 而比干이 獨無所言者는 得非比干이 安於義之當死而無復言歟[368]아 孔子曰 殷有三仁焉[369]이라하시니 三人之行이 雖不同이나 而皆出乎天理之正하여 各得其心之所安이라 故로 孔子皆許之以仁하시니 而所謂自靖者卽此也니라

상문(上文)에는 이미 미자가 말씀한 바에 답하였고, 이에 이르러는 피차간에 거취의 의리를 고하였다. '정(靖)'은 편안함이다. '각기 의리상 마땅히 다해야 할 바를 편안

------

368 比干安於義之當死而無復言歟 : 〈미자(微子)〉의 끝절(節)에 대하여 오윤상은 《집전》에 '비간이 홀로 말한 바가 없는 것은 의리상 마땅히 죽어야 함을 편안히 여겨서일 것이다.' 하였는데, 김종후(金鍾厚) 어른의 《서경차록(書經箚錄)》에는 '공전(孔傳)에 「비간이 보이지 않는 것은 마음이 같음을 밝혀 글을 생략한 것이다.」 하였으니, 이 말이 옳다. 만약 《집전》과 같다면 기자가 어찌 살기를 구하였겠는가. 다만 주(紂)가 절로 죽지 않았을 뿐이다.' 하였다. 살펴보건대 김종후 어른의 말씀이 기자의 본래 뜻을 얻은 듯하다. 다만 비간이 이미 죽은 뒤에는 억지로 간(諫)함이 무익함을 알고서 굳이 죽지 않으려는 마음이 있었을 것이다.〔微子末節, 傳謂比干獨無所言者, 安於義之當死而無言, 金丈箚錄曰, 孔傳云, 比干不見, 明心同省文, 此說是. 若如蔡傳, 則箕子豈必求生乎. 但紂自不殺之耳. 按金丈說, 似得箕子本意, 而但比干旣死之後, 則知彊諫無益, 有不必死之意耳.〕" 하였다.

369 孔子曰 殷有三仁焉 : 이 내용은 《논어》〈미자(微子)〉에 보인다.

••• 靖 : 편안할 정

히 여겨 지조를 지켜 스스로 그 뜻을 선왕에게 진달(陳達)해서 신명에게 부끄러움이 없게 할 뿐이니, 나로 말하면 다시는 떠나가 은둔함을 돌아보지 않겠다.' 한 것이다.

살펴보면 이 편은 미자가 기자와 비간에게 상의하였는데, 기자는 답하기를 상문(上文)과 같이 하였으나 비간이 홀로 말한 바가 없는 것은, 비간은 의리에 마땅히 죽어야 함을 편안히 여겨 다시 말함이 없었나보다. 공자가 말씀하시기를 "은나라에 세 인자(仁者)가 있었다." 하셨다. 세 사람의 행실이 비록 똑같지 않으나 다 천리(天理)의 바름에서 나와 각각 그 마음에 편안한 바를 얻었으므로 공자께서 모두 인(仁)을 허여(許與)하신 것이니, 이른바 '스스로 편안히 한다.'는 것이 곧 이것이다.

○ 又按左傳에 楚克許하니 許男이 面縛銜(함)璧하고 衰絰輿櫬(최질여친)하여 以見(현)楚子어늘 楚子問諸逢伯한대 逢伯曰 昔武王克商에 微子啓如是어늘 武王이 親釋其縛하시고 受其璧而祓(불)之하며 焚其櫬하고 禮而命之라하니 然則微子適周는 乃在克商之後[370]하니 而此所謂去者는 特去其位而逃遯於外耳라 論微子之去者는 當詳於是니라

○ 또 살펴보건대《춘추좌씨전》희공(僖公) 6년에 초(楚)나라가 허(許)나라를 이기니, 허남(許男;허나라 군주)이 얼굴을 포박하고 입에 구슬을 물고는 최질(衰絰;상복)을 입고 관(棺)을 수레에 싣고서 초자(楚子)를 뵈었다. 초자가 〈이것을 보고〉 봉백(逢伯)에게 물으니, 봉백이 말하기를 "옛날에 무왕이 상나라를 이겼을 적에 미자 계(微子啓)가 이와 같이 하였는데, 무왕이 친히 포박을 풀어주고 그 구슬을 받고는 흉한 것을 제거하였으며, 관(棺)을 불태우고 예우하여 관직을 명했습니다." 하였으니, 그렇다면 미자가 주나라로 간 것은 상나라를 이긴 뒤에 있었던 것이니, 여기에서 떠나간다고 말한 것은 다만 그 지위를 버리고 밖으로 도피한 것일 뿐이다. 미자의 떠남을 논하는 자들은 마땅히 이것을 자세히 살펴야 한다.

------

370 微子適周 乃在克商之後 : 적주(適周)는 주나라로 간 것인바, 이에 대하여 오윤상은 추씨의 "미자가 만약 스스로 무왕에게 돌아갔다면 이는 군주를 잊고 신하들을 욕되게 하고 먼저 종국(祖國)을 망하게 한 것이니, 상나라를 이긴 선후를 논할 것 없이 반드시 이러한 일이 없었을 것이다.〔鄒氏曰 微子若自歸於武王 是忘君辱臣而先亡宗國 不論克商之先後 必無是事〕"라고 한 말을 소개하였다.

··· 縛 : 포박할 박 銜 : 머금을 함 絰 : 수질 질 櫬 : 관 친 祓 : 제액할 불

부록

書序說

※ 서서(書序)는 한(漢)나라 때 공안국(孔安國)이 지은 것으로, 이 내용은 《주자대전(朱子大全)》권 65 〈잡저(雜著)〉 상서(尙書)〉에 보이며, 주(註)는 주자가 제가(諸家)의 설을 취하여 해석한 것이다. 공안국의 원문과 역문(譯文)은 고딕체로, 주자의 안설(按說;육덕명의 해석 등)은 일반 서체로 하여 구분하였다. 호산(壺山) 박문호(朴文鎬)의 상설(詳說)에 일부가 기재되어 있는데, 여기서는 일부를 뽑아 각주로 처리하였으며 짧은 것은 그대로 본문에 추가하고 일일이 표시하지 않았다. 이 〈서설〉 뒤에 공안국의 〈서백편서(書百篇序;《서경》 백 편에 대한 소서(小序))〉가 있는데 본서에서는 각 편의 아래에 나누어 붙였으며, 〈서설강령(書說綱領)〉을 덧붙였다. 〈서전도(書傳圖)〉와 〈서경집전대전 인용 선유성씨표(書經集傳大全 引用先儒姓氏表)〉는 원래 앞에 있었으나 상권 뒤에 붙였음을 밝혀둔다.

漢孔安國曰 古者伏羲氏之王天下也에 **始畫八卦**하고 **造書契**하여 **以代結繩之政**하시니 **由是**로 **文籍生焉**하니라

한(漢)나라 공안국(孔安國)이 말하였다. "옛날 복희씨(伏羲氏)가 천하에 왕 노릇할 적에 처음으로 팔괘(八卦)를 긋고 서계(書契)를 만들어서 노끈을 맺는 정사를 대신하시니, 이로부터 문적(文籍)이 생겨나게 되었다.

陸氏曰 伏羲는 風姓이요 以木德王하니 卽大皞(太昊)也라 書契는 刻木而書其側하여 以約事也라 易繫辭云 上古에 結繩而治러니 後世聖人이 易之以書契라하니라 文은 文字요 籍은 書籍이라

육씨(陸氏;육덕명(陸德明))가 말하였다. "복희(伏羲)는 풍성(風姓)이고 목덕(木德)으로 왕 노릇하였으니, 바로 태호(太皞)이다. '서계(書契)'는 나무를 깎아 그 옆에 글을 써서 일을 약속한 것이다. 《주역》〈계사전(繫辭傳)〉에 '상고시대에는 노끈을 맺어 다스렸는데, 후세의 성인이 서계로써 바꿨다.' 하였다. '문(文)'은 문자이고 '적(籍)'은 서적이다."

伏羲、神農、黃帝之書를 **謂之三墳**이니 **言大道也**요 **少昊、顓頊、高辛、唐、虞之書**를 **謂之五典**이니 **言常道也**라 **至于夏、商、周之書**하여는 **雖設敎不倫**이나 **雅誥奧義**가

其歸一揆라 **是故**로 **歷代寶之**하여 **以爲大訓**[1]하니라

　복희·신농(神農)·황제(黃帝)의 글을 삼분(三墳)이라 이르니 분(墳)은 큰 도(道)를 말한 것이요, 소호(少昊)·전욱(顓頊)·고신(高辛)·당(唐)·우(虞)의 글을 오전(五典)이라 이르니 전(典)은 떳떳한 도를 말한 것이다. 하(夏)·상(商)·주(周)의 글[書]에 이르러는 비록 가르침을 베풂이 똑같지 않으나, 고아(高雅)한 말씀과 깊은 뜻이 그 귀결을 헤아려보면 똑같다. 이 때문에 역대(歷代)에서 이것을 보물로 여겨서 큰 교훈[大訓]으로 삼은 것이다.

　陸氏曰 神農은 炎帝也니 姜姓이요 以火德王하며 黃帝는 軒轅也니 姬姓이요 以土德王하니 一號有熊氏라 墳은 大也라 少昊는 金天氏니 名摯요 己姓이니 黃帝之子로 以金德王이라 顓頊은 高陽氏니 姬姓이요 黃帝之孫이니 以水德王이라 高辛은 帝嚳也니 黃帝之曾孫으로 姬姓이니 以木德王이라 唐은 帝堯也니 姓伊耆氏요 帝嚳之子니 初爲唐侯라가 後爲天子하여 都陶라 故號陶唐氏니 以火德王이라 虞는 帝舜也니 姓姚(요)氏요 國號는 有虞요 顓頊六世孫이니 以土德王이라 夏는 禹有天下之號也니 以金德王이라 商은 湯有天下之號也니 亦號殷하니 以水德王이라 周는 文王、武王有天下之號也니 以木德王이라 揆는 度(탁)也라

　육씨(陸氏)(육덕명)가 말하였다. "신농은 염제(炎帝)이니 강성(姜姓)이고 화덕(火德)으로 왕 노릇하였으며, 황제는 헌원(軒轅)이니 희성(姬姓)이고 토덕(土德)으로 왕 노릇하였으니, 또 다른 칭호는 유웅씨(有熊氏)이다. '분(墳)'은 큼이다. 소호는 금천씨(金天氏)이니, 이름이 지(摯)이고 기성(己姓)이니 황제의 아들로 금덕(金德)으로 왕 노릇하였다. 전욱은 고양씨(高陽氏)이니, 희성(姬姓)이고 황제의 손자이니 수덕(水德)으로 왕 노릇하였다. 고신은 제곡(帝嚳)이니, 황제의 증손으로 희성이니 목덕(木德)으로 왕 노릇하였다. 당(唐)은 제요(帝堯)이니, 성은 이기씨(伊耆氏)이고 제곡의 아들이니 처음 당후(唐侯)가 되었다가 뒤에 천자가 되어서 도(陶) 땅에 도읍하였다. 그러므로 도당씨(陶唐氏)라고 호하였으니, 화덕으로 왕 노릇하였다. 우(虞)는 제순(帝舜)이니, 성은 요씨(姚氏)이고 국호(國號)는 유우(有虞)이고 전욱의 6세손이니 토덕으로 왕 노릇하였다. 하(夏)는 우(禹) 임금이 천하를 소유한 칭호이니, 금덕으로 왕 노릇하였다. 상(商)

1　以爲大訓 : 대훈(大訓) 두 글자는 아래 〈고명(顧命)〉에 보인다.

은 탕(湯) 임금이 천하를 소유한 칭호이니 또한 은(殷)이라고도 이름하였으니, 수덕으로 왕 노릇하였다. 주(周)는 문왕(文王)과 무왕(武王)이 천하를 소유한 칭호이니, 목덕으로 왕 노릇하였다. '규(揆)'는 헤아려봄에 〈그 도가 똑같은 것〉이다."

八卦之說을 謂之八索이니 求其義也요 九州之志(誌)를 謂之九丘니 丘는 聚也니 言九州所有와 土地所生과 風氣所宜를 皆聚此書也라 春秋左氏傳曰 楚左史倚相이 能讀三墳、五典、八索、九丘라하니 卽謂上世帝王遺書也라

　팔괘(八卦)의 설(글)을 팔색(八索)이라 이르니 색(索)은 그 뜻을 구하는 것이요, 구주(九州)의 기록을 구구(九丘)라 이르니 구(丘)는 모음이니, 구주에 소유한 바와 토지에서 생산되는 바와 풍기(風氣)에 마땅한 바를 모두 이 책에 모아 기록함을 말한 것이다. 《춘추좌씨전(春秋左氏傳)》소공(昭公) 12년에 '초(楚)나라 좌사(左史)인 의상(倚相)이 능히 삼분·오전과 팔색·구구를 읽었다.' 하였으니, 이는 바로 상세(上世) 제왕의 남은 글을 말한 것이다.

陸氏曰 索은 求也라 倚相은 楚靈王時史官也라

　육씨가 말하였다. "'색(索)'은 구함이다. 의상(倚相)은 초나라 영왕(靈王) 때의 사관(史官)이다."

先君孔子 生於周末하사 覩史籍之煩文하시고 懼覽之者不一하사 遂乃定禮樂하고 明舊章하며 刪詩爲三百篇하고 約史記而修春秋하며 贊易道以黜八索하고 述職方以除九丘[2]하며 討論墳典호되 斷自唐虞以下하여 訖于周하사 芟(삼)夷煩亂하고 剪截浮辭하며 擧其宏綱하고 撮其機要하사 足以垂世立教하시니 典、謨、訓、誥、誓、命之文이 凡百篇이니 所以恢弘至道하고 示人主以軌範也라 帝王之制가 坦然明白하여 可擧而行하니 三千之徒 竝受其義하니라

　선군(先君)인 공자께서 주(周)나라 말기에 태어나시어 사적(史籍)의 번거로운 글을 보시고 〈이 사적을〉 보는(읽는) 자들이 통일되지 못함을 염려하셨다. 그리하여 마침내 예(禮)·악(樂)을 정하고 옛 전장(典章:제도와 문물)을 밝히며,《시경》을 산삭(刪削)하여 삼백

••••••
2　述職方以除九丘: 직방(職方)은 직방씨(職方氏)로, 사방을 맡은 관원이다.《주례》〈하관(夏官)〉에 속하는바, 이 직분씨의 기록이 있어 구구(九丘)가 필요 없게 됨을 말한 것이다.

편을 만들고 노(魯)나라의 사기(史記)를 요약하여 《춘추(春秋)》를 편수하였으며, 《주역》의 도(道)를 도와서 팔색(八索)을 내치고 〈직방(職方)〉을 기술하여 구구(九丘)를 제거하셨으며, 분(墳)·전(典)을 토론하되 당(唐)·우(虞) 이하로부터 끊어 주나라에 이르기까지 번란(煩亂)한 것을 없애고 쓸데없는 말을 잘라내셨으며, 큰 강령(綱領)을 들고 그 기요(機要)를 뽑으시어 충분히 세상에 드리우고 가르침을 세우게 하셨다. 전(典)·모(謨)·훈(訓)·고(誥)·서(誓)·명(命)의 글이 모두 백 편인바, 이는 지극한 도를 넓히고 군주에게 모범을 보인 것이다. 제왕(帝王)의 제도가 탄연(坦然)히 명백해서 들어 행할 수가 있으니, 삼천의 문도(門徒)가 모두 그 뜻을 배웠다.

程子曰 所謂大道는 若性與天道之說이니 聖人豈得而去之哉시리오 若言陰陽、四時、七政、五行之道는 亦必至要之理니 非如後世之繁衍末術也하여 固亦常道니 聖人所以不去也라 或者所謂羲農之書는 乃後人稱述當時之事에 失其義理하니 如許行爲神農之言[3]과 及陰陽、權變、醫方이 稱黃帝之說耳니 此聖人所以去之也라 五典이 旣皆常道로되 又去其三[4]하시니 蓋上古雖已有文字나 而制立法度하여 爲治有迹하여 得以紀載하여 有史官以識(지)其事는 自堯始耳니라 ○ 今按周禮에 外史掌三皇五帝之書하니 周公所錄은 必非僞妄이요 而春秋時에 三墳、五典、八索、九丘之書가 猶有存者하니 若果全備면 孔子亦不應悉刪去之시리라 或其簡編脫落하여 不可通曉어나 或是孔子所見이 止自唐虞以下를 不可知耳라 今亦不必深究其說也니라

정자(程子)가 말씀하였다. "이른바 대도(大道)라는 것은 성(性)과 천도(天道)의 설과 같은 것이니, 성인(聖人)이 어찌 이것을 버리실 수 있겠는가. 음(陰)·양(陽)과 사시(四時), 칠정(七政)과 오행(五行)의 도를 말한 것과 같은 것은 또한 반드시 지극히 중요한 이치이니, 후세의 번잡한 말술(末術)과는 같지 않아서 진실로 또한 떳떳한 도(道)이니, 성인이 이 때문에 버리지 않으신 것이다. 혹자는 이른바 '복희(伏羲)와 신농(神農)의 글'은 바로 후인들이 당시의 일을 칭술(稱述)함에 그 의리를 잃은 것이니, 예컨대 허행(許行)이 신농의 말을 했다는 것과 음양과 권변(權變:병법)과 의방(醫方)이

---

3 如許行爲神農之言 : 이 내용은 《맹자》〈등문공 상(滕文公上)〉에 보인다.
4 五典 旣皆常道 又去其三 : 오전(五典) 가운데 소호(少昊)와 전욱(顓頊), 고신(高辛) 3대의 글을 제거하여 현재 〈요전(堯典)〉과 〈순전(舜典)〉의 이전(二典)만 남았음을 말한 것이다.

황제(黃帝)의 설을 칭하는 것과 같으니, 이는 성인이 버리신 것이다. 오전(五典:오제(五帝)의 글)이 이미 모두 떳떳한 도인데 또 이 가운데에 셋을 버리셨으니, 상고(上古) 시대에 비록 이미 문자가 있었으나 법도를 제정하여 정치를 함에 자취가 있어 이것을 기재해서 사관을 두어 그 일을 기록함은 요제(堯帝)로부터 시작된 것이다."

○ 이제 내(주자)가 살펴보건대 《주례(周禮)》〈춘관(春官)〉에 "외사(外史)가 삼황(三皇)과 오제(五帝)의 글을 관장했다." 하였으니, 주공(周公)이 기록한 《주례》는 반드시 거짓과 망령된 내용이 아닐 것이요, 춘추 때에 삼분과 오전, 팔색과 구구의 책이 아직도 남아있는 것이 있었으니, 만약 과연 이것이 온전히 갖추어졌다면 공자 또한 모두 산삭(刪削)하여 버리지 않으셨을 것이다. 혹 그 간편(簡編)이 탈락(脫落)되어 통할 수 없었거나, 혹은 공자가 보신 것이 다만 당(唐)·우(虞) 이하였는지는 알 수 없다. 이제 또한 굳이 그 설을 깊이 연구할 것이 없다.

及秦始皇이 滅先代典籍하고 焚書坑儒한대 天下學士 逃難解散하니 我先人[5]이 用藏其家書于屋壁이시니라

진(秦)나라 시황(始皇)이 선대의 전적(典籍)을 없애며 책을 불태우고 선비들을 구덩이에 묻어 죽이자, 천하의 학사(學士)들이 난(難)을 피하여 흩어지니, 우리 선인이 집안의 책을 벽 속에 감춰두셨다.

秦은 國名이요 始皇은 名政이니 竝六國하여 爲天子하고 自號始皇帝라 焚詩書는 在三十四年이요 坑儒는 在三十五年[6]이라 顔師古[7] 曰 家語云 孔騰은 字子襄[8]이니 畏秦法峻急하여 藏尙書、孝經、論語於夫子舊堂壁中이라하고 而漢記

......

5 先人 : 위의 선군(先君;공자)과 구별하여 말한 것이다.

6 焚詩書……在三十五年 : 시·서를 불태우고 선비를 구덩이에 묻어 죽인 일은 모두 《사기(史記)》〈시황기(始皇紀)〉에 보인다.

7 顔師古 : 당(唐)나라 만년현(萬年縣) 사람인 안주(顔籒)이니, 사고(師古)는 그의 자(字)인바, 《한서(漢書)》에 주를 달았다.

8 孔騰 字子襄 : 공등(孔騰)은 공자(孔子)의 9세손이고, 공안국의 조부(祖父)이니, 한 고조(漢高祖) 때에 봉사군(奉嗣君)에 봉해졌다. 《孔子家語》

尹敏⁹傳云 孔鮒¹⁰所藏이라하여 二說不同하니 未知孰是로라

　진(秦)은 국명(國名)이고 시황(始皇)은 이름이 정(政)이니, 육국(六國)을 병합하여 천자가 되고 스스로 시황제(始皇帝)라 칭하였다. 시(詩)·서(書)를 불태운 것은 재위 34년에 있었고, 선비를 구덩이에 묻어 죽인 것은 재위 35년에 있었다. 안사고(顔師古)가 말하였다. "《공자가어(孔子家語)》에 '공등(孔騰)은 자(字)가 자양(子襄)이니, 진나라 법이 준엄하고 급함을 두려워해서 《상서(尙書)》와 《효경(孝經)》·《논어(論語)》를 부자(夫子)의 옛 강당 벽 속에 숨겨두었다.' 하였고, 《한기(漢記:동관한기(東觀漢記))》 〈윤민전(尹敏傳)〉에는 '공부(孔鮒)가 소장한 것이다.'라고 하여 두 설이 똑같지 않으니, 무엇이 옳은지는 알 수 없다.

漢室龍興에 **開設學校**하고 **旁求儒雅**하여 **以闡大猷**라 **濟南伏生**이 **年過九十**이러니 **失其本經**하여 **口以傳授**가 **裁(纔)二十餘篇**이니 **以其上古之書**라하여 **謂之尙(上)書**나 **百篇之義**를 **世莫得聞**이라

　한(漢)나라가 용흥(龍興)함에 학교를 개설하고 선비들을 널리 구하여 대도(大道)를 밝혔다. 제남(濟南)의 복생(伏生)이 나이가 90이 넘었는데, 본경(本經:서경)을 잃고서 입으로 제자들에게 전수한 것이 겨우 20여 편이니, 이는 상고(上古)의 글이라 하여 이것을 《상서(尙書)》라고 일렀으나 백 편의 뜻을 세상에서는 듣지 못하였다.

漢藝文志云 尙書經二十九卷이라한대 註云 伏生所授者라하고 儒林傳云 伏生名勝이니 爲秦博士러니 以秦時禁書로 伏生이 壁藏之하다 其後에 大兵起하여 流亡이러니 漢定에 伏生求其書하니 亡數十篇이요 獨得二十九篇일새 卽以教于齊魯之間하다 孝文時에 求能治尙書者호되 天下無有라 聞伏生治之하고 欲召러니 時伏生年九十餘하여 老不能行이라 於是에 詔太常하여 使掌故晁錯(조조)¹¹로 往受之하다 顔師古曰 衛宏定古文尙書序云 伏生이 老不能正言하

......

9　尹敏：동한(東漢) 남양(南陽) 사람으로, 자는 유계(幼季)이다.
10　孔鮒：자는 자어(子魚)이다. 공등의 형으로 진섭(陳涉)의 박사(博士)가 되었으며, 《공총자(孔叢子)》를 저술하였다.
11　掌故晁錯：장고(掌故)는 태상(太常)의 속관(屬官)으로, 국가의 전고(典故)·고사(古事)·관례, 또는 전장(典章)·제도(制度)를 관장하였다. 조조(晁錯)는 조조(鼂錯)로도 표기한다.

여 言不可曉일새 使其女傳言教錯하니 齊人語多與穎川異하여 錯所不知가 凡十二三이라 略以其意로 熟讀而已¹²라하니라 陸氏曰 二十餘篇은 即馬鄭所註¹³ 二十九篇이 是也라 孔穎達曰 泰誓는 本非伏生所傳이요 武帝之世에 始出而得行이어늘 史因以入於伏生所傳之內라 故云二十九篇也라 ○ 今按此序에 言伏生失其本經하고 口以傳授라하고 漢書에 乃言初亦壁藏이러니 而後亡數十篇이라하여 其說與此序不同하니 蓋傳聞異辭¹⁴爾라 至於篇數하여도 亦復不同者는 伏生本엔 但有堯典、皐陶謨、禹貢、甘誓、湯誓、盤庚、高宗肜日、西伯戡黎、微子、牧誓、洪範、金縢、大誥、康誥、酒誥、梓材、召誥、洛誥、多方、多士、立政、無逸、君奭、顧命、呂刑、文侯之命、費誓、秦誓凡二十八篇이러니 今加泰誓一篇故로 爲二十九篇耳라 其泰誓眞僞之說은 詳見(현)本篇하니 此未暇論也로라

《한서(漢書)》〈예문지(藝文志)〉에 "《상서》는 경(經)이 29권(卷)이다." 하였는데, 주(註)에 '복생(伏生)이 전수한 것이다.' 하였고, 〈유림전(儒林傳)〉에는 "복생은 이름이 승(勝)이니, 옛날 진(秦)나라의 박사(博士)가 되었는데, 진나라 때에 글(《서경》)을 금하였으므로 복생이 벽 속에 감춰두었다. 그 뒤에 큰 병란(兵亂)이 일어나서 이 책이 흩어져 없어졌는데, 한(漢)나라가 천하를 평정함에 복생이 그 책을 찾으니, 수십 편이 없어졌고 홀로 29편을 얻었기에 즉시 이것을 가지고 제(齊)·노(魯)의 사이에서 가르쳤다. 효문제(孝文帝) 때에 《상서》를 전공한 자를 구하였으나 천하에 없었다. 〈조정에서는〉 복생이 《상서》를 전공하였다는 말을 듣고 그를 부르고자 하였는데, 이때 복생의 나이가 90이 넘어 늙어서 올 수가 없었다. 이에 태상(太常)에게 명하여 장고(掌故)인 조조(晁錯)로 하여금 가서 글을 전수받게 했다." 하였다.

안사고가 말하였다. "위굉(衛宏)이 정한 고문상서(古文尚書)의 〈서(序)〉에 이르기를 '복생이 늙어서 말을 제대로 하지 못하여 말을 이해할 수가 없기에 그의 딸로 하여금 말을 전하게 해서 조조를 가르치니, 제(齊)지방(제남) 사람의 말은 조조의 고향인 영

......

12 略以其意 熟讀而已 : 이전(二典)·삼모(三謨)와 우공(禹貢) 등의 편은 본경(本經)의 전문(全文)이다.〔典謨禹貢等篇, 決是本經全文.〕
13 馬鄭所註 : 《신당서(新唐書)》에 이르기를 "마융(馬融)이 10권을 전(주해)하였고, 정현(鄭玄)이 9권에 주를 달았다.〔馬融傳十卷, 鄭玄註九卷.〕" 하였다.
14 傳聞異辭 : 이 내용은 《춘추공양전(春秋公羊傳)》 은공(隱公) 원년(元年)에 보인다.

천(潁川)과 달라서 조조가 알아듣지 못하는 것이 모두 10에 2, 3이었다. 그리하여 대략 그 뜻으로 연결하여 읽을 뿐이었다.' 하였다."

육씨(陸氏)가 말하였다. "20여 편은 바로 마융(馬融)과 정현(鄭玄)이 주를 단 29편이 이것이다."

공영달(孔穎達)이 말하였다. "〈태서(泰誓)〉는 본래 복생이 전한 것이 아니고 무제(武帝) 때에 처음으로 나와 세상에 행해졌는데, 사서(史書:《한서》〈예문지〉)에 인하여 복생이 전한 글 가운데로 이것을 넣었다. 그러므로 29편이라 한 것이다."

○ 이제 살펴보건대 이 〈서(序)〉에 복생이 그 본경(本經)을 잃고서 입으로 전수하였다고 말하였고, 《한서》에는 마침내 '처음에 또한 벽속에 감춰두었는데 뒤에 수십 편을 잃었다.' 하여 그 설(說)이 이 〈서〉와 똑같지 않으니, 이는 전해들은 말이 다른 것이다. 편수(篇數)에 이르러도 또한 다시 똑같지 않은 것은 복생의 본(本)에는 다만 〈요전(堯典)〉·〈고요모(皋陶謨)〉·〈우공(禹貢)〉·〈감서(甘誓)〉·〈탕서(湯誓)〉·〈반경(盤庚)〉·〈고종융일(高宗肜日)〉·〈서백감려(西伯戡黎)〉·〈미자(微子)〉·〈목서(牧誓)〉·〈홍범(洪範)〉·〈금등(金縢)〉·〈대고(大誥)〉·〈강고(康誥)〉·〈주고(酒誥)〉·〈재재(梓材)〉·〈소고(召誥)〉·〈낙고(洛誥)〉·〈다방(多方)〉·〈다사(多士)〉·〈입정(立政)〉·〈무일(無逸)〉·〈군석(君奭)〉·〈고명(顧命)〉·〈여형(呂刑)〉·〈문후지명(文侯之命)〉·〈비서(費誓)〉·〈태서(泰誓)〉의 28편이 있었을 뿐이었는데, 지금 〈태서〉한 편을 더하였기 때문에 29편이 된 것이다. 〈태서〉에 대한 진위(眞僞)의 설은 본편에 자세히 보이니, 여기에서는 자세히 논할 겨를이 없노라.

至魯共(恭)王하여 **好治宮室**하여 **壞孔子舊宅**하여 **以廣其居**할새 **於壁中**에 **得先人所藏古文虞夏商周之書**와 **及傳, 論語, 孝經**[15]하니 **皆科斗文字**[16]라 **王又升孔子堂**하여 **聞金石絲竹之音**하고 **乃不壞宅**하고 **悉以書還孔氏**하다 **科斗書廢已久**하여 **時人**이 **無能知者**일새 **以所聞伏生之書**로 **考論文義**하여 **定其可知者**하여 **爲隸古定**하고 **更以竹簡寫之**하니 **增多伏生二十五篇**이라 **伏生**은 **又以舜典合於堯典**하고 **益稷合於皋陶謨**하고 **盤庚三篇**이 **合爲一**하고 **康王之誥**는 **合於顧命**이러니 **復出此篇**하고 **幷序**

......
15 於壁中……孝經 : 전(傳)은 안사고(顏師古)가 말하지 않은 것이다.〔傳, 是師古所不言者.〕
16 皆科斗文字 : 그 과두(蝌蚪)의 고자(古字)를 사용했기 때문에 고문(古文)이라 이른 것이다.〔以其蝌蚪古字故, 謂之古文.〕

하여 凡五十九篇을 爲四十六卷하다 其餘錯亂摩滅하여 弗可復知어늘 悉上送官하여 藏之書府하여 以待能者하노라

노(魯)나라 공왕(恭王)에 이르러 궁실을 다스리기 좋아해서 공자의 고택을 허물어 그 궁궐을 넓힐 적에 벽장 안에서 성인(공자)이 보관한 고문(古文)으로 기록된 우(虞)·하(夏)·상(商)·주(周)의 글과 및 《춘추좌전(春秋左傳)》·《논어(論語)》·《효경(孝經)》을 얻으니, 모두 과두(科斗:蝌蚪)문자로 기록되어 있었다. 공왕은 또다시 공씨(孔氏)의 당(堂)에 올라가서 금(金)·석(石)과 사(絲)·죽(竹)의 음악소리를 듣고는 마침내 집을 허물지 않고 모두 그 책을 공씨(공안국의 집)에게 돌려주었다.

과두의 글이 버려져 쓰여지지 않은 지가 이미 오래되어서 당시 사람이 이것을 아는 자가 없었으므로 복생(伏生)에게 들은 바의 글을 가지고 글뜻을 상고하고 논해서, 그 알 수 있는 것을 정하여 한예(漢隷)로 고문(과두문자)을 바꾸어서 다시 죽간(竹簡)에 쓰니, 복생의 본(本)보다 25편이 더 많아졌다. 복생은 또 〈순전(舜典)〉을 〈요전(堯典)〉에 합치고 〈익직(益稷)〉을 〈고요모(皐陶謨)〉에 합치며, 〈반경(盤庚)〉 3편이 합하여 하나가 되고 〈강왕지고(康王之誥)〉가 〈고명(顧命)〉에 합해졌으며, 다시 이 편을 표출하고 〈서문(序文)〉과 함께 모두 59편을 46권으로 만들었다. 그 나머지는 착란(錯亂)하고 마멸(磨滅)되어서 다시 알 수가 없으므로 모두 관청으로 올려 보내어 서부(書府)에 보관하여 유능한 자를 기다리게 하였다.

陸氏曰 共王은 漢景帝子니 名餘라 傳은 謂春秋也라 一云周易十翼이라하니 非經을 謂之傳이라 科斗(蝌蚪)는 蟲名으로 蝦蟇(하마)子니 書形似之라 爲隷古定은 謂用隷書하여 以易古文이라 吳氏曰 伏生이 傳於旣耄之時러니 而安國이 爲隷古할새 又特定其所可知者로되 而一篇之中과 一簡之內에 其不可知者 蓋不無矣라 乃欲以是盡求作書之本意와 與夫本末先後之義하면 其亦可謂難矣요 而安國所增多之書는 今篇目具在로되 皆文從字順하여 非若伏生之書의 詰曲聱(오)牙하여 至有不可讀者라 夫四代之書는 作者不一하여 乃至二人之手어늘 而遂定爲二體乎아 其亦難言矣[17]니라

-----
17 吳氏曰……其亦難言矣 : 이 부분은 채침이 보충한 것이다.

육씨(陸氏)가 말하였다. "공왕(恭王)은 한(漢)나라 경제(景帝)의 아들이니, 이름이 여(餘)이다. 전(傳)은 《춘추(春秋)》를 이른다. 일설(一說)에는 '《주역》〈십익(十翼)〉이다.' 하니, 경(經)이 아닌 것을 전(傳)이라 한다. 과두(蝌蚪)는 벌레(곤충)의 이름으로 올챙이[蝦蟇子]이니, 서체(書體)가 그와 유사하다. '위예고정(爲隸古定)'은 예서(隸書)를 사용하여 고문(古文;과두문자)을 바꿈을 이른다."

오씨(吳氏)가 말하였다. "복생이 이미 늙어 혼몽(昏瞀)한 때에 전수하였는데, 공안국이 예서로 고문을 바꾸고 또 특별히 알 수 있는 것을 정하였으나, 한 편 가운데와 한 죽간(竹簡) 안에 알 수 없는 것이 아마도 없지 않았을 것이다. 그런데 마침내 이로써 글을 지은 본의(本意)와 본말 선후(本末先後)의 뜻을 다 찾고자 한다면 이 또한 어려운 일이라고 할 수 있다. 공안국이 더 보탠 《〈상서〉의》 글은 이제 편목(篇目)이 다 남아있는데, 이 글은 모두 문장이 순하고 글자가 알기 쉬워, 복생의 글(금문상서)이 까다롭고 어려워 읽을 수 없는 부분이 있는 것과는 같지 않다. 무릇 사대(四代;虞·夏·殷·周)의 《상서》 글을 지은 자가 한 사람이 아니고 두 사람의 손을 거쳤기에 결국 두 문체가 된 것인가. 이것 또한 말하기 어려운 것이다."

二十五篇者는 謂大禹謨、五子之歌、胤征、仲虺之誥、湯誥、伊訓、太甲三篇、咸有一德、說命三篇、泰誓三篇、武成、旅獒、微子之命、蔡仲之命、周官、君陳、畢命、君牙、冏命也요 復(부)出者는 舜典、益稷、盤庚(三)[二]篇、康王之誥凡五篇이요 又百篇之序가 自爲一篇하여 共五十九篇이니 卽今所行五十八篇에 而以序冠篇首者也라 爲四十六卷者는 孔疏에 以爲 同序者同卷하고 異序者異卷하니 同序者는 大甲、盤庚、說命、泰誓 皆三篇이니 共序하여 凡十二篇에 只四卷이요 又大禹、皐陶謨、益稷、康誥、酒誥、梓材 亦各三篇이니 共序하여 凡六篇에 只二卷이요 外四十篇은 篇各有序하여 凡四十卷에 通共序者六卷이라 故爲四十六卷也라 其餘錯亂磨滅者는 汨作、九共九篇、槁飫、帝嚳、釐沃、湯征、汝鳩、汝方、夏社、疑至、臣扈、典寶、明居、肆命、徂后、沃丁、咸乂四篇과 伊陟、原命、仲丁、河亶甲、祖乙、高宗之訓、分器、旅巢命、歸禾、嘉禾、成王政、將蒲姑、賄肅愼之命、亳姑凡四十二篇이니 今亡[18]이라

......

18 其餘錯亂磨滅者……今亡 : 오직 〈서(序)〉만 있다. 29편을 이미 복생의 글을 상고해서 정했다고 히였으면 25편은 과연 무슨 책을 상고하여 정했는가. 과두문은 똑같으니, 25편은 비록 상고할

25편은 〈대우모(大禹謨)〉·〈오자지가(五子之歌)〉·〈윤정(胤征)〉·〈중훼지고(仲虺之誥)〉·〈탕고(湯誥)〉·〈이훈(伊訓)〉·〈태갑(太甲)〉3편·〈함유일덕(咸有一德)〉·〈열명(說命)〉3편·〈태서(泰誓)〉3편·〈무성(武成)〉·〈여오(旅獒)〉·〈미자지명(微子之命)〉·〈채중지명(蔡仲之命)〉·〈주관(周官)〉·〈군진(君陳)〉·〈필명(畢命)〉·〈군아(君牙)〉·〈경명(冏命)〉을 이르고, 중복되어 나온 것은 〈순전(舜典)〉과 〈익직(益稷)〉·〈반경(盤庚)〉2편·〈강왕지고(康王之誥)〉로 모두 5편이고, 또 백 편의 〈서문(序文)〉이 따로 한 편이 되어서 모두 59편이니, 바로 지금 유행하는 58편에다가 〈서〉를 편 머리에 놓은 것이다.

46권으로 만든 것은 공영달(孔穎達)의 소(疏)에 '〈서(序)〉가 같은 것은 권(卷)을 같게 하고, 〈서〉가 다른 것은 권을 달리 했다.' 하였으니, 〈서〉가 같은 것은 〈태갑〉·〈반경〉·〈열명〉·〈태서〉가 모두 3편인데 〈서〉를 합하여 모두 12편에 다만 4권이고, 또 〈대우모〉·〈고요모(皐陶謨)〉·〈익직(益稷)〉·〈강고(康誥)〉·〈주고(酒誥)〉·〈재재(梓材)〉 또한 각각 3편이니, 〈서〉를 합하여 모두 6편에 다만 2권이고, 이 밖의 40편은 편마다 각각 〈서〉가 있어서 모두 40권에 서를 함께한 6권을 통틀어 46권이 된 것이다.

그 나머지 착란(錯亂)하고 마멸(磨滅)된 것은 〈골작(汨作)〉과 〈구공(九共)〉의 9편, 〈고어(槀飫)〉·〈제고(帝告)〉·〈이옥(釐沃)〉·〈탕정(湯征)〉·〈여구(汝鳩)〉·〈여방(汝方)〉·〈하사(夏社)〉·〈의지(疑至)〉·〈신호(臣扈)〉·〈전보(典寶)〉·〈명거(明居)〉·〈사명(肆命)〉·〈조후(徂后)〉·〈옥정(沃丁)〉·〈함예(咸乂)〉의 4편과 〈이척(伊陟)〉·〈원명(原命)〉·〈중정(仲丁)〉·〈하단갑(河亶甲)〉·〈조을(祖乙)〉·〈고종지훈(高宗之訓)〉·〈분기(分器)〉·〈여소명(旅巢命)〉·〈귀화(歸禾)〉·〈가화(嘉禾)〉·〈성왕정(成王政)〉·〈장포고(將蒲姑)〉·〈회숙신지명(賄肅愼之命)〉·〈박고(亳姑)〉 등 모두 42편이니, 지금은 없어졌〈고 오직 〈서서〉만 남았〉다."

● ● ● ● ● ●
만한 근거가 없으나 그래도 상고할 수 있지만, 42편은 또 어찌 홀로 상고할 수가 없는가. 만약 착란하고 마멸되었다고 한다면 비록 짧은 말과 짧은 글귀라도 이를 남겨두어 의심스러움을 보존하는 것이 옳으니, 어찌 대번에 버리기를 공자가 〈시(詩)·서(書)〉를 산삭(刪削)한 것과 같이 한단 말인가. 산삭과 고증은 사체(事體)가 진실로 다르니, 산삭한 것은 혹 일서(逸書)의 구(句)가 세상에 전할 수 있는데 오직 이 고증하고 남은 것은 마침내 한 글자도 유전(流傳)함이 없으니, 과연 무슨 연고인가.〔只有序. ○ 二十九篇, 旣云考伏書而定之, 則二十五篇, 果考何書以定也. 科斗文一也, 而二十五篇, 則雖無憑, 猶可考, 而四十二篇, 又何獨不可考也. 若曰錯亂磨滅, 則雖片言隻句, 以之存疑可也, 何至遽棄, 如孔子之棄刪餘也. 刪與考定, 事體固自別, 而刪餘則或有逸書句傳於世者, 惟此考定之餘, 乃無一字之流傳, 果何故也?〕

承詔爲五十九篇하여 作傳하니 於是에 遂研精覃思하여 博考經籍하고 採摭群言하여 以立訓傳하며 約文申義하여 敷暢厥旨하니 庶幾有補於將來라 書序는 序所以爲作者之意라 昭然義見(현)하니 宜相附近이라 故引之各冠其篇首하여 定五十八篇[19]하다

조칙을 받들어 59편을 만들어 전(傳)을 지으니, 이에 마침내 정력을 다해 연구하고 생각을 깊이 해서 경적(經籍)을 널리 상고하고 여러 학설을 채집하여 훈(訓)·전(傳)을 세우며 문장을 간략하게 요약해서 〈경문의〉 뜻을 거듭하여 그 취지(趣旨)를 펴서 통창하게 하니, 거의 장래에 보탬이 있을 것이다. 〈서서(書序)〉는 이 글을 짓게 된 뜻을 서술한 것이다. 그리하여 분명하게 뜻이 나타나니, 마땅히 서로 가까이 붙여야 한다. 그러므로 이것을 끌어다가 각기 그 편 머리에 놓아서 58편으로 정하였다.

詳此章하면 雖說書序하고 序所以爲作者之意나 而未嘗以爲孔子所作이러니 至劉歆、班固하여 始以爲孔子所作[20]하니라

이 장을 자세히 살펴보면 비록 〈서서〉는 글(《서경》)을 지은 뜻을 서술했다고 말하였으나 일찍이 공자가 지은 것이라고 말하지 않았는데, 유흠(劉歆)과 반고(班固)에 이르러 비로소 공자가 지은 것이라고 하였다.

旣畢에 會國有巫蠱事하여 經籍道息하여 用不復以聞일새 傳之子孫하여 以貽後代하노니 若好古博雅君子 與我同志면 亦所不隱也로라

이미 이것이 끝났는데 마침 나라에 무고(巫蠱)의 옥사(獄事)가 있어서 경적(經籍)을 찾는 도(道)가 중지되어 이 때문에 다시 아뢰지 못하기에 이것을 자손에게 전하여 후대에 남기노니, 만약 옛것을 좋아하는 박식한 군자가 나와 뜻이 같다면 또한 숨기지 않을 것이다.

陸氏曰 漢武帝末征和中에 江充造蠱하여 敗戾太子하니라

육씨(陸氏)가 말하였다. "한(漢)나라 무제(武帝) 말년인 정화(征和) 연간에 강충(江充)이 무고(巫蠱)의 옥사를 조작하여 여태자(戾太子)를 실패하게 하였다."

------
19 定五十八篇:〈서서〉 한 권이 줄어들었음을 가리킨다.
20 始以爲孔子所作:이 설은 옳지 않다.〔其說非是〕

○ 今按此序는 不類西漢文字하니 疑或後人所託이라 然無所據하여 未敢必也로라 以其所序本末頗詳故로 備載之하니 讀者宜細考焉이니라
  ○ 내(주자)가 이제 살펴보면 이 〈서문〉은 서한(西漢)의 문자(문장)와 유사하지 않으니, 의심컨대 혹 후인이 이름을 가탁하여 기록한 듯하다. 그러나 근거가 없으니 감히 기필할 수가 없다. 이 〈서서(書序)〉는 기술한 본말(本末)이 자못 상세하므로 자세히 기재하니, 독자들이 마땅히 세세히 상고해야 할 것이다.

漢書藝文志云 書者는 古之號令이니 號令於衆에 其言不立具면 則聽受施行者弗曉라 古文은 讀應爾雅라 故解古今語而可知也니라
  《한서》〈예문지〉에 말하였다. "서(書)란 것은 옛날의 호령(號令)이니, 여러 사람에게 호령할 때에 그 말이 당장 구비되지 않으면 듣고 시행하는 자가 이해하지 못한다. 고문(古文)은 읽을 적에 응당 이아(爾雅:문장이 바르고 우아함)하여야 한다. 그러므로 고금(古今)의 말을 풀어서 알 수 있는 것이다."

括蒼葉夢得曰 尙書文皆奇澁(삽)하니 非作文者故欲如此요 蓋當時語自爾也라하니 今按此說이 是也라 大抵書文은 訓、誥는 多奇澁하고 而誓、命은 多平易하니 蓋訓、誥는 皆是記錄當時號令於衆之本語라 故其間에 多有方言及古語하니 在當時하여는 則人所共曉러니 而於今世엔 反爲難知라 誓、命은 則是當時史官所撰이니 鬻括潤色하여 粗有體製라 故在今日에 亦不難曉耳니라
  괄창(括蒼) 섭몽득(葉夢得)이 "《상서(尙書)》의 글이 모두 기이하고 난삽한 것은 글을 지은 자가 일부러 이와 같이 하려고 한 것이 아니라, 아마도 당시의 말이 본래 그랬을 것이다."라고 하였으니, 지금 상고해보면 이 말이 맞다. 대체로 〈서경〉의 글이 훈(訓)·고(誥)는 대부분 기이하고 난삽하여 이해하기 힘들고 서(誓)·명(命)은 대부분 평이하다. 아마도 훈·고는 모두가 바로 당시 대중에게 호령한 본래의 말을 그대로 기록한 것이기 때문에 그 사이에 방언(方言)과 고어(古語)가 많이 들어 있어서 당시에는 사람들이 함께 이해할 수 있었지만, 지금 세상에 있어서는 도리어 알기 어렵게 된 것이며, 서·명은 바로 당시 사관(史官)이 찬술한 것이니 다듬고 윤색하여 다소 체재가 있었기 때문에 오늘날에 있어서 또한 이해하기가 어렵지 않은 것이다.

孔穎達曰 孔君作傳이나 値巫蠱不行以終이라 前漢諸儒는 知孔本五十八篇이나 不

見孔傳²¹일새 遂有張霸之徒 僞作舜典、汨作、九共九篇、大禹謨、益稷、五子之歌、胤征、湯誥、咸有一德、典寶、伊訓、肆命、原命、武成、旅獒、冏命二十四篇이라 除九共九篇이면 共卷爲十六卷이니 蓋亦略見百篇之序라 故로 以伏生二十八篇者에 復出舜典、益稷、盤庚二篇、康王之誥、及泰誓共爲三十四篇하고 而僞作此二十四篇²² 十六卷하여 附以求合於孔氏之五十八篇四十六卷之數也라 劉向、班固、劉歆、賈逵、馬融、鄭玄之徒는 皆不見眞古文하고 而誤以此爲古文之書하고 服虔、杜預도 亦不之見이러니 至晉王肅하여 始似竊見이요 而晉書에 又云 鄭沖以古文授蘇愉하고 愉授梁柳하고 柳之內兄皇甫謐이 又從柳得之하며 而柳又以授臧曹하고 曹始授梅賾하고 賾乃於前晉에 奏上其書而施行焉이라하니라

공영달이 말하였다. "공군(孔君:공안국)이 전(傳)을 지었으나 무고(巫蠱) 사건을 만나서 세상에 유행되지 못하고 끝나버렸다. 전한(前漢) 시대의 제유(諸儒)들은 공안국 본(本)이 58편인 것은 알았지만, 공전(孔傳)은 보지 못하였다. 그래서 결국 장패(張霸)란 무리가 〈순전〉·〈골작〉·〈구공〉 9편·〈대우모〉·〈익직〉·〈오자지가〉·〈윤정〉·〈탕고〉·〈함유일덕〉·〈전보(典寶)〉·〈이훈〉·〈사명(肆命)〉·〈원명〉·〈무성〉·〈여오〉·〈경명(冏命)〉 등 24편을 위작하였다. 〈구공〉 9편을 제외하면 권을 함께 한 것이 16권이 된다. 또한 100편의 서문을 대략 보았기 때문에 복생의 28편에서 다시 나온 〈순전〉·〈익직〉·〈반경〉 2편·〈강왕지고〉 및 〈태서〉를 합쳐서 34편으로 만들고, 이 24편 16권을 위작해서 공씨의 58편 46권이라는 숫자에 짜맞춘 것이다. 유향·반고·유흠·가규(賈逵)·마융·정현의 무리는 모두 진짜 고문(금문상서)을 보지 못하고 이것을 고문의 《서》라고 잘못 생각하였다. 복건(服虔)·두예(杜預)도 역시 고문을 보지 못하였으며, 진(晉)나라 왕숙(王肅)에 이르러 비로소 공전(孔傳)을 훔쳐본 듯하다. 《진서(晉書)》에 또 "정중(鄭沖)은 고문을 소유(蘇愉)에게 전수하고 소유는 양류(梁柳)에게 전수하고 양류의 내형(內兄)인 황보밀(皇甫謐)은 또 양류로부터 배웠으며, 양류는 또 장조(臧曹)에게 전수하고 장조는 비로소 매색(梅賾)에게 전수하고 매색은 곧 전진(前晉) 때에 이 《고문상서》를 나라에 올려서 시행하였다." 하였다.

※ 孔穎達曰 : 이 글은 주자가 《상서정의(尙書正義)》의 내용을 축약한 것으로 이해하기 어려운 부분이 많다. 자세한 내용은 《상서정의》를 참고하기 바란다.

......

21 不見孔傳 : 이 책(공전)이 있는 줄은 알았으나 미처 보지 못한 것이다.
22 僞作此二十四篇 : 두 편의 〈순전〉과 두 편의 〈익직〉이 있다.

漢書所引泰誓云 誣神者는 殃及三世[23]라하고 又云 立功立事하면 惟以永年이라하니 疑卽武帝之世所得者[24]라 律歷志所引伊訓、畢命에 字畫有與古文略同者는 疑伏生口傳而晁錯所屬讀者요 其引武成은 則伏生無此篇이니 必是張霸所僞作者矣리라

《한서(漢書)》에서 인용한 〈태서〉에 "신을 속이는 자는 재앙이 3세(世)에 미친다."라고 하고, 또 "공을 세우고 일을 세우면 년수(年數)를 길게 한다."라는 것은 아마 무제(武帝)의 세대에 얻은 것인 듯하고, 《한서》〈율력지〉에서 인용한 〈이훈〉과 〈필명〉의 자획(字畫)이 매색(梅賾)의 고문과 약간 닮은 점이 있는 것은 아마 복생이 말로 전해서 조조(晁錯)가 뜻으로 이어서 읽은 것인 듯하며, 여기에 인용한 〈무성〉은 복생의 《서》에는 없으니, 필시 장패가 위작한 것일 터다.

今按漢儒 以伏生之書爲今文하고 而謂安國之書爲古文이나 以今考之하면 則今文은 多艱澁(삽)하고 而古文은 反平易라 或者는 以爲 今文은 自伏生女子口授晁(鼂)錯時失之하니 則先秦古書所引之文이 皆已如此라하나 恐其未必然也로라 或者는 以爲 記錄之實語難工이요 而潤色之雅詞易好라 故訓誥、誓命이 有難易之不同이라하니 此爲近之라 然이나 伏生背文暗誦은 乃偏得其所難이요 而安國考定於科斗古書는 錯亂磨滅之餘에 反專得其所易하니 則又有不可曉者라 至於諸序之文하여는 或頗與經不合하고 而安國之序는 又絶不類西京文字하니 亦皆可疑라 獨諸序之本不先經은 則賴安國之序而可見이라 故今定此本에 壹以諸篇本文爲經하고 而復合序篇於後[25]하여 使覽者得見聖經之舊하고 而又集傳其所可知하고 姑闕其所不可知者云이라

지금 상고하건대, 한유(漢儒)들이 복생의 《서》를 금문(今文)이라 하고 공안국의 《서》를 고문이라 하지만, 지금 상고해보면 금문에는 이해하기 어려운 대목이 많고 고문은 도리어 평이하다. 그래서 혹자는 "금문은 복생의 딸이 조조에게 말로 전해줄 때부터 잘못

......

23 殃及三世 : 살펴보건대 《한서》〈교사지(郊祀志)〉에는 이글을 인용하면서 《역대전(易大傳;계사전)》이라 하였다.
24 疑卽武帝之世所得者 : 이것은 위대서(僞泰誓)를 가리킨 것이다.
25 復合序篇於後 : 주자가 미처 완성하지 못한 것을 채씨가 완성하고 〈서서변설(書序辨說)〉이라 하였으니, 또한 〈시서(詩序)〉에 변실이 있는 것과 같다.

되었으니, 선진(先秦) 고서(古書)에 인용한 글이 모두 이미 이와 같다."라고 하나, 이것이 꼭 옳지는 않은 듯하다. 혹자는 "기록한 실제의 말(훈(訓)과 고(誥))은 까다로워서 알아보기 어렵고, 윤색한 우아한 말은 쉬워서 친근감을 느낀다. 그러므로 훈(訓)·고(誥)와 서(誓)·명(命)에는 어려움과 쉬움이 똑같지 않은 점이 있다."라고 하니, 이 말이 근리(近理)하다. 그러나 복생이 책을 뒤에 두고 암송한 것은 곧 어려운 글만을 치우치게 얻었고, 공안국이 과두문자로 된 고서(古書;고문상서)를 고정(考定)한 것은 착란하고 마멸된 뒤에서 도리어 그 쉬운 것만을 오로지 얻었으니, 또한 이해할 수 없는 점이다.

여러 서문의 글에 있어서는 간혹 경(經)과 부합하지 않는 점이 많이 있고, 공안국의 서문은 또 서한(西漢) 시대의 문자와 전혀 다르니, 또한 모두 의심스러운 점이다. 특히 모든 서문이 본래 경(經)의 앞에 있지 않은 것은 공안국의 서문에 의뢰하여 볼 수 있다. 이 때문에 지금 이 본(本)을 정하여 한결같이 여러 편의 본문을 경(經)으로 삼고 다시 서편(序篇)을 뒤에 합해서 보는 자들로 하여금 성경(聖經)의 옛 모습을 볼 수 있게 하고, 또 이 가운데 알 수 있는 것을 모아 해석하고, 그 알 수 없는 것은 우선 빼놓는다.

〈서서변설(書序辨說)〉[1]

* 《서경》에는 예로부터 편마다 작은 서문(小序)이 전해 오는바, 공벽(孔壁)에서 여러 고서(古書)와 함께 나온 것이라고 한다. 이 〈서문〉은 각 편이 쓰여지게 된 연유를 간략하게 설명한 것이다. 공영달(孔穎達)은 이 〈서문〉이 《시경》의 〈소서(小序)〉처럼 각 편의 앞머리에 나누어 놓았다 하여 이 역시 소서(小序)라고 칭하였다. 그런데 이 〈서문〉에 의하면 《서경》은 백 편의 글이 있었던 것으로 기록되어 있다. 《한서(漢書)》〈예문지(藝文志)〉 등에는 공자(孔子)가 편찬한 《서경》에는 백 편의 글이 있었는데, 나머지는 없어지고 지금의 58편만이 남았다고 하였다. 그리하여 이 〈소서〉가 공자가 지은 것으로 알려져 왔으나 〈탕정(湯征)〉과 〈태갑(太甲)〉의 〈서문〉을 보면 모두 맹자(孟子)의 설을 따르고 있으므로, 전국시대(戰國時代) 중기 이후에 지어진 것으로 보는 견해가 지배적이다. 채침(蔡沈) 역시 공자가 지은 것이 아님을 여러 번 밝힌바 있다. 이제 58편의 〈서문〉은 각 편에 이미 나누어 소개하였으며, 이것은 《서경》 백 편의 이동표(異同表)를 함께 붙여 참고하게 하는 바이다. 주는 대부분 호산(壺山) 박문호(朴文鎬)의 《상설(詳說)》을 채록하였다.

漢劉歆曰 孔子修易序書라하고 班固曰 孔子纂書凡百篇에 而爲之序하여 言其作意라하니라 今考序文하면 於見(현)存之篇에 雖頗依文立義나 而識見淺陋하여 無所發明이요 其間至有與經相戾者하며 於已亡之篇엔 則依阿簡略하여 尤無所補하니 其非孔子所作이 明甚이라 顧世代久遠하여 不可復知라 然孔安國이 雖云得之壁中이나 而亦未嘗以爲孔子所作이요 但謂書序는 序所以爲作者之意라하여 與討論墳典等語로 隔越不屬하니 意亦可見[2]이라 今姑依安國壁中之舊하여 復合序爲一篇하여 以附卷末하고 而疏其可疑者於下云이라

한(漢)나라 유흠(劉歆)은 "공자(孔子)가 《주역》을 편수(編修)하고 《서경》에 〈서문〉을

------

1 〈서서변설(書序辨說)〉: 호산(壺山)은 이에 대해 "살펴보건대 〈서서(書序)〉의 변설(辨說)은 채씨(蔡氏)가 또한 주자(朱子)의 뜻을 따라 지은 것인데, 《대전본(大全本)》에 실리지 않았으니, 이는 궐문(闕文)이다.〔按序辨, 蔡氏亦依朱子意爲之者, 而大全本不載, 是闕文也.〕" 하였다. 《詳說》
2 而亦未嘗以爲孔子所作……意亦可見: 공안국의 뜻은 〈서(序)〉를 공자가 지은 것이라고 여기지 않은 것이다.〔安國之意, 不以爲孔子作.〕《詳說》
※ 이후는 《詳說》을 부기하지 않는다.

지었다." 하였고, 반고(班固)는 "공자가 《서경》을 엮은 것이 모두 100편인데, 여기에 〈서문〉을 지어서 이 《서경》을 지은 뜻을 말했다." 하였다. 이제 〈서문〉을 상고해보면 현재 남아있는 편에 비록 자못 경문(經文)을 따라 뜻을 세웠으나, 식견이 얕고 누추해서 발명한 바가 없고 그 사이에 경문과 서로 어긋난 것이 있으며, 이미 없어진 편(篇)에는 어렴풋하고 너무 소략해서 더욱 보탬이 되는 바가 없으니, 공자가 지으신 것이 아님이 매우 분명하다.

다만 세대가 오래고 멀어서 다시 알 수가 없다. 그러나 공안국(孔安國)이 비록 '이것을 공벽(孔壁) 가운데에서 얻었다.' 하였으나 또한 일찍이 〈서서(書序)〉를 공자가 지은 것이라고는 말하지 않았고, 다만 〈서서〉는 《서경》을 지은 자의 뜻을 서술했다고 하여, '삼분(三墳)과 오전(五典)을 토론했다'는 등의 말과 현격하여 연속되지 않으니, 뜻을 또한 볼 수 있다. 이제 우선 공안국 벽중(壁中)의 옛것을 따라 다시 〈서(序)〉를 모아 한 편을 만들어서 권(卷)의 끝에 붙이고, 그 의심스러운 것을 아래에 기록하였다.

【小序】昔在帝堯 聰明文思하사 光宅天下러시니 將遜于位하여 讓于虞舜하여 作堯典하니라

옛날 제요(帝堯)가 총명(聰明)하고 문사(文思)가 있어 빛나게 천하를 안정시켰는데, 장차 황제의 지위를 물려주어 우순(虞舜)에게 양위(讓位)하려 하면서 〈요전(堯典)〉을 지었다.

【辨說】聰明文思는 欽明文思也요 光宅天下는 光被四表也요 將遜于位하여 讓于虞舜일새 以虞書也[3]니 作者追言作書之意如此也라

'총명 문사(聰明文思)'는 공경하고 밝고 문채나고 생각하는 것이요, '광택천하(光宅天下)'는 광채가 사표(四表)에 입혀진 것이요, 〈요 임금이〉 장차 황제의 지위를 선양(禪讓)하여 우순(虞舜)에게 사양하려 하였으므로 〈우서(虞書)〉라고 한 것이니, 지은 자가 글을 지은 뜻을 추후에 말하기를 이와 같이 한 것이다.

【小序】虞舜側微러시니 堯聞之聰明하고 將使嗣位하여 歷試諸難할새 作舜典하니라

──────
3 讓于虞舜 以虞書也 : 호산이 말하였다. "〈우서(虞書)〉이기 때문에 말을 이와 같이 한 것이다. 혹자는 〈우서〉의 글을 사용하여 말을 했다고 한다. 그러나 말이 자못 분명하지 못하다.〔以其虞書, 故言之如此. 或曰 用虞書之文爲言耳. 然語頗未瑩.〕"

우순(虞舜)이 미천하였는데, 제요(帝堯)는 그가 총명하다는 말을 듣고 장차 자신의 지위를 잇게 하려 하면서 여러 어려운 일을 차례로 시험하였다. 그리하여 〈순전(舜典)〉을 지었다.

【辨說】 側微는 微賤也요 歷試는 徧試之也라 諸難은 五典、百揆、四門、大麓之事也라 今案舜典一篇은 備載一代政治之終始어늘 而序止謂歷試諸難하여 作舜典이라하니 豈足以盡一篇之義리오

'측미(側微)'는 미천함이요, '역시(歷試)'는 두루 시험함이다. 여러 어려움이란 오전(五典)과 백규(百揆), 사문(四門)과 대록(大麓)의 일이다. 이제 살펴보건대, 〈순전(舜典)〉한 편은 한 시대 정치의 종(終)과 시(始)를 골고루 기재하였는데, 〈서(序)〉에서는 다만 여러 어려움을 차례로 시험해서 〈순전〉을 지었다고 하였으니, 어찌 이것을 가지고 충분히 한 편의 뜻을 다했다고 하겠는가.

【小序】 帝釐下土하사 方設居方하고 別生分類하여 作汨作、九共⁴九篇、槁飫하니라

제순(帝舜)이 하토(下土)를 다스리시어 지방에 관청을 설치하시고 성(姓)과 종족을 나누어서 〈골작(汨作)〉과 〈구공(九共)〉 9편과 〈고어(槁飫)〉를 지었다.

【辨說】 漢孔氏曰 言舜理四方諸侯하여 各設其官하여 居其方이라하니라 生은 姓也니 別其姓族하고 分其類하여 使相從也라 汨은 治요 作은 興也니 言治民之功興也라 槁는 勞요 飫는 賜也라 凡十一篇이니 亡이라 今案十一篇이 共只一序하니 如此는 亦不可曉라

한(漢)나라 공씨가 말하였다. "순(舜)이 사방의 제후를 다스려서 각각 그 관청을 설치하여 그 지방에 거하게 하였다." '생(生)'은 성(姓)이니, 그 성과 종족을 분별하고 그 류(類)를 나누어서 서로 따르게 한 것이다. '골(汨)'은 다스림이요 '작(作)'은 일어남이니, 〈골작(汨作)〉은 백성을 다스리는 공(功)이 일어남을 말한 것이다. '고(槁)'는 위로요 '어(飫)'는 하사함이니, 모두 11편인데 없어졌다. 지금 살펴보건대 11편이 다만 한 〈서〉를 함께 하였으니, 이와 같음은 또한 이해할 수가 없다.

---

4 九共 : 구공(九共)은 아마도 구관(九官)이 직책을 함께 함을 말함일 것이다.〔九共, 豈言九官之共職歟.〕

【小序】 皐陶矢厥謨하고 禹成厥功이어늘 帝舜申之하사 作大禹、皐陶謨、益稷[5]하니라

고요(皐陶)가 좋은 말씀(계책)을 아뢰고 우(禹)가 그 공을 이루자, 제순(帝舜)이 이를 거듭하여 〈대우모(大禹謨)〉와 〈고요모(皐陶謨)〉·〈익직(益稷)〉을 지었다.

【辨說】 矢는 陳이요 申은 重也라 序書者 徒知皐陶以謨名하고 禹以功稱하고 而篇中에 有來禹汝亦昌言과 與時乃功懋哉之語라하여 遂以爲舜申禹使有言하고 申皐陶使有功이라하니 其淺近如此라 而不知禹曷嘗無言이며 皐陶曷嘗無功이니 是豈足以知禹皐陶之精微者哉아

'시(矢)'는 베풂이요 '신(申)'은 거듭함이다. 〈서서(書序)〉를 지은 자는 다만 고요(皐陶)를 모(謨)라고 이름하고 우(禹)를 공(功)으로 칭한 것만 알았고, 편 가운데에 '이리 오너라 우(禹)야, 너 또한 창언(昌言)하라.'는 것과 '이것이 너의 공이니, 힘쓸지어다.'라고 한 말씀이 있다 하여, 마침내 '순(舜)이 우를 거듭하여 말함이 있게 하였고, 고요를 거듭하여 공이 있게 하였다.' 하였으니, 그 천근함이 이와 같다. 우(禹)가 어찌 일찍이 말씀이 없었으며, 고요가 어찌 일찍이 공이 없었겠는가. 이것을 알지 못한 것이니, 이 어찌 우와 고요의 정미(精微)함을 충분히 안 자라고 할 수 있겠는가.

【小序】 禹別九州하여 隨山濬川하고 任土作貢하니라

우(禹)가 구주(九州)를 나누어 산을 따라 냇물을 깊이 파고 토질에 맞추어 공물(貢物)을 내게 하였다.

【辨說】 別은 分也니 分九州疆界是也라 隨山者는 隨山之勢요 濬川者는 濬川之流며 任土者는 任土地所宜而制貢也라

'별(別)'은 나눔이니, 구주(九州)의 강계(疆界)를 나눔이 이것이다. 산을 따른다는 것은 산의 형세를 따름이요, 냇물을 깊이 판다는 것은 냇물의 흐름을 깊이 판 것이며, '임토(任土)'라는 것은 토지에 마땅한 바를 맡겨서 공물을 내도록 한 것이다.

【小序】 啓與有扈로 戰于甘之野할새 作甘誓하니라

계(啓)가 유호(有扈)와 감(甘) 땅의 들에서 싸울 적에 〈감서(甘誓)〉를 지었다.

······
5 作大禹、皐陶謨、益稷: 공씨(孔氏)가 말하였다. "모두 세 편이니, 우(禹)를 '대(大)'라고 칭한 것은 그 공을 크게 여긴 것이다.〔凡三篇, 禹稱大, 大其功也.〕"

【辨說】經曰大戰于甘者는 甚有扈之辭也[6]라 序書者는 宜若春秋筆然이니 春秋에 桓王失政하여 與鄭戰于繻(유)葛한대 夫子猶書王伐鄭이라하사 不曰與, 不曰戰者는 以存天下之防也라 以啓之賢으로 征有扈之無道는 正禮樂征伐自天子出也어늘 序書者 曰與曰戰이라하여 若敵國者는 何哉오 孰謂書序爲夫子作乎아

경문(經文)에 "감(甘) 땅에서 크게 싸웠다."고 말한 것은 유호(有扈)를 심하게 여긴 말씀이다. 〈서서〉를 지은 자는 마땅히 《춘추(春秋)》의 필법(筆法)과 같이 해야 하니, 《춘추》에 환왕(桓王)이 정사를 잘못하여 정(鄭)나라와 유갈(繻葛)에서 싸웠는데, 부자(夫子;공자)가 오히려 '왕이 정(鄭)을 정벌했다.〔王伐鄭〕'고 쓰시어 '여(與)'라고 말하지 않고 '전(戰)'이라고 말하지 않은 것은 천하의 예방(禮防;예법)을 보존하려고 하신 것이다. 계(啓)의 어짊으로 유호의 무도함을 정벌함은 바로 예악(禮樂)과 정벌(征伐)이 천자로부터 나온 것인데, 〈서서〉를 지은 자가 '여(與)'라 하고 '전(戰)'이라 하여 마치 적국(敵國)과 같이 여긴 것은 어째서인가. 누가 〈서서〉를 부자(공자)가 지었다고 말하는가.

【小序】太康失邦이어늘 昆弟五人이 須于洛汭하더니 作五子之歌하니라
　태강(太康)이 나라를 잃자, 그의 형제 다섯 사람이 낙수(洛水)가에서 기다리면서 〈오자지가(五子之歌)〉를 지었다.

【辨說】經文已明하니 此但疣贅(우췌)耳라 下文不注者는 放此[7]라
　경문(經文)에 이미 분명하니, 이는 다만 군더더기일 뿐이다. 아래 글에 주(변설)를 달지 않은 것은 모두 이와 같다.

【小序】羲和湎淫하여 廢時亂日이어늘 胤往征之할새 作胤征하니라
　희화(羲和)가 술에 빠져 철을 폐하고 날짜를 어지럽히자, 윤후(胤侯)가 가서 정벌하면서 〈윤정(胤征)〉을 지었다.

【辨說】以經考之하면 羲和는 蓋黨羿惡하니 仲康이 畏羿之强하여 不敢正其罪而誅之하고 止責其廢厥職, 荒厥邑爾라 序書者不明此意하고 亦曰湎淫廢時亂日이

6　甚有扈之辭也: 유호(有扈)가 복종하지 않은 죄를 심히 드러낸 것이다.〔甚著其不服之罪.〕
7　下文不註者 倣此: 〈시서(詩序)〉의 변설(辨說)이 다소 평탄한 것과 같은 예이다.〔與詩序辨之稍平者同例.〕

라하니 亦有所畏而不敢正其罪耶[8]아

　경문(經文)을 가지고 상고해보면, 희화(羲和)는 아마도 예(羿)의 악(惡)에 무리지은 자이니, 중강(仲康)이 예의 강함을 두려워해서 감히 그 죄를 바로잡아 토벌하지 못하고, 다만 그 직책을 폐하고 그 고을에서 황음(荒淫)함을 꾸짖었을 뿐이다. 〈서서〉를 지은 자가 이 뜻을 밝게 알지 못하고 또한 '〈춘분과 추분, 동지와 하지의〉 철[時]을 폐하고 날짜(일진)를 어지럽힌 것이다.'고 말하였으니, 또한 두려워한 바가 있어서 감히 그 죄를 바로잡지 못한 것인가.

【小序】 自契至于成湯히 八遷이러니 湯始居亳하여 從先王居하고 作帝告(곡)[9]、釐沃[10]하니라

　설(契)로부터 성탕(成湯)에 이르기까지 여덟 번 천도하였는데, 탕왕(湯王)이 처음으로 박읍(亳邑)에 거하여 선왕의 거함(도읍)을 따르고 〈제곡(帝告)〉과 〈이옥(釐沃)〉을 지었다.

【小序】 湯征諸侯할새 葛伯不祀어늘 湯始征之하여 作湯征하니라

　탕왕이 제후를 정벌할 적에 갈백(葛伯)이 제사하지 않자, 탕왕이 처음으로 그를 정벌하여 〈탕정(湯征)〉을 지었다.

【小序】 伊尹이 去亳適夏러니 旣醜有夏하여 復歸于亳[11]하여 入自北門할새 乃遇汝鳩、汝方하여 作汝鳩、汝方하니라

　이윤(伊尹)이 박읍(亳邑)을 떠나 하(夏)나라로 갔었는데, 하나라를 추악하게 여겨 다시 박읍으로 돌아올 적에 북문(北門)으로 들어오면서, 마침내 여구(汝鳩)와 여방(汝方)을 만나 〈여구(汝鳩)〉와 〈여방(汝方)〉을 지었다.

......

8　亦有所畏而不敢正其罪耶 : 중강(仲康)이 진실로 예(羿)를 두려워하였고, 〈서〉를 지은 자 또한 예를 두려워한 것일 것이다.〔仲康固畏羿, 序者亦畏羿也.〕

9　帝告 : 공씨(孔氏)가 말하였다. "와서 거함을 고한 것이다.〔告來居〕"《詳說》

10　釐沃 : 공씨가 말하였다. "옥토(沃土)를 다스린 것이다.〔治沃土〕"

11　旣醜有夏 復歸于亳 : 공씨가 말하였다. "하(夏)나라를 추하게 여겨 박(亳)으로 돌아온 뜻을 말한 것이다.〔言所以醜夏而還之意.〕"

【辨說】漢孔氏曰 先王은 帝嚳也요 醜는 惡也라 不期而會曰遇라 鳩, 方은 二臣名이라 五篇이니 亡이라

한(漢)나라 공씨(孔氏)가 말하였다. "'선왕(先王)'은 제곡(帝嚳)이요 '추(醜)'는 추악함이다. 기약하지 않고 만나는 것을 '우(遇)'라 한다. '구(鳩)'와 '방(方)'은 두 신하의 이름이니, 다섯 편이니 없어졌다."

【小序】伊尹이 相湯伐桀할새 升自陑(이)하여 遂與桀戰于鳴條之野하여 作湯誓하니라

이윤(伊尹)이 탕왕(湯王)을 도와 걸(桀)을 정벌할 적에 탕왕이 이(陑) 땅의 길로부터 올라와 마침내 걸과 명조(鳴條)의 들에서 싸웠다. 이때 〈탕서(湯誓)〉를 지었다.

【辨說】以伊尹爲首稱者는 得之하니 咸有一德에 亦曰 惟尹이 躬暨湯咸有一德이라하니라 陑는 在河曲之陽이요 鳴條는 在安邑之西라 升自陑는 義未詳이라 漢孔氏 遂以爲出其不意라하니 亦序意有以啓其陋與인저

이윤(伊尹)을 맨앞에 칭한 것은 맞는다. 〈함유일덕(咸有一德)〉에도 이르기를 '저 이윤이 몸소 탕왕(湯王)과 함께 모두 순일(純一)한 덕을 소유했다.' 하였다. '이(陑)'는 하곡(河曲)의 북쪽에 있고 '명조(鳴條)'는 안읍(安邑)의 서쪽에 있다. 이(陑)로부터 올라왔다는 것은 뜻이 자세하지 않다. 한(漢)나라 공씨(孔氏)는 마침내 '그 상대방(걸)이 뜻하지(예상하지) 않았을 때에 출동한 것이다.' 하였으니, 이는 또한 〈서〉의 뜻이 그 누추함을 열어놓음이 있는 것이리라.

【小序】湯旣勝夏하고 欲遷其社호되 不可¹²어늘 作夏社、疑至、臣扈하니라

탕왕이 이미 하나라를 이기시고 그 사(社)를 옮기려고 하였으나, 탕왕이 불가하다 하므로 〈하사(夏社)〉·〈의지(疑至)〉·〈신호(臣扈)〉를 지었다.

程子曰 聖人은 不容有妄擧하시니 湯始欲遷社에 衆議以爲不可而不遷이면 是湯有妄擧也니 蓋不可者는 湯不可之也라하니라 唐孔氏以於時有議論其事者라하니 詳序文하면 以爲欲遷者는 湯欲之也니 恐未必如程子所言이라 要之컨댄 序非聖人

------

12 湯旣勝夏 欲遷其社 不可:공씨가 말하였다. "후세에 구룡(九龍;사(社))에게 미친 자가 없으므로 불가하다 하여 그친 것이다.〔後世無及句龍者. 故不可而止.〕"

之徒면 自不足以知聖人也라 三篇이니 亡이라

　　정자(程子)가 말씀하였다. "성인은 망령된 거동이 있을 수가 없으시니, 탕왕(湯王)이 처음 사(社)를 옮기고자 함에 중론(衆論)이 불가하다 하여 옮기지 않았다면 이것이 탕왕이 망령된 거동이 있는 것이니, '불가하다' 함은 탕왕이 불가하다 한 것이다." 하였다. 당(唐)나라 공씨(孔氏)는 "이때에 이 일을 의논한 자가 있었다." 하였으니, 〈서문〉을 자세히 살펴보면 사를 옮기고자 한 것은 탕왕이 하고자 한 것이니, 반드시 정자가 말씀한 바와 같지는 않을 듯하다. 요컨대 〈서〉는 성인의 무리가 아니면 본래 성인을 알 수가 없는 것이다. 세 편인데, 없어졌다.

【小序】夏師敗績이어늘 湯遂從之하여 遂伐三朡하고 俘厥寶玉하시니 誼伯、仲伯이 作典寶하니라

　　하(夏)나라 군대가 대패하자, 탕왕이 마침내 추격하여 삼종(三朡)을 정벌하고 그 보옥(寶玉;보배로운 옥)을 취하시니, 의백(誼伯)과 중백(仲伯)이 〈전옥(典寶)〉을 지었다.

【辨說】三朡은 國名이니 今定陶也라 俘는 取也니 俘厥寶玉은 恐亦非聖人所急이라 篇亡이라

　　'삼종(三朡)'은 국명이니, 지금의 정도(定陶)이다. '부(俘)'는 취함이니, 그 보옥을 취했다는 것은 또한 성인이 급하게 여기는 바가 아니실 듯하다. 이 편은 없어졌다.

【小序】湯歸自夏하사 至于大坰하시니 仲虺作誥하니라

　　탕왕(湯王)이 하(夏)나라에서 돌아와 대경(大坰)에 이르시니, 중훼(仲虺)가 고(誥)를 지었다.

【辨說】大坰은 地名이라

　　'대경(大坰)'은 지명(地名)이다.

【小序】湯旣黜夏命하고 復歸于亳하사 作湯誥하고 咎單이 作明居[13]하니라

　　탕왕(湯王)이 이미 하(夏)나라의 명(命)을 내치고 다시 박읍(亳邑)으로 돌아와 〈탕고(湯誥)〉를 지었고, 구단(咎單)이 〈명거(明居)〉를 지었다.

13　明居:공씨가 말하였다. "토지를 주관한 관원이니, 백성들이 거주하는 법을 밝힌 것이다.〔主土地之官, 明居民法.〕"

【辨說】一篇亡이라

〈명거〉 한 편은 없어졌다.

【小序】成湯이 旣沒하시니 太甲元年에 伊尹이 作伊訓、肆命[14]、徂后[15]하니라

성탕(成湯)이 별세하자, 태갑(太甲) 원년(元年)에 이윤(伊尹)이 〈이훈(伊訓)〉과 〈사명(肆命)〉·〈조후(徂后)〉를 지었다.

【辨說】孟子曰 湯崩에 太丁未立하고 外丙二年이요 仲壬四年이러니 太甲이 顚覆湯之典刑이라하고 史記에 太子太丁은 未立而死하여 立太丁之弟外丙이러니 二年崩하고 又立外丙之弟仲壬이러니 四年崩이어늘 伊尹이 乃立太丁之子太甲이라하니라 序書者 以經文首言奉嗣王祗見(현)厥祖라하여 遂云成湯旣沒에 太甲元年이라하니 後世儒者 以序爲孔子所作이라하여 不敢非之하고 反疑孟子所言與本紀所載하니 是可歎也라 肆命、徂后二篇은 亡이라

맹자(孟子)가 말씀하기를 "탕왕(湯王)이 붕(崩)함에 태정(太丁)은 즉위하지 못하고 죽었고, 외병(外丙)은 2년이요 중임(仲壬)은 4년이었는데, 태갑(太甲)이 탕왕의 전형(典刑)을 전복시켰다." 하셨고, 《사기(史記)》〈은본기(殷本紀)〉에는 "태자(太子) 태정은 즉위하기 전에 죽어서 태정의 아우 외병(外丙)을 세웠는데 2년에 붕(崩)하였고, 또 외병의 아우 중임(仲壬)을 세웠는데 4년에 붕하므로 이윤이 마침내 태정의 아들 태갑을 세웠다." 하였다. 〈서서〉를 지은 자가 경문(經文)에 '맨먼저 사왕(嗣王)을 받들어 공경히 그 할아버지를 뵈었다.'고 말했다 하여, 마침내 이르기를 '성탕(成湯)이 이미 별세함에 태갑의 원년(元年)이다.' 하였다. 그런데 후세의 유자(儒者)들은 〈서서〉가 공자가 지은 것이라 하여 감히 비난하지 못하고, 도리어 맹자가 말씀한 바와 《사기》〈은본기〉에 기재되어 있는 것을 의심하였으니, 이는 탄식할 만한 일이다. 〈사명(肆命)〉과 〈조후(徂后)〉 두 편은 없어졌다.

○ 吳氏曰 太甲諒陰은 爲服仲壬之喪이니 以是時에 湯葬已久요 仲壬在殯이라 太甲은 太丁之子로 視仲壬爲叔父하니 爲之後者는 爲之子也라 祗見厥祖는 謂至湯之廟라 蓋太甲旣立에 伊尹訓于湯廟라 故稱祗見厥祖라 若止是殯前이면 旣不當

------
14 肆命: 공씨가 말하였다. "천명(天命)을 말하여 태갑(太甲)을 경계한 것이다.〔陳天命以戒太甲.〕"
15 徂后: 공씨가 말하였다. "지나간 명군(明君)을 말하여 경계한 것이다.〔陳往古明君以戒.〕"

稱奉이요 亦不當稱祗見也¹⁶라

오씨(吳氏)가 말하였다. "태갑(太甲)이 양암(諒陰;여막)에서 거상(居喪)한 것은 중임(仲壬)의 상(喪)에 복을 입기 위해서이니, 이때에 탕왕을 장사한 지가 이미 오래였고 중임이 빈소에 있었다. 태갑은 태정(太丁)의 아들로 중임은 그의 숙부가 되니, 그의 후계자가 된 자는 그의 아들이 되는 것이다. 공경히 그 할아버지를 뵈었다는 것은 탕왕의 사당에 이름을 말한 것이다. 태갑이 이미 즉위함에 이윤이 그를 탕왕의 사당에서 가르쳤다. 그러므로 공경히 그 할아버지를 뵈었다고 칭한 것이다. 만약 다만 탕왕의 빈소 앞이라고 한다면 이미 '봉(奉;받듦)'이라고 칭할 수가 없고, 또한 공경히 뵈었다고 칭할 수가 없는 것이다."

【小序】 太甲旣立하여 不明¹⁷이어늘 伊尹이 放諸桐이러니 三年에 復歸于亳하여 思庸¹⁸이어늘 伊尹이 作太甲三篇하니라

태갑(太甲)이 즉위하여 예(禮)에 밝지 못하자 이윤(伊尹)이 동(桐) 땅에 추방하였는데, 3년 만에 다시 박읍(亳邑)으로 돌아와 도(道)를 생각하므로 이윤이 〈태갑(太甲)〉 상·중·하 3편을 지었다.

【辨說】 案孔氏云 桐은 湯葬地也라하여 若未葬之辭하니 蓋上文祗見厥祖는 言湯在殯故로 此不敢爲已葬이라 使湯果在殯이면 則太甲固已密邇其殯側矣니 捨殯而欲密邇湯於將葬之地는 固無是理也라 孔氏之失은 起於伊訓序文之繆하여 遺外丙·仲壬二帝라 故書旨不通하니라

살펴보건대, 공씨(孔氏)가 이르기를 '동(桐)은 탕왕의 장지(葬地)이다.'라고 해서 탕왕을 아직 장례지내지 않은 것처럼 말하였으니, 이는 윗글에 그 할아버지를 공경히 뵈옴은 탕왕이 빈소에 있음을 말한 것이라고 여겼기 때문이다. 그러므로 여기에서 감히 이미 장사하였다고 말하지 못한 것이다. 만일 탕왕이 과연 빈소에 있었다면, 태갑(太甲)은 진실로 이미 그 〈할아버지의〉 빈소 곁에 매우 가까이 있으니, 빈소를 버리고 탕왕을 장차 장례지내려는 땅에 매우 가까이하고자 함은 진실로 이러할 리(理)가 없

......

16 亦不當稱祗見也 : 태갑(太甲)이 항상 여차(廬次)에 있을 것이기 때문이다.〔常居廬次〕
17 太甲旣立 不明 : 공씨가 말하였다. "불명(不明)은 거상(居喪)하는 예(禮)에 밝지 못한 것이다.〔不明居喪之禮.〕"
18 思庸 : 공씨가 말하였다. "사용(思庸)은 떳떳한 도(道)를 생각함이다.〔念常道〕"

는 것이다. 공씨의 잘못은 〈이훈(伊訓)〉의 〈서문〉이 잘못되어서 외병(外丙)과 중임(仲壬) 두 임금을 빼뜨림에 있다. 그러므로 글 뜻이 통하지 못한 것이다.

【小序】伊尹이 作咸有一德하니라
  이윤(伊尹)이 〈함유일덕(咸有一德)〉을 지었다.

【小序】沃丁이 旣葬伊尹于亳하니 咎單이 遂訓伊尹事[19]하여 作沃丁하니라
  옥정(沃丁)이 이윤(伊尹)을 박읍(亳邑)에 장사지내니, 구단(咎單)이 마침내 이윤의 일을 가르쳐서 〈옥정(沃丁)〉을 지었다.

【小序】伊陟이 相太戊할새 亳有祥[20] 桑, 穀이 共生于朝어늘 伊陟이 贊[21]于巫咸하여 作咸乂[22]四篇하니라
  이척(伊陟)이 정승이 되어 태무(太戊)를 도울 적에 박읍에 괴이한 뽕나무와 닥나무가 함께 조정에서 자라므로 이척이 무함(巫咸)을 도와 〈함예(咸乂)〉 네 편을 지었다.

【小序】太戊贊于伊陟[23]하여 作伊陟, 原命[24]하니라 ○ 仲丁이 遷于囂하고 作仲丁[25]하니라
  태무(太戊)가 이척(伊陟)에게 고하여 〈이척(伊陟)〉과 〈원명(原命)〉을 지었다. 중정(仲丁)이 효(囂)로 천도하고 〈중정(仲丁)〉을 지었다.

【小序】河亶甲이 居相하고 作河亶甲하니라

······
19 遂訓伊尹事 : 공씨가 말하였다. "이윤이 행한 바의 공덕(功德)이다.〔所行功德〕"
20 亳有祥 : 공씨가 말하였다. "상(祥)은 요괴(妖怪)스러운 것이다.〔妖怪〕"
21 贊 : 공씨가 말하였다. "찬(贊)은 고함이다.〔告也〕"
22 乂 : 당나라 공씨가 말하였다. "예(乂)는 다스림이다.〔治也〕"
23 太戊贊于伊陟 : 공씨가 말하였다. "허물을 고쳐 스스로 새로워짐을 고한 것이다.〔告以改過自新.〕"
24 原命 : 공씨가 말하였다. "원(原)은 신하의 이름이다.〔原, 臣名.〕"
25 作仲丁 : 공씨가 말하였다. "천도(遷都)하는 뜻을 말한 것이다.〔陳遷都之義.〕"

하단갑(河亶甲)이 상(相) 땅에 거하고 〈하단갑(河亶甲)〉을 지었다.

【小序】祖乙이 圮于耿하고 作祖乙하니라

조을(祖乙)이 경(耿) 땅에서 무너지고 〈조을(祖乙)〉을 지었다.

【辨說】沃丁은 太甲之子라 咎單은 臣名이요 伊陟은 伊尹之子요 太戊는 沃丁弟之子라 桑, 穀二木이 合生于朝하여 七日而拱하니 妖也라 巫咸은 臣名이라 囂, 相, 耿은 皆地名이니 囂, 相은 在河北하고 耿은 在河東耿鄕이라 河水所毀曰圮라 凡十篇이니 亡이라

옥정(沃丁)은 태갑(太甲)의 아들이다. 구단(咎單)은 신하의 이름이고, 이척(伊陟)은 이윤(伊尹)의 아들이고, 태무(太戊)는 옥정의 아우의 아들이다. 뽕나무와 닥나무 두 나무가 합하여 조정에서 자라서 7일 만에 한 움큼이 되었으니, 이는 요망한 것이다. 무함(巫咸)은 신하의 이름이다. 효(囂)·상(相)·경(耿)은 다 지명이니, 효와 상은 하북(河北)에 있고 경은 하동(河東) 경향(耿鄕)에 있었다. 하수(河水)에 무너진 것을 '비(圮)'라 한다. 모두 10편인데 없어졌다.

【小序】盤庚이 五遷하고 將治亳殷하니 民咨胥怨이어늘 作盤庚三篇[26]하니라

반경(盤庚)이 다섯 번 천도(遷都)하고 장차 박은(亳殷)으로 환도(還都)하려 하자, 백성들이 서로 원망하므로 〈반경(盤庚)〉 3편을 지었다.

【辨說】以篇中에 有不常厥邑이 于今五邦이라한대 序遂曰 盤庚五遷이라하니라 然今詳于今五邦之下에 繼以今不承于古하면 罔知天之斷命이라하니 則是盤庚之前에 已自有五遷이어늘 而作序者 考之不詳하고 繆云爾也라 又五邦云者는 五國都也니 經言亳, 囂, 相, 耿은 惟四邦耳요 盤庚從湯居亳하니 不可又謂之一邦也라 序與經文으로 旣已差繆요 史記에 遂謂盤庚自有五遷이라하니 誤人이 甚矣로다

편 가운데에 '그 고을(서울)을 항상하지 못한 지가 지금 오방(五邦)이다.' 하였는데, 〈서서〉에 마침내 이르기를 '반경(盤庚)이 다섯 번 천도했다.' 하였다. 그러나 이제 '지금 오방(五邦)'이라는 아래에 뒤이어 '이제 옛것을 계승하지 않으면 하늘이 명(命)을 끊을지를 알지 못하겠다.'고 말하였으니, 그렇다면 이는 반경의 이전에 이미 본래 다

......

26 作盤庚三篇 : 공씨가 말하였다. "반경(盤庚)은 은(殷)나라 왕의 이름이니, 은나라는 질박하여 임금의 이름으로 편명(篇名)을 삼았다.〔盤庚, 殷王名, 殷質, 以名篇.〕"

섯 번 천도함이 있었는데, 〈서서〉를 지은 자가 상고하기를 자세히 하지 못하여 잘못 이렇게 말한 것이다. 또 오방이라고 말한 것은 다섯 개의 국도(國都)이다. 경(經)에 '박(亳)·효(囂)·상(相)·경(耿)'이라고 말한 것은 오직 네 곳의 국도일 뿐이요, 반경이 탕왕을 따라 박읍에 거하였으니, 또 한 나라라고 말할 수가 없다. 〈서서〉는 경문과 이미 어긋나 잘못되었고, 《사기(史記)》에는 마침내 '반경이 본래 다섯 번 천도함이 있었다.' 하였으니, 사람을 그르침이 심하다.

【小序】高宗이 夢得說하고 使百工營求諸野하여 得諸傅巖하고 作說命三篇하니라

고종(高宗)이 꿈에 부열(傅說)을 얻고는 백공(百工;백관)들로 하여금 들에서 경영하여 찾게 하였는데 부암(傅巖)에서 얻었다. 그리하여 〈열명(說命)〉 3편을 지었다.

【辨說】按經文에 乃審厥象하여 俾以形旁求于天下라하니 是高宗이 夢得良弼形象하고 乃審其狀貌하여 而廣求于四方이러니 說이 築傅巖之野할새 與形象肖似라 如序所云이면 似若高宗夢得傅說姓氏하고 又因經文에 有羣臣百官等語하여 遂謂使百官營求諸野하여 得諸傅巖이라하니 非惟無補經文이요 而反支離晦昧하니 豈聖人之筆哉아

살펴보건대, 경문(經文)에 '마침내 그 형상(모습)을 살펴서 형상을 가지고 천하에 널리 구하였다.' 하였으니, 이는 '고종(高宗)이 꿈에 어진 보필(輔弼)의 형상을 얻고는 (보고는) 마침내 그 모습을 살펴서 널리 사방에 구하였는데, 부열(傅說)이 부암(傅巖)의 들에서 살고 있었는바, 그 형상이 매우 유사했다.' 한 것이다. 〈서서〉에서 말한 바와 같다면 마치 고종이 꿈에 부열의 성씨(姓氏)를 얻어 알고, 또 경문에 군신과 백관(百官)이라는 등의 말이 있음으로 인하여 마침내 '백관들로 하여금 여러 들에 경영하여 구하게 해서 그를 부암에서 얻었다.' 하였으니, 이는 비단 경문에 도움이 없을 뿐만 아니라 도리어 지루하고 어두우니, 이 〈서〉가 어찌 성인이 쓰신 것이겠는가.

【小序】高宗이 祭成湯할새 有飛雉 升鼎耳而雊어늘 祖己訓諸王하여 作高宗肜日, 高宗之訓하니라

고종(高宗)이 성탕(成湯)에게 제사할 적에 꿩이 날아와 솥귀로부터 올라와 울므로 조기(祖己)가 왕을 훈계하여 〈고종융일(高宗肜日)〉과 〈고종지훈(高宗之訓)〉을 지었다.

【辨說】經言肜日이어늘 而序以爲祭成湯하고 經言有雊雉어늘 而序以爲飛雉升鼎耳而雊라하니 載籍에 有所傳歟아 然經言典祀無豐于昵(녜)라하니 則爲近廟요 未

必成湯也며 宗廟都宮[27]은 堂室이 深遠幽邃어늘 而飛雉升立鼎耳而鳴은 亦已異矣라 高宗之訓篇亡이라

경문(經文)에 융일(肜日)이라고 말하였는데 〈서서〉에서 '성탕(成湯)을 제사하였다.' 하였고, 경문에는 우는 꿩이라고 하였는데 〈서서〉에서는 '날으는 꿩이 솥귀로 올라와 울었다.'고 말하였으니, 재적(載籍)에 이러한 내용이 전하는 바가 있는가. 그러나 경문에 '전사(典祀)를 아버지사당에만 풍성하게 하지 말라.' 하였으니, 그렇다면 이는 가까운 사당이 되는 것이요 반드시 성탕이 아닌 것이며, 종묘의 도궁(都宮)은 당실(堂室)이 깊숙하고 그윽한데 날으는 꿩이 솥귀로 올라와 서서 울었다는 것도 또한 이미 괴이하다. 〈고종지훈(高宗之訓)〉은 편이 없어졌다.

【小序】 殷始咎周[28]러니 周人乘黎어늘 祖伊恐하여 奔告于受하여 作西伯戡黎하니라

은(殷)나라가 처음 주(周)나라를 미워하였는데 주나라 사람이 여(黎)나라를 이기자, 조이(祖伊)가 두려워하여 달려가 수(受;주(紂))에게 고하였다. 그리하여 〈서백감려(西伯戡黎)〉를 지었다.

【辨說】 咎는 惡(오)요 乘은 勝也라 詳祖伊所告하면 無一言及西伯者하니 蓋祖伊雖知周不利於商이요 而又知周實無所利於商이어늘 序言殷始咎周라하니 似亦未明祖伊奔告之意라

'구(咎)'는 미워함이요 '승(乘)'은 이김이다. 조이(祖伊)가 고하는 말을 살펴보면 한마디 말도 서백(西伯)에게 언급한 것이 없으니, 조이는 비록 주(周)나라가 상(商)나라에 이롭지 않음을 알았고, 또 주나라가 실제로 상나라에 이로운 바가 없음을 알았는데, 〈서서〉에서는 은(殷)나라가 처음 주나라를 미워했다고 말하였으니, 또한 조이가 달려가 고한 뜻을 분명히 알지 못한 듯하다.

【小序】 殷旣錯天命이어늘 微子作誥父師少師하니라

은(殷)나라가 천명(天命)을 어지럽히자, 미자(微子)가 고(誥)를 지어 부사(父師;기자(箕子))와 소사(少師;비간(比干))에게 말하였다.

......
27 都宮 : 시조(始祖)의 묘를 태묘(太廟)라 하고 군공(羣公)의 묘를 귀궁(貴宮)이라 하고 기타의 묘를 하궁(下宮)이라 하는데, 태묘, 귀궁, 하궁을 모두 '도궁(都宮)'이라 한다.
28 殷始咎周 : 공씨가 말하였다. "구주(咎周)는 주나라를 미워한 것이다."

【小序】惟十有一年에 武王伐殷²⁹이러시니 一月戊午에 師渡孟津³⁰하여 作泰誓三篇³¹하니라

11년에 무왕(武王)이 은(殷)나라를 정벌하였는데, 1월 무오일(戊午日)에 군대가 맹진(孟津)을 건너가자 〈태서(泰誓)〉 3편을 지었다.

【辨說】十一年者는 十三年之誤也라 序本依放經文하여 無所發明이요 偶三誤而爲一이어늘 漢孔氏遂以爲十一年觀兵하고 十三年伐紂라하니 武王觀兵이면 是以臣脅君也라 張子曰 此事間不容髮하니 一日而命未絶이면 則是君臣이요 當日而命絶이면 則爲獨夫라하니 豈有觀兵二年而後始伐之哉아 蓋泰誓序文에 旣有十一年之誤하고 而篇中에 又有觀政于商之語한대 僞泰誓得之傳聞³²이라 故上篇은 言觀兵之事하고 次篇은 言伐紂之事라하니라 司馬遷作周本紀에 因亦謂十一年觀兵하고 十三年伐紂라하여 訛繆相承하여 展轉左驗³³하니 後世儒者 遂謂實然이라하여 而不知武王이 蓋未始有十一年觀兵之事也라 且序言 惟十有一年에 武王伐殷하고 繼以一月戊午에 師渡孟津이라하니 卽記其年其月其日之事也라 夫一月戊午가 旣爲十三年之事면 則上文十一年之誤審矣어늘 孔氏乃離而二之하여 於十有一年武王伐殷엔 則釋爲觀兵之時하고 於一月戊午師渡孟津엔 則釋爲伐紂之時하여 上文則年無所繫之月하고 下文則月無所繫之年이라 又序言十一年伐殷이어늘 而孔氏乃謂十一年觀兵하고 十三年伐殷이라하니 是蓋繆中之繆라 遂使武王蒙數千百年脅君之惡하니 一字之誤 其流害乃至於此哉인저

'11년'은 '13년'의 오류이다. 〈서서〉는 본래 경문을 따라서 발명한 바가 없고 우연히 '삼(三)' 자가 잘못되어 '일(一)'이 되었다. 그런데 한(漢)나라 공씨(孔氏)는 마침내 이르기를 '11년에 관병(觀兵;열병(閱兵))하고, 13년에 주(紂)를 정벌했다.' 하였으니,

••••••

29 惟十有一年 武王伐殷 : 공씨가 말하였다. "맹진(孟津)에서 관병(觀兵)하고 마침내 물러간 것이다.〔觀兵孟津, 乃退.〕"
30 一月戊午 師渡孟津 : 공씨가 말하였다. "13년 정월(正月) 여름에 제후와 회합하였다.〔十三年正月夏, 與諸侯會.〕"
31 作泰誓三篇 : 공씨가 말하였다. 〈태서〉는 "크게 무리에게 맹세한 것이다." ○ 〈주서(周書)〉는 모두 40편이다.〔孔氏曰 大會以誓衆. ○ 周書, 凡四十篇.〕
32 僞泰誓得之傳聞 : 〈위태서(僞泰誓)〉를 지은 자가 관정(觀政)했다는 말을 전하여 얻어 들은 것이다.〔作僞書者 傳聞觀政之語.〕
33 左驗 : 좌계(左契;약속의 증거문서)란 말과 같다.〔猶言左契〕

무왕(武王)이 관병을 했으면 이것은 신하로서 군주를 위협한 것이다.

　장자(張子)가 말씀하기를 "이 일은 사이에 털끝도 용납하지 않으니, 하루라도 천명(天命)이 끊기지 않았으면 이는 군신(君臣)간이요, 당일이라도 천명이 끊겼으면 독부(獨夫)가 된다." 하였으니, 어찌 관병한지 2년 뒤에 비로소 정벌함이 있었겠는가. 〈태서(泰誓)〉의 〈서문〉에 이미 11년이라는 오류가 있었고, 편 가운데에 또 '상(商)나라에 정사를 살펴본다.'는 말이 있자, 〈위태서(僞泰誓)〉를 지은 자가 이것을 전하여 얻어 들었다. 그러므로 '상편(上篇)은 관병의 일을 말하였고 차편(次篇)은 주(紂)를 정벌한 일을 말했다.' 하였다. 사마천(司馬遷)이 〈주본기(周本紀)〉를 지을 적에도 이를 따라 또한 '11년에 관병하고 13년에 주를 정벌했다.'라고 말해서 잘못됨이 서로 이어져서 전전(展轉)하여 이것이 징험이 되니, 후세의 유자(儒者)들은 마침내 이것을 실제라고 생각하여 무왕이 일찍이 11년에 관병한 일이 있지 않음을 알지 못하였다.

　또 〈서문〉에 '11년에 무왕이 은(殷)나라를 정벌했다.' 하였고, 뒤이어 '1월 무오(戊午)에 군대가 맹진(孟津)을 건너갔다.' 하였으니, 이는 그 해와 그 달과 그 날짜의 일을 기록한 것이다. 1월 무오가 이미 13년의 일이 된다면 윗글에 11년의 오류가 분명한데, 공씨는 도리어 이것을 분리하여 둘로 만들어서 11년에 무왕이 은나라를 정벌했다고 함에는 관병한 때라고 해석하고, 1월 무오에 군대가 맹진을 건너갔다 함에는 주(紂)를 정벌한 때라고 해석해서, 윗글은 연도가 매인 바의 달이 없고 아랫글은 달이 매인 바의 연도가 없다. 또 〈서〉에는 '11년에 은을 정벌했다.'고 말하였는데, 공씨는 마침내 '11년에 관병을 하고 13년에 은을 정벌했다.'고 말하였으니, 이는 오류 중에 오류이다. 그리하여 마침내 무왕으로 하여금 수 천백 년 동안 군주를 위협한 악명을 받게 하였으니, 한 글자의 오류가 그 폐해가 마침내 여기에 이른 것이다.

【小序】武王이 戎車三百兩과 虎賁三百人으로 與受戰于牧野할새 作牧誓하니라

　무왕(武王)이 융거(戎車) 삼백 량과 호분(虎賁) 삼백 명으로 수(受)와 목야(牧野)에서 싸우면서 〈목서(牧誓)〉를 지었다.

【辨說】戎車는 馳車也라 古者에 馳車一乘이면 則革車一乘이니 馳車는 戰車요 革車는 輜車니 載器械、財貨、衣裝者也라 司馬法曰 一車에 甲士三人이요 步卒七十二人이요 炊家子十人이요 固守衣裝五人이요 廐養五人이요 樵汲五人이니 馳車七十五人이요 革車二十五人이라 凡百人이라하니라 二車故로 謂之兩이니 三百兩

은 三萬人也라 虎賁은 若虎賁獸之勇士[34]니 百人之長也라

'융거(戎車)'는 치거(馳車;치달려 적과 싸우는 수레)이다. 옛날에 치거 1승(乘)에는 혁거(革車)가 1승이니, 치거는 싸우는 수레이고 혁거는 짐을 싣는 수레이니, 혁거는 병기(兵器;병장기)와 재화(財貨)와 옷과 행장을 싣는 것이다. 《사마법(司馬法)》에 '수레 한 대에는 갑사(甲士)가 3인이고 보졸(步卒)이 72인이고 취사(炊事)하는 자가 10인이고 옷과 행장을 굳게 지키는 자가 5인이고 말과 소를 기르는 자가 5인이고 나무하고 물 긷는 자가 5인이니, 치거에는 75인이 있고 혁거에는 25인이 있어서 모두 100명이다.' 하였다. 수레가 두 대이기 때문에 량(兩)이라고 말한 것이니, 300량은 병사가 3만 명이다. '호분(虎賁)'은 호분이란 짐승과 같은 용사이니, 백인(百人)의 우두머리이다.

【小序】武王이 伐殷할새 往伐歸獸하고 識其政事하여 作武成하니라

무왕(武王)이 은(殷)나라를 정벌할 적에 가서 정벌하고 〈전쟁에 동원된〉 마소를 돌려보낸 다음 좋은 정사(政事)를 기록하여 〈무성(武成)〉을 지었다.

【辨說】歸獸는 歸馬放牛也라 武成所識(지)는 其事之大者亦多矣어늘 何獨先取於歸馬放牛哉아

'귀수(歸獸)'는 말〔馬〕을 돌려보내고 소〔牛〕를 〈풀어놓아〉 방목한 것이다. 〈무성(武成)〉에 기록한 바는 그 일의 큰 것이 또한 많은데, 어찌 홀로 먼저 말을 돌려보내고 소를 방목한 것을 취하였는가.

【小序】武王勝殷하시고 殺受立武庚하고 以箕子歸하여 作洪範하니라

무왕(武王)이 은(殷)나라를 이기시고는 수(受)를 죽이고 무경(武庚)을 세우고 기자(箕子)를 데리고 돌아와 〈홍범(洪範)〉을 지었다.

【辨說】唐孔氏曰 言殺受立武庚者는 序自相顧爲文이니 未見意也라

당(唐)나라 공씨(孔氏)가 말하였다. "수(受)를 죽이고 무경(武庚)을 세웠다고 말한 것은 〈서문〉이 본래 서로 돌아보고 글을 만든 것이니, 이러한 뜻을 볼 수 없다."

【小序】武王旣勝殷邦하시니 諸侯班宗彝하고 作分器하니라

......

34 虎賁 若虎賁獸之勇士 : 살펴보건대 〈공전(孔傳)〉에 "이미 호분(虎賁)을 짐승의 이름으로 여겼다.〔已以虎賁爲獸名.〕" 하였다.

무왕이 은나라를 이기시니, 제후가 종이(宗彝)를 나누어 갖고 〈분기(分器)〉를 지었다.

【辨說】宗彝는 宗廟彝尊也니 以爲諸侯分器라 篇亡이라

'종이(宗彝)'는 종묘의 이준(彝尊:술동이)이니, 제후에게 이 기물을 나눠준 것이다. 이 편은 없어졌다.

【小序】西旅獻獒어늘 太保作旅獒하니라

서려(西旅)에서 큰 개를 바치자, 태보(太保:소공(召公))가 〈여오(旅獒)〉를 지었다.

【辨說】獻은 貢也라

'헌(獻)'은 바침이다.

【小序】巢伯來朝[35]어늘 芮伯이 作旅巢命[36]하니라

소백(巢伯)이 와서 조회하므로 예백(芮伯)이 〈여소명(旅巢命)〉을 지었다.

【辨說】篇亡이라

편이 없어졌다.

【小序】武王이 有疾이어시늘 周公이 作金縢하니라

무왕(武王)이 병환이 있으므로 주공(周公)이 〈금등(金縢)〉을 지었다.

【小序】武王崩한대 三監及淮夷叛이어늘 周公이 相成王하여 將黜殷할새 作大誥하니라

무왕(武王)이 승하하자, 삼감(三監)이 회이(淮夷)와 함께 반란하므로 주공(周公)이 성왕(成王)을 도와 장차 은(殷)나라를 내치려 하면서 〈대고(大誥)〉를 지었다.

【辨說】三監은 管叔, 蔡叔, 霍叔也니 以其監殷故로 謂之三監이라

'삼감(三監)'은 관숙(管叔)·채숙(蔡叔)·곽숙(霍叔)이니, 이들이 은(殷)나라를 감독하였기 때문에 삼감이라 한 것이다.

---

35 巢伯來朝: 공씨가 말하였다. "남방의 먼 나라가 무왕(武王)이 상(商)나라를 이기자 의(義)를 사모하여 와서 조회하였다.〔南方遠國, 武王克商, 慕義來朝.〕"

36 巢命: 공씨가 말하였다. "위엄과 덕을 진열〔旅〕하여 소(巢)를 명하였다.〔陳威德以命巢.〕"

【小序】成王이 既黜殷命하여 殺武庚하고 命微子啓하여 代殷後할새 作微子之命하니라

　　성왕(成王)이 이미 은(殷)나라 명(命)을 내쳐 무경(武庚)을 죽이고는 미자 계(微子啓)를 명하여 은(殷)나라 뒤를 대신하게 하면서〈미자지명(微子之命)〉을 지었다.

【辨說】微子封於宋하여 爲湯後라

　　미자(微子)를 송(宋)나라에 봉하여 탕왕(湯王)의 제사를 받드는 후손으로 삼은 것이다.

【小序】唐叔이 得禾[37]異畝同穎(영)하고 獻諸天子한대 王命唐叔하여 歸周公于東[38]하고 作歸禾하니라 周公旣得命禾하고 旅天子之命하여 作嘉禾하니라

　　당숙(唐叔)이 밭두둑이 다른데 이삭이 함께 있는 벼를 얻고 이것을 천자에게 바치자, 성왕이 당숙에게 명하여 주공을 동쪽 지방에서 돌아오게 하고〈귀화(歸禾)〉를 지었다. 주공이 이미〈명화(命禾)〉를 얻고 천하의 명을 나열하여〈가화(嘉禾)〉를 지었다.

【辨說】唐叔은 成王母弟라 畝는 壟也요 穎은 穗也니 禾各一壟이러니 合爲一穗라 葛氏曰 唐叔雖幼나 因禾必有獻替之言이리라 成王이 旣悟風雷之變하고 因命唐叔하여 以禾歸周公于東이라 旅는 陳也라 二篇이니 亡이라

　　당숙(唐叔)은 성왕(成王)의 동모제(同母弟)이다. '무(畝)'는 밭두둑이고 '영(穎)'은 이삭이니, 벼가 각각 따로 한 밭두둑이었는데 합하여 한 이삭이 된 것이다. 갈씨(葛氏)가 말하였다. "당숙이 비록 어렸으나 벼로 인하여 반드시 헌가체부(獻可替否;옳은 의견을 들어 군주의 나쁜 의견을 교체함)한 말씀이 있었을 것이다. 성왕이 이미 바람과 우레의 변고에 깨닫고 인하여 당숙을 명해서 벼를 가지고 주공(周公)을 동쪽에서 돌아오게 한 것이다." '려(旅)'는 진열함이니, 이 두 편은 없어졌다.

【小序】成王이 既伐管叔、蔡叔하고 以殷餘民으로 封康叔할새 作康誥、酒誥、梓材

37　唐叔得禾: 공씨가 말하였다. "당숙(唐叔)의 식읍(食邑) 안에서 이 벼를 얻은 것이다.〔食邑內得〕"

38　異畝同穎……歸周公于東: 공씨가 말하였다. "이랑이 다른데 이삭이 같이 팬 것은 천하가 화동(和同)하는 상이니, 주공(周公)의 덕으로 이룬 것인데, 주공이 동정(東征)하여 아직 돌아오지 않았다. 그러므로 돌아오게 한 것이다.〔異畝同穎, 天下和同之象, 公德所致, 公東征未還. 故以歸.〕"

하니라

　성왕(成王)이 관숙(管叔)과 채숙(蔡叔)을 정벌하고 은(殷)나라의 유민(遺民)들을 가지고 강숙(康叔)을 봉하면서 〈강고(康誥)〉와 〈주고(酒誥)〉·〈재재(梓材)〉를 지었다.

【辨說】 案胡氏曰 康叔은 成王叔父也니 經文에 不應曰朕其弟요 成王은 康叔猶子也니 經文에 不應曰乃寡兄이니 其曰兄曰弟者는 武王이 命康叔之辭也라 序之繆誤 蓋無可疑니 詳見篇題라 又案書序는 似因康誥篇首錯簡하여 遂誤以爲成王之書어늘 而孔安國은 又以爲序篇도 亦出壁中이라하니 豈孔鮒藏書之時에 已有錯簡邪아 不可考矣라 然書序之作이 雖不可必爲何人이나 而可必其非孔子作也로라

　살펴보건대 호씨(胡氏)가 말하기를 "강숙(康叔)은 성왕(成王)의 숙부이니, 경문(經文)에 '짐의 그 아우'라고 말할 수 없고, 성왕은 강숙의 조카〔猶子〕이니, 경문에 '너의 과형(寡兄)'이라고 말할 수 없으니, 그 형이라고 하고 아우라고 말한 것은 무왕(武王)이 강숙에게 명한 말씀이다." 하였다. 〈서〉의 오류가 의심할 만한 것이 없으니, 이 내용이 편의 제목에 자세히 보인다. 또 살펴보건대 〈서서(書序)〉는 〈강고(康誥)〉의 편머리의 착간으로 인하여 마침내 잘못 성왕의 글이라 하였는데, 공안국(孔安國)은 또 '이 〈서〉의 편은 또한 공벽(孔壁) 가운데에서 나왔다.'고 하니, 아마도 공부(孔鮒)가 책을 벽 속에 보관할 때에 이미 착간이 있었는가. 상고할 수 없다. 그러나 〈서서〉의 지음이 비록 반드시 어느 사람이 지었다고 기필할 수는 없으나, 공자(孔子)가 지으신 것이 아님은 기필할 수 있다.

【小序】 成王이 在豐이러니 欲宅洛邑하여 使召公先相宅하여 作召誥하니라

　성왕(成王)이 풍(豐)에 있으면서 낙읍(洛邑)에 거하고자 하여 소공(召公)으로 하여금 먼저 집터를 보게 하였다. 그리하여 〈소고(召誥)〉를 지었다.

【小序】 召公이 旣相宅이어늘 周公往하여 經營成周하고 使來告卜하여 作洛誥하니라

　소공(召公)이 이미 집터를 살펴보자, 주공(周公)이 가서 성주(成周)를 경영하고 사람을 보내와 점괘를 아뢰어 〈낙고(洛誥)〉를 지었다.

【小序】 成周旣成에 遷殷頑民할새 周公이 以王命誥하여 作多士하니라

　성주(成周;낙읍)가 이미 이루어지자, 은(殷)나라의 완민(頑民)을 옮길 적에 주공(周公)이 왕명으로써 고하여 〈다사(多士)〉를 지었다.

【辨說】遷殷頑民이 在作洛之前이어늘 序書者 考之不詳하고 以爲成周旣成에 遷殷頑民이라하니 繆矣라 詳見本篇題하니라

　　은(殷)나라의 완악한 백성을 옮긴 것이 낙읍(洛邑)을 만들기 이전에 있었는데, 〈서서〉를 지은 자가 자세히 상고하지 못하고, '성주(成周)가 이미 이루어짐에 은나라의 완악한 백성을 옮겼다.' 하였으니, 잘못이다. 본편의 제목에 자세히 보인다.

【小序】周公이 作無逸하니라

　　주공(周公)이 〈무일(無逸)〉을 지었다.

【小序】召公爲保러니 周公爲師하여 相成王爲左右한대 召公이 不說이어늘 周公이 作君奭[39]하니라

　　소공(召公)이 태보(太保)가 되었는데 주공(周公)이 태사(太師)가 되어 성왕(成王)을 도와 좌우(左右)가 되자, 소공이 기뻐하지 않으므로 주공이 〈군석(君奭)〉을 지었다.

【辨說】蘇氏曰 舊說에 或謂召公疑周公이라하니 陋哉라 斯言也여 愚謂序文意義 含糊는 舊說之陋 有以啓之也[40]니라

　　소씨(蘇氏)가 말하였다. "구설(舊說)에 혹은 소공이 주공을 의심했다 하였으니, 누추하다. 이 말이여." 내가 생각건대 〈서문(序文)〉의 의의(意義)가 명확하지 못함은 구설의 누추함이 계도함이 있었던 것이다.

【小序】蔡叔이 旣沒이어늘 王命蔡仲하여 踐諸侯位하여 作蔡仲之命하니라

　　채숙(蔡叔)이 죽자, 왕이 채중(蔡仲)을 명하여 제후(諸侯)의 지위에 오르게 하면서 〈채중지명(蔡仲之命)〉을 지었다.

【小序】成王이 東伐淮夷하여 遂踐奄하고 作成王政[41]하니라

　　성왕이 동쪽으로 회이(淮夷)를 정벌하여 마침내 엄(奄)나라를 멸망시키고 〈성왕정

......
39　君奭 : 공씨가 말하였다. "소공(召公)을 높여 군(君)이라 칭한 것이다.〔尊之曰君〕"
40　舊說之陋 有以啓之也 : 〈서(序)〉가 오류를 계도한 것이다.〔序之所啓也〕
41　作成王政 : 공씨가 말하였다. "회이(淮夷)를 평정하고 엄(奄)나라의 정령(政令)을 옮긴 것이다.〔平淮夷, 徙奄之政令也〕"

(成王政)〉을 지었다.

【辨說】踐은 滅也라 篇亡이라

'천(踐)'은 멸함이다. 이 편은 없어졌다.

【小序】成王이 旣踐奄하여 將遷其君於蒲姑[42]할새 周公이 告召公하여 作將蒲姑하니라

성왕이 이미 엄(奄)나라를 멸망하고서 장차 그 군주를 포고(蒲姑)로 옮기려 할 적에 주공이 소공에게 명하여 〈장포고(將蒲姑)〉를 지었다.

【辨說】史記에 作薄姑하니 篇亡이라

《사기》에는 박고(薄姑)로 되어 있으니, 이 편은 없어졌다.

【小序】成王이 歸自奄하여 在宗周하여 誥庶邦하여 作多方하니라

성왕(成王)이 엄(奄)나라로부터 돌아와 종주(宗周)에 있으면서 여러 나라를 가르쳐 〈다방(多方)〉을 지었다.

【小序】周公이 作立政하니라

주공(周公)이 〈입정(立政)〉을 지었다.

【小序】成王이 旣黜殷命하고 滅淮夷하고 還歸在豐하여 作周官하니라

성왕(成王)이 은(殷)나라 명(命)을 내치고 회이(淮夷)를 멸한 다음 풍읍(豐邑)으로 돌아와 〈주관(周官)〉을 지었다.

【辨說】成王이 黜殷久矣어늘 而於此復言은 何耶아

성왕이 은나라를 내친 지가 오래되었는데, 여기에서 다시 말한 것은 어째서인가.

【小序】成王이 旣伐東夷에 肅愼來賀어늘 王俾榮伯으로 作賄肅愼之命[43]하니라

성왕이 이미 동이(東夷)를 정벌함에 숙신(肅愼)이 와서 축하하므로 왕이 영백(榮伯)

......

42 蒲姑 : 공씨가 말하였다. "포고(蒲姑)는 제(齊)나라의 땅이다.〔齊地〕"
43 賄賜肅愼之命 : 공씨가 말하였다. "숙신(肅愼)이 와서 축하함에 물건을 하사한 것이다.〔賄賜肅愼之來賀.〕"

으로 하여금 〈회숙신지명(賄肅愼之命)〉을 지었다.

【辨說】賄는 賂也니 義未詳이라 篇亡이라

'회(賄)'는 물건을 줌이니, 뜻이 자세하지 않다. 이 편은 없어졌다.

【小序】周公이 在豐將沒에 欲葬成周러니 公薨에 成王이 葬于畢[44]하고 告周公하여 作亳姑하니라

주공이 풍읍(豐邑)에서 장차 별세하려 할 적에 자신을 성주(成周)에 장사지내주기를 바랐는데, 주공이 별세하자 성왕이 주공을 필(畢) 땅에 장사지내고 〈박고(亳姑)〉를 지었다.

【辨說】此는 言周公在豐이라 漢孔氏謂致政歸老之時로되 而下文君陳之序에 乃曰周公旣沒에 命君陳하여 分正東郊成周라하니 方未命君陳時에 成周蓋周公治之러니 以公沒故로 命君陳이라 然則公蓋未嘗去洛矣어늘 而此又以爲在豐將沒이라하니 則其致政歸老가 果在何時耶아 篇亡이라

이는 주공이 풍읍(豐邑)에 있을 때를 말한 것이다. 한(漢)나라 공씨(孔氏)는 '정사를 돌려주고 돌아가 늙을 때'라고 하였는데, 아랫글 〈군진(君陳)〉의 〈서〉에 마침내 말하기를 '주공이 이미 별세함에 군진에게 명해서 동교(東郊)의 성주(成周)를 나누어 다스리게 했다.' 하였으니, 막 군진을 명하지 않았을 때에 성주를 아마도 주공이 다스렸는데, 공이 별세하였기 때문에 군진에게 명했을 것이다. 그렇다면 공은 일찍이 낙읍(洛邑)을 떠나지 않았는데, 여기서는 또 '풍읍에 있으면서 장차 별세하려 했다.' 하였으니, 그렇다면 주공이 정사를 내놓고 돌아가 늙음이 과연 어느 때에 있겠는가. 이 편은 없어졌다.

【小序】周公이 旣沒에 命君陳하여 分正東郊成周하여 作君陳하니라

주공(周公)이 별세하자, 군진(君陳)을 명하여 동교(東郊)인 성주(成周)를 나누어 다스리게 하면서 〈군진(君陳)〉을 지었다.

【小序】成王將崩에 命召公·畢公하여 率諸侯하여 相康王할새 作顧命하니라

성왕(成王)이 장차 승하하려 할 적에 소공(召公)과 필공(畢公)을 명하여 제후들을

......

44 成王葬于畢 : 공씨가 말하였다. "성왕은 감히 주공을 신하로 삼을 수가 없어서 문왕(文王)·무왕(武王)의 묘소에 가깝게 한 것이다.〔不敢臣公, 使近文武之墓.〕"

거느리고 강왕(康王)을 돕게 하였다. 그리하여 〈고명(顧命)〉을 지었다.

【小序】康王이 旣尸天子하고 遂誥諸侯하여 作康王之誥하니라
　　강왕(康王)이 이미 천자(天子)의 지위를 주관하고 마침내 제후들을 가르쳐 〈강왕지고(康王之誥)〉를 지었다.
【辨說】尸天子는 亦無義理라 太康尸位와 羲和尸官은 皆言居其位而廢棄其事之稱이어늘 序書亦用其例하니 謬矣라
　　천자의 자리를 주장했다는 것은 또한 의리(義理)가 없다. 태강(太康)의 시위(尸位)와 희화(羲和)의 시관(尸官)은 모두 그 지위에 거하였으나 그 일을 폐기함을 말한 칭호인데, 〈서서〉를 지은 자가 또한 그 오류를 그대로 따랐으니, 잘못된 것이다.

【小序】康王이 命作冊畢[45]하여 分居里하고 成周郊[46]하여 作畢命하니라
　　강왕(康王)이 〈책명(冊命)〉을 지어 필공(畢公)을 명해서 거주하는 마을을 분별하고 성주(成周)의 교(郊)를 이루게 하여 〈필명(畢命)〉을 지었다.
【辨說】分居里者는 表厥宅里하고 殊厥井疆也라
　　거주하는 마을을 분별했다는 것은 그 택리(宅里)를 정표하고 그 정(井)의 경계를 구별한 것이다.

【小序】穆王이 命君牙하여 爲周大司徒할새 作君牙하니라
　　목왕(穆王)이 군아(君牙)를 명하여 주(周)나라의 대사도(大司徒)를 삼을 적에 〈군아(君牙)〉를 지었다.
【辨說】序는 無所發明이요 曰周云者는 殊無意義라 或曰 此春秋王正月例也라하나 曰春秋는 魯史라 故孔子繫之以王이어니와 此豈其例耶아 下篇亦然이라
　　〈서〉는 발명한 것이 없고, '주나라'라고 말한 것은 더욱 의의(意義)가 없다. 혹자는 말하기를 '이는 《춘추(春秋)》의 왕정월(王正月)의 예(例)이다.' 하나, 《춘추》는 노(魯)

45　冊畢 : 공씨가 말하였다. "명하여 책서(冊書)를 만들어서 필공(畢公)에게 명한 것이다.〔命爲冊書 以命畢公〕"
46　成周郊 : 공씨가 말하였다. "동주(東周)의 교(郊)의 경계를 이루어 정한 것이다.〔成定東周郊境〕"

나라의 역사이기 때문에 공자(孔子)가 여기에 왕(王) 자를 단 것이지만, 이것이 어찌 그 준례(準例)이겠는가. 하편도 또한 그러하다.

【小序】穆王이 命伯冏하여 爲周太僕正할새 作冏命하니라

목왕(穆王)이 백경(伯冏)을 명하여 주(周)나라의 태복 정(太僕正)을 삼으면서 〈경명(冏命)〉을 지었다.

【小序】呂命⁴⁷하고 穆王訓夏贖刑하여 作呂刑하니라

여후(呂后)를 명하여 〈사구(司寇)를 삼고〉 목왕(穆王)이 중하(中夏)의 속형(贖刑)을 가르쳐 〈여형(呂刑)〉을 지었다.

【辨說】此序亦無所發明이요 但增一夏字하니 自古刑辟之制가 豈專爲夷狄이요 不爲中夏耶아 或曰 訓夏贖刑은 謂訓夏后氏之贖刑也라하니라 曰 夏承虞治하여 不聞變法이요 周禮亦無五刑之贖하니 其非古制明甚이라 穆王耄荒하여 車轍馬跡이 無所不至라 呂侯竊舜典贖刑二字하여 作爲此刑하여 以聚民財하여 資其荒用이라 夫子以其書猶有哀矜之意而錄之로되 至其篇首하여는 特以耄荒二字發之하시니 其意微矣라 詳見本篇하니라

이 〈서〉는 또한 발명한 바가 없고 다만 한 하(夏) 자를 더하였으니, 예로부터 형벽(刑辟)의 제도가 어찌 오로지 오랑캐를 위하고 중하(中夏)를 위하지 않았겠는가. 혹자는 '하(夏)의 속형(贖刑)을 가르쳤다는 것은 하후씨(夏后氏)의 속형을 훈한 것이다.' 하기에, 내가 말하였다. "하나라는 우(虞)나라의 다스림을 그대로 계승해서 법을 변경했다는 말은 듣지 못하였고, 《주례(周禮)》에도 또한 오형(五刑)에 대한 속죄가 없으니, 그 옛날 제도가 아님이 매우 분명하다. 목왕(穆王)이 나이가 늙어 황폐해서 수레바퀴 자국과 말발굽 자국이 이르지 않은 곳이 없었다. 여후(呂侯)가 〈순전(舜典)〉의 속형이란 두 글자를 도둑질하여 이 형벌을 만들어서 백성의 재물을 모아 그 황폐하게 쓰는 것을 돕게 하였다. 부자(夫子; 공자)는 이 책이 아직도 백성을 불쌍히 여기는 뜻이 있다 하여 기록하신 듯한데, 편 머리에 이르러서는 특별히 모황(耄荒)이란 두 글자로 발명하셨으니, 그 뜻이 은미하다." 본편에 자세히 보인다.

......

47 成周郊: 공씨가 말하였다. "동주(東周)의 교(郊)의 경계를 이루어 정한 것이다.〔成定東周郊境.〕"

【小序】平王이 錫晉文侯秬鬯圭瓚하고 作文侯之命하니라

평왕(平王)이 진 문후(晉文侯)에게 검은기장으로 빚은 울창주(鬱鬯酒)와 규찬(圭瓚)을 하사하고 〈문후지명(文侯之命)〉을 지었다.

【辨說】經文에 止言秬鬯이어늘 而此益以圭瓚은 有所傳歟아 抑錫秬鬯者는 必以圭瓚[48]故로 經不言歟아

경문(經文)에는 다만 거창(秬鬯)을 말하였는데 이 〈서〉에서 규찬(圭瓚)을 더한 것은 전수받은 바가 있는가. 아니면 거창을 하사하는 자는 반드시 규찬을 주기 때문에 경문(經文)에 말하지 않은 것인가.

【小序】魯侯伯禽이 宅曲阜한대 徐夷竝興하여 東郊不開어늘 作費誓하니라

노후(魯侯)인 백금(伯禽)이 곡부(曲阜)에 거하자 서이(徐夷)가 함께 일어나 동쪽 교외가 열리지 않으므로 〈비서(費誓)〉를 지었다.

【辨說】徐는 徐戎也요 夷는 淮夷也라

'서(徐)'는 서융(徐戎)이고 '이(夷)'는 회이(淮夷)이다.

【小序】秦穆公이 伐鄭이러니 晉襄公이 帥師敗諸崤어늘 還歸하여 作秦誓하니라

진 목공(秦穆公)이 정(鄭)나라를 정벌하자 진 양공(晉襄公)이 군대를 거느려 효산(崤山)에서 진군(秦軍)을 패퇴시켰는데, 목공(穆公)이 돌아와 〈진서(秦誓)〉를 지었다.

【辨說】以經文意考之하면 穆公之悔는 蓋悔用杞子之諜이요 不聽蹇叔之言이어늘 序文亦不明此意하니라

경문의 뜻을 가지고 상고해보면 목공(穆公)이 후회한 것은 기자(杞子)의 첩보를 따르고 건숙(蹇叔)의 말을 듣지 않은 것을 후회한 것인데, 〈서문〉에는 또한 이 뜻을 밝히지 않았다.

------

48 錫秬鬯者 必以圭瓚 : 규찬(圭瓚)은 울창주(鬱鬯酒)를 따르는 술잔이다. 〔所以酌秬鬯酒.〕

서설강령(書說綱領)

주자(朱子)

1. 程子曰 看書에 須要見二帝、三王之道니 如二典엔 卽求堯所以治民과 舜所以事君이니라

정자(程子)가 말씀하였다. "《서경(書經)》을 볼(읽을) 적에는 모름지기 이제(二帝)·삼왕(三王)의 도(道)를 보아야 하니, 이전(二典)과 같은 것에서는 바로 요(堯)가 백성을 다스린 것과 순(舜)이 군주를 섬긴 것을 찾아야 한다."

橫渠張氏曰 尙書難看은 蓋難得胸臆如此之大하니 只欲解義면 則無難也라 書稱天應如影響이라하니 其禍福果然否아 大抵天道는 不可得而見이요 惟占之於民하여 人所悅則天必悅之하고 所惡(오)則天必惡之하나니 只爲人心至公也요 至衆也일새라 民雖至愚無知나 惟於私己然後에 昏而不明이요 至於事不干礙處하여는 則自是公明이라 大抵衆所向者는 必是理也니 理則天道存焉이라 故欲知天者는 占之於人이 可也니라

횡거 장씨(橫渠張氏)가 말씀하였다. "《상서(尙書:서경)》를 보기 어려움은 가슴속이 이와 같이 큰 사람을 얻기 어려워서이니, 오직 큰 뜻만을 해석하고자 한다면 어려울 것이 없다. 《서경》에 '하늘의 응함이 그림자와 메아리와 같다.'고 말하였으니, 그 화(禍)와 복(福)이 과연 그러한가. 대체로 천도(天道)는 얻어 볼 수가 없고 오직 백성에게서 살필 뿐이니, 사람(백성)들이 기뻐하는 바이면 하늘이 반드시 기뻐하고 사람들이 미워하는 바이면 하늘이 반드시 미워하니, 이는 다만 사람의 마음이 지극히 공정하고 지극히 많기(여러 사람이기) 때문이다. 백성들이 비록 지극히 어리석어 무지(無知)하나 오직 자기에게 사사롭게 한 뒤에야 어두워 밝지 못하고, 일이 자기와 상관되지 않아 막히지 않은 곳에서는 본래 공명(公明)하다. 대체로 여러 사람이 향하는 것은 반드시 이 이치이니, 이치이면 천도가 보존된다. 그러므로 천리(天理)를 알고자 하는 자는 사람에게서 점치면(살피면) 되는 것이다."

朱子曰 古史之體可見者는 書、春秋而已라 春秋는 編年通紀하여 以見事之先後요 書則每事別記하여 以具事之首尾하니 意者當時史官이 旣以編年紀事하고 至於事

之大者하여는 則又採合而別記之라 若二典所記는 上下百有餘年이요 而武成、金縢諸篇은 其所紀理가 或更(경)歲月하고 或歷數年하니 其間豈無異事리오 蓋必已具於編年之史로되 而今不復見矣니라

　주자(朱子)가 말씀하였다. "옛날 역사책의 체제(體制)를 볼 수 있는 것은 《서경》과 《춘추(春秋)》뿐이다. 《춘추》는 편년(編年)으로 통틀어 기록해서 일(사건)의 선후를 나타내었고, 《서경》은 매 번 일이 있을 때마다 특별히 기록해서 일의 전말을 갖추었으니, 짐작컨대 당시의 사관(史官)이 이미 편년체(編年體)로 일을 기록하였고, 큰 일(사건)에 이르러는 또 채집하여 모으고 특별히 기록하여 《서경》을 만든 듯하다. 이전(二典)에 기록한 바와 같은 것은 상하(전후)가 100여 년이요 〈무성(武成)〉과 〈금등(金縢)〉의 여러 편은 그 기록하고 다스린 바가 혹 오랜 세월을 겪었고 혹은 여러 해를 지났으니, 그 사이에 어찌 딴 일이 없었겠는가. 이는 반드시 이미 편년체의 역사책에 갖추어져 있을 터인데 이제 다시 볼 수 없는 것이다."

聖人千言萬語는 只是說箇當然之理로되 恐人不曉하여 又筆之於書라 自書契以來로 二典、三謨、伊尹、武王、箕子、周公、孔、孟이 都只如此하시니 可謂盡矣라 只就文字間求之하면 句句皆是하여 做得一分이면 便是一分工夫니 非茫然不可測也로되 但恐人自不子細求索之爾라 須是量聖人之言이 是說箇什麽하여 要將何用이니 若只讀過便休하면 何必讀이리오

　성인의 천언 만어(千言萬語)는 다만 이 하나의 당연한 이치를 말씀한 것인데, 사람들이 이것을 이해하지 못할까 염려하여 또 이것을 책에 쓰셨다. 서계(書契)가 있은 이래로 이전(二典)과 삼모(三謨), 이윤(伊尹)·무왕(武王)·기자(箕子)·주공(周公)·공자(孔子)·맹자(孟子)가 모두 다만 이와 같으셨으니, 극진하다고 이를 만하다. 오직 문자 사이에서 탐구하면 글귀마다 모두 옳아서 일푼(一分)을 탐구하면 곧 일푼의 공부가 있으니 아득하여 측량할 수 없는 것이 아닌데, 다만 사람들이 제 스스로 자세히 탐구하고 찾지 않음이 염려될 뿐이다. 모름지기 성인의 말씀이 이 무엇을 말씀한 것인가를 헤아려서 장차 어디에 써야 할지를 생각해야 하니, 만약 다만 한 번 읽어보고 곧 그만둔다면 굳이 읽을 필요가 있겠는가.

尙書는 初讀甚難하여 似見於己不相干이러니 後來熟讀하니 見堯、舜、禹、湯、文、武之事皆切於己로라

《상서》는 처음 읽기가 매우 어려워서 자기에게 상관이 없는 것처럼 보였는데 뒤에 익숙히 읽어보니, 요(堯)·순(舜)·우(禹)·탕(湯)·문(文)·무(武)의 일이 모두 자기 몸에 간절함을 보았노라.

某嘗患尙書難讀이러니 後來에 先將文義分曉者讀之하고 聱(오)牙者는 且未讀이라 如二典、三謨等篇은 義理明白하고 句句是實理라 堯之所以爲君과 舜之所以爲臣과 皐陶、稷、契、伊、傅輩所言所行이 最好하니 綢繆(세역)玩味하여 體貼向自家身上來하면 其味自別이리라

내(주자) 일찍이 《상서》를 읽기 어려움을 염려하였는데, 후래에 먼저 글뜻이 분명한 것을 가져다가 읽고, 난삽한 것은 우선 읽지 않았다. 예컨대 이전(二典)과 삼모(三謨) 등의 편은 의리가 명백하고 글귀마다 진실한 이치여서 요(堯) 임금이 임금 노릇하신 것과 순(舜) 임금이 신하 노릇하신 것과 고요(皐陶)와 후직(后稷), 설(契)과 이윤(伊尹)·부열(傅說) 등이 말한 바와 행한 바가 가장 좋으니, 이리저리 완미(玩味)하여 이것을 자기 신상으로 체찰(體察)하여 오면 그 재미가 특별할 것이다.

先生이 問鄭可學호되 尙書如何看고 曰 須要考歷代之變이니이다 曰 世變難看이요 唐、虞、三代事는 浩大濶遠하니 何處測度(탁)이리오 不若求聖人之心이니 如堯則考其所以治民이요 舜則考其所以事君이라 且如湯誓에 湯曰 予畏上帝라 不敢不正이라하시니 熟讀이면 豈不見湯之心이리오 大抵尙書는 有不必解者하고 有須著意解者하고 有略須解者하고 有不可解者라 如仲虺之誥、太甲諸篇은 只是熟讀하면 義理分明하니 何俟於解리오 如洪範則須著意解요 如典謨諸篇은 稍雅奧하니 亦須略解어니와 若如盤誥諸篇하여는 已難解하고 而康誥之屬은 則已不可解矣니라

선생(주자)이 정가학(鄭可學)에게 묻기를 "《상서》를 어떻게 읽는가?" 하니, 대답하기를 "모름지기 역대의 변함을 상고해야 합니다." 하였다. 선생이 말씀하기를 "세상의 변함은 보기가 어렵고, 당(唐)·우(虞)와 삼대(三代)의 일은 호번(浩繁)하고 아득히 머니, 어느 곳에서 이것을 측량하겠는가. 성인의 마음을 찾는 것만 못하니, 예컨대 요 임금에게서는 그 백성을 다스린 바를 상고하고 순 임금에게서는 그 군주를 섬긴 것을 상고하는 것이다. 또 〈탕서(湯誓)〉에 탕왕(湯王)이 말씀하기를 '내가 상제(上帝)를 두려워하여 감히 바로잡지 않을 수 없다.' 하셨으니, 익숙히 읽으면 어찌 탕왕의 마음을 보지(알지) 못하겠는가.

대체로 《상서》는 굳이 해석할 필요가 없는 것이 있고, 모름지기 뜻(마음)을 다하여 해석해야 할 것이 있고, 대략 모름지기 해석해야 할 것이 있고, 절대로 해석할 수 없는 것이 있다. 예컨대 〈중훼지고(仲虺之誥)〉와 〈태갑(太甲)〉의 여러 편은 다만 익숙히 읽으면 의리가 분명하니, 어찌 깊이 해석할 필요가 있겠는가. 〈홍범(洪範)〉과 같은 편은 모름지기 마음을 두어 해석해야 하고, 전(典)·모(謨)와 같은 여러 편은 다소 고아하고 심오하니 이 또한 모름지기 대략 해석해야 하지만, 〈반경(盤庚)〉과 주(周)나라 고(誥)의 여러 편과 같은 것은 이미 난해하고 〈강고(康誥)〉의 등속은 이미 해석할 수가 없다."

問尙書難讀은 蓋無許大心胸이라하시니 他書亦須大心胸이라야 方讀得이어늘 如何程子只說尙書니잇고 曰 他書却有次第하니 且如大學은 自格物致知로 以至平天下히 有多少節次어니와 尙書는 只合下便大라 如堯典自克明俊德以親九族으로 至黎民於(오)變時雍히 展開是大小大요 分命四時成歲엔 便見心中包得一箇三百六十五度四分度之一底天이라야 方見得恁地니 若不得一箇大底心胸이면 如何了得이리오

〈섭하손(葉賀孫)이〉 묻기를 "〈정자(程子)는〉 《상서》를 읽기 어려움은 허다한 심흉(心胸;마음과 생각)이 없기 때문이다.' 하였습니다. 다른 책도 모름지기 심흉을 크게 하여야 비로소 읽을 수 있는데, 어찌하여 정자는 다만 《상서》만 말씀하셨습니까?" 하니, 주자가 대답하였다.

"딴 책은 차례가 있으니, 우선 《대학》과 같은 것은 격물(格物)·치지(致知)로부터 평천하(平天下)에 이르기까지 수많은 절차가 있지만, 《상서》는 다만 당장 심흉을 크게 하여야 한다. 예컨대 〈요전(堯典)〉에 '극명준덕 이친구족(克明俊德以親九族;능히 큰 덕을 밝혀서 구족을 친히 한다)'으로부터 '여민오변시옹(黎民於變時雍;여민이 아! 변화하여 이에 화하다)'까지는 펼치면 이 얼마나 큰일인가? 희(羲)·화(和)에게 나누어 명하여 사시(四時)를 바로잡아 한 해를 이루게 함은 곧 심중에 다만 하나의 365도 4분도(分度)의 1인 하늘을 보아야 비로소 이런 것을 알 수 있으니, 만약 하나의 큰 심흉을 얻지 못한다면 어떻게 이것을 알겠는가."

學者須是有業次니 且如讀堯舜典에 曆象日月星辰과 律度, 量衡, 五樂, 五禮之類와 禹貢山川과 洪範九疇를 須一一理會令透라 今人은 只做得西漢以下工夫하여

無人就堯、舜、三代原頭處理會來니라 又曰 且如做擧業인댄 亦須苦心理會文字라
야 方可決科니 讀書에 若不苦心去求하면 不成業次하여 終不濟事리라

"배우는 자는 모름지기 《서경》의 학업에 차례가 있어야 하니, 우선 〈요전(堯典)〉과 〈순전(舜典)〉을 읽을 적에는 해와 달과 성신(星辰)을 책력으로 기록하고 관상(觀象)하는 기구로 측량함과 율(律)·도(度)·량(量)·형(衡)과 오악(五樂)과 오례(五禮)의 종류와 〈우공(禹貢)〉의 산천(山川)과 〈홍범(洪範)〉의 구주(九疇)를 모름지기 하나하나 이해해서 통투하게 해야 한다. 지금 사람들은 다만 서한(西漢) 이후의 공부만을 하여서 요·순과 삼대의 원두처(原頭處)에 나아가 이해하는 사람이 없다."

또 말씀하였다. "우선 과거공부를 할진댄 또한 모름지기 고심(苦心)하여 문자를 이해하여야 비로소 과거에 급제할 수 있으니, 독서할 적에 만약 고심하여 가서 찾지 않는다면 학업의 차례를 이루지 못하여 끝내 일을 이루지 못할 것이다."

尙書前五篇은 大概易曉요 後如甘誓、胤征、伊訓、太甲、咸有一德、說命은 此皆易
曉亦好니 此是孔氏壁中所藏之書니라 又曰 看尙書에 漸漸覺得曉不得이면 便是
有長進이라 若從頭尾解得하면 便是亂道라 高宗肜日은 是最不可曉者요 西伯戡
黎는 是稍稍不可曉者요 太甲은 大故亂道라 故伊尹之言緊切이요 高宗은 稍稍聰
明이라 故說命之言細膩니라 又曰 讀尙書에 有一箇法하니 半截曉得하고 半截曉不
得이면 曉得底看하고 曉不得底且闕之하여 不可强通이니 强通則穿鑿이니라

"《상서》의 앞에 있는 다섯 편(이전(二典)과 삼모(三謨))은 대체로 알기가 쉽고, 뒤에 있는 〈감서(甘誓)〉와 〈윤정(胤征)〉·〈이훈(伊訓)〉·〈태갑(太甲)〉·〈함유일덕(咸有一德)〉·〈열명(說命)〉과 같은 것은 모두 알기 쉬워 또한 좋으니, 이는 바로 공씨(孔氏)의 벽 속에 소장되어 있던 글(고문상서)이다."

또 말씀하였다. "《상서》를 볼 적에 이해할 수 없는 부분을 점점 깨달으면 곧 장족(長足)의 진전이 있을 것이다. 만약 처음부터 끝까지 이해하려고 하면 곧 혼란해진다. 〈고종융일(高宗肜日)〉은 가장 이해할 수 없고, 〈서백감려(西伯戡黎)〉는 약간 이해할 수 없고, 태갑은 대단히 혼란하므로 이윤(伊尹)의 말이 간절하고, 고종(高宗)은 약간 총명하므로 〈열명(說命)〉의 말이 세밀한 것이다."

또 말씀하였다. "《상서》를 읽을 적에 하나의 좋은 방법이 있으니, 반절(절반)은 이해하고 반절은 이해할 수 없으면 이해할 수 있는 것만을 보고 이해할 수 없는 것은 우선 제쳐놓아서 억지로 통하려 해서는 안 되니, 억지로 통하려 하면 천착(穿鑿)이다."

語德粹¹云 尙書亦有難看者하니 昨日嘗語子上이로라 滕請問한대 先生復言大略如昨日之說이라하시고 又云如微子、洛誥等篇은 讀至此하면 且認微子與父師、少師哀商之淪喪이 已將如何니 其他皆然이라 若其文義는 知他當時言語如何니 自有不能曉矣니라

〈주자가〉 덕수(德粹)에게 말씀하기를 "《상서》에도 보기 어려운 것이 있으니, 〈내가〉 어제 일찍이 자상(子上;정자상(鄭子上))에게 말하였노라."

등린(滕璘)이 묻자, 선생이 다시 말씀하기를 "대략 어제 말한 것과 같다." 하고, 또 말씀하였다. "〈미자(微子)〉와 〈낙고(洛誥)〉 등과 같은 편은 읽다가 여기에 이르면 우선 미자와 부사(父師;기자(箕子)), 소사(少師;비간(比干))가 상(商)나라의 멸망을 서글퍼한 것이 이미 장차 어떠하였는가를 알아야 하니, 다른 곳도 모두 그러하다. 그 글뜻으로 말하면 그 당시의 언어가 어떠한가를 알아야 하니, 본래 이해할 수 없는 것(부분)이 있다."

2. 問書當如何看고 先生曰 且看易曉處하라 其他不可曉者는 不要強說이니 縱說得出이라도 恐未必是當時本意라 近時解書者甚衆이나 往往皆是穿鑿이니 如呂伯恭亦未免此也하니라

묻기를, "《서경》은 마땅히 어떻게 보아야 합니까?" 하자, 선생이 말씀하였다. "우선 알기 쉬운 부분을 보아라. 기타 이해할 수 없는 것은 억지로 해석해서는 안 되니, 비록 설명해낸다 하더라도 반드시 당시의 본의(本意)가 아닐 듯하다. 근래에 《서경》을 해석하는 자가 매우 많으나 왕왕 모두 천착(穿鑿)하였으니, 여백공(呂伯恭;여조겸(呂祖謙))과 같은 자도 또한 이것을 면치 못하였다."

尙書中盤庚、五誥²之類는 實是難曉라 若要添減字하여 硬說將去하면 儘得이나 然只是穿鑿이니 恐終無益耳로라

"《상서》 가운데 〈반경(盤庚)〉과 오고(五誥)의 종류는 진실로 알기가 어렵다. 만약 여

......

1 德粹:덕수는 등린(滕璘, 1150~1229)의 자이다. 남송(南宋) 사람으로 호는 계제(溪齋)이다. 아우 등공(滕珙)과 함께 주자에게 수학하였으며, 저서로는 《계재유고(溪齋類稿)》가 있다.

2 五誥:〈주서(周書)〉의 〈대고(大誥)〉·〈강고(康誥)〉·〈주고(酒誥)〉·〈소고(召誥)〉·〈낙고(洛誥)〉를 가리킨다.

기에 글자를 가감(加減)하여 억지로 설명하려고 하면 혹 설명할 수 있으나 다만 천착이니, 끝내 무익(無益)할까 두렵노라."

書中易曉處는 直易曉요 其不可曉處는 且闕之라 如盤庚之類는 非特不可曉요 便曉得이라도 亦要何用고 如周誥等篇은 周公이 不過說周所以合代商之意하시니 是他當時說話라 其間에 多有不可解者하니 亦且觀其大意所在而已니라

"《서경》 가운데에 이해하기 쉬운 부분은 곧 쉽게 이해하고, 그 이해할 수 없는 부분은 우선 제쳐놓아라. 〈반경〉과 같은 따위는 다만 이해할 수 없을 뿐만 아니라, 곧 안다 하더라도 또한 어디에 쓰겠는가. 〈주서〉의 오고(五誥) 등과 같은 편은 주공(周公)이 주(周)나라가 마땅히 상(商)나라를 대신해야 할 뜻을 설명함에 불과하니, 이는 그 당시의 설화이다. 그 사이에 이해할 수 없는 것이 많이 있으니, 또한 우선 그 대의(大意)가 있는 곳을 볼 뿐이다."

書中不可曉處를 先儒旣如此解하니 且只得從他說이라 但此一段은 如此訓詁說得通이어니와 至別一段하여 如此訓詁하면 便說不通이니 不知如何로라

"《서경》 가운데에 이해할 수 없는 부분을 선유(先儒)들이 이미 이와 같이 해석하였으니, 우선 다만 그의 해석을 따라야 한다. 다만 이 한 단락은 이와 같이 훈고(訓詁)하면 설명이 통할 수 있지만, 다른 한 단락에 이르러 이와 같이 훈고하면 곧 설명이 통하지 않으니, 어찌해서인지를 알지 못하노라."

周公은 不知其人如何요 其言聱牙難曉라 如書中周公之言은 便難讀이니 立政, 君奭之篇이 是也라 最好者는 惟無逸一書로되 中間用字 亦有譸張爲幻之語라 至若周官, 蔡仲等篇하여는 却是官樣文字니 必出於當時有司潤色之文이요 非純周公語也리라

"주공은 그 인품이 어떠한지는 알지 못하겠고, 그 말씀이 난삽하여 알기가 어렵다. 예컨대 《서경》 가운데에 주공의 말씀과 같은 것은 곧 읽기가 어려우니, 〈입정(立政)〉과 〈군석(君奭)〉의 편이 바로 이것이다. 그중에 가장 좋은 것은 오직 〈무일(無逸)〉 한 편뿐인데도 중간에 글자를 사용한 것에 또한 '과장하여 현란하게 한다.〔譸張爲幻〕'는 말이 있다. 〈주관(周官)〉과 〈채중지명(蔡仲之命)〉 등의 편에 이르러는 이것은 관청의 공식 문자이니, 반드시 당시 유사(有司)가 윤색한 글에서 나온 것이요, 순전히 주공의

··· 聱 : 어려울 오

말씀은 아닐 것이다."

尚書는 只是虛心平氣하여 闕其所疑하고 隨力量看하여 敎浹洽이면 便自有得力處니 不須預爲計較하여 必求赫赫之功也니라

  "《상서》는 다만 마음을 비우고 기운을 화평하게 해서 그 의심스러운 것은 제쳐놓고 자기의 능력에 따라 헤아려보아서 무젖게(흡족하게) 하면 곧 저절로 효력을 얻는 부분이 있을 것이니, 굳이 미리 계교해서 반드시 혁혁(赫赫)한 공을 구할 것이 없다."

道夫[3]請先生點尙書하여 以幸後學한대 先生曰 某今無工夫로라 道夫曰 先生於書에 旣無解하시니 若更不點이면 則句讀不分하여 後人承舛聽訛하여 卒不足以見帝王之淵懿로이다 曰 公豈可如此說고 安知後來無人이리오 道夫再三請之한대 先生曰 書亦難點이라 如大誥는 語句甚長이어늘 今人은 却都碎讀了하니 所以曉不得이라 某嘗欲作書說이러니 竟不曾成이라 如制度之屬은 秪以疏文爲本이요 若其他未穩處는 更與挑剔하여 令分明便得이니라

  도부(道夫)가 선생에게 《상서》에 표점(標點)을 찍어서 후학들을 은혜롭게 할 것을 청하자, 선생이 말씀하기를 "나는 지금 이러한 공부(작업)가 없노라." 하였다. 도부가 말하기를 "선생이 《서경》에 대해 이미 해석한 것이 없으시니, 만약 다시 표점을 찍어놓지 않으시면 구두가 분명하지 못해서 후인들이 잘못된 것을 이어받고 잘못된 말을 따라서 끝내 이제(二帝)·삼왕(三王)의 깊고 아름다운 내용을 보지 못할 것입니다." 하니, 선생이 말씀하기를 "공(公)은 어찌 이와 같이 말하는가. 어찌 후래에 그러할 사람이 없음을 알겠는가." 하였다.

  도부가 재삼(再三) 간청하자, 선생이 말씀하였다. "《서경》은 또한 표점을 찍기가 어렵다. 예컨대 〈대고(大誥)〉는 어구(語句)가 매우 긴데 지금 사람들은 도리어 모두 잘게(짧게) 나누어 읽으니, 이 때문에 이해할 수가 없는 것이다. 내 일찍이 〈서설(書說)〉을 짓고자 하였는데 끝내 이루지 못하였다. 제도(制度)와 같은 등속은 다만 주(註)·소(疏)의 글을 근본으로 삼을 것이요, 기타 온당하지 못한 부분은 다시 도려내어서 분명

••••••
3 道夫 : 도부는 황초중(黃樵仲)의 자이다. 남송(南宋) 사람으로 호는 경재(敬齋)이다. 주자가 장주(漳州)의 수령으로 왔을 때 황초중이 학관에서 강의하고 있었는데, 《소학》을 강의하자 주자가 그의 훌륭함을 칭찬하였다. 《閩中理學淵源考》

··· 舛 : 어그러질 천 訛 : 그릇될 와 碎 : 잘게부술 쇄 挑 : 도려낼 도 剔 : 깎을 척

하게 하여야 될 것이다."

尚書頃嘗讀之러니 苦其難而不能竟也로라 註、疏、程、張之外에 蘇氏說亦有可觀이나 但終是不純粹라 林少穎이 說召誥以前亦詳備요 聞新安有吳才老裨傳하여 頗有發明이라하나 却未曾見이로라 試幷考之하면 諸家雖或淺近이나 要亦不無小補리니 但在詳擇之耳라 不可以篇帙浩汗而遽憚其煩也니라

"《상서》는 지난번에 한 번 읽어보았는데, 그 어려움을 괴로워하여 끝마치지 못했노라. 주(註)·소(疏)와 정자(程子)·장자(張子) 외에 소씨(蘇氏:소식(蘇軾))의 설이 또한 볼만한 것이 있었으나, 다만 끝내 순수하지 못하였다. 임소영(林少穎:임지기(林之奇))이 〈소고(召誥)〉 이전을 설명한 것이 또한 자세히 갖추어졌고, 들자하니 신안(新安)의 오재로(吳才老:오역(吳棫))의 《비전(裨傳)》이 있어서 자못 발명함이 있다 하나 나는 일찍이 보지 못하였노라. 이것을 한 번 아울러 상고하면 제가(諸家)의 설이 비록 혹 내용이 천근(淺近)하더라도 요컨대 또한 작은 도움이 없지 않을 것이니, 오직 자세히 선택함에 달려 있을 뿐이다. 편질(篇帙)이 호번(浩繁)하다 하여 갑자기 그 번거로움을 꺼려서는 안 된다."

荊公은 不解洛誥하고 但云其間煞(쇄)有不可强通處하니 今姑擇其可曉者釋之라하니라 今人은 多說荊公穿鑿이라하나 他却有此處로되 若後來人解書엔 則又却須要盡解니라

"형공(荊公:왕안석(王安石))은 〈낙고(洛誥)〉를 해석하지 않고, 다만 말하기를 '그 사이에 크게 억지로 통할 수 없는 부분이 많이 있으니, 지금 우선 이해할 수 있는 것을 가려서 해석했다.' 하였다. 지금 사람들은 대부분 형공이 천착했다고 말하나 저도 이처럼 천착한 부분이 있는데, 후래의 사람들이 《서경》을 해석할 적에는 또 모름지기 다 해석하려고 한다."

元祐說命、無逸講義와 及晁以道、葛子平、程泰之、吳仁傑數書를 先附去하니 可便參訂호되 序次는 當以注疏爲先하여 疏節其要者요 以後는 只以時世爲先後可也라 西山이 間有發明經旨處하니 固當附本文之下요 其統論은 卽附篇末也로라 記得其數條理會點句와 及正多方、多士兩篇하니 可幷攷之니라

"원우(元祐) 연간에 〈열명(說命)〉과 〈무일(無逸)〉을 경연(經筵)에서 강의한 것과 조

••• 煞 : 매우 쇄   鑿 : 뚫을 착

이도(晁以道)·갈자평(葛子平)·정태지(程泰之)·오인걸(吳仁傑)이 저술한 몇 책을 먼저 부쳐 보내니, 곧 참고하여 수정하되 차서(次序)는 마땅히 주소(註疏)를 우선으로 하여 그 요긴한 것을 해석할 것이요, 이후는 다만 시대로써 선후(先後)를 삼는 것이 옳을 것이다. 서산(西山;해원정(蔡元定))이 근간에 경문(經文)의 뜻을 발명한 부분이 있으니, 진실로 마땅히 이것을 본문의 아래에 덧붙여야 할 것이요, 그 통론(統論)은 즉시 편 끝에 붙였노라. 내 기억컨대 그 몇 조목을 이해하여 구두에 표점을 찍은 것과 또 〈다방(多方)〉과 〈다사(多士)〉 두 편을 바로잡았으니, 함께 상고해야 할 것이다."

或問諸家書解에 **誰者最好**잇고 **莫是東坡書爲上否**잇가 **曰 然**하다 **東坡書解**는 **看得文勢好**요 **又筆力過人**하여 **發明得分外精神**이니라 **問但似失之簡**로이다 **曰 也有只消如此解者**니라

혹자가 묻기를 "제가(諸家)의《서경》해석 가운데 누구의 것이 가장 좋습니까? 동파(東坡)의 글이 상등(上等)이 되지 않습니까?" 하자, 주자가 말씀하기를 "옳다. 동파가《서경》을 해석한 것은 문세(文勢)가 좋음을 볼 수 있고, 또 필력이 보통사람보다 뛰어나서 분수(分數) 밖의 정신을 발명했다." 하였다. "다만 너무 간략함에 잘못된 듯합니다." 하고 묻자, 말씀하기를 "또한 다만 마땅히 이와 같이 간략하게 해석해야 할 부분이 있다." 하였다.

向在鵝湖에 **見伯恭**하니 **欲解書**하여 **云 且自後面解起**하여 **今解至洛誥**하니 **有印本是也**니 **其文甚鬧熱**이라하니라 **某嘗問伯恭**호되 **書有難通處否**아 **伯恭**이 **初云 亦無甚難通處**라하더니 **數日間**에 **却云果有難通處**하니 **今只是强解將去耳**라하니라

"지난번 아호(鵝湖)에 있을 적에 여백공(呂伯恭)을 만나보니, 《서경》을 해석하고자 한다고 하면서 '우선 뒤에서부터 해석하기 시작해서 지금 해석이 〈낙고(洛誥)〉에 이르니, 인쇄본이 있는 것이 이것인데, 그 글이 매우 혼잡하다.' 하였다. 내가 일찍이 백공(伯恭)에게 묻기를 '《서경》에 통하기 어려운 부분이 있는가?' 하였더니, 백공이 처음에는 '또한 그리 통하기 어려운 부분이 없다.'고 하였는데, 며칠 사이에 말하기를 '과연 통달하기 어려운 부분이 있으니, 지금 다만 억지로 해석하여 갈 뿐이다.' 하였다."

書說은 **未有分付處**라 **因思向日喩及尙書**할새 **文義貫通**은 **猶是第二義**라 **直須見得二帝三王之心**하여 **而通其所可通**이요 **毋强通其所難通**이라하니 **卽此數語**가 **便**

··· 鵝:거위 아 鬧:시끄러울 뇨

已參到七八分이라 千萬便撥置하고 此來議定綱領하여 早與下手爲佳라 諸說은 此間亦有之로되 但蘇氏傷於簡하고 林氏傷於繁하고 王氏傷於鑿하고 呂氏傷於巧나 然其間에 儘有好處라 如制度之屬은 秪以疏文爲本이요 若其間有未穩處하면 更與挑剔令分明耳니라

〈서설(書說)〉은 내 누구에게 분부한 것이 있지 않다. 인하여 생각해보니, 지난날 《상서》를 언급할 적에 글뜻을 통달함은 오히려 두 번째 일이다. 곧바로 모름지기 이제(二帝)·삼왕(三王)의 마음을 보아서 그 통할 수 있는 것은 통하고 그 통하기 어려운 것은 억지로 해석하지 말라고 하였으니, 바로 이 몇 마디 말이 곧 이미 7, 8푼에 도달한 것이다. 천만 번 부디 이것을 버려두고 이곳에 와서 의논하여 강령(綱領)을 정해서 일찍 손을 씀이 좋을 것이다. 여러 설은 여기에도 또한 있는데, 다만 소씨(蘇氏)는 너무 간략하고, 임씨(林氏)는 너무 번다하고, 왕씨(王氏)는 너무 천착하고, 여씨(呂氏)는 너무 공교로움에 잘못되었으나, 그 사이에 참으로 좋은 부분이 있다. 그리고 제도와 같은 등속은 다만 주소(註疏)의 글을 근본으로 삼을 것이요, 만약 그 사이에 온당치 못한 부분이 있으면 다시 도려내어서 분명하게 하여야 한다.

3. 婺源滕氏[4]曰 書之大意는 一中字而已라 允執厥中은 書所以始요 咸中有慶은 書所以終[5]이니 以此一字로 讀此一書하면 迎刃而解矣리라

무원 등씨(婺源滕氏)가 말하였다. "《서경》의 대의(大意)는 한 개의 중(中) 자일 뿐이다. '윤집궐중(允執厥中)'은 《서경》이 시작되는 것이요, '함중유경(咸中有慶)'은 《서경》이 끝마치는 것이니, 이 한 글자로 이 한 책을 읽으면 칼날을 맞이하여 대나무를 쪼개듯 저절로 이해될 것이다."

程氏曰 前輩謂讀書에 要識聖賢氣象이라하니 某謂讀尙書에도 亦當識唐、虞、三代

......
4 婺源滕氏 : 이름은 연(銛)이고, 자는 화숙(和叔)이니, 무원(婺源) 사람이다.
5 允執厥中 書所以始 咸中有慶 書所以終 : '윤집궐중(允執厥中)'은 '진실로 그 중을 잡는다(지킨다)는 뜻으로, 요(堯)와 순(舜)이 천자의 자리를 순과 우(禹)에게 물려줄 적에 당부하신 말씀으로 〈대우모(大禹謨)〉에 보이고, '함중유경(咸中有慶)'은 '모두 중도(中道)에 맞아 복경(福慶)이 있다는 뜻으로, 〈여형(呂刑)〉에 "철인(哲人)이 형벌하여 무궁한 칭찬의 말을 듣는 것은 오극(五極:오형)에 붙여 형벌이 모두 중도에 맞아서 복경이 있는 것이니, 왕의 아름다운 무리를 받은 자들은 이 상서로운 형벌을 거울삼을지어다.[哲人惟刑, 無疆之辭, 屬于五極, 咸中, 有慶, 受王嘉師, 監于玆祥刑.]"라고 보인다.

⋯ 撥 : 제거할 발   婺 : 별이름 무

氣象이니 唐、虞君臣은 交相儆戒요 夏、商以後엔 則多臣戒君耳라 禹、皐陶戒君은 儆於未然하여 辭亦不費러니 夏、商以後론 則事形而後正救로되 如太甲、高宗肜日、旅獒等篇은 且反覆詳至하여 不憚辭費矣라 觀啓與有扈戰于甘野하면 以天子之尊으로 統六師하여 與一强諸侯對敵하니 前此未聞也라 湯之伐夏는 自湯誓、湯誥外에 未嘗數桀之惡이요 且有慙德이러니 武王伐紂엔 則有泰誓、牧誓、武成凡五篇하니 歷歷陳布하여 惟恐紂惡不白하고 己心不明하여 略無回護意矣라 伊尹諫에 太甲不從而放之하니 前此無是也니 使無尹之志면 則去鬻拳[6]無幾라 然이나 太甲은 天資力量이 遠過成王하여 太甲悔悟에 尹遂可以告歸어늘 周公則讒疑交起하여 雖風雷彰德之餘에 宅中圖大之後나 不敢去國이요 且切切挽召公以同心輔佐하니 用力이 何其艱也오 堯以大物授舜하시고 舜以大物授禹하시니 此豈細事리오마는 而天下帖然無異辭러니 盤庚以圮于耿而遷國은 本欲安利萬民이로되 而臣民譁譁하여 至勤三篇訓諭而僅濟라 然盤庚은 猶可也요 周之區處商民은 自大誥以後、畢命以前으로 藥石之하고 飮食(임사)之하여 一以爲龍蛇하고 一以爲赤子[7]하여 更三紀之久에도 君臣共以爲國家至大至重之事하여 幸而訖於無虞하니 視堯區處苗頑하면 又何甚暇而甚勞也오 精一執中은 無俟皇極之煩言이요 欽恤明刑은 何至呂刑之騰口리오 降是而魯、秦二誓가 見取於經而王迹熄하여 霸圖兆矣라 世變有隆汙하고 風俗有厚薄하여 固應如此하니 引而伸之하고 觸類而長之니 讀書者 其毋苟乎哉인저

정씨(程氏)가 말하였다.

"선배들이 말하기를 '책을 읽을 적에는 모름지기 성현(聖賢)의 기상(氣象)을 알아야

------

6 鬻拳 : 육권(鬻拳)은 춘추시대 초(楚)나라의 신하로, 《춘추좌씨전(春秋左氏傳)》 장공(莊公) 19년에 "처음에 육권이 초자(楚子)에게 강력히 간하였으나 초자가 따르지 않자, 육권이 무기로 협박하니 초자가 두려워하여 따랐다. 육권이 말하기를 '나는 무기를 써서 임금을 두렵게 하였으니, 죄가 이보다 더 큰 것이 없다.' 하고, 마침내 스스로 발뒤꿈치를 베어 죽였다.〔初, 鬻拳强諫楚子, 楚子弗從, 臨之以兵, 懼而從之. 鬻拳曰, 吾懼君以兵, 罪莫大焉, 遂自刖也.〕"라고 보인다.

7 一以爲龍蛇 一以爲赤子 : '용사(龍蛇)'는 사납고 흉포한 백성을, '적자(赤子)'는 순량한 백성을 가리킨다. 한유(韓愈)의 〈운주계당시 서(鄆州谿堂詩序)〉에 "공(公;마총(馬總))이 고을에 처음 부임했을 적에는 백성들이 교화되지 못해서 무(武)로 다스리면 분개하여 원망을 품고, 은혜로 다스리면 방자해지므로 한편으로는 적자로 취급하고, 한편으로는 용사로 취급하여 마음을 쓰고 정력을 소모해가며 오랜 세월을 두고 어루만진 뒤에야 교화가 이루어졌으니, 참으로 어려웠다 하겠다.〔公之始至, 衆未熟化, 以武則忿以憾; 以恩則橫而肆, 一以爲赤子; 一以爲龍蛇, 儢心罷精, 磨以歲月, 然後致之, 難也.〕" 하였다.

······ 鬻 : 팔 육   譁 : 시끄러울 환   譁 : 시끄러울 화

한다.' 하였으니, 내가 생각건대, 《상서》를 읽을 때에도 또한 마땅히 당(唐)·우(虞)와 삼대(三代)의 기상을 알아야 한다고 여겨진다. 당·우와 삼대에는 군주와 신하가 서로 경계하였고, 하(夏)·상(商) 이후에는 신하가 군주를 경계한 것이 많다. 우(禹)와 고요(皐陶)가 군주를 경계한 것은 미연(未然)에 경계하여 글이 또한 많지 않았는데, 하·상 이후로는 일이 드러난 뒤에 바로잡았는데, 〈태갑(太甲)〉과 〈고종융일(高宗肜日)〉·〈여오(旅獒)〉 등과 같은 편은 또 반복하여 경계해서 자세하고 지극하여 말을 많이 함을 꺼리지 않았다. 계(啓)가 유호(有扈)와 감(甘) 땅의 들에서 싸운 것을 보면 천자의 존엄함으로써 육군(六軍)을 거느려 한 명의 강한 제후를 대적하였으니, 예전에는 일찍이 이런 말을 듣지 못하였다. 탕왕(湯王)이 하나라를 정벌한 것은 〈탕서(湯誓)〉와 〈탕고(湯誥)〉 이외에는 일찍이 걸(桀)의 악(惡)을 수죄(數罪)하지 않았고 〈걸(桀)을 정벌한 것에 대해〉 또 부끄러운 마음[慙德]이 있으셨다. 그런데 무왕(武王)이 주(紂)를 정벌할 적에는 〈태서(泰誓)〉의 상·중·하와 〈목서(牧誓)〉, 〈무성(武成)〉의 다섯 편이 있는데, 역력(歷歷)히 여러 말씀을 진열하여 행여 주(紂)의 악이 세상에 드러나지 못하고 자기의 마음이 분명하지 못할까 염려해서 조금도 비호하는 뜻이 없다.

이윤(伊尹)이 간(諫)할 적에 태갑(太甲)이 따르지 아니하여 추방하였는데 예전에는 이런 일이 없었으니, 만일 이윤의 뜻이 없었다면 육권(鬻拳)과의 차이가 별로 없었을 것이다. 그러나 태갑은 타고난 자품과 역량이 성왕(成王)보다 크게 나아서 태갑이 허물을 뉘우치고 깨닫자 이윤이 마침내 정권을 내놓고 돌아갈 것을 고하였는데, 주공(周公)의 경우에는 참소(중상모략)와 의심이 서로 일어나서 비록 바람과 우레가 일어나 주공의 덕(德)을 밝힌 뒤에 중국의 중앙인 낙양(洛陽)에 거하여 대업을 도모한 뒤였으나 감히 나라를 떠나가지 못하였고, 또 간절하고 간절하게 소공(召公)을 만류해서 마음을 함께 하여 보좌하자고 타일렀으니, 힘씀이 어쩌면 그리도 어려웠는가.

요(堯) 임금은 대물(大物:천하)로써 순(舜) 임금에게 주시고, 순 임금은 대물로써 우(禹) 임금에게 주셨으니, 이것이 어찌 작은 일이겠는가마는 천하가 잠잠하여 딴 말이 없었다. 반경(盤庚)이 경(耿) 땅에서 황하에 무너져 국도(國都)를 은(殷)으로 옮긴 것은 본래 만민(萬民)을 편안히 하고 이롭게 하고자 한 것이었는데, 신민(臣民)들이 크게 떠들며 반대해서 상·중·하 세 편으로 부지런히 훈계함에 이르러 겨우 이루었다. 그러나 반경은 그래도 괜찮았고, 주(周)나라에서 상(商)나라 백성을 조처함은 〈대고(大誥)〉 이후와 〈필명(畢命)〉 이전으로 약석(藥石)을 주고 음식을 먹여주어서 한편으로는 용사(龍蛇)로 여기고 한편으로는 적자(赤子)로 여겨서 3기(三紀:36년)의 오램을 지남에도 군주와 신하가 함께 이것을 국가의 지극히 크고 지극히 중한 일로 여겨서 다행히 근심이 없음에 이르렀으니, 요 임금이 완악한 삼묘(三苗)를 조처함에 비하면 요 임금은 또 어찌 그리도 한가로웠으며, 주나라는 어찌 그리도 수고로웠는가.

'정일집중(精一執中;정하게 살피고 한결같이 지켜서 중을 잡음)'은 황극(皇極)의 번거로운 말을 기다릴 것이 없고, '흠휼명형(欽恤明刑;공경하고 긍휼히 여겨서 형벌을 밝힘)'은 어찌 〈여형(呂刑)〉을 입에 올림에 이르겠는가. 이후로 내려와서 노(魯)나라와 진(秦)나라의 두 글(〈비서(費誓)〉와 〈진서(秦誓)〉)이 《서경》에 취해져서 왕자(王者)의 자취가 종식되어 패자(霸者)의 계책이 조짐되었다. 세상의 변고는 높고 낮음이 있고 풍속은 후하고 박함이 있어서 진실로 응당 이와 같이 하여야 하니, 이끌어 펴고 닿는 종류(만나는 일)마다 키워가야 하는바, 《서경》을 읽는 자는 그 구차함이 없을진저.

오행도(五行圖)

洪 範 五 行 圖

五行	水	火	木	金	土
五事	貌	言	視	聽	思
五方	北	南	東	西	中
五色	黑	赤	靑	白	黃
五季	冬	夏	春	秋	四季
五常	智	禮	仁	義	信
五音	羽	徵(치)	角	商	宮
五味	鹹 (짠 맛)	苦 (쓴 맛)	酸 (신 맛)	辛 (매운 맛)	甘 (단 맛)
五獸	玄武	朱雀	靑龍	白虎	黃麟
卦象	坎	離	震	兌	坤
五臭	朽 (썩은 내)	焦 (탄내)	羶 (누린 내)	腥 (비린 내)	香 (향 내)
五臟	腎	心	肝	肺	脾
五腑	膀胱	小腸	膽	大腸	胃

서전도(書傳圖)

　다음 보이는 서전도(書傳圖)는 보계도(譜系圖)·하도낙서도(河圖洛書圖)·홍범구주도(洪範九疇圖)·수산준천지도(隨山濬川之圖) 등과 함께 《서경》에 나오는 예기(禮器)·복식(服飾)·병기(兵器) 등의 각종 물건을 자세히 설명한 그림이다. 옛날 서책의 양식에 따라 우종서(右縱書), 즉 오른쪽에서 왼쪽으로 기록된 원본을 그대로 실었으므로 서전도를 참고하는 독자들은 p.521쪽부터 왼쪽으로 보기 바란다.

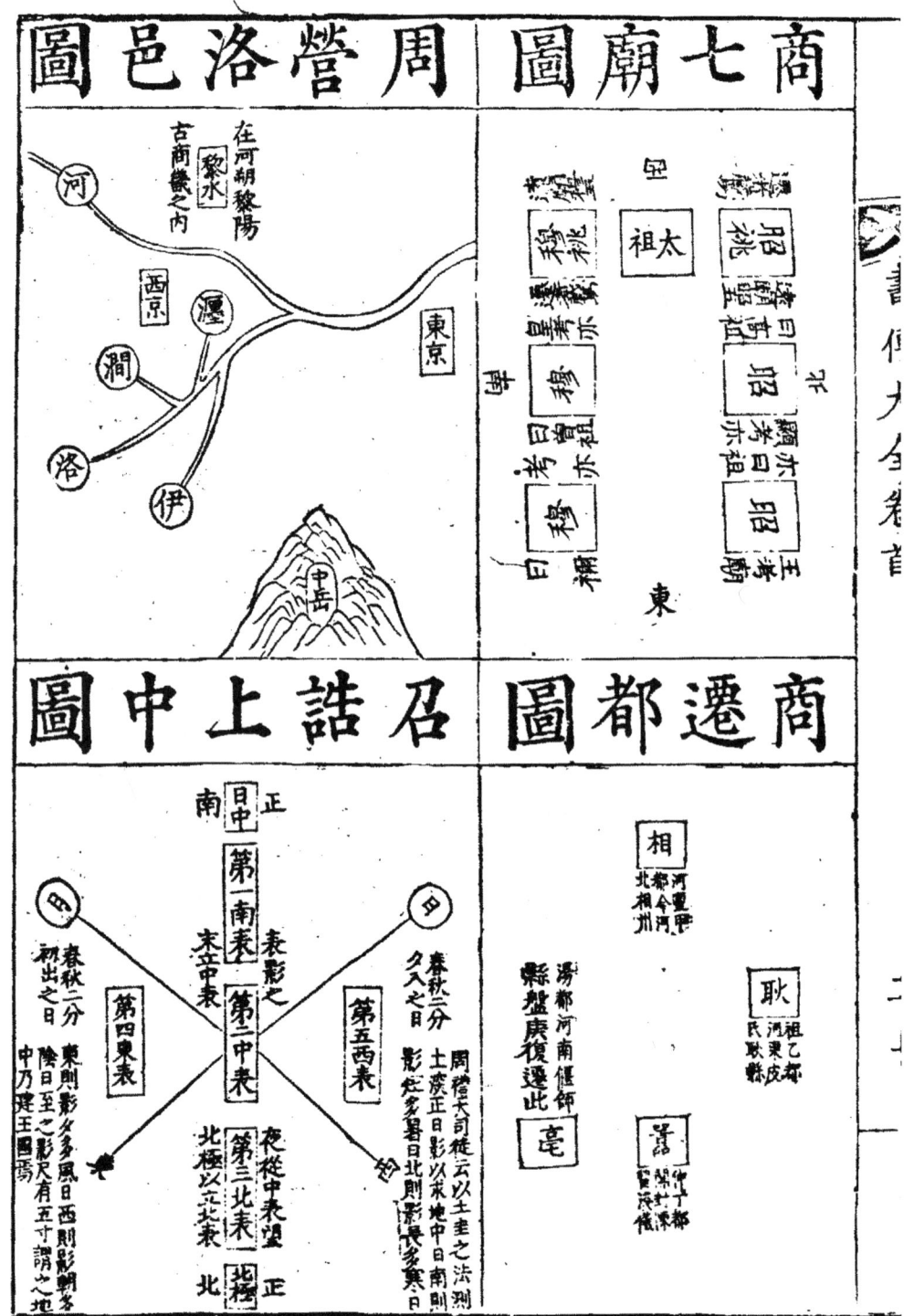

任土作貢圖

兗	冀		
田中下 賦貞 土黑墳 貢漆絲 篚織文	田中上 賦上上錯 土白壤		

青	雍		
田上下 賦中上 土白墳 貢鹽絺海物絲 篚檿絲	田上上 賦中下 土黃壤 貢球琳琅玕		

徐	豫	梁	
田上中 賦中中 土赤埴墳 貢孤桐浮磬蠙珠魚 篚玄纖縞	田中上 賦錯上中 土壤下土墳壚 貢漆枲絺紵 篚纖纊錫磬錯	田下上 賦下中三錯 土青黎 貢璆鐵銀鏤砮磬熊羆狐狸織皮	

揚	荊		
田下下 賦下上上錯 土塗泥 貢金三品瑤琨篠簜齒革羽毛木 篚織貝 包橘柚	田下中 賦上下 土塗泥 貢羽毛齒革金杶榦栝柏礪砥砮丹箘簵楛包匭菁茅納錫大龜 篚玄纁璣組		

合沙鄭氏曰召公曰明王慎德四夷咸賓無有遠邇畢獻方物惟服食器用于觀禹貢九州之貢篚雖非四夷之獻者蓋徼服食器用為要而冀州獨不言貢篚者蓋甸之內賦其總錘秸粟米也總錘秸粟米者倉廩之儲粳粮之濟也是食焉土貢之要也兗州之貢鹽絲豫州之貢絺紵地則密邇於畿甸而為是永服之用亦為土貢之外則不過寶玩好而已不足為國家之要也帝王之建都不擇天子之所居既是而謂之京師京大地師眾也言天子之大都非衣食之類非服食器用之物賣其土產也皆遠於畿甸而或貢於要南金犀象齒珠貝之貢不可以為國也若夫大賂之非衣食之豐也然則非衣食器用之物賦其土產也皆遠於畿甸而或貢於要京師京大也師眾也言天子之居既是而謂之兗則不過寶玩好而已不足為國家之用地則密邇於畿甸而為是永服之用亦為土貢之要也兗州之貢鹽絲豫州之貢絺紵者倉廩之儲粳粮之濟也是食焉土貢食器用為要而冀州獨不言貢篚者蓋徼服貢九州之貢篚雖非四夷之獻者亦為服無有遠邇畢獻方物惟服食器用于觀禹

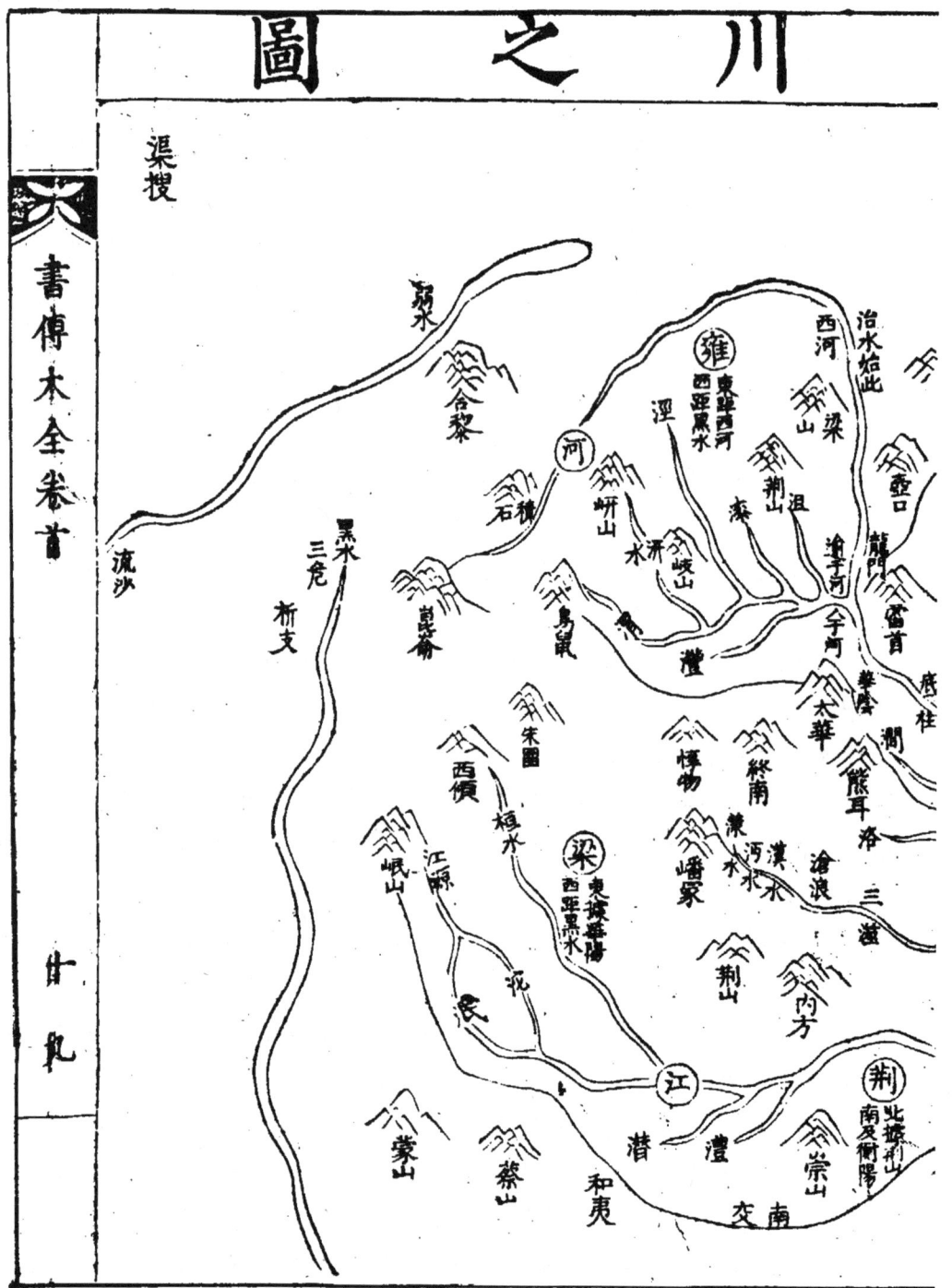
川之圖

隨山濬川

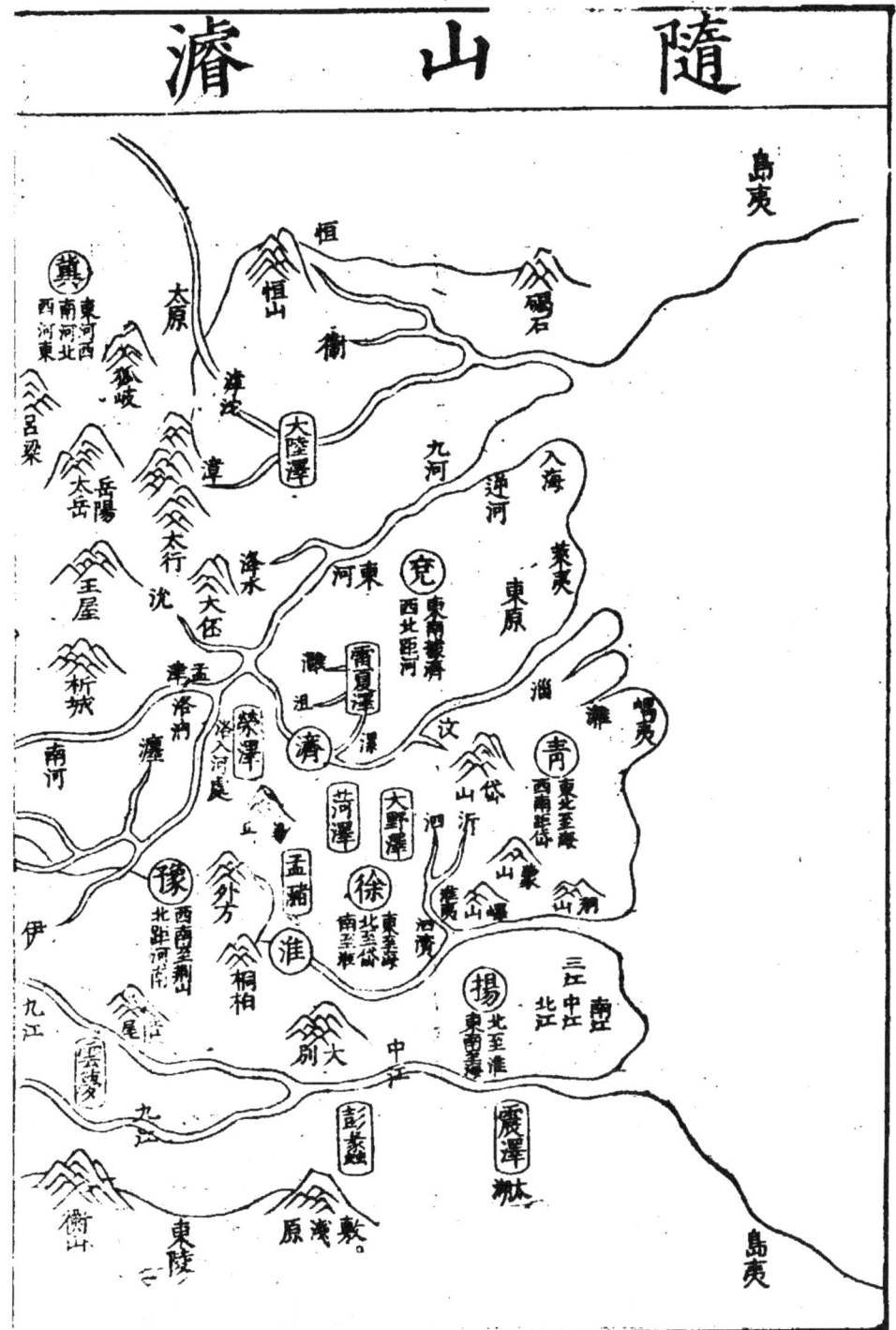

書傳圖

堯制五服圖

```
                     面各二千五百里

  荒服  三百里流  
        三百里蔡
  要服  三百里夷
        二百里蔡
  綏服  三百里揆文教
        二百里奮武衛
  侯服  三百里諸侯
        二百里男邦
        百里采
  甸服  百里賦納總
        二百里納銍
  五百里  三百里服納秸服
  簡政教  五百里  四百里粟
         文教  政役  五百里米
         束以  教服
                斥
                事
                侯
                而
                服
                為
                天
                子
                治
                田
         冀州在此服

  ┌─────┐
  │ 王畿 │ 內治田不貢
  └─────┘

              兩面相距五千里
```

禹彌五服圖

堯制五服各五百里禹所彌每服日甸服去王城五百里其外五百里為侯服當甸服其外五百里為綏服當男采衛服去王城二千里

猶甸服要服其彌當侯服去王城二千

彌荒彌要彌綏彌侯彌甸
王城
侯甸男采衛要夷鎮藩

面相距為方萬里周則分五服為九以示要服內七千里

百里曰荒服之彌當鎮藩服去王城五千里

也五百里為要服之彌當四面相距為七千里是九州之內其外五百里

要服與周服相當去王城四千里

彌荒彌要彌綏彌侯彌甸

去城一千里又其外五百里為男服當采服去王城二千五百里又其外五百里為采服當衛服去王城三千里

之圖

太常

杠矢於緌之上故輈
人云弧旌枉矢是也
凡旌旗之上皆注旄
與羽於竿首故夏采
註云緌以旄牛尾為
之綴於幢上其杠長
九仞其存曳地又左
傳云三辰旂旗昭其
明也據杜鄭二註當
以三辰為日月星蓋
太常之上又畫星也
阮氏梁正等圖旂首
為金龍頭正按唐志云
金龍頭銜結綬及鈴
綏則古注旄及羽於
竿首之遺制也

車制

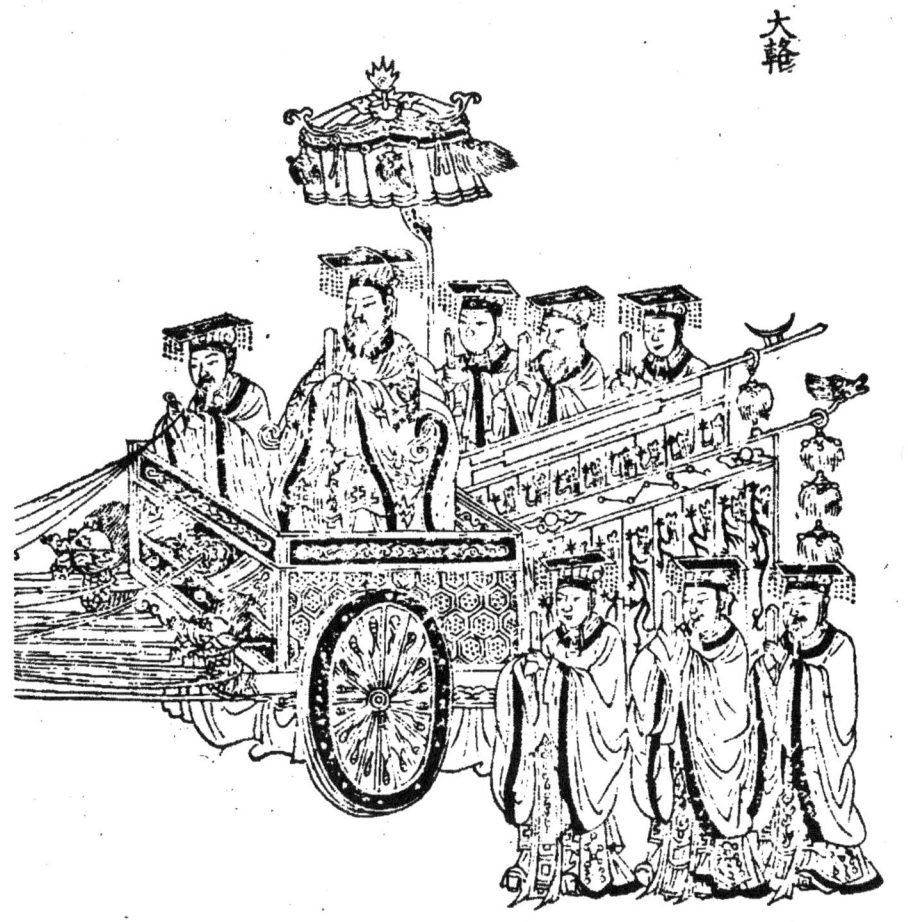

大輅

書傳云大輅玉輅也
綴輅金輅也先輅木
輅也次輅象輅草輅
也天子五輅飾異制
同今圖玉輅之制兼
太常之旂以脩祭祀
所乘其他金象革木
之輅可類推之矣
太常按巾車玉乘玉
輅建太常十有二斿
以祀又覲禮註云王
建太常縿首畫日月
其下及斿交畫升龍
降龍縿皆亞幅用絳
帛為質斿則厭焉人
用弧張縿之幅又畫

濬畎澮距川圖

壹成之田耕廣五寸二耕爲耦之
伐廣尺深尺謂之畎田首倍之廣二尺

每一目當一井　百井謂之一成

一同之田方十里爲成成間廣八尺
深八尺曰洫方百里爲同同間廣二
尋深二仞曰澮九澮共八大川一同

每一目當百井　百成謂之一同

深二尺謂之遂九夫爲井井廣四尺深
四尺謂之溝九遂入一溝九溝入一洫

尋深二仞曰澮九澮共八大川一同
之田其遂九千溝九百洫九十澮九

兵器諸圖

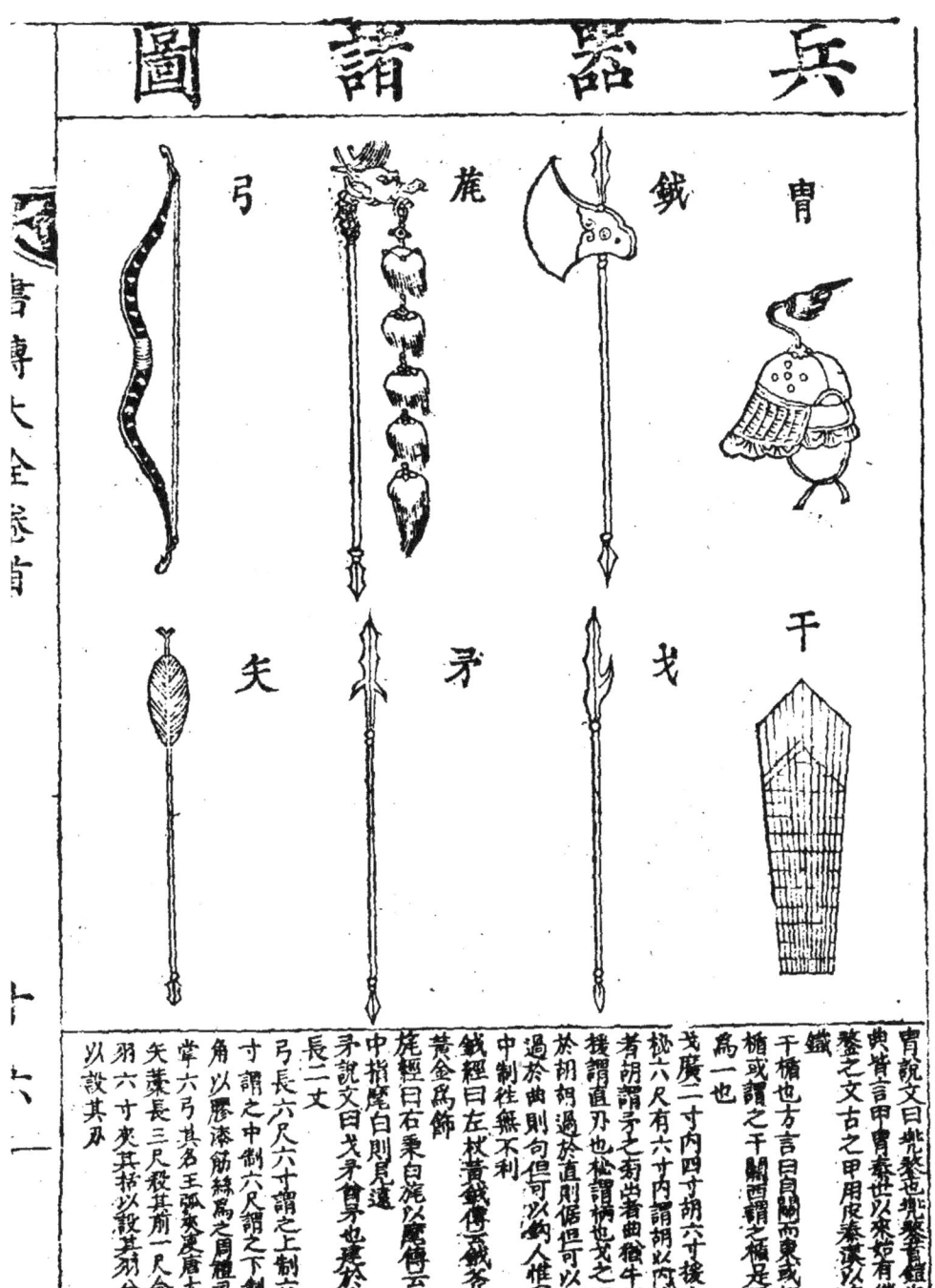

胄說文曰兜鍪也兜鍪首鎧也按典肯言甲胄蓋世以來必有鎧胄鑒之文古之甲用皮秦漢以來用鐵
干楯也方言曰盾自關而東或謂之干關西謂之盾關西謂之楯古之干戚西霸之楯是干楯爲一也
戈廣二寸內四寸胡六寸援八寸秘六尺有六寸內謂納柲者胡謂戈之旁出者曲者柲柄也援直刃也柲謂柄也獨牛胡謂援直則倨於胡胡直則句於援但可以鈎人惟得其句於胡則可以鈎人可以刺胡中制倨句磬折往來無不利
鐵經曰左杖黃鉞傳云鉞斧也以黃金爲飾
戚經曰白旄白旄旄牛尾也建於兵車黃金爲飾傳云旄軍中指麾之
矛說文曰戈矛會兵也建於兵車長二丈
弓長六尺六寸謂之上制六尺三寸謂之中制六尺謂之下制取幹角以膠漆筋絲爲之周體司弓矢掌六弓其名曰王弧夾庾唐大矢藳長三尺殺其前一尺令合趨鐵羽六寸夾其栝以設其羽分其羽以設其刃

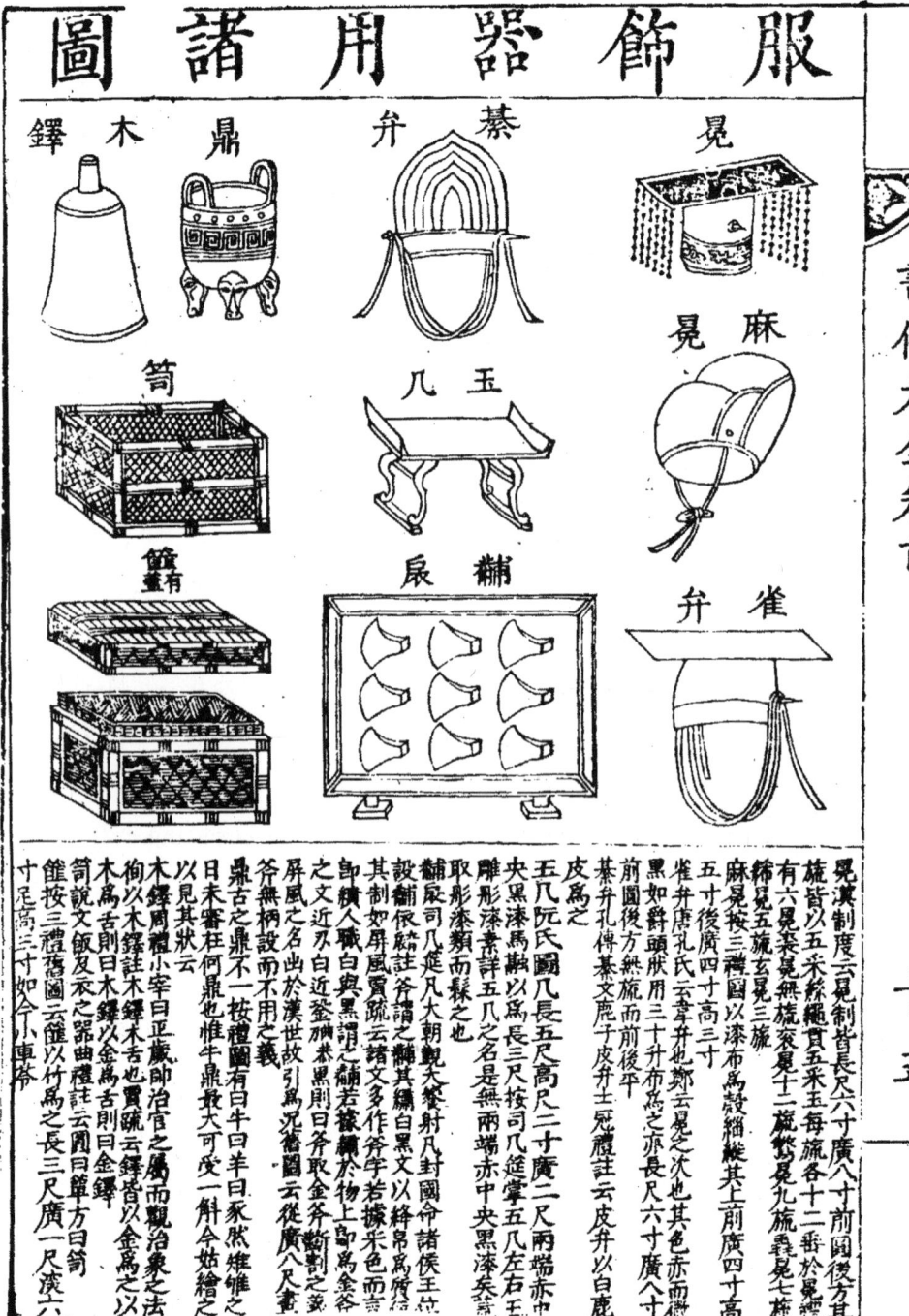

冕漢制度二冕制皆長尺六寸廣八寸前圓後方其
旒皆以五采絲繩貫五采玉每旒各十二番於冕經
有六旒麻冕按三禮圖玄冕三旒
絺冕五旒鷩冕七旒毳冕九旒
袞冕按三禮圖以漆布爲殼纚縱其上前廣四寸高
五寸後廣四寸高三寸
爵弁唐孔氏云三辟積之次也其上色赤而微
黑如爵頭然用三十升布爲之纚長尺六寸廣八寸
前圓後方孔傳以麻三十升布爲之前後平
纂弁孔傳纂文鹿子皮弁士冠禮註云皮弁以白鹿
皮爲之
玉几阮氏圖几長五尺高尺二寸廣二尺兩端赤中
央黒漆馬融以爲几延寧五尺左右玉
雕彤漆素評五几之名是也兩端赤中央黒漆矣
取形漆顏而裸之也
黼扆尸延凡大朝覲大饗射凡封國命諸侯王位
設黼依扆註爭謂之黼其繡白黒爲斧
其制如屏風賈疏諸文多作斧字若據衣色而
卽繡人職云白與黒謂之黼若據繡於物上卽爲之
續之文近於登俎記黼若斧荷黒而白
屏風之名出於漢世故引爲之證云從橫八尺畫
斧無柄設之而不用之義
鼎之鼎不一按禮圖有曰牛曰羊曰豕曰魚曰雞
木鐸周禮小宰曰正歲帥治官之屬而觀治象之法
徇以木鐸註木鐸所以警衆也賈疏云皆以金爲
木爲舌則曰木鐸以金爲舌則曰金鐸
筐說文飯及衣之器曲禮註云圓曰簞方曰笥
筐按三禮舊圖云簞以竹爲之長三尺廣一尺深六
寸足高三寸如今小車笭

樂器譜圖下

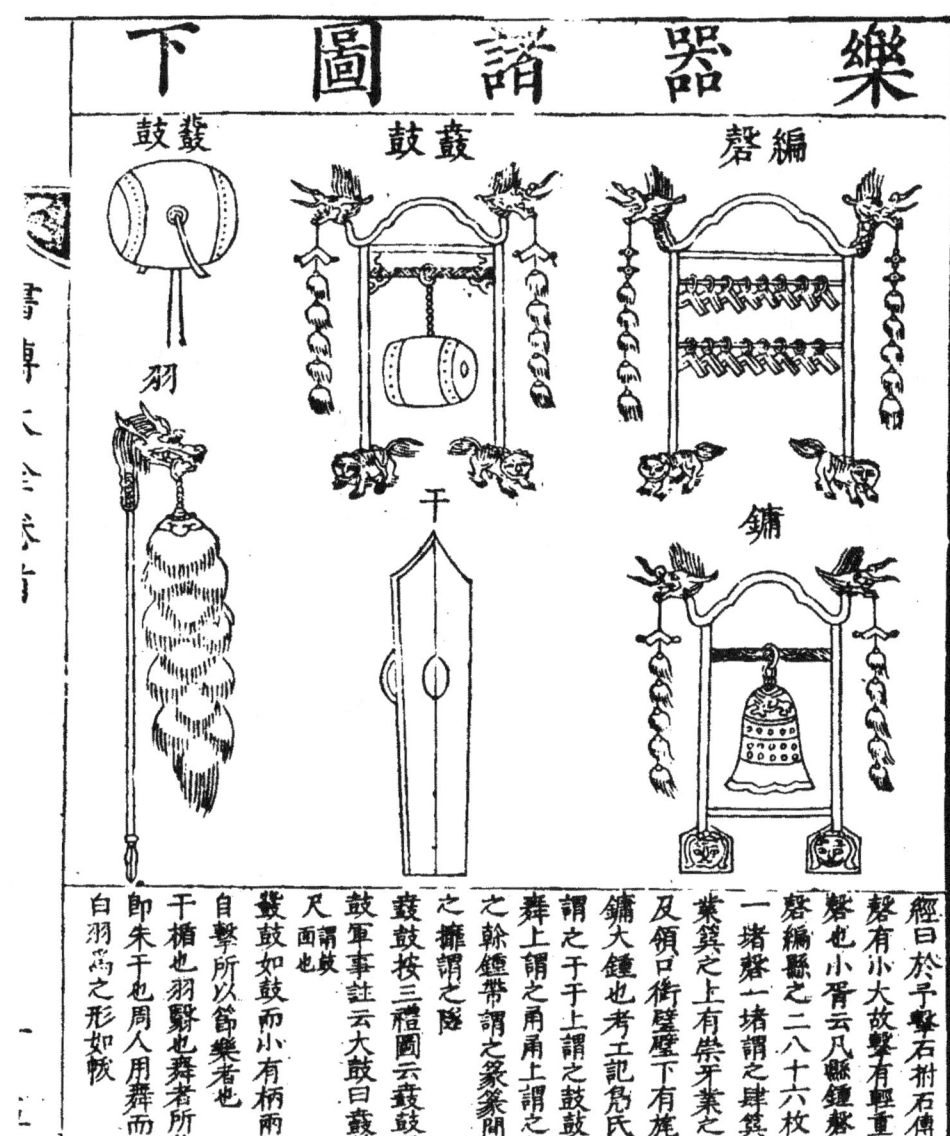

經曰於予擊石拊石傳曰重擊曰擊輕擊曰拊磬有小大故擊有輕重大磬半為毬卽小磬卽編磬也小胥云凡縣鐘磬半為堵全為肆註云鐘磬編縣之二八十六枚而在一簨全為肆註云堵一堵之肆簨者也簨上板曰業簨之上有崇牙業之下橫者為簨上板曰業築之上有崇牙業之下橫者為簨廣謂之堵及領曰衡壁縣下有旄牛尾羽植者為虡詳見鏞大鐘也考工記鳬氏為鐘兩欒間謂之銑銑間謂之于于上謂之鼓鼓上謂之鉦鉦上謂之舞舞上謂之甬衡鐘縣謂之旋旋蟲謂之幹鐘帶謂之篆篆間謂之枚枚之景于上之擁謂之隧
鼖鼓按三禮圖云鼖鼓兩面鼓鼓人職曰鼖鼓軍事註云大鼓曰鼖鼓長八尺鞞人云鼓四尺謂鼓面也
鼗鼓如鼓而小有柄兩耳持其柄搖之則兩耳自擊所以節樂者也
干楯也羽翳也舞者所執修閱文教屏禮兵舞卽朱干也羽周人用舞而祭山川三禮圖曰羽析白羽為之形如帗

樂器諸圖上

琴瑟

簫

管

柷

敔

球

笙

琴瑟皆絲鳳琴長三尺六寸六分象三百六十有六日五絃象五行後加文武二絃雅瑟長八尺一寸廣一尺其常用者十九絃頌瑟長七尺二寸廣尺八寸二十五絃盡用之

笙以管列匏中施簧於管端大者十九簧小者十三簧

簫編小竹爲之參差象鳳翼簫大者編二十三管長尺四寸小者十六管長尺二寸

管六孔如漆桶方二尺四寸深一尺八寸中有椎柄連底撞之令左右擊所以起樂者也圓狀如伏虎背上有二十七鉏鋙刻木長尺櫟之所以止樂者也

球玉磬也考工記磬氏爲磬倨句一矩有半其博爲一股爲二鼓三分其股博去一以爲鼓博三分其鼓博以其一爲之厚

禮器諸圖

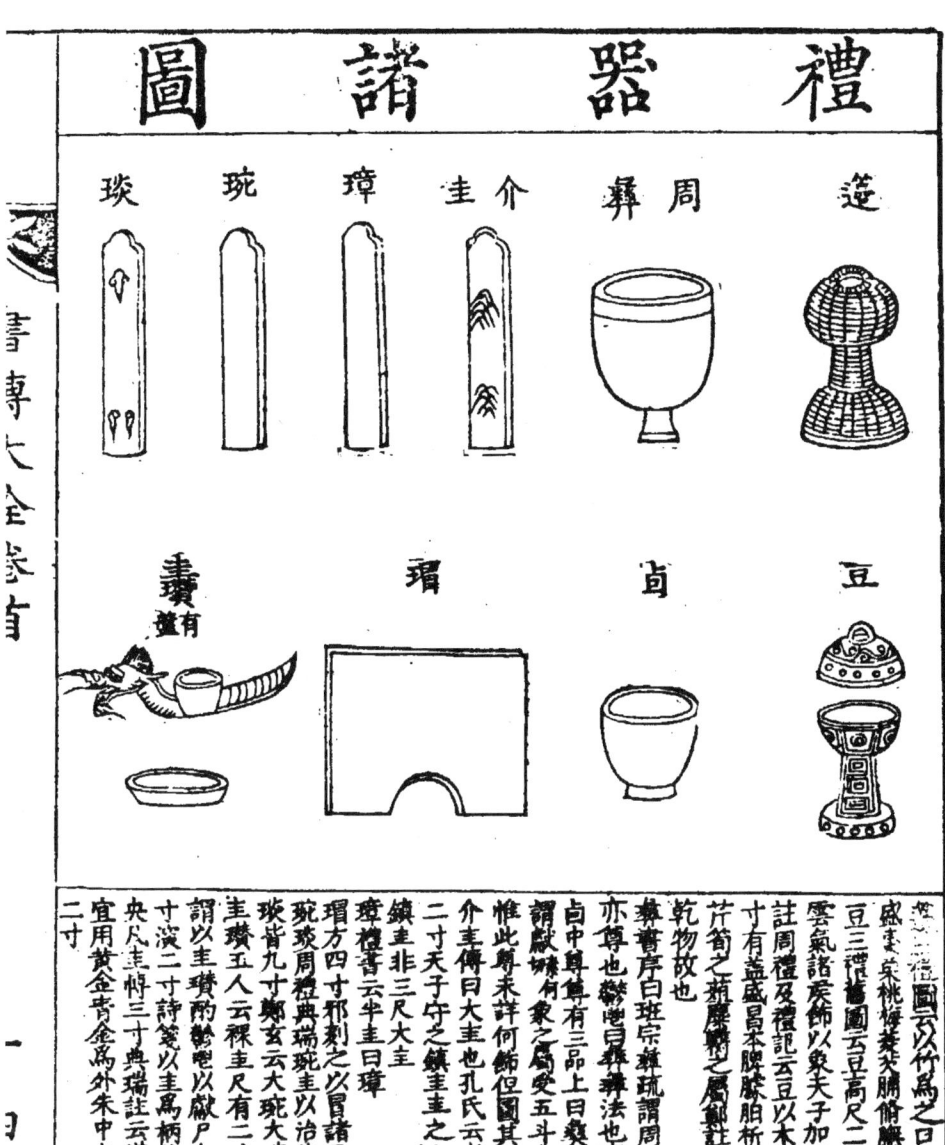

籩之禮圖云以竹為之口有謄緣形制如豆受四升盛棗柰桃梅菱芡脯脩膴鮑鱐糗餌之屬
豆三禮圖圖云豆高尺二寸漆赤中大夫以上畫赤雲氣諸侯飾以象夫子加玉飾口尺也又鄭註周禮及禮記以木為之受四升口圓徑尺二寸有蓋盛昌本牌菹脾析之醢豚拍魚醢葵菹芹菹之類鄭氏屬鄭註鄉射記云豆實濡物通實乾物改也
彝尊序曰班宗彝雜琉謂周禮有司尊彝之官鄭云彝亦尊也禮記曰尊彝法也言為等之法正
卣中尊也有三品上曰彝中曰尊下曰卣三禮圖云卣謂獻鄭之屬鄭註鄉射記云卣普有畫飾惟此尊未詳何飾但彝耳
介圭傳曰大圭也孔氏云考工記玉人云鎮圭尺有二寸天子守之大圭長三尺大主
璋禮書云半圭曰璋
琬琰典瑞職鄭氏以冒賵諸侯之珪璧以齋瑞信也琬圭周禮典瑞琬圭以治德結好琰圭以易行考工記琬琰皆九寸玄云大琬實廣尺二寸
圭瓚五人云裸圭尺有二寸有瓚以祀廟鄭氏云謂圭瓚酌鬯如盤大五升口徑八寸深二寸詩箋以圭為柄黃金為勺外中央尺帝三十典瑞註云漢禮器制度下有盤口徑一尺足徑八寸高二寸中央宜淡一寸足徑八寸高二寸
宜用黃金青金為外朱中央

十二章服圖

黺米	宗彝	山	日
黼	藻	龍	月
黻	火	華蟲	星辰

諸侯玉帛圖

桓圭	信圭	躬圭
纁		羔
玄		雁
黃		雉

| 穀璧 | 蒲璧 |

按禮公桓圭九寸侯信圭伯躬圭各七寸子穀璧男蒲璧各五寸後鄭云雙植之謂桓璧陳祥道謂強立不撓以安上為任也信伸也註云信圭直躬圭屈取象人之瑑飾陸佃云信圭直躬圭屈取象人形誤矣躬有養人之義躬人之義子男之璧象之雜記云公圭博三寸厚半寸剡上左右各寸半其方璧註云肉倍於好其形圖其中虛象而為其質曰玉言其符合曰瑞言其象國也三用曰器于男不用圭言未成國也三帛孔安國謂諸侯世子執纁公之孤執玄附庸之君執黃陳祥道云雖無經見於方岳之下則附庸之亦有贄孔氏之說益有所受之也古者制幣其長丈八尺其十端或素或玄纁取其色不雜鴈取其守介而不失羔取其羣而不黨鴈雉似之傳曰男贄大者玉帛小者禽鳥此大士所以異等云

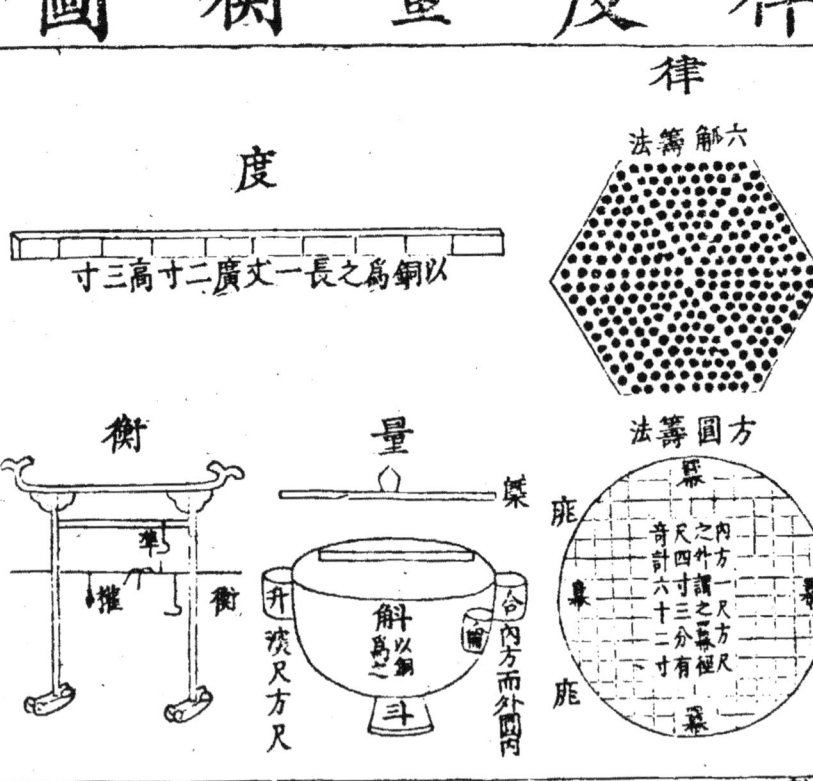

漢志云虞之律度量衡所以齊遠近立民信也數者一十百千萬也筭法用竹徑十分長六寸二百七十一枚而成六觚為一握所以為筭法之用也以之度圓取方則積一分而為一寸積一寸而其尺方而不足於四角之羃必為以制為尺之外謂之羃而不失毫釐最多必者是以制為尺之度則長短不失豪釐量多少必者是為平之法也權輕重者不失黍絫是為三平之法也度始於黃鍾之長以秬黍中者一黍之廣度之九十分黃鍾之長一為一分十分為寸十寸為尺十尺為丈十丈為引而五度審矣量實龠中者千二百黍寶龠中以井水準其槩十龠為合十合為升十升為斗十斗為斛斛之龠制上為斛下為斗左耳為升右耳為合龠所于右合之下衡起於黃鍾之重一龠之黍重十二銖兩之為兩二十四銖而為兩十六兩為斤三十斤為鈞之數也而鈞有三百八十四銖所以當萬物之數四鈞為石重百二十斤象十二月也

皇極居次五圖

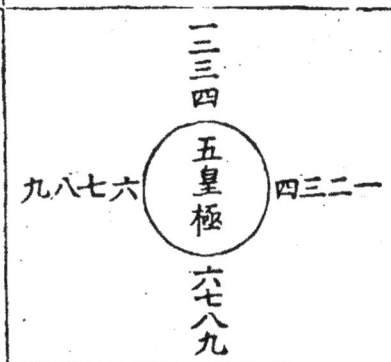

大衍洪範本數圖

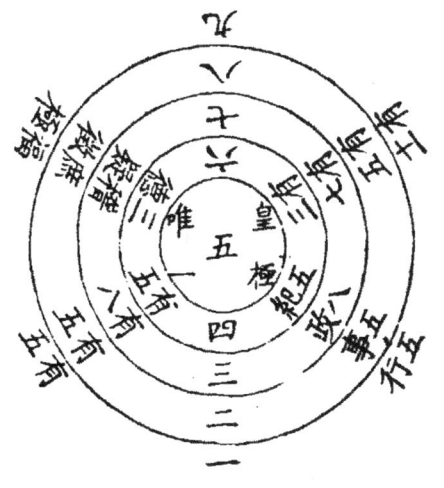

九疇虛五用十圖

疇外有六極用十也　皇極虛五無數也九

九疇合八疇數圖

二總而為大衍之數五十　合為十者二合為十五者亦

大衍之數五十者一與九為十二與八為十三與七為十四與六為十五與五為十共五十也其用四十有九者一用五行其數五二用五事其數五三用八政其數八四用五紀其數五五用皇極其數一六用三德其數三七用稽疑其數五八用庶徵其數五九用五福六極其數共十有一積算至五十也不曰一而曰極大衍所虛之太極也

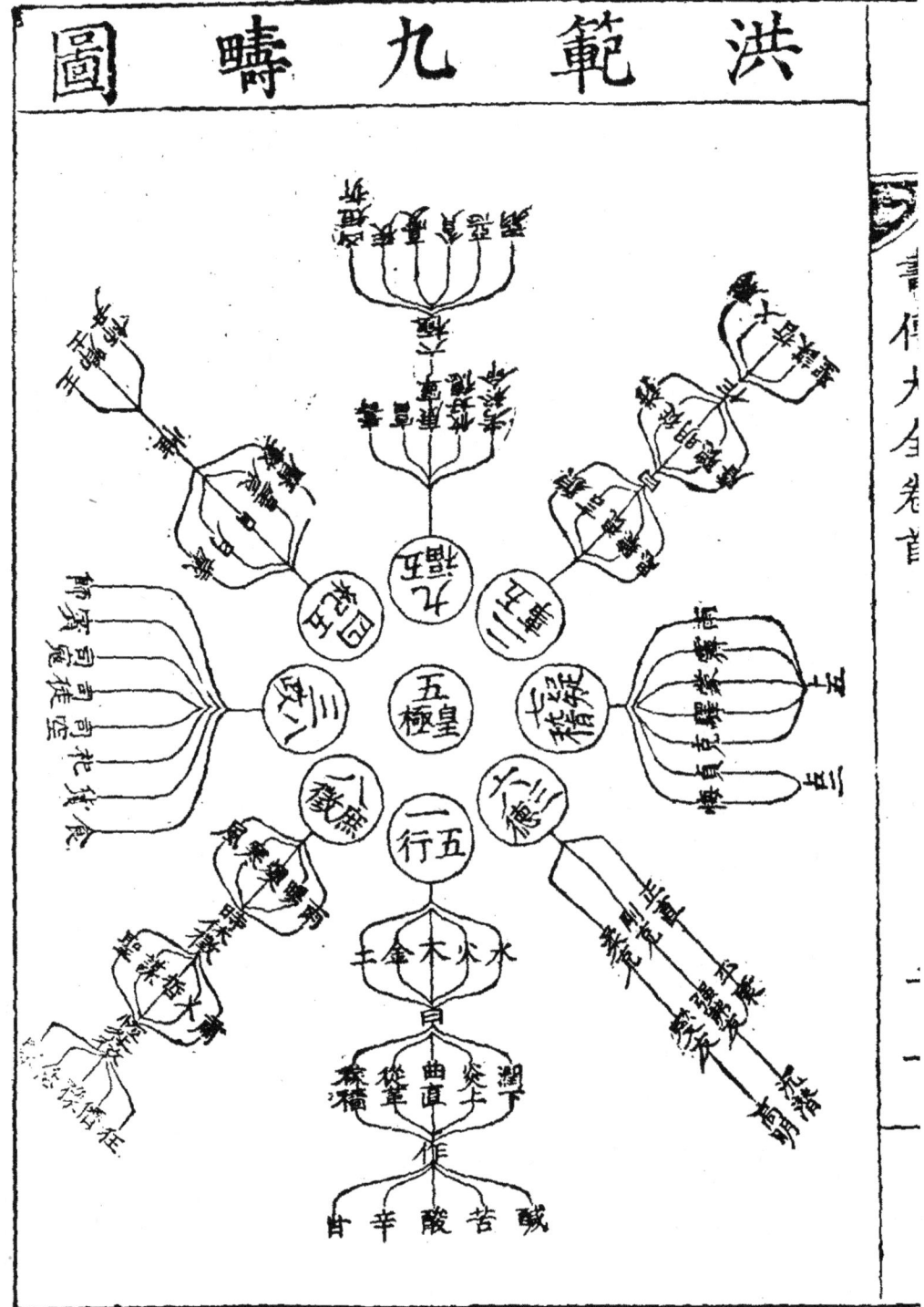

九疇本洛書數圖

一合九而為十二合八而為十三
合七而為十四合六而為十此洛
書以虛數相合而為四十者也若
九疇則以實數相合而為五十矣

九疇相乘得數圖

五行五事相乘為二十五
五福五紀相乘為二十五
庶徵不與五相乘較不言

右五疇相乘象天圓而有變

三德○○　六極目○○
相乘○○○　相乘為
為九○○○　三十六

稽疑七　　八政
相乘為　　相乘
四十九　　為六十四

右四疇相乘象地方而無變

河圖洛書圖

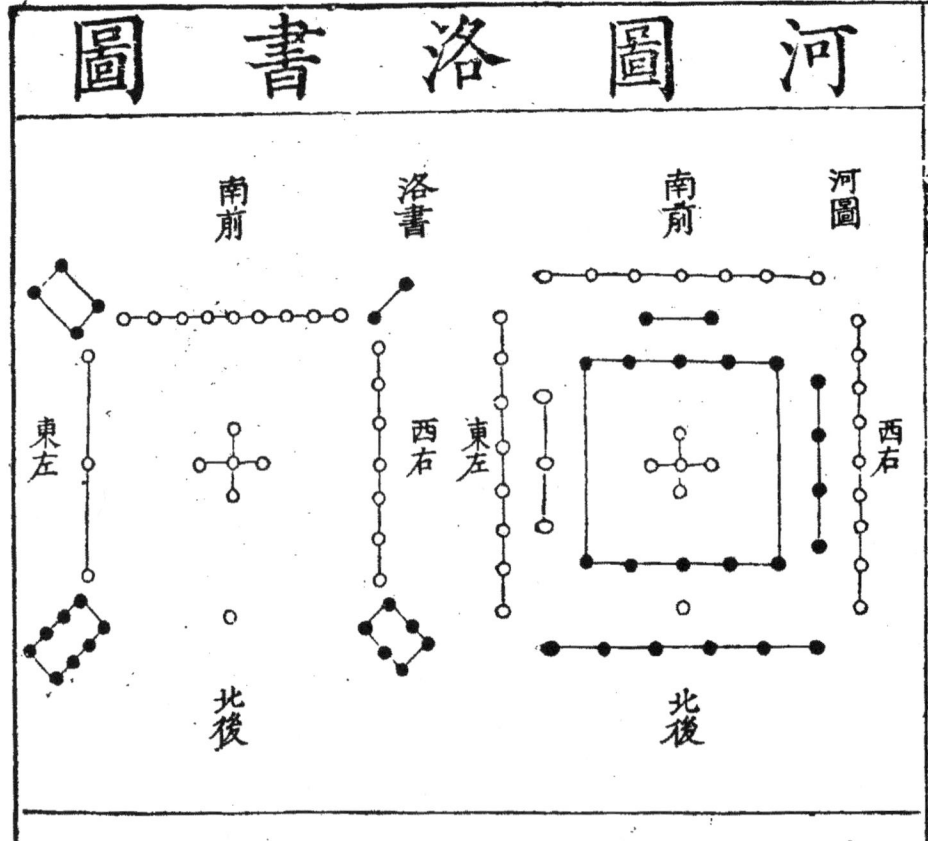

孔安國云河圖者伏羲氏王天下龍馬出河遂則其文以畫八卦洛書者禹治水時神龜負文而列於背有數至九禹遂因而第之以成九類劉歆云虙犧氏繼天而王受河圖而畫之八卦是也禹治洪水賜洛書法而陳之九疇是也河圖洛書相爲經緯八卦九章相爲表裏關子明云河圖之文七前六後八左九右洛書之文九前一後二左七右四前左二後右八其擊於此乎盖方者土也畫州井地之法其放於此乎圓者星也數星紀之數方者洛書之文故羲文因之而造易禹箕敘之而作範也

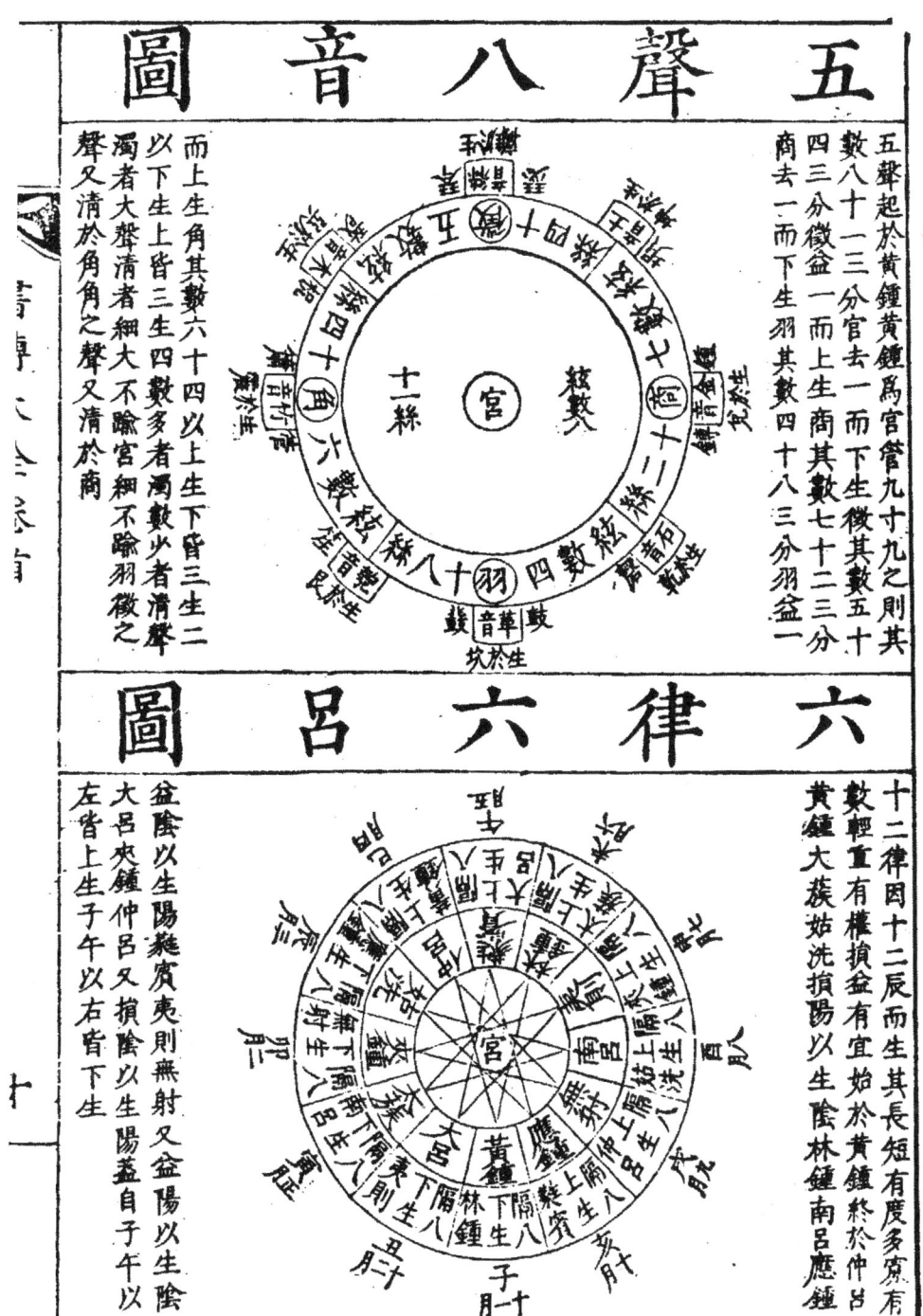

日月冬夏九道圖

日有中道月有九行說見洪範本傳今以陽曆陰曆之說推之凡月行所交以黃道內為陰曆外為陽曆月行青道夏入陽曆春入陰曆秋入陽曆冬入陰曆月行白道秋入陽曆夏入陰曆春入陽曆冬入陰曆月行朱道春入陽曆夏入陰曆秋入陽曆冬入陰曆月行黑道冬入陽曆秋入陰曆夏入陽曆春入陰曆四序離為八節之行如此黃道春分秋分冬至夏至所宿之宿赤道亦如之青道春交秋分後黃道東立春立秋之宿當黃道之東南立夏立冬之宿當黃道之東北白道秋交春分後黃道西立春立秋之宿當黃道之西北立夏立冬之宿當黃道之西南朱道夏交春分後黃道南立春立秋之宿當黃道之西南立夏立冬之宿當黃道之東南黑道冬交秋分後黃道北立春立秋之宿當黃道之東北立夏立冬之宿當黃道之西北四序離為八節之行如此陰陽之所交皆與黃道相會故月行有九道所謂日月之行則有冬有夏也

明魄朔望圖

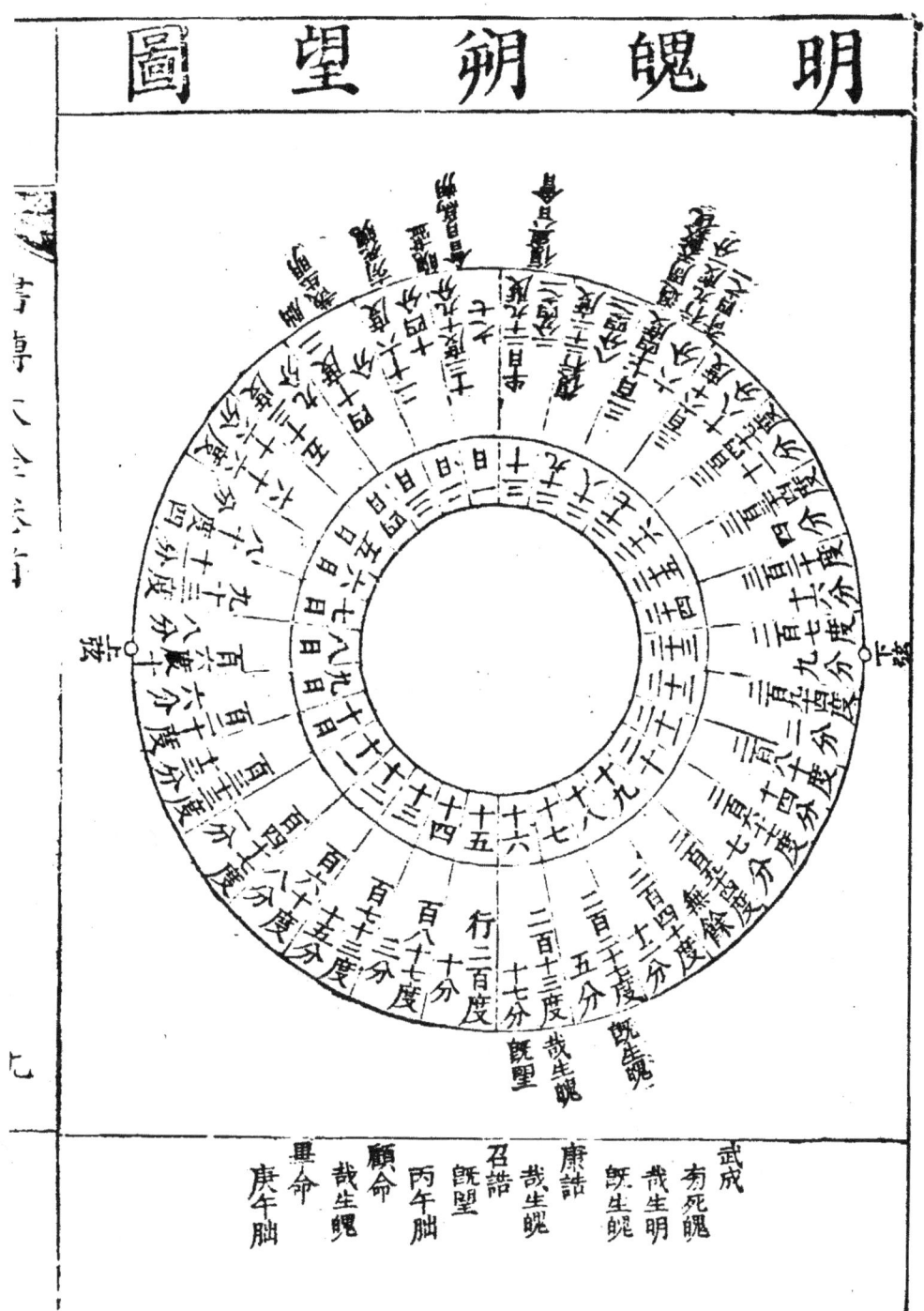

武成 旁死魄
　　 哉生明
　　 既生魄
康誥 既生魄
召誥 哉生魄
顧命 丙午朏
　　 哉生魄
畢命 庚午朏

璿璣玉衡圖

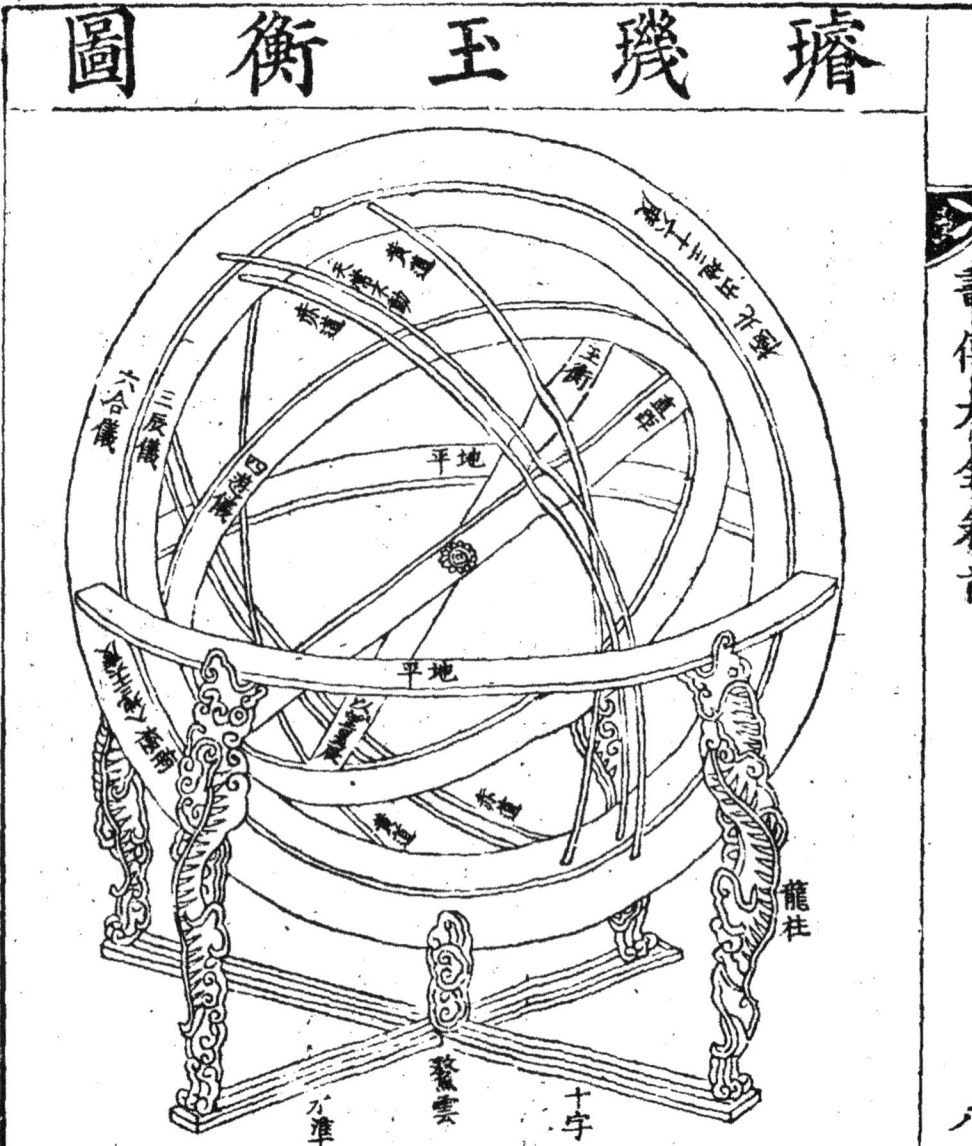

地平單環徑八尺闊
五寸厚一寸半天經
雙環徑八尺闊五寸
厚八分兩環合一寸
六分天緯單環徑八
尺五分三分黄赤二
道雙環徑七尺二寸
合一寸八分兩環一
寸四分厚七分闊九
分四遊雙環徑六尺
四寸闊七分直距長
六寸闊七分厚八分
寸八分銅板方二
長各如直距方一
寸一分兩端掩方
玉衡長一尺八分
徑一寸闊六分中
寸六分半地平下
其臺為十字或為方
檠以龍柱四各高七
尺七寸半植於水準
水井中鑿為水道
井以激機輪相通行

五辰之圖

孔氏曰五行之時即四時也言撫順五行之時則衆功皆成禮運曰播五行於四時蓋四時者氣也五行者象也四時各分九十一日八十分之二十五爲一時之正而五行則以木配春以火配夏以金配秋以水配冬而土則分王於四季每一十八日有奇胡氏周父曰五行在地爲物在天爲時順其時而撫之故仲冬斬陽木仲夏斬陰木所以撫木司空相阪隰以撫火所以撫火辰秋爲𨛷杜春蓬溝渠以撫土辰又春德在木布德施惠順木辰也餘倣此

七政之圖

㊊
月行十三度十九分度之七二十七日有
奇行一周天二十九日九百四十分日之
四百九十九而與日會其行有九道

㊐
日行一度循二十八舍歲行三百六十五度四
分度之一而爲一周天行西陸謂之春行南陸
謂之夏行東陸謂之秋行北陸謂之冬

（中央方框內，四隅分書春夏秋冬之星象，中央爲土填星等文字）
角亢氐房心尾箕　東方　春見
斗牛女虛危室壁　北方　冬見
奎婁胃昴畢觜參　西方　秋見
井鬼柳星張翼軫　南方　夏見
土填星　歲行一宿二十八歲一周天
㊌辰星　夕見於西方　晨見於東方
㊎太白　昏見以甲辰元始建斗之歲牽牛出以丑夫

漢天文志曰木仁也火禮也土
信也金義也水智也金星與日
同行天妖主兵象也金木所在國不
之次主兵月食出晚爲
可伐而可以伐人超舍爲嬴退
舍爲縮出入不當其次必有天
妖木星出早爲月食出晚爲
四時不出則天下大饑出於房
間主地動火行一舍二舍西
行疾則兵聚于東方西
不祥上一舍三舍則爲大水失次
而下二舍有后藏五緯之變其
詳見於漢晉志

閏月定時成歲圖

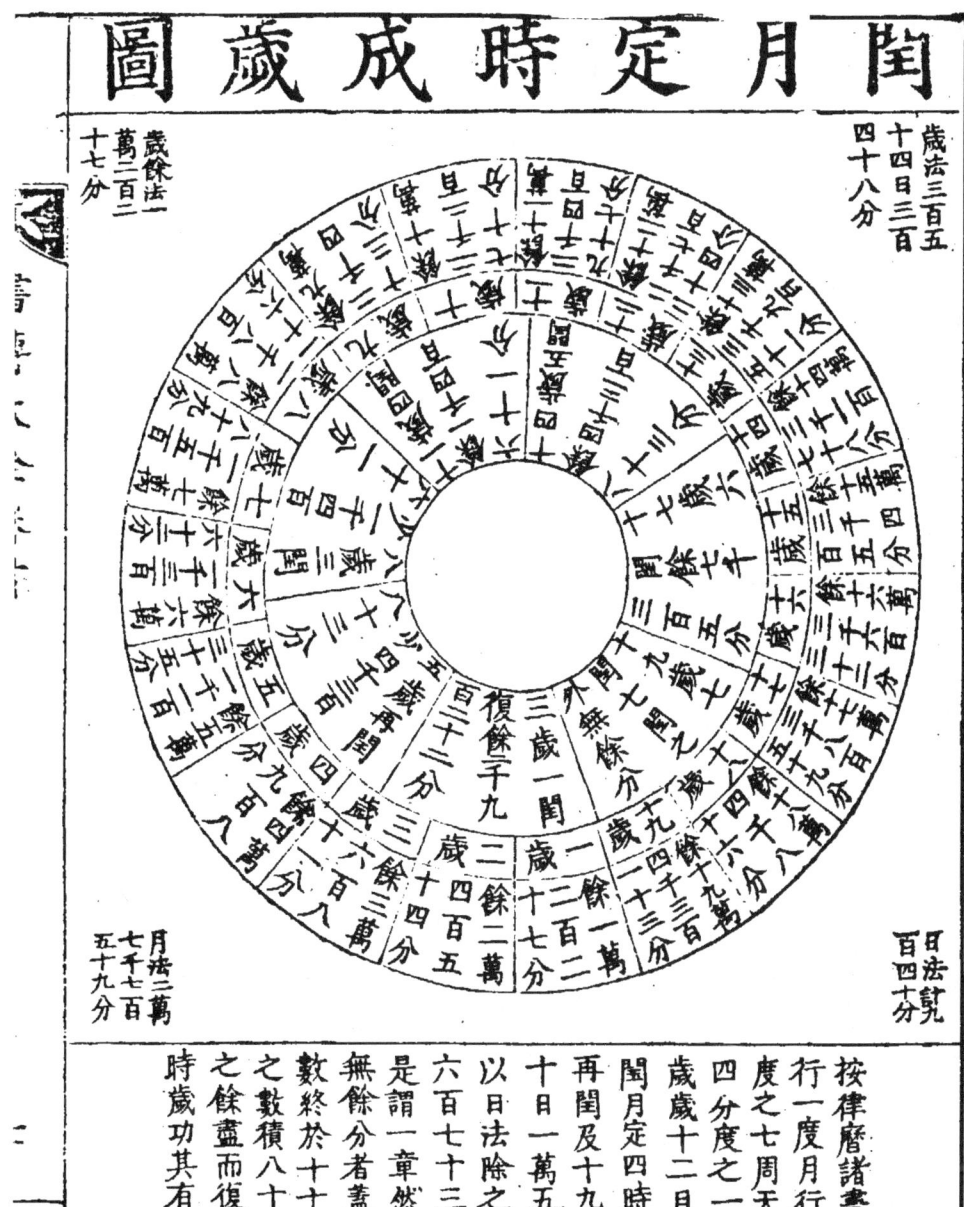

按律曆諸書與周髀皆云日行一度月行十三度十九分度之七周天三百六十五度四分度之一故日一周天爲歲歲十二月而無整數故以閏月定四時三歲一閏五歲再閏及十九年而餘一百九十日以日法除之共得二百六十六日七百七十三分爲七閏之數無餘分者蓋天數終於九地數終於十九餘分盡天地盈虛之數積八十一章則其以定四時歲功其有不成乎詳見蔡傳

日永日短圖

晝夜

百刻

冬至	立春	春分	立夏	夏至	立秋	秋分	立冬
出辰初三	出寅正三	出卯初三	出卯正三	出寅初三	出卯初三	出卯正三	出辰初三
入申正三	入酉初三	入酉正三	入戌初三	入酉正三	入酉初三	入酉正三	入申正三

小寒	雨水	清明	小滿	小暑	處暑	寒露	小雪
出辰初三	出寅正三	出卯初四	出寅初三	出寅初三	出卯初三	出卯正三	出辰初三
入申正三	入酉初三	入戌初二	入戌正一	入酉正三	入酉初三	入酉正三	入申正三

大寒	驚蟄	穀雨	芒種	大暑	白露	霜降	大雪
出辰初四	出寅正三	出寅正一	出寅初三	出寅初一	出卯初三	出卯正三	出申初
入申正四	入酉初三	入戌初二	入戌正二	入酉正四	入酉初三	入酉正三	入申正初

日出　　　　　　　　日入

夏至晝六十刻
烏日永後漸損
至秋分晝五十
刻烏晝夜停又
漸損至冬逆晝

四十刻烏日短
後漸增至春分
晝五十刻亦烏
晝夜停後漸增
復至夏至也

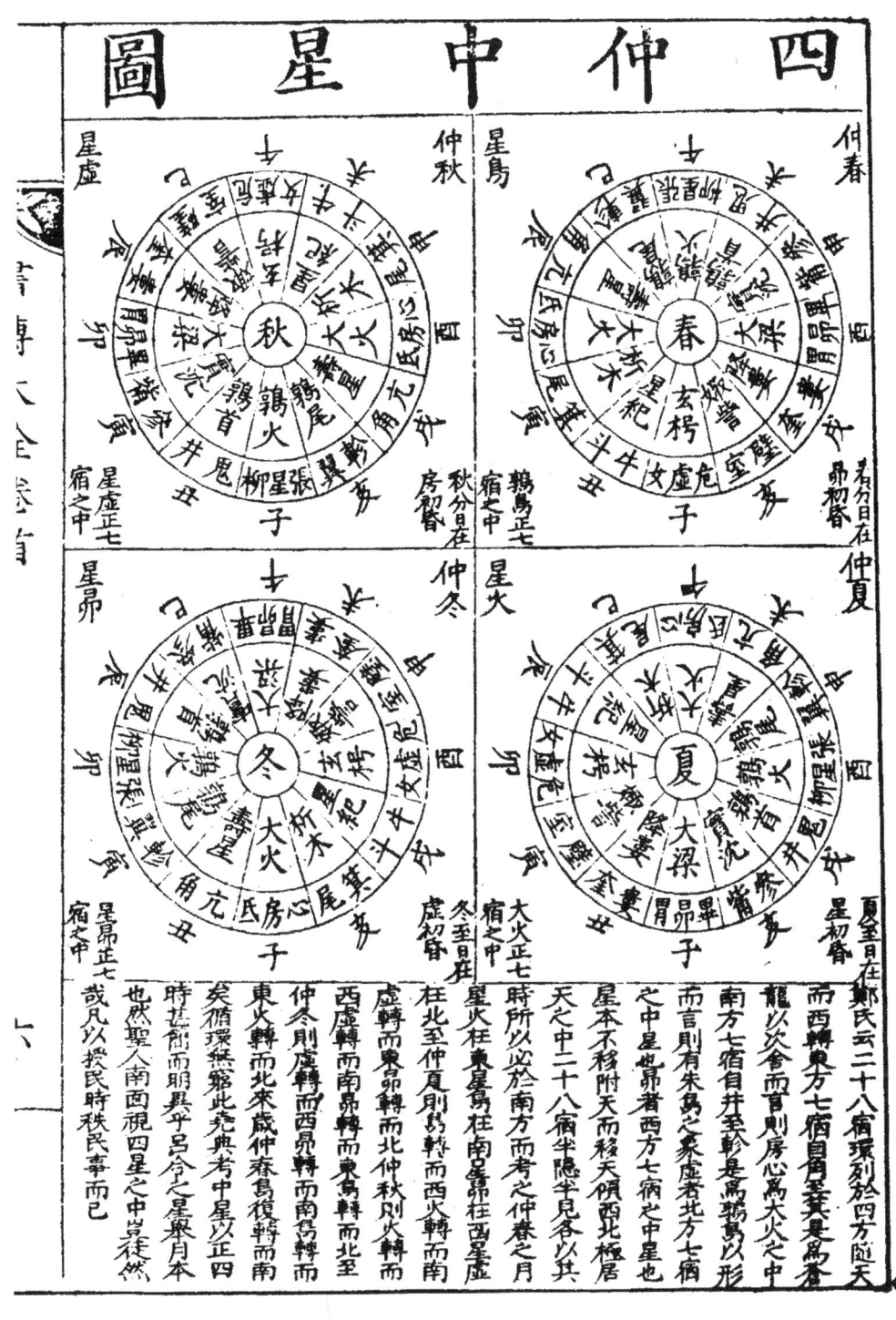

曆象授時圖

日行一度月行十三度十
九分度之七星者四方之
中星也角亢氐房心尾箕
凡七十五度斗牛女虛危
室壁凡九十八度四分度
之一奎婁胃昴畢觜參凡
八十度井鬼柳星張翼軫
凡百一十二度四分度之
六十五度四分度之一辰
則日月所會也正月會亥
辰為娵訾二月會戌辰為
降婁三月會酉辰為大梁
四月會申辰為實沈五月
會未辰為鶉首六月會午
辰為鶉火七月會巳辰為
鶉尾八月會辰辰為壽星
九月會卯辰為大火十月
會寅辰為析木十一月會
丑辰為星紀十二月會子
辰為玄枵

書傳圖

唐虞夏商周譜系圖

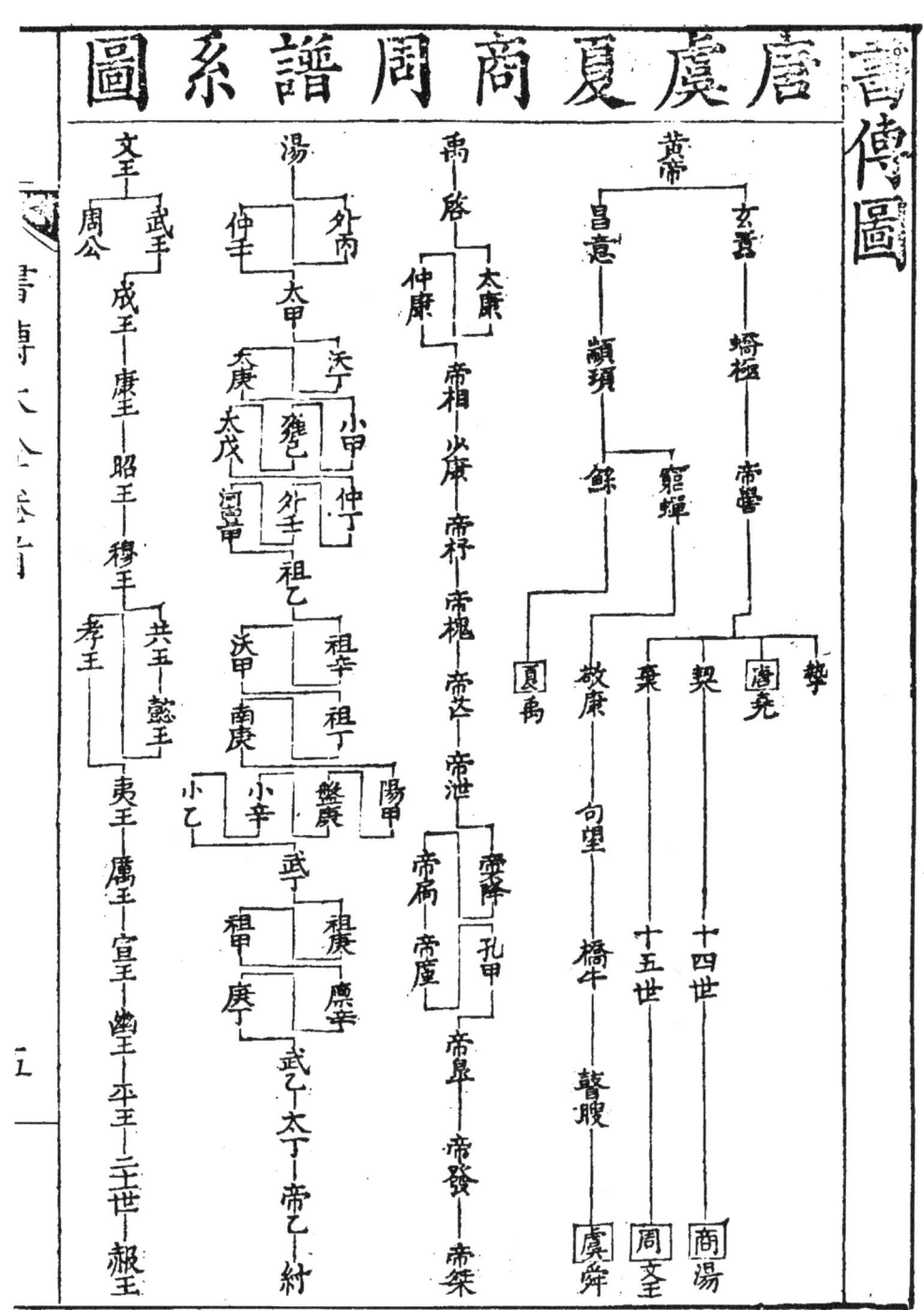

書經集傳大全 引用先儒姓氏表

姓氏	名	字	號
孔氏	安國	子國	-
劉氏	向	子政	-
孔氏	光	子夏	-
劉氏	歆	子駿	-
揚氏	雄	子雲	成都
馬氏	融	季長	-
鄭氏	玄	康叔(康成)	高密
高堂氏	隆	升平	-
王氏	肅	子邕	-
王氏	弼	輔嗣	山陽
孔氏	穎達	仲達	冀州
李氏	白	太白	青蓮
柳氏	宗元	子厚	河東
胡氏	旦	周父	渤海
張氏	景	晦叔	-
歐陽氏	脩	永叔	廬陵
蘇氏	洵	明允	老泉
周子	敦頤	茂叔	濂溪
張子	載	子厚	橫渠
王氏	安石	介甫	臨川
司馬氏	光	君實	涑水
范氏	純仁	堯夫	-
范氏	祖禹	淳夫	華陽
曾氏	鞏	子固	南豐
程子	頤	正叔	伊川
蘇氏	軾	子瞻	東坡
蘇氏	轍	子由	穎濱
顧氏	臨	子敦	-
孫氏	覺	莘老	-
彭氏	汝礪	器資	-
呂氏	大臨	與叔	藍田
陸氏	佃	農師	山陰
劉氏	安世	器之	元城
沈氏	括	存中	-
張氏	庭堅	才叔	-
楊氏	時	中立	龜山
尹氏	焞	彥明	和靖
葉氏	夢得	少蘊	-
蔡氏	卞	元度	-
胡氏	伸	彥時	-
馬氏	永卿	大年	-

朱氏	震	子發	漢上
薛氏	肇明	-	-
上官氏	公裕	-	-
張氏	綱	彥正	-
吳氏	棫	才老	新安
張氏	沂	-	-
高氏	閌	抑崇	-
陳氏	鵬飛	少南	-
李氏	樗	若林	迂齋
林氏	之奇	少穎	三山
胡氏	宏	仁仲	五峯
張氏	行成	文饒	觀物
張氏	九成	子韶	橫浦
鄭氏	伯熊	景望	永嘉
鄭氏	東卿	少梅	合沙
王氏	十朋	龜齡	梅溪
夏氏	僎	元肅	柯山
楊氏	萬里	庭秀	誠齋
馮氏	當可	時行	縉雲
朱子	熹	元晦	考亭
張氏	栻	敬夫	南軒
陳氏	傅良	君舉	止齋
呂氏	祖謙	伯恭	東萊
王氏	炎	晦叔	雙溪
陸氏	九淵	子靜	龜山
李氏	舜臣	子思	隆山
蔡氏	元定	季通	西山
黃氏	榦	直卿	勉齋
陳氏	埴	器之	潛室
蔡氏	沈	仲默	九峯
鄒氏	補之	公袞	-
王氏	日休	虛中	龍舒
董氏	琮	玉振	復齋
陳氏	經	正甫	三山
滕氏	鉉	和叔	新安
眞氏	德秀	景元	西山
魏氏	了翁	華父	鶴山
董氏	夢程	萬里	介軒
沈氏	貴瑤	誠叔	毅齋
潘氏	衡	-	-
陳氏	大猷	東齋	東滙
唐氏	聖任	-	-
張氏	震	眞父	-
史氏	仲午	正父	-
史氏	漸	鴻漸	-
劉氏	煥	子有	橫舟
成氏	申之	-	眉山
李氏	杞	子材	謙齋
方氏	回	萬里	虛谷
程氏	若庸	達原	徽庵

馬氏	廷鸞	翔仲	碧梧
許氏	月卿	太空	山屋
朱氏	方大	-	-
李氏	謹思	明通	養吾
鄒氏	近仁	魯卿	歸軒
金氏	履祥	吉父	仁山
熊氏	禾	去非	勿軒
宋氏	遠孫	-	-
李氏	-	-	-
陳氏	-	-	-
張氏	文蔚	-	-
袁氏	默	思正	-
候氏	甫	-	-
葛氏	興仁	-	-
馬氏	-	-	-
吳氏	子嚴	-	-
蕭氏	滋	-	-
任氏	淵	-	-
施氏	-	-	-
曾氏	-	-	-
李氏	文魯	-	-
周氏	希聖	-	-
陳氏	卿	-	-
王氏	雱	-	-
鄭氏	元竝	-	-
吳氏	亨壽	-	-
陳氏	魯	-	-
馬氏	以上二十一人 世次未詳 *		
吳氏	澄	幼清	草廬
齊氏	夢龍	覺翁	節初
董氏	鼎	季亨	-
胡氏	一桂	庭芳	雙湖
陳氏	櫟	壽翁	定宇
鄒氏	季友	晉昭	番昜
王氏	希朝	愈明	葵初
余氏	芑舒	德新	息齋
許氏	謙	益之	白雲
陳氏	師凱	-	新安
王氏	充耘	耕野	
金氏	燧	-	番昜
陳氏	雅言	-	-
彭氏	勗	祖期	-

......

* 以上二十一人 世次未詳 : 이상 21명에 대해서는 세차(世次)가 자세하지 않다.

성백효 成百曉

충남忠南 예산禮山 출생
가정에서 부친 월산공月山公으로부터 한문 수학
월곡月谷 황경연黃璟淵, 서암瑞巖 김희진金熙鎭 선생 사사
민족문화추진회 부설 국역연수원 연수부 수료
고려대학교 교육대학원 한문교육과 수료
한국고전번역원 교수 역임
전통문화연구회 부회장 역임
사단법인 해동경사연구소 소장(현)

海東經史硏究所 임원

顧問	林東喆
	權五春
	延萬熙
所長	成百曉
理事長	金成珍
副理事長	朴喜在
理事	金南德
	盧丸均
	申範植
	李光圭
	李在遠
	李哲洙
	張日碩
監事	吳相潤
	李根寬

번역서

사서집주四書集註, 『시경집전詩經集傳』
『서경집전書經集傳』, 『주역전의周易傳義』
『고문진보古文眞寶』, 『근사록집해近思錄集解』
『심경부주心經附註』, 『통감절요』
『당송팔대가문초唐宋八大家文鈔 소식蘇軾』
『고봉집高峰集』, 『독곡집獨谷集』, 『우계집牛溪集』
『다산시문집茶山詩文集』, 『송자대전宋子大全』
『약천집藥泉集』, 『양천세고陽川世稿』
『여헌집旅軒集』, 『율곡전서栗谷全書』
『잠암선생일고潛庵先生逸稿』
『존재집存齋集』, 『퇴계전서退溪全書』
『부안설 논어집주附按說論語集註』
『부안설 맹자집주附按說孟子集註』
『부안설 대학·중용집주附按說大學中庸集註』
『최신판 논어집주最新版論語集註』
『최신판 맹자집주最新版孟子集註』
『최신판 대학·중용집주最新版大學中庸集註』
『논어집주상설論語集註詳說』
『맹자집주상설孟子集註詳說』
『대학·중용집주상설大學中庸集註詳說』
『조선후기 한문비평1, 2』
『신역 주역전의新譯周易傳義』
『신역 시경집전新譯詩經集傳』

해동경사연구소 www.haedong.org

신역 서경집전(상) – 新譯 書經集傳(上)

1판 1쇄 발행 | 2025년 5월 02일
1판 1쇄 인쇄 | 2025년 4월 22일

역주 | 성백효

발행처 | 한국인문고전연구소   발행인 | 조옥임
출판등록번호 | 2012년 2월 1일 (제 406-251002012000027호)
주소 | 경기 파주시 가람로 70(402-402)   전화 | 02-323-3635   팩스 | 02-6442-3634
이메일 | nlchan@naver.com

디자인 | 씨오디
지류 | 상산페이퍼
인쇄 | 다다프린팅

ISBN | 978-89-97970-93-3 04140
　　　978-89-97970-92-6 (set)

* 저자와 출판사의 허락 없이 이 책의 내용 일부를 인용, 발췌하는 것을 금합니다.
* 잘못 제작된 책은 구입하신 서점에서 교환해 드립니다.